法律与诉讼仲裁实务丛书

国际贸易法律与诉讼仲裁实务

主　编　林一飞
副主编　张　亮

对外经济贸易大学出版社
中国·北京

图书在版编目（CIP）数据

国际贸易法律与诉讼仲裁实务 / 林一飞主编. —北京：对外经济贸易大学出版社，2010
（法律与诉讼仲裁实务丛书）
ISBN 978-7-81134-736-4

Ⅰ. ①国… Ⅱ. ①林… Ⅲ. ①国际贸易－贸易法－研究②民事诉讼法－研究－中国③仲裁－制度－研究－中国
Ⅳ. ①D996.1②D925

中国版本图书馆 CIP 数据核字（2010）第 125374 号

国际贸易法律与诉讼仲裁实务

林一飞 主编
责任编辑：毛飞琴

对 外 经 济 贸 易 大 学 出 版 社
北京市朝阳区惠新东街 10 号 邮政编码：100029
邮购电话：010－64492338 发行部电话：010－64492342
网址：http://www.uibep.com E-mail：uibep@126.com

北京市山华苑印刷有限责任公司印装 新华书店北京发行所发行
成品尺寸：185mm×230mm 26.25 印张 526 千字
2010 年 8 月北京第 1 版 2010 年 8 月第 1 次印刷

ISBN 978-7-81134-736-4
印数：0 001－3 000 册 定价：40.00 元

主编、副主编简介

林一飞 法学博士、研究员，中国国际经济贸易仲裁委员会（CIETAC）仲裁员，现任职于 CIETAC 华南分会。主要著作、译作有：《仲裁裁决抗辩的法律与实务》、《中国国际商事仲裁裁决的执行》、《国际商事仲裁法律与实务》、《国际商事仲裁法律与实践》、《国际商事仲裁新资料选编》、《国际商事仲裁资料精选》、《国际货物销售法律与实务》、《信息技术法》等。主编有：《商事仲裁法律报告》、《商事仲裁法库》、《最新商事仲裁与司法实务专题案例》、《商事仲裁评论》等。主持创建有仲裁行业网站“中国仲裁在线”（http://www.cnarb.com/）。

张　亮 法学博士、中山大学法学院副教授、硕士生导师，中国国际经济法学会理事、广东省国际法学会理事，主要研究领域为国际经济法，代表作有《反倾销法损害确定问题研究》、《美国对华反倾销案例研究》等。

前　言

据相关资料显示，建国之初，中国年贸易额约10亿美元。至2009年，中国日均贸易额就达70亿美元，年贸易额60年间猛增2 500倍。单出口总额，中国2009年就已超过1.2万亿美元，超越德国成为全球最大的出口国。

国际货物贸易作为我国对外贸易的重要方面，每年对我国经济发展的贡献量、对人才的吸纳量、对产业发展的带动力都是非常巨大的。而国际贸易的长足发展不仅需要经济学、管理学、产业政策的推动，而且需要良好的法治体制与法律理论和技巧，去防范风险、应对纠纷。有关国际货物贸易理论及法律的国内教材不胜枚举，面对国际货物贸易的发展，国内亦涌现了不少相关的实务型的读本。然而，就大部分国际经济法或国际贸易法学教材而言，理论的介绍相当详尽却有欠与实务操作的结合，使读者难以对国际贸易形成具体化的理解；而就大部分实务型读本来说，实务情况的介绍虽有新鲜感，但欠缺相关理论的整理和深入分析，使读者难以对国际贸易规则形成全面和系统的认识。

有鉴于此，本书定位于理论与实践相结合，采用法理分析与案例分析相结合的研究方法，结合国内先进教材、专著、论文和国际条约及有关论著、译著中针对国际货物贸易的基本理论与我国审判、仲裁的实践做法，对国际货物贸易的整个实践流程分别作出了专门的讲解，以期为从事诉讼和仲裁实践的法官、仲裁员、律师以及其他相关人士提供一本专业务实的参考用书，为有志于学习国际贸易法律的学子们、致力于国际贸易实务的商业界和法律界人士提供一本全面的理论与实践并重的指导用书。

本书共分十一个专题。专题一到专题五及专题十一是有关国际货物贸易合同及外贸代理制度基本原理的讲解及典型案例的评析探讨。这些部分主要涉及合同订立、合同效力、合同履行、违约责任、违约救济及代理制度的相关法律问题。专题六至专题十分别从商检与索赔、国际贸易术语、国际贸易支付、国际货物运输、国际货物运输保险五个方面清晰地展现国际货物贸易整个运作过程的基本原理。为了切实提高理论与实践价值，本书每个专题都紧贴国内主流理论观点和新近的国际条约、惯例进行介绍，而且选取的案例皆为法院审判与仲裁实务中的代表性案例。在理论介绍与案例评析中加入了作者对不同法律概念、行为、后果的对比性思考和有针对性的建议，务求让读者读后能对有关国际贸易的法律和实务有初步把握，做到举一反三。关于国际贸易的更多案例和常用公约法律等，可以在中国仲裁在线（邮箱：www.cnarb.com）上查阅。

除本书主编和副主编外，中山大学法学院梁巧贤（专题一至专题五、专题十一）

和宁娟（专题六至专题十）负责本书初稿编辑和撰写工作，中山大学法学院陈文强、巫燕萍、卢穗冈、闫育风进行了认真而负责的校对工作，二稿和三稿的工作由主编和副主编负责。

由于种种因素，书中还存在一些不足，例如评论不够到位或分析有所欠缺等。考虑到本书及相关书籍的连续性编辑出版，我们希望读者能将各种批评建议反馈给我们（邮箱：linyifei@ sccietac. org），以便我们在将来的研究和出版工作中，改正错漏、弥补不足。

作者

2010 年 7 月

目　录

主题案例索引表

专题一

国际货物买卖合同的订立

第一节 基本原理

一、国际货物买卖合同订立的概述

一般来说，合同的订立是指缔约人为意思表示并达成合意的法律效果。而国际货物买卖合同是指营业地在不同国家的当事人之间所订立的货物销售合同。由其定义可知，国际货物买卖合同的首要特点是合同缔约主体为营业地在不同国家的当事人，其次这里所指的是有形货物买卖，其核心是“以物换款”的合同类型。国际货物买卖因涉及跨国主体和不同国家的法律、经济制度，所以此类合同谈判、交易习惯的磨合相对来说要比一般国内买卖合同的谈判复杂。谈判内容可能涉及到：法律、商业惯例和当事人习惯适用，合同标的物质量、数量和价格，运输方式，货物保险，风险转移，所有权和有关单证移交，买卖双方权利与义务的确定，违约救济等。而在国际货物买卖合同的谈判流程中，则一般包括跨境的要约邀请、要约、承诺等步骤，覆盖缔约各方接触和洽商的动态过程。这些都是国际货物买卖合同法律制度的重要内容。另外，在这个信息大量频繁交换的过程中，先合同义务（如保密义务）和缔约过失责任（如提供虚假情况）也可能产生。当谈判各方就合同的主要条款达成一致意见时，合同即宣告成立。由此亦可知，严格意义上，合同订立与合同成立不尽相同。后者标志着合同的产生与存在，是合同得以生效和履行的起点；前者则包括合同从谈判到成立的整个过程。

国际货物买卖合同始于订立，终于完全履行、责任承担及合同解除。没有合同的订立，就不存在交易双方权利义务的确定，也就没有交易行为履行和货物流转的后续可能性。只有合同订立，才能启动合同履行期间可能涉及的保全、担保、变更、转让、解除等环节。合同订立的质量也会影响到后续环节。合同订立须完备、谨慎、适法，既有利于交易按缔约当事人的预期顺利进行，提高经济效益，亦有利于当纠纷发生时，争端得到及时妥善的解决。

电子通信，随着社会科学技术的发展而日渐频繁地成为国际贸易合同订立的新形式。1996 年颁布的《电子商务示范法》① 和 2005 年由联合国大会通过的《联合国国际合同使用电子通信公约》②（下称《电子通信公约》）确立了对电子通信的法律确认。传统的合同订立方式受到了新的挑战，如何在数据网络环境中保护缔约双方的权益和维护交易的可靠性和安全性，成为现代国际贸易合同订立的新课题。

国际货物买卖合同的订立是国际货物交易行为的法律运作，体现着交易各方的经济实力、信息优势、法律水平、谈判技巧、精神风貌，从而反映了不同企业的国际竞争力。同时，国际货物买卖合同的订立是实现国际货物流通、使用的主要手段，亦同时带动国际货物运输、保险、国际支付等产业的发展，是一国企业参与国际市场，提高国际竞争力的重要途径。最后，订立国际货物买卖合同，有利于提高交易效率和安全性。因此，对合同当事人意思自治的尊重及一国对合同订立过程中当事人权利义务的保障，也是一国国际贸易发展水平的重要体现。

国际货物贸易合同实体法律依据主要有《联合国国际货物销售合同公约》③（下称 CISG）、《国际统一私法统一协会国际商事合同通则 2004》（下称《国际商事合同通则》）④ 等。下文将结合合同法基本原理、有关国际条约及我国合同法律制度进行探讨。

二、国际货物买卖合同订立的实质要件

（一）缔约主体

国际货物买卖合同的缔约主体具有国际性，除了要具备相应的民事权利能力和民事行为能力，还必须是营业地在不同国家的当事人。在国际货物贸易关系中，缔约主体一般为法人或其他营利性的经济组织。本书讨论的国际货物买卖不包括私人或家庭使用的货物的销售。

---

① 《电子商务示范法》于 1996 年 12 月 16 日由联合国国际贸易法委员会第 85 次全体大会以 51/162 号决议通过。

② 《联合国国际合同使用电子通信公约》于 2005 年 11 月 23 日经联合国贸易法委员会第三十八届会议通过。

③ 《联合国国际货物销售合同公约》于 1980 年 4 月 11 日订于维也纳，1988 年 1 月 1 日生效。1981 年 9 月 30 日中华人民共和国政府代表签署本公约，1986 年 12 月 11 日交存核准书。

④ 《国际商事合同通则》是由政府间组织国际统一私法协会（UNIDROIT）于 1994 年制定的，该套通则最终以一般条件或惯例的形式出现，而不是国际条约或公约，其于 2004 年完成了修订版。

法人的国籍、营业所、住所与惯常居住地的意义是不相同的。根据《最高人民法院关于贯彻执行〈中华人民共和国民法通则〉若干问题的意见（试行）》（下称《民法通则意见》）第184条规定："外国法人以其注册登记地国家的法律为其本国法。"这说明在我国，法人的国籍是指法人注册登记地所在国。营业所（地）是指法人实际从事营业活动的所在地，是法人运用自己的资本进行营业活动，以实现经营目的的地方。有关住所，《中华人民共和国民法通则》（下称《民法通则》）第39条和《中华人民共和国公司法》（下称《公司法》）第10条都规定，法人以其主要办事机构所在地为住所。可以认为，法人的住所是指法人的管理中心所在地或主事务所在地。它是法人的首脑机构的所在地，活动的计划、策略和方针的确定与监督施行由这里作出决定。而惯常居住地，是指持续一定时间的经常的实际居住地。值得注意的是，根据CISG第1条第3款的规定，在确定本公约的适用时，当事人的国籍和当事人或合同的民事或商业性质，应不予考虑。这反映出相对缔约方国籍与性质，CISG关注的是与合同密切相关的交易行为的发生，从而对合同权利实现与义务履行进行更妥贴的规范。

根据CISG第10条规定："（a）如果当事人有一个以上的营业地，则以与合同及合同的履行关系最密切的营业地为其营业地，但要考虑到双方当事人在订立合同前任何时候或订立合同时所知道或所设想的情况；（b）如果当事人没有营业地，则以其惯常居住地为准。"我国关于营业地的规定与CISG的类似。根据《民法通则意见》第185条："当事人有二个以上营业所的，应以与产生纠纷的民事关系有最密切联系的营业所为准；当事人没有营业所的，以其住所或者经常居住地为准。"国际货物贸易中，缔约方的营业范围跨越数国，或跨越一国中的不同法域是常见的情况，这时就可能会出现多个营业所（地）的情况。营业所（地）的不同可能会影响到法院管辖、法律适用、合同权利义务履行等情况。根据与合同具有最密切联系原则确定当事人的营业地是国际社会的普遍做法。与合同具有最密切联系的因素，包括合同签订地、合同履行地、合同标的所在地等。

《电子通信公约》第6条规定，通过电子通信方式订立合同的当事人，其营业地推定为其所指明的所在地，除非另一方当事人证明该指明其所在地的当事人在该所在地无营业地；当事人未指明营业地并且拥有不止一个营业地的，就本公约而言，与有关合同关系最密切的营业地为其营业地，但须考虑到双方当事人在合同订立之前任何时候或合同订立之时所知道或所设想的情况。该公约还特别指出仅因一方当事人订立合同所用信息系统的支持设备和技术的所在地或其他当事人可以进入该信息系统的地方，该所在地不必然成为当事人营业地。

（二）意思表示一致

国际货物买卖合同缔约各方为达成交易而为意思表示，是订立合同最复杂、最核心的过程。在此过程中，卖方以要约邀请或要约的形式告知潜在的买方，而买方以反要约、承诺或一定的行为方式给予回应。在这个讨价还价的过程中，可能存在多次的数据电文的来往。在接触洽商的过程中，当事双方都可能对合同内容作出实质性的修改。当缔约各方就合同的主要条款达成一致的意思表示时，合同就宣告成立。CISG 第二部分对国际货物买卖中要约与承诺进行了详细的规定，我国《合同法》第二章第 13 条至第 31 条也有关于要约与承诺的完备规定。现以这两部法律为主要依据，对要约与承诺制度加以说明。

1. 要约（Offer）

（1）要约的定义

要约，在国际货物买卖实践中也称为发价、发盘、出盘或报价，是指一方当事人以进行国际货物买卖为目的，向另一方当事人发出的愿意按一定条件与之订立合同的意思表示。提出要约的一方当事人称为要约人（Offeror)，其对方当事人称为受要约人（Offeree)。要约可以书面提出，也可以口头提出。

（2）要约的构成

CISG 第 14 条第 1 款规定，向一个或一个以上特定的人提出的订立合同的建议，如果十分确定并且表明要约人在得到接受时承受约束的意旨，即构成要约。由此可知，要约包括三个构成条件，一是向特定的人提出，二是内容十分确定，三是要约人在得到接受时愿意订立合同接受要约所述条件约束。我国《合同法》第 14 条也有类似规定。[①]

就第一个条件而言，特定的人（Particular Person)，是相对于一般公众而言的。它强调要约人对每位受要约人都存在着针对性的认识，如某（些）特定的企业、组织，而非仅仅面向社会的潜在任何客户群。CISG 第 14 条第 2 款规定，如果非向一个或一个以上特定的人提出订约的建议，除非提出建议的人明确地表示相反的意向否则应被视为要约邀请（Invitation for Offer)。常见的要约邀请如商业广告、销售公告、向公众散发的商品目录、价目表或提供其他商品信息等。要约邀请，是希望邀请收到建议的对方向己方发出要约的意思表示，其本身并非要约。当然，如果发出人明确表示该建议为要约，并且该建议符合要约的其他条件，则亦可视为一项要约（《合同法》第 15 条[②]）。

在国际货物贸易实务中存在的询盘现象与要约邀请十分相像。询盘（Inquiry)，是指买方或卖方拟购买或销售某种商品，向对方发出的有关交易条件的询问及投请对方发

---

① 我国《合同法》第 14 条规定：“要约是希望和他人订立合同的意思表示，该意思表示应当符合下列规定：（一）内容具体确定；（二）表明经受要约人承诺，要约人即受该意思表示约束。”

② 我国《合同法》第 15 条规定：“要约邀请是希望他人向自己发出要约的意思表示。寄送的价目表、拍卖公告、招标公告、招股说明书、商业广告等为要约邀请。商业广告的内容符合要约规定的，视为要约。”

盘的要求。由买方发出询盘习惯上称作“邀请发盘”（Invitation to Make an Offer），由卖方发出的询盘习惯上称作“邀请递盘”（Invitation to Make a Bid）。询盘的内容，除价格、品名外，有时还可以包括规格、数量或交货期等，如“可供江苏丝绸，九月发货，如有兴趣请电告”，“拟购桔梗，请电告最低价格和最早的交货期”。询盘对于询盘人和被询盘人均无法律上的约束力。[①] 由此可见，询盘与要约邀请惟一的区别在于询盘是意欲订立合同的一方，向特定人发出有关合同内容的询问，而要约邀请则是向不特定人发出的。

第二个条件是关于要约内容确定性方面的要求。内容的具体确定，关系到标的物的确定和合同履行的可能。没有它，合同就失去意义。同时，只有要约内容具体明确，才能使受要约人了解要约，对合同的订立作出充分的考虑。CISG 对内容十分确定的最基本要求是一个建议须写明货物并且明示或暗示地规定数量和价格或规定如何确定数量和价格。这表明，无论是确定或者提供一个可推定的数量和价格标准，无论是以明示或者默示的方式提供，只要有一个确定数量和价格的可能性，都将得到 CISG 的认可。在国际货物贸易司法实践中，往往还会通过当事人之间的磋商过程、交易习惯、惯例以及当事人事后的行为，来对关于货物数量和价格的默示确认进行考察。当存在由此产生的使确认成为可能的合意，那么甚至可以根据 CISG 第 6 条的规定认为当事人减损了关于确定的价格和价格的可确定性的要求，认定一个合同已经有效地订立，再根据 CISG 第 55 条的规定对价格条件加以进一步确定。[②] 而有关交货时间、地点、运输方式等即使构成合同实质性条款但未在要约中提出条件，可留待日后磋商再进行决定。

第三个条件则要求要约人必须清楚表明其愿意按照要约的内容订立合同的意思，即当其收到受要约人承诺时同意按要约内容订立合同，承担由此产生的作为卖方或买方的全部义务。

关于以电子通信方式发出的要约，《电子通信公约》第 10 条规定：“通过一项或多项电子通信提出的订立合同提议，凡不是向一个或多个特定当事人提出，而是可供使用信息系统的当事人一般查询的，包括使用交互式应用程序通过这类信息系统发出订单的提议，应当视作要约邀请，但明确指明提议的当事人打算在提议获承诺时受其约束的除外。”理论上，有很多人主张不能不加区别地将要约与要约邀请模式转用于互联网环境。有学者建议将交互式应用程序视为一种“公开求售、售完为止”的要约，而不是

---

① 王晓川．国际贸易争议与仲裁．北京：中国人民大学出版社，2008：76.

② ［德］施莱希特里姆．李慧妮．编译．《联合国国际货物销售合同公约》评释．北京：北京大学出版社，2006：63.

要约邀请。[①] 所谓交互式应用程序，是由传送物品和服务要约的软件和硬件组成，使当事人得以数据电文的方式交换信息以便自动订立合同。[②] 但是，电子通信可能出错，加上所使用的自动答复功能不提供复查和纠错的机会，这种推定应谨慎对待。而且，这对某些存货有限的卖方不利，因为其潜在买方的数量可能是无限的，而卖方却必须完成所有订单。因此，公约最后规定，除非当事人明确打算在获承诺时受其约束，否则订立合同的提议一律视为要约邀请，以之平衡将传统要约适用于电子商务环境可能产生的困难，即如何确定买卖方是否愿意受要约约束的可能性以及对诚信行事的信赖方提供保护。

（3）要约的效力

要约的效力，可分为两个方面：一是对要约人的效力，二是对受要约人的效力。CISG 第 15 条和我国《合同法》第 16 条都规定，要约于到达受要约人时生效。其中的“到达”，是指要约进入了接收要约方的控制范围之内，以便其有可能了解要约的意思表示。

一般来说，要约对受要约人并没有产生约束，而仅使其获得了承诺的权利。通常情况下，受要约人即使不予承诺也无须通知要约人，除非存在着相反的特殊情况，如当事人之间存在的商业惯例（CISG 第 9 条）。要约对要约人的约束力问题，是指要约发出后，要约人更改、撤回或撤销该要约的效力问题。由于要约到达受要约人才生效，因此在要约到达受要约人之前，对要约人不产生约束力，要约人可以对之进行更改和撤回，这是被各国立法允许的。然而，当要约一旦到达受要约人而发生效力时，要约人能否反悔，撤销该要约，则因各国立法的不同而存在着争议。英美法系国家认为，要约原则上对要约人没有约束力，要约人在受要约人作出承诺前，任何时候都可以撤销其要约，或变更其要约内容。即使对于存在时间限制的要约，英国法也否定这种时间构成对要约人的约束。他们认为，这种时间限制设定的意义仅在于表示在该时间段内要约的有效存在，而非要约人为自身设定的约束。而大陆法系的国家则普遍认为，要约原则上对要约人具有约束力，除非要约人在要约中注明了不受约束的词句。

根据《电子商务示范法》第 15 条第 2 款规定，以数据电文发出的要约，收件人指定特定系统接收数据电文的，该数据电文进入该特定系统，视为到达；未指定特定系统的，该数据电文进入收件人的任何系统，视为到达。我国《合同法》第 16 条第 2 款亦有相同规定。而根据《电子通信公约》第 10 条的规定，电子通信的收到是其能够由收

---

① Christoph Glatt. *Comparative issues n the formation of electronic contacts.* International Journal of Law and Information Technology, Vol. 6, 1998, p. 50. 转引自何其生. 统一合同法的新发展. 北京：北京大学出版社，2007：198.

② 何其生. 统一合同法的新发展. 北京：北京大学出版社，2007：201.

件人在该收件人指定的电子地址检索。由此可知，电子要约的到达是指数据电文进入一信息系统，开始于该信息系统可以对电文加以处理的时刻。收件人不一定要知道电文已经收到，也不要求收件人实际阅读甚至理解该电文。能否检索是公约以外的一个事实问题，其法律效力不属于公约的范围，被留待其他应适用法处理。公约侧重于时间问题，在电子要约被视为已经收到后即推定其能被收件人检索，是否需要满足其他要求（如可处理性）则尊重各国法律。考虑到商业界对信息和通信安全而采取的安全措施（如过滤器、防火墙）对妨碍电子通信抵达收件人的可能性，如果有证据表明收件人实际上无法检索，则电子通信在到达收件人电子地址时即能由收件人检索的推定可能会被推翻。①

（4）要约的撤回与撤销

国际市场瞬息万变，如果遇到国际市场价格发生波动，或外汇汇率发生变化、国家贸易政策的变动等，要约人可能要求更改其合同订立条件，甚至终止合同订立。为了尊重要约人的意志，保护要约人的利益，各国立法都有要约的撤回和撤销的规定。同时，为了维护交易信用，维护交易行为的可预见性和受要约人的经济利益，各国立法中又对要约的撤回和撤销进行了相应限制。要约的撤回和撤销问题，本质上就是要约的效力问题。上文提到要约的效力问题，特别是对要约的约束力问题，在不同法系国家存在着迥然不同的理解。然而，通过各国的努力，人们最终在 CISG 中达成了妥协。

要约的撤回，是指要约人在要约到达受要约人之前，使要约不发生法律效力的行为。CISG 第 15 条第 2 款规定："一项要约，即使是不可撤销的，得予撤回，如果撤回通知于要约送达被要约人之前或同时，送达受要约人。"（同见《合同法》第 17 条）。在要约到达受要约人之前，要约还没有发生法律效力，而且受要约人还没有知悉要约的内容，要约人可以在此期间随时撤回要约而不对受要约人产生任何经济利益上的影响。只要撤回的通知，在要约到达受要约人之前或者与要约同时到达受要约人就可以阻止要约发生效力。

要约的撤销，是指要约人在要约生效以后，受要约人发出承诺之前，终止要约效力的行为。CISG 第 16 条第 1 款规定："在未订立合同之前，要约得予撤销，如果撤销通知于被要约人发出接受通知之前送达被要约人。"要约到达受要约人后，即发生效力，原则上代表要约人期待获得受要约人承诺以要约内容订立合同的意思表示。但由于种种原因，要约人可能改变初衷，出于对订立合同当事人意思表示的尊重，法律也给予要约人改变意思表示的最后机会，即撤销该要约使要约效力归于消灭。但前提是要约的撤销必须在受要约人发出承诺之前送达受要约人。在特殊情况下，为了保护受要约人的利

① 何其生．统一合同法的新发展．北京：北京大学出版社，2007：181.

益，要约不得被撤销，这被称为不可撤销的要约。关于不可撤销要约，CISG 第 16 条第 2 款规定了两种情况：（a）要约写明接受要约的期限或以其他方式表示要约是不可撤销的；（b）被要约人有理由信赖该项要约是不可撤销的，而且被要约人已本着对该项要约的信赖行事（同见《合同法》第 19 条①）。第一种情况，是不同国家之间关于要约时间限制与效力问题的妥协。第二种情况，则是出于对受要约人信赖利益的保护。在这两种情况下，受要约人基于要约人的明示、商业惯例、交易习惯等已经着手准备履行合同，如不再接受其他要约、筹集资金、准备货物等。一旦要约被撤销，受要约人将不可避免地蒙受许多损失。根据诚实信用原则，要约人的撤销权应当受到限制，这有利于维护国际经济交往的稳定性和安全性。

要约撤回与撤销的本质区别在于，前者必须在要约到达受要约人前或到达的同时即要约生效之前作出，后者则是在要约到达即要约生效之后，承诺发出之前作出。只要要约未生效，都可以被撤回，即使那是一项不可撤销的要约。当要约生效后，则不能被撤回，只能通过撤销来主动终止要约的法律效力。

（5）要约的失效

要约的失效，即要约的消灭，是指要约丧失其法律效力，要约人与受要约人均不再受其约束。我国《合同法》第 20 条指出要约失效的原因主要有以下几种：

① 拒绝要约人的通知到达要约人。CISG 第 17 条亦规定：“一项要约，即使是不可撤销的，于拒绝通知送达要约人时终止。”拒绝要约是指受要约人通知要约人拒绝接受要约所定条件的单方行为。

② 要约人依法撤销要约。可撤销要约在撤销通知到达未发出承诺的受要约人时，效力即告消灭。

③ 承诺期限届满，受要约人未作出承诺。对于口头要约，除非有特别情况，受要约人应立即作承诺，否则要约失效；对于有约定承诺期限的书面要约，要约效力存续期间为该承诺期限；对于无约定承诺期限的书面要约，则应当在合理时间内作出。

④ 受要约人对要约的内容作出实质性变更。对发价表示接受但载有添加、限制或其他更改的答复，即为拒绝该项发价（CISG 第 19 条第 1 款）。有关内容实质性变更的问题，将在下面介绍承诺部分进行探讨。

⑤ 要约人或受要约人死亡。如果未来的合同必须由要约人或受要约人本人履行，则要约因要约人或受要约的死亡而失效；反之，要约的法律效力仍然存续，对要约人或受要约人权利义务的继受主体产生效力。

---

① 《合同法》第 19 条规定：“有下列情形之一的，要约不得撤销：（一）要约人确定了承诺期限或者以其他形式明示要约不可撤销；（二）受要约人有理由认为要约是不可撤销的，并已经为履行合同作了准备工作。”

2. 承诺（Acceptance）

（1）承诺的定义

承诺，是指受要约人以要约所要求的方式作出同意要约以成立合同的意思表示。CISG 第 18 条第 1 款规定，受要约人声明或作出其他行为表示同意一项要约，即是承诺。我国《合同法》第 22 条亦规定，承诺应当以通知的方式作出，但根据交易习惯或者要约表明可以通过行为作出承诺的除外。根据以上规定可知，承诺既可以以明示的方式，如口头或书面通知作出，也可以依据交易惯例以行为本身作出默示回应，如货物的发运、部分的支付、在金融机构签字并递交账单等。如果根据该项发价或依照当事人之间确立的习惯做法和惯例，被发价人可以作出某种行为，例如与发运货物或支付价款有关的行为，来表示同意，而无须向发价人发出通知，则接受于该项行为作出时生效（CISG 第 18 条第 3 款）。这与要约不可撤销限制对受要约人信赖利益保护的相关规定是相对应的。

CISG 第 18 条第 1 款还明确指出，缄默或不行动本身不等于承诺。对此，我国《合同法》没有相关规定。一般来说，为了尊重交易双方的真实意思和维护交易安全，防止要约人对受要约人的“偷袭”行为（如在一项在当事人之间没有出现过的新要约中附上不发出异议即表示同意的做法），承诺应当以可被客观觉察得到的形式作出，例如通知或与合同履行有关的行为。但在实践中，这个规定也不妨碍 CISG 第 9 条对当事人之间建立的习惯，即对缄默或不行为所代表的意思表示的“补充”以及在司法审判中法官根据 CISG 第 8 条第 3 款的规定，从谈判情形、当事人之间确立的任何习惯做法、惯例对缄默或不行为的意思表示进行“发现”和确认。[①]

（2）承诺的构成

承诺的构成，是指受要约人同意要约内容，并在同意的意思表示通知到达要约人时可以依法成立合同所必须具备的条件。它主要包括以下几个要件：

① 承诺必须由受要约人或其授权代理人作出。要约是对特定人发出订立合同的意思表示，这种意思表示具有相对性，因而承诺也必须是由受要约人向要约人发出。其他任何人所作出的订立合同的意思，即使是完全按照要约所定的条件，也不能构成承诺，而只能视为新的要约。

② 承诺必须在要约有效的时间内作出。对口头要约，除有特殊情况，必须立即接受。对于书面要约，如果要约明确规定了有效时间，则有效的承诺必须在该期间内作出。CISG 第 20 条针对不同的要约形式对明示的承诺期间的计算作出了专门规定：

---

① ［德］施莱希特里姆．《联合国国际货物销售合同公约》评释．李慧妮．编译．北京：北京大学出版社，2006. 1. 70.

“(a) 发价人在电报或信件内规定的接受期间，从电报交发时刻或信上载明的发信日期起算，如信上未载明发信日期，则从信封上所载日期起算。发价人以电话、电传或其他快速通讯方法规定的接受期间，从发价送达被发价人时起算。(b) 在计算接受期间时，接受期间内的正式假日或非营业日应计算在内。但是，如果接受通知在接受期间的最后1天未能送到发价人地址，因为那天在发价人营业地是正式假日或非营业日，则接受期间应顺延至下一个营业日；如果要约没有明确规定有效时间，则有效的承诺必须在合理的时间内作出。这段“合理的时间”，可理解为“依通常情形可期待得到承诺的期间”。简而言之，时间的合理性就是指使受要约人得到足够的时间考虑并作必要准备，而不让要约人等得太久。这可以结合交易的性质、交易的习惯、交易事务的运作、所使用的通讯方法的迅速程度等方面进行综合考虑。

③ 承诺必须与要约实质性内容一致。CISG 第 19 条第 1 款规定：“对发价表示接受但载有添加、限制或其他更改的答复，即为拒绝该项发价，并构成还价。”因为要约人只同意以要约所规定的条件订立合同，因此承诺必须与要约的内容一致才符合要约人的真实意思表示。如果受要约人发出的承诺对要约内容作出了变更、扩充或限制，原则上就需要与原要约人进行进一步的磋商，即进行新一轮的要约与承诺，才能确定双方都同意的合同内容。在法律上，由该受要约人发出的“承诺”通知也构成了新的要约，或称为反要约（Counteroffer)。然而，在实践中为使合同不致于因为承诺与要约的内容稍有差别而阻碍合同的成立，CISG 第 19 条第 2 款同时规定，当承诺仅对要约的内容作出非实质性变更时，除要约人不过分迟延地表示反对或者要约表明承诺不得对要约的内容作出任何变更的以外，该承诺有效，合同的内容以要约的条件及承诺通知内所载的内容为准（同见我国《合同法》第 31 条)。实质性内容，亦即合同的主要条款，包括有关货物价格、付款、货物质量和数量、交货地点和时间、一方当事人对另一方当事人的赔偿责任范围或解决争端的方法等（CISG 第 19 条第 3 款、《合同法》第 30 条)。

④ 承诺应以要约要求的形式发出。根据 CISG 第 18 条的规定，承诺以声明、通知或表示同意的行为为主要形式。我国《合同法》第 22 条也规定，承诺应当以通知的方式作出，但根据交易习惯或者要约表明可以通过行为作出承诺的除外。要约人可以在要约中规定传递承诺的具体方式，此时，受要约人应当按该方式发送承诺；若要约人没有指明承诺传递方式，要约人一般可以按照要约传递的方式来送达承诺。如果受要约人采用比要约规定或要约本身所采用的传递方式更快的送达方式作出承诺，则在法律上都应视为有效。

(3) 承诺的效力

承诺的效力，就是使合同以承诺所载条款为内容而成立。承诺的生效，标志着合同的正式成立，对要约人与承诺人都产生约束力。一般情况下，合同于成立时生效，这时如果缔约任何一方在未经对方同意的情况下更改或不履行合同即构成违约，要承担相应的违约责任，如继续履行、赔偿损失等。即使合同成立而尚未生效（如附条件生效的合同或需要履行特定手续才生效的合同），双方也不得自行对已经确定了的合同内容进行更改。如果因为任何一方的过错行为导致合同不能生效，则该方需承担缔约过失责任。

CISG 第 18 条第 2 款规定，承诺于送达要约人时生效，其生效时合同成立；承诺不需要通知的，根据交易习惯或者要约的要求作出承诺的行为时生效（同见我国《合同法》第 25 条、第 26 条）。承诺于何时生效对合同当事人具有重要的法律意义，也是合同法上的重要问题。对此，不同法系的国家亦有不同主张。英美国家认为，在以书信、电报等通信或电讯方式作出承诺时，受要约人的承诺通知一经投入邮筒或交邮局发出，立即生效，合同即告成立。而且即使载有承诺内容的邮件在传递过程发生延误或丢失，如果受要约人能证明其确已在有关邮件上写妥地址，付足邮资，合同仍可以有效成立。这被称为发信主义，或投邮生效原则（Mailbox Rule）。其主要理由有二：其一，要约人本身希望能够订立合同；其二，当要约人通过邮局发出要约时，就默示地指定了邮局作为他接受承诺通知的代理人。①这样做主要是因为在英美国家，要约人原则上不受要约的约束，而受要约人却必须受到承诺效力的约束，发信主义原则能够缩短要约人撤销要约的时间，以此平衡在合同订立过程中受要约人的不利地位。但这样的规定，很可能导致合同成立了而作为合同当事人之一的要约人还不知情的不合理的情况出现。而且，"邮局代理人"的说法也甚为牵强。首先，要约人不会也不可能委托邮局为之检查承诺内容是否与要约的内容完全一致。其次，即使假设承诺与要约的实质性内容一致，如果要约人想发出对非实质性更改的反对，在受要约人发出承诺合同即成立的情况下，如何能实现此项权利呢？

大陆法系国家则认为，承诺应于送达要约人的营业所或惯常住所时才能发生法律效力。如果表示承诺的邮件在邮递中延误或遗失，就不能构成一项有效的承诺。这被称为收信主义，或者到达生效原则（Received the Letter of Acceptance Rule）。这种规定主要是考虑到在大陆法系国家中，要约人原则受要约的约束，因此采用到达主义原则能够缩短受要约人考虑的时间，以此平衡在合同订立过程中要约人相对不利的地位。② 只有当一项承诺进入了要约人同意的地址，而要约人能够取得该意思表示，才能视之为送达。只有当要约人能够知悉受要约人发回的通知，才能判断是否接受可能存在的对要约内容的更改和及时为履行合同作准备。CISG 亦采取了到达生效原则。其中，第 18 条第 2 款

① 谢石松. 国际私法学. 北京：高等教育出版社，2007.9，275.
② 谢石松. 国际私法学. 北京：高等教育出版社，2007：275.

第1句规定，承诺于表示同意的通知送达要约人时生效。我国《合同法》第26条亦采用相同规定。

在英美法国家，电子承诺的发出关系到合同成立。根据《电子商务示范法》第15条规定，是指它进入发端人或代表发端人发送数据电文的人控制范围之外的某一信息系统为准，除非发端人与收件人另有协议。《电子通信公约》第10条第1款还规定，如果电子通信尚未离开发件人或代表发件人发送电子通信的当事人控制范围之内的信息系统，则为电子通信被收到的时间。在大陆法系国家，承诺的到达才对合同成立起到重要的作用。其他有关与要约到达部分相同的规定，在此不再赘述。

（4）逾期承诺

前文提到，承诺必须在要约规定的时间内作出，否则将导致原要约失效。该逾期“承诺”，亦将被视为一项新的要约。这说明，一项超出要约规定时限作出的承诺在一般情况下是不能使合同成立的。因为此时已经超越了要约对原要约人产生约束力的期间。但如果逾期并不影响要约人订立合同的意向，那么出于对当事人意思自治的尊重，该逾期承诺仍应视为有效，同时亦可避免新一轮合同订立过程造成的时间及资源的浪费。有鉴于此，CISG第22条对逾期承诺作出了特别规定：“（1）逾期接受仍有接受的效力，如果要约人毫不迟延地用口头或书面将此种意见通知被要约人。（2）如果载有逾期接受的信件或其他书面文件表明，它是在传递正常、能及时送达要约人的情况下寄发的，则该项逾期接受具有接受的效力，除非要约人毫不迟延地用口头或书面通知被要约人：他认为他的要约已经失效。”《国际商事合同通则》第2.9条也有相同规定。仔细考查该规定的前后两款可发现，一般情况下逾期承诺是不发生承诺的效力的，不能使一项合同成立，而是构成一项新的要约。只有当原要约人及时地通知受要约人该逾期承诺有效，合同方始成立。但由于传递延误引起的逾期承诺，则可起到与在要约规定时送达的承诺相同的效力，除非要约人毫不迟延地用口头或书面通知受要约人其原要约已经失效。对此，我国《合同法》采取的态度与之一致（见《合同法》第28条）。此时，逾期承诺生效的时间仍为其到达的时间，而不是要约人向受要约人发出同意通知的时间。

（5）承诺的撤回

承诺的撤回，是指受要约人阻止承诺发生法律效力的一种意思表示。这是采取收信主义国家合同法律制度中的一项内容。就如要约得以撤回一样，承诺也可在其生效之前被撤回。CISG第22条规定，承诺得予撤回，如果撤回通知于承诺原应生效之前或同时，送达要约人（同见《国际商事合同通则》第2.10条及我国《合同法》第27条）。然而，承诺不能如要约一样被撤销。因为要约生效距离合同订立还有一段时间空隙，而承诺一经送达即发生效力，合同自始成立，不能被更改，更不能被撤销，否则受要约人将构成违约。在采取发信主义的国家，承诺一经发出即生效，因此不存在承诺撤回的余地。

3. 要约与承诺的变异程序

订立合同的要约与承诺，有其系统的运作方式和固定的法律效力。在一般情况下，严格遵守已有的法律体制，能对交易尤其是在陌生交易主体间的交易行为起到良好的引导和风险防范作用。然而，在实际经济交往中，特别在已经建立某种交易习惯的缔约方之间或存在公认行业交易惯例的缔约方之间，为了提高运作效率，省略某些环节，简化合同订立的程序，甚至有欠形式上的承诺，只要缔约双方同意，均不影响合同的成立。有学者称之为要约承诺的变异程序。①

（1）交错要约

交错要约，是指当事人一方向对方为要约，适值对方亦为同一内容的要约，且双方当事人彼此均不知有要约的现象。交错要约虽然在实践出现的几率比较低，但是出于对法律问题的探讨完整性的考虑，在此亦作简单介绍。

由定义可知，交错要约是指在双方当事人互不知有要约的前提下，在较早发出的要约生效前，受要约人亦向要约人发出内容一致的要约的情形。对于交错要约是否能使合同成立，学界及法律实践中存在着两种主张：第一种为实质说，该主张认为合同成立的核心要素为缔约双方意思表示一致，而交错要约的内容一致说明两个意思表示一致，合同得以成立。第二种是形式说，该主张认为合同的订立必须通过要约与承诺的形式，在交错要约的情况下，必须由其中一方对要约作出承诺，合同才能成立。在大陆法系国家中，实质说较占优势。在英美法系国家中，虽然形式说占有重要地位，但对交错要约亦开始采取较宽容的态度。对于交错要约，CISG 和《国际商事合同通则》都没有作出相关规定。我国《合同法》宜采实质说。理由有二：首先，在我国的合同法律制度中，生效的要约对要约人产生法律约束力，根据诚实信用的原则，收到要约的双方都有理由基于交错要约情形的发生，而对对方订立合同的确切意思形成合理的信赖。缔约双方当事人基于此种信赖行事，理应受到法律保护；其次，合意的达成是合同成立的标志。发出内容相同的要约，表明缔约双方当事人都有明确的订约意向，并且就合同订立的意思表示一致，合同自得以成立。

（2）意思实现

意思实现，是指依照习惯或事件性质或要约人于要约当时预先声明，受要约人无须发出承诺通知，而在相当的时期内，有可认为承诺的事实时，合同成立的情况。对此，CISG 第 18 条第 3 款、《国际商事合同通则》第 2.6 条、我国《合同法》第 22 条及第 26 条，都有相关规定。意思实现，作为要约承诺程序的简化，大大地提高了交易效率，

---

① 崔建远．合同法．3 版．北京：法律出版社，2006：51.

已经得到国际社会的普遍确认。

由于意思实现缺乏承诺通知的形式，要约人未必能及时知道受要约人作出承诺事实行为的具体时间和进度，而受要约人也未必能完全信赖要约人而为合同的成立与履行作出准备，或者恰恰相反，受要约人在要约没有任何声明或没有类似交易习惯的情况下为合同的履行，对要约人进行“偷袭”。为了保护缔约双方当事人的利益和维护交易安全，有关国际条约及国内立法都对意思实现的适用情况限于以下几种：① 要约本身声明，承诺无须通知。这是当事人意思自治的选择，应当给予尊重，而且这对特殊情形如紧急订货，非常重要。② 依照交易习惯，承诺无须通知。这通常发生在缔约双方当事人存在长期贸易交往的情况下。他们彼此对对方业务情况非常熟悉，并且形成了系统的稳定的交易模式。例如甲方长期向乙方订货，甲方发出要约时，乙方即发货。③ 依照事件性质，承诺无须通知。第一种情况下的意思实现，为要约明示允许，后二者则是通过交易事实或性质进行推断，需要考查交易的历史、交易模式、商业惯例等方面。

意思实现的核心环节在于承诺事实的发生。承诺的事实，应理解为承诺的意思依一定的事实而实现，而不必通知要约人。承诺的事实包括：① 履行行为，即为履行合同作准备或履行因合同成立所负担的给付行为。② 受领行为，即行使因合同成立所取得的权利。一方当事人主张承诺不存在时，对承诺意思的欠缺须负举证责任，并对相对人依侵权行为，或不当得利规定负其责任。

意思实现的效力，自承诺的事实发生时产生。对于承诺事实作出的时间，当事人有约定的从其约定；没有约定承诺期间的，由于承诺事实无须通知，不存在依通常情况下可期待到达的参照系，则应依合同的性质、当事人可推知的意思及交易惯例加以确认。

4. 合意与不合意

(1) 合意

合意，是指缔约双方当事人相互意思表示一致，具体来说就是缔约双方当事人就合同条款的内容达成一致的同意。前文述及合同的订立，有要约与承诺、要约与交错要约、要约与意思实现三种方式。无论采取哪种方式，其核心要素均为合意的达成。

关于合意的内涵，两大法系的民法学说都形成了对合意的两种界定。在英美合同法上，合意分为 Meeting of Minds 与 Mutual Assent 两种表示法。前者是指双方当事人对于合同标的及其他条款在主观上和客观上均意思表示一致；后者是指双方当事人对于合同标的及其他条款在客观上趋于一致，在主观存在小部分不同意见时，不妨碍合同成立。[①] 德国民法学说亦把合意分为两种形式：“内心的意思”和“意思表示的意义”。

---

① Sho-Pro of Indiana, Inc. v. Brown, 585N. E. 2d. 1357 (Ind. App. 1992). 转引自杨桢. 英美契约法论. 北京：北京大学出版社，1997：29.

对此，有学者认为，所谓合意，终究其言，系指经由解释所认定的“表示内容的一致”，而非指内心意思的一致而言。① 此处的解释应循双方交易动机、谈判过程、事后行为等进行考究。

关于合意的程度，应兼顾要约与承诺内容一致性的要求与具体情况而定，合同成立与不成立主要有三种情况：① 双方当事人对合同每一个条款均须达成合意，合同成立。如果当事人要求必须对合同的内容达成完全一致的同意，则只有双方协商到如此程度才能认定合同成立；② 双方当事人就合同必要的内容达成一致，而对非必要的内容，未经当事人表示意思的，则推定达成合意，合同成立；③ 双方当事人协商的同时提及必要的内容与非必要的内容，则不但须就必要的内容必须达成合意，而且须就非必要的内容也必须达成合意，合同才能成立，即使非必要的内容是轻微的。因为合同是缔约双方当事人合意的结果，合同的内容必须得到双方的同意（或视为双方都同意），合同才能成立。②

在国际贸易中形成的规则是，如果当事人就合同中的主要条款协商一致，未予确定的次要条款可能在随后的事实中或通过法律显示出来，视为合意已经形成，合同成立。特别是，当合同存在须根据特定事项或特定形式达成的协议或特意待定条款时，《国际商事合同通则》第 2. 13 条规定，在谈判过程中，凡一方当事人坚持合同的订立以对待特定事项或以特定的形式达成的协议为条件，则在对这些特定事项或该形式达成协议之前，合同不能订立。第 2. 14 条规定，如果当事人各方意在订立一项合同，但却有意将一项条款留待进一步谈判商定或由第三人确定，则这一事实并不妨碍合同的成立。即使当事人各方未就该条件达成或第三人未确定该条款，考虑到当事人各方的意图，如果在具体情况下存在一种可选择的合理方法来确定此条款，则合同的存在不受这些情况的影响。

对于合意的程度，2009 年 5 月 13 日起施行的《最高人民法院关于适用〈中华人民共和国合同法〉若干问题的解释（二）》③（下称《〈合同法〉解释（二）》）第 1 条有明确规定，即“当事人对合同是否成立存在争议，人民法院能够确定当事人名称或者姓名、标的和数量的，一般应当认定合同成立。但法律另有规定或者当事人另有约定的除外。”由此可知，合同主体、合同标的和数量，是合同内容必要之内容，缺一不可，而其他内容为非必要的内容，当事人未经协商的或非经当事人坚持需要达成协议，不影

---

① 王泽鉴．债法原理（一）：基本理论·债之发生．北京：中国政法大学出版社，2001：189；［德］卡尔·拉伦茨，王晓晔，邵建东，程建英，徐建国，谢怀栻．译，谢怀栻．校．德国民法通论：下册．北京：法律出版社，2003：732 ~ 733 页。

② 王泽鉴．债法原理（一）：基本理论·债之发生．北京：中国政法大学出版社，2001：190.

③ 《最高人民法院关于适用〈中华人民共和国合同法〉若干问题的解释（二）》于 2009 年 2 月 9 日最高人民法院审判委员会第 1462 次会议通过，该法自 2009 年 5 月 13 日起施行。

响合同成立。当事人要推翻此推论，则必须证明法律另有规定或者当事人另有约定，或基于其他理由对此等非必要的内容，也必须合意时，合同才能成立。但这种情况在实务中非常罕见，因为《合同法》中有关于非必要内容认定的补充性规定，法官也应依案件事实通过解释而确定之（《合同法》第61条、第62条）。

关于合意的内容，根据要约与承诺的一般规定，承诺到达时合同成立，合同根据承诺所载的内容订立。特别是，缔约双方当事人可能各自使用不同的格式条款，对此《国际商事合同通则》第2.22条规定，在双方当事人均使用各自的标准条款的情况下，如果双方对除标准条款以外的条款达成一致的，则合同应根据已达成一致的条款以及在实质内容上相同的标准条款订立，除非一方当事人已事先明确表示或事后毫不迟延地通知另一方当事人其不受此种合同的约束。在需要书面确认合同的情况下，一般来说，当事人不应单方更改已商订的合同内容。一旦出现这些更改，根据《国际商事合同通则》第2.12条规定，在合同订立后的一段合理时间内发出的意在确认合同的书面文件，如果载有添加或不同的条款，除非这些添加或不同条款实质性地变更了合同，或者收受方毫不迟延地拒绝了这些不符，则这些条款应构成合同的一个组成部分。

(2) 不合意

不合意，是指缔约双方当事人就合同内容不能达成一致。这包括对合同实质性内容的不合意及对合同非实质性内容的不合意。缔约双方当事人不合意，合同不成立。不合意的类型有二：一是公然不合意，或称意识的不合意，即当事人明知欠缺意思一致；二是隐藏不合意，或称无意识不一致，即当事人不知其意思表现不一致。其主要情形包括：① 当事人长期谈判，认为合同已经成立，但不知道对于某项或某些已经提出的问题，并未达成合意。② 当事人的意思表示客观上具有多义性，不能经由解释排除其歧义。隐藏的不合意通常在合同履行，或者在准备履行合同阶段才被发现。由此可能引起返还财产、不当得利的法律责任。

三、国际货物买卖合同的形式

合同的形式，或称合同的方式，是当事人合意的表现形式，是合同内容的外部表现，是合同内容的载体。合同的形式主要包括口头形式、书面形式和数据电文。其中，口头合同只用语言为意思表示订立合同，但并不表示不能产生任何文字凭证，如双方交货单证、付款单据等。由于缺乏有形的记载，在发生争议时，当事人举证证明合同的存在及合同关系的内容难度比较大。书面合同，是指以文字表现当事人所订合同的形式。我国《合同法》第11条规定，书面形式包括合同书、信件和数据电文（包括电报、电传、传真、电子数据交换和电子邮件）等可以有形地表现所载内容的形式。书面形式最大的好处是有据可查，当纠纷发生时，当事人易于举证，便于明确责任。

根据功能等同原则，《电子通信公约》对于以数据电文形式储存的合同文本如何满足书面形式及合同原件的要求作出了具体的规定。公约第9条第2款规定，凡法律要求一项通信或一项合同应当采用书面形式的，或规定了不采用书面形式的后果的，如果一项电子通信所含信息可以调取以备日后查用，即满足了该项要求（同见《电子商务示范法》第6条）。对于合同内容确定性和完整性的要求，该条第4款规定，凡法律要求一项通信或一项合同应当以原件形式提供或保留的，或规定了缺少原件的后果的，对于一项电子通信而言，在下列情况下，即满足了该项要求：该电子通信所含信息的完整性自其初次以最终形式——电子通信或其他形式——生成之时起即有可靠保障；而且要求提供电子通信所含信息的，该信息能够被显示给要求提供该信息的人。该条第5款还对完整性提供了评价标准，即“评价完整性的标准应当是，除附加任何签注以及正常通信、存储和显示过程中出现的任何改动之外，信息是否仍然完整而且未被更改；而且所要求的可靠性标准应当根据生成信息的目的和所有相关情况加以评估。”（同见《电子商务示范法》第8条）。对于数据电文的证据效力，《电子商务示范法》第9条作出了专门规定，即“（1）在任何法律诉讼中，证据规则的适用在任何方面均不得以下述任何理由否定一项数据电文作为证据的可接受性：（a）仅仅以它是一项数据电文为由；或（b）如果它是举证人按合理预期所能得到的最佳证据，以它并不是原样为由。（2）对于以数据电文为形式的信息，应给予应有的证据力。在评估一项数据电文的证据力时，应考虑到生成、储存或传递该数据电文的办法的可靠性，保持信息完整性的办法的可靠性，用以鉴别发端人的办法，以及任何其他相关因素。”该公约第10条还规定了数据电文留存的条件为：（a）其中所含信息可以调取，以备日后查用；和（b）按其生成、发送或接收时的格式留存了该数据电文，或以可证明能使所生成、发送或接收的信息准确重现的格式留存了该数据电文；和（c）如果有的话，留存可据以查明数据电文的来源和目的地以及该电文被发送或接收的日期和时间的任何信息。

易被修改、修改后不容易被发现，一直是数据电文作为合同形式被诟病之处。《电子商务示范法》、《电子通信公约》通过承认一定条件下数据电文的书面稳定性，并为其完整性提供了标准，这无疑大大提高了数据电文的可靠性、证据价值和交易安全性，符合电子商务发展的要求。

一般来说，国际合同法律制度对合同形式没有限制，CISG第11条和《国际商事合同通则》第1.2条都规定，销售合同无须以书面订立或书面证明，在形式方面也不受任何其他条件的限制。销售合同可以用包括人证在内的任何方法证明。考虑到国际贸易风险较大，涉及利益较大，为了保护交易安全，便利于当事人于纠纷发生时证据的获取，我国在加入CISG时对该款提出了保留。于1985年颁布实施的《中华人民共和国涉外经济合同法》[①]（下称《涉外经济合同法》）第7条明确规定：“当事人就合同条款以书面形式达成协议并签字，即为合同成立。通过信件、电报、电传达成协议，一方当事人要求签订确认书的，签订确认书时，方为合同成立。”然而，1999年实施的《合同法》第10条规定：“当事人订立合同，有书面形式、口头形式和其他形式。法律、行政法规规定采用书面形式的，应当采用书面形式。当事人约定采用书面形式的，应当采用书面形式。”由此，《合同法》取代了《涉外经济合同法》。我国对国际货物贸易合同取消了形式上的限制，国际货物贸易当事人根据需要，自由选择合同的形式。

我国《合同法》第36条和37条还规定，采用合同书形式订立合同，在签字或者盖章之前，当事人一方已经履行主要义务，对方接受的，该合同成立。即使是法律、行政法规规定或者当事人约定采用书面形式订立合同当事人未采用书面形式，如果一方已经履行主要义务，对方接受的，该合同亦成立。这表明，我国合同法律制度的立法倾向是只要缔约双方确有订约意图及履约行为，合同的形式一般不妨碍合同的成立。

四、国际货物买卖合同成立的时间和地点

国际货物买卖合同成立的时间和地点，因合同订立的形式而异。在合同依要约与承诺方式订立的情况下，以承诺发生效力之时，为合同成立的时间；以承诺发生效力的处所，为合同成立的地点。在依交错要约成立的情况下，以第二个要约到达时，为合同成立的时间；以第二个要约到达的处所，为合同成立的地点。在依要约与承诺意思实现成立的情况下，以承诺意思实现（有可认为承诺的事实）时，为合同成立的时间；以承诺意思实现的处所为合同成立的地点。当事人采用合同书形式订立合同的，自双方当事人签字或者盖章时合同成立；以双方当事人签字或者盖章的地点为合同成立的地点。当事人采用信件、数据电文等形式订立合同的，可以在合同成立之前要求签订确认书。签订确认书时合同成立（《合同法》第32条、第33条）。

在以电子通信方法订立合同的情况下，电子承诺到达的时间为合同成立时间。根据《电子通信公约》第10条第2款规定，电子通信的收到时间是其能够由收件人在该收件人指定的电子地址检索的时间。电子通信在收件人的另一电子地址的收到时间是其能够由该收件人在该地址检索并且该收件人了解到该电子通信已发送到该地址的时间。当电子通信抵达收件人的电子地址时，即应推定收件人能够检索该电子通信。公约第10

---

① 《中华人民共和国涉外经济合同法》于1985年3月21日第六届全国人民代表大会常务委员会第十次会议通过，自1985年7月1日起施行。该法于1999年3月15日《中华人民共和国合同法》的颁布而失效。

条第3款规定，将收件人设有营业地的地点视为其收到地点（营业地的确定见本书缔约主体部分的介绍）。

五、国际货物买卖合同不成立的法律后果

国际货物买卖合同的订立，可能出现两种结果：一是缔约双方当事人对合同条款达成合意，合同成立；二是缔约双方当事人由于种种原因不能达成合意或中止缔约，还可能是由于缔约方违反诚实信用原则导致合同不成立。合同不成立，只是不发生合同履行的效力，而非不发生任何法律后果。在合同不成立的情况下，当事人在合同订立过程中是否存在过错，引起的法律后果是不相同的。

（一）返还财产

合同不成立，当事人基于合同所为之给付，缺乏法律依据，应予返还。当事人在合同订立的过程中，基于对订立合同的预期或对合同成立的信赖，可能会作出一定的给付行为。当合同不成立时，这种预期或信赖存续的基础消失，那么由于合同订立这种特殊情况下发生的财产性给付再无理据，应当恢复原状，因而发生返还财产的效果。

财产的返还，是合同不成立当然发生的法律效果，不是当事人违反民事义务所直接发生的，也不是道德和法律对当事人相关行为予以否定性评价的表现，并非一项民事责任。当事人基于合同或信赖合同业已成立而得之给付，因为合同不成立而缺乏法律依据。给付物的所有权向原所有人复归，给付人得依不当得利原理请求返还。

返还财产具有物权效力，优先于普通债权的效力。当受领人的财产不足以清偿数个并存的债权时，给付人能够优先于其他人而获得财产的返还。当原物不存在时，“返还财产”则仅具有一般债权效力。

返还财产，应以原物返还为原则，返还范围为受领给付时价值额。若原物已经不复存在，返还范围应以现存利益为限，除非受领人为恶意。

（二）缔约过失责任

缔约过失责任，是指当合同不成立、无效、被撤销或不被追认时，当事人一方因此受有损失，对方当事人对此有过错的，应赔偿受害人损失的法律责任。此处，仅就合同不成立时构成缔约过失责任的情况进行讨论。

在合同订立阶段，缔约当事人之间产生了一种互信关系——根据诚实信用原则，双方通过反复磋商、谈判，表明彼此都存在促使合同成立的意向。这时缔约当事人已经由原来一般的关系进入到一种特殊的信赖关系之中。基于这种信赖关系，缔约当事人都为促使合同的成立作出了不同程度的准备。因此法律所保护的，并非仅是一个业已存在的契约，正在发生中的契约关系亦应包括在内，否则，契约交易将暴露于外，不受保护，

缔约一方将不免成为他方疏忽或不注意的牺牲品。契约的缔约产生了一种履行义务，若此种效力因法律上的障碍而被排除时，则会产生一种损害赔偿义务，因此，所谓契约无效者，仅是指不发生履行合同的效力，并非指不发生任何效力。① 缔约过失责任的法理基础在于诚实信用原则，基于此项原则，从事缔约磋商的当事人，都应善意地履行交易上必要的注意，维护相对人的利益。在违反时，过错方应就其所致的损害，负赔偿责任。简而言之，当事人因自己过失致使合同不能成立的，应赔偿基于此项信赖而产生的损害。

在合同订立过程中，当事人基于诚实信用原则应尽的注意义务主要有：（1）如实告知及说明义务。由于当事人资讯不平等，在一定条件下一方当事人基于诚实信用就与合同订立具有重要关系的事项，应主动为告知及说明而不以他方当事人询问为前提。(2）保密义务。当事人在订立合同过程中知悉的商业秘密，无论合同是否成立，不得泄露。(3）其他基于诚实信用原则应尽之义务。例如不得使用或允许他人使用其在合同订立过程中获得的他方的商业秘密。

在合同订立过程中，由于当事人的过错而产生缔约过失责任构成要件为：① 准备或商议订立合同；② 违反诚实信用原则及有可归责事由；③ 他方当事人受到损害；④ 过错行为与损害之间有因果关系。其中，违反诚实信用原则的可归责事由除了违反上述的注意义务以外，主要还有：（1）恶意磋商。即自始无缔约意愿，仍假借订立合同为缔约之商议。(2）中断缔约。中断缔约本是缔约自由的结果之一，但考虑到契约的类型、商议进展程度、相对人的信赖及交易惯例等，在特殊的情况下存在例外的情况。如甲方（美国卖方）欲与乙方（德国买方）订立国际货物买卖合同，经过长期谈判，乙方对甲方表示已经派员前往察看货物、开始准备调集资金，甲方突然拒绝，其行为与诚实信用原则显有违反。

一方当事人由于在合同订立过程中的过错，引起他方当事人信赖利益损失的，应负赔偿责任。这种损失包括直接损失和间接损失。当由于缔约过失而导致合同不能成立时，另一方可主张损害赔偿。其中直接损失主要有：（1）缔约费用，包括邮电通讯费用、赶赴缔约地或察看标的物等所支出的合理费用；（2）准备履行所支出的费用，包括为调运标的物或受领对方给付所支付的合同费用；（3）受害方支付上述费用所失去的利息。其间接损失主要是指丧失或放弃与第三人另订合同的机会所产生的损失。缔约过失责任赔偿范围亦应仅限于合理的，可预见的费用。这种损害赔偿请求权的发生，须以相对人“非因过失”而信赖合同成立为要件。此项过失应就个案类型，斟酌商议过程、双方的资讯、专业能力及合理期待性等因素加以认定。

① 王泽鉴．民法学说与判例研究：第一册：北京：中国政法大学出版社，1997：84.

即使合同订立过程中存在缔约过失行为，合同仍然成立，也不影响受害方损害赔偿权的主张，此时当事人还可寻求更多的救济途径，包括主张因受欺诈而撤销合同、物的瑕疵担保责任规定等，德国判例学说还认为受害人得请求解除不利内容的合同、请求返还不合理的超额对待给付、请求提高报酬等。①

CISG 考虑到各国关于缔约过失责任的界定范围和法律后果规定的不同，没有对之作出统一规定。然而，《国际商事合同通则》第 2.15 条和第 2.16 条则分别有关于恶意谈判和保密义务的规定。② 对合同订立过程中的诚信义务，我国《合同法》第 42 条有更为详细的规定："当事人在订立合同过程中有下列情形之一，给对方造成损失的，应当承担损害赔偿责任：（一）假借订立合同，恶意进行磋商；（二）故意隐瞒与订立合同有关的重要事实或者提供虚假情况；（三）有其他违背诚实信用原则的行为。"《合同法》第 43 条则是关于保护商业秘密的规定，即当事人在订立合同过程中知悉的商业秘密，无论合同是否成立，不得泄露或者不正当地使用。泄露或者不正当地使用该商业秘密给对方造成损失的，应当承担损害赔偿责任。

第二节 成立合同的合意

主题案例

广州真和药业有限公司诉美国瑞富公司买卖合同纠纷案③

案情回顾

原告广州真和药业有限公司是一家成立于 2000 年的中外合资企业，外方股东是被

---

① 王泽鉴．债法原理（一）：基本理论·债之发生．北京：中国政法大学出版社，2001：248.

② 《国际商事合同通则》第 2.15 条（恶意谈判）规定："（1）当事人可自由进行谈判，并对未达成协议不承担责任。（2）但是，如果一方当事人以恶意进行谈判，或恶意终止谈判，则该方当事人应对此给另一方当事人所造成的损失承担责任。（3）恶意，特别是指一方当事人在无意与对方达成协议的情况下，开始或继续进行谈判。"第 2.16 条（保密义务）规定："在谈判过程中，一方当事人以保密性质提供的信息，无论此后是否达成合同，另一方当事人有义务不予泄露，也不得为自己的目的不适当地使用这些信息。在适当的情况下，违反该义务的救济可以包括根据另一方当事人泄露该信息所获得之利益予以赔偿。"

③ 案例详见广东省广州市中级人民法院（2005）穗中法民三初字第 168 号民事判决书。

告美国瑞富公司，中方股东是广州真和堂保健品有限公司。原告取得了“药品生产许可证”和“药品 GMP 证书”，可生产药品。双方之前存在买卖合同关系。原告还声称与被告之间存在着原告确认订单和收预付款后按照传统中成药配方购买原材料和生产散装胶囊，再由被告提供包装文字，原告代办“包装文字”印刷，印刷成本计入货款内结算的交易惯例。

2003 年 10 月 6 日，被告法定代表人给原告发传真，内容为：“我要订购三痹汤等 24 款古方现代中药系列汤剂，做成 200 粒装的兰州系列产品。数量是每款 30 箱。下为三痹汤等 24 款药材名称，药材 11 月 1 日到齐。”2003 年 10 月 31 日，被告又给原告发传真，要求订购现代古方兰州系列 38 种，并注明打“√”的先做一部分运走。该两张订单并无原告即刻承诺的传真回复。

2003 年 11 月 10 日，原告将两张订单汇总，10 月 6 日订单 24 种药物居左，10 月 30 日共 28 种药物居右。原告发传真给被告法定代表人要求预付合同货款的 30% 即 45 万元人民币，作购货的材料预付款。被告法定代表人当日传真回复称要求先做右边的那个合同，并取消桔梗丸。并请将交货期写在纸上确认。之后，原告称已回复传真，内容为：“1 月印刷品到厂 1 个月内出厂，按合同商标是吴泰洋。”原告为此提供了一张传真复印件为证，但原告提供的原件字迹模糊，并缺乏传真号码，无法辨认。被告对此予以否认，称原告并未回复，并出具一张无原告传真内容的复印件为证。

2003 年 11 月 28 日，被告通过广州市润通华经贸发展有限公司向原告付款 3 万美元。原告称该款即为合同预付货款，被告称该款为与原告之前交易的货款。双方均对该款性质未能举证证实。

原告认为，被告明知原告生产的药品不能内销，明知散装药丸质保期不超过 3 年，故意以不提供“包装文字”的手段拒不提货，不仅构成违约，而且造成了原告经济损失，应当赔偿损失。故请求判令被告赔偿损失人民币 1 025 264 元；诉讼费用由被告负担。

被告辩称，原告在诉状中提出的事实根本不存在。被告与原告之间是曾经有过书信往来，有表示订货的要约意思，但是最终合同没有成立。原告方实际上给被告发过一些货，原告是通过广州的两家公司发货的，被告对原告已发的货物也已支付了款项，即收取了多少货物就已支付了多少款项，合同已履行完毕，根本不存在原告所称的损失，请求驳回原告诉讼请求。

争议焦点

1. 原被告之间的货物买卖合同是否成立？原告认为其已经通过传真向被告发出承诺，买卖合同已经成立，而被告则称没有接收到原告发出之承诺传真，合同自始不成立。

2. 3 万美元付款的性质是什么？原告认为该笔款项为合同预付款，而被告则称其为以往交易的货款。

裁判意见

合同的订立需要经过要约、承诺阶段，合同的内容应具体明确，此为合同成立的必然要求。原告提供证据证明被告之前在下订单时需要明确货物的商标和外包装。现无证据证明本案合同货物的商标和外包装已经被告确认。原告称双方交易存在先准备材料，后确定商标和外包装的操作惯例，但未提供证据证实。审查 2003 年 11 月 10 日传真内容，对于合同的履行时间、商标和外包装等重要问题尚未达成双方意思一致，不能认定 2003 年 11 月 10 日传真已达成双方意思表示一致，合同并未成立。之后，被告向原告交付 3 万美元，与预付款 30% 即 45 万人民币数额也不符，被告称此款为以前交易的货款也符合常理，不能凭此认定被告已以履行主要义务形式承诺。原告称其催收预付款、要求收货等函件均通过广州市全一运输服务公司寄出到被告美国地址，但未能提供被告的签收证明已妥投，原告提供速递公司证明已投递给被告，但在无被告签收情况下，从邮递的商业惯例分析，尚不能认定被告确已收到原告发送的函件，更不能认定被告对此知情和应赔偿损失。由于原告的证据不能证明本案被告已就合同主要条款承诺，不能认定双方合同已成立，也无证据证明原告的缔约过失损失是被告所造成。因此，原告要求被告赔偿损失依法无据，本院不予支持。

评析探讨

本案的基本争点为原被告之间的货物买卖合同是否成立。要约与承诺是订立合同的基本形式，而在现实经济交往中，要约与承诺是个复杂的谈判过程，一次交易的达成可能要经过许多次通信。这就涉及到要约与承诺内容性质与效力的认定。在业已存在交易关系的缔约当事人之间可能基于交易习惯的信赖而简化磋商内容和步骤。这需要对当事人之间过往交易记录等事实与法律问题进行考察，特别是考察缔约双方当事人经过一系列的谈判后对合同内容达成合意的范围和程度（是否存在隐藏的不合意）。另外，在国际通信传递中，还可能出现传递失误的不可控制的情况，这将对合同订立产生极大影响。这些合同订立过程中经常出现的典型问题在本案中都得到体现，现就本案中出现的法律行为、法律问题与争点一一进行简要评析：

1. 原告所称交易习惯的作用和确定。CISG 第 9 条、《国际商事合同通则》第 1.8 条及我国《合同法》第 125 条等相关规定都承认交易习惯在缔约双方当事人之间的效力。除非当事人明确作出相反表示，即使当事人在合同订立过程中没有提及，交易习惯仍对当事人具有约束力。据此，当合同存在理解的歧义，或有未商定之内容而依交易习惯可解决时，可推定当事人对交易习惯沿用的同意。本案中原告称与被告之间存在着原告确认订单和收预付款后按照传统中成药配方购买原材料和生产散装胶囊，再由被告提供包装文字，原告代办“包装文字”印刷，印刷成本计入货款内结算的交易惯例。原告所称交易习惯在合同订立过程中的作用为确定合同有关包装内容由谁提供、由谁负责包装、相关费用由谁支付等内容。本案中，原告试图通过此交易惯例的证明，以说明有关商标及包装的确定问题，若合同订立时没有另外的约定，则不需要协商而直接自动成为合同内容，不影响合同成立。

根据谁主张谁举证的规则，原告应举出自2001年起有关被告提供包装文字的反复的持续的交易行为，而不应仅仅限于本次交易的有关通信来往。但本案的原始资料显示，原告并没有提供有关此交易习惯的其他依据。

2. 原告对被告之要约的发函内容能否构成承诺。案中原被告进行了多次的通讯交往，要确定合同是否成立，必先确定双方在这些信件来往中，是否存在着有效承诺。首先须确定原告对被告之要约的发函内容能否构成承诺。根据基本原理部分对承诺的构成要件的分析，承诺的内容必须与要约的实质性内容一致。具体到本案，被告于2003年10月6日和同年10月31日分别向原告发出订单两份。其中前者指明货物种类和数量，以及交货期限为11月1日；后者仅指明货物种类和数量，并无限定交货期限。虽然订单中没注明标的价格，但理论上可通过货物的数量与种类由当事人其后进行补充约定或根据交易惯例或市场价格进行确定，因此，此二订单构成要约。原告于同年11月10日，将两订单汇总发给原告，并注明总价和提出须有预付款的要求。这无疑对被告要约进行了实质性的扩充，构成了反要约。被告法定代表人当日传真回复要求，先做10月30日订单，但更改了原订单内容（取消桔梗丸），并要求将交货期写在纸上确认。这对原告的反要约又作出了实质性的修改，又构成了新的反要约。之后，原告称已回复传真，内容为：“1月印刷品到厂1个月内出厂，按合同商标是吴泰洋。”原告对交货日期的确定进行了说明，又提出了商标的确定问题。交货日期属履约期限，而商标可对货物定价销售及市场影响力产生重大影响，同属合同的实质性内容，但均未获得被告的同意。因此，原告的此项发函的内容不能构成承诺。

然而，本案中出现了原告为生产订单货物的履行行为，被告亦为受领，则是否可适用要约与意思实现的原理来确认合同已经成立呢？根据《合同法》第22条规定，除非交易习惯或者要约表明可以通过行为作出承诺，否则，承诺应当以通知的方式作出。根据原告提及的交易习惯，合同的履行亦应在合同得到确认以后才作出。因此，本案当事人之间并不存在允许以行为代替承诺通知的交易习惯。此外，在原告所列的证据中，并没有证明原告与被告这些交易行为的标的物就是本案中提及的货物，因此，这不能证明以上交易行为基于案中待确定合同而发生。

3. 3万美元付款的法律性质。本案提及的3万美元付款，属合同预付款还是其他合同的货款，对此原被告各执一词。原告声称，由于被告在一个月内下了两个订单且数量空前，造成原告购买原材料资金周转困难，因此需要被告提供人民币45万元的预付款。因此，该人民币45万元是合同买方支付货款义务的提早履行。而被告称，这是以往交易的货款，而这些交易都是"收取了多少货物就已支付了多少款项，合同已履行完毕"。判决意见认为，被告向原告交付3万美元，与预付款30%即人民币45万元数额也不符，被告称此款为以前交易的货款也符合常理，不能凭此认定被告已以履行主要义务形式承诺。但此处似可商榷。首先，数额不符不能作为否定3万元作为履约预付款的理由。合同的主要义务是指，合同关系所固有、必备，并用以决定合同类型的基本义务。在买卖合同中，出卖人转移标的物所有权，买方支付货款的义务，均为合同主要义务（《合同法》第130条）。只要合同中有预付款的约定，再小的数额也是合同义务的履行，区别只是完全履行与不完全履行。因此，从这个角度看，3万美元的给付同样可以作为违约行为理解。其次，把该3万美元视为以往交易的货款为何合理，判决意见中并无说明。即使原告通过其他公司代理销售案中标的，缔约主体仍是原告。即使被告每次结清货款，亦不可排除合同货物分批供应的可能性。判决意见似须进一步说明理由。

第三节　合同主体与合同成立

主题案例

中国香港A公司与美国B公司、中国深圳C公司空箱堆高机销售争议仲裁案①

案情回顾

2002年9月19日，申请人（中国香港A公司，卖方）和第一被申请人（美国B公司，买方）签订了编号为CON2002-108的《销售合同》（下称《销售合同》)。《销售合同》中约定：申请人向第一被申请人供应型号为FANTUZZI FDC25K8的空箱堆高

① 本书所引仲裁案例除已标注出处外，其余均来源于中国国际经济贸易仲裁委员会华南分会，下文不再分别加注，且本书所有仲裁案例均已进行必要的保密处理。

机一台，价格为 182 000.00 美元；收货人为第二被申请人（中国深圳 C 公司）……《销售合同》第 15 条约定："第一被申请人为第二被申请人的国外公司，系同一法人……仲裁过程中第二被申请人将承担连带法律责任。"

申请人称：《销售合同》签订后，申请人如约向收货人第二被申请人交付了质量符合要求的货物，但买方第一被申请人除在签约后支付了 10% 的首期货款后，再未按期支付余款。按照《销售合同》第 15 条的约定，申请人于 2002 年 12 月 11 日向第二被申请人发函，要求其付款，但其不予理会。此后，申请人多次以电话、信函以及其他方式催要货款，直至 2003 年 11 月 6 日第二被申请人才支付了第二期的货款 18 200 美元。被申请人的行为已经构成严重违约，给申请人造成了巨大的经济损失。基于上述事实，申请人请求裁决被申请人支付货款 145 600 美元及相应利息。

争议焦点

1. 第二被申请人是否为合同当事人的问题。申请人认为，鉴于：(1)《销售合同》中第 15 条条款中的部分表示即"第一被申请人为第二被申请人的国外公司，系同一法人……仲裁过程中第二被申请人将承担连带法律责任。"(2) 收货人及设备的实际使用人是第二被申请人。(3) 其催款函件是发往第二被申请人，所以第一被申请人与第二被申请人共同进行向其购买设备行为。第二被申请人辩称，合同明确地指出买方是第一被申请人，合同的签订代表为黄××，故合同的买方只有一方，即第一被申请人。其并未以任何形式委托黄××与申请人签订任何合同，事后也没有以任何书面或行为去追认黄××的代理行为，申请人所称第二被申请人支付了第二期货款一事已被证实与事实不符，因为证据显示第二期货款是由第一被申请人支付的，第二被申请人不但没向申请人支付过任何款项，而且还根据自己与第一被申请人的合同，向第一被申请人支付了大部分的货款。

2. 黄××的行为是否构成表见代理？第二被申请人辩称，黄××当时仅为第二被申请人的董事，既非法定代表人（董事长）也非经理；黄××当时在第二被申请人处并无办公场所；最重要的是，没有任何证据反映黄××自称是第二被申请人的经营管理人员；黄××在签约时不但未表明是代表第二被申请人，反而明确表示自己代表第一被申请人签约，所以黄××的行为也不构成表见代理。

裁判意见

关于第二被申请人应否承担责任问题。仲裁庭注意到，在本案中，黄××先生是以第一被申请人的名义签订《销售合同》的，《销售合同》中约定的收货人为第二被申请人，第二被申请人事实上也签收了合同项下的正本提单、发票和装箱单，收取了合同项下的货物。但是，仲裁庭也注意到，第二被申请人提供了其与第一被申请人于 2002 年 9 月 23 日另行签订的一份《买卖合同》，并分四次向第一被申请人共计支付了 144 000

美元的货款的证据，证明其与第一被申请人之间存在另一个买卖法律关系。仲裁庭认为：在贸易过程中，可能会出现第三人因授权委托而行使合同权利或履行合同义务的情形，这并不能说明该第三人因此而成为合同关系的主体。在本案中，第二被申请人确实收取了本案合同项下的货物，但第二被申请人提供的证据能够证明其是基于与第一被申请人之间存在的另一个买卖法律关系而收取货物的。因此，第二被申请人在本案中不是《销售合同》的买方，因而也不应当承担《销售合同》买方的付款责任。

但是，仲裁庭还注意到，在《销售合同》的第 15 条中，写明“第一被申请人为第二被申请人的国外公司，系同一法人”和“仲裁过程中第二被申请人将承担连带法律责任”，尽管“同一法人”不是一个准确的法律概念，但不可否认这是对第一被申请人和第二被申请人之间的关系的一种陈述和代表第二被申请人作出的保证。虽然《销售合同》是由黄××以第一被申请人的名义签订的，但黄××在本案中具有多重身份，如前所述，黄××在《销售合同》签订时还担任第二被申请人的董事、总经理，2003 年 2 月 19 日黄××的职务变更为第二被申请人的董事长。虽然没有证据证明黄××获得过第二被申请人的授权在《销售合同》中作出上述保证，但在签订《销售合同》时，黄××担任第二被申请人的董事、总经理，且《销售合同》中约定的收货人是第二被申请人。这些事实足以使申请人有理由相信黄××是有权代表第二被申请人作出上述承诺的。《合同法》第 49 条规定：“行为人没有代理权、超越代理权或者代理权终止后以被代理人名义订立合同，相对人有理由相信行为人有代理权的，该代理行为有效。”因此，根据《合同法》第 49 条的规定，黄××的上述表见代理行为是有效的，其后果应当由第二被申请人承担。

评析探讨

本案中涉及合同主体与表见代表行为的认定。行使合同权利和承担合同义务者为合同主体，其前提条件是该法律主体是合同的当事人。因为合同权利与合同义务都可以通过委托代理的方法由合同当事人以外的主体行使与履行，因此，判断合同当事人应当从合同签订时当事人的参与方式以及合同在履行过程中有无发生合同主体变更的情况进行判断。具体到本案，“第一被申请人为第二被申请人的国外公司，系同一法人”的约定，是不正确的。既然是两个公司，即是两个在法律上相互独立的主体，何来“同一法人”？若非同一法人，那么其是否成为合同的主体就应当分别就其于合同签订时的参与方式进行考察。第二被申请人能举证，合同明确地指出买方是第一被申请人，黄××仅为合同的签订代表，而且证明其是基于与第一被申请人之间存在的另一个买卖法律关系而行使第一被申请人基于涉案的权利（即收取货物）。因此，第二被申请人并非涉案合同主体。

对于本案涉及的表见代表行为，则应该抛开黄××是否实际上获得相应授权，而仅就其行为时是否带有足以令相对人信赖其代表第二被申请人的表面特征。如前所述，表见代表通常基于一定的基础法律关系而产生，本案中黄××为第二被申请人的董事、总经理，是第二被申请人的高级管理人员，对公司业务具有高度决策权。而且，在《销售合同》中约定收货人是第二被申请人时，也是由黄××代表签章的。在作为《销售合同》中相对方的申请人得知第一被申请人与第二被申请人存在案外合同的情况下，以上职务特征及行为特征，足以令申请人相信黄××有权代表第二被申请人作出担保行为。

本案中合同主体与表见代表的认定都牵涉到义务主体和责任主体的确定，其中一些行为后果和主观条件如表见特征，都需要结合合同约定本身和当事人身份、合同签订环境等进行综合考量，以保护相对人的信赖和确保违约情况下获得准确有效的救济。

主题案例

唐纳森（无锡）过滤器有限公司诉广州市番禺东日机械工程有限公司国际货物买卖合同纠纷案[①]

案情回顾

唐纳森远东有限公司与被告番禺机械公司于2003年2月至同年7月共计订立7份国际货物买卖合同，总计价款为179 133.75欧元。合同订立后，唐纳森远东有限公司按照合同约定向番禺机械公司履行了交货义务。截止2003年12月，番禺机械公司共计结欠唐纳森远东有限公司货款125 693.55欧元。2004年12月20日，唐纳森远东有限公司与原告唐纳森过滤器公司订立债权转让协议书1份，约定将唐纳森远东有限公司对番禺机械公司所享有的125 693.55欧元债权及其利息转让给原告唐纳森（无锡）过滤器公司。2005年1月6日，唐纳森（无锡）过滤器公司以特快专递的方式向被告邮寄了债权转让通知书。因被告搬迁并未通知唐纳森远东有限公司，该通知书未能送达。

争议焦点

本案涉及合同关系的确认与债权转让的法律问题，其中与合同成立相关的主要法律争点如下：

1. 被告与唐纳森远东公司是否存在买卖合同关系？被告一直否认其与唐纳森远东

---

① 案例详见广东省广州市中级人民法院（2007）穗中法民四初字第52号民事判决书。

公司存在买卖合同关系，理由是该合同上的签章并非被告在公安部门登记备案的公章。

2. 被告不具有外贸进出口经营权是否影响到合同成立？被告称其不具有外贸进出口经营权，因此根本无权进口货物，故不可能与唐纳森远东公司签订买卖合同。

裁判意见

在唐纳森远东有限公司与被告订立的7份合同上，均盖有被告的采购合同章，在被告出具给唐纳森远东有限公司的还款计划传真上亦盖有被告的公章。被告称这些章不是其公司印章，但其只提供证据证明其在番禺公安分局有5个公章的登记，并未能举证证明合同上的采购合同章、还款计划上的公章不是其公司印章。同时，在唐纳森远东有限公司向被告送货的提单上，盖有被告公司经登记的公章。故可以认定唐纳森远东有限公司与被告番禺机械公司之间的买卖合同关系合法成立。

至于被告所辩称的其营业执照上的经营范围表明其没有外贸进出口经营权，无权进口货物，不可能与唐纳森远东公司签订买卖合同。本院认为，企业法人超经营范围所订立的合同并非当然无效。在原告能提供盖有被告印章的买卖合同、送货提单和还款计划等证据的情况下，被告以其经营范围无外贸进出口经营权为由不足以否认双方买卖合同关系的存在。

评析探讨

本案涉及到合同签章与合同当事人的关系确认和合同当事人订约资格与合同是否成立两大问题。前者主要涉及事实认定的问题，后者则涉及合同成立与合同效力的基本问题。

（1）关于合同签章与合同当事人的关系确认问题。书面合同以缔约双方当事人签字或者盖章时合同成立。根据诚实信用原则，当事人应当使用其在有关部门登记的公章以明确合同一方当事人的身份。然而，在现实生活中，某些企业或出于管理的需要，或贪图一时的方便，甚至出于欺诈的恶意，私刻公章用于签订外部合同，事后却拒不承认合同订立的事实。对此，可通过本案当事人一系列交易往来，甚至是被告与其他主体交易活动中的单据上找寻公章与被告的实质联系。本案的事实认定正是这样做的。

（2）关于合同当事人订约资格是否影响合同成立的问题。这里必须重申一个老生常谈的问题，即合同成立与合同效力的关系问题。合同成立以当事人双方合意达成结果，而合同效力则是国家通过法律对当事人双方意志进行评价的表现。对于合同的订立，是当事人意思自治的领域，法律给予最大程度的尊重。而对于合同的生效与否，法律则有明确的评价标准。凡与法律要求相抵触的，就会被法律否定。否定的结果可能是自始无效、可撤销或效力待定。合同成立与合同效力是两个层次的问题，属于不同范畴和制度。[1] 因此，合同成立不必然致使合同生效，反之，即使合同不发生效力，也不会

---

① 崔建远．合同法．3版．北京：法律出版社，2006：34.

反过来影响合同的成立。

本案中，被告声称其没有对外贸易经营权，不能订立国际贸易买卖合同，这是合同的效力问题，不应作为影响合同成立的因素考虑。考察合同是否成立，只须确定缔约主体是否具有相应的民事权利能力以及合同当事人是否就合同内容达成一致的意思表示。民事权利能力是指可以享有民事权利并承担民事义务的资格。根据《民法通则》第36条规定，法人是具有民事权利能力和民事行为能力，依法独立享有民事权利和承担民事义务的组织。法人的民事权利能力和民事行为能力，从法人成立时产生，到法人终止时消灭。只要企业法人合法存续，它就具有民事权利能力。即使超越其经营范围订立合同，其订立合同的合意仍然是由它的意志机关与合同相对人意思一致的结果，符合合同订立的主体要件和实质要件。因此本案涉及的合同成立。

专题二

国际货物买卖合同的效力

第一节 基本原理

一、国际货物买卖合同效力概述

（一）合同效力的涵义

合同的效力，又称合同的法律效力，是指法律赋予依法成立的合同具有拘束当事人各方乃至第三人的强制力。亦有学者认为，合同效力与合同的拘束力不尽相同：前者是指基于合同而产生的权利与义务，后者则指除当事人同意或有解除原因外，不容一方任意反悔请求解约，无故撤销。[①] 无论采何种见解，从本质上说，合同的效力都是国家意志对当事人合意的法律评价，以国家强制力作为保障。合同当事人一方违约时，守约方得依有关合同法律制度请求强制违约方承担由之引起的不利后果。

从本质特征上看，合同的效力，是当事人意志与国家意志的有机统一。一方面，当事人为满足自身需要和保护己方利益，寻找法律的依据和支持，把双方合意符合于已上升为法律的国家意志，加以固定和维护；另一方面，国家通过法律确定一系列的标准来给予当事人的合意以适当的评价，来达到促进社会经济高效运行和维护社会利益的追求。在二者的相互作用中，当事人的意志得到最大程度的尊重和体现，只要不违反法律和行政法规的强制性规定，当事人的合意都应当得到肯定的评价。

从法律效果来看，合同的效力，是国家对当事人合意的法律评价。根据这种法律评价的不同，其呈现出复杂多样的表现：当法律对当事人合意予以肯定评价时，发生当事人预期的法律效果，当事人承担合同条款所确定的权利与义务；当法律对当事人合意予

---

① 王泽鉴．债法原理（一）：基本理论·债之发生．北京：中国政法大学出版社，2001：193.

以彻底否定评价时，发生合同自始无效的后果，当事人双方承担法定（而不基于合同产生）的权利义务；特殊的情况下，法律对当事人合意予以相对否定的评价，发生合同效力待定或可撤销的后果。此时，法律把决定权有条件地交予权利人或其代理人，由其在一定期间内自由决定是否追认合同或是否撤销合同。

从约束范围来看，合同的效力，不仅对合同各方当事人产生强制力，而且对第三人也产生强制力。对于合同当事人来说，合同的效力包括：(1) 当事人负有适当履行合同的义务；(2) 违反合同约定时承担违约责任；(3) 当事人不得单方更改、解除合同，不得无故撤销合同，不得擅自转让合同权利或义务；(4) 当事人享有请求给付的权利、保有给付的权利、自力实现债权的权利、同时履行抗辩权、不安抗辩权、保全债权的和撤销权、担保权等；(5) 法律规定的附随义务和基于诚实信用原则产生的其他义务亦应成为合同效力的内容。合同对于第三人的效力在于，一般情况下，第三人不得侵害合同债权。在合同债权人行使撤销权或代位权时涉及第三人，在涉他合同中可有向第三人履行或由第三人履行的效力。①

（二）国际货物买卖合同效力的评价

CISG 第 4 条（a）项明确规定，本公约只适用于销售合同的订立和卖方和买方因此种合同而产生的权利和义务。特别是，本公约除非另有明文规定，与合同的效力，或其任何条款的效力，或任何惯例的效力无关。合同效力的问题，归根究底是法律对当事人意志与国家意志的价值取向，需要在个体利益与社会公共利益之间进行权衡，有时甚至需要考虑到善良风俗的沿承与时代流变，涉及各国不同的文化、经济、政治与法律传统。对此极具争议的规则，CISG 通过明文规定，把它划出规范对象的范围之外，由国际私法规则确定的合同准据法来确定。人们有时称之为“对外的漏洞”。② 但内国法对合同效力的适用并非是绝对的，对此有几点需要强调：首先，只有当 CISG 本身没有明确的规则时，这些内国法律中关于合同效力条款才得以适用。例如对标的及合同他方未来履约能力的认识错误在 CISG 第 35 条以下及第 45 条以下都有所规定。其次，对内国法中一些经济指导性条款，如出于保护内国消费者目的而禁止某些用品交易的条款，要先考察其目的是否在于国际适用，是否对跨国买卖适用。

关于合同效力问题，《国际商事合同通则》则有较为详尽的规定。《国际商事合同通则》第三章对无权处分、错误、欺诈、胁迫、重大失衡、第三人责任及由之引起的宣告合同无效的权利和损害赔偿请求权都作出了细致的规定。然而，对于有无行为能

---

① 崔建远．合同法．3 版．北京：法律出版社，2006：69 ~ 70.

② ［德］施莱希特里姆．《联合国国际货物销售合同公约》评释．李慧妮．译．北京：北京大学出版社，2006. 1. 26.

力、授权或不道德或非法的问题仍然让位于内国法进行调整。

二、国际货物买卖合同的有效要件

合同的效力要件，是指法律对各方合意的评价标准。当效力要件被满足时，法律对当事人的合意予以肯定性评价，合同生效；当效力要件未满足时，则按效力要件的缺陷程度，可能发生合同无效、合同可撤销或合同效力待定的情形。由于 CISG 与《国际商事合同通则》都没有对合同效力作出完整的统一的规范，现主要依据我国合同法律制度结合相关原理，对有关合同效力的规定进行探讨。我国《民法通则》第 55 条规定："民事法律行为应当具备下列条件：（一）行为人具有相应的民事行为能力；（二）意思表示真实；（三）不违反法律或者社会公共利益。"有学者认为，合同标的的可能和合法亦属合同效力要件，[①] 本书亦持相同观点。

（一）行为主体具有相应的民事行为能力

这一要件要求当事人能够了解合同的状况和法律效果，对保护其合法权益和减少纠纷具有重要意义。订立有效合同的当事人应当具有完全民事行为能力。对于限制民事行为能力和无民事行为能力人，法律规定，他们可作出与其年龄、智力、精神状况相适应或经法定代理人事先同意的合同，其他情况下，应当由其法定代理代为签订（《民法通则》第 12 条、第 13 条；《最高人民法院关于贯彻执行〈中华人民共和国民法通则〉意见（试行）》若干问题的第 3 条、第 4 条、第 5 条、第 6 条）。由于本书涉及订立国际货物买卖合同的当事人一般是法人，下面将重点针对法人的民事行为能力进行探讨。

我国《民法通则》第 36 条规定，法人的民事权利能力和民事行为能力，从法人成立时产生，到法人终止时消灭。第 37 条规定，法人应当具备下列条件：（1）依法成立；（2）有必要的财产或者经费；（3）有自己的名称、组织机构和场所；（4）能够独立承担民事责任。法人可以设立分支机构。设立分公司，应当向公司登记机关申请登记，领取营业执照。分公司不具有法人资格，其民事责任由公司承担。公司可以设立子公司，子公司具有法人资格，依法独立承担民事责任。

《民法通则》第 42 条规定，企业法人应当在核准登记的经营范围内从事经营。《公司法》却无此项规定。企业法人超越其经营范围订立合同的民事行为效力应当如何认定呢？对于法人民事行为能力与其经营范围的关系问题，按照我国原来的法律规定及其理论，法人签订合同须严格受其宗旨、目的、章程及经营范围制约，超越经营范围的合同无效。但这越来越受到学界的批评，因为近代商法总是通过众多的手段维持商人之间

---

① 梁彗星. 民法解释学. 北京：中国政法大学出版社，1995：225. 转引自崔建远. 合同法. 3 版. 北京：法律出版社，2006：224.

的交易，确保他们所进行的交易不被宣告为无效交易或不被轻易撤销，这被称为商事交易的安全性原则。[①] 超越经营范围订立合同，本质是一种权利的滥用。民事行为能力，是指行使民事权利和承担民事责任的能力。即使法人超越其经营范围订立合同，也不影响其因其滥用权利不能适当履行合同而产生的民事责任。而且，《民法通则意见》第58条亦规定，企业法人的法定代表人和其他工作人员，以法人名义从事的经营活动，给他人造成经济损失的，企业法人应当承担民事责任。《公司法》亦原则性地规定，公司从事经营活动，必须遵守法律、行政法规，遵守社会公德、商业道德，诚实守信，接受政府和社会公众的监督，承担社会责任。因此，法人的民事行为能力应不局限于其经营范围之内，仅法律有限制性规定的除外。

（二）意思表示真实

意思表示一致是合同成立的必要条件，而意思表示真实则是合同有效的实质要件。所谓意思表示真实，是指缔约人的表示行为应真实地反映其内心的效果意思，即其效果意思与表示行为相一致。这是当事人意思自治的必然要求。

在合同谈判当中，缔约双方相互让步妥协、基于信息不对称作出的相对不利的决定，乃商业合作与竞争之常态，不属于意思表示的不真实。在合同订立过程中，出现一般的误解也不影响合同的有效性。仅当存在胁迫、欺诈、重大误解时，合同可被变更或撤销。若损及国家利益，则合同归于无效。而当事人主观意思与客观行为是否一致，当从谈判经过、当事人谈判时的处境、当事人从业资历、当事人有否尽诚实告知义务等进行考查推敲。

（三）不违反法律、行政法规的强制性规定

不违反法律、行政法规的强制性规定，是对个人权利的制约，目的在于维护社会公共安全和社会经济健康、有序和稳定地发展。从规范的制定主体来看，此处法律与行政法规是指全国人民代表大会及其常务委员会制定的法律和由国务院颁布的行政法规；从规范的性质来看，仅指其中的强制性规范。更进一步来说，强制性规范又可以分为命令性的强制性规范和效力性的强制性规范。在现代商业发达的社会环境下，基于维护交易安全的需要，人们又将商法的某些强制性规定或禁止性规定看作有关命令性质的规定而非效力规定。行为人违反有关命令性质的法律规定，也仅承担行政责任或者刑事责任，其所从事的商行为仍然有效；行为人违反有关效力性质的法律规定，其商行为才是无效行为。至于强制性或禁止性法律规定属于何种性质，取决于该种规定的重要性以及该种法律所作的解释。[②]

---

① 张民安，刘兴桂．商事法学．2版．广州：中山大学出版社，2005：27.

② 傅静坤．民法总论．广州：中山大学出版社：142.

（四）不损害社会公共利益

社会公共利益是对个人权利制约的另一方面。《合同法》第 7 条规定："当事人订立、履行合同，应当遵守法律、行政法规，尊重社会公德，不得扰乱社会经济秩序，损害社会公共利益。"这里"社会公共利益"一词与"法律"并列使用，因此，这里的社会公共利益，是指特定的生活环境中对不特定多数人具有重要意义的共同的利益。凡是一国社会生活的政治基础、公共秩序、道德准则和风俗习惯等，都可列入其中。社会经济生活范围广泛，情况复杂，立法者不可能将一切情况都规定无遗，所以把社会公共利益的保护作为一般条款或兜底条款，以弥补社会发展使法律出现的漏洞和不足。并且，某些对社会生活具有重大意义而未被法律确认的公共利益，也只能通过个案去发现并给予维护。因此，通过把社会公共利益定为最后一道防线，有利于整肃社会风气，维护国家与个人利益。然而，由于社会公共利益范围甚广，带有不确定性，在司法实践上应当严格适用。因为社会公共利益的评断人毕竟是作为国家公权力机关的法院，稍欠严谨则会对私法自治带来隐忧。

（五）合同标的须可能和确定

合同的标的是指债务人应为履行的内容。标的的可能，是指在合同订立时是实际上履行的可能。因此，导致合同无效的应是标的自始履行不能，而非嗣后不能，后者一般根据违约责任或风险负担规则解决。而这种可能，应是社会观念上的可能，而不仅仅是理论上的可行，如海底寻针。[①] 从法理层面看，债是指特定当事人间得请求一定给付的法律关系。债权的本质，是指有效地受领债务人的给付，而债权人得向债务人请求给付，则是债权作用或权能。[②] 合同订立引起的是债的关系，债的实现才能使当事人的需要得到满足。标的，是合同给付的内容，亦是合同债权人请求权的对象。如果标的不存在或实际上无法履行，合同当事人则无法达成其订约目的，当事人权利义务就会因失去了履行的对象而落空，即使法律赋予债权人一方以请求权予以救济亦属枉然。由此可知，标的的不可能使合同丧失其应有的意义。

《国际商事合同通则》第 3.3 条第 1 款规定，合同订立时不可能履行所承担之义务的事实本身不影响合同的效力。这里合同订立时自始不可能履行，应指向于合同订立时，标的可能和确定，而因为当事人自身能力有所不及以致无法履行的情形。如从事需要得到国家许可的货物贸易而没有得到相关许可的卖方。

（六）附条件与附期限生效

《合同法》第 45 条和第 46 条分别对附条件生效的合同和附期限生效的合同作出了

---

① 崔建远．合同法．3 版．北京：法律出版社，2006：224.

② 王泽鉴．债法原理（一）：基本理论·债之发生．北京：中国政法大学出版社，2001：9.

规定，当生效条件成就或生效期限届至时生效。但当事人为自己的利益不正当地阻止条件成就的，视为条件已成就；不正当地促成条件成就的，视为条件不成就。例如双方已就合同条款达成合意，约定待买方得到银行贷款以支付货款时生效，在此期间，买方应该积极地寻求银行贷款的获得，以促使合同成立，但若买方怠于办理或故意不满足其力所能及的获得银行贷款的条件，则应视为条件已成就。

三、国际货物买卖合同的无效

（一）合同无效概述

合同无效，是指合同严重违反生效要件，法律给予当事人合意以彻底的否定性评价。无效合同具有违法性，当事人不得依据合同实际履行，也不承担不履行合同的违约责任。

从程度上看，合同的无效是绝对的、当然的无效，任何有利害关系的人均可主张。无效合同存在的生效要件的违反是不能弥补的，因为从社会效果来看，这种违反造成的是对国家、集体利益或社会公共利益的侵害。因此，不仅法律不允许当事人合意的内容发生法律效果，而且国家还可以对无效合同实行干预，如法院可以主动对合同进行有效性审查，发现有违法的无效合同，有权机关可依职权对当事人进行查处。①

从时间上看，合同无效是自始的无效，即合同自成立开始就没有发生过效力。对于已经履行的部分产生溯及力。这里存在着新法与旧法冲突而带来的合同由无效转变为有效和嗣后无效问题。对于新法与旧法的时际冲突问题，根据《最高人民法院关于适用〈中华人民共和国合同法〉若干问题的解释（一）》（下称《〈合同法〉解释（一）》）第1条的规定，② 一般情况下，新法无溯及力。对于无效转变有效的情形，该解释第3条③是给予肯定的。因为在《合同法》颁布实施之前，我国对合同无效的规定非常严格，有很多关于合同无效的规定，如《民法通则》第58条规定采用欺诈、胁迫的手段或者乘人之危，使对方在违背真实意思的情况下所订立的合同无效；当时的《经济合同法》第7条第3款规定越权代理订立的合同无效等，而根据现行《合同法》规定，这些行为都不必然无效。对于合同嗣后无效，就《〈合同法〉解释（一）》第3条文意来看，立法者出于商事交易安全的考虑，在法律的时际冲突中倾向于维护合同有效性。

---

① 王利明．合同法新问题研究．北京：中国社会科学出版社，2003：286～287.

② 《〈合同法〉解释（一）》第1条规定："合同法实施以后成立的合同发生纠纷起诉到人民法院的，适用合同法的规定；合同法实施以前成立的合同发生纠纷起诉到人民法院的，除本解释另有规定的以外，适用当时的法律规定，当时没有法律规定的，可以适用合同法的有关规定。"

③ 《〈合同法〉解释（一）》第3条规定："人民法院确认合同效力时，对合同法实施以前成立的合同，适用当时的法律合同无效而适用合同法合同有效的，则适用合同法。"

因此，如果新法规定某种行为违反强制性规定，即使是效力性的规定，也不应该由此否定合同的效力，而应适用《合同法》第110条关于法律上不能履行的规定，类推适用《合同法》第94条合同法定解除权第1项的规定解除合同。然而，无论如何，合同无效并不影响合同已经成立的事实，因为二者适用的是两种不同的评价标准。

从范围来看，合同无效包括全部无效和部分无效两种情况。换句话说，合同无效更应该是指向合同条款的无效，而并非笼统地指向合同整体的无效。当合同无效的原因存在于合同内容的全部，则整个合同无效；当合同无效的原因仅存在于合同内容的部分，则该部分内容无效，不影响其他部分的效力（《合同法》第58条）。

从类型来看，合同无效应当包括法定的无效和当事人约定的无效。前者是指因为违反法律的规定而使合同归于无效，后者则指合同订立时，违反当事人之间约定的生效要件而导致合同自始不发生效力。

（二）国际货物买卖合同无效的原因

受我国合同法律调整的国际货物买卖合同的无效原因，主要见于我国《合同法》第52条、第53条、第40条的规定。第52条对五种合同无效情形作出了规定：（1）一方以欺诈、胁迫的手段订立合同，损害国家利益；（2）恶意串通，损害国家、集体或者第三人利益；（3）以合法形式掩盖非法目的；（4）损害社会公共利益；（5）违反法律、行政法规的强制性规定。第53条则对免责条款进行了规定：“合同中的下列免责条款无效：（一）造成对方人身伤害的；（二）因故意或者重大过失造成对方财产损失的。”第40条是关于格式条款无效情形的规定：“格式条款具有本法第五十二条和第五十三条规定情形的，或者提供格式条款一方免除其责任、加重对方责任、排除对方主要权利的，该条款无效。”另外，《国际商事合同通则》第2.20条对意外条款作出了规定：“（1）如果标准条款中某个条款是对方不能合理预见的，则该条款无效，除非对方明确地表示接受；（2）在确定某条款是否属于这种性质时，应考虑到该条款的内容，语言和表达方式。”下面就合同无效情形逐一展开探讨。

1. 一方以欺诈、胁迫的手段订立合同，损害国家利益

以欺诈手段订立的合同是“依他人之欺骗行为陷入错误而为之意思表示”。[①] 所谓欺诈，就是指通过各种手段使他人陷于错误并因而为意思表示。其构成要件包括：（1）欺诈方具有欺诈的故意。这是指欺诈方明知自己的行为会导致对方陷入错误而希望或放任这种结果发生。（2）欺诈方实施与合同有关的欺诈行为。包括故意陈述虚假事实或隐瞒真实情况。（3）受欺诈方因欺诈陷入了错误。这里强调欺诈行为与错误认识的因果联系。如果认识的错误是由于受欺诈方自身原因引起的，则不能认为构成欺诈

---

① 王利明．合同法新问题研究．北京：中国社会科学出版社，2003：299.

而适用有关重大误解的有关规定进行处理。（4）受欺诈方因错误而作出了意思表示。欺诈必须导致后果发生才能构成。若当事人只是主观上受到欺诈手段的影响而没有因此作出意思表示，不法的合同关系还未形成，欺诈的后果还未发生，则不能认为构成欺诈。《民法通则意见》第68条对欺诈行为的认定作出了例示，即一方当事人故意告知对方虚假情况，或者故意隐瞒真实情况，诱使对方当事人作出错误意思表示的，可以认定为欺诈行为。《国际商事合同通则》第3.8条对欺诈作出如下规定：一方当事人可宣布合同无效，如果其合同的订立是基于对方当事人的欺诈性陈述，包括语言、做法或对依据公平交易的合理商业标准，该对方当事人对应予披露的情况欺诈性地未予披露。

胁迫，是以将来要发生的损害或以直接施加危害相威胁，使对方产生恐惧并因此而订立合同。胁迫与欺诈的构成要件，在学理上大体相同，包括胁迫的故意、胁迫的行为、胁迫后果、胁迫行为与后果的因果关系。二者的区别是，在存在欺诈的情况下，受欺诈方在订立合同之时，是“自愿的”，而在胁迫情况下，受胁迫方是非自愿但由于惧怕而不敢或由于受到直接的压制而不能作出反抗。欺诈的对象是合同订约当事人，而胁迫的实施可以是针对受胁迫者本人、其家庭成员、亲属朋友。胁迫的内容广泛，涉及生命、身体、财产、名誉、隐私、自由、信用等方面。不同胁迫手段的强度亦有不同，可以是精神上施加的危害，也可以是肉体上直接施加的暴力侵害。《民法通则意见》第69条指出，以给公民及其亲友的生命健康、荣誉、名誉、财产等造成损害或者以给法人的荣誉、名誉、财产等造成损害为要挟，迫使对方作出违背真实的意思表示的，可以认定为胁迫行为。《国际商事合同通则》第3.9条对胁迫的规定是，如果其合同的订立是因另一方当事人的不正当之胁迫，而且考虑到在具体情况下，该胁迫如此急迫、严重到足以使该方当事人无其他的合理选择。尤其是当使一方当事人受到胁迫的行为或不行为本身属非法，或者以其作为手段来获取合同的订立属非法时，均为不正当的胁迫。该规定强调胁迫的急迫性及严重程度，即胁迫是现实存在的，或当事人相信将来会发生的及足以使当事人认为违背意志订立合同是惟一合理的选择。

导致合同无效的欺诈和胁迫行为，必须对国家利益构成损害。法律不允许个人利益凌驾于国家利益之上，国家利益举足轻重，法律在于保护国家利益，防止其受到不法侵害。国家利益包括国家经济利益、政治利益、安全利益等，但不包括国有企业的利益。如果只是损害了当事人的利益，应适用《合同法》第54条关于可撤销合同的规定。如果损害的是社会公共利益，则应适用《合同法》第52条第4款的规定。

2. 恶意串通，损害国家、集体或者第三人利益

恶意串通，是指当事人以损害他人、国家、集体利益为目的的非法合谋。这种恶意，是指动机不良的故意，侧重于主观上的应谴责性。当事人之间相互串通，是指当事人在主观上都具有共同的意思联络、沟通，都希望通过实施某种行为而损害国家、集体或第

三人的利益。当事人相互串通的时间，可以是在合同订立之前形成，也可以是在合同订立过程中形成。相互串通的形式，可以是当事人各方事先达成协议，也可以是一方作出意思表示，而其他当事人明知实施该行为所达到的目的非法，仍默示接受；可以是各方共同积极作为，也可以是相互配合。

从司法实践来看，恶意串通损害其利益的合同无效的主张，常常会在举证方面遇到很大的障碍。因为不仅要证明双方主观上都具有加害的意图，而且要证明双方必须有相互勾结和串通的行为。这种举证是十分困难的，因此，合同以恶意串通而被宣告无效的案件很少。

3. 以合法形式掩盖非法目的

以合法形式掩盖非法目的，又称为隐匿行为，是指当事人实施的行为在形式上是合法的，但在内容上和目的上是非法的。在这种情况下，当事人主观上具有掩盖非法行径的故意，订立合同在于追求非法的目的，以合法的形式订立合同只是获取非法利益的一种手段。

当事人规避法律与以合法形式掩盖非法目的并不完全等同。所谓法律规避，是指通过一定的途径避开使用现行法律的规定。有学说认为法律规避并非违法行为，即“为法律所禁止之行为者，即违反法律；未违反法律之文义者，即规避法律”。① 有学者认为规避法律包括以合法形式掩盖非法目的和不隐匿而直接通过某种规避行为达到违法的目的。② 然而，规避法律的行为不一定都是违法行为，因为法律体制不可避免存在着漏洞，而法律解释亦存在着或多或少的回旋余地。当事人发挥智慧，灵活理解法律，合理地利用法律规定而寻求自身利益最大化，符合理性人的特征和基本诉求，而且有利于促进法律制度的完善。

4. 损害社会公共利益

社会公共利益体现了社会成员的最高利益，违反社会公共利益或公序良俗的合同无效，成为各国立法普遍确认的原则。社会公共利益是指全体社会成员享有的利益，与以国家为主体而享有的国家利益不尽相同。社会公共利益亦不同于当事人的利益，社会公共利益可被理解为一种间接的利益，任何人作为社会生活中的一员都能够得到社会公共利益的好处。

社会公共利益在国外常被称为公共政策。社会公共利益是个庞大而又不确定的概念。有学者指出，它本身就只是一法律名词，而意味着“公共利益的好处”，意即任何

① ［德］迪特尔·梅迪库斯．德国民法总论．北京：法律出版社 2000：493．转引自王利明．合同法新问题研究．北京：中国社会科学出版社，2003：313.

② 王利明．合同法新问题研究．北京：中国社会科学出版社，2003：313.

未被法律禁止的行为，若有侵害大众或违反公共利益之虞，即应加禁止。[①]因此，在我国，一般认为社会公共利益包括公共秩序和公共道德。危害公共秩序的行为一般在强制性法律、行政法规中都有规定，包括金融管理秩序、社会管理秩序、市场秩序等。社会公共道德，或称为善良风俗，它是指由社会全体成员所普遍认可、遵循的道德准则。"作为或不作为，而强行法又苦无强制或禁止之规定可用时，公序良俗之规定，方始发生补充之功能。"[②] 虽然社会公共利益关系到国计民生，但仅当法律出现漏洞时，即在缺乏可供援引的具体规则的情况下，法官才能严格根据实际情况加以适用。

5. 违反法律、行政法规的强制性规定

历来合同法律制度，包括1981年《经济合同法》第7条、1985年《涉外经济合同法》第9条、1986年《民法通则》第58条、1993年《经济合同法》第7条，都有违反法律、国家政策的合同无效的规定。到1999年《合同法》第52条把"国家政策"去掉，把"法律"明确限定为"违反法律、行政法规的强制性规定"。这反映出随着时代的变迁、市场经济的发展和国家管理理念的进步，当事人意思自治在与国家意志的博弈中得到越来越多的尊重。

除了把法的效力位阶限定在全国人民代表大会及其常务委员会制定的法律和国务院颁布的行政法规，还把法律规范区分为强制性规范和任意性规范，仅当违反强制性规范时，才可能导致合同无效。学界将强制性规定进行进一步划分，分为命令性规范和禁止性规范。命令性规范，是指命令当事人应为一定行为的法律规范。禁止性规范，是指命令当事人不得为一定行为的法律规范。而禁止性规范，又可再分为取缔性规定和效力性规定。取缔性规范是指取缔违法的行为，对违法主体加以制裁，以禁遏其行为，但并不否认其行为私法上的效力。[③] 而效力性规定，是指未按规定作为则行为无效的法律规范。[④] 对此，《〈合同法〉解释（二）》第14条规定，《合同法》第52条第（五）项规定的"强制性规定"，是指效力性强制性规定。

6. 格式条款和免责条款无效

《合同法》第53条专门对免责条款作出了规定："合同中的下列免责条款无效：（一）造成对方人身伤害的；（二）因故意或者重大过失造成对方财产损失的。"《合同法》第40条规定："格式条款具有本法第五十二条和第五十三条规定情形的，或者提

---

① 王利明．合同法新问题研究．北京：中国社会科学出版社，2003：315.

② 曾世雄．民法总则之现在与未来．北京：中国政法大学出版社，2001. 28.

③ 王泽鉴．民法实例研习（民法总则）．台北：三民书局，1996；234；王利明．合同法新问题研究．北京：中国社会科学出版社，2003：320.

④ 林诚二．民法总则讲义．下．1995：15. 转引自王利明．合同法新问题研究．北京：中国社会科学出版社，2003：321.

供格式条款一方免除其责任、加重对方责任、排除对方主要权利的，该条款无效。”其中“提供格式条款一方免除其责任、加重对方责任、排除对方主要权利的，该条款无效”是针对格式条款无效原因的专门规定。《国际商事合同通则》第7.1.6条规定：“若一项条款限制或排除一方当事人不履行合同义务的责任，或者允许一方当事人的履行可与另一方当事人的合理期望有实质差异，考虑到合同的目的，如援引该条款显失公平，则不得援引该条款。”

然而，《合同法》第39条又规定：“采用格式条款订立合同的，提供格式条款的一方应当遵循公平原则确定当事人之间的权利和义务，并采取合理的方式提请对方注意免除或者限制其责任的条款，按照对方的要求，对该条款予以说明。”据此，免责条款在一定条件下，又是被允许的。从文义上看，此二条款看似有所矛盾，但实际上应当理解为，一般情况下如企业合理化经营所必须，或者免除的是一般过失责任，或者是轻微违约场合的责任，并且提供者又适当地履行了提请注意的义务，免责条款有效。仅当条款的制定人在格式条款中不合理地不正当地免除己方责任，排除对方权利，该免责条款才无效。对此，《〈合同法〉解释（二）》第10条规定，提供格式条款的一方当事人违反《合同法》第39条第1款的规定，并具有《合同法》第40条规定的情形之一的，人民法院应当认定该格式条款无效。对于格式条款，《国际商事合同通则》第2.20条规定，如果标准条款中某个条款是对方不能合理预见的，则该条款无效，除非对方明确地表示接受。这被称为意外条款。在确定某条款是否属于这种性质时，应考虑到该条款的内容，语言和表达方式。这主要针对，在合同订立过程中，一方或双方以格式合同作为要约或承诺，或在要约或承诺中加入格式条款，而对方未就相关的免责条款作出回应而履行合同的情形。有判例指出“作为最后一次给出交易条件的一方，出于诚信原则就不应当能够相信，那些只对他单方面非常有利的条款在对方不反对的情况下，就可以得以运用和实施。”① 当格式条款或免责条款违反上述规定时，该条款无效，合同其余部分效力不受其影响。如果除去无效的格式条款或免责条款，将导致其他条款不能生效的话，则整个合同归于无效。

7. 违反当事人约定的无效

以上六大法定无效的情形是经常被论及的合同无效的原因，然而，在私法自治的领域里，当事人有关合同生效条件的约定亦应得到相同的重视。在现实生活中，当事人之间有关合同效力要件的约定，比法律的规定自由得多，范围也广泛得多，例如当事人可以约定以某种形式订立合同才有效，或者约定必须由本人亲自实施的民事行为，本人未

① ［德］施莱希特里姆.《联合国国际货物销售合同公约》评释.李慧妮.编译.北京：北京大学出版社，2006：74.

亲自实施的，应当认定行为无效等（《民法通则意见》第77条）。

四、国际货物买卖合同的撤销

（一）合同撤销概述

合同的撤销，是指因意思表示不真实，通过撤销权人行使撤销权，使已经生效的合同归于消灭。表意人在缺乏意思自由的情况下作出意思表示并达成合同，法律赋予意思表示有瑕疵的一方合同撤销权的救济。这种存在撤销原因的合同，叫做可撤销合同。可撤销合同的基本法理仍然是意思自治和合同自由。与合同无效不同，撤销权是在允许的范围内，法律（或者说是国家）把撤销权交还给当事人，由当事人审时度势，在充分考虑自己的利害得失后决定是否撤销合同。

从撤销的对象来看，撤销是针对意思表示不真实的合同。如存在欺诈、胁迫、重大误解的情形，合同当事人或因陷入认识的误区或因受强制，无法如一个通情达理的人在一般情况下自由地正确地缔结合同。基于合同自由的基本原则，法律有必要赋予当事人以解脱的撤销权，以解除被捆绑在不自愿的法律关系中的状态。

从可撤销合同的效力来看，可撤销合同虽然存在着可撤销的原因，但在其被撤销之前是有效合同。可撤销合同与无效合同、效力待定合同不同，它既不是完全不发生效力，也不是尚待当事人或第三人追认的状态，而是已经依法产生了效力。在被撤销之前，合同效力仍然存续。当被撤销以后，该合同自始归于无效。

从合同撤销权的行使来看，合同的撤销权必须由撤销权人主动行使。撤销权人即意思表示有瑕疵的合同当事方。这是合同之债的相对性决定的。合同订立过程，是介乎于当事人之间的不公开的过程。加上，意思表示是否自由、真实，局外人常常无从判断。即使当事人发现意思表示存在瑕疵，也只有当事人才能切实地从其自身情况考虑是否撤销合同。因此，法律并没有强制地绝对地使合同归于无效，而是把撤销权赋予当事人。

（二）合同可撤销的情形

我国《合同法》第54条规定，因重大误解订立的或在订立合同时显失公平的或一方以欺诈、胁迫的手段或者乘人之危，使对方在违背真实意思的情况下订立的合同，当事人一方有权请求人民法院或者仲裁机构变更或者撤销。《合同法》第54条更改了《民法通则》第58条的规定，使一方以欺诈、胁迫的手段或者乘人之危，使对方在违背真实意思的情况下所达成的合同由绝对的无效，变成可撤销的合同。对于合同可撤销的情形，《国际商事合同通则》在其第三章“合同的效力”部分，也把欺诈、胁迫、错误、重大失衡、自始不能等规定为可宣告合同无效的原因。下面将结合《国际商事合同通则》的相关规定进行探讨。

1. 欺诈、胁迫

学界之所以广泛支持《合同法》把第52条合同无效原因以外的欺诈、胁迫行为规定为可撤销合同的原因，理由主要有：第一，如果欺诈、胁迫行为的后果不致于损害国家利益，违反法律、行政法规的效力性规定，那么即使它与正常社会经济秩序有所违背，对社会公共利益亦造成一定的侵害，其引发的不良后果对社会经济生活带来的负面影响，也是相对轻微的和间接的。在此情况下，意思表示瑕疵的后果对当事人的影响成为法律考虑的主要因素。从这个角度看，法律应当充分尊重当事人的意思。第二，在存在欺诈、胁迫的合同中，受害当事人的真实意思亦非完全得不到体现。例如当卖方使用欺诈或胁迫的手段使买方认为合同货物的质量上佳，但其实是伪劣产品，但只要在合同中买方的确按自身要求订立了有关货物质量的条款，其在合同中约定的对货品质量的要求并没有受到欺诈行为的影响。第三，存在欺诈、胁迫情形合同的履行，并非必然对受害当事人不利，当事人根据自身利益选择其他法律救济方式或可获得更有利的效果。在合同被宣告无效后，合同自始不发生履行的效力。受欺诈方追究欺诈方违约责任则无从谈起。因此在当事人订约原意在合同得到体现的情况下，合同履行结合其他的法律救济也可实现当事人预期的效果。如上例情况，如果买方日后发现货物质量有问题，他可以要求卖方承担更换、重做或修理的责任。如果卖方不能履行或拒绝履行，可适用《合同法》有关解除合同及违约金、定金罚则的有关规定。这种处理，一来对当事人来说可能是其更希望达到的更有利的结果，二来还可对欺诈或胁迫施加方也能起到惩罚的作用。

对于一方订约时明知自己没有履行能力仍与对方订立合同的情况，是否构成欺诈，需分情况探讨。如果当事人在订约后根本不准备履行合同，甚至将订立合同作为骗取定金、预付款和货款的手段，此种情况应作为典型的欺诈认定；如果当事人在订约时不具备履约的能力，但其于订约时并无隐瞒其无实际履约能力的事实或订约后积极为合同履行作准备，且根据实际情况，可以认定其在履行期限到来时能够履行合同，则不宜认定为欺诈。①

《国际商事合同通则》有关欺诈与胁迫的规定在本书合同无效部分已有提及，在此不再赘述。

2. 乘人之危

乘人之危，是指行为人利用他人的危难处境或紧迫需要，强迫对方接受某种明显不公平的条件并作出违背其真实意思的表示。乘人之危与胁迫的区别在于，乘人之危者不主动实施胁迫以创造危难之境，而是利用他人处于危难之境的状况，其社会危害性要小于胁迫。所谓危难，除了经济上的窘迫外，还包括生命、健康、名誉等危难。乘人之危

---

① 王利明．合同法新问题研究．北京：中国社会科学出版社，2003：301.

的构成要件包括：(1) 他方处于危难或急迫之境。这是乘人之危规定适用的前提。如果危难或急迫的情况并非真实存在，不能适用乘人之危的规定，而应根据实际考虑适用显失公平的规定。(2) 利用对方危难或急迫之境的故意。如果当事人不知对方处于危难之境，即使其提出苛刻条件并为对方接受，也不构成乘人之危。(3) 受害方由于危难或急迫而作出了不真实的意思表示。(4) 合同内容对受害方显失公平。《民法通则意见》第70条规定，一方当事人乘对方处于危难之机，为牟取不正当利益，迫使对方作出不真实的意思表示，严重损害对方利益的，可以认定为乘人之危。

《国际商事合同通则》并没有对乘人之危作出具体规定，盖因在现实生活中，乘人之危的客观情状及当事人主观心态难以确定。商业竞争中，可能会出现一时资金短缺、货源不足、人力资源的流失、他人违约或侵权导致经营陷入艰难状况的情况，且不考虑当事人是完全不情愿还是带有半推半就的意思，但如何确定艰难的程度，如何确定当事人在庞大的商业关系网可以获得帮助的难易程度以及显失公平的标准应当是在一般情况下正常交易的条件与该危难情势下接受的苛刻条件作对比呢，还是在权衡当事人为取得帮助而接受苛刻条件带来的损失与没有获得帮助所带来的损失作对比呢？以及如何从事实上决定损失的实际程度呢？这些都只能靠国内法院根据具体个案、当地经济环境及运行规律及个人甚至专家经验进行判断，不可能也不必要作出明确统一的规定。

3. 重大误解

重大误解，是指误解人作出意思表示时，对涉及合同法律效果的重要事项存在着认识上的显著缺陷，其后果是使误解人受到较大损失，以致于根本达不到缔约的目的。重大误解产生的原因是出于当事人自己的过错，否则将根据情况适用欺诈的规定。为了防止当事人滥用撤销权，一般认为，一般的误解并不能使误解一方获得撤销权，只有对合同重要事项，例如合同性质、标的物品种和质量、包装方式、履行时间、履行地点、履行方式等实质性内容发生的误解，才会导致合同可撤销的效果。而重大误解是单方的误解还是双方误解在所不问。

重大误解是我国《合同法》规定可撤销合同的一种情形，而《国际商事合同通则》第3.4条提出了“错误”的定义，即“错误”是指在合同订立时对已存在的事实或法律所做的不正确的假设。关于错误的程度则是，此错误在订立合同时如此之重大，以致于一个通情达理的人处在与犯错误之当事人的相同情况之下，如果知道事实真相，就会按实质不同的条款订立合同，或根本不会订立合同（《国际商事合同通则》第3.5条第1款）。对撤销权行使的限制是必须是在另一方当事人犯了相同的错误或造成此错误，或者另一方当事人知道或理应知道该错误，但却有悖于公平交易的合理商业标准，使错误方一直处于错误状态之中，或者在宣告合同无效时，或者另一方当事人尚未依其对合同的信赖行事的情况下；但是，如果该当事人由于重大疏忽而犯此错误，或错误与某事实相关联，而对于该事实发生错误的风险已被设想到，或考虑到相关情况，该错误的风险应当由错误方承担，一方当事人不可宣告合同无效。由此可知，我国《合同法》中规定的“重大误解”与《国际商事合同通则》中规定的“错误”并不相同：第一，重大误解仅限于行为人对行为的性质、对方当事人、标的物及履行方式等合同内容的误解，是行为后果与自己真实意思相悖的情形，而错误更接近于行为基础理论。所谓行为基础，是指某种现在或者未来的事实状态，当事人预设此种事实状态现在或者将来会存在，尽管该预设并未上升为合同内容，但当事人的效果意思建立在该预设基础之上。此种预设可能是合同订立时双方均具有的，也可以是一方的预设但被对方所知晓且未加以反对的。于此场合，当事人可以主张撤销此类法律行为。[1] 第二，重大误解可以是当事人单方面持有的，而错误则必须是双方共同的或一方犯有错误而另一方知晓（但不告知错误方）的。第三，撤销存在重大误解的合同时，不需要考虑合同他方的履行情况，而对存在错误合同的无效宣告则必须是另一方当事人尚未依其对合同的信赖行事之前作出。第四，重大误解是出于当事人自身的原因，而错误还包括第三人表述或转达的错误。《国事商事合同通则》第 3.6 条规定，在表述或转达一项声明时发生的错误视为作出声明之人的错误。《民法通则意见》第 77 条也规定，意思表示由第三人义务转达，而第三人由于过失转达错误或者没有转达，使他人造成损失的，一般可由意思表示人负赔偿责任。但法律另有规定或者双方另有约定的除外。

4. 显失公平

显失公平是指双方当事人权利义务明显不对等，使一方遭受重大不利。合同尤其是双务合同应体现平等、等价和公平的原则，只有这样才能体现合同正义。我国《民法通则意见》第 72 条规定，一方当事人利用优势或者利用对方没有经验，致使双方的权利与义务明显违反公平、等价有偿原则的，可以认定为显失公平。《国际商事合同通则》第 3.10 条也规定：“（1）如果在订立合同时，合同或其个别条款不合理地对另一方当事人过分有利，则一方当事人可宣告该合同或该个别条款无效。除其他因素外，尚应考虑下列情况：（a）该另一方当事人不公平地利用了对方当事人的依赖、经济困境或紧急需要，或者不公平地利用了对方当事人的缺乏远见、无知、无经验或缺乏谈判技巧的事实，以及（b）合同的性质和目的。”

由此可知，显失公平的基本特点是：（1）合同一方要承担更多的义务而享受极少的权利，或者在经济上要遭受重大损失，而另一方则以较少的代价获得较大的利益，承

① 纪海龙．意思表示错误制度的比较法研究．清华大学法学院法学硕士学位论文（2002 年），第 37 页。转引自崔建远．合同法．3 版．北京：法律出版社，2006：79.

担极少的义务而获得较多的权利。(2) 一方由此获得的利益超过了法律所允许的限度。这个限度的把握可循以下标准——“即使价值和价格之间相当失衡，或其他因素扰乱了对应履行之间的平衡，尚不足以允许宣告合同无效或修改合同。这种不平衡必须是非常严重的，以致于破坏了正常人所具有的道德标准”。[①] (3) 受害的一方在订立合同时缺乏经验或情况紧迫或处于某种劣势。受害人因缺乏经验，而对行为内容缺乏正确认识的能力，或者因为某种急需或其他紧迫的情况而接受了对方提出的条件。由此可见，显失公平的合同条件于利益受害的一方并不是自愿接受的。当然，显失公平制度并不是为了免除当事人应承担的商业风险。在市场经济条件下，双方给付达到完全对等是不可能的，当事人参与经济交易就应当有相应承担商业风险的预期。因为当事人自身经验的累积，技术、资金、信息优势的获得，也是要投入大量成本的，而且订立合同的当事方都应当积极去寻找自己所需的资源、培养相关方面的技能，而不可能依赖对方主动提供信息和帮助行事。特别是在受害人轻率而签订对己方不利的合同时，更是应当为自己的过失负责。有鉴于此，为了提高市场交易主体的主观能动性，一般情况下显失公平应针对处理合同订立存在一方处于紧迫情况不能自主的情形，而对于一方缺乏经验、轻率的情况，除非受到对方不公平利用而致遭受巨大损失，否则应严格适用。

5. 格式条款的撤销

《〈合同法〉解释（二）》第 9 条规定，提供格式条款的一方当事人违反《合同法》第 39 条第 1 款关于提示和说明义务的规定，导致对方没有注意免除或者限制其责任的条款，对方当事人申请撤销该格式条款的，人民法院应当支持。与该解释第 10 条相比可知，如果免除或者限制其责任的格式条款没有《合同法》第 40 条所规定的法定无效情形，则格式条款接受方当事人享有撤销权。

（三）撤销权及其行使

撤销权，是指撤销权人得依其单方的意思表示使合同等法律行为溯及既往地消灭的权利。撤销权的性质为形成权。

从撤销权的行使主体来看，撤销权人是在因欺诈、胁迫而订立合同的受欺诈人、受胁迫人，在因重大误解而订立合同的误解人，在乘人之危难场合订立合同中的处于危难境地的人，在显失公平场合订立合同的承受重大不利的人。

从撤销权的行使时间来看，《国际商事合同通则》第 3.15 条规定，考虑到各种情况，宣告合同无效的通知应在宣告合同无效的一方当事人已知或不可能不知道有关事实或者在其可以自由行事之后的合理时间内做出。第 3.12 条规定，有权宣告合同无效的一方当事人如果在发出宣告合同无效通知的期间开始后，又明示或默示地确认合同，则

---

① 王利明．合同法新问题研究．北京：中国社会科学出版社，2003：360.

不得再宣告合同无效。我国《合同法》第55条规定，如果具有撤销权的当事人自知道或者应当知道撤销事由之日起一年内没有行使撤销权，或者具有撤销权的当事人知道撤销事由后明确表示或者以自己的行为放弃撤销权的，撤销权消灭。行使撤销权的期间为1年，是除斥期间，主要是为了让合同效力尽早得到确定，以免效力待定影响交易活动的稳定性和效率。以自己行为放弃撤销权，可以是知道或者应当知道撤销事由仍然继续履行合同，或者向对方提出履行的要求，或者向法院请求实际履行或请求对方承担违约责任等。《民法通则意见》第73条规定，对于重大误解或者显失公平的民事行为，当事人请求变更的，人民法院应当予以变更；当事人请求撤销的，人民法院可以酌情予以变更或者撤销。这反映出，在实务中对存在重大误解或显失公平合同行使撤销权的情形，应当严格谨慎处理。

对于欺诈、胁迫、乘人之危、重大误解、显失公平等前述五种导致当事人意思表示不真实的情况，《合同法》第54条还允许当事人予以变更，重新就意思表示有瑕疵部分进行修正。对此，《国际商事合同通则》第3.10条亦赋予了法院有条件地依有权宣告合同无效一方当事人的请求，修改该合同或其条款，以使其符合公平交易的合理的商业标准。某些情况下，当事人意思表示的瑕疵未必及于合同的全部，如果当事人能就此重新达成合意，则既能达到当事人订约的预期效果，又能免去重新谈判带来的成本。

无论是变更还是撤销，根据《合同法》第54条的规定，受损害方都必须通过请求人民法院或者仲裁机构来行使该项权利。

从撤销权的行使效果来看，《合同法》第56条规定，被撤销的合同自始没有法律约束力。合同部分无效，不影响其他部分效力的，其他部分仍然有效。对于撤销前已经履行的合同，《合同法》第58条规定，合同被撤销后，因该合同取得的财产，应当予以返还；不能返还或者没有必要返还的，应当折价补偿。有过错的一方应当赔偿对方因此所受到的损失，双方都有过错的，应当各自承担相应的责任。这与《国际商事合同通则》第3.16条、第3.17条的有关规定相类似。

五、国际货物买卖合同的效力待定

（一）合同效力待定合同的概述

效力待定合同，是指合同成立之后，是否已经发生效力尚不能确定，有待于其他行为或事实使之确定的合同。效力待定，是合同因为欠缺有效要件，而致使合同效力在一段合理时间暂时不能确定的状态。

效力待定合同具有以下特点：（1）效力待定的合同依法已经成立，但合同因缺乏处分权或当事人缺乏行为能力而效力并不齐备。（2）效力待定合同并非无效合同，也不是已经生效合同。效力待定的合同欠缺生效要件，但并没有违反强行法的规定，对社会公共利益的侵害相对轻微，与合同制度的目的没有根本性的抵触，于是法律允许有权人通过追认消除阻碍合同生效的瑕疵。它也不同于可撤销合同，它尚未发生效力，不发生履行的效力。在已知存在效力待定原因时，双方都不应该作出实际履行，否则构成恶意。反之，可视实际情况适用善意取得制度。（3）效力待定合同的效力是否已经发生尚不能确定，有待于其他行为或事实使之确定。这里所指的行为，主要是指：真正权利人行使追认权，使合同自成立之日生效；或者善意相对人行使撤销权，从而使效力待定的合同归于无效；或者真正权利人表示拒绝追认，或经善意相对人催告后在法定的期限内未作表示。而这里的事实则主要是指真正权利人不作为，但特定的事件出现而使效力待定合同的效力要件得到补正，如无权处分人通过继承、受遗赠、收购、合并成功的方式得到所有权。

效力待定的合同主要包括三种类型：限制民事行为能力人订立的合同、无权代理人因无权代理而订立的合同、无权处分人因无权处分而订立的合同。无权代理的情形将在本书“专题十一”中详细探讨，此处不作展开。鉴于限制民事行为能力作为本书涉及的国际货物买卖合同当事人的情况亦属罕见，讨论的现实意义不大，下面将仅就无权处分导致合同效力待定的情形进行探讨。

（二）无权处分的特征与合同效力补正

1. 无权处分的概念与特征

无权处分行为，是指无处分权人处分他人财产，并与相对人订立转让财产的合同。无权处分行为违反了法律关于禁止处分的规定，并可能会损害真正的权利人的利益。[①] 无权处分的特点表现在：（1）行为人没有处分权，以自己的名义实施了处分行为。行为人没有处分权，主要包括以下三种情况：一是指行为人对其处分的财产根本不享有处分权利；二是行为人对处分的财产没有完整的所有权，而只有部分权能如占有权、使用权；三是行为人对处分的财产虽然享有所有权，但其处分权受到了限制，如共同共有。（2）行为人以自己的名义实施处分行为。真正的权利人并不是合同当事人，即使权利人事后追认了无权处分行为，也不会发生合同当事人主体的变更。向相对人履行合同义务的仍然是处分人。（3）行为人实施处分时与他人订立了合同。因无权处分而订立的合同，涉及两方面的法律关系：一是无权处分人与真正权利人的法律关系，无权处分人的处分行为侵害了真正权利人的财产所有权；二是无权处分人与合同相对人法律关系，这又涉及到对善意的相对人的保护和维护交易与秩序的问题。

---

① 王利明．合同法新问题研究．北京：中国社会科学出版社，2003：252.

2. 涉及无权处分的法律依据

《国际商事合同通则》第3.3条第2款规定，合同订立时一方当事人无权处置与该合同相关联之财产的事实本身不影响合同的效力。该通则的起草者认为，“实际上，签约人的确经常在合同订立之后获得对财产的合法权利或处分权。若签约人事后未获得这些权利，则可适用有关不履行的规则。”这种主张有一定的道理，其根本目的也在于维护商事交易的安全与稳定，但是却忽略了对真正权利人所有权的保护，如无权处分卷款潜逃。在某些情况下因无权处分导致不能履行所能获得的救济也不一定能使合同相对方弥补其因此而遭受的损失，如买方购买某种货物是因为产品加工或研发再销售，基于商业秘密的保护而没有告知无权处分的卖方，卖方于不能履行时得主张该种损失为不能预见（《国际商事合同通则》第7.4.4条）。

我国《合同法》第51条规定：“无处分权的人处分他人财产，经权利人追认或者无处分权的人订立合同后取得处分权的，该合同有效。”对于此条规定的无权处分合同效力的理解，学界存在多种主张，即效力待定说、[①] 完全有效说、[②] 无效说，[③] 也有学者都不赞成以上三种观点，而提出区分情况对待，加入善意相对人的保护规定。[④] 不同学说体现的是对真正权利人与合同相对人利益保护的不同倾向。

《中华人民共和国物权法》[⑤]（下称《物权法》）的出台从一定程度上解决了对无权处分的纷争。《物权法》第106条规定：“无处分权人将不动产或者动产转让给受让人的，所有权人有权追回；除法律另有规定外，符合下列情形的，受让人取得该不动产或者动产的所有权：（一）受让人受让该不动产或者动产时是善意的；（二）以合理的价格转让；（三）转让的不动产或者动产依照法律规定应当登记的已经登记，不需要登记的已经交付给受让人。受让人依照前款规定取得不动产或者动产的所有权的，原所有权人有权向无处分权人请求赔偿损失。”同时，该法第108条规定：“善意受让人取得动产后，该动产上的原有权利消灭，但善意受让人在受让时知道或者应当知道该权利的除外。”至此，我国终于确立了善意取得制度。

《物权法》对无权处分行为的不同情况进行区别对待，平衡了真正权利人与善意合

---

① 关怀．合同法教程．北京：首都经济贸易大学出版社，1997：80；崔建远．合同法．3版．北京：法律出版社，2006：82.

② 韩世远．无权处分与合同效力．人民法院报，1999－11－23；转引自王利明．合同法新问题研究．北京：中国社会科学出版社，2003：267.

③ 孙礼海．合同法实用解释．北京：工商出版社，1999：76.

④ 王利明．合同法新问题研究．北京：中国社会科学出版社，2003：266～284.

⑤ 《物权法》由中华人民共和国第十届全国人民代表大会第五次会议于2007年3月16日通过，自2007年10月1日起施行。

同相对人的利益，从而更为有效地维护了经济秩序和交易安全。当合同标的物还没转移时，真正权利人追回标的物的可能性比较大，而且合同标的物的流动还处于相对静止状态，还没进入其他流通的经济关系之中，追回标的物不会对经济活动的安全性产生影响。当合同标的物已经依法进行转移，合同标的物已经从法律上和事实上脱离了真正权利人的控制，而进入了不可预测的经济流通领域，此时对善意第三人的保护即是对整个社会经济秩序安全的保护。① 无权处分行为本质上带有欺诈成分，在无权处分订立合同的情况下，合同相对人在合同订立之时并不知情。但如果受让人于受让时知悉无权处分的情况，则由善意转变为恶意，恶意受让人因无权处分取得的物权不受法律保护，依法可适用《合同法》第52条第2项关于恶意串通，损害第三人利益的规定，使合同归于无效。②

3. 无权处分合同效力的补正

根据我国《合同法》第51条的规定，无权处分合同经权利人追认或者无处分权人嗣后取得处分权，该合同有效。据此，权利人的追认或处分权的嗣后取得，即消灭了导致合同效力待定的无处分权的因素，可以使无权处分合同的效力得到补正。

《合同法》第51条所规定的追认权属于形成权，不需要通过向法院申请，当事人可径自行使。经追认后，涉及无权处分的合同效力确定为已经发生。然而《合同法》并没有对追认权的行使期间进行明确规定，也没有关于催告或撤销通知的规定，这样将不利于确定合同效力以稳定民事合同法律关系。《物权法》第106条的规定，在一定程度上弥补了这一漏洞。它规定在合同标的物所有权依法转移之前，所有权有权追回。当合同标的物所有权依法转移之后，履行合同发生的法律效果即受到法律保护，那么真正权利人的追认权是否行使也不再被考虑。这相当于从反面规定了拒绝追认的时间，即被处分财产被合法转移之前。

善意取得是否属于无权处分合同效力的补正呢？对此存在着两种看法，一是“受让人的善意可以补正无权处分人处分权的欠缺，从而使得无权处分行为例外地成为有效行为”，二是“受让人的善意仅可补足权利取得的缺陷，而不能补正无权处分行为效力的欠缺”。③ 若取第一种看法，则只要在存在善意相对人的情况下，无权处分合同都是有效的，那么无论真正权利人是否行使追认权，将不产生任何实际意义；若取第二种看法，则相对人的善意仅当权利已经依法转移后起补正作用，真正权利人在此之前有追认权，最为符合《物权法》的规定。

---

① 于海涌，丁南．民法物权．2版．广州：中山大学出版社，2005：16.

② 崔建远．合同法．3版．北京：法律出版社，2006：83~84.

③ 王轶．物权变动论．北京：中国人民大学出版社，2001：259.

六、国际货物买卖合同无效、被撤销或不被追认的法律后果

国际货物买卖合同无效、被撤销或不被追认，合同自始不发生当事人所预期的法律效力，即不发生合同履行的效力。虽然如此，但其亦会引起一定的法律后果。

我国《合同法》第58条规定："合同无效或者被撤销后，因该合同取得的财产，应当予以返还；不能返还或者没有必要返还的，应当折价补偿。有过错的一方应当赔偿对方因此所受到的损失，双方都有过错的，应当各自承担相应的责任。"第59条规定："当事人恶意串通，损害国家、集体或者第三人利益的，因此取得的财产收归国家所有或者返还集体、第三人。"《国际商事合同通则》第3.17条也规定："（1）宣告合同无效具有追溯力；（2）宣告合同无效后，任何一方当事人可要求返还其依据已被宣告无效的合同或部分合同所提供的一切，只要该方当事人也同时返还其依据已被宣告无效的合同或部分合同所得到的一切，或者，如虽不能返还实物，但对其所得之物给予补偿。"此外，《国际商事合同通则》第3.18条还对损害赔偿责任的幅度与效果进行了规定，即无论是否宣告合同无效，已知或理应知道合同无效理由的一方当事人应承担损害赔偿的责任，以使另一方当事人处于如同其未订立合同的地位。据此，与合同不成立相似，国际货物买卖合同无效、被撤销或不被追认亦发生返还财产、缔约过失责任的效果，详细探讨可参照前一专题的有关讲解。

另外，由于合同无效、被撤销和不被追认都可能涉及违反法律与行政法规、损害国家和集体利益、侵害第三人利益或社会公共利益的行为，这些行为可能会产生追缴财产、罚款、吊销营业执照等行政处罚。严格来讲，这些行政处罚的执行并不取决于合同的效力，因为它是由于违反法律保护的国家行政与经济管理的法律规范而引起的。这些行政处罚只是在存在合同的背景下发生的违法行为，其受合同法体制外的规范调整。当事人是否存在违法的恶意，均不影响行政处罚的执行。若双方当事人均为故意，此时应当追缴双方当事人的财产而并非要求其返还财产，若仅一方当事人为故意，则追缴该方当事人财产。追缴的财产应归属于受害人，或者是国家，或者是集体，或者是第三人。[①]

---

① 崔建远．关于经济合同无效的探讨．吉林大学社会科学学报，1989，5.

第二节　合同订立主体与合同效力

主题案例

天津普尔兰德旅游装备有限公司诉深圳龙峰国际货运代理有限公司海上货物运输合同无正本提单放货纠纷案[①]

案情回顾

2006 年 6 月 5 日，普尔兰德公司与国外某买方签订贸易合同，出售价值 167 522.84 美元的货物，交货条件为 FOB 新港，目的港为新西兰惠灵顿港，付款条件为 T/T，买方指定龙峰公司为货物的承运人。龙峰公司收取货物后，以自己的名义签发了编号为 SZLF200609028 和 SZLF200610025 的提单，开船日期分别为 2006 年 9 月 17 日和 2006 年 10 月 22 日。后普尔兰德公司得知提单项下货物已经被提取，因未收回全部货款受到损失。经查，根据交通部公布的无船承运业务经营者名录，龙峰公司并未取得无船承运业务经营资格。

存在的问题

2002 年 1 月 1 日《中华人民共和国海运条例》（下称《海运条例》）正式施行。根据《海运条例》第 7 条的规定，"经营无船承运业务，应当向国务院交通主管部门办理提单登记，并交纳保证金。前款所称无船承运业务，是指无船承运业务经营者以承运人身份接受托运人的货载，签发自己的提单或者其他运输单证，向托运人收取运费，通过国际船舶运输经营者完成国际海上货物运输，承担承运人责任的国际海上运输经营活动。"《海运条例》第 26 条同时规定，"未依照本条例的规定办理提单登记并交纳保证金的，不得经营无船承运业务。"因此，无论是中国无船承运业务经营者还是外国无船承运业务经营者，均应当依照该条例及《中华人民共和国国际海运条例实施细则》（以下简称《国际海运条例实施细则》）的规定取得无船承运业务经营资格后，方可从事无船承运业务经营活动。

---

① 案例详见最高人民法院［2007］民四他字第 19 号，发布于 2007 年 11 月 28 日。

虽然《海运条例》的施行对无船承运业务起到了一定的规范和监管作用，但是海运实践中仍然存在大量与无船承运业务有关的违规经营行为，比较典型的有以下几种情况：(1) 取得无船承运业务经营资格的经营者违规签发未经登记备案的提单。(2) 未取得无船承运业务经营资格的经营者违规签发自己未经登记备案的提单。(3) 未取得无船承运业务经营资格的经营者违规签发他人未经登记备案的提单。(4) 我国境内货运代理企业代理未取得无船承运业务经营资格的外国经营者违规签发未经登记备案的提单。本案中龙峰公司所实施的即属于第二种情况的违规经营行为。

裁判意见

天津海事法院对于如何确定上述合同或提单的效力问题存在两种意见：

第一种意见认为合同有效。主要理由：

(1)《海运条例》及《国际海运条例实施细则》规定从事无船承运业务需办理提单登记、交纳保证金并取得《无船承运业务经营资格登记证》，即无船承运业务经营资格的取得。采取的是登记制度而非许可制度，与从事沿海货物运输的经营者需取得《水路货物运输许可证》的规定有着本质的区别。因此，无船承运业务尚不属于限制经营或特许经营行业。未取得无船承运业务经营资格的经营者订立海上货物运输合同或签发提单的行为，违反了《海运条例》第26条规定的管理性（也称取缔性）强制规范，但不属于违反《合同法》第52条第1款第（五）项规定的效力性强制规范的行为，也不属于违反最高人民法院《关于适用〈中华人民共和国合同法〉若干问题的解释(一)》第10条规定的国家限制经营、特许经营以及法律、行政法规禁止经营为行为，只构成一般违法。而且，该行为并不损害国家利益和社会公共利益，不应当被认定无效。

(2) 在国际贸易单证流转过程中，违规经营者签发的未经登记备案的提单，贸易合同的卖方也可以据以结汇并收取货款。因此，前述提单也属于《中华人民共和国海商法》(下称《海商法》) 第71条所规定的物权凭证。如认定运输合同无效必将影响作为运输合同证明的提单的效力，这将严重影响善意提单受让人的利益，破坏国际贸易活动的正常进行，给提单受让人的索赔以及法院对各方当事人责任的认定造成困难。因此，从保护善意提单受让人利益，稳定市场交易的需要出发，也应当认定合同有效。

(3) 通过对审判实践中出现的违规经营者与托运人订立的运输合同的履行情况进行分析，多数情况下货物运输事项均已完成，索赔主要集中在货物灭失或损坏的赔偿纠纷、无正本提单放货纠纷、追索海运费纠纷等案件中，认定合同有效有利于纠纷的解决、有利于保障交易安全、有利于航运市场的稳定发展。

(4) 认定合同有效，并不影响行政机关根据《海运条例》第43条的规定对违规经营者进行行政处罚。同时，人民法院在案件审结后也应当向国务院交通主管部门或者其授权的地方人民政府交通主管部门提出司法建议，要求对违规经营者给予行政处罚，以保障无船承运业务管理制度的落实。

第二种意见认为合同无效。主要理由：

（1）根据《海运条例》及《国际海运条例实施细则》的规定，无论是中国还是外国的无船承运业务经营者均需具备市场准入条件。交通部根据无船承运业务经营者的申请，依照《海运条例》及《国际海运条例实施细则》的规定颁发《无船承运业务经营资格登记证》，依法赋予无船承运业务经营者从事无船承运业务的法律资格。上述行为实质上是一种行政许可行为，说明我国把无船承运业务纳入国家限制经营的行业，其目的是为了规范我国国际海上运输活动，保护公平竞争，防止海运欺诈。违规经营者未在交通部办理提单登记备案并交纳保证金，违反了《海运条例》第7条、第26条的强制性规定，根据我国《合同法》第52条第1款第（五）项关于违反法律、行政法规强制性规定的合同无效之规定，该种情况下订立的运输合同当属无效。同时，根据最高人民法院《关于适用〈中华人民共和国合同法〉若干问题的解释（一）》第10条，违规经营者也违反了国家关于限制经营无船承运业务的规定。因此，其与托运人订立的海上货物运输合同应当认定无效。

（2）审判实践中，外国违规经营者委托国内货运代理企业签发未经登记备案提单的现象极为常见，在海运欺诈及无正本提单放货纠纷案件中占有相当大的比例。此类案件中，托运人很难向外国违规经营者进行索赔，如果认定违规经营者与托运人订立的运输合同或签发的提单无效，则根据《民法通则》第67条的规定，货运代理人明知被委托代理的事项违法仍然进行代理活动的，应当与违规经营人承担连带责任，有利于保护托运人的合法权益。若认定合同有效，则货运代理企业代理外国违规经营者签发提单的行为并未影响运输合同及提单的效力，与托运人的损失之间没有因果关系，货运代理人不承担任何责任。这无疑不能有效打击对外贸易中的海运欺诈行为。

（3）《海运条例》第43条虽然规定了对违规经营者的行政处罚措施，但对于FOB贸易条款下我国境内货运代理企业签发外国违规经营者提单的情况，行政主管部门是无法对该外国违规经营者进行实际处罚的。《海运条例》制定的目的就是为了规范航运市场，防止海运欺诈，如果违规经营者订立的合同或所签发提单的效力不受制约，而对于外国违规经营者又无法实施有效监管，则该条例制定的意义就不存在了。

天津海事法院倾向于第一种意见。

2007年11月28日，最高人民法院向天津市高级人民法院发出了［2007］民四他字第19号《最高人民法院关于未取得无船承运业务经营资格的经营者与托运人订立的海上货物运输合同或签发的提单是否有效的请示的复函》，内容如下：

根据《海运条例》的规定，经营无船承运业务，应当向国务院交通主管部门办理提单登记，并交纳保证金。本案中深圳龙峰国际货运代理公司在未取得无船承运业务经营资格的情况下签发了未在交通主管部门登记的提单，违反了《海运条例》的规定，受理案件的法院应当向有关交通主管部门发出司法建议，建议交通主管部门予以处罚。但深圳龙峰国际货运代理公司收到货物后应托运人的要求签发提单的行为，不属于《合同法》第52条第（五）项规定的违反法律、行政法规的强制性规定的情形，该提单应认定为有效。

评析探讨

本案中，天津市高级人民法院揭示了当下与无船承运业务有关的违规经营行为，提出了在承运人在没有无船承运业务经营资格下签发的提单是否有效的问题。换言之，本案中首要解决的问题是合同主体有瑕疵的情况下，合同是否有效。行政许可并非本书的讨论范围，此处仅对本案例中涉及主体违法性对合同效力影响的问题展开分析。

天津市高级人民法院第一种讨论意见是对法律规定的合同效力条款的正确解读，而且能结合无船承运业务现实作出分析，对合同效力的认定对无船承运业务实务和司法纠纷解决方面可能造成的影响作出了比较周详的考虑，因而是可取的。

《合同法》第52条第5项规定的“强制性规定”，应作效力性规定理解，理由已经在本专题基本原理部分有详细分析。最新公布的《〈合同法〉解释（二）》第14条更已将之明文确认，所以第二种讨论意见的第一点分析，对强制性规定并无加以区分，因而是不科学的。其第二点分析中提及《民法通则》第67条的规定，由其文意可知，货运代理人与违规经营人承担连带责任的要件有二：主观上，货运代理人明知被委托代理的事项违法；客观上，其仍然进行了违法的代理活动。货运代理人具有故意从事违法代理活动的行为，则须承担连带责任，这与合同的效力无关，也不以与托运人的损失之间的因果关系为前提。它还提及到认定合同有效对打击海运欺诈行为造成的负面影响。然而，航运业的现实中存在着大量未取得无船承运业务经营资格的经营者违规签发自己未经登记备案提单的现象，因此一概否定没有无船承运业务经营资格的经营者所订立的合同的效力所产生的后果可能比承认其效力要严重得多。合同无效是自始的、绝对的、当然的无效，合同无效发生财产返还，缔约过失责任等，这对于大量已经履行的合同是否亦应该还原呢？对于善意提单受让人的利益又应如何兼顾呢？如此环环相扣，将破坏国际贸易活动的正常进行。而且在这种惯行的交易方式下，多数的合同可以得到适当履行。这说明，在类似案例中，当事人对社会公共利益的损害是较为轻微的，当事人的利益应当得到首先照顾。认定合同有效，能为纠纷的解决提供凭证，以落实相应责任。而且，认定合同有效并不影响对之采取行政处罚，只要执法到位同样能够起到取缔无证经营、打击海运欺诈等违法行为的效果。既然颁发《无船承运业务经营资格登记证》是一种行政行为，那么取缔无证经营行为，应当首先从行政措施入手，如加大行政处罚力度、不定期开展专项整治，利用开展普法宣传，举报有奖的办法进行治理。

这里值得指出的一点是，对强制性效力作效力性规定与取缔性规定的划分，目前没有明文规定，只能依赖于法律解释。通常来说越重要的强制性规定，就越有机会被认定为效力性规定。在我国，由全国人大常务委员会作出的法律解释或由最高人民法院作出的司法解释都可以并应当起到统一裁判标准的作用。就这一点而言，如果最高人民法院在本复函中能借此确立详细的评价标准，则该意见就更具说服力和价值。

第三节　新要约与合同效力

主题案例

江苏中威药业有限公司诉 AGNO PHARMACEUTICALS LLC 国际货物买卖合同纠纷案①

案情回顾

2007 年 1 月 2 日，原告江苏中威药业公司接到被告 AGNO 公司一份采购单（采购单号 APUS－07－001－JC），采购中威药业代码为 AP3011 的货物 Benzyldimethylamide 计 350 公斤（该采购单上未注明该产品的 CAS 号），价格为 420 美元/公斤，总价为 147 000 美元（成本、保险费加运费），装运方式为空运，货运目的地由订货方指定，供应商和应收账款方为原告，单据接收方和应付账款方为被告，需交付物为 350 公斤产品、分析证明（亦译为检测报告单），材料安全数据表和报告，在装运前从每批货物中取出 10 克分析样品寄给客户以供测试，付款期限为净 45 天，该采购单在 7 日内接受有效，该采购单由被告的创始人之一陈××（英文名 Chen Jian Ge，又名 James J. Chen）制作。后经原、被告双方多次电子邮件往来商谈，最终确认被告订购该产品 300 公斤，货运目的地为加拿大多伦多机场，收货人为被告指定的客户 SEPRACOR CANADA LTD.。原告于 2007 年 4 月 11 日发运 300 公斤、总价为 126 000 美元的产品 4－苯甲氧基-N，N-二甲基苯乙酰胺（4-benzyloxy-N，N-dimethylphenylacetamine）到加拿大多伦多机场，收货

① 案例详见常州高新技术产业开发区人民法院（2007）新开民初字第 16 号民事判决书。

人为 SEPRACOR CANADA LTD.，但被告一直未支付该货款。

据工商登记资料反映，原告系于 2003 年 12 月 29 日由中威投资公司与美国 PS 公司合作投资成立的中外合作经营企业，中威投资公司委派王××担任原告董事长，陈××受美国 PS 公司委派，在原告公司任副董事长。原告的经营范围为医药原料药、中间体的研发，甲磺酸帕珠沙星、辛伐他汀、阿托伐他汀、舒林酸、二泾丙茶碱的制造；销售自产产品（经营范围中涉及专项审批规定的项目，均需凭专项审批手续后方可经营）。

争议焦点

1. 本案当事人之间合同的性质问题。原告认为其与被告签订的合同为买卖合同，而被告则认为是委托销售合同。

2. 本案当事人之间的合同是否有效问题。被告认为合同原告法定代表人在合同订立之时未经董事会决议，违反了公司法的强制性规定，并且原告未经行政许可销售原料药也违反了相关法律的强制性规定，因此合同无效。

3. 本案原告是否已经履行合同所规定的义务问题。原告认为，合同内容已经在其后双方商谈中进了变更，其交付了 300 公斤货物已经适当履行了合同义务；而被告认为原告未完全按原合同规定（350 公斤）履行交付货物。

裁判意见

本院认为原、被告之间的买卖合同关系成立并有效。

本案原、被告之间是一种买卖合同关系。买卖合同是出卖人转移标的物的所有权于买受人，买受人支付价款的合同。在被告发给原告的采购单中，该采购单名称为致江苏中威药业有限公司的采购单，且合同中明确载明供应商和应收账款方为原告，单据接收方和应付账款方为被告，又载明了订购产品的品名、单价以及总价，并使用了国际惯例中常见的国际贸易术语 CIF 等，完全符合国际货物买卖合同的本质特性，是典型的国际货物买卖合同。

被告在 2007 年 1 月 2 日向原告发出的采购单为一项要约，该采购单虽载明其须在 7 日内接受，但原、被告其后又多次通过电子邮件协商，最终对订货数量、发货时间、货物目的地和收货人等事项进行了变更和确认，属于新要约并最终得到确认承诺，故原、被告之间的买卖合同成立。

被告抗辩该买卖合同违反了我国公司法和药品管理法的有关强制性规定，应属无效。《公司法》第 149 条规定，董事、高级管理人员不得有违反公司章程的规定或者未经股东会、股东大会同意，与本公司订立合同或者进行交易等行为。如此规定的主旨是为了保护公司利益，因为董事、高级管理人员与本公司订立合同或者进行交易时，董事、高级管理人员个人在交易中处于与公司利益相冲突的地位。但本案中，因陈××在代表被告与原告进行买卖交易时，同时又是原告的外方投资方美国 PS 公司委派的副董事长，故在签订该采购单时，原告的两个投资方均应知晓并同意该交易，同时进行该买卖交易不会损害原告的利益，因此本案不应适用《公司法》第149条的规定。原告陈述该产品为药物中间体，是一种药原料，原、被告买卖的货物不属于原料药，其生产和销售不需取得药品生产许可证和药品经营许可证。同时原告对该产品进行研发并销售，并不违反我国相关行政规定，故原、被告之间订立买卖合同并不违反我国的禁止性规定，该合同依法有效。

评析探讨

本案主要涉及合同性质认定、合同效力的问题。以下就此二争点展开评析：

（1）关于合同性质的认定。合同的性质由其主给付行为决定。[①] 根据我国《合同法》第130条规定，买卖合同是出卖人转移标的物的所有权于买受人，买受人支付价款的合同。第396条规定，委托合同是委托人和受托人约定，由受托人处理委托人事务的合同。受托人只是接收委托人的指示办事，有偿的委托合同是一种服务合同，与买卖合同的交易本质完全不同。本案中供应商和应收账款方为原告，单据接收方和应付账款方为被告，而且交货义务已经履行，被告对此也未作出否认，因此合同的内容完全符合买卖的特征。

（2）关于合同是否有效的问题。被告指出本案合同分别违反公司法董事忠实义务与药品管理法关于原料药销售许可等两项强制性规定，因而主张合同无效。在此我们暂不讨论合同原告是否存在《公司法》第149条第4项关于公司董事、高级管理人员自我交易的规定以及药品管理法关于原料药销售许可是否属于特许经营的情形，而仅讨论该条是否属于《合同法》第52条第5项关于违反法律强制性（效力性）规定的情形。对此，我们还应该注意到，《公司法》第150条规定，董事、监事、高级管理人员执行公司职务时违反法律、行政法规或者公司章程的规定，给公司造成损失的，应当承担赔偿责任。这表明《公司法》即使明知公司利益会受到损害，也没有否定董事、监事、高级管理人员职务违法行为的效力，而是让他们为之承担赔偿责任。可见，《公司法》第149条的相关规定为取缔性规定而非效力性规定。而对于国家对药品管理需要许可销售的规定，《中华人民共和国药品管理法》第14条规定，开办药品批发企业，须经企业所在地省、自治区、直辖市人民政府药品监督管理部门批准并颁发《药品经营许可证》；开办药品零售企业，须经企业所在地县级以上地方药品监督管理部门批准并颁发《药品经营许可证》，凭《药品经营许可证》到工商行政管理部门办理登记注册。无《药品经营许可证》的，不得经营药品。药品的质量，关乎人的生命健康，生命健康权是人的基本权利。若任由假冒伪劣药品流入市场，将会对人民的健康带来极大的影响。

---

① 王泽鉴．债法原理（一）：基本理论·债之发生．北京：中国政法大学出版社，2001：36.

涉及如此重要之权利，不仅合同订立当事人，而且一般公众都应当有此法律常识，都应当自觉抵制及举报相关的药品违法经营行为。因此，应当把它认定为效力性的强制性规定。

第四节 合同履行与合同效力

主题案例

苍南县龙港双发电脑织唛有限公司与公益发展有限公司经营之 CNL 公司买卖合同欠款纠纷上诉案①

案情回顾

1997 年 6 月，原告公益发展有限公司经营之 CNL CO.（KUNG YICK DEVELOPMENT LIMITED TRADING as CNL CO.，下称 CNL 公司）通过案外人增城新塘利宝商标绣花有限公司（以下简称增城公司）向新塘海关申报免税进口剑杆电脑商标机。当月，CNL 公司、增城公司的法定代表人钱 × × 代表 CNL 公司与苍南县龙港双发电脑织唛有限公司就购买 3 台剑杆电脑商标机达成口头合同。现 CNL 公司与双发公司双方对该口头合同的内容确认一致的有：每台单价人民币 124 万元，总价款人民币 372 万元，双发公司预付定金人民币 30 万，余款应在货到龙港后或安装调试完毕后支付（CNL 公司主张是货到龙港验收后余款一次性结清，双发公司主张是货到龙港后付人民币 322 万元，余款人民币 20 万元在商标机安装调试完毕后付清）。口头合同达成后，双发公司预付 CNL 公司定金人民币 30 万元。1997 年 7 月 28 日，CNL 公司通过增城公司将 3 台剑杆电脑商标机运到龙港交付双发公司。1997 年 9 月，CNL 公司派人对设备进行安装调试，双发公司于 1997 年 9 月 9 日向 CNL 公司出具了验收通过的验收证明。安装调试完毕后，双发公司向 CNL 公司支付了人民币 20 万元。双方对货款支付存在的争议是：在货到龙港后，安装调试前，双发公司向 CNL 公司支付的货款金额，CNL 公司只承认收到人民币 202 万元，而双发公司则主张其已支付人民币 322 万元。双发公司支

① 案例详见浙江省高级人民法院（2006）浙民三终字第 12 号民事判决书。

付的款项 CNL 公司均未出具收据或发票。

1999 年 9 月，CNL 公司通过增城公司将包括本案所涉 3 台在内的 9 台免税进口的电脑商标机以远低于原进口价格的每台港币 55 000 元向新塘海关申报虚假补税，解除海关监管，后被海关查获。广东省广州市中级人民法院于 2001 年 5 月 15 日以（2001）穗中法刑经初字第 102 号刑事判决对增城公司及其法定代表人钱 × ×犯走私普通货物罪作出刑事处罚，并对包括本案所涉 3 台电脑商标机在内的所有设备偷逃的应缴税款进行了追缴，该判决已生效。

法院于 2001 年 11 月 12 日对本案所涉 3 台电脑商标机进行现场勘验，该 3 台电脑商标机使用时间分别为 24 560 小时、23 000 小时、20 711 小时，并曾委托温州市涉案物品价格认证中心对该 3 台电脑商标机的成本价进行评估，温州市涉案物品价格认证中心认为无法评估。

争议焦点

本案的争议焦点涉及口头合同的效力问题和涉案货款是否已经支付，现仅就前一争议焦点进行归纳：

1. 涉案合同标的的违法性问题。原告认为，本案双方交易的标的物属普通的电脑商标机，双方并未约定买卖走私的电脑商标机，至于 CNL 公司提供走私的电脑商标机，则应属货物存在瑕疵，况且涉案 CNL 公司法定代表人钱 × ×也因提供走私的商标机已经受到刑事处罚并补缴了偷逃的应缴税款，故涉案的商标机已不具瑕疵，该商标机已属于完全可以自由交易的普通产品。被告认为，CNL 公司为了逃避海关监管，不与双发公司订立书面合同。虽然 CNL 公司走私行为已经受到法律的制裁，但其合同性质的违法性是不能改变的，违法的合同就应当是自始无效。

2. 口头合同是否有效。这涉及到案件的时际法律冲突适用问题。《经济合同法》第 3 条规定："经济合同，除即时清结者外，应当采用书面形式。"从双发公司分三次支付货款的事实看，本案显然不属于即时清结的情况。

裁判意见

法院认为，《最高人民法院关于适用〈中华人民共和国合同法〉若干问题的解释（一）》第 3 条规定："人民法院确认合同效力时，对合同法实施以前成立的合同，适用当时的法律合同无效而适用合同法合同有效的，则适用合同法"，故无论适用当时的法律本案合同是否有效，只要本案合同不具备《合同法》所规定的无效情形，本案合同均应为有效合同。而本案双方当事人达成的口头合同所约定的买卖标的物系普通的电脑商标机，双方并非约定买卖走私的电脑商标机，该合同并不违反法律、行政法规的强制性规定，也不存在其他应导致合同无效的情形，故应当认定本案合同为有效合同。至于 CNL 公司交付的是走私的电脑商标机则属于合同履行中存在的问题，并不影响合同本身的效力。再换一个角度来分析，根据民法理论，合同无效应是自始无效、当然无效，一个有效合同不会因为之后不适当的履行行为而变成无效合同，一个无效合同也不会因为之后的补救性履行措施而变成有效合同。所以，如果认定本案合同为无效合同，则会违反上述理论而形成一个悖论：合同本身已是无效的，但是，假设合同达成后，CNL公司依法向海关申请足额补税，合法解除监管，则此时因为已无任何违法情形存在，合同又必然是有效的，一个无效合同就因为CNL公司的行为变成了有效合同。综上所述，CNL公司的行为构成走私并不使本案的有效合同变成无效，而只是CNL公司没有适当地履行交付标的物的义务。CNL公司在当时没有适当地履行交付标的物的义务，但是，因其之后已经受到刑事处罚，并补缴偷逃的应缴税额，故其交付的标的物已不再具有瑕疵。

根据《最高人民法院关于适用〈中华人民共和国合同法〉若干问题的解释（一）》第3条的规定，涉案口头合同有效与否应当适用《合同法》予以判定。同时，鉴于涉案口头合同并不违反法律、行政法规的强制性规定，也不存在其他导致合同无效的情形，即本案合同并不存在《合同法》所规定的无效情形，应为有效合同。

评析探讨

（1）关于涉案合同的违法性问题。这涉及到我国《合同法》第52条关于合同无效的规定。合同无效，是自始的无效，即合同订立之始就违反了《合同法》的有关规定导致合同自始不发生效力，而不是基于合同订立之后的履行行为违法而导致合同无效。本案合同的供货商即原告以远低于原进口的价格向新塘海关申报虚假补税，违反了税法的有关强制性规定。但是，根据本案案情，合同订立的目的并非为了偷税，而是出于真实的合法货物买卖的意图。偷税只是供货商增加利润的手段，是履行上的违法，并且本案中也没有证据显示购货商即本案被告与原告存在恶意串通的故意。因此，本案合同的约定本身包括标的不是违法的，合同有效。

（2）关于合同订立的形式。本案合同订立的时间为1997年，根据《〈合同法〉解释（一）》第1条“合同法实施以前成立的合同发生纠纷起诉到人民法院的，除本解释另有规定的以外，适用当时的法律规定”的规定，应当适用《涉外经济合同法》的有关规定。其中《涉外经济合同法》第7条规定，当事人就合同条款以书面形式达成协议并签字，合同即成立。根据当时的规定，涉外经济合同的签订必须采用书面的形式，但《〈合同法〉解释（一）》第3条同时规定，人民法院确认合同效力时，对合同法实施以前成立的合同，适用当时的法律合同无效而适用合同法合同有效的，则适用合同法。由此，《合同法》适用以前或之后，除非当事人另有约定或法律另有规定，无论以书面形式或口头形式签订的合同皆为有效合同。

主题案例

中国S市某实业公司、中国S市某股份公司与中国香港某有限公司、中国香港某工程公司液化石油气建站和液化石油气供应合同争议仲裁案

案情回顾

1991年3月22日，第一被申请人中国S市某实业公司和第二被申请人中国S市某股份公司（共同作为卖方）与S市某玻璃有限公司（作为买方）就卖方向买方供应进口液化石油气事宜签订了《液化石油气建站和液化石油气供应合同》（下称供气合同）。双方约定：提供的价格为CIF买方工厂气罐内交货价格。标准价格为，卖方提供的液化石油气单价为CIF买方工厂气罐内的交货价格计，买方年用量在10 000公吨以下，价格为港币3.28元/公斤，买方年用量在10 000公吨至15 000公吨，价格为港币3.13元每公斤，买方年用量在15 000公吨以上，价格为港币3.00元/公斤。上述标准价格的调整时间以香港地区两家（其中一家是本案中香港地区某有限公司）油公司后一家的价格调整时间为准，以某现标价（1991年1月31日）每公斤港币5.93元调整的绝对值的90%作为上述标准价格的调整值。

在上述供气合同签订后，有关当事人又先后签订了六份修改补充协议，主要内容为有关液化石油气价格约定的变更。在前三份补充协议签订后，S市某玻璃有限公司因资产重组分立为本案第一申请人和本案第二申请人。在上述供应合同及六份补充协议的履行过程中，双方当事人发生争议，2002年9月13日，本案申请人依据供气合同中的仲裁条款提请仲裁，请求被申请人赔偿因假借订立合同，恶意进行磋商等其他违反诚信原则的行为给申请人造成的损害港币20 000 000元。

争议焦点

本案中与本专题有关的争议焦点为合同显失公平与善意履行合同的判断。

申请人称：

(1) 供气合同的签订及履行显失公平且违背诚实信用原则，被申请人恶意磋商，进行商业欺诈，应当依法承担损害赔偿责任。

以利害关系人（第一被申请人）的价格调整作为供气合同的标准价格的调整值，属于故意隐瞒与订立合同有关的重要事实进行商业欺诈。液化石油气的货款总值大大高

出同期 S 市市场供应价。

气价应当是随着市场行情的不断浮动而作相应的调整，并不存在固定的一成不变的供应价格，这严重违背了市场规律。而判断各个不同时期“标准价格”的一个客观标准为：不能高于同期国内市场的平均价格。这是当初被申请人在申请人招标时，以最具有竞争力的报价所获得的签约权所决定的。

上述被申请人采用的“欺诈”行为，就是指被申请人利用申请人是普通的液化石油气消费者，当年急于上项目，因此在签约时以及事后的履约过程中缺乏自我防范意识和防范能力，而被申请人是处事精明、经验丰富的专业经销商，在市场信息、签约经验、人才资源等方面处于优势，因此，10 年以来在表面上看申请人似乎自愿接受被申请人所限定的价格，但实质上都是违背当事人真实意思表示的。

（2）关于被申请人取得供气合同的签约权所应具备的条件以及签约后应如何善意履行合同的问题。

被申请人取得签约权应同时符合三个条件：具备履行合同的能力；投资建站；价格最优。

被申请人以其价格最低中标取得签约权，其供应价格始终应保持在国内外市场中最具竞争力，否则应允许依条件解除合同。市场最优价应是合同履行过程中贯彻始终的基础，在实际运用中的情况是：应完成 20 万公吨才应实现的正常商业利润，在合同才实际履行不到 4 万公吨，被申请人就已数倍完成。按被申请人的利益计算规则，利益已达港币 78 849 514.68 元。其根本原因就在于被申请人脱离市场实际，违背市场规律，利用恶意磋商取得了有利于己方的合同条款。

被申请人则称：

（1）供气合同在签订时不存在显失公平的情形。

申请人通过招标形式最后选择与被申请人签订合同，说明供气合同的签订是双方公平、自愿行为的结果。

被申请人基于合同也受相应合同义务的约束和承担着巨大的商业风险。申请人经营不善，无法获得预期利益，故以合同显失公平为借口，单方终止合同。而且，根据《合同法》第 55 条第 1 款规定，具有撤销权的当事人自知道或者应当知道撤销事由之日起一年内行使。如果供气合同自订立时已显失公平，申请人不应在供气合同已经履行了 11 年之后方提出终止合同。据此，假使供气合同显失公平，申请人已完全丧失要求变更或撤销供气合同的权利。

（2）供气合同的继续履行没有违背诚信原则。

被申请人先后和申请人签订补充协议调低气价。供气合同的气价及以后不断调整后的气价高于同期市场价格的原因在于，被申请人应申请人的要求，不仅出售液化石油气，同时还提供了相关配套服务，申请人对此十分清楚，并对此予以认同，否则不会和被申请人签订合同。

（3）供气合同的履行没有违背，不存在攫取暴利的情形。

每一项正常的商业行为中都有着正常的商业风险，同时也存在着潜在的商业利益，风险越大，利益越高，被申请人冒着巨大的商业风险投入高额资金，当然期望有高额的利润回报，这种利润符合公平原则和等价有偿原则。

裁判意见

申请人所依据的理由，主要是被申请人以欺诈获得合同，合同的签订及履行显失公平且违反诚信原则。按照《民法通则》和《合同法》的规定，当事人对订立时显失公平的合同，可以行使撤销权。对显失公平的概念，中华人民共和国最高人民法院在《关于贯彻执行〈中华人民共和国民法通则〉若干问题的意见（试行）》第72条中，作出如下解释："一方当事人利用优势或者利用对方没有经验，致使双方的权利与义务明显违反公平、等价有偿原则的，可以认定为显失公平。"按照这一解释，对合同是否显失公平的判断，应考虑当事人在订立合同时，是否处于不平等和无法自愿选择的地位，并由此导致合同的内容明显不公平合理。证据表明，本案合同的订立是申请人招标的结果，除了申请人之外，还有数家有实力和经验的国际著名公司参与投标。也就是说，合同的卖方及合同的条款是申请人按照其招标条件自主选择的结果，本案合同是买卖双方自愿签订的，合同条款的达成经过公平的协商，并不违反诚实信用的原则，更谈不上所谓欺诈。合同自1991年订立后至2001年申请人决定不再继续履约，已经履行了10年之久，在此期间，申请人从未表达过合同显失公平或违背诚信原则的意见。因此，仲裁庭认为，申请人关于合同显失公平，违反诚信原则的主张，不能成立。

仲裁庭认为，申请人以《合同法》第42条为依据，提出被申请人利用订立合同进行商业欺诈缺乏事实根据。《合同法》第42条共列举了三种当事人在订立合同过程中给对方造成损失，应当承担赔偿责任的情形，第一种是假借订立合同，恶意进行磋商，第二种是故意隐瞒与订立合同有关的重要事实或提供虚假情况，第三种是有其他违背诚实信用原则的行为。仲裁庭认为，本案双方当事人订立了真实的合同，并履行长达10年之久，不存在上述第一种假借订立合同，恶意进行磋商的情形。而订立合同时，被申请人是按申请人的招标条件，通过竞投中标成为合同卖方，全部交易条件都在合同中详细约定，不存在隐瞒重要事实或提供虚假情况的情形。如前所述，被申请人也不存在其他违背诚实信用原则的情形。

综上所述，对于申请人提出的仲裁请求，仲裁庭不予支持。

评析探讨

本案的争议焦点主要在于显失公平及缔约过失责任的认定。由其仲裁请求可知，申请人并无根据显失公平而主张撤销合同效力的意图，故后来申请人申请变更仲裁请求主张认定被申请人违背诚实信用原则，而主张损害赔偿。

显失公平的客观表现为，合同权利与义务严重失衡或一方在经济上要遭受重大损失，而另一方则以较少的代价获得较大的利益；其主观特点为，一方当事人在订立合同时缺乏经验或情况紧迫或处于某种劣势。显失公平客观表现可能基于多种原因出现，例如合同订立当时其内容本身就已经明显地出现了权利与义务的严重不对等，或者明显可以推知一方付出的代价将要远高于其可期待利益，也可能是合同履行过程中才慢慢表现出来。对于后者，其产生原因亦有不同，其一是当事人在订立合同时缺乏经验或情况紧迫或处于某种劣势；其二在合同履行中由于客观情况发生变化或者情势发展与当事人预期不符合，而出现合同履行对一方非常有利的情况。符合前一要素，当事人则可以通过主张显失公平，以撤销其基于非自由意志做出的行为。而后一要素，则属于商业风险的范围，这并非显失公平制度的保护范围。显失公平的有关法律规定之所以严格限制在合同订立时，是因为其制度设置本身是为了为处于劣势一方当事人从违背其意愿的行为中解放出来，而并不是为当事人规避或转嫁商业风险提供借口。这与当事人意思自治原则与诚实信用原则相一致。

本案中，申请人在存在数家有实力和有经验的国际著名公司公平参与投标的情况下，通过对比以弥补自身经验的不足，理应作出其认为最有利于自己的选择。而在后续协议订立过程中，有关价格调整及计算方式，申请人一方也有主动了解市场情况与计算方式合理性的注意义务，何况第一被申请人作为卖方，申请人也是在合同签订时已经知悉的，更不应当指责被申请人隐瞒相关信息。申请人在合同履行 10 年后才提出显失公平的主张，严重影响当事人之间的信赖与合同的履行稳定性。显失公平的适用影响到合同效力的稳定性，其本身的构成因素很大程度上是主观的，因此在适用时必须结合具体个案进行相对严格的适用。

专题三

国际货物买卖合同的履行与违约救济

第一节 基本原理

一、国际货物买卖合同的履行

（一）合同履行概述

合同的履行，是指债务人全面地、适当地完成其合同义务，债权人的合同债权得到完全实现。合同之债，是指特定当事人之间得请求一定给付的法律关系。

从合同的目的来看，当事人订立合同目的就是通过有效受领对方的给付，即通过债务人履行合同义务，以获得订立合同预期的法律效果。因此，合同的履行是合同法律关系中最能体现合同特质和目标的环节。当然，债务人履行合同并非总能使债权人达到订立合同的目的，未必总能使债权人完全实现债权。

从合同履行的程度来看，合同的履行应当是全面地、适当地履行。所谓全面，就是要求债务人全部地履行合同约定的义务，包括合同的主给付义务与从给付义务；所谓适当，就是要求债务人在履行合同义务时，依照经济合理和诚实信用的原则，辅助实现和维护给付行为的效果。给付具有双重意义，包括给付行为和给付效果。进而言之，即“履行并非指债务人之给付行为，履行重结果，给付仅系履行之手段，必也债权人从实际获得给付结果，才能谓之‘履行’。”① 当然，合同的履行不是要求合同当事人必须一成不变地履行约定义务。在合同的履行中，当事人就合同的内容达成新的协议，包括标

① 林诚二．民法理论与问题研究．北京：中国政法大学出版社，2000：216．转引自崔建远．合同法．3 版．北京：法律出版社，2003：89．

的的改变（数量、质量、规格、种类）、履行对象（向第三人履行债务或由第三人履行债务）、履行期限、履行方式等，也是合同履行的重要组成部分。

从合同履行的效果来看，债的关系自始即以完全满足债权人给付利益为目的。“债权系法律世界中的动态因素，含有死亡的基因，目的已达，即归消灭。”①债之关系，可以说是存在于时间过程上的一种程序，始自给付义务的发生，历经主体的更易、客体的变动，但无论其发展过程如何辗转曲折，始终以充分实现债权人的给付利益为目标。②当合同义务被履行完毕时，合同之债得到清偿，合同关系也归于消灭。但是，虽然债的关系归于消灭，但在法律规范的世界中，并非消逝无踪，它仍可继续以给付变动的原因而存在。③ 买卖合同的目的在于，将合同债权转变成物权或与物权具有同等价值的权利。当合同当事人互为适当有效之给付时，合同的履行效力虽然归于消灭，但该债之关系为其最终保有此项物权的原因、依据和实质基础。

合同的履行不仅是合同法律效力的主要内容，而且是整个合同法的核心。合同的法律效力既含有合同履行之意，又是合同履行的依据和动力。合同的主体得依合同产生的债之交易性，④ 以债权债务的转移予以变更；为了保障债权的实现，法律规定了合同的担保、保全和抵销权等制度；当客观情况发生重大变化时，法律还设置了合同解除制度，以尽可能维护当事人的合法利益。违约救济既是违约的补救手段，又是促使债务人履行合同的法律措施。

（二）国际货物买卖合同的履行原则

合同履行的原则，是当事人在履行合同债务时所应遵循的基本准则。根据《民法通则》第 4 条和第 7 条以及《合同法》第一章的有关规定，平等、自愿、公平、等价有偿、诚实信用、合法、符合社会公德与社会公共利益，都是民事法律行为的基本原则，当然也是合同履行的基本原则。然而，合同法律制度有其自身专属的履行原则，有学者认为包括适当履行原则、协作履行原则、经济合理原则、情势变更原则。⑤ 应当认为，适当履行原则已经包含协作履行原则及经济合理原则的要义，因此，本书把合同履行的基本原则，主要分为适当履行原则和情势变更原则。

1. 适当履行原则

适当履行原则，又称正确履行原则，是指当事人按照合同规定，由适当的主体在适

---

① Radbruch, Rechtsphilosophie, 1963, S. 243: “ Das Forderungsrecht tragt den Keim seines Todes in sich, es gehtunter, wenn es in der Erfullung sein Ziel erreicht. ” 转引自王泽鉴．债法原理（一）：基本理论·债之发生．北京：中国政法大学出版社，2001：51.

② 王泽鉴．债法原理（一）：基本理论·债之发生．北京：中国政法大学出版社，2001：51.

③ 王泽鉴．债法原理（一）：基本理论·债之发生．北京：中国政法大学出版社，2001：51.

④ 王泽鉴．债法原理（一）：基本理论·债之发生．北京：中国政法大学出版社，2001：33.

⑤ 崔建远．合同法．北京：中国人民大学出版社，2008：90.

当的履行期限、履行地点，以适当的履行方式，全面完成合同义务的履行原则。我国《合同法》第60条规定，当事人应当按照约定全面履行自己的义务。当事人应当遵循诚实信用原则，根据合同的性质、目的和交易习惯履行通知、协助、保密等义务。由此，我国《合同法》不仅要求合同当事人全面履行合同的约定，而且应当履行由诚实信用原则产生的其他义务，即使合同中并没相关的规定。合同的适当履行，目的是为了使债权得到最大程度的实现。买卖合同，从基本上说就是指买方得到物的所有权并能享受到物的功能，卖方因此获得相应价款的法律关系。通过对合同义务的现有规定可得出适当履行原则，其包括全面履行原则、协作履行原则及经济合理原则三大子原则。

(1) 合同义务群

债之关系，核心在于给付。基于合同所生的给付，代指一系列由合同而产生的行为，称之为合同义务群。这些行为是实现当事人预期法律效果的手段与保证，使合同法律效果得到最佳的实现是这些行为组合的目标，也是合同法律制度的目标所在。

从合同义务的特点来区分，合同的基本义务，可分主给付行为和从给付行为。主给付义务，是指合同上固有、必备，并用以决定合同关系类型的基本义务。在买卖合同中，主给付义务是指卖方交付标的物并转移其所有权的义务，买方支付价金及受领标的物的义务。从给付义务，是指由法律明文规定的或基于当事人约定或基于诚实信用及补充的契约解释而产生的，具有补充主给付义务功能但不在于决定合同关系类型的义务。它的目的在于确保债权人的利益能够获得最大的满足，例如卖方交付证明货物的质量证明文件。从给付义务也可对契约目的的达成起到重要影响。

附随义务是指基于诚实信用产生的为使债权人的给付利益获得最大可能的满足而作出的给付义务以外的作为或不作为。例如在没有约定的情况下，卖方应以适当的方式包装货物，免其受损。学理上，以是否得以独立请求作为给付义务与附随义务的区别。给付义务可以独立请求，附随义务不得独立以诉请求。我国《合同法》第60条第2款的规定就包含了附随义务。

先合同义务，是指当事为订立合同而接触、准备或磋商时，产生的各种说明、告知、保密、保护等义务。后合同义务，是指合同关系消灭后，当事人尚负有某种作为或不作为义务，以维护给付效果，或协助相对人处理合同终了的善后事务。先合同义务与后合同义务都不属于合同履行阶段中发生的义务。

不真正义务，亦称为间接义务，是一种强度较弱的义务，其主要特征在于相对人通常不得请求履行，而其违反并不发生损害赔偿责任，仅使负担此项义务者遭受权利减损或丧失的不利益。[①] 例如当事人一方违约或另一方接收到对方由于客观原因不履行义务

---

① 王泽鉴．债法原理（一）：基本理论·债之发生．北京：中国政法大学出版社，2001：47.

的通知后，另一方没有采取适当措施致使损失扩大的，不得就扩大的损失要求赔偿的损害减轻规定（CISG 第 79 条、《国际商事合同通则》第 7.4.8 条、我国《合同法》第 119 条）。

从合同义务的表现形式来看，合同义务又可分为明示和默示义务。明示义务就是合同当事人明确约定的义务，包括口头或书面的义务（《国际商事合同通则》第 5.1 条）。默示义务就是指没有被指明的，来源于合同的性质与目的或各方当事人之间确立的习惯做法和惯例，或诚实信用和公平交易原则，或合理性原则的义务（《国际商事合同通则》第 5.2 条）。明示义务与默示义务的内容可以是主给付义务、从给付义务、附随义务、不真正义务等。

（2）全面履行原则

全面履行，就是指债务人履行基于合同产生的全部义务，包括主给付义务、从给付义务、附随义务、不真正义务。无论该项义务是明示还是默示，只要影响合同目的达成的，都应该履行。合同的全面履行不等于合同的履行就是适当的，还应该符合经济合理原则。

（3）经济合理原则

经济合理原则，要求履行合同时，讲求经济效益，付出尽可能小的成本，取得最佳的合同利益。这主要是指要根据合同履行时的条件，审时度势地选择成本尽可能低，而效率尽可能高的履行方式、履行期限。合同主体、履行内容可依法律变更，甚至一方违约时，另一方的损害减轻责任，也是经济合理原则的体现。

（4）协作履行原则

《国际商事合同通则》第 5.3 条规定，每一方当事人应与另一方当事人合作，如果一方当事人在履行其义务时，有理由期待另一方当事人的合作。我国《合同法》第 60 条第 2 款规定，根据诚实信用原则，当事人有协助的义务。CISG 第 32 条第 3 项规定，卖方没有义务对货物的运输办理保险，他必须在买方提出要求时，向买方提供一切现有的必要资料，使他能够办理这种保险。这些规定都体现了协作履行原则。

适当履行与实际履行不尽相同，实际履行可能只是针对合同义务的一部分，通常是针对给付义务，而附随义务则被忽略。同时，实际履行只要求履行合同义务，至于合同义务的履行是否适当则无力兼顾。而适当履行必然是全面履行、合理的履行。因此，适当履行必然是实际履行，但实际履行不一定为适当履行。

2. 情势变更原则

（1）情势变更原则概述

情势变更原则，是合同依法成立后，因不可归责于双方当事人的原因发生了不可预见的情势变迁，致使合同的基础丧失或动摇，若继续维持合同原有效力则会导致显失公平的效果，允许变更或解除合同的原则。

在英美法系中，情势变更理论的主流理论依据有“合同基础论”、“合同落空”、“履行艰难”等。所谓“合同基础论”（the Contractual Basis）的核心是，合同的有效性应以合同成立的时间、地点、环境为基础，如果合同成立后，由于不可归咎于当事人的原因，这个基础发生了当事人预想不到的变化或不复存在，对当事人来说，坚持履行合同显然不合理时，可以不再履行合同或对合同作相应的变更。[①] 所谓“合同落空”（Frustration of Contract），是指一切超出当事人人力控制的事件而导致合同落空终止的情况。[②] 所谓“履行艰难”（Impracticable），是指由于发生了意外事件，使合同性质发生根本变化，合同履行在商业上难以做到，坚持履约只能造成极端的不合理，而免除当事人的违约责任。[③] 在大陆法系国家，二战后的法国，为了保护社会公共利益，重新调整政府与私人企业之间的关系，对不可抗力要件进行了新的解释。这体现在其《民法典》第1134条规定，如果发现合同的履行会导致严重的不公正的结果时，即使缺少构成不可抗力的其他要件，仍可免除债务人的责任。这是情势变更原则在大陆法系国家的实践。

情势变更原则之所以经得起考验，而成为合同履行的基本原则，是因为它具有合理性。合同成立之时，当事人处于特定的客观环境，他们在合同中约定的权利义务与这种客观环境相适应。所谓权利义务的对等性，是当事人在当时的客观环境下所作的价值判断，并且信赖这种客观环境在合同履行的时期内不会发生质的改变。但合同成立之后，由于当事人料想之外的原因，如战乱、暴动，该客观环境发生重大改变或不复存在，原来约定的权利义务对等的基础就不复存在。原来约定的权利与义务与新形成的客观环境不适应，不再公平合理。只有将合同加以改变乃至解除，才能实现合同的实质公平。[④]

情势变更原则的构成要件包括：① 有情势变更的事实。所谓情势，是指合同订立的基础或环境的客观情况，对当事人订立合同、确立履约预期起关键作用的因素。② 情势变更发生在合同成立以后，履行完毕之前。③ 情势变更的发生不可归责于当事人，即由不可抗力或其他意外事故引起。若可归责于当事人，则适用风险负担或违约责任的有关规定处理。④ 情势变更是当事人不可预见的。若当事人于订约当时已经预见该风险的可能性，仍然订立合同，则表明其愿意承担此种风险带来的后果。⑤ 情势变更使履行原合同显失公平。不是一般的情势变更可以动摇原合同的约束力，否则无疑给当事人随意反悔的借口，危害交易的稳定性。情势变更必须达到重大的、根本性的，后果必须导致合同一方或双方履行遭到严重不合理困难、损害或损失。情势变更不同于商

---

① 梁彗星．合同法上的情事变更问题．法学研究，1988，6.

② A. G. Guest: Anson's Law of Contract, 25th（Centenary）edition, Clarendon Press, Oxford, 1983, p. 494. 转引自王追林．国际贸易法律与实务．武汉：武汉大学出版社，2006：192.

③ 沈达明，冯大同．国际商法．北京：对外贸易出版社，1985：142.

④ 崔建远．合同法．北京：中国人民大学出版社，2008：93.

业风险。商业风险属于从事商业活动所固有的风险，如商业周期、汇率变化、市价波动，这是作为商人应当预见的职业常识。法律推定从事商业经营的主体能够预见并且自愿承担此类风险。因此，商业风险不被法律视为使合同订立基础改变并达到异常程度的客观原因。

情势变更原则在实体法上的效果，体现在三个方面：第一，通知义务。不履行义务的一方必须将障碍及其对他履行义务能力的影响通知另一方。第二，重新谈判。若出现情势变更的情形，处于不利地位的当事人有权要求重新谈判。若重新谈判时双方就履行艰难的内容重新达成了合意，即发生合同修改的效果。第三，解除合同。如果合同重新谈判不成功，或变更合同亦不足以消除因情势变更带来的显失公平的结果，则允许处于不利地位的一方当事人解除合同。情势变更原则在程序法上的效果，表现在两个方面：① 在合理时间内不能达成协议时，任何一方当事人均可诉诸法院。② 如果法院认定存在艰难情形，只要合理，法院可以判决终止合同，或者为恢复合同均衡而修改合同，即以裁判变更原来的合同关系，作出一项形成性的干预。

（2）情势变更原则的法律依据

情势变更原则早在中世纪就已经在两大法系国家得到理论上的探究与实践上的适用，特别在英美法系以及大陆法系的德国和法国。[①] 而在国际商事统一实体法上的立法成果主要存在于 CISG 和《国际商事合同通则》。我国经历了长时间的学界讨论和合同法律立法历程，也终于确立了情势变更制度。

CISG 把有关情势变更的规定设置于免责情形一节之中，具体规定可见第 79 条，该条第 1 款是情势变更的原则性规定：“当事人对不履行义务，不负责任，如果他能证明此种不履行义务，是由于某种非他所能控制的障碍，而且对于这种障碍，没有理由预期他在订立合同时能考虑到或能避免或克服它或它的后果。”这个规定中提及了上文述及的情势变更原则的几大构成要件，并且考虑到各国法律制度对情势变更制度的不同表述方式以及各国所依据的理论不同，国际统一立法放弃使用“情势变迁”、“合同落空”等法律术语，而推出了一个“非他所能控制的障碍”（Impediment）的概念。79 条第 2 款还对情势变更在雇用关系及存在第三方履行的合同关系中的应用作出了规定：“如果当事人不履行义务是由于他所雇用履行合同的全部或一部分规定的第三方不履行义务所致，该当事人只有在以下情况下才能免除责任：（a）他按照上一款的规定应免除责任，和（b）假如该项的规定也适用于他所雇用的人，这个人也同样会免除责任。”79 条第 3 款是关于基于情势变更免责的期间，即“本条所规定的免责对障碍存在的期间有效”。79 条第 4 款是关于出现情势变更情况下，不履行义务方的通知义务和通知接收方的损

---

① 王追林．国际贸易法律与实务．武汉：武汉大学出版社，2006：189～200.

害减轻责任，即“不履行义务的一方必须将障碍及其对他履行义务能力的影响通知另一方。如果该项通知在不履行义务的一方已知道或理应知道此一障碍后一段合理时间内仍未为另一方收到，则他对由于另一方未收到通知而造成的损害应负赔偿责任。”79 条第 5 款规定了不履行义务一方当事人在符合第（1）款的情况下得以免除责任的范围，即“本条规定不妨碍任何一方行使本公约规定的要求损害赔偿以外的任何权利”。

《国际商事合同通则》把情势变更原则称为“艰难情形”。该通则第 6.2.2 条给艰难情形作出了定义并列举了构成艰难情形的四大要件，即“所谓艰难情形，是指由于一方当事人履约成本增加，或由于一方当事人所获履约的价值减少，而发生了根本改变合同双方均衡的事件，并且（a）该事件的发生或处于不利地位的当事人知道事件的发生是在合同订立之后；（b）处于不利地位的当事人在订立合同时不能合理地预见事件的发生；（c）事件不能为处于不利地位的当事人所控制；而且（d）事件的风险不由处于不利地位的当事人承担。”第 6.2.3 条规定了艰难情形发生所引起的法律效果，即“（1）若出现艰难情况，处于不利地位的当事人有权要求重新谈判。但是提出此要求应毫不延迟，而且应说明提出要求的理由。（2）重新谈判的要求本身并不能使处于不利地位的当事人有权停止履约。（3）在合理时间内不能达成协议，任何一方当事人均可诉诸法庭。（4）如果法庭认定有艰难事件，只要合理，法庭可以：（a）在确定的日期并按确定的条件终止合同，或者（b）为了恢复合同的均衡而修改合同。”

我国 1999 年《合同法》中并没有关于情势变更原则的规定。但有学者认为，此前在最高人民法院对湖北省高级人民法院就武汉市煤气公司诉重庆检测仪表装配线技术转让合同、煤气表散件购销合同违约纠纷案向最高人民法院的请求的答复中，已经承认了情势变更原则。①《〈合同法〉解释（二）》第 26 条明确规定，合同成立以后客观情况发生了当事人在订立合同时无法预见的、非不可抗力造成的不属于商业风险的重大变化，继续履行合同对于一方当事人明显不公平或者不能实现合同目的，当事人请求人民法院变更或者解除合同的，人民法院应当根据公平原则，并结合案件的实际情况确定是否变更或者解除。至此，我国合同法律制度确立了情势变更原则。

（三）国际货物买卖合同的履行规则

1. 合同一般履行规则

（1）履行主体

合同的履行主体，首先为债务人，包括单独债务人、连带债务人、不可分债务人、保证债务人。除法律规定、当事人约定、性质上必须债务人本人履行的债务以外，履行可由债务人的代理人进行。当事人可约定由第三人履行，法律保护这种约定，但合同主

---

① 崔建远．合同法．北京：中国人民大学出版社，2008：93.

体不变。当第三人未履行或履行义务不符合约定的，仍然由原债务人向债权人承担违约责任（《合同法》第64条、第65条）。

（2）履行标的

履行标的，是指合同义务的内容，包括交付货物、移转所有权、提供配套服务等。当事人有约定的，从其约定；无约定的，质量要求不明确的，按照国家标准、行业标准履行；没有国家标准、行业标准的，按照通常标准或者符合合同目的的特定标准履行（《合同法》第62条第1款第1项）。在国际货物买卖中，卖方有义务使交付的货物必须与合同所规定的数量、质量和规格相符，并须按照合同所规定的方式装箱或包装（CISG第35条）。一般情况下，卖方还应当保证货物必须是第三方不能提出任何权利或要求的（CISG第41条）。

（3）履行地点

履行地点，是指债务人应为履行行为的地点。履行地点，可由当事人在合同中明确约定，也可由交易习惯、合同的性质予以确定，当法律存在特别规定，从其规定。若依以上规则仍不能确定履行地点的，给付货币的，在接受货币一方所在地履行；交付不动产的，在不动产所在地履行；其他标的，在履行义务一方所在地（营业地）履行（《合同法》第62条第1款第3项、《国际商事合同通则》第6.1.6条、CISG第31条第1款第3项）。

（4）履行期限

履行期限，是指完成合同义务的时间。合同的期限可以是一个固定的时间点，也可是一个时间段。如果合同规定了时间，或者依合同可确定时间，则为此时间；如果合同规定了或依合同可确定一段时间，则为此段期间内的任何时间；在其他任何情况下，则在合同订立后的一段合理时间之内（《国际商事合同通则》第6.1.1条）。在约定期限内，债权人不得随意请求履行，但债务人得放弃期限利益，在履行期限届满前履行。但是，债权人可以拒绝债务人提前履行债务，提前履行不损害债权人利益的除外。债务人提前履行债务给债权人增加的费用，由债务人负担（《合同法》第71条、《国际商事合同通则》第6.1.5条）。履行期限不明确的，债务人可以随时履行，债权人也可以随时要求履行，但应当给对方必要的准备时间（《合同法》第62条第1款第4项）。

（5）履行方式

履行方式，是指完成合同义务的方法。当事人可以约定特定的履行方式，以最大程度地实现债权利益。当履行方式不明确时，按照有利于实现合同目的的方式履行（《合同法》第62条第1款第5项）。一般情况下，除非当事人另有约定，如果合同义务能一次完成履行，并且情况未有变化，则当事人必须一次履行其全部合同义务（《国际商事合同通则》第6.1.2条）；债权人可以拒绝债务人部分履行债务，但部分履行不损害债权人利益的除外。债务人部分履行债务给债权人增加的费用，由债务人负担（《国际商事合同通则》第6.1.3条、《合同法》第72条）。

（6）履行费用

履行费用，是指履行所需的必要费用。例如交付货物的费用、文件邮汇的费用、包装费、登记费、通知费等，但不包括合同标的本身的价值。当事人有约定的从其约定，履行费用的负担不明确的，由履行义务一方负担（《合同法》第62条第1款第6项、《国际商事合同通则》第6.1.11条）。但是，债务人提前履行债务给债权人增加的费用，由债务人负担（《合同法》第71条、《国际商事合同通则》第6.1.5条）。同时，债务人部分履行债务给债权人增加的费用，由债务人负担（《国际商事合同通则》第6.1.3条、《合同法》第72条）。

2. 合同补充、变更与转让

合同的补充，是指保持合同主体及内容不变，对合同内容予以补充、解释的现象。合同的变更，是指当事人不变，合同的内容予以改变的现象。合同的转让，是指不改变合同内容的情况下，一方当事人依法将其合同的权利、义务全部或部分地转让给第三人的现象。广义的变更包括合同主体的变更。合同成立生效后，当事人应当按照约定履行自己的义务，不得擅自变更或者解除合同。但是，在合同订立的过程中可能遗留部分内容未加确定或未曾明确，如不加以补充说明，则合同履行定将难以推进。在实际履行的过程中，可能会发生很多的变化，变更合同的部分内容，如履行方式、履行期限，可能使合同目的得到更为经济合理的实现。即使一方出现轻微违约的情形，若轻微违约行为在对方当事人接受的范围之内，应当允许当事人协商补充或更改（《合同法》第61条、第77条）。这体现了合同履行的适应性与灵活性。在债权让与的情况下，债权人转让权利的，应当通知债务人。未经通知，该转让对债务人不发生效力（《合同法》第80条）。债权人转让权利的通知不得撤销，但经受让人同意的除外。在债务让与的情况下，债务人将合同的义务全部或者部分转移给第三人的，应当经债权人同意（《合同法》第84条）。

3. 国际货物买卖合同履行中的抗辩权

双务合同履行中的抗辩权，是在符合法定条件时，当事人一方对抗对方当事人的履行请求权，暂时拒绝履行其债务的权利。抗辩权是合同效力的表现。它是一种对履行人的保护，免去因己方履行而得不到他方履行的风险，同时它可以产生催促他方履行的压力，还可以通过要求他方提供担保的方式来为可期待的合同利益的获得提供保障。但是，抗辩权的行使只是在一定期限内中止履行合同，并不消灭合同的履行效力。当一方拒绝履行或失去履行能力时，法律赋予享有抗辩权一方当事人以解除合同的权利。合同履行中的抗辩权，包括同时履行抗辩权、先履行抗辩权、不安抗辩权。

(1) 同时履行抗辩权

同时履行抗辩权，是指当事人一方在他方未对待履行以前，有权拒绝自己履行的权利。同时履行抗辩权存在的基础在于牵连性。这种牵连性表现在三个方面：一是发生上的牵连性，指双方当事人的权利义务由一个合同所产生，双方权利义务从一开始就互为条件，一方的权利不发生、不成立或无效，另一方的权利也产生同样的效果；二是履行上的牵连性，是指在双务合同成立后，当事人各自基于合同负担履行义务，对方的权利不能实现，其义务的履行也要受到影响；三是存续上的牵连性，是指如果非因双方的过错导致合同事实上履行不能时，所发生的危险应由哪一方负担的问题。既然双务合同中双方当事人应履行自己所负的债务，一方当事人只有在已经履行或者已提出履行的前提下，才能要求对方当事人履行义务。反之，对方未为对待履行或未提出履行以前，可以将自己的履行暂时中止，而拒绝对方的履行请求。同时履行抗辩权的法律基础是诚实信用原则。诚实信用原则，要求双务合同当事人应彼此尊重对方的利益并协作。双务合同的基本性质决定双方的利益应维持平衡，这不仅表现在债权债务应相互对等，同时表现在双方债务在存续的结构本质上，具有统一的目的，即均整价值，如果发生特殊情况使当事人之间的利益关系失去平衡，应进行调整。

同时履行抗辩权的构成要件包括：① 须因同一双务合同互负债务；② 须双方互负的债务均已届清偿期；③ 须对方未履行或未提出履行债务；④ 须对方对待给付是可能的。其对方对待给付不可能，则由合同解除制度解决。同时履行抗辩权可在一方违约时适用，包括迟延履行、受领迟延、部分履行、瑕疵履行。经常引起争议的问题是主给付义务和附随义务之间是否为对待给付和具有牵连关系，能否适用同时履行抗辩权。主给付义务的不履行当然适用同时履行抗辩权，而当一方已经履行主给付义务，单纯违反附随义务时，另一方不得援用同时履行抗辩权，只有当附随义务与合同目的的实现密切关系，才能认为该附随义务与对方的主给付义务之间具有牵连性和对价关系，才能适用同时履行抗辩权。

《国际商事合同通则》第 7.1.3 条第 1 款规定，凡当事人各方应同时履行合同义务的，任何一方当事人可在另一方当事人提供履行前拒绝履行。我国《合同法》第 66 条也有相同规定，当事人互负债务，没有先后履行顺序的，应当同时履行。一方在对方履行之前有权拒绝其履行要求。一方在对方履行债务不符合约定时，有权拒绝其相应的履行要求。CISG 第 58 条规定，如果买方没有义务在任何其他特定时间内支付价款，他必须于卖方按照合同和本公约规定将货物或控制货物处置权的单据交给买方处置时支付价款，卖方可以支付价款作为移交货物或单据的条件。CISG 第 81 条第 2 款规定，全部或局部履行合同的一方，可以要求另一方归还他按照合同供应的货物或支付的价款，如果双方都须归还，他们必须同时也这样做。CISG 第 85 条有关货物保全规定，如果买方推迟收取货物，或在支付价款和交付货物应同时履行时，买方没有支付价款，而卖方仍拥有这些货物或仍能控制这些货物的处置权，卖方必须按情况采取合理措施，以保全货物。卖方有权保有这些货物，直至买方把他所付的合理费用偿还他为止。

(2) 先履行抗辩权

先履行抗辩权，是指在异时履行的合同中，后履行一方在先履行的一方没有或不适当履行义务时，得在其适当履行前中止履行的权利。《国际商事合同通则》第 7.1.3 条第 2 款规定："当事人各方应相继履行合同义务的，后履行的一方当事人可在应先予履行的一方当事人完成履行之前停止履行。"我国《合同法》第 67 条也规定："当事人互负债务，有先后履行顺序，先履行一方未履行的，后履行一方有权拒绝其履行要求。先履行一方履行债务不符合约定的，后履行一方有权拒绝其相应的履行要求。"亦有学者把它称为后履行抗辩权。先履行抗辩权与后履行抗辩权的区别只是强调权利的主体和对象角度不同——前者从权利针对的义务来看（针对应该在先履行义务未被适当履行），后者从行使的主体来看（由后履行义务一方行使）。[①] 为了强调义务履行的在先性，本书采先履行抗辩权的称谓。

先履行抗辩权的成立要件为：① 须因同一双务合同互负债务。先履行抗辩权是因为履行机能上的牵连性而发生的，其适用的前提是当事人因同一双务合同互负债务。互负债务是指双方的债务彼此间应形成对称的关系。② 两个债务须有先后履行顺序，至于该顺序是当事人约定的，还是法律直接规定的，在所不问。③ 先履行的一方不履行或不适当履行合同债务。先履行一方未履行，包括在履行期限届满前未履行的状态（未构成违约），又包括在履行期限届满时尚未履行或履行不符合约定的现象（构成违约）。

先履行抗辩权的效力，是使后履行一方可暂时中止己方义务的履行，对抗先履行一方的履行请求，以保护自己的期限利益、顺序利益。在履行一方恢复履行或采取其他补救措施后，先履行抗辩权效力消失。先履行抗辩权的行使不影响后履行一方主张违约责任。

先履行抗辩权的行使是否需要明示，应区分情况而定。在先履行一方未构成违约的情况下，先履行一方未请求后履行一方履行义务的，先履行抗辩权的行使不需要明示；在先履行一方已经构成违约并请求后履行一方履行的，后履行一方拒绝履行需要明示。在先履行一方构成违约但并未请求后履行一方履行义务的，先履行抗辩权的行使也不需要明示。但在先履行一方已经构成违约的情况下是否请求后履行一方履行义务，不影响后履行一方追究先履行一方的违约责任。尽管进行补救，受损害方仍保留对迟延以及因

---

① 王利明．合同法新问题研究．北京：中国社会科学出版社，2003：435.

补救所造成的或补救未能阻止的损害要求损害赔偿的权利（《国际商事合同通则》第7.1.4条第5款）。

（3）不安抗辩权

所谓不安抗辩权，[①] 是指在异时履行的合同中，应当先履行一方有确切的证据证明对方在履行期限到来后，将不能或不会履行合作，则在对方没有履行或担保以前中止义务履行的权利。CISG第71条第1款规定："（1）如果订立合同后，另一方当事人由于下列原因显然将不履行其大部分重要义务，一方当事人可以中止履行义务：（a）他履行义务的能力或他的信用有严重缺陷；或（b）他在准备履行合同或履行合同中的行为。（2）如果卖方在上一款所述的理由明显化以前已将货物发运，他可以阻止将货物交给买方，即使买方持有其有权获得货物的单据。"

不安抗辩权的构成要件为：① 须因同一双务合同互负债务。② 两个债务须有先后履行顺序。③ 先履行一方须有确切证据证明后履行一方丧失或者可能丧失履行债务能力的情形。这种情形包括经营状况严重恶化；转移财产、抽逃资金，以逃避债务；丧失商业信誉等。当事人没有确切证据中止履行的，应当承担违约责任（《合同法》第68条）。

不安抗辩权的效力，是使先履行一方得在后履行一方恢复履行能力或提供适当担保之前中止履行义务。当对方提供适当担保时，消除了先履行一方担忧对方履行的"不安"，不安抗辩权的效力消灭，先履行方应当恢复履行（CISG第71条第3款、《国际商事合同通则》第7.3.4条）。当中止履行后，对方在合理期限内未恢复履行能力并且未提供适当担保的，中止履行的一方可以解除合同。

不安抗辩权的行使需要两项要件：一是有确切证据证明后履行一方有丧失或者可能丧失履行债务能力的情形。当事人没有确切证据中止履行的，应当承担违约责任（《合同法》第68条第2款）。二是先履行一方应当及时通知对方。如果没有及时履行通知义务，则表明先履行一方没有正当行使不安抗辩权，将可能构成违约。

4. 抗辩权的从属性

抗辩权的从属性，是指抗辩权从属于原合同产生的债权债务。

国际货物买卖合同是典型的双务合同，合同的抗辩权随着合同履行主体的变更、合同的转让而流动。我国《合同法》第82条和第85条分别规定了债权转让与债务转让时抗辩权的主张问题，即"债务人接到债权转让通知后，债务人对让与人的抗辩，可以向受让人主张"，以及"债务人转移义务的，新债务人可以主张原债务人对债权人的

---

① 也有学者称其为先履行抗辩权、异时履行抗辩权。参考：苏惠祥．中国当代合同法论．长春：吉林大学出版社，1992：164.

抗辩”。

二、国际货物买卖合同的违约救济

(一) 违约与违约责任概述

1. 违约与违约行为

违约，是指不履行合同义务或者履行合同义务不符合约定（《合同法》第107条、《民法通则》第111条)。违约不限于主给付义务与从给付义务的不履行或履行不适当，还可以包括附随义务的不履行或履行不适当。违约的原因可是出现客观的履行障碍，如情势变更，或者当事人自身的原因，如经营状况严重恶化，由于商业风险或其他违约免责事由外的原因，一方当事人的履约成本大于其履约利益，且违约成本小于履约成本，选择不再履行合同义务而承担违约责任的现象。

违约行为，是指违反合同义务的行为。它仅指违反合同这一客观事实，不包含当事人及有关第三人的主观过错。法律给予违约行为以否定性评价是依据“依法成立的合同即受法律保护”这一基础价值判断。违约行为有着不同的形态，不同的违约形态有着不完全相同的法律效果。

2. 违约形态

(1) 不能履行

不能履行，又称为给付不能，是指债务人在客观上已经没有履行能力，或者法律禁止债务的履行。不能履行有自始不能履行与嗣后不能履行之分。前者是合同无效的原因，后者是违约类型，分别根据债务人是否有免责事由，或依风险负担规则处理，或依违约责任规则处理。不能履行也可分为全部不能履行或部分不能履行。前者如属嗣后不能履行，则构成违约；后者如属嗣后不能履行，自然属于违约，即使属于自始不能履行，当可履行部分得不到适当履行时，也构成违约。不能履行也可以分为事实上的不能履行与法律上的不能履行。前者是基于自然法则而构成的不能履行，如货物灭失，后者是基于法律规定而构成不能履行。这两种不能履行均可成为违约责任的构成要件。

(2) 迟延履行

迟延履行，又叫做债务人迟延或逾期履行，是指债务人能够履行，但在履行期限届满时却未履行债务的现象。构成迟延履行的要件为：一是存在着有效的债务；二是能够履行债务；三是债务履行期届至而债务人未履行；四是债务未履行不具有正当事由。当合同有确定履行期限时，期限届至而债务未履行，债务人当然陷于履行迟延；合同有不确定的期限（包括没有约定具体期限及合同附条件生效的情况)，原则上自债权人通知或债务人知道期限到来时起，但依法律的规定或债务的性质或合同目的能确定一段合理履行期限的除外。合同履行期限不明确，且不能通过上述因素决定一段合理履行时间的，债权人可以随时要求债务人履行债务，但应当给对方必要的准备时间。

（3）不完全履行

不完全履行，是指债务人虽然履行了债务，但其履行不符合债务的本旨。它主要表现为：① 货物不符。履行在数量上不完全，标的物品种、规格、质量等不符合合同的规定。这种情况下，债务人可以补充履行，若补充履行仍达不到合同目的，则可成为违约责任的构成要件。② 加害给付。债务人的不适当履行行为造成了债权人履行利益以外的损害。③ 履行方式的不完全。它包括履行不符合约定，如约定一次履行却分期履行，也包括履行不适当，如货物运输的不合理绕航。④ 违反附随义务的不完全履行。不完全履行的确认时间为履行期限届满仍未消除缺陷或另行给付时为准。当不完全履行方未在合理期限内消除缺陷或另行给付，则构成迟延履行。当对不完全履行的弥补是不可能时，则构成不能履行。

（4）拒绝履行

拒绝履行，是债务人对债权人表示不履行合同。拒绝履行可以是明示的，也可以是默示的。当债务人有效行使抗辩权时，不构成拒绝履行。与迟延履行和不完全履行相比，拒绝履行与不能履行属于无履行的消极状态。

（5）受领迟延或受领不能

受领迟延，是指债权人对于已提供的给付，未为受领或未为其他给付完成所必要的协力的事实。受领不能，是指债权人不能为给付完成所必需的协助的事实。债权是一种利益，一种自由，但债权人受领迟延或不能，也会引起违约责任。其根据在于诚实信用原则，类似附随义务的法理基础。通常情况下，违约行为的主体是债务人，然而债权人对债务人的履行不能提供必需的协助也会构成违约。

3. 违约责任

违约责任，是指合同当事人不履行合同义务或者履行合同义务不符合约定时，依法产生的法律责任。债务是指应为一定给付的义务。责任，是指强制实现此手段，亦即履行此项义务的担保。[1] 债权人基于债之关系，得向债务人请求给付，这是债权的权能或作用。[2] 合同的约束力课债务人以给付义务，并赋予债权人以请求给付的权利。债务人怠于履行其义务时，法律并不主动采取行动，而是让诸债权人自行决定是否实现其权利。债权人一旦决定行使其权利时，法律则提供权威、力量及制度，使债权人得诉诸履行，必要时并得强制执行；于特殊情形更允许债权人自力实现其债权。债权之处分，亦

① 王泽鉴．债法原理（一）：基本理论·债之发生．北京：中国政法大学出版社，2001：28.

② 王泽鉴．债法原理（一）：基本理论·债之发生．北京：中国政法大学出版社，2001：9.

蕴含实现债权的机能。[①]

我国《民法通则》第84条规定："债是按照合同的约定或者依照法律的规定，在当事人之间产生的特定的权利和义务关系。享有权利的人是债权人，负有义务的人是债务人。"第106条规定："公民、法人违反合同或者不履行其他义务的，应当承担民事责任。"由此可知，我国法律是严格区分债务与责任的。通说认为，债务是法律规定或合同约定的当事人当为的行为，而责任是债务人不履行债务时国家强制债务人履行或承担其他负担的表现。合同债务的存在是违约责任的前提，违约责任是债务的转化形态。责任的承担方式是对原债权关系中债务的"替代"。[②]

国际货物买卖合同违约责任的性质包括：（1）财产性。合同是最为常见的财产流转法律形式，国际货物买卖合同就属此类。此类合同关系是财产关系，合同内容具有财产价值。违约责任作为合同债务转化而成的替代形式，与合同债务有着同一性，因而一般表现为财产责任。当然，违约责任的承担形式还包括修理、更换、重作等劳务性的行为，但这并不排斥受害方主张损害赔偿，此为其一（CISG第45条第2款、第61条第2款，《国际商事合同通则》第7.4.1条）。其二，法院不能强制违约方作为，若违约方不作为，最后能适用的还是财产性赔偿。（2）补偿性。受损害方对由于不履行而遭受的损害有权得到完全赔偿。就国际买卖合同来说，违约责任通常包括支付违约金、损害赔偿金等，目的在于弥补受害方因违约而遭受的损失（《国际商事合同通则》第7.4.2条）。（3）可预见性。一方当事人违反合同应负的损害赔偿额，应与另一方当事人因他违反合同而遭受的包括利润在内的损失额相等，但这种损害赔偿不得超过违反合同一方在订立合同时，依照他当时已知道或理应知道的事实和情况，对违反合同预料到或理应预料到的可能损失（CISG第74条、《国际商事合同通则》第7.4.4条、《合同法》第113条）。也就是说，损害赔偿不仅包括已经发现的实际损害，还包括期待利益的损失。所谓期待利益，是指当事人在订立合同时期望的在合同严格履行情况下所能够得到的利益。受补偿性原则的限制，利益的期待不能任由受害方主张，必须兼顾违约方的认知，限制在其预料到或理应预料到的可能损失，以平衡双方权利义务。期待利益应当具有相当的肯定性、确定性和可预见性，[③] 赔偿仅适用于根据合理的肯定程度而确立的损害，对机会损失的赔偿可根据机会发生的可能性程度来确定（《国际商事合同通则》第7.4.3条）。

关于违约责任归责原则，CISG和《国际商事合同通则》在有关违约责任的表述当

---

① 邱聪智．民法债编通则．北京：中国人民大学出版社，9. 转引自王泽鉴．债法原理（一）：基本理论·债之发生．北京：中国政法大学出版社，2001：20.

② 崔建远．合同法．北京：中国人民大学出版社，2008：231.

③ 王利明．合同法新问题研究．北京：中国社会科学出版社，2003：667～668.

中并没有出现涉及当事人过错的语词。我国《合同法》第 107 条规定："当事人一方不履行合同义务或者履行合同义务不符合约定的，应当承担继续履行、采取补救措施或者赔偿损失等违约责任。"由此可知，合同违约责任的产生并不考虑当事人主观上是否故意、有无过错。由此可知，严格责任原则是国际普遍的违约归责原则。

（二）免责条件与免责条款

法律虽然采用严格责任原则，但并非意味着违约方在任何情况都要承担违约责任。在法律规定有免责条件的情况下，或当事人约定排除或限制其未来责任的情况下，也可能不承担违约责任或只承担部分违约责任。

免责条件，是指法律明文规定的当事人对其不履行合同不承担违约责任的条件。免责条件主要包括不可抗力、货物本身的自然性质、货物的合理损耗、债权人的过错等。

1. 不可抗力

不可抗力（Force Majeure），是指合同订立以后发生的当事人订立合同时不能预见的，不能避免的，人力不可控制的意外事故，从而导致合同不能履行或不能按期履行。遭受不可抗力方可由此免除责任，而对方无权要求赔偿。不可抗力来源于两个方面，一是自然条件，如水灾、旱灾、地震、海啸、飓风等，但随着社会科学技术的发展，以往不可能预见和避免的自然事件，现在都可以在很大程度上避免，如台风预警、海啸预警等。二是社会条件，战争、暴动、罢工、政府禁令等。不可抗力使当事人免责的条件是：(1) 不可抗力事件发生在合同订立之后。(2) 在订立合同之时，双方不可预见。(3) 事故不是由任何一方的过错引起。否则，该过错方视同违约，应承担相应违约责任。(4) 事故的发生是不可避免的，不为人力可控制的。(5) 不可抗力事件与合同不履行存在因果关系。不可抗力的发生不一定导致整个合同义务不能履行，应当根据不可抗力的实际影响，确定对不可抗力遭受方免责的范围，但法律另有规定的除外。

在不可抗力的原因中，政府行为是否属于不可抗力一直备受争议。在国际贸易当中，这个问题更具有特殊的重要性。政府有关运输、税收、海关的政策法规都将对国际贸易主体的利益产生重要影响。有学者认为，应当把行政行为区分为抽象行政行为与具体行政行为加以判断。前者包括政府制定颁布行政法规、规章、政策性文件，这类政府行为，其效力范围内的任何单位和个人都必须执行，不得抗拒，民事合同因此终止的，毫无疑问属于不可抗力。后者指行政机关在法律、法规授权范围内针对特定的人或事所采取的行政措施。它又可分为重大公共利益调整和公共危机管理的行政行为与一般的公共利益和社会管理的行政行为。前者诸如修建城市规划中的广场、道路需要拆迁某一幢房屋，或针对突发性公共事件（如"非典"）所必须采取的应急手段。但这一类行政行为也要遵循以下原则，不可滥用。(1) 合法性；(2) 程序的正当性；(3) 合理性；(4) 不得恣意性；(5) 手段的不可替代性。源于此类的抗辩，也可列为不可抗力。对于后者，由于“公共利益不应该具有天然的优于个人利益的特性”，且此类行政行为不是事关国计民生、不是因公共危机管理而必须的无可替代的。因此对此类行政行为不应列入不可抗力范围。还有分析指出应当区分当事人的身份来作判断。对公共资源的经营者而言，它应该对国家相关法律和政策有明确了解，能够通过行政和司法途径维护自身的合法权益，行政行为对他的经营活动的影响一般是可以预见，可以避免和克服的。因此，很难认为行政机关的管理市政、执行法律的活动对公用企业所签订的民事合同产生的影响就是一种不可抗力。对于一般当事人来说，订立合同后，政府当局颁发新的政策、法律和行政措施往往导致合同不能履行，如由于政府颁布禁止的法律，使合同不能履行，这时可以将其纳入约定的不可抗力的范围。如果不属于此种情况，则不应将所谓政府承诺视为不可抗力的范围。

还有意见认为，应当按照合同法的“公平原则”引入一项“不履约而无责任”的原则来处理。这一原则基本上适用于两种情形：一是合同订立后由于不可归责于义务人的事由而使合同无法履行；二是合同订立后由于不可归责于义务人的事由而使合同履行尽管可能，但从公平原则考虑，不应强使义务人履约。据此，合同订立后出现了与当事人的过错无关的某种政府禁令使得合同订立时所追求的目的无法达到，义务人可以不履行其合同义务，尽管这种履行仍属可能。

笔者比较赞同最后一种意见，并认为：在不同的案件中应当根据当事人地位、处境、可获得资讯的速度与渠道以及政府行为的性质来对政府行为是否属于不可抗力加以判断。第一，应先从当事人订立合同时的实际情况确定其是否预见或应当预见该政府行为，或者是否有合理理由信赖对方提供相关资讯，即根据诚实信用原则负有的告知义务，否则可适用缔约过失责任进行处理（《合同法》第42条）。第二，确定行政行为性质是否为禁止性规定。若合同义务由合法变成非法，则当事人的义务变成法律上不得履行，属于不可抗力，若合同义务，只是因为行政行为的作出而增加了额外的费用和手续，并非不能履行，则不属于不可抗力。第三，对于因为不可预见的行政行为，而增加的额外支出，当事人之间应根据公平原则进行分担。

关于不可抗力的规定，可见CISG第79条、《国际商事合同通则》第7.1.7条、我国《合同法》第117条。若不履行的一方当事人证明，其不履行是由于非他所能控制的障碍所致，则不履行的一方当事人应予免责。应注意到，不能简单地把意外事故都看作不可抗力，一些意外事故的发生，并没有使合同履行成为不可能，而仅仅使合同的履行变得非常麻烦，或需要支出庞大费用，这时也不能援引不可抗力。

若障碍只是暂时的，则在考虑到这种障碍对合同履行影响的情况下，免责只在一个合理的期间内具有效力。解除合同还是迟延履行合同，取决不可抗力是持续相当一个时期还是暂时的、对合同履行的影响程度如何、合同义务的内容是金钱还是货物。一般来说，金钱给付不会受任何意外事件影响。如果提交的货物是特定物，发生灭失可以解除合同，如果是种类物，即使发生不可抗力也不能免除履约义务。当事人迟延履行后发生不可抗力的，不能免除责任。

当事人一方因不可抗力不能履行合同的，应当及时通知对方，以减轻可能给对方造成的损失，并应当在合理期限内提供证明。如果该项通知在不履行义务的一方已知道或理应知道此一障碍后一段合理时间内仍未为另一方收到，则他对由于另一方未收到通知而造成的损害应负赔偿责任。不可抗力不妨碍一方当事人行使终止合同、拒绝履行或对到期应付款项要求支付利息的权利。

总之，应当指明的是，有关不可抗力的内容和适用范围，一般很难由法律作出逐一规定，因而就需要当事人在合同中订立不可抗力条款，具体列举各种不可抗力事由和范围。这是当事人在订立合同时应当明确的。

2. 货物本身的自然性质、货物的合理损耗

在国际货物买卖中，经常涉及远洋运输，我国《海商法》第 51 条第 1 款第 9 项规定，若在责任期间货物发生的灭失或者损坏是因为货物的自然特性造成的，则承运人不负赔偿责任。《合同法》第 311 条承运人对运输过程中货物的毁损、灭失承担损害赔偿责任，但承运人证明货物的毁损、灭失是因不可抗力、货物本身的自然性质或者合理损耗以及托运人、收货人的过错造成的，不承担损害赔偿责任。货物本身的自然性质、货物的合理损耗是自然规则或是固有的科学属性，特别是在活物运输或易腐烂的货物运输中，基于衡平思想，由货主承担此项损失。

3. 债权人的过错

CISG 第 80 条规定，一方当事人因其行为或不作为而使得另一方当事人不履行义务时，不得声称该另一方当事人不履行义务。债权人过错致使债务人不履行或不能适当履行合同，债务人不负违约责任。债权人过错这一免责主要理论依据是“履行障碍风险由造成障碍者承担”，即债权人因其过错造成了履行障碍，应自食其果。《合同法》第 70 条规定，债权人分立、合并或者变更住所没有通知债务人，致使履行债务发生困难的，债务人可以中止履行或者将标的物提存。这是专门针对债权人受领迟延的规定。没有把分立、合并或者变更住所的情况告知债务人，导致债务人履行困难，是债权人的过失造成的，债务人可以中止履行义务而免于产生违约责任。另外，CISG 第 77 条、《国际商事合同通则》第 7.4.7 条、《合同法》第 119 条有关一方违约或声称一方违约后，受害方负有损害减轻义务，否则不得就扩大的损失要求赔偿的规定，也是关于债权人的过错免责的规定。

（三）国际货物买卖合同的违约救济

1. 国际货物买卖合同违约救济的适用原则

当一方违约时，受害方可以采取一切有效的措施维护自己的权益，包括要求履行、

货物保全、损害赔偿、违约金、解除合同等，但受害方主张违约救济时，救济措施之间不得相互抵触，例如在要求解除合同后不能主张实际履行请求权；又如受害方可以规定一段合理时限的额外时间，让违约方履行其义务，受害方在这段时间内不得对违反合同采取任何补救办法，除非违约方明确表示将不履行合同义务（CISG 第 47 条、第 63 条）；再如在存在迟延交货导致根本违约的情况下，卖方即使在交货日期之后，仍可自付费用，对任何不履行义务作出补救，如果卖方要求买方表明他是否接受卖方履行义务，而买方不在一段合理时间内对此一要求作出答复，则卖方可以按其要求中所指明的时间履行义务。买方不得在该段时间内采取与卖方履行义务相抵触的任何补救办法(CISG 第 48 条第 1 款、第 2 款)。

2. 国际货物买卖合同的违约救济方式

（1）中止履行

中止履行，是指由于特定的法律原因或事实原因，法律允许债务人暂时停止履行或拒绝相应履行要求的现象。债务人中止履行的原因主要有以下几种：① 抗辩权行使；② 由于债权人的原因导致债务履行困难；③ 预期违约。由于前二者在前文已经述及，此处重点讨论预期违约制度下的救济。

预期违约（Anticipatory Breach），亦称先期违约，包括明示违约和默示违约。明示违约是指合同履行期限到来之前，一方当事人无正当理由而明确肯定地向另一方当事人表示他将不履行合同的现象。默示违约，是指在履行期限到来之前，一方当事人以其行为表示将不履行或不能履行合同，而又不愿提供必要的履行担保的现象。预期违约规则对于保护受害人利益十分必要。如果一方明确表示拒绝履行债务，而让另一方坐等履行才向对方主张补救，那么他将遭受严重损失，“因为在他已经先履行的情形下，可能缺乏获得替代合同的手段”。[①] 预期违约的基本特点为：① 预期违约行为表现为未来将不履行义务，而非为现实的违反义务。前者强调一种毁约的危险，后者则已经构成实际违约。违约的危险，可能发生在合同订立之后，也可能发生在合同订立之前，而到合同订立以后方才显现；可能发生在合同生效之后，履行之前，也可能发生在已经履行之后。② 预期违约行为侵害的是期待债权而不是现实的债权。履约期限对债务人来说实质上也是一种利益，称为期限利益。在此期间，债权人不得要求债务人提早履行。此时，债权的权能因履行期未届满而效力受抑制。尽管如此，债权人仍然享有一种期待利益，这种权利也是不可侵害的，若有确凿证据证明债务人将违约，债权人亦得主张债务人承担违约责任。③ 补救方式不同于实质违约。实质违约因不同的违约原因可以循要求履行、

---

① 猜图．合同法．644. 1983 年英文版。转引自王利明．合同法新问题研究．北京：中国社会科学出版社，2003：613.

赔偿损失、违约金、解除合同等补救措施弥补违约造成的损害，而预期违约的原因主要为一方明示不履行义务或失去履行能力，故补救措施主要为中止履行、要求对方提供担保、解除合同、赔偿损失。

CISG 视违约可能性的严重程度，把预期违约分为预期非根本违约和预期根本违约。CISG 第 71 条第 1 款规定："如果订立合同后，另一方当事人由于下列原因显然将不履行其大部分重要义务，一方当事人可以中止履行义务：（a）他履行义务的能力或他的信用有严重缺陷；或（b）他在准备履行合同或履行合同中的行为。"该条第 2 款还规定了卖方对已发运货物交付给买方的阻止权。第 72 条规定："如果在履行合同日期之前，明显看出一方当事人将根本违反合同，另一方当事人可以宣告合同无效。"把二者作出区分主要目的在于根据违约危险性的不同而设置不同的补救方式，以维护交易的稳定。对于预期非根本违约，法律允许一方可以中止履行，但对方提供必要担保时，中止履行方必须继续履行；而对于预期根本违约，一方当事人可以宣告合同无效以终止履行合同，如果时间允许，必须向另一方当事人发出合同通知，让其提供充分保证。换言之，在时间不允许的情况下，一方当事人可直接宣告合同无效，而不给另一方当事人以提供担保的机会。通知与担保规定是在默示违约的情况下适用，当另一方当事人已声明他将不履行其义务的情况下，这些规定就失去了适用的必要了（CISG 第 72 条第 3 款）。《国际商事合同通则》第 7.3.3 条和第 7.3.4 条只规定了预期根本违约，它规定在预期根本违约的情况下，一方可终止合同，或要求其提供充分的保证并可同时拒绝履行其自己的合同义务，若对方不能提供保证，则可终止合同。我国《合同法》第 108 条规定："当事人一方明确表示或者以自己的行为表明不履行合同义务的，对方可以在履行期限届满之前要求其承担违约责任。"第 94 条规定，在履行期限届满之前，当事人一方明确表示或者以自己的行为表明不履行主要债务，当事人可以解除合同。可见，我国合同法律制度确认了明示与默示这两种预期违约形态，并且建立了预期非根本违约与预期根本违约两种制度。《合同法》第 108 条没有如 CISG 第 71 条那样强调预期违约必须是对合同大部分重要义务的不履行，也没有规定造成预期违约的原因，即不限于一方当事人财产减少、经营状况的恶化、丧失商业信誉等可能丧失履行债务能力的情形，从而为债权的维护提供了极大程度的保障。只要是对未来合同义务的明示或默示不履行，都可适用第 108 条的规定要求对方承担违约责任。

值得强调的是，明示违约与拒绝履行以及预期违约与不安抗辩之间都是不尽相同的。明示违约的违约状态是可以消除的，只要预期违约一方当事人及时履行合同，但拒绝履行在债务履行期限届满时发生的实际违约行为，其违约状态不可消灭，只可以采取补救措施对损害后果予以弥补。而预期违约与不安抗辩的主要区别在于：预期违约不要求合同义务有先后履行顺序，也不限于先履行一方才可行使；在法律救济方面，学说认为不安抗辩权的行使，即使对方拒绝提供担保也未使其陷于迟延，也并不因此使得先为给付义务的一方取得解除合同的权利。[①] 因此从根本上说，不安抗辩权不能为权利人提供救济手段。而预期违约制度，则允许当事人根据自身利益作出选择，他既可以解除合同并要求赔偿损失，也可以继续保持合同效力，待履行期限届至，提出赔偿之诉。

(2) 要求履行

CISG 第 46 条第 1 款、第 62 条规定，受害方可以要求违约方履行义务，除非买方已采取与此要求相抵触的某种补救办法。《国际商事合同通则》第 7.2.1 条和第 7.2.2 条分别对金钱债务的履行与非金钱债务的履行作出规定，对于前者另一方当事人可以要求付款，对于后者可以要求履行，除非：(a) 履行在法律上或事实上不可能；(b) 履行或相关的执行带来不合理的负担或费用；(c) 有权要求履行的一方当事人可以合理地从其他渠道获得履行；(d) 履行完全属于人身性质；或者 (e) 有权要求履行的一方当事人在已经知道或理应知道该不履行后的一段合理时间之内未要求履行。上述第一种例外情况是嗣后的履行不能；第二种和第三种情况是经济合理原则的要求；第四种情况在国际货物买卖中较少出现，除非当事人约定某项义务必须由特定人履行；第五种情况是要求履行权利的消灭。我国《合同法》第 110 条也有关于上述第一、二、五种情况的规定。

要求履行的权利，在适当的情况下，包括对瑕疵履行要求修补、替换或其他补救的权利（《国际商事合同通则》第 7.2.3 条、《合同法》第 111 条）。如果货物不符合合同约定且此种不符合同情形构成根本违反合同时，可以要求交付替代货物，而且关于替代货物的要求，必须与在发现或理应发现不符情形后一段合理时间内向卖方发出的通知同时提出，或者在该项通知发出后一段合理时间内提出（CISG 第 46 条）。要求履行非金钱债务的受损害方当事人，在规定的期限内或若无此规定在一段合理的时间内，未获得履行，或者对于履行非金钱债务的法庭判决不能得到执行时，则该方当事人可诉诸任何其他的救济手段（《国际商事合同通则》第 7.2.5 条）。

受害方还可以规定一段合理时限的额外时间，让违约方履行其义务。这是补足履行合同义务的最后机会，但不影响受害方主张损害赔偿的权利。在此额外期间内，受损害方当事人可拒绝履行其对应的义务（《国际商事合同通则》第 7.1.5 条），但不得采取此二者外的其他救济手段。

但要求履行的请求权在一些情况下也可能会由于 CISG 第 28 条的规定而不会被强制执行，即一方当事人有权要求另一方当事人履行某一义务，法院没有义务作出判决，要求具体履行此一义务，除非法院依照其本身的法律对不属本公约范围的类似销售合同愿意这样做。这是由于公约要调和英美法与大陆法对实际履行问题的立法分歧。英美法认

---

① 李永军．合同法原理．北京：中国人民公安大学出版社，1999：516.

为，违反合同的主要补救办法应该是损害赔偿，而不是实际履行，所以他们的法院一般不会作出要求实际履行的判决。而大陆法特别是德国法则认为对不履行合同的一种主要补救办法是要求履行，因为要实现订立合同的目的，全靠实际履行合同，所以公约依大陆法规定了要求履行义务的救济措施，同时作出了第28条的规定，以照顾英美法的实际。

要求履行请求权在一方已经有效地解除合同时也被排除。如果一方要求对货损进行修补或继续交付货物时要求了减价，那么修补或者重新交付的请求权也不复存在。对于未履行，如果债权人已经提出损害赔偿请求，债务人也支付了损害赔偿，那么要求履行请求权也将被排除。

（3）损害赔偿

违约损害赔偿，是指违约方因不履行或不适当履行合同义务而给对方造成损失，依法或根据合同规定应承担损害赔偿责任。损害赔偿是合同责任中最常见的形式，也是充分保护受害人利益的适用范围最广的一种补救方式。

违约损害赔偿具有补偿性，即通过损害赔偿的方法来弥补或填补债务人因为违约行为所造成的后果，一般不具有惩罚性。损害赔偿可以单独主张，也可以与其他违约补救措施同时主张或作为其补充。受害方采取其他违约补救措施，并不影响其同时主张损害赔偿，当其他违约补救措施不足以弥补受害人一方损失时，受害方可以通过损害赔偿来填补损失（《合同法》第112条）。

受损害方当事人对由于不履行而遭受的损害有权得到完全赔偿，此损害既包括该方当事人遭受的任何损失，也包括其被剥夺的任何收益。这就是违约损害赔偿的完全赔偿原则（《国际商事合同通则》第7.4.1条、CISG第74条、《合同法》第113条）。它包括积极损失的赔偿和可得利益的赔偿。前者是指现有财产的减损灭失和费用的支出，后者是指合同在适当履行后可以实现和取得的财产利益。积极损失赔偿是要使受害人达到合同订立以前的状态，而可得利益的赔偿加上积极损失的赔偿就是受害人在合同如期履行情况下的利益状态。

然而，损害赔偿的完全性并不是绝对的，一方面，损害赔偿额的确定只能做到相对准确；另一方面，从诚信公平和鼓励交易的角度出发，也需要对损害赔偿作出适当的限制，包括：① 可预见性原则。损害赔偿不得超过违反合同一方在订立合同时，依照他当时已知道或理应知道的事实和情况，对违反合同预料到或理应预料到的可能损失（CISG第74条、《国际商事合同通则》第7.4.4条、《合同法》第113条）赔偿仅适用于根据合理的预料程度而确立的损害。② 损害减轻原则。损害减轻原则，是指在一方违约或声称一方违约的情况下，受害方有义务采取一切有效措施防止损害扩大，否则不得就扩大的损失部分要求赔偿。这是不真正义务，也被称为间接义务，若被违反并不发生损害赔偿义务，仅使负担此项义务者遭受权利减损或丧失的不利益。受害人所违反的是对自己利益的维护照顾义务，其理论基础是诚实信用原则：如果受害人能尽善良管理人之注意，即得避免其损害之发生或扩大，若没有尽注意义务或由于自己的过错导致损害发生或扩大，则应当为自己的过错负责。损害减轻原则，可防止受害方借口违约而盲目扩大损害或任由损害扩大，造成对违约方的不公平，造成社会经济资源的损失（CISG 第 77 条、《国际商事合同通则》第 7.4.8 条、《合同法》第 119 条）。③ 混合过错规则。对损害的发生，合同双方当事人均有过错的，应当各自承担相应责任（《合同法》第 120 条）。④ 损益相抵原则。损益相抵，又称为损益同销，是指受害人基于损失发生的同一原因而获得利益，则在其获得的损害赔偿额中，应扣除其所获得利益的部分。

（4）解除合同

解除合同，是指合同有效成立以后，当具备合同解除条件时，因当事人一方或双方的意思表示始消灭或向将来消灭的一种行为。从合同解除的原因来看，合同的解除分为约定的解除和法定的解除。前者是指当事人可以预先约定某些条件，当这些条件被满足时，可以解除合同；后者是法律直接规定解除的条件，当这些条件具备时，当事人行使解除权。当事人可以约定某些违约行为或其他情况作为合同解除的条件，而法定解除的条件则是针对违约情况而设的。当事人有约定的，法律给予保护，这里主要讨论法定解除权的问题。法定解除权实质上是对违约受害方解除合同的一种限制。法律把合同解除的条件严格限制，仅当违约导致合同目的不能实现时，才允许当事人行使合同解除权，以防止当事人随意解除合同，破坏交易的安全性和稳定性。

在 CISG 中宣告合同无效，即解除合同，仅限于根本违约（Fundamental Breach of Contract）的情形。CISG 第 25 条规定："一方当事人违反合同的结果，如使另一方当事人蒙受损害，以致于实际上剥夺了他根据合同规定有权期待得到的东西，即为根本违反合同。"所谓"根据合同规定有权期待得到的东西"，即期待利益——合同得到适当履行时当事人可获得的权利和利益。公约中对根本违约加入一个主观能力的限制，即"除非违反合同一方并不预知而且一个同等资格、通情达理的人处于相同情况中也没有理由预知会发生这种结果"。"不能预知且没有理由预知"表明，当违约方主观上不存在故意或过失时，受害方不得主张宣告合同无效。当发生根本违约的情形时，另一方当事人得宣告合同无效（CISG 第 49 条、第 64 条、《国际合同通则》第 7.3.1 第 1 款）。对于分批供货合同，CISG 第 73 条规定："（1）对于分批交付货物的合同，如果一方当事人不履行对任何一批货物的义务，便对该批货物构成根本违反合同，则另一方当事人可以宣告合同对该批货物无效。（2）如果一方当事人不履行对任何一批货物的义务，使另一方当事人有充分理由断定对今后各批货物将会发生根本违反合同，该另一方当事人可以在一段合理时间内宣告合同今后无效。（3）买方宣告合同对任何一批货物的交付为无效时，可以同时宣告合同对已交付的或今后交付的各批货物均为无效，如果各批货物是互相依存的，不能单独用于双方当事人在订立合同时所设想的目的。”我国《合同法》关于法定解除权的规定为：“（1）因不可抗力致使不能实现合同目的；（2）在履行期限届满之前，当事人一方明确表示或者以自己的行为表明不履行主要债务；（3）当事人一方迟延履行主要债务，经催告后在合理期限内仍未履行；（4）当事人一方迟延履行债务或者有其他违约行为致使不能实现合同目的；（5）法律规定的其他情形。”由有关规定对比可知，我国对法定解除权的规定与 CISG 的规定是不尽相同的，我国对法定解除权适用的条件采用客观标准，当事人的主观过错在所不问。

关于合同宣告无效的效果，CISG 第 81 条规定：“（1）宣告合同无效解除了双方在合同中的义务，但应负责的任何损害赔偿仍应负责。宣告合同无效不影响合同关于解决争端的任何规定，也不影响合同中关于双方在宣告合同无效后权利和义务的任何其他规定。（2）已全部或局部履行合同的一方，可以要求另一方归还他按照合同供应的货物或支付的价款，如果双方都须归还，他们必须同时这样做。”并且，如果卖方有义务归还价款，他必须同时从支付价款之日起支付价款利息，而如果买方必须归还货物或其中一部分，或者他不可能归还全部或一部分货物，或不可能按实际收到货物的原状归还全部或一部分货物，但他已宣告合同无效或已要求卖方支付替代货物的情况下，他必须向卖方说明他从货物或其中一部分得到的一切利益。我国《合同法》第 97 条规定：“合同解除后，尚未履行的，终止履行；已经履行的，根据履行情况和合同性质，当事人可以要求恢复原状、采取其他补救措施，并有权要求赔偿损失。”《合同法》第 98 条规定：“合同的权利义务终止，不影响合同中结算和清理条款的效力。”从 CISG 和我国《合同法》的规定来看，宣告合同无效的效果具有溯及力，即合同双方的义务归于消灭，已经履行的应当同时归还，双方权利与义务恢复到合同成立生效前的状态。但是若合同的履行已持续了一段时间，并且合同是可分割的，则只能对终止合同生效后的那段期间的履行请求恢复原状（《国际商事合同通则》第 7.3.6 条第 2 项）。

从合同解除权的行使来看，一方当事人终止合同的权利通过向另一方当事人发出通知来行使（《国际商事合同通则》第 7.3.2 条第 1 项）。宣告合同无效的声明，必须向另一方当事人发出通知，方始有效（CISG 第 26 条）。我国《合同法》第 96 条规定，主张解除合同的，应当通知对方。合同自通知到达对方时解除对方有异议的，可以请求人民法院或者仲裁机构确认解除合同的效力。合同解除权必须在一段合理的期限内行使，否则权利消失（《国际商事合同通则》第 7.3.2 条第 2 项、《合同法》第 95 条）。合同解除权的行使还需要符合法律规定的特定条件，例如 CISG 第 82 条规定，买方如果不可能按实际收到货物的原状归还货物，他就丧失宣告合同无效的权利，除非可能归还货物或不可能按实际收到货物的原状归还货物，并非由于买方的行为或不行为所造成；或者货物或其中一部分的毁灭或变坏，是由于按照 CISG 第 38 条规定进行检验所致；或者货物或其中一部分，在买方发现或理应发现与合同不符以前，已为买方在正常营业过程中售出，或在正常使用过程中消费或改变。另外，合同解除权的消灭，并不影响违约受害方根据合同和本公约规定，采取一切其他补救办法的权利（CISG 第83 条）。

（5）违约金

违约金，是由当事人约定的或法律直接规定的，在一方当事人不履行或履行不适当时向另一方当事人支付一定数额的金钱或其他给付。《国际商事合同通则》第 7.4.13 条规定，如果合同规定不履行方当事人应支付受损害方当事人一笔约定的金额，则受损害方当事人有权获得该笔金额，而不管其实际损害如何。即使在合同被解除的情况下，违约金责任仍然成立，依据在于，终止并不影响合同中关于解决争议的任何规定，或者甚至在合同终止后仍应执行的其他合同条款（《国际商事合同通则》第 7.3.5 条）。违约金可以分为两类：一是惩罚性违约金，是当事人之间对违约所约定的一种私的制裁，故又称为违约罚；二是赔偿性违约金，是当事人双方预先估计的损害赔偿总额，又叫做损害赔偿数额的预定。在我国，《合同法》第 114 条规定，当事人可以约定一方违约时应当根据违约情况向对方支付一定数额的违约金，也可以约定因违约产生的损失赔偿额的计算方法。这属于赔偿性违约金。当事人明文约定惩罚性违约金的仍属有效。在没有约定的情况下，推定为赔偿性违约金。惩罚性违约金可以与其他因债务不履行所发生的责任救济并用，但赔偿性违约金则需要分情况而论。

在迟延履行或不完全履行的情况下，赔偿性违约金与要求履行并不矛盾，当事人就迟延履行或不完全履行约定违约金的，违约方支付违约金后，还应当履行债务。而在拒绝履行的场合，因为履行请求权与赔偿性违约金请求权指向的对象是相同或相当的，因而债权人只能选择一种主张，否则等于让债权人获取双份的利益。

关于赔偿性违约金与损害赔偿的并用需要分情况讨论。首先，如果对于同一种损害，事先约定了违约金，该违约金即是此部分损害赔偿额的预定。虽然债权人有损害赔偿请求权，但由于违约金请求权与损害赔偿请求权并非处于债权人可自由选择的地位，而是有违约金请求权则必须行使违约金请求权。这时，作为优先适用违约金的反射效力，债权人的损害赔偿请求权实际上停留在不得行使的状态。这种情况下，如果允许债权人同时主张二者，就会出现债权人双重获益的结果。其次，如果违约金请求权与损害赔偿请求权所指向的损害不是同一损害，如一个是指向给付本身的损害，另外一个则是指向迟延损害或者固有利益的损害，这时二者的目的不同，不但并行不悖，而且相得益彰。

关于违约金与定金，我国《合同法》第 116 条规定，当事人既约定违约金又约定定金的，一方违约时，对方可以选择适用违约金或者定金条款。我国《合同法》并没有区分当事人约定的违约金的性质，而一律推定为赔偿性违约金。其实这样是不科学的，因为若当事人约定适用的违约金属于惩罚性违约金则可与定金并行适用。

违约金数额的确定，虽然可由当事人约定，在约定惩罚性违约金的情况下，还可以与损害赔偿一同适用，但也应当兼顾合同公平原则，在约定违约金数额大大超过损害的程度时，违约金的作用就已经远超过了警戒当事人守约的作用，而变成了暴利的手段。这是市场经济诚实公平原则所不能允许的。《国际商事合同通则》第 7.4.13 条规定："(1) 如果合同规定不履行方当事人应支付受损害方当事人一笔约定的金额，则受损害方当事人有权获得该笔金额，而不管其实际损害如何。(2) 但是，如果约定金额大大超过因不履行以及其他情况造成的损害，则可将该约定金额减少至一个合理的数目，而不考虑任何与此相反的约定。"我国《合同法》第 114 条规定，约定的违约金低于造成的损失的，当事人可以请求人民法院或者仲裁机构予以增加；约定的违约金过分高于造成的损失的，当事人可以请求人民法院或者仲裁机构予以适当减少。《〈合同法〉解释(二)》第 28 条和第 29 条就违约金的调整规则作出了规定，请求人民法院增加违约金的，增加后的违约金数额以不超过实际损失额为限。增加违约金以后，当事人又请求对方赔偿损失的，人民法院不予支持。当事人主张约定的违约金过高而请求予以适当减少的，人民法院应当以实际损失为基础，兼顾合同的履行情况、当事人的过错程度以及预期利益等综合因素，根据公平原则和诚实信用原则予以衡量，并作出裁决。

第二节 损害赔偿

主题案例

中国 S 贸易公司与法国 F 有限公司精制白蔗糖购销合同争议仲裁案

案情回顾

1994 年 10 月 29 日，申请人中国 S 贸易公司与被申请人法国 F 有限公司签订了精制白蔗糖购销合同（下称合同）。

在合同签订后，申请人于 1994 年 11 月 7 日与河南省某食品公司签订食糖购销合同。该购销合同中的货物名称及数量与申请人与被申请人签订的合同相同。依据该购销合同的规定，在被申请人完全履约的情况下，申请人从销售每吨白糖中应获得毛利润人民币 1 846.91 元，减去中国进口关税、增值税、港杂费，每吨应获得纯利润为人民币

478.04 元，申请人从该笔交易中应获得总利润为人民币 11 951 000 元。

1994 年 11 月 17 日，申请人申请中国银行开出以被申请人为受益人的信用证，但被申请人一直拒绝交货。因被申请人严重违反与申请人之间的进口合同，申请人由此遭受的损失包括：申请人必须支付给国内客户某食品公司的违约赔偿金人民币 880 万元；申请人开立信用证手续费人民币 72 381.09 元；申请人内贸合同差价利润损失人民币 11 951 000 元。

另悉，1998 年 10 月 30 日，被申请人股东全体特别会议决定解散被申请人法国某有限责任公司（下称法国 F），1998 年 10 月 31 日清算工作正式开始，1998 年 12 月 29 日根据法院的要求，第一次在法院指定的报纸上发布《解散公告》，1998 年 12 月 31 日清算工作完毕，并向法院提出解散申请，1999 年 3 月 17 日第二次即最后一次登报公布，清算程序结束。

争议焦点

本案的争议焦点在于损害赔偿范围与数额的确定。

申请人认为，被申请人严重违反了双方之间的合同和任何在本案中可适用的法律，未向申请人交付货物。因被申请人严重违反合同，被申请人应对申请人由此遭受的损失承担全部责任。

被申请人称，其根本不可能预见申请人能以大大高于市场的价格销售，获得近合同总价款一倍的高额纯利，因此不能赔偿申请人因本合同而可能获得的暴利。履约保证金有违约金性质，法国 F 在赔偿申请人的损失后，不应再负担此履约保证金，保证金和损害赔偿两者不可并存，只可选择其一。

裁判意见

本案合同是双方当事人经过友好协商签订的，仲裁庭认为，该合同是合法有效的，对双方当事人均有约束力。被申请人没有交付合同项下货物的行为显然构成违约。依据 CISG 第 74 条的规定，被申请人应当赔偿申请人由此而遭受的包括利润在内的损失。但被申请人只对他在订立合同时预料到或应当预料到的损失承担赔偿责任。

申请人向仲裁庭提交了申请人与河南省某食品公司于 1994 年 11 月 7 日签订的食糖购销合同。该合同规定申请人向河南省某食品公司出售 25 000 吨 A 级白砂糖，单价为每吨人民币 4 400 元，合同总价为人民币 11 000 万元。申请人以该合同为依据，要求被申请人赔偿其利润损失人民币 11 951 000 元。被申请人认为，根据申请人和被申请人签订合同时国际市场和国内市场的糖价，被申请人根本不可能预见申请人能以大大高于市场的价格销售，获得近合同总价款一倍的高额纯利，因此，被申请人不可能赔偿申请人因本合同而可能获得的暴利。仲裁庭注意到，被申请人没有提供双方在签订本案合同时中国国内糖价的有关证据。而申请人提供的证据表明，1994 年 10 月至同年 12 月，中国河南省白砂糖的销售价格维持在每500克人民币3.30元，即每吨人民币6 600元，而申请人与河南省某食品公司的合同中约定的销售价格是低于市场价格的。因此，仲裁庭认为被申请人的上述主张不能成立。证据表明，申请人进口每吨食糖的成本为进口价USD300加关税、增值税和其他费用，按8.510 3的汇率折算为人民币3 921.96元。因此，依据申请人和河南省某食品公司签订的合同，申请人每吨食糖获利应为人民币478.04元，利润总额应为人民币11 951 000元。仲裁庭认为，被申请人应对申请人的该项利润损失承担赔偿责任。

至于申请人依据合同的规定要求被申请人支付履约保证金USD130 000元，仲裁庭认为，合同要求被申请人在履行交货义务之前支付履约保证金是为了担保被申请人履行合同项下的交货义务，由于被申请人根本没有向申请人交货，申请人已经要求被申请人赔偿其利润损失，而不是要求被申请人实际履行合同，因此，申请人要求被申请人支付履约保证金的要求没有依据，仲裁庭不予支持。

申请人称F进出口总公司和F欧洲集团公司作为被申请人的股东，在完全了解被申请人和申请人之间合同争议的情况下，且被申请人又处于盈利状态时，突然决定解散并清算被申请人，导致意在逃避债务的被申请人的解体，造成申请人无法直接追究被申请人的责任，损害了申请人的利益，因此，要求追加F进出口总公司和F欧洲集团公司为被申请人。仲裁庭认为，深圳分会是依据本案精制白蔗糖购销合同中的仲裁条款受理本案的，F进出口总公司和F欧洲集团公司均不是该合同的当事人，仲裁庭对申请人与他们之间的争议没有管辖权。至于申请人称F进出口总公司和F欧洲集团公司在被申请人的清算问题上有损害申请人利益的行为，申请人应当另循其他法律途径予以解决。

评析探讨

本案的主要争点涉及到损害赔偿范围的确定。根据违约损害赔偿的完全赔偿原则，受损害方当事人对由于不履行而遭受的损害有权得到完全赔偿，此损害既包括该方当事人遭受的任何损失，也包括其被剥夺的任何收益。完全损害赔偿所要追求的目标是不仅要使受害人达到合同订立以前的状态，而且使受害方得到合同如期履行的结果。但是，损害赔偿也有一定的限制，包括可预见性原则、损害减轻原则、混合过错规则、损益相抵规则等。这体现了诚信公平和鼓励交易原则对合同当事人的平等保护。而本案中，关于损害赔偿范围的确定，主要争议在于可预见原则的适用。

本案申请人主张包括支付合同差价纯利润损失、申请人应支付给国内客户的违约赔偿金在内的损害赔偿责任。被申请人则以申请人可获得的利润为暴利，超出其订立合同时可预见的利润范围作为抗辩理由。被申请人的答辩中声称“根据申请人和被申请人签订合同时国际市场和国内市场的糖价，被申请人根本不可能预见申请人能以大大高于市场的价格销售，获得近合同总价款一倍的高额纯利……”证明其于合同签订时对国际与国内市场的糖价应当有充分了解。此外，申请人能够证明与河南省某食品公司的合同中约定的销售价格是低于市场价格的，是正常（且偏低价出售）的销售，不存在不可预见的暴利情况。因此，即使被申请人不知道申请人与下家签订针对涉案合同项下标的的销售合同，也应当可以预见这个合理的利润空间。对于后一项赔偿的请求，申请人在后来仲裁请求变更中给予取消。这是因为，下家合同有关违约赔偿金以及当事人由于违约而支出的费用和遭受的损失是基于申请人与下家自由约定的，不能要求涉案合同违约方对之有所预见。因此，本案申请人最后主张的损害赔偿范围符合可预见性原则的规定。另外，申请人还主张合同项下履约保证金的支付，仲裁庭之所以驳回申请人的此项请求，除了由于此项请求对应的救济措施为实际履行合同而申请人并非提出该项请求以外，还体现了损害赔偿的补偿性，即通过损害赔偿的方法来弥补或填补债务人因为违约行为所造成的后果，一般不具有惩罚性。通过对前一项仲裁请求（要求实际履行）的支持，申请人已经得到了遭受损害的弥补，如果继续要求被申请人支付，则会使申请人从对方违约情况下得益，不符合诚实信用原则的要求。

此外，本案还涉及到被申请人解散的情形，虽然这不是本案仲裁庭解决的问题，但是这却应该引起我国从事对外贸易法人提高警觉。在从事对外贸易时，必须对对方的资信情况作出一定的了解，对可能出现的违背诚信原则以逃避合同责任的风险作好防备。

第三节　国际货物买卖合同中的抗辩权

主题案例

中国某公司与德国某公司电采暖风机进口合同争议仲裁案

案情回顾

2003 年 8 月 7 日，申请人（中国某公司）与被申请人（德国某公司）签订了《货物进口合同》约定：由申请人（买方）向被申请人购买电采暖风机等产品，交货条件为 CIF 天津新港，交货时间及地点为 2003 年 9 月 18 日到达中国天津新港（允许拖后 2 天），包括运费在内的货物总价款为 115 676 欧元。《货物进口合同》第 13 条对退货作了相关规定，其内容如下："卖方承诺：（1）当买方所购货物在 2003 年 10 月 31 日之前没有售出或销售有剩余时，卖方无条件将其按合同价格进行退货，并承担退货货物的进口关税及其他相关费用；（2）在买方发出退货通知的5日内，卖方应在北京自提退货货物（运费由卖方承担），如卖方逾期提货，则因此产生的仓储费用由卖方承担；（3）卖方应在退货后的120日内，向买方支付退货款。逾期支付退货款，按每日1%向买方支付违约金。”

2004年3月26日，申请人向代理被申请人签订《货物进口合同》的C先生发出退货通知，并附有电采暖设备退货明细和申请人的开户银行账号，及注明“实际退货以现场盘点数为准”。并于3月30日，申请人向C先生发出了应退货物货款及进口费用的明细。4月19日，C先生回函给申请人，声称其本人只是接受被申请人的授权委托代表被申请人在《货物进口合同》上签字，并非《货物进口合同》的主体，要求申请人直接和被申请人联系。4月20日，被申请人回函给申请人，对申请人于3月26日发出的退货通知作出回应。被申请人在回函中除了对于申请人没有尽早告知尚有剩余货物表示惊讶之外，还指出申请人没有在退货通知中说明货物存放的地点、双方清点和交接货物的程序以及相关费用的信息，并要求申请人在收到该函后的5日内告知上述详情，否则，由此产生的责任应由申请人承担。4月30日，申请人回函给被申请人，要求被申请人在申请人的北京分公司的仓库接收货物并与在那里的申请人方的负责人商谈移交程序，并在附件中详细列明了退货的货物数量、应退货款及相关费用的具体数字。7月6日，M（广州）科技发展有限公司（该公司是被申请人与香港居民C、L共同投资设立的外商投资企业，三方的出资比例分别为60%、20%、20%，以下简称该公司为“M”）致函申请人，称其接受被申请人的委托，于2004年6月1日与申请人就退货事宜进行了协商，说明：（1）S. E公司原则上同意接受退货，但在接受退货之前，双方必须共同对货物的数量和质量进行清点并根据清点货物的数量和质量等确定退货的款项和费用；（2）要求货款应按货物进入中国境内当日的汇率折合成人民币。但此后，M及C在申请人的多次催促下仍未提供授权委托书，双方当事人也未就币种转换问题达成一致。2005年4月30日，申请人将争议提交仲裁。

另，2003年8月13日，申请人与被申请人签订了《修改协议》，对《货款进口合同》中的货物进口数量和相应的金额以及运费数额作了修改。修改后的包括运费在内的货物总价款为129 464欧元。

争议要点

1. 关于未能及时退货的责任

申请人主张，其于2004年3月书面通知被申请人要求退货，其通知无瑕疵，并没有违反合同的约定，造成退货没有完成的责任完全在于被申请人。申请人的联系方式没有任何变更，被申请人如果想要和申请人联系，是非常方便的，根本不存在被申请人所谓的交接不能。由于被申请人的行为（授权证书的出具、货币的转换要求），致使退货没有完成。因此，造成退货未能完成的责任完全在于被申请人。被申请人则辩称，在合同履行包括退货问题上，被申请人从未违反合同约定；因申请人的违约，致使被申请人一直无法完成退货。

2. 关于违约金

申请人主张，被申请人应承担相应的违约责任，支付违约金。有关违约金的计算标准，不仅符合合同的约定，也符合当事人的真实意思表示。被申请人则辩称：双方未能完成实际退货，责任完全在申请人一方，因此，被申请人无需承担申请人所请求的任何责任。

3. 关于与退货相关的税费及费用

申请人主张，由于被申请人对于接收退货缺乏诚意，在协商退货过程中对退货设定先决条件，致使退货没有完成，被申请人对此应承担全部责任。

被申请人辩称，完全由于申请人的过错，即一直拒绝告知被申请人其具体存货地点，也不提供相应的提货单，以及安排具体的交接人和具体验货交接手续等，造成被申请人一直无法进行退货提货。而且，根据申请人所提供的证据，其实际仓储租用人并不是申请人，其仓储行为与申请人无关。因此，被申请人不用承担其所谓的仓储费用。

裁判意见

仲裁庭认为，《货物进口合同》是双方当事人的真实意思表示，且不违反中国的法律和行政法规的强制性规定，因而是有效的，对双方当事人均具有法律约束力。《货物进口合同》第13条对退货事项作出了约定，双方当事人对于按照合同约定“当买方所购货物在2003年10月31日之前没有售出或销售有剩余时，卖方无条件将其按合同价格进行退货”这一点没有争议，但是，由于双方当事人在与退货相关的其他问题上争持不下，且长期协商未果，致使双方当事人直到开庭时都没有完成退货。鉴于退货有明确的合同依据，双方当事人在此问题上没有争议，且及早退货有利于减轻损失，而且只有先行退货才能进一步对申请人提出的包括退还货款在内的其他仲裁请求作出认定，仲裁庭当庭宣布了由双方当事人在庭审后先行办理退货交接手续的决定。

2005年10月10日至11日，双方当事人在北京经过清点和验收，完成了退货的交接手续。双方当事人除了对三台电采暖风机的外观质量发生争议而未退货之外，对于货物的退货没有异议。

对于前述已经退还的货物，按照《货物进口合同》第13条第1款的约定，被申请人应当按合同价格退还货款，并承担退货货物的进口关税及其他相关费用。双方当事人对于被申请人应当依约承担退货货物的进口关税及其他相关费用这一点没有异议，但对于退货货款如何计算则持有不同主张。

仲裁庭注意到，《货物进口合同》第1条关于货物名称、规格、数量和价格的约定是以表格形式载明的。《修改协议》只对《货款进口合同》中的货物进口数量和相应的金额以及运费数额作了修改，计价方式未变。修改后的包括运费在内的货物总价款为129 464欧元。

从合同内容可以看到，关于货物价格的约定采取了两级计算方式：首先按照每一种型号产品的单价乘以数量得出总金额，然后再加上货物的运费计算出合同项下的货款总额。双方当事人对于应退货款的计算方法产生争议，申请人认为应当以包含运费在内的货款总额作为基数计算应退货款，被申请人则主张应当按照不包含运费在内的货物单价计算应退货款，由此可见，双方当事人关于计算应退货款的争议源于对《货物进口合同》第13条第1款的约定“合同价格”的不同解释。

根据CISG第8条规定，在本案双方当事人对于“合同价格”存在不同解释的情况下，应当考虑到与事实有关的一切情况，以确定当事人的意旨或一个通情达理的人应有的理解。仲裁庭注意到，在申请人于2004年3月30日向C先生发出了应退货物货款及进口费用的明细中以及在申请人于2004年4月30日给被申请人的回函的附件中，申请人均是按照每一种型号产品的单价计算应退货款的；只是在仲裁申请书中，申请人才提出按照合同总价款计算应退货款。因此，仲裁庭认为，一个与本案被申请人同等资格、通情达理的人处于相同情况中，对于“合同价格”应有的理解，应当是每一种型号产品的单价，而不是申请人所主张的合同总价款。

关于未能及时退货的违约责任。《货物进口合同》第13条约定，被申请人作为卖方，应当在买方发出退货通知的5日内在北京自提退货货物。从该条款的内容可以看到，双方当事人只是在合同中约定了退货的期限（在买方发出退货通知的5日内）、退货地（在北京）和退货方式（卖方自提退货货物），对于买方发出的退货通知的具体内容、退货的具体地点以及退货的清点交接程序等有关履行方式都没有作出明确的约定。虽然如此，但这并非意味着双方当事人可以任意拖延履行退货义务，相反，在合同没有作出明确约定的情况下，双方当事人应当依照有关的法律规定履行义务。

《合同法》第60条规定：“当事人应当按照约定全面履行自己的义务。当事人应当遵循诚实信用原则，根据合同的性质、目的和交易习惯履行通知、协助、保密等义务。”第61条规定：“合同生效后，当事人就质量、价款或者报酬、履行地点等内容没有约定或者约定不明确的，可以协议补充；不能达成补充协议的，按照合同有关条款或者交易习惯确定。”《合同法》第62条第1款第（五）项规定，“当事人就有关合同内容约定不明确，依照本法第六十一条的规定仍不能确定的，适用下列规定：……（五）履行方式不明确的，按照有利于实现合同目的的方式履行。”

根据上述法律规定，在本案《货物进口合同》中对于退货的履行方式约定不明确的情况下，双方当事人应当遵循诚实信用原则，首先要进行协商以求达成补充协议；不能达成补充协议的，又不能按照合同有关条款或者交易习惯确定的，应当按照有利于实现合同目的的方式履行义务。

在本案中，应退货物是申请人（买方）所购货物在2003年10月31日之前没有售出或销售有剩余的部分，因此，申请人应当首先将是否存在货物没有售出或销售有剩余的情形通知被申请人。至于退货通知的具体内容，仲裁庭认为，只要退货通知中明确了应退货物的型号和数量，便于被申请人对接收退货进行前期准备工作，就足以满足履行合理通知义务的条件了。据此标准，仲裁庭认为，申请人在其于2004年3月26日发出的首份退货通知的附件中已经载明了退货货物的明细，应当构成了合理的通知。

在收到申请人发出的退货通知之后，双方当事人应当按照诚实信用原则协商有关退货货物的清点交接程序。但是，仲裁庭注意到，在实际协商退货过程中，被申请人的行为并不符合诚实信用的原则和善意履行的要求。在先后收到申请人发出的两份退货通知之后，特别是在C先生曾经于2004年4月19日回函给申请人明确否认其本人有权代表被申请人协商处理退货事宜的情况下，被申请人在2004年4月20日回函给申请人之后，既没有自己直接出面与申请人继续协商，又不向申请人正式出具其授权M或者C先生个人作为协商处理退货事宜的委托代理人的委托书，使得申请人长期不能确定与之商谈的M或者C先生个人是否有权代表被申请人协商处理退货事宜。退一步而言，即使假定M或者C先生个人有权代表被申请人协商处理退货事宜，M及（或）C先生在与申请人协商过程中所提出的以人民币结算退货货款的要求也是没有合同依据或者法律依据的，因而实际是为退货设置了不合理的障碍。基于上述理由，仲裁庭认为，被申请人应当承担未能及时退货的违约责任。

评析探讨

本案涉及的退货问题并非由于货物不符等违约现象而产生的作为救济措施之一的退货手段，而是合同项下的内容，是附条件产生的义务，即“当买方所购货物在2003年10月31日之前没有售出或销售有剩余时，卖方无条件将其按合同价格进行退货”，卖方应当基于合同约定承担的义务。

本案争议焦点在于当事人哪一方的行为导致未能及时退货。由于对本案合同价格理解的不同和退货程序约定的不明确，双方当事人一直没能履行退货的约定。对于合同价格的理解，仲裁庭适用了CISG第8条有关确定一方当事人的意旨或一个通情达理的人应有理解的规定，考虑到当事人其后的合同履行行为，即就应退货物货款及进口费用的明细通知中的格式、内容，来推导与本案被申请人同等资格、通情达理的人处于相同情况中对于“合同价格”应有的理解。这样，在一方存在恶意时，有利于避免该方当事人为逃避合同义务的故意曲解，而即使一方当事人善意时，这种误解也只能归咎自身的过失。

关于买方的退货通知义务是否合理履行，仲裁庭主要考虑到其内容是否能使卖方知悉退货的内容即型号和数量，而与之相关的其他程序应当由买方与卖方根据诚实信用原则进行善意协商，以使合同得到适当履行。合同卖方是退货义务的主要承担者，理应在接收到退货通知后积极地与买方进行协商，但从其后续行为包括不提供授权委托书、要求结算货币的转换等，都可以看出卖方并没有适当地善意地履行其合同义务。

然而，仲裁庭没有把通知发出的时间作为通知义务履行合理与否的考虑因素。卖方的抗辩理由指出，“买方申请人在约定时间的五个月后才通知，已严重违反了诚信善意履行合同的义务，构成履行合同义务的延迟。而且，基于双方所买卖的产品是北京冬季所用的取暖器，根据交易习惯和当时的情况，申请人在合同规定的时间确知货物没有售出时，更应尽快通知被申请人，以减少被申请人因退回货物所产生的损失。但申请人竟迟延拖过整个冬天后才通知，其恶意迟延违约的故意很明显。”《货物进口合同》约定“卖方无条件将其按合同价格进行退货”，这是否意味着买方可以仅按照自己的意思发出退货通知呢？当然“减少买方损失”不能作为强加于买方的义务，然而买方仍然应当在能够确定货物销售有剩余时及时发出通知，以便卖方能及时作出退货准备及货物销售的后续安排。仲裁庭似可根据案件的事实情况，包括剩余数量的统计、型号的盘点等退货内容的合理耗时，对“五个月”的时间是否合理作出判断。

主题案例

约瑟夫·洪利诉泉州万亨服装有限公司国际货物买卖合同纠纷案①

案情回顾

2007年5月14日，原告约瑟夫向被告万亨公司支付30万元。2007年5月17日，原、被告双方签订销售合同（合同号：0705017），合同约定：原告向被告定购服装48 000套，总价值2 210 400元；装运期限为收到30万元定金后30天内交付样品，2007年7月17日出完大货；付款条件为签订合同，收取定金30万元，交付样品时付清货款总额的20%，余款出货时现金结算。但被告在收到原告支付的40万元（包括10万元货款）之后，未能按约定向原告交付货物。经原告多次催要，被告又要求原告汇

① 案例详见福建省泉州市中级人民法院（2008）泉民初字第55号民事判决书。

款才能出货。2007 年 7 月 27 日，被告在收到原告 10 万元款项后传真协议书给原告，承诺将于 2007 年 8 月 15 日交付完剩余全部货物。

于是，原告与被告又签订了一份《协议书》，约定：原告支付给被告 10 万元（该笔款项原告已经支付给被告），被告承诺在 2007 年 8 月 5 日交付第一个货柜，2007 年 8 月 10 日交付第二个货柜，2007 年 8 月 15 日全部货物交付完毕；如不能在上述时间交货，被告必须返还原告全部定金，原告将取消全部货物。2007 年 8 月 5 日，被告在交付第一个货柜时，原告将在付款额中，按货值比例扣除定金。其中有三个款式，因原告要求暂停生产，此三个款的布料均已采购到位，原告将在 8 月 15 日收货后，给予另外三个新款式利用此三个布料生产，被告可以在交付第一个货柜时保留此部分布料金额 70 000 元整。合同在原告付款后生效。截止 2007 年 8 月 20 日，原、被告仍在就货物的发送及定金的返还问题进行协商。被告曾分别在 2007 年 8 月 6 日、7 日、9 日向原告发出三批货物，双方在庭审时确认货款均已支付完毕，该三批货物的货款分别为 2007 年 8 月 6 日出货 61 344 元，2007 年 8 月 7 日出货 149 856 元，2007 年 8 月 9 日出货 74 592 元。2007 年 8 月 16 日被告又向原告发货 213 159 元，原告当天付款 213 000 元。2007 年 7 月 11 日，原告出具欠条，确认欠被告货款 110 000 元。原告除支付货款并给原告扣除部分定金后，尚有定金 34 万元在被告处，现因被告未能在双方约定的期间内交付全部货物，违反合同约定，给原告造成损失。故原告要求被告退还 34 万元，但遭被告拒绝。特诉之法院。

争议焦点

1. 本案合同的违约责任在哪方当事人？

原告认为，被告违约在先，且再三违约。在合同的履行过程中，原告依据约定支付了 30 万元定金及 10 万元的款项，而被告并未依约在合同约定的 30 天内交付样品，也未能在 2007 年 7 月 11 日出完大货。在《协议书》约定的 2008 年 8 月 15 日，同样不能交付全部货物。被告认为，合同签订后，买方仅支付了 10 万元定金，没有按照合同约定支付全部 30 万元，被告在买方未履行在先的合同义务之前，有权拒绝履行义务。而且，在答辩人向买方交付样衣之后，买方也未按照合同的约定确认样衣，并在随后单方终止部分订单，造成被告布料积压。双方的合同同时约定，货款在出货时现金结算，即买方在提货之日应该付清货款。但是由于买方没有能力在提货时以现金付款，被告有权行使同时履行抗辩权，拒绝交付货物。因此，造成本案合同没有完全履行的过错在于买卖合同的买方。

2. 定金是否需要返还？

被告认为，现合同仍未履行完毕，原告没有要求解除或终止合同，双方未清理结算，原告要求返还定金没有依据。

裁判意见

原告与被告双方签订的《销售合同》约定了“收到30万元定金后，30天内交付样品，2007年7月11日出完大货”。而且，该《销售合同》已为2007年7月27日签订的《协议书》所修改，双方之后有关合同义务的履行也都是依据该《协议书》。该《协议书》约定，原告应支付给被告100 000元，被告承诺在2007年8月15日全部货物交付完毕；如不能在上述时间交货，被告必须返还原告全部定金，原告将取消全部货物；合同在原告付款后生效。经双方在庭审时确认，《协议书》提到的100 000元原告已经支付给被告。则依《协议书》约定，该《协议书》已经生效。因此，被告必须在2007年8月15日全部货物交付完毕。但从现有证据看，截止2007年8月20日，原、被告仍在就货物的发送及定金的返还问题进行协商，这可以说明在2007年8月15日，货物尚未发送完毕。可见，被告的行为已先构成违约。虽被告另辩解原告未能以现金提货，也是导致合同未履行完毕原因之一，但是从已履行的四批货物来看，货款均在交货当日或交货后数日付清。因此，综合上述证据判断，被告的辩解不能成立，原告有关被告违约在先的主张成立，其返还定金等款项的请求应得到支持。

被告未能履行《销售合同》、《协议书》中约定的义务，已经构成违约，应当承担相应的违约责任。现原告不要求被告承担其他违约责任，而仅请求返还尚欠款项340 000元，该项请求不仅符合《协议书》约定的“被告必须返还原告全部定金，原告将取消全部货物”的约定解除条件，而且也符合《合同法》第107条有关“当事人一方不履行合同义务或者履行合同义务不符合约定的，应当承担继续履行、采取补救措施或者赔偿损失等违约责任”的规定，故无需再另行提出解除或终止合同的请求，因此对原告的该项请求本院予以支持。被告有关“原告违约在先，合同仍未履行完毕，双方未清理结算，原告要求解除合同没有依据”的辩解不能成立，本院不予采纳。

评析探讨

本案合同是分批供货合同，在合同履行中，双方又达成了一项新协议，内容涉及合同义务的额外履行期限及解约条款。合同履行期限届满后，原被告分别认为对方违约，被告向原告主张同时履行抗辩权与先履行抗辩权。到底本案中合同履行障碍造成的原因在哪一方当事人呢？被告是否有效地行使抗辩权？合同是否被解除？合同约定的定金是否需要返还？

首先，原合同约定被告应当于2007年7月11日交货完毕，但被告在原告已经交付40万元（多于30万元定金）的情况下未能在原合同约定期限内履行合同义务。被告的行为已经构成违约，但双方签订新协议，原告允许被告一段履行义务的额外期间（8月15日），但被告仍不能按约履行合同的全部义务，又构成了对新协议义务的违反。根据法院对事实的认定，原告已经按照合同履行了交付定金和现金付款的义务，因此被告的先履行抗辩权与同时履行抗辩权行使不当，应承担迟延履行的违约责任。

第二，根据我国《合同法》第115条规定，当事人可以依照《担保法》约定一方向对方给付定金作为债权的担保。债务人履行债务后，定金应当抵作价款或者收回。现合同履行期限已经届至，原告按约定履行合同，被告应当返还定金。然而，被告认为，合同未履行完毕，原告未主张合同解除，不予返还定金。这是错误的理解。首先，根据上文分析，合同未履行完毕的原因在被告履行的迟延，合同履行期限并不因此而延长。而且原告已经按约定履行义务，理应获得定金的全部，也可以主张被告双倍返还。另外，本案定金的返还依据还在于双方达成的新协议，即“如不能在上述时间交货，被告必须返还原告全部定金，原告将取消全部货物”的规定。即使原告未行使约定解除权（其没有按《合同法》第96条规定履行通知义务），原告亦可据此要求被告返还定金。

主题案例

多宝运国际有限公司诉山东瑞星生物化工股份有限公司买卖合同纠纷案[①]

案情回顾

2003年9月1日，原告多宝运国际有限公司与被告山东瑞星生物化工股份有限公司在山东省东平县签订RXWM2003-09-001号销售合同（下称“合同”）。合同约定：买方多宝运公司向卖方瑞星公司购买国产玉米蛋白粉；装运日期：2003年9月20日前；本合同内所述全部或部分货物，如因不可抗力的原因，以致不能履约或不得不延迟交货，卖方概不负责。同年9月10日，瑞星公司刘××传真多宝运公司黄××，说明：由于当地近期连降大雨，总公司制药厂玉米供应相当紧张，导致2003年9月5~6日停车（待料）。目前，该厂仍在减量生产，鉴于此，恳请贵司将装运期限推迟到2003年9月30日。经双方协商，2003年9月18日，多宝运公司申请对上述信用证作出如下修改：信用证新的有效期至2003年10月24日；现在允许分批装运，在货物描述项下加入装运计划，第一批100吨不晚于2003年9月30日装运，第二批100吨不晚于2003年10月15日装运。9月29日，被告要求原告提供装船音讯。9月30日，原告回复被告：由于被告通知货物（第一批100吨）可装运的时间太少，加上国内国庆长假期，

---

① 案例详见中华人民共和国山东省济南市中级人民法院（2003）济民四初字第199号民事判决书。

我司没有足够时间联系船公司租船。被告答应于今天下午通知我司共计200吨可装运时间，请您速工作并告知，我司必须有足够时间联系船公司装船，总共200吨一次装运。10月8日，原告催被告尽快确定玉米蛋白粉准备好的时间。10月9日，被告回复：贵司始终没有租船定舱，加之该批货物存放已久，玉米供应相当紧张，内销无货，所以2003年10月1日内销蛋白粉近80吨。10月13日，原告又传真被告要求尽快确定出货期，被告解释由于阴雨天气导致原料供应严重滞后。此后两天，原告继续催被告确定出货时间。10月20日，原告再次催被告确定时间。此后，双方仍未达成一致意见。原告遂诉至法院，要求解除双方之间的销售合同，被告赔偿其损失。

争议焦点

1. 合同最后的履行期限为何时？

在合同履行过程中，本案合同历经两次修改：第一次于2003年9月18日，原、被告双方变更交货方式，由“一次装运”改为“二次装运”，交货时间亦由“2003年9月20日”改为“第一次不晚于2003年9月30日”和“第二次不晚于2003年10月15日”。当2003年9月30日第一批货物无法交付时，双方再次将“二次装运”改为“一次装运”，但对于交货时间未作另外的约定。被告辩称交货时间由卖方确定。

2. 被告是否应当承担违约责任？

原告认为，被告经多次催告后仍没有按合同及其后的协议履行交货义务，应当赔偿损失。被告声称是因为原告不告知有关船只、装货地点和要求交货的具体时间，致使其无法履行合同。

裁判意见

原告多宝运公司与被告瑞星公司签订的销售合同，系双方当事人真实意思表示，合同合法有效。在合同履行过程中，原、被告双方变更交货方式，由“一次装运”改为“二次装运”，交货时间亦由“2003年9月20日”改为“第一次不晚于2003年9月30日”和“第二次不晚于2003年10月15日”，此系当事人双方协商一致的结果，为法律所允许。多宝运公司与瑞星公司均应当按照约定履行各自义务，当2003年9月30日第一批货物无法交付时，双方再次将“二次装运”改为“一次装运”，但对于交货时间未作另外的约定，应当认定双方未修改原定第二次交货时间（2003年10月15日）。被告瑞星公司辩称“交货时间由卖方确定”的理由没有依据，本院不予采信。从2003年10月8日至15日双方往来传真来看，被告瑞星公司一直以“玉米原料供应不足”为由要求另行确定交货时间而未得到原告多宝运公司的同意，实质上表明其在2003年10月15日之前无货可供，根据《合同法》第94条第（二）项、第108条的规定，被告瑞星公司的行为已构成预期违约，原告多宝运公司为此要求解除双方之间销售合同，合理合法，本院予以支持。之后，原告多宝运公司仍催促被告瑞星公司履行交货义务，被告瑞星公司仍不能履行。尽管双方当事人在销售合同中选择了《2000 国际贸易术语解释通则》中的 FOB 价格条款，该术语亦要求“买方必须给予卖方有关船名、装船点和要求交货时间的充分通知”，但原告多宝运公司在被告瑞星公司无货可供的情形下不予订船，系避免产生损失和扩大损失的行为，因此，被告瑞星公司辩称“多宝运公司不告知有关船只、装货地点和要求交货的具体时间，致使我公司无法履行合同，责任应由多宝运公司承担”的理由，与事实不符，本院不予采信。

根据《合同法》第 114 条第 1 款“当事人可以约定一方违约时应当根据违约情况向对方支付一定数额的违约金，也可以约定因违约产生的损失赔偿额的计算方法”的规定，约定违约金在性质上属于赔偿性，赔偿性违约金一方面需按合同约定，另一方面以违约损害造成损失为前提。然而，原、被告双方在销售合同中没有约定违约责任条款，原告多宝运公司举证被告瑞星公司外贸公司的内部请示，不能作为被告瑞星公司违约时承担违约责任的依据。另外，根据《民法通则》第 112 条第 1 款“当事人一方违反合同的赔偿责任，应当相当于另一方因此所受到的损失”、《合同法》第 113 条第 1 款“当事人一方不履行合同义务或者履行合同义务不符合约定，给对方造成损失的，损失赔偿额应当相当于因违约所造成的损失，包括合同履行后可以获得的利益，但不得超过违反合同一方订立合同时预见到或者应当预见到的因违反合同可能造成的损失”的规定，一般情况下，当一方违约时，如果合同中未能确定违约金或者损失赔偿额的计算方法，受损害方主张损害赔偿额通常以所遭受的实际损失和可得利益损失为限。而原告多宝运公司因被告瑞星公司的违约遭受实际损失和可得利益损失的证据并不充分。因此，原告多宝运公司要求被告瑞星公司在销售合同金额 30% 范围内承担 10 万元损失的请求，没有合同依据和法律依据，本院无法支持。

评析探讨

1. 被告的行为构成预期违约还是实际违约？本案的判决意见认为，被告的行为构成预期违约。笔者对此持不同见解：从概念上说，根据我国《合同法》第 108 条规定，预期违约是指当事人一方明确表示或者以自己的行为表明不履行合同义务的，对方可以在履行期限届满之前要求其承担违约责任的现象。由此可知，预期违约的主张必须在“履行期限届满之前”，并且其预期违约的内容是针对将要履行的义务，针对违约的可能性，它的主张需要通过合同以外其他证据，如对方的经营能力、合同准备行为、商誉等来证明。而实际违约则恰恰相反，实际违约是指合同履行期限届满时未履行或履行合同不符合约定。实际违约的依据就是合同本身，并且其认定采取严格责任的归责原则，只要不存在法定或约定免责情形，违约方的其他情况均不予考虑。本案中，原告起诉被告之时已经是 2003 年 12 月 3 日，远远超过合同履行期限。因此，被告的行为已经构成了实际违约。本案应当应原告的请求而适用《合同法》第 94 条第 1 款第 3 项的规定，即“当事人一方迟延履行主要债务，经催告后在合理期限内仍未履行”解除合同，而不是第108条关于预期违约的规定。

2. 预期违约与实际违约的赔偿范围。我国《合同法》第113条规定的损害赔偿范围包括实际损失和可得利益损失。虽然本案中原告损害赔偿的主张因举证不能而被驳回，但有关预期违约与实际违约赔偿范围仍有探讨余地。实际损失，根据实际发生的损失予以确定，自不待言。而关于可得利益的赔偿范围的确定标准则有不同见解。有学者认为，预期违约的损害赔偿范围应根据毁约当时的损害确定，而实际违约则根据履行期限届满时可得利益来计算。①笔者对此有不同见解，首先，从现有的法律规范来看，我国《合同法》第113条、CISG第74条、《国际商事合同通则》第7.4.2条都规定，当事人一方不履行合同义务或者履行合同义务不符合约定，给对方造成损失的，损失赔偿额应当相当于因违约所造成的损失，包括合同履行后可以获得的利益，只要不超过合同订立时当事人的合理预期。其中关于可得利益的规定是指“合同履行后的或获得的利益”，即可得利益的计算时间和范围为整个合同得到适当履行时的量。其次，根据条文的规定，可得利益是以当事人的合理预期作为参照的。按照一般的逻辑，当事人订立合同时，应是从整个合同履行利益着眼，不可能仅预见到某一个时刻的利益得失（这恐怕比预见合同履行时的利益得失更困难，更不合理）。再次，考虑到实际操作上的难度，明示违约的情形还是比较容易确定违约时间的，但在默示违约的情况下，特别是商誉的损失、经营能力丧失等情况将难以准确确定毁约时间，给债权人的索赔造成不必要的困难。

第四节 根本违约

主题案例

湖北某公司与香港某公司双色单张纸凹印机销售合同争议仲裁案

案情回顾

2001年6月，申请人中国湖北某公司因购置一台双色单张纸凹印机，委托湖北J招

① 王利明．合同法新问题研究．北京：中国社会科学出版社，2003：622．

标有限公司进行公开招标。

同年8月8日，被申请人香港某公司提交了《投标书》。该《投标书》的配置清单中列明：货物型号为“两色740×1040”；用途为“适合高质量的精美包装印刷”；印刷套印精度为“0.03毫米”；整套设备的上海到岸价格为285万德国马克。

之后，申请人（最终用户）和湖北省J进出口公司（进口代理）作为买方，被申请人作为卖方，签订了7B3－56274号《销售合同》。《销售合同》的附件1配置清单中也写明：“印刷套印精度：0.03毫米”。

2001年10月，货物运抵上海港。申请人办理了入境货物检疫、报关手续后，于11月3日将货物运抵申请人的工厂。

其后，被申请人派员对机器进行安装，并进行了四次调试，结果均因为印刷规距误差超出合同约定而不被使用方验收认可。

湖北省商检局于同一天对该机器品质进行检验。湖北省商检局出具的品质证书中的检验结果为：“按合同规定要求，两色组套印精度0.03mm，而实际精度为0.07mm。评定：上述设备印刷套印精度不符合《销售合同》7B3－56274规定，系制造因素所致。”

由于四次调试及商检的结果均为机器的质量不符合合同约定，申请人于2002年9月13日再次函告被申请人要求退机。被申请人于9月28日复函，提出再进行试印刷，申请人的损失由被申请人向生产厂商追讨。申请人于9月29日函复被申请人，认为“再进行试印刷只能徒增双方负担。……给予赔偿是理所当然的，但目前既然设备不能通过验收及进行正常印刷，赔偿对我方毫无意义，所以我方还是坚持不验收不开机，只有在该机验收后再谈赔偿的观点。现在我方只要求贵方退机或换机。”9月30日，被申请人函告申请人，以机器印数达到200多万印，已被充分使用为由不同意退货，只同意给予补偿。但申请人坚持退机或换机。之后，双方为此派员进行了协商，但仍未取得一致意见，申请人遂于2003年2月19日将争议提请仲裁。

争议焦点

1. 关于套印精度问题

被申请人主张，在《投标书》和《销售合同》附件1中对所销售的双色单张纸凹印机套印精度的描述是一个笔误，但该笔误并未对申请人对该凹印机的使用造成任何影响。

申请人认为，证据证实，被申请人在《投标书》和《销售合同》中，两次并用四行中、英文文字写明精度为“0.03mm”，作为国际上第一流的大公司在签订价值1 200多万元的合同中多次产生笔误的做法是令人不可信服的。而且被申请人提交的证据证实精度可以达到0.01mm。这说明精度0.03mm不是不存在的，作为国际上第一品牌的大公司更是可以达到的。

2. 关于订约目的

申请人提出，其花费巨资购买被申请人的设备，目的就是求得产品质量能够达到国际一流的高水平，然而经过检验，被申请人认可的0.03mm的精度不但达不到，其印刷出的产品还不如国产设备印刷出的产品。正因被申请人的根本违约使得申请人支付的巨额资金得不到任何回报，设备长期闲置，损失一天天扩大，企业面临存亡的境地。

被申请人认为：申请人在仲裁申请书中所提及的凹印机的质量与合同约定要求严重不符并给其造成极大损失的说法，是没有任何事实依据的。被申请人售予申请人的凹印机已被其实际接受，并未给其造成任何实际损失。

仲裁庭意见

多数仲裁员的意见如下：

1. 关于“笔误”的主张

本案合同约定，型号为740×1040的双色MG单张纸凹印机的印刷套印精度应是0.03毫米，但被申请人交付的货物经多次调试，其印刷套印精度只能达到0.07毫米。申请人认为被申请人交付的货物不符合合同约定的质量要求。被申请人则提出，合同附件中关于印刷套印精度为0.03毫米的约定系“笔误”。

仲裁庭认为，被申请人的上述关于“笔误”的主张不能成立，理由是：

（1）一般人在写字或打字的时候并不能确保所有的内容都是正确无误的，当所写或所打的内容较长时更是如此。我们通常将写字时发生的错误称为“笔误”，将打字时发生的错误称为“打印错误”，在本案中为叙述方便，以下将沿用被申请人的说法将这两类错误统称为“笔误”。在通常情况下，笔误的发生有两种情形：一是将正确的写成了错误的，如我们在信用证判例中经常看到的将英文的“t”少写了一横、“i”少写了一点，在用中文书写的情形下这种错误也不鲜见，比如将“开庭时”写成“开庭后”；二是漏写了应该有的内容或者多写了不应该有的内容，如将“我不同意你们的建议”这句话中的“不”字漏写了，使其意思完全相反。不论是哪一种情形的笔误，从法律性质的角度而言，都属于意思和表示不一致中的无意识的非真意表示，即表意人在作出意思表示时并未意识到其意思与表示不一致，意思表示系因错误而为之，称为错误表示。

对于错误表示的法律效力，各国法律有采无效主义者，有采撤销主义者。按照销售合同一般条款第15条的规定，本案应适用中国法律。虽然中国的《民法通则》以及其他的民事法律规范中并没有关于意思表示的具体规定，但这并不妨碍我们依据《民法通则》中的公平原则和诚实信用原则，以及《合同法》中的具体规定来处理纠纷。从《合同法》第52~54条关于无效合同和得撤销的合同的规定中可以看出，因欺诈、胁迫或者乘人之危而订立的合同都归于得撤销的合同一类，从逻辑上讲，表意人无意识作出的错误表示，其性质更为轻微，自应归入得撤销的一类，而非当然无效。对于得撤销的意思表示，主张撤销的表意人应承担举证责任，证明错误表示的成立要件均已成就。对于得撤销的错误表示，表意人行使撤销权也要受到诚信原则的限制。错误表示撤销后，表意人对于善意的相对人或第三人应负赔偿责任。

（2）在本案中，被申请人以“笔误”为由，主张其不应承担违约责任。从法律性质上来看，被申请人实际上是以错误表示为由，请求撤销合同中关于印刷套印精度为0.03毫米的约定，从而达到不承担违约责任的目的。因此，仲裁庭要考虑的问题是：被申请人能否行使撤销权？

仲裁庭认为，关于印刷套印精度为0.03毫米在技术上是否可行，对这个问题的肯定或否定的回答，都不能决定被申请人能否行使撤销权，理由是：① 如果最终证明0.03毫米的印刷套印精度在当前的技术条件下是不可能做到的话，就会出现两种可能，一种可能是被申请人在订立合同时就知道了这个结论，明知不可为还要在合同中约定，其行为构成欺诈；另一种可能是被申请人在订立合同时并不知道这个结论，但在履约过程中发现了这一问题，因而构成了履约不能。无论是上述哪一种情形，被申请人的答辩理由都不能成立，在前一种情形下，欺诈的一方当事人自无权撤销其意思表示；在后一种情形下，履约不能使得合同无效，自无撤销之必要。② 退一步而言，被申请人提交的证据并不能确证0.03毫米的印刷套印精度在当前的条件下是不可能做到的。I. 被申请人提交了由冯瑞乾先生主编、印刷工业出版社于2002年6月第二次印刷出版的《印刷原理及工艺》的第八章作为证据，但申请人援引了该书第八章第一节中的第一句话主张0.03毫米的印刷套印精度是可以达到的，这句话的原文如下：“现在，印刷机的设计和制造水平比较高，套印精度可以控制在0.01mm之内，因此，只要调试好印刷机，完全可以保证机械对套准的精度要求。”被申请人在庭审中承认，《印刷原理及工艺》整本书是基于胶印而写的，被申请人是以此为依据来对凹版印刷的数据进行推论的。鉴于被申请人只提交了《印刷原理及工艺》的第八章作为证据，仲裁庭无法对《印刷原理及工艺》整本书是否是基于胶印而写的主张作出判断，因而该书第八章中的结论不能作为凹版印刷套印精度的定论。II. 至于被申请人提交的中华人民共和国行业标准《凹版印刷品质量要求及检验方法》（CY/T 6－91），仲裁庭注意到，这个行业标准是由中华人民共和国新闻出版署批准并于1991年10月1日起实施的，该行业标准在第1条关于“主题内容与适用范围”中规定：“本标准规定了凹版印刷品的质量要求及检验方法，适用于书刊印刷品。其他印刷品也可参照使用。”因此，该行业标准的适用范围是书刊印刷品，对其他印刷品而言并非强制性标准，但“也可参照使用”。而在被申请人于2001年8月8日提交的《投标书》的配置清单中，载明型号为740×1040的双色单张纸凹印机的用途为“适合高质量的精美包装印刷，主要用于化妆品、烟草包装等领域；可全幅或部分上光，及反面印刷。”这说明本案争议所涉及的印刷机的主要用途是包装印刷，而不是书刊印刷，因此，该行业标准对本案争议所涉及的印刷机而言并非强制性标准。退一步而言，即使适用该行业标准，也不能证明0.03毫米的印刷套印精度在当前的技术条件下是不可能做到的，因为该行业标准只是规定了套印允差的极限值。换言之，只要套印允差在极限值以内，就是符合该行业标准，但该行业标准并未涉及印刷套印精度为0.03毫米在技术上是否可行这个问题。III. 在被申请人提交的两份专家证词中，我们可以看到，两位专家在证词中肯定了三点内容：一是目前在德国乃至欧洲都没有一个关于印刷套印精度的标准；二是双色凹版单张印刷机的套印精度能达到0.1毫米已能满足一般商业所需的印刷质量了，要求套印精度达到100%精准是不现实且没有意义的；三是套印精度达到0.03毫米是不太容易的，两位专家的用词是“Almost Impossible”（几乎不可能），而非完全不可能。

再回到被申请人能否行使撤销权这个问题上来。首先，主张撤销权的表意人应当承担举证责任，证明错误表示的构成要件均已成就，而构成要件之一是表意人在作出意思表示时不知道其内心意思与外部表示不一致。在本案中，被申请人以其与其他客户签订的合同中都没有印刷套印精度为0.03毫米这句话为据，证明本案合同中关于印刷套印精度的约定并未反映其内心的真实意思，其证明力是相当弱的，因为从逻辑上讲，其他的交易中没有对印刷套印精度作出约定，并不能排除本案的双方当事人对印刷套印精度作出约定的可能性，因此，被申请人并不能确证印刷套印精度为0.03毫米这句话不是其内心的真实意思。其次，退一步而言，假定被申请人能够证明错误表示的构成要件均已成就，其在签约及履行过程中的行为也违背了诚实信用的原则，因而丧失了撤销权，这是因为：套印精度为0.03毫米是被申请人首先提出的，在被申请人于2001年8月8日提交的《投标书》的配置清单中，被申请人写明：“印刷套印精度：0.03毫米”；在销售合同的附件一配置清单中，再次写明：“印刷套印精度：0.03毫米”。在第一次安装调试过程中，申请人已提出印刷套印精度达不到0.03毫米的异议，如果印刷套印精度为0.03毫米这句话确实是错误表示的话，这时候被申请人就应当知道其表示是错误的，当时就应当主张行使撤销权，但被申请人在以后的几次调试以及往来函件中均未提出，相反，被申请人还一直试图努力调试印刷机的套印精度以期符合合同的约定，其行为使得任何一个处于与申请人相同地位的、理性的第三人都会合理地期待印刷机的套印精度最终能够调试合格。而且，在申请人提出退货的要求后，被申请人也未提出错误表示的主张，直到本案仲裁过程中才提出这个答辩理由。很显然，被申请人的行为违背了诚实信用原则，因而丧失了撤销权。

综上所述，仲裁庭认为，被申请人关于“笔误”的主张并不能成立，因此，合同中关于印刷套印精度为0.03毫米的约定是有效的，应当得到遵循。

2. 关于退货及索赔的争议

如前所述，合同中关于印刷套印精度为0.03毫米的约定是有效的，而被申请人经多次调试最终仍无法使印刷机达到这一指标，很显然，被申请人构成了违约。在被申请人违约的情形下，申请人有权采取哪些救济措施呢？仲裁庭注意到，申请人的第一项请求是要求退货和返还已支付的货款，这实际上是要求解除合同。《销售合同》中的一般条款第7条关于“检验与索赔”的规定只是约定了在品质、规格或数量与合同不符时的索赔，对解除合同并未作出明确约定，因此，在合同中没有关于解除权的约定的情形下，仲裁庭将根据我国法律的具体规定来对此问题作出判断。

《合同法》第148条规定：“因标的物质量不符合质量要求，致使不能实现合同目的的，买受人可以拒绝接受标的物或者解除合同。……”依据《合同法》第148条的规定，在本案中，只有在被申请人的违约行为“致使不能实现合同目的”的情况下，也就是只有在被申请人的违约行为构成了CISG第25条所规定的根本违约的情况下，申请人才有权退货。

被申请人交付的印刷机的套印精度没有达到0.03毫米的事实，是否使申请人的合同目的不能实现呢？换言之，被申请人的行为是否构成根本违约呢？如前所述，被申请人提交的证据表明，双色凹版单张印刷机的套印精度能达到0.1毫米已能满足一般商业所需的印刷质量了，而申请人对此并未提出异议，因此，在本案中，仲裁庭认可0.1毫米的套印精度可以作为一般双色凹版单张印刷机的商销性标准。被申请人交付的印刷机的套印精度已经达到0.07毫米，这说明被申请人交付的印刷机已能满足一般商业所需的印刷质量了，但这是否表明合同目的已经实现了呢？仲裁庭认为，要对这个问题作出判断，必须先回答申请人订立合同的目的是什么这个问题，即：申请人订立合同的目的是要购买一台具备一般商销性的印刷机呢，还是要购买一台套印精度为0.03毫米的印刷机？如果答案是前者，则合同目的已经实现了；如果答案是后者，则合同目的并没有实现。

仲裁庭注意到：首先，印刷机的套印精度为0.03毫米这个指标，是被申请人在其于2001年8月8日提交的《投标书》的配置清单中首次提出来的，配置清单中还载明型号为740×1040的双色单张纸凹印机的用途为“适合高质量的精美包装印刷，主要用于化妆品、烟草包装等领域；可全幅或部分上光，及反面印刷。”在销售合同的附件一配置清单中，双方当事人沿用了《投标书》中的套印精度，明确写明：“印刷套印精度：0.03毫米”。这说明，申请人之所以在招标中选择与报价较高的被申请人签约，其目的是要购买一台如同被申请人所称的“适合高质量的精美包装印刷”的双色单张纸凹印机，而不是仅能满足一般商业所需的印刷质量的印刷机。其次，在《印刷原理及工艺》的第八章第一节第三点关于“印刷机的套印误差”的第一段中，作者写道，

“……要把印刷机的精度提高百分之一，成本就要增加很多。”这说明，印刷机的套印精度是 0.03 毫米还是 0.07 毫米，两者之间在成本上是有很大差别的。在本案中，合同约定的印刷机的价格是 285 万德国马克，而与被申请人同时参与投标的××商事有限公司北京办事处，在报价单中报出的、没有特别说明套印精度的同类型印刷机的投标价格只有 80 万美元，这也印证了不同套印精度的印刷机之间的价格差别是很大的。第三，在申请人提交的××商事有限公司北京办事处的报价单中，在被申请人提交的其与中国 D 进出口武汉公司的销售合同、B 洋行与湖北省 J 进出口公司的合同中，都没有对印刷机的套印精度作出明确约定，而在本案中，不仅被申请人自己在《投标书》中承诺印刷机的套印精度为 0.03 毫米，双方当事人在销售合同中也明确约定印刷机的套印精度为 0.03 毫米，而且在四次调试过程中，申请人每次都强调不能接受超出 0.03 毫米的套印精度，这些事实表明，申请人对套印精度有不同于一般买方的特别要求。上述证据表明，申请人订立合同的目的是要购买一台套印精度为 0.03 毫米的高质量的印刷机，而不是要购买一台仅能满足一般商业所需的印刷质量的印刷机，如果不是这样的话，申请人完全没有必要在合同中对套印精度提出特别要求，也没有必要去以较高的价格购买一台具备一般商销性的印刷机。因此，虽然被申请人交付的印刷机已能满足一般商业所需的印刷质量，但没有达到销售合同中明确约定的 0.03 毫米套印精度，仲裁庭认为，合同目的并没有实现，被申请人的行为构成了根本违约。

关于索赔期限的争议，仲裁庭认为，虽然销售合同的一般条款第 7 条关于“检验与索赔”的规定中约定申请人应在货物到达工厂后 30 日内向被申请人索赔，且申请人在 2001 年 11 月 8 日的函中提出的修改索赔期的建议未获得被申请人的明示同意，但被申请人在 2002 年 8 月 23 日仍在对印刷机进行调试验收，任何一个处于与申请人相同地位的第三人在此之前都会合理地期待对印刷机的进行调试和验收取得成功，因此，被申请人在第四次调试验收不合格之后，在仲裁过程中才以合同中约定的索赔期已过为由对申请人的索赔请求进行抗辩，这显然不符合诚实信用的基本原则，仲裁庭对被申请人的该项抗辩理由不予支持。

关于印数问题的争议，仲裁庭认为，在长达 9 个多月的四次调试期间，被申请人并未向申请人表明过如机器没有通过验收就不能开机使用的态度，任何一个处于与申请人相同地位的第三人都会善意地期待被申请人能够将印刷机的套印精度调试合格，因而不会停止机器的试生产，况且，在全部印数中有相当一部分是在调试、试生产阶段中发生的，被申请人对此是知晓的，并未提出任何异议，直到最后的验收结果是机器质量仍不符合合同约定，申请人明确提出退货要求后，被申请人才以印数已达到 200 多万为由不同意退货，这也显然不符合诚实信用的基本原则，仲裁庭对被申请人的该项抗辩理由不予支持。

基于上述分析，仲裁庭认为，被申请人的行为构成了根本违约，且被申请人提出的索赔期限和印数问题的抗辩理由不能成立，根据《合同法》第 148 条的规定，申请人有权解除合同，要求退货、退款，因此，仲裁庭对申请人提出的请求予以支持。

评析探讨

本案涉及到根本违约的认定问题。对于根本违约的认定，首先要确认合同的效力问题。本案中关于被申请人有关“笔误”抗辩的认定，实际上就是对合同效力的确认过程。如果合同从一开始就被认定为欺诈或因标的客观履行不能而无效，解决纠纷所涉及的法律依据及其产生的法律后果就会大不相同。

在确认双方当事人有关机器精确度的约定有效时，争议焦点就在于根本违约的认定上。某种意义上讲，如果说违约是一种事实的客观发生，那么根本违约就是一种违约程度和订约期待的主观认定。其中订约目的是认定违约程度的基本依据之一。越危及订约目的的实现的违约情况，则越有可能被认为是根本违约。下一步，问题就变成如何探求当事人在订立合同时的目的了。CISG 第 8 条第 1 款和第 2 款规定，“(1) 为本公约的目的，一方当事人所作的声明和其他行为，应依照他的意旨解释，如果另一方当事人已知道或者不可能不知道此一意旨。(2) 如果上一款的规定不适用，当事人所作的声明和其他行为，应按照一个与另一方当事人同等资格、通情达理的人处于相同情况中，应有的理解来解释。”这不能仅从申请人一方出发，而应当从订约时、订约后双方的表现与行为入手，以获得对双方都公正的解释，以免使一方的意志强加于另一方，或一方以己方的不知为借口逃避责任。同条第 3 款对如果认定当事人的合同意旨作出了明确规定：“在确定一方当事人的意旨或一个通情达理的人应有的理解时，应适当地考虑到与事实有关的一切情况，包括谈判情形、当事人之间确立的任何习惯做法、惯例和当事人其后的任何行为。”具体到本案，到底当事人订约的共识是使货物达到同一规格货物通常使用的目的，还是必须符合合同约定的几乎不可能达到的目的？仲裁庭从订约的过程，即投标书的内容、招标人选择的依据，以及订约后的行为，即订约交货检验时对合同约定之精确度的态度，推导出当事人订约时的合理期待，即合同原来约定的精确度。因此，最终的裁决意见符合法律规定而且具有说服力。

由此可见，在众多的事实和当事人双方争辩之中寻找出中肯的与合同目的有关的证据，加以逻辑整理，最终确定当事人主观订约意图，不仅是法律正确适用的过程，更多的是由表及里、去伪存真的逻辑思辨过程。

主题案例

伊斯顿国际贸易有限公司诉南京华意工艺品有限公司国际货物买卖合同纠纷案①

案情回顾

2006年7月20日，华意公司（卖方、被告）与伊斯顿公司（买方、原告）签订合同号为4865的合同一份。合同约定，货物品质必须与卖方生产前提供的确认样一致，卖方需于生产前将订单项下的货物各提供2PC（贴上货物标签）样板与买方确认，确认样板需于7月25日前送达买方，交货期/验收方式：卖方需在合同签订后及收到30%订金水单40天内交货，即卖方需于2006年9月5日前备妥货物，并提前一周通知买方验货时间，卖方必须按时履行交货，如交货期延误，卖方需无条件向买方支付订单总金额2%的赔偿金及操作费300美元；包装：1PC/挂卡+彩盒，彩盒的设计图稿已于7月14日提供与卖方，每个彩盒需带有一个贴标，挂卡与贴标设计图稿于合同签订一周后提供与卖方，彩盒/外箱上的UPC必须与买方提供设计图稿一致；外箱箱唛：买方将于合同签订后15天内提供设计图稿与卖方，卖方需于印刷前将SHIPPING MARKS EMAIL或传真给买方确认，不得迟于收到设计图的5天内，买方将30%货款作为定金支付给卖方，余款于货物装运后凭提单副本电汇与卖方。

伊斯顿公司于2006年7月24日汇给华意公司定金4 935.6美元。

2006年8月8日，伊斯顿公司用电子邮件告知华意公司条形码标签的样式和尺寸。8月26日，伊斯顿公司收到华意公司的大货确认样，但认为样品与伊斯顿公司的原样有多处不符，提出了具体的修改意见，以传真和电子邮件的形式通知了华意公司。华意公司当日回电，对伊斯顿公司的部分修改意见予以接受。至8月28日，伊斯顿公司向华意公司发出电子邮件和传真件，指出华意公司仍未提供产品的彩盒、吊卡、外箱UPC供其确认。8月29日，伊斯顿公司用电子邮件将箱唛设计图稿发送给华意公司。9月4日，双方仍在就货物的修改和价格进行沟通。9月14日，双方签订协议，约定如果被告能于2006年9月14日装柜，鉴于双方合作，原告可不向被告作出罚款处理。当货物On Board（已装船）后，5个工作日内原告安排电汇此合同70%余款（11 516.40美元）与被告。9月13日，原告委托蓝马克公司验货员何某至生产工厂验货。总体验

① 案例详见中华人民共和国南京市中级人民法院（2007）宁民五初字第59号民事判决书。

货结论是三款娃娃均为合格，但标签贴法不正确。原告向被告发出传真：如贵司确保UPC贴法正确，彩盒也完好无损，不会因返工过程造成损坏，贵司则可安排装柜。9月15日，被告告知原告，因其此项要求导致货物无法装柜。原告认为被告未依约履行自己的交货义务，应承担违约责任，并赔偿原告的损失。请求法院：1. 判令解除原、被告之间签订的4865号买卖合同；双倍返还定金9 870美元，或按2006年9月15日银行汇率（中间价1：7.945 9）折算人民币78 426.03元。2. 判令被告赔偿原告损失。案件审理过程中被告反诉原告，认为原告单方面更改合同，增加反诉原告的义务，最终导致货物不能按期交付，应判令反诉被告继续履行合同，支付货款并负担赔偿责任。

争议焦点

1. 合同内容变更的效力问题。反诉原告华意公司诉称：双方当事人签订合同后，反诉原告已完全适当地履行了自身义务，但反诉被告单方面变更合同内容，擅自增加反诉原告的义务，最终导致货物不能按期交付。

2. 本案合同的适当补救措施是解除合同还是继续履行？反诉被告伊斯顿公司辩称：双方签订买卖合同的目的是为赶2006年圣诞节档期，现在合同已没有继续履行的必要，答辩人要求解除合同。而反诉原告华意公司诉称：双方当事人签订合同后，反诉原告已完全适当地履行了自身义务，但反诉被告单方面变更合同内容，擅自增加反诉原告的义务，最终导致货物不能按期交付。反诉被告的违约行为致使全部货物积压于反诉原告的仓库内已一年有余，给反诉原告造成了沉重的负担和重大的经济损失。请求法院判令反诉被告继续履行合同，支付货款。

裁判意见

双方在履行合同过程中，均有迟延履行的情况发生，但双方于9月14日达成新的合意，对合同进行了变更，该变更系双方真实意思表示，亦属有效，双方均应依约履行。

虽然双方就标签的贴法存在争议，伊斯顿公司有过华意公司须书面确认否则不得装柜的指示，但华意公司不履行交货义务的行为系违约行为。理由如下：首先，华意公司认为伊斯顿公司要求其出具对于第三人责任的书面保证，加重了其合同义务，因而为其所拒绝。从现有证据来看，伊斯顿公司与之相关的信函有两份，一份是电子邮件，内容是要求华意公司保证所有标签贴法正确，否则货物到客人那边是因为标签的问题而产生的一些损失与责任需由其承担。并且明确请书面确认回伊斯顿公司，否则不能装柜。传真则称如果能保证全部标签贴法正确，彩盒完好无损，可安排装柜。可见电子邮件和传真中并无要求华意公司书面确认对第三人的责任的内容，伊斯顿公司所要求华意公司保证的是标签的贴法正确，彩盒无损，而这本身即为华意公司的合同义务，如标签贴法不正确在最终客户处引发的损失，伊斯顿公司要求华意公司承担，亦系伊斯顿公司的合同权利。因此华意公司认为伊斯顿公司单方面加重其合同义务，不能成立。其次，即使如华意公司所说，伊斯顿公司单方面增加其合同义务而为其拒绝，因双方没有达成新的合意，伊斯顿公司的单方要求如不能装柜的指示不能变更合同内容，华意公司应按双方已成就合同约定履行，即仍应按约定的交货期限履行交货义务。因此，华意公司以伊斯顿公司错误指示为由而不履行交付货物的义务，属于违约行为。

华意公司违反合同约定，未履行交货义务，经伊斯顿公司催告后仍未履行，伊斯顿公司要求解除合同，并适用定金罚则，应予准许。双方约定的定金为合同标的额的30%，超过《中华人民共和国担保法》规定的20%的限额，应缩减至20%。

华意公司未履行合同约定的交货义务，系本案的违约方，应承担相应的违约责任。本院已支持伊斯顿公司关于解除合同的请求，对于华意公司要求继续履行合同，适用定金罚则，以及要求伊斯顿公司赔偿损失的反诉请求，不予支持。

评析探讨

1. 关于合同变更

国际货物买卖合同的履行中，经常由于一方或双方当事人的原因导致合同履行进程偏离合同的约定。有时出于保持友好的长期的合作关系，合同当事人可能会对对方的轻微违约网开一面，针对合同履行的情形作出适当的改变，是合同履行的应有之义，法律规定当事人协商一致，可以变更合同（CISG第29条、《合同法》第77条）。CISG第29条第2款规定，任何更改或根据协议终止必须以书面作出的书面合同，不得以任何其他方式更改或根据协议终止。但是，一方当事人的行为，如经另一方当事人寄以信赖，就不得坚持此项规定。这说明，合同变更的形式要件是次要的。因为当合同已经进入履行阶段，双方当事人之间即建立起一种信赖关系。一方当事人提出变更的提议，另一方当事人没有及时提出异议，而按该建议行事，这种行为本身就蕴含着同意的意思表示。

本案中，双方均有迟延履行的情形，但双方通过通讯邮件经过双方盖章，又达成了新的履行协议，为合法变更。争议焦点在于，被告称原告要其保证标签贴法正确且货物不因返工而毁损的要求为单方面更改合同。对此，CISG第35条规定，卖方交付的货物必须与合同所规定的数量、质量和规格相符，并须按照合同所规定的方式装箱或包装，否则视为与合同约定不符。因此，原告要求被告对不符合约定要求的标签贴法进行翻工及为之作出质量担保乃基本的合同义务，不是第三人责任。因此，本案不存在原告单方面变更合同的情形。原告并没有单方增加被告义务。

2. 关于合同违约的救济方式

被告于反诉时要求原告继续履行合同，原告则要求解除合同。原告指出双方签订买卖合同的目的是为赶2006年圣诞节档期，至审理时，时已至2008年1月21日，显然原告按照合同规定于2006圣诞节前获得货物的期待已经落空，合同已没有继续履行的必要。被告也没有否认这个合同目的。而且，审理完毕的时间已经远超合同约定履行的期限，若继续履行，必将使原告因履行合同而承担不合理的负担或费用（《国际商事合同通则》第7.2.2条、《合同法》第110条），如重新找寻合适的买家。因此，基于经济合理原则，本案应当适用解除合同的救济方式。根据案情，本案可适用我国《合同法》第94条第3项或第4项的规定作出判决。最终，判决适用的是我国《合同法》第94条第3项关于当事人一方迟延履行主要债务，经催告后在合理期限内仍未履行，当事人可以解除合同的规定。然而，“合理期限”是一个幅度，判决意见中并没有指出这个“合理期限”应该如何确定。

主题案例

马来西亚 SENJA GENESIS SDN. BHD. 公司诉中国晋江鸿盛雨具有限公司国际货物买卖合同纠纷案①

案情回顾

原告SENJA公司与被告鸿盛公司存在着外贸交易关系。2007年2月27日，鸿盛公司签发的形式发票记载了以下内容：客户为SENJA公司，运输从厦门港到巴生港；货物28双节高尔夫雨伞，数量为15 000支，单价美元1.5元/把，总价款为美元22 500元；出口时包装成750箱，每箱20支。另该证据上还对雨伞基架、伞布的颜色搭配、“Shell”标志及装箱等作了说明。该批货物通过厦门玺洋国际货运代理有限公司出口到马来西亚，后又通过ENVOY国际航运有限公司将该批货物运回中国。现该批货物存放于鸿盛公司仓库，退回的数量为743箱，14 860支，比出口时少退7箱，共140支，价值美元210元。在第一批货物交易过程中，SENJA公司同时向鸿盛公司支付了第二批货物的定金美元6 750元。被告收回退货后，却不退还原告已付的货款美元22 500元及定金美元8 000元并赔偿损失，理由是原告应继续向其购买第二批货物。原告称被告的货物质量及不诚信已引起原告的严重不安，并给原告造成经济、信誉的极大损失。而市场延误期限后，原告不可能再继续向其购货。原告诉诸法院，请求判令：被告偿付雨具

① 案例详见福建省泉州市中级人民法院（2008）泉民初字第1号民事判决书。

退货应返还的款项美元 22 500 元，终止后续雨具销售合同的履行并返还定金美元 8 000 元，被告承担进出口的货代、货运费美元 1 700 元等损失。

争议焦点

1. 合同的性质是买卖或是承揽？原告认为，双方之间是买卖合同关系，被告则认为双方之间是承揽合同关系，属于“贴牌”业务。①

2. 原告要求终止合同、退还货款及定金是否合法？原告称被告的货物质量及不诚信已引起原告的严重不安，并给原告造成经济、信誉的极大损失。而市场延误期限后，原告不可能再继续向其购货，要求终止合同。被告认为，从时间、数量可以推定进口国的法律已认可了其定作物是合格的。原告与他人的贸易或买卖关系的合同条件与被告无关，他人不接受原告的货物应由原告自行承担。原告擅自将已接收的定作物退回缺乏正当理由，请求原告将定作物提回。

裁判意见

虽然 2007 年 2 月 27 日的形式发票记载对雨伞基架、伞布的颜色搭配、“Shell”标志及装箱等作了说明，但是在形式发票中，对于货物的单价、总价、运输方式、交货地点、付款方式等内容都作了约定。由此可见：（1）本案双方之间订立合同的目的不在于获得一定的工作成果，而在于转移所有权，合同在形式上已经具备了一个国际货物买卖合同的基本要素。（2）本案的合同履行中，也不存在原告对被告的生产行使检查、监督权利的情况，原告只是要求被告提供符合质量要求的标的物，这符合买卖合同的基本特征，而本案纠纷也正是因为被告提供的产品存在质量问题而发生的。（3）本案的货物虽要求标注特别的标志，但是并不需要通过特殊技术、劳动才能完成。因此，应认定本案双方之间发生的是买卖合同关系，而非承揽合同关系。

原告 SENJA 公司认为，被告提供给原告的产品存在严重的质量问题。对此，原告提供的交涉函、退货提单、鉴定报告、现场调解笔录、产品实物等证据，可以构成一条证据锁链，充分予以证实。根据我国《合同法》第 111 条的规定，原告有权选择要求修理、更换、重作、退货、减少价款或报酬等，本案原告选择了退货，被告也实际收到退回货物，故依法应将收到的货款退还给原告。而被告在提供给原告存在质量的产品后，不及时处理，反而多方抵赖，原告无法再相信被告的信誉，继续合作已经失去了信任的基础，原告要求取消后续合同并退回第二批货物的定金亦符合情理。

2007 年 5 月 15 日，原告将第一批的货物通过海运退回给被告鸿盛公司，提单上注

---

① 贴牌指一家厂家根据另一家厂商的要求，为其生产产品和产品配件，亦称为定牌生产或授权贴牌生产。即可代表外委加工，也可代表转包合同加工。举例说明：A 方看中 B 方的产品，让 B 方生产，用 A 方商标，对 A 方来说，这叫 OEM（Orignal Equipment Manufactuce），即原始设备制造商。

明退回的是不合格伞具。2007 年 6 月 7 日，原告委托中国检验认证集团厦门有限公司对退回的定作物进行鉴定，鉴定结论认为该批定作物存在缺陷：大部分货物样品伞架和弹簧脱落，手柄塑料部件有毛刺。2007 年 6 月 13 日，被告鸿盛公司收到该批退货。2007 年 6 月 20 日，原、被告双方在晋江市工商行政管理局东石工商所进行调解，根据主持调解的工商行政管理人员所作的“现场调解记录”的记载，本案被告在调解当时认为“二节伞 15 000 支，不存在全部质量问题”。前述过程可以说明，被告在接收退回的货物的过程中，从未对原告退货的行为及是否存在质量问题作出回应，反而在工商行政管理部门主持的调解中认为并不是全部货物均存在质量问题，此可说明被告对于货物存在质量问题是认同的。根据《合同法》第 111 条规定，质量不符合约定的，应当按照当事人的约定承担违约责任。对违约责任没有约定或者约定不明确，依照本法第 61 条的规定仍不能确定的，受损害方根据标的的性质以及损失的大小，可以合理选择要求对方承担修理、更换、重作、退货、减少价款或者报酬等违约责任。现原告选择将货物退回，被告也接收了退回的货物。因此，被告有义务返还相应的货款。《合同法》第 94 条第（四）项规定，当事人一方迟延履行债务或者有其他违约行为致使不能实现合同的，当事人可以解除合同。本案涉及的后续合同由于被告的根本违约行为，致双方失去互相信任的基础，原告要求终止后续合同的履行，退回定金是合法合理的。

评析探讨

本案案情相对来说比较简明，关于合同性质的争议，判决意见已经有详细的分析。本案的核心争议在于，该涉案货物的质量问题是否已经达到根本违约的程度，同时上述判决意见忽略了一点，本案中的合同是分批供应合同还是两个独立的买卖合同，而这对于合同的解除范围具有重要影响。

1. 关于涉案货物的质量问题

对于根本违约以宣告合同无效权利的行使，法律的态度是严谨的，必须是在“实质性地剥夺了受损害方当事人根据合同有权期待的利益”以致“不能实现合同目的”的情况下才能适用。这是基于诚实信用原则，双方都为合同的履行作出了相应的投入，如果一方当事人因一般的违约而主张解除合同必然导致另一方当事人的投入血本无归。具体到货物质量问题，应当首先考虑受损害方根据标的的性质以及损失的大小，可以合理选择要求对方承担修理、更换、重作、退货、减少价款或者报酬等违约责任（《合同法》第 111 条）。若违约方当事人一方迟延履行主要债务，经催告后在合理期限内仍未履行或者有其他违约行为致使不能实现合同目的时，才可要求解除合同（《合同法》第 94 条第 1 款第 3 项）。

具体到本案，作为本案证据的鉴定结论认为“该批定作物存在缺陷：大部分货物样品伞架和弹簧脱落，手柄塑料部件有毛刺”。鉴定结论中，对货物质量问题的鉴定为“存在缺陷：大部分货物样品伞架和弹簧脱落，手柄塑料部件有毛刺”。这显然已经不能满足雨伞通常使用的目的。“缺陷”在我国法律中是指产品存在危及人身、他人财产安全的不合理的危险；产品有保障人体健康和人身、财产安全的国家标准、行业标准的，是指不符合该标准。[①] 不能满足通常使用目的，而且还对使用者及他人的人身、财产安全构成不合理的危险，显然已经实质上剥夺了买方用以销售的合同目的。因此，本案货物质量问题的严重性已经让原告获得了法定的解除权。当然，在原告主张解除合同之前，他可以要求被告修理、更换货物，但根据被告在本案中一直认为货物质量合格的态度，原告可径行主张解除合同。

2. 涉案买卖合同是一个分批供应合同还是两个独立的合同

这个问题的实质是原告行使解除权的范围。CISG 第 73 条规定：“（1）对于分批交付货物的合同，如果一方当事人不履行对任何一批货物的义务，便对该批货物构成根本违反合同，则另一方当事人可以宣告合同对该批货物无效。（2）如果一方当事人不履行对任何一批货物的义务，使另一方当事人有充分理由断定对今后各批货物将会发生根本违反合同，该另一方当事人可以在一段合理时间内宣告合同今后无效。……”（同见《合同法》第 166 条）。判决意见中认为本案合同是分批供应合同，并认为“本案涉及的后续合同由于被告的根本违约行为，致双方失去互相信任的基础，原告要求终止后续合同的履行，退回定金是合法合理的”以此支持了原告解除合同的主张。但本案中，原告实际上与被告订购了两批雨伞，据原告所述 2007 年 2 月 17 日原告向被告订购雨伞一批 15 000 把，单价每把美元 1.5 元，价款为美元 22 500 元。另原告又支付了第二批雨伞定金美元 8 000 元。由此可见，原告是分别订购这两批雨伞的，而且并无其他证据证明原被告在这批雨伞买卖合同谈判的同时确定了第二批雨伞的买卖关系，因此涉案合同也有可能是两个独立的合同，而只是合同条款沿用上一批货物所适用的合同条款而已。如果被告有这种主张并得到支持的话，那么判决结果将大相径庭。因为一个合同的根本违约，无论如何都不能使受害方获得对另一合同的法定解除权，最多只能行使不安抗辩权要求对方提供担保，若对方能提供相应担保，则合同必须继续履行。这样被告将可以主张本案原告继续履行涉及第二批雨伞的合同。

---

① 《中华人民共和国产品质量法》第 46 条规定：“本法所称缺陷，是指产品存在危及人身、他人财产安全的不合理的危险；产品有保障人体健康和人身、财产安全的国家标准、行业标准的，是指不符合该标准。”

第五节 不可抗力

主题案例

浙江龙盛薄板有限公司与宁波环领国际物流有限公司海上货运代理合同违约赔偿纠纷上诉案①

案情回顾

2007年6月12日，龙盛公司、环领公司签订国际货运代理协议，约定：龙盛公司委托环领公司一次性办理34个集装箱出运至卡萨布兰卡的货运代理业务；龙盛公司应提前7天将订舱委托书以书面或传真形式传给环领公司；本协议的海运费及国内段有关费用，如遇国家颁布价格和船公司运价调整时，双方应及时通知对方并做相应调整。同日，龙盛公司就34个集装箱货物向环领公司发出订舱通知，要求在6月28日前一次性出运到卡萨布兰卡。环领公司收到通知后，即向富邦宁波分公司等一级货代询价，得知因受国家降低退税率的影响，大量货物集中在6月底前出运，故无法为34个集装箱一次性订舱出运。环领公司即于6月20日左右通知龙盛公司无法订到舱位。次日起，龙盛公司即自行通过朋友订舱，但也因舱位紧张或运价太高等原因未能订到6月28日前的舱位。同时，龙盛公司、环领公司就合同如何继续履行也协商未果。后龙盛公司于7月5日与上海永鼎国际物流有限公司（以下简称永鼎公司）另行签订协议，委托永鼎公司办理货运代理业务，并于2007年7月12日将货物出运，为此龙盛公司向永鼎公司支付了海运费125 800美元。龙盛公司向环领公司索偿比原协议高出的运费41 480美元未果，故诉至原审法院。请求法院判令：（1）解除龙盛公司与环领公司之间的《国际货运代理协议》；（2）环领公司赔偿损失41 480美元。

争议焦点

本案争议焦点在于国家政策的变动是否属于不可抗力。

原告上诉时认为国家调低退税率导致6月份舱位紧张，并不属于使合同无法履行的不可抗力，不能成为环领公司不履行或怠于履行合同的免责理由；环领公司违反诚实信

① 案例详见浙江省高级人民法院（2008）浙民三终字第41号民事判决书。

用原则，怠于履行合同，未尽到勤勉义务，存在明显代理过错。此外，原判认定因运价上涨，双方经协商未果，环领公司未能按原约定办理货代业务不构成违约也是错误的。

被告辩称，我公司作为代理人并不能保证履行，且合同不能履行是受国家调低税率影响，我公司有权免责。运价的上涨是客观事实，我公司在代理过程中已经尽到了勤勉谨慎的注意义务，不存在过错，不应承担赔偿责任。

裁判意见

原审法院认为：（1）6月份舱位的确紧张。故龙盛公司的34个集装箱无法在6月28日前出运，乃客观因素使然，环领公司并无代理过错。（2）当市场运价发生较大幅度上涨，环领公司按原定价格无法订到舱位，而龙盛公司、环领公司经协商又无结果时，环领公司未能按原约定办理货代业务，亦不构成违约。（3）环领公司仅为货运代理人，通过为委托人提供货运代理服务赚取报酬，而龙盛公司在双方已明确约定运价按市场价进行调整的前提下，却要求环领公司在市场运价发生较大上涨时，由环领公司来承担上涨的运费，这不仅有悖双方的约定，与货运代理业的一般交易常理亦完全不符。

上诉法院认为，双方当事人均应按照协议的约定全面履行自己的义务。环领公司作为专业的货运代理公司，对自己的履约能力以及当月的货运市场情况应当有足够的了解。其与龙盛公司签订了协议，即负有根据龙盛公司的要求，办理订舱、报关、报验、装箱、转运等相关运输事宜的义务。虽然国家在2007年7月1日调低了退税率，但这一情形只是客观上可能造成6月份的舱位紧张，增加履行合同的难度，并不属于不能克服的情况，更不构成免责事由。原判认定龙盛公司的集装箱无法按期出运是因客观因素造成不当，应予纠正。环领公司在出现舱位紧张的情况下，未能按约履行义务，采取积极有效的方法，如期将龙盛公司的集装箱出运，已经构成了违约，应承担相应的违约责任。

考虑到龙盛公司自行与永鼎公司协商运费，且在联系订舱的过程中也发现运价上涨，而双方在协议中也约定如遇运价调整时双方应及时通知对方并作相应调整，故龙盛公司应自行承担部分损失。龙盛公司上诉认为环领公司存在代理过错、构成违约的理由成立，应予支持，但其要求环领公司承担全部赔偿责任缺乏依据。

评析探讨

1. 本案中的政府行为是否属于不可抗力

我国《合同法》第117条对不可抗力作出了定义，但没有就不可抗力的外延作出分类。根据基本原理部分关于政府行为是否属于不可抗力的分析思路，首先，本案的当事人虽然非为公权力部门或公共资源经营者，且无证据显示当事人能从政府信息公开中获得有关税率调整政策的有关资讯，因此，该项政府政策的发布对本案当事人来说客观上是不可预见的。但是应当同时注意到在本案合同中，双方约定“海运费及国内段有关费用，如遇到国家颁布价格和船公司运价调整时，双方应及时通知对方并做相应调整”，由此可知，双方实际对国家可能颁布的可能引起国内段有关费用的政策法规已经有所准备。其次，该项税率调整的政策是有关国家降低退税率的规定，并非禁止性规定，虽然其客观上使舱位供应紧张，使债务人订舱困难，但非不能履行。事实上原告亦成功与其他运输公司协调将货物运出。因此，本案中的政府行为造成的后果并非不可避免的，不属于不可抗力。当然，由此引起的合同原约定以外的支出应当由双事人协商或根据公平原则分担。

2. 关于价格调整条款

本案合同中规定“海运费及国内段有关费用，如遇国家颁布价格和船公司运价调整时，双方应及时通知对方并做相应调整”，这接近于《国际商事合同通则》第 2.14 条有关特意待定条款的规定，即如果当事人各方意在订立一项合同，但却有意将一项条款留待进一步谈判商定，考虑到当事人各方的意图，如果在具体情况下存在一种可选择的合理方法来确定此条款，当事人各方未就该条件达成协议，合同的存在也不受影响。涉案合同为应对中国国家政策的出台作出相应价格调整的规定，是为了让合同当事方共同分摊由政策法规不确定性带来的商业风险。因此，当事人应当遵循诚实信用原则，进行协商，即使协商不成，也不应硬性适用《合同法》第 62 条“履行费用的负担不明确的，由履行义务一方负担”的规定，而应由法院按照公平原则对额外支出进行合理分配。

主题案例

中国人民财产保险股份有限公司上海市分公司诉株式会社商船三井（Mitsuio. S. K. Lines，Ltd.）海上货物运输合同货损赔偿纠纷案①

案情回顾

2003 年 9 月 8 日，被告作为承运人签发了编号为 MPLU477860452 已装船正本提单，该提单记载装运港为中国上海，卸货港为智利瓦尔帕莱索，装载船舶为“HYUNDAI EMPEROR”轮 116E。同日，原告为涉案货物出具了一份运输保险单。9 月 11 日至 13 日期间，韩国釜山及南海东部开阔海域的平均最大风速为每分钟 42.7 米，其中瞬间最

① 案例详见中华人民共和国上海海事法院（2004）沪海法商初字第 470 号民事判决书。

大风速为每分钟42.7米；每小时最大降雨量为15.5毫米，其中10分钟最大降雨量为5.5毫米。2003年9月11日，气象单位发布台风预报，后改为台风警报；9月12日5点至9月13日13点30分发布台风警报，后改为风暴警报。在目的港从运输工具卸货时涉案集装箱外部状态有损坏，货损原因系运输中遭遇14号台风，使水进入集装箱；残损货物的毛重总售价为1 518 256意大利元，全部货物完好情况下的市场价应为46 870 000意大利元，完好货物税费为8 603 400意大利元。原告请求判令被告赔付货损17 699.01美元及利息损失。被告认为本案货损原因是不可抗力，即集装箱在中转港码头遭受到2003年14号台风；根据海商法规定承运人对不可抗力造成的货物损失可以免责。

争议焦点

本案争议起因在于货损。被告认为装载涉案货物的集装箱在中转港码头遭受到2003年14号台风，承运人依法对不可抗力造成的货物损失可以免责。

裁判意见

涉案货物运输过程中虽然遭遇过2003年14号台风，但有关气象资料表明台风及风暴在事先已经有预报。被告作为承运人对货物将会被风暴损坏应有所预见，其应当采取合理措施尽力避免货损的发生，被告未能证明在台风到来前已经尽到谨慎处理货物的义务，应对由此导致的货物损坏承担赔偿责任。因此，本案中并无证据表明有关货损的发生是被告所无法预见、无法克服、无法避免的不可抗力所致，被告以不可抗力作为其要求免责的依据不够充分。

评析探讨

上述案情为全案案情的部分摘要，主要涉及不可抗力的认定。在真实的案例中，它还涉及到代位求偿权是否有效，即原告是否具有诉讼主体资格争议。这不是本专题讨论的范围，因此，此处集中探讨本案中承运人是否可以根据不可抗力而得到免责的问题。

不可抗力，是指合同订立以后发生的当事人订立合同时不能预见的，不能避免的，人力不可控制的意外事故。本案货损的原因是由于台风引起的。一般来说，台风于合同履行的过程中发生，并非当事人于订立合同时就能遇见。但是随着现代科技的发展，对于台风的预测、预警和预报已并非难事。本案中承运人遭遇台风（9月14日）距韩国当局发布台风警报（9月11日），有三天时间之长，足以通过绕航或暂停航行或其他方法避免受到台风的吹击。这样做可能会造成一定程度的迟延履行，但这在免责范围之内。承运人在知道或应当知道台风警报的情况下，罔顾货物安全，仍然按原定路线行使，才引致原来可避免损失的发生。本案中发生的台风，是可预见可避免的事件，不符合不可抗力的构成要件。

当然并非一切可预警的自然灾害都是可避免的，要考虑到当事人知道或应当知道预警与意外事件发生的时间差、当事人的处境以及是否具备避免的条件等进行个案认定。

专题四

国际货物买卖合同中的卖方违约问题

第一节 基本原理

一、国际货物买卖合同中的卖方义务

CISG 第 30 ~ 44 条专门规定了国际货物买卖合同中的卖方义务，包括交付货物、移交单据、保证货物相符、协助义务等，还规定了卖方承担违约责任的前提条件及对其责任给予排除或者限制的情形。

关于卖方义务，当事人之间的约定始终得以优先适用。关于双方没有约定或约定不明的情形，CISG 亦作出了一般性的规定（第 35 条），在必要时应结合 CISG 总则第 8 条的解释规则与具体个案予以补充。

（一）交货义务

CISG 第 30 条规定："卖方必须按照合同和本公约的规定，交付货物，移交一切与货物有关的单据并转移货物所有权。"这是国际货物买卖合同中卖方的主给付义务。交付的对象不单是货物，还包括与货物有关的单据及履行所有权转移的凭证，而且要求货物、单据的交付和所有权的转移符合约定或交易习惯以及货物符合合同的约定和公约的规定。下面首先说明交货的地点和交货时间的规定。

1. 交货地点

交货地点在实践中常作为能够确定管辖法院和确定合同准据法连结点之一的合同履行地，具有十分重要的意义。当事人对此可以自行约定，或者根据国际贸易的基本规则，如国际贸易术语，进行确定。在卖方没有义务要在任何其他特定地点交付货物的情况下，CISG 第 31 条根据合同标的物的状态、合同履行方式对交货地点分别作出规

定，即：

(a) 如果销售合同涉及到货物的运输，卖方应把货物移交给第一承运人，以运交给买方；

(b) 在不属于上款规定的情况下，如果合同指的是特定货物或从特定存货中提取的或尚待制造或生产的未经特定化的货物，而双方当事人在订立合同时已知道这些货物是在某一特定地点，或将在某一特定地点制造或生产，卖方应在该地点把货物交给买方处置；

(c) 在其他情况下，卖方应在他于订立合同时的营业地把货物交给买方处置。

当合同涉及送付义务，卖方应把货物移交给第一承运人，以运交给买方。这与我国《合同法》第141条的有关规定相同。至于卖方应当于何处把货物交付第一承运人则应视合同而定，或者在合同没有约定时由卖方自行决定。在合同涉及运输时，CISG第32条还规定卖方负有如下义务："(1) 如果卖方按照合同或本公约的规定将货物交付给承运人，但货物没有以货物上加标记，或以装运单据或其他方式清楚地注明有关合同，卖方必须向买方发出列明货物的发货通知。(2) 如果卖方有义务安排货物的运输，他必须订立必要的合同，以按照通常运输条件，用适合情况的运输工具，把货物运到指定地点。(3) 如果卖方没有义务对货物的运输办理保险，他必须在买方提出要求时，向买方提供一切现有的必要资料，使他能够办理这种保险。"如果没有完成这些义务可能导致违约，还可能会导致风险不能转移（CISG第67条）。

在其他情况下，除非有特别约定，卖方的交付义务限于他将货物置于可被买方利用之下。据此，如果合同指的是特定货物或从特定存货中提取的或尚待制造或生产的未经特定化的货物，而双方当事人在订立合同时已知道这些货物是在某一特定地点，或将在某一特定地点制造或生产，买方负有往取义务，卖方在该地点把货物交付给买方即可。该地点具体是指双方在订约当时都知道的货物库存地，或生产、制造、加工地。对于在途货物的出售，本项规定也同样适用。除这两项规定以外的货物交付地点为卖方营业地，若卖方有多个营业地或者没有营业地，则以与合同履行关系最密切的营业地为营业地或于其惯常居住地履行（CISG第10条）。所谓"特定化"，是指把处于可交付状态的货物无条件地划拨于合同项下的行为，即明确哪些货物来履行该合同。我国《合同法》第62条也规定了在当事人没有约定或约定不明的情况下，买方具有往取义务，即"其他标的（非金钱或不动产），在履行义务一方所在地履行"。但在不知道标的物地点的情况下，我国《合同法》明确规定，应当于出卖人订立合同时的营业地交付标的物。这就是说，此时，我国《合同法》把合同签订地看作与合同履行联系最密切的营业地。另外，如果卖方有义务在某个特定时间内为买方保管货物，则交货义务应在双方约定该占有原因关系时被履行。

CISG 中规定的“交由处置”是指一种完备的状态，买方需要做的仅为占有即可。它包含了“特定化”的义务，或者精确地“指示出”，还包括在某些情况下事先必要的准备、包装、给买方发出货已经备妥的通知。在库存货物的情况下，如果没有享有提货权的书面证明，那么卖方额外的交货通知也将是必须的。这些可以理解为基于诚信原则而必须履行的附随义务。

2. 交货时间

关于交货时间，CISG 第 31 条规定：“卖方必须按以下规定的日期交付货物：(a) 如果合同规定有日期，或从合同可以确定日期，应在该日期交货；(b) 如果合同规定有一段时间，或从合同可以确定一段时间，除非情况表明应由买方选定一个日期外，应在该段时间内任何时候交货；或者 (c) 在其他情况下，应在订立合同后一段合理时间内交货。”

由此可知，当事人的约定是首要遵循的。若合同约定一个确定的期限，那么，除经双方合意修改，债务人在期限届至前必须如约履行，否则将承担迟延履行的违约责任。当然卖方可以放弃自己的期限利益，在规定的日期前交付货物。但买方可以收取货物，也可以拒绝收取货物。当然在提前履行不损害债权人利益的情况下，这种拒绝将被视为是不允许的，由此给债权人带来的费用，由债务人承担（《国际商事合同通则》第 6.1.5 条、《合同法》第 71 条）。在合同确定一段履行期间的情况下，除非另有约定，卖方可选择在该段时间内任何时候交货（《合同法》第 138 条）。若由于买方原因导致卖方此期限利益受损，则卖方由此多付出的费用应由买方承担。在其他情况下，卖方应在订立合同后一段合理时间内交货。我国《合同法》第 62 条的有关规定则有所不同，它规定“履行期限不明确的，债务人可以随时履行，债权人也可以随时要求履行，但应当给对方必要的准备时间。”在这种前提下，履行或要求履行一方都应当给对方发出适当的通知，以便对方作出相应的准备。

某些情况下，卖方可能被授权在合同订立后自行决定交付时间。一般情况下，卖方可能有义务在一定的时间内作出相应的决定。如果卖方在这段时间内不履行义务，买方就可能中止履行支付货款的义务，还可能导致预期违约的认定。卖方的履行陷于迟延并不以买方的催告为要件，因为无论买方是否催告，卖方都必须如约履行义务。但是如果买方怠于回应卖方的履行要求，则有可能造成卖方的不安而中止履行交付义务（CISG 第 71 条）。

（二）保证货物相符义务

CISG 第 35 条第 1 款规定：“卖方交付的货物必须与合同所规定的数量、质量和规格相符，并须按照合同所规定的方式装箱或包装。”货物相符要求，指货物与合同所规定的数量、质量和规格三方面都必须相符，还包括按照合同规定装箱或包装。关于货物数量问题，若卖方在履行期限内交付货物的数量少于合同约定，固然构成违约；其多交付货物也可能构成违约。[①] CISG 亦把相应的规定归入卖方违约补救办法之中，该规定为第 52 条第 2 款，即买方可以拒绝收取卖方大于合同规定的多交付部分的货物。如果买方收取多交部分货物的全部或一部分，他必须按合同价格付款。这种情况可视为对合同内容的合意更改。对于货物的质量、规格和权利方面的保证义务是合同履行的重点，下面将进行重点探讨。

1. 质量担保义务

CISG 第 35～37 条规定的关于货物质量问题具有十分重要的实践意义。迄今为止，很多国际货物买卖合同纠纷都是围绕这个问题和这些规定的解释而发生的。然而，应该强调的是卖方是否履行了货物质量相符义务的决定因素首先在于合同约定（《合同法》第 153 条）。基于当事人双方的协商和约定，卖方的合同义务可能会包括一些当前的技术知识尚不能达到的品质要求。尽管如此，当卖方不能交付具有合同约定品质和功能的货物时，违约责任仍然会产生。因为卖方既然自愿作出了承诺，即使是不可能实现的，也要为之负责。一般来说，合同对质量的约定不需要特别强调，但有时特别的确认具有十分重要的意义，如在确认是否属于根本性违约从而解除合同或主张替代履行的情况。有时当事人双方对品质的约定，需要引入 CISG 第 8 条的解释，以使其更清楚。特别是存在卖方或者第三方对品质的公开表述的情况下，例如广告，法院或仲裁庭需要考察卖方的这类表述是否或者多大程度上成为了合同订立的意思表示。

关于与合同相符的质量的国际法定标准，CISG 第 35 条第 2 款的规定："除双方当事人已另有协议外，货物除非符合以下规定，否则即为与合同不符：（a）货物适用于同一规格货物通常使用的目的；（b）货物适用于订立合同时曾明示或默示地通知卖方的任何特定目的，除非情况表明买方并不依赖卖方的技能和判断力，或者这种依赖对他是不合理的；（c）货物的质量与卖方向买方提供的货物样品或样式相同；（d）货物按照同类货物通用的方式装箱或包装，如果没有此种通用方式，则按照足以保全和保护货物的方式装箱或包装。"

法律尊重当事人的约定，但当事人的约定很难也可能认为不必要把货物应当具备的每一个细节都进行明确约定。因此，法律就作出了一些辅助性的补充性的规则和标准，以供当事人在合同没有约定或约定不明的情况下予以采纳。相对合同当事人明示的合同约定来说，这些规定常被视为默示的质量担保责任。

货物质量与合同相符的默示义务，首先要求货物适用于同一规格货物通常使用的目

---

① ［德］施莱希特里姆．《联合国国际货物销售合同公约》评释．李慧妮，译．北京：北京大学出版社，2006：100.

的。"通常使用的目的"取决于交易圈内的态度，可参照行业标准或国家标准（《合同法》第62条第1款第1项）。符合通常使用目的或某一用途可被看作为法律保证，这一标准可被推定为当事人的法律表达，这一表达在具体案情下可以结合主观因素进行解释。"符合通常使用目的"，首先着眼于产品的种类和其对买方的意义，如作为原材料、配料、零部件投入使用，或作为机器设备用于生产，或再转卖，甚至是再出口。货物满足合同目的，不仅在于其本身的功能特性，还在于市场可使用性的预期，后者受政治、宗教、文化、法律等社会因素共同影响，特别是公法性的规定如经营许可、对生活产品或化妆品添加剂的禁止等。只要法律规范事实上影响了货物使用性和流通性的预期，则其是否为有效颁布一概不问。"符合通常使用目的"这一标准或多或少涉及到内国的同类市场，无论如何无法建立一个完全客观的评判标准。因此，需要通过解释来确定当事人意在采用哪一个特定国家的通常使用目的。对于这个问题的解决，不能简单地优先适用卖方或买方国家的货物标准。如果货物要出口到买方营业地或第三国，重要的就是该使用地以及该地区的标准。当然不能要求卖方对买方国家或第三国的法律规范全部了解，值得建议的是买方应明了而确切地告知卖方产品的用途及使用地。

对于货物须符合特定目的的情况，前提是卖方于订立合同时曾被明示或默示地通知。特定的使用目的可以根据买方的实际情况判断，也可以由产品将投入的特定使用目的决定。至于卖方对产品使用目的到底应该知道到什么程度是有争议的。为了保护卖方不至于承担过大的责任，当情况表明买方并不依赖卖方的技能和判断力，或者这种依赖对他是不合理的，卖方得以免责。那些有特性的、除了买方所在地或者使用地外不为人知的规范一般不会被接受，除非买方于合同订立时已经告知卖方，他才有权依赖卖方的技能和判断力。对于大企业来说，应该可被期待咨询清楚相关信息。对于长期从事某项特定目的的货物贸易或长期在某地区从事某货物贸易的企业也可被期待对该特定目的或该地区的社会情况与市场情况有相当的了解，买方可以合理地依赖其判断力，例如长期与伊斯兰国家做饮料贸易的企业，可以信赖其知悉在这些国家中酒精是被禁止的，即使其公法规范并没作出如此规定。通过告知使用目的或用途而具体化的卖方义务对卖方来说意味着一项不以过错为前提的责任。即使卖方不具备相应的供货能力，也要承担责任（《合同法》第155条），除非这种依赖对他来说是不合理的。

在卖方向买方提供样品或者试用品的情况下，货物的质量与卖方向买方提供的货物样品或样式相同。当事人应当封存样品，并可以对样品质量予以说明。出卖人交付的标的物应当与样品及其说明的质量相同（《合同法》第168条）。凭样品买卖的买受人不知道样品有隐蔽瑕疵的，即使交付的标的物与样品相同，出卖人交付的标的物的质量仍然应当符合同种物的通常标准（《合同法》第169条）。应当注意，如果样品或者试用品的提供是基于买方要求的订购试用，则货物质量可被视为已经默示商定了，卖方此时的供货质量依据是 CISG 第 35 条第 1 款。

提供适当的货物包装，有些情况下可被视为从给付义务，但在 CISG 中一概视为货物的品质义务之一。当事人有约定的从其约定，在没有约定的情况下，卖方有义务把货物按照同类货物通用的方式装箱或包装（《合同法》第 156 条），包括参照一些交易习惯、行业惯例等。如果没有此种通用方式的客观参照标准，则按照足以保全和保护货物的方式装箱或包装。这需要考虑到货物的性质、种类、运输方式和时间长短以及气候因素等。

关于卖方负担质量瑕疵担保的时间段，根据 CISG 第 36 条第 1 款规定："卖方应按照合同和本公约的规定，对风险移转到买方时所存在的任何不符合同情形负有责任，即使这种不符合同情形在该时间后方始明显。" 由此，对于交付符合 CISG 第 35 条意义上的与合同约定相符的货物具有决定意义的时间点是风险转移的时间点。卖方有义务承担在风险转移之前应该具有的约定或法定的品质并使其在一般使用方式之下至保证期满前可以正常使用，在风险转移之后，卖方没有义务对于由于不适当的使用或者外力所致的不适用性在保证期内免费修补。CISG 第 36 条第 2 款规定："卖方对在上一款所述时间后发生的任何不符合同情形，也应负有责任，如果这种不符合同情形是由于卖方违反他的某项义务所致，包括违反关于在一段时间内货物将继续适用于其通常使用的目的或某种特定目的，或将保持某种特定质量或性质的任何保证。" 对于买方而言，他对货物质量问题出现于风险转移之前负有举证责任。而保质期的功能因此在于免除买方证明，在保质期内出现的瑕疵是由于货物在风险转移之前就有的（但当时还没有显示出来）质量问题造成的。"一段时间内" 是个 "特定的时间段"，即商品应当在该时间段内保有一般应具有的或是特定的用途。然而，这个时间段是由合同确定的，或是从合同中可以确定的，或是指一段不确定的，要由法院最后确定的时间段，则尚存疑问。我国《合同法》也没有对这个 "特定的时间段" 作出规定。当然，纠纷发生时，这个 "特定的时间段" 最终还是由法院确定，但这样会为合同带来或多或少的不确定性和不可预见性。为了避免这种情况，双方当事人最好在合同中进行明确约定，亦可参考内国法对此的有关规定与限制，如产品质量法律法规等。

如交单的补救履行一样，如果卖方在交货日期前交付货物，他可以在那个日期到达前，交付任何缺漏部分或补足所交付货物的不足数量，或交付用以替换所交付不符合同规定的货物，或对所交付货物中任何不符合同规定的情形作出补救（CISG 第 37 条），但是，此权利的行使不得使买方遭受不合理的不便或承担不合理的开支，买方对此保留 CISG 公约所规定的要求损害赔偿的任何权利。

对货物质量瑕疵担保义务的免责条件为，买方在订立合同时知道或者不可能不知道货物不符合同。当买方于合同订立时已知的情况下，视双方就此达成合意。在买方

"不可能不知道"的情况下，一般可理解为一个与买方当事人同等资格、通情达理的人处于相同情况中不应不知道的情形。买方在不可能不知道的情况下对货物存在瑕疵不了解，可视为其重大疏忽。但是如果合同中有品质约定，即使买方于合同订立之时明知货物有瑕疵，也不能剥夺其在风险转移之后要求给予修补的权利。因为他有权信赖该项质量的约定。只有当他在合同订立时就已经对一无可补救或卖方明确表示不予修补的瑕疵有认知，却仍然购买的情况下，才应该认定该有瑕疵的品质为双方约定的品质。

2. 权利担保义务

卖方的权利担保，是指卖方保证对其所交付的货物享有合法的权利，第三人不能就该项货物提出任何权利或要求。我国《合同法》第 132 条规定，出卖人应当拥有出卖标的物的所有权或者处分权，并且不能违反法律、行政法规的禁止性或者限制性规定。《合同法》第 150 条规定，除法律另有规定，出卖人就交付的标的物，负有保证第三人不得向买受人主张任何权利的义务。由此可见，我国并没有把第三人主张的权利的性质作出区分。而在 CISG 中则对第三人主张的权利分为知识产权（第 42 条）和其他权利（第 41 条），并由此确定了卖方承担责任的不同前提。

CISG 第 41 条规定："卖方所交付的货物，必须是第三方不能提出任何权利或要求的货物，除非买方同意在这种权利或要求的条件下，收取货物。"这是卖方承担除知识产权为基础的权利主张以外的权利担保义务。与货物质量担保义务不同，卖方不能因为买方已经知情而解除责任，而只能在买方同意或推定买方同意时解除责任。这与我国《合同法》第 151 条的规定不同，《合同法》第 151 条规定买受人订立合同时知道或者应当知道第三人对买卖的标的物享有权利的，出卖人即可不承担权利担保义务。当然于适用 CISG 时，在买方知情的情况下，通常会推定买方同意权利的瑕疵。第三方的权利既可以是物权性的，也可以是债权性的。物权性权利的发生可能是由于卖方对货物没有所有权或所有权受限制，如在货物上为他的设定了担保，而债权性权利的发生可能是由于一物多卖，也可能是由于第三方抗辩权的行使。只要第三方提出了权利主张，买方即可依据此条规定要求卖方承担责任。因为无论第三方提出的主张是否有足够的证据支持，其主张是否成立，买方的权益都受到了干扰或损失。[①] CISG 这样规定，主要是最大程度地保护善意买方的利益，因为买方基于合同期待获得的是功能和权利完备的货物，并不想被卷入合同之外的任何权利纠纷之中。

与货物质量瑕疵不同，CISG 并没有对权利瑕疵确定一个权利主张的除斥期间（CISG 第 39 条第 2 款）。这主要是考虑到权利瑕疵之诉可能在很长的时间内才会被提出。卖方只有在主动知情，或在可归责的不知情的情况下承担责任。对于买方主张的时

① 沈达明，冯大同．国际贸易法新论．北京：法律出版社，1989：79.

效期，适用的应是合同的准据法。

对于无形财产权，CISG 第 42 条作出了特别的规定："（1）卖方所交付的货物，必须是第三方不能根据工业产权或其他知识产权主张任何权利或要求的货物，但以卖方在订立合同时已知道或不可能不知道的权利或要求为限，而且这种权利或要求根据以下国家的法律规定是以工业产权或其他知识产权为基础的：（a）如果双方当事人在订立合同时预期货物将在某一国境内转售或做其他使用，则根据货物将在其境内转售或做其他使用的国家的法律；或者（b）在任何其他情况下，根据买方营业地所在国家的法律。"无形财产权包括著作权、专利权、商标权、外观设计、实用新型，当中的人身性权利也包括在内。买方遭受的损害可能是由于货物上存在这些第三人的权利，基于第三方权利人禁止使用的要求或者在某些情况下甚至被没收；也可能是货物本身没有涉及这些第三人的权利，但该设备必然要运行于某种受保护的第三人的知识产权之上，或者生产受知识产权保护的产品，而这些知识产权属于第三人。卖方要承担责任的范围主要要看货物依照合同约定将会在哪里使用或转售，而前提是双方在订立合同时就考虑了这些地区，即货物使用或转售的地区在订立合同时买方必须明示。从这个意义上说，"以卖方在订立合同时已知道或不可能不知道的权利或要求为限"的归责原则为过错责任原则。而且，当买方在订立合同时已知道或不可能不知道此项权利或要求；或者此项权利或要求的发生，是由于卖方要遵照买方所提供的技术图样、图案、程式或其他规格的情况下，卖方亦得免责。

（三）交付单据

CISG 第 34 条规定："如果卖方有义务移交与货物有关的单据，他必须按照合同所规定的时间、地点和方式移交这些单据。"这里重申了尊重当事人约定的基本原则。对此，还应该考虑到 CISG 公约总则部分第 9 条关于当事人之间业已同意的任何惯例和他们之间确立的任何习惯做法，作为交付单据的依据。我国《合同法》第 135 条和 136 条也有类似规定，并通过分别的规定强调了单证不仅是交付标的物或者交付提取标的物的单证，而且包括按照约定或者交易习惯向买受人交付提取标的物单证以外的有关单证和资料。如果卖方在那个时间之前已移交这些单据，他可以在该时间到达前纠正单据中任何不符合同规定的情形。这是 CISG 第 34 条对卖方在履行期限届至前对单证缺陷的修补权，但此权利的行使不得使买方遭受不合理的不便或承担不合理的开支。在履行期限届满前，卖方把单证瑕疵补足，不构成违约。即便如此，买方仍保留本公约所规定的要求损害赔偿的任何权利。这样可以促使卖方尽可能完善地按照合同约定的方式一次性完成履行行为，在分批供货合同中，则是在每次交付时都完善地履行交付义务。在合同期限届满，即已经构成迟延履行的情况下，卖方想进行弥补的法律依据则是 CISG 第 48 条。

至于哪些单据是应当被转移的，首先取决于合同的约定，还可依据国际贸易术语以及在某些情况下依据相关的交易习惯。至于买方是否和如何取得对这些文件的所有权，则又要取决于管辖地冲突规范指引的内国有价证券法律以及物权法律。

（四）所有权转移

CISG 中没有关于货物所有权转移的一般要件的规定，而在第 30 条作出了卖方必须按照合同和公约的规定转让所有权的一般性规定。CISG 第 4 条明确规定“本公约除非另有明文规定，与合同对所售货物所有权可能产生的影响无关”。这个问题根据 CISG 第 7 条第 2 款，即凡本公约未明确解决的属于本公约范围的问题，应按照本公约所依据的一般原则来解决，在没有一般原则的情况下，则应按照国际私法规定适用的法律来解决”的规定留待内国法来调整。物权是否转移是抽象的法律行为，其有效性不一定依赖于其基础合同的有效性。物权是否转移是个复杂的问题，要看应适用的物权法的相应规定。而关于所有权的取得，一般来说起决定作用的是物之所在地法。而不同国家或地区有关物权转让的规定存在着截然不同的规定。例如在坚持物权变动意思主义的国家，如法国，合同一经成立，即使标的物尚未交付，价金尚未支付，但标的物的所有权已随合同的成立而由卖方转移与买方；在坚持物权变动形式主义的国家，如德国，买卖合同本身并不能起到转移货物所有权的效力，卖方必须通过交付标的物或物权凭证来代替将货物所有权转移与买方。我国《合同法》第 133 条也规定，一般情况下标的物的所有权自标的物交付时起转移，除非法律另有规定或者当事人另有约定。从债法的角度看，卖方不需在交付货物时立即转移货物所有权，而可以等到买方支付价款或者履行其他义务后才完成货物的所有权转移（《合同法》第 134 条）。内国法律对涉及所有权保留买卖条件和其有效性规定的国际货物买卖同样起着决定性作用。

二、卖方违约时买方可获得的法律救济

CISG 第 45 条~52 条规定了卖方违约的补救方法。CISG 第 45 条明确了卖方违约时买方可获得的法律救济包括要求履行、损害赔偿、要求减价、解除合同，当然还包括对买卖双方共同适用的中止履行（第 71 条）。CISG 还规定，损害赔偿可以与其他补救办法同时适用。对于内国法中规定的一定程度的宽限期，公约以明文规定将其排除。因为这种宽限期在国际贸易中是不合理的，而自由裁量权可能导致对本国当事人的偏袒。相对应地，内国法中对买方有利的规定，也应当被排除。

（一）要求履行请求权

CISG 第 46 条规定，买方可以要求卖方履行义务，除非买方已采取与此要求相抵触的某种补救办法。买卖合同的价格对应的是完全没有瑕疵的货物，因此，如果货物不符合同，买方可以要求卖方通过修理对不符合同之处作出补救。我国《合同法》第 110

条也规定，对于非金钱债务，违约受害方当事人可以要求履行，但必须考虑到履行在法律上及事实上的可能性，债务标的是否适宜强制履行及履行费用的合理性。对于质量不符合约定的，卖方按约定承担违约责任，或根据标的的性质以及损失的大小，买方可以合理选择要求对方承担修理、更换、重作等（《合同法》第111条），除非买方考虑了所有情况之后，认为这样做是不合理的。这种不合理可能是由于技术能力限制，或费用原因。如果买方自己必须全部或者部分地对货物进行修补，那么他有权就此部分支付主张损害赔偿请求权。

当货物不符合同的情形构成根本违反合同时，买方可以要求交付替代货物。由于交付替代货物意味着卖方要重新安排替代货物的制作、包装、运输、交付，还要考虑到原交付货物的处理，所以买方要求卖方交付替代货物的前提条件是比较严格的，仅在货物不符合同的情形构成根本违反合同时才能适用。而且，关于替代货物的要求，必须在发现或理应发现不符情形后一段合理时间内给卖方发出货物不符的通知时同时提出，或者在该项通知发出后一段合理时间内提出。最后，买方必须按实际收到货物原状归还货物，否则他就丧失要求卖方交付替代货物的权利（CISG 第82条第1款）。

如果买方要求卖方继续履行合同，则他可以规定一段合理时限的额外时间，让卖方履行其义务。但买方在这段时间内不得对违反合同采取任何补救办法，除非买方收到卖方的通知，声称他将不在所规定的时间内履行义务（CISG 第47条）。

在货物不符的一般情况下，卖方及时的补救是可能的并且也是可被期待的。只要买方尚未解除合同，即使是过了合同履行期限，卖方仍可自付费用，对任何不履行义务作出补救（CISG 第48条）。被救措施包括交付货物、修理货物、消灭第三方权利主张或抗辩第三方权利主张，或提供替代货物。但这种补救不得造成不合理的迟延，也不得使买方遭受不合理的不便，或无法确定卖方是否将偿付买方预付的费用。在卖方积极补救的情况下，如果卖方要求买方表明他是否接受卖方履行义务，而买方不在一段合理时间内对此一要求作出答复，则卖方可以按其要求中所指明的时间履行义务。买方不得在该段时间内采取与卖方履行义务相抵触的任何补救办法。卖方表明他将在某一特定时间内履行义务的通知亦具有相同效力。但这两种通知，必须在买方收到后，才发生效力。卖方的主动补救可以一定程度上限制买方采取与卖方履行义务相抵触的任何补救办法。卖方依第48条采取的补救措施与依第34条和第37条规定的补救履行不同，后二者是在合同履行期限届至之前的补救，不构成违约责任。但它们的相同点是，采取补救办法，不得使买方遭受不合理的不便或承担不合理的开支，而且买方仍可保留要求损害赔偿的任何权利。

一般情况下，要求卖方履行合同义务是货物不符最直接的补救方式。除非交付货物已经成为不可能，或者卖方已经明确表示拒绝履行合同，或者货物不符不能补救且买方不可能对货物再利用，或者履行期一旦经过任何补救措施所耗费的时间必将导致根本性的迟延（如定期交易）的情况下，买方才可立即主张解除合同。

（二）要求减价

CISG 第 50 条规定，如果货物不符合同，不论价款是否已付，买方都可以减低价格。减价功能在于把一个因为交付了与合同不符的货物而受到侵扰的合同重新调整到均衡的状态上来。我国《合同法》第 111 条亦有关于减价的规定，但前提是货物质量不符。减价是否适用于权利瑕疵的情况在学术界有所争论，但将减价同样适用于权利瑕疵的情况更值得推荐，因为这样可以避免货物瑕疵与权利瑕疵难以清晰区分的情形。

减价按实际交付的货物在交货时的价值与符合合同的货物在当时的市场价值之差与交货当时市场价值的比例计算，这样的计算方法可使得买方与卖方利益得到平衡。买方在下降市场上获得的收益与买方在上升市场上遭受的损失相称。如一定数量的产品合同价格为 100 美元。在预定交货日前市场价格下跌到 80 美元。但是，卖方供应的产品不符约定，按照正常情况在交货时本来值 90 美元，但瑕疵货物只值 72 美元。根据 CISG 第 50 条的规定则应如此计算，买方得到交货日不相符货物付款（72 美元）相符货物本应具有的价值（80 美元），二者价差为 8 美元。那么货物价值减少的比例为 1/10。将这个减少价值适用于合同价格，因此买方可收回合同价格 100 美元的 1/10，即 10 美元。事实上，买方将部分市场下降转由卖方承担。假设合同标的的价格不变为 100 美元，但交货日的市价上涨为 120 美元，瑕疵货物在约定交货时为 90 美元，但在交货时价值 108 美元。此时，买方得到交货日不相符货物付款（108 美元）相符货物本应具有的价值（120 美元），二者价差为 12 美元。那么货物价值减少的比例仍为 1/10，依 CISG 的规定计算，买方取得已支付价款的 1/10，仍为 10 美元。这种情况下，增值是货物本来可以获得的，但是由结果可知买方并没有获得合同项下原本可以期待的全部价值。

CISG 减价的规定并未与一般损害赔偿规则相关联。深思熟虑的买方可以在上升市场上提起损害赔偿之诉，在下降市场上提起减价之诉，由此得两全其美。因为作为商家，市场波动带来的损失都是作为商业风险被推定为可以预见的。这一点“扰乱”了 CISG 第 50 条蕴含的利益均衡。①

在存在 CISG 第 44 条规定的情况下，要求减价的适用情况限制有三：第一，买方对货物质量不符或知道第三方权利后一段合理时间内未发出所需的通知具备合理的理由；第二，买方已经就利润损失以外损害要求赔偿。由该条的文意可知，由于买方没有通知或者通知迟延造成的利润损失被排除于卖方补偿的范围之外；第三，如果卖方按照

---

① ［英］布瑞奇．国际货物销售法律与实务．林一飞，等，译．北京：法律出版社，2003：117～118.

CISG 第 37 条（履行期限届至前补救履行）或第 48 条（履行期限届至后补救履行）的规定，对任何不履行义务作出补救，或者买方拒绝接受卖方按照该两条规定履行义务，则买方不得减低价格。

（三）中止履行

中止履行出现在抗辩权有效行使和由于债权人原因导致合同履行困难的情况中。根据同时履行抗辩的原理，一方当事人在对方当事人义务到期未履行时就可暂时不履行自己的义务。在当事人约定货物交付与货款交付同时履行或没有约定交付的时间顺序时，合同双方都拥有要求对方同时履行的权利（《合同法》第 62 条）。

若卖方未履行交付义务，买方有权中止履行自己的付款义务。在预期违反合同（或不安抗辩）的情况下，如果对方合同的根本义务虽然还未到期，但是情况表明该义务不能被履行的危险很大，另一方可以中止履行（CISG 第 71 条）。

在因标的物质量不符合质量要求，致使不能实现合同目的的，买方可以拒绝接受标的物或者解除合同（《合同法》第 162 条）。此时，卖方的违约行为已经构成根本违约，买方无须履行付款义务。

买受人有确切证据证明第三人可能就标的物主张权利的，可以中止支付相应的价款，除非出卖人提供适当的担保（《合同法》第 152 条）。

（四）解除合同

当卖方不交货或交付货物不符合约定以致其可预见的买方的合同利益变得不再可能实现时，亦卖方的违约行为已经构成根本性违约时，买方可以主张解除合同。卖方不履行其在合同或本公约中的任何义务，等于根本违反合同（CISG 第 49 条第 1 款）。不履行任何合同义务等于根本违约是明显的。这表明卖方置合同约定于不顾，买方基于合同正常履行的期待利益荡然无存。此种情况下，买方得主张解除合同。此外还有几种情况值得关注：

（1）在卖方不交货的情况下，卖方不在买方按照 CISG 第 47 条第 1 款规定的额外时间内交付货物，或卖方声明他将不在所规定的时间内交付货物，亦同样使买方获得合同解除权。但这仅限于不交货的情况，如果买方给予的额外补救时间是针对货物质量瑕疵的，则该时间的届至并不使买方获得合同解除权。这样的规定是为了让一些不重要的违约原因通过确定补救时间制度而最终升级为根本违约。①

（2）在部分履行的情况下，如果卖方只交付一部分货物，或者交付的货物中只有一部分符合合同规定，则买方可获得的救济方式仅适用于缺漏部分及不符合同规定部分

① ［德］施莱希特里姆．《联合国国际货物销售合同公约》评释．李慧妮，译．北京：北京大学出版社，2006：189.

的货物；买方只有在完全不交付货物或不按照合同规定交付货物等于根本违反合同时，才可以宣告整个合同无效（CISG 第 51 条）。此时，解除权的行使必须结合个案判断未正确履行的部分对于导致合同解除是否具有如此大的作用力，以致于整个合同包括正常履行部分都受到威胁。在分批履行的情况下行使合同解除权，则要考虑到每一批货物在合同目的的实现中所起的作用，以及卖方对每部分的特殊利益要求是否可以认知或应当认知。如果一方当事人不履行对任何一批货物的义务，便对该批货物构成根本违反合同，则另一方当事人可以宣告合同对该批货物无效；若另一方当事人有充分理由断定对今后各批货物将会发生根本违反合同，该另一方当事人可以在一段合理时间内宣告合同今后无效；如果各批货物是互相依存的，买方宣告合同对任何一批货物的交付为无效时，可以同时宣告合同对已交付的或今后交付的各批货物均为无效（CISG 第 73 条）。

（3）对于迟延交付是否构成根本违约，则要看交货时间是否就如此确定和重要，以致对之不遵循本身能够构成根本违约，如买方表明货物为了赶在某个档期或某个场合使用，而卖方的履行或要求履行却迟于该档期或该场合发生的时间。

（4）在卖方预期根本违约的情况下，买方可依据 CISG 第 72 条（《合同法》第 108 条）解除合同。如果时间许可，打算宣告合同无效的一方当事人必须向另一方当事人发出合理的通知，使他可以对履行义务提供充分保证，但如果另一方当事人已声明他将不履行其义务，则无须发出解约通知，买方可径行宣告合同无效。

（5）在不当履行的情况下，法庭通常倾向于维护合同效力。在存在可修补瑕疵的情况下，卖方应当补救履行、提供修理或交付替代物，只要继续完善履行的可能性存在，就很少出现解除合同情况；在存在不可修补瑕疵的情况下，法院仍然倾向于买方通过要求减价或者要求损害赔偿，即在紧急情况下把有瑕疵的货物低价出售，而把所遭受的损害以损害赔偿的形式提出。只有在货物质量瑕疵使得其完全丧失可使用性，买方解除合同的主张才会被支持。在货物存在权利瑕疵的情况下，则要考虑该瑕疵在多大程度上影响了货物的可使用性和可流转性、在多大程度上损害了买方的利益，以及在多长的时间内可能得到修正。如果买方能够在合理的时间内以合理的支出解决第三人权利问题，那么他将被视为希望保有货物，而这些支出可以损害赔偿请求的形式向卖方提出。如果在第三方权利人要求交付货物以实现其权利，或通过有权机关没收侵权货物时，买方则可以根据根本性违约而解除合同。

为了平衡买卖双方的利益，CISG 同时规定了买方合同解除权的法定限制，即如果卖方已交付货物，买方就丧失宣告合同无效的权利（CISG 第 49 条），以及当买方不可能按实际收到货物的原状归还货物时，他就丧失宣告合同无效的权利（CISG 第 82 条）。但有例外情形，后者的例外情形已经在专题三中述及，此处仅对 CISG 第 49 条规定的例外情况进行介绍。对于迟延交货，为了避免合同命运的不确定性，买方应在知道卖方交货后一段合理时间内宣告合同无效。这段合理的时间，自买方事实上知道交货的时间点开始。对于迟延交货以外的任何违反合同事情，买方必须在已知道或理应知道这种违反合同后一段合理时间内这样做；或在他依照 CISG 第 47 条第 1 款给出的任何额外时间满期后，或在卖方声明他将不在这一额外时间履行义务后一段合理时间内这样做；或在卖方按照 CISG 第 48 条第 2 款指明的任何额外时间满期后，或在买方声明他将不接受卖方履行义务后一段合理时间内这样做。CISG 第 48 条第 2 款对合理时间的用词为买方“已经知道”或“理应知道”，不同于第 1 款规定的用语。

（五）损害赔偿请求权

在损害赔偿请求权中，CISG 原则上将赔偿请求的基础原因及债务人免责的可能性与损害赔偿请求权的范围相分离。请求损害赔偿的前提条件是违约行为的存在，即债务人违反合同约定或法定义务。至于债务人是完全不履行或不适当履行或拒绝履行义务，对损害赔偿请求权几乎没有实质的影响。只有在特定的前提条件下，主要为不可抗力、情势变更、债权人原因导致合同履行障碍，债务人可以解除自己义务（CISG 第 79 条、第 80 条，《合同法》第 117 条，详见专题三关于违约免责部分的内容），这种情况才会对损害赔偿请求产生影响。关于责任范围的大小，CISG 第 74 条 ~ 77 条有所规定。CISG 不以恢复原状为出发点，而是一致以金钱赔偿为赔偿的主要方式。损害赔偿请求权几乎可与所有法律补救措施同时适用（特殊情况下与减价不得同时适用，见 CISG 第 44 条），在合同履行过程中卖方的补救履行（CISG 第 34 条、第 37 条）亦得适用。CISG 把损害赔偿请求权的行使，区分为两种情形：一是违约行为出现后，合同仍然存在，债权人主张损害赔偿请求权（CISG 第 74 条）；二是债权人要求解除合同，同时对解除合同的基础事由造成的损害以及解除合同本身造成的损害要求损害赔偿（CISG 第 75 条、第 76 条）。

关于可请求的损害赔偿范围，可赔偿的只是那些可以用金钱衡量并通过金钱补偿的特质损害。对于企业声誉和客户群方面遭受的损害算是物质损害（企业贬值）。而货物对任何人所造成的死亡或伤害的责任则非由 CISG 调整范围，应求助于内国法。在 CISG 中，因果关系理论（Theory of Adequate Causation）不存在也不必要，对损害赔偿责任的限制更多是通过可预见性规则和损害减轻规则来实现的。

CISG 第 74 条规定：“一方当事人违反合同应负的损害赔偿额，应与另一方当事人因他违反合同而遭受的包括利润在内的损失额相等。这种损害赔偿不得超过违反合同一方在订立合同时，依照他当时已知道或理应知道的事实和情况，对违反合同预料到或理应预料到的可能损失。”（《合同法》第 113 条）。这是以可预见性规则把损害赔偿限制在一定范围之内，即应当是违约一方在订立合同时考虑了他所知道或者应该知道的具体情况预见到的、可能发生的违约后果。将责任限制在订立合同时可预见的损失范围之内，使双方当事人都能预测每个合同的风险，即大概能预计出如不能履行合同将要耗费多少费用。它涉及的是当事人订立合同责任风险的高低，是对从合同中获得的收益是否将能弥补这种风险的判断。从另一角度看，这些风险本质上是债权人要通过债务人的义务来实现的利益。至于债权人哪些利益需要通过债务人的履行来实现以及在多大程度上实现，首先取决于合同约定。一些特别的风险如果没有特殊的约定，那么卖方将受到保护，免于承担此部分损害责任。一般来说，损害赔偿的范围可循以下几点综合考虑：

（1）货物的价值。买方在卖方没有交付货物或者交付货物有瑕疵时可以要求交付替代价值，该价值应等同于货物按照合同正常履行时买方所能享有的价值。在货物有瑕疵时，其他修理费用或者退货运输的费用、保全货物的费用都属于损失。

（2）再出售的盈利。买方因卖方未交付货物或交付有瑕疵货物而不能再出售的盈利损失，应按照通常情况下的盈利来计算。对于非同寻常的高额利润、合同罚金以及对买方的客户的损害的补偿，只在合同订立时买方已经表明了这种特别风险的存在，或者在合同订立当时已经被认知的，而双方在这种风险下仍然订立了合同，卖方才被认为是预见了并愿意接受这种风险。

（3）企业停产损失。一般来说，作为一个商业运作企业，应该对可能发生的不供货或供货有瑕疵事先做好防御，因此在因为卖方不交付或交付货物有瑕疵导致企业停产时，卖方不用承担责任。但是如果在订立合同时，买方已经告知卖方这种停产的危险或者这种停产危险是可以被具体认知时，卖方就应当承担责任。

（4）其他随之发生的损失。CISG 并未将产品瑕疵对实物财产造成的损害排除在适用范围之外。在货物瑕疵导致进一步损害的情况下，如损害了买方的其他物品或者导致与瑕疵货物共同加工的货物报废；基于转售了瑕疵货物或者因为卖方履约迟延而无法对下家交付而损失了客户群或企业信誉；发生诉讼的费用等。使用“可预见性”这个原则来对这些损失的赔偿范围进行限制是不完全可行的，因为这几乎是每一个典型商人可以预见的。此时，则应当根据损失本身是否由当事人于订约时可预见的使用方式而产生的，例如卖方提供了瑕疵粘贴的材料，而这些材料在买方下家使用时发生脱落，而使买方要为其维修房屋，此时买方不仅可主张赔偿瑕疵材料的价值，而且可以要求赔偿其为下家维修房屋而产生的损失。如果买方明示要在一个敏感的市场中再转售货物，若因卖方的不履行或不当履行而丧失了商业信誉，也可以由此主张赔偿。例如在竞争激烈市场中，卖方提供的原材料不符合卫生标准或因为包装不善导致变质，使买方丢失了下家客户，使客户对其产品质量失去信心，其他商业关系也因此受到损害，买方则可由此主张商业信誉受损的赔偿。因为对一个理性的、典型的商人，他应当对行情有相当的了解，并且考虑到这种无形利益的损失。

如果合同被宣告无效，而在宣告无效后一段合理时间内，买方已以合理方式购买替代货物，则要求损害赔偿的一方可以取得合同价格和替代货物交易价格之间的差额以及按照 CISG 第 74 条规定可以取得的任何其他损害赔偿（CISG 第 74 条）。当卖方不交付或交付了有瑕疵的货物，买方为了完成下家交付或继续自己的生产，就需要实行替代买卖，由此发生的损害及费用应当获得赔偿。这种替代买卖必须在合理的时间内以合理的方式进行。

有时候债权人明知卖方违约但暂不主张违约，而是等待和考虑市场的变化情况，以获取最大利益，这只能通过 CISG 第 77 条关于损害减轻的规定来限制。第 77 条规定，声称另一方违反合同的一方，必须按情况采取合理措施，减轻由于该另一方违反合同而引起的损失，包括利润方面的损失。如果他不采取这种措施，违反合同一方可以要求从损害赔偿中扣除原本可以减轻的损失数额（《合同法》第 119 条）。减少损失的义务只能关联于损害赔偿请求权，而非实际履行请求权。这里“合理措施”是指一个理智的有权要求损害赔偿的债权人在同样的情况下可以采取的措施，而且所采取的措施应当是及时的。这可能涉及到 CISG 第 9 条提及的当事人之间的交易习惯或行业惯例。在因不可归责于当事人的原因（如不可抗力）导致不能履行合同的情况下，另一方也有损害减轻的义务（《合同法》第 118 条）。在某些情况下，买方可能会有义务及时地进行替代买卖（自行购买货物以履行与下家签订的合同）或者自行修补瑕疵，而不能等待损害或瑕疵进一步扩大，造成更大的损失。但是，基于对卖方违约的不安（CISG 第 71 条），买方另行购入货物替代，则此种风险由买方负担。损害减轻原则并没有要求买方以自己承担风险而有利于卖方的形式来防范风险。其减轻损害的合理措施，不包括预防性的替代交易。因为这样的措施一旦在卖方正常履行合同的情况下，所产生的损失将由买方自行承担。减少损失义务只有在债务人提出时才考虑，因为这是损害赔偿请求权义务人的权利（CISG 中表述为“违反合同一方可以要求”），他相应地“提出要求”在 CISG 第 77 条的规定中是一个前提条件。但在《国际商事合同通则》第 7.4.8 条及我国《合同法》第 119 的相关规定中，明确规定没有采取适当措施致使损失扩大的，不得就扩大的损失要求赔偿，即就算违约当事人没有主张损害减轻规则以缩小赔偿范围，法院或仲裁庭也可据此限制受害方的赔偿请求。因此在适用不同的法律依据时，法院或仲裁庭应当提起注意。

CISG 第 78 条还规定，如果一方当事人没有支付价款或任何其他拖欠金额，另一方当事人有权对这些款额收取利息，这可与损害赔偿请求权共同行使。

（六）自救出售

买方的自救出售是基于 CISG 第 86 条规定的保全义务而产生的权利。CISG 第 86 条规定：“如果买方已收到货物，但打算行使合同或本公约规定的任何权利，把货物退回，他必须按情况采取合理措施，以保全货物。他有权保有这些货物，直至卖方把他所付的合理费用偿还给他为止；如果发运给买方的货物已到达目的地，并交给买方处置，而买方行使退货权利，则买方必须代表卖方收取货物，除非他这样做需要支付价款而且会使他遭受不合理的不便或需承担不合理的费用。如果卖方或受权代表他掌管货物的人也在目的地，则此规定不适用。如果买方根据本款规定收取货物，他的权利和义务与上一款所规定的相同。”由此可知，在合同正常履行的情况下，一般不会发生保全义务(而是买方的收货义务)，而只有在买方认为卖方违约而主张法律救济时才产生。这样规定的基本出发点是：能够支配货物的一方应当承担货物保管的义务。即使在合同履行中出现了问题，要考虑的不仅仅是债权人可获得法律救济的后果，还要考虑到货物本身的命运，而且如果是因为货物本身原因导致违约，买方对货物的保全更有利于其嗣后主张权利。

自救出售是 CISG 第 88 条规定赋予负有保全义务一方的权利。该条规定，如果另一方当事人在收取货物或收回货物或支付价款或保全货物费用方面有不合理的迟延，有义务保全货物的一方当事人，可以采取任何适当办法，把货物出售，但必须事前向另一方当事人发出合理的意向通知。这是一般情况下的自救出售。“以适当的方式出售”包括将货物公开拍卖或者在交易市场上寄售，当然也包括保全货物义务人自行销售或者就以与货物相同条件的货物市场价自己买得。买方自救出售的意向必须在事前向卖方发出合理的通知。“事前”的时间幅度和“合理”的界定，应该能够保证卖方尚有时间和机会阻止自救出售的发生。没有事前发出合理的意向通知，出售一方则可能因此要向对方赔偿因此而产生的损失。

如货物易于迅速变坏，或者货物的保全牵涉到不合理的费用，有义务保全货物的一方当事人必须采取合理措施，把货物出售，在可能的范围内，他必须把出售货物的打算通知另一方当事人。这是紧急情况下的自救出售。此时，若买方负有保全义务，则他必须而不是可以采取合理措施把货物出售，以减轻因时间拖延而造成的更大的损失。而且出售的意向通知也由“必须事前”通知改为“在可能的范围内”作出通知。因为如果买方没有在紧急情况下出售货物，则可能因为货物灭失而失去了解除合同的权利，所以不能对买方在此种情势下加以过于严格的要求。关于自救出售款项的清理，出售货物的一方当事人，有权从销售所得收入中扣回为保全货物和销售货物而付的合理费用，他必须向另一方当事人说明所余款项。

第二节 未按约定交货

主题案例

上海申合进出口有限公司诉日本国伊藤忠商事株式会社国际货物买卖合同纠纷抗诉案①

案情回顾

1996年3月，日本国伊藤忠商事株式会社驻中国南京办事处（以下简称南京办）与江苏省江阴市江城化工原料公司（以下简称江城公司）协商，江城公司向日本国伊藤忠商事株式会社（以下简称伊藤忠）进口苯乙烯。江城公司委托有进出口业务经营权的上海申合贸易公司（1998年改制后称为上海申合进出口有限公司，以下简称申合公司）对外签约。1996年4月2日，申合公司与伊藤忠签订了JHI9605购销合同一份。合同约定，由伊藤忠供给申合公司日本或韩国产苯乙烯1 500吨；规格为：聚合物10PPM MAX，阻聚剂15－20PPM。该批苯乙烯在日本港装船时，日本商检机构对该批货物作出的商检报告中阻聚剂含量为12.5PPM。同年5月5日，商检局出具检验证书载明：阻聚剂含量为11PPM，本批货物的阻聚剂含量不符合JHI9605合同之要求。江城公司于同年5月15日、5月21日、5月24日函告南京办，要求速商处理事宜。南京办也分别于5月17日、5月24日复函江城公司，表示阻聚剂含量符合合同要求，不存在质量问题。在5月28日伊藤忠明确要求江城公司添加阻聚剂。5月30日江城公司应伊藤忠的要求在储罐中添加了11.8公斤阻聚剂。另查明，1996年4月10日和4月20日，江城公司分别与常州中和化工有限公司、上海茂欣实业公司签订销售苯乙烯合同，数量分别为800吨、700吨，单价分别为7 400元/吨、7 500元/吨，交货日期均为1996年5月份提清，质量要求均明确规定“按进口商检合格证书”。上述两份合同均因苯乙烯不符合合同要求而未履行。另外，江苏省无锡市中级人民法院在一审期间，根据双方当事人的要求，于1996年10月15中召集双方协商，就货物处理达成如下一致意见：该批苯乙烯由江城公司于1996年11月19日前以不低于每吨5 300元人民币的价格先行

① 案例详见江苏省高级人民法院（2001）苏民再终字第027号民事判决书。

销售。至 1996 年 11 月 19 日，江城公司将该批货物销售完毕，平均销售价为每吨 5 153 元人民币。上海申合进出口有限公司（下称原告）起诉日本国伊藤忠商事株式会社（下称被告），要求赔偿损失。

争议焦点

本案主要有下述两大争议焦点，其中争议的核心在于第二个争议焦点，即损害赔偿范围的确定：

第一个焦点是被告提供的货物是否与合同约定的规格相符？在前期，被告在书信来往中一直否认货物不符，但后来在原告的再三发函催告后，又要求原告自行添加阻聚剂，使货物符合合同要求。如果确定了被告违约行为没有疑问后，那么，双方的争议焦点则在于被告在违约后是否提供了适当的补救？

本案第二个争议焦点是损害赔偿范围如何确定？本案原告可主张损害赔偿的范围，这涉及到原告是否合理地履行了损害减轻的义务，即与常州中和化工有限公司及上海茂欣实业公司签订的销售合同未能履行的损失应当由被告承担还是属于原告未履行损害减轻义务而应自行承担的损失扩大部分？

裁判意见

江苏省无锡市中级人民法院审理认为，申合公司按约开证付款，但伊藤忠所供苯乙烯经中国商检检验与合同不符，属违反国际货物买卖合同的违约行为，应对申合公司的损失依法予以赔偿，现申合公司依委托人江城公司的要求就该货物质量产生的损失请求赔偿，本院予以支持。伊藤忠明知货物不符合合同要求，在用户江城公司多次要求下既未及时采取合理补救措施，又迟迟未能就处理给予答复，应对纠纷承担主要过错责任，现日本商检报告已就伊藤忠所供苯乙烯质量明确“商检取样来自岸罐，阻聚剂含量为 12.5PPMP”。《联合国国际货物销售合同公约》规定，卖方应保证货物与合同相符，对风险转移到买方时所存在的任何不符合合同情形负有责任。对此，应认定货物越过船舷风险时质量已不符合合同约定，故伊藤忠提出的“合同交货条件是 CFR，日本商检货物符合合同标准，货物越过船舷风险即转移至买方”，“阻聚剂含量即使不足，我方的责任也仅在于添加阻聚剂所花费用”等抗辩理由，因不符合事实和法律规定，不予采纳。

江苏省无锡市中级人民法院遂于 1998 年 10 月 16 日作出判决：伊藤忠应向申合公司赔偿苯乙烯降价损失 2 404 765.55 元人民币，仓储费损失 75 150 元人民币，所得利润损失 814 723.37 元人民币，并赔偿货款差额 171 526.86 元人民币的利息损失（自 1996 年 7 月 24 日起按人民银行同期贷款利息计算）；案件受理费人民币 29 860 元由伊藤忠负担。

伊藤忠不服该判决，向江苏省高级人民法院提起上诉。

江苏省高级人民法院审理认为：双方当事人在履行合同中，由于伊藤忠未能完全履行合同约定义务，致使其所供货物经中国商检检验确认为不符合合同要求，此属违约行为，伊藤忠应依法承担相应的民事责任。依照有关法律规定，上述所称民事责任应当是违约一方向另一方承担的赔偿责任，其赔偿范围应当是合同一方在订立合同时就预见到的因违反合同可能造成的损失。本案的纠纷是因伊藤忠所供苯乙烯中的阻聚剂含量未达到合同要求而产生，就其苯乙烯化学属性而言，阻聚剂根据不同要求可随时添加。本案中，江城公司就阻聚剂含量不符合同要求向伊藤忠提出异议后，伊藤忠曾多次致函要求江城公司自行添加阻聚剂，使其达到合同要求。而江城公司在采纳伊藤忠建议并自行添加阻聚剂后，客观上该阻聚剂含量已达到合同要求，此时，仍在江城公司对下家合同的履行期限内，但江城公司并未履行对下家的合同，致使其损失进一步扩大。根据《联合国国际货物销售合同公约》以及当时的《涉外经济合同法》有关规定，对声称另一方违反合同的一方，必须按情况采取合理措施，减轻违反合同一方所引起的损失（包括利润方面的损失），对没有及时采取适当措施致使损失扩大，无权就扩大的损失要求赔偿。依上述法律和公约的规定，由于江城公司在自行添加完阻聚剂后，未能积极采取补救措施，按约履行其与下家客户的合同，致使损失不断扩大，因此，江城公司对扩大损失部分无权再向伊藤忠要求赔偿，其扩大的损失应自负。上诉人伊藤忠所提在双方对阻聚剂含量发生异议后，申合公司能补救而未补救，放任损失不断扩大，其扩大损失应由申合公司承担的理由成立，其余上诉理由因缺乏事实和法律依据，不予支持。原审法院认定事实基本正确，但适用法律有误，对伊藤忠应承担赔偿的范围处理不当，应予纠正。

随后，申合公司不服江苏省高级人民法院作出的（1999）苏经终字第67号民事判决，向最高人民检察院提出申诉。

最高人民检察院审查认为，1996年5月15日，江城公司第一次致函伊藤忠，说明货物不符合合同要求；5月17日，伊藤忠回函称货物在日本装船时阻聚剂为15PPM，无任何问题，望贵方予以理解并通过加阻聚剂或冷却的方法防止产生聚合。江城公司采取了冷淋的补救措施，阻止苯乙烯单体的聚变。此后，伊藤忠在5月22日致江城公司的函中，称“阻聚剂含量问题算不上什么大的质量问题”，5月24日函中称货物“无任何质量问题”，均未要求江城公司添加阻聚剂。直至5月28日，伊藤忠在致江城公司的函中，才明确要求其添加阻聚剂，江城公司即于5月30日添加了阻聚剂。此时江城公司与下家客户的合同履行期限已届满。据此，终审法院以“江城公司在采纳伊藤忠建议并自行添加了阻聚剂后，客观上该阻聚剂含量已达合同要求，此时，仍在江城公司对下家合同的履行期限内，但江城公司并未履行对下家的合同，致使其损失进一步扩大”，显系认定事实错误。

正是由于伊藤忠违约，才导致了江城公司无法履行与下家客户的合同，造成江城公司在降价销售、仓储费及应得利润等方面的损失。《涉外经济合同法》第18条规定：

“当事人一方不履行合同或者履行合同义务不符合约定的条件，即违反合同的，另一方有权要求赔偿损失或者采取其他合理的补救措施。采取其他补救措施后，尚不能完全弥补另一方受到的损失的，另一方仍然有权要求赔偿损失。”因此，江城公司有权向伊藤忠要求赔偿其所受到的损失，二审法院认定江城公司无权再向伊藤忠要求赔偿，适用法律确有错误。

根据《联合国国际货物销售合同公约》第 74 条、《民法通则》第 107 条和第 13 条、《涉外经济合同法》第 19 条、《最高人民法院关于适用〈中华人民共和国涉外经济合同法〉若干问题的解答》第 6 条第（一）项的规定，当事人一方不履行合同义务或者履行合同义务不符合约定的，应当承担违约责任，给对方造成损失的，损失赔偿额应当相当于因违约所造成的损失，包括合同履行后可以获得的利益，但不得超过违反合同一方订立合同时应当预见到的违反合同可能造成的损失。终审判决仅判令伊藤忠承担赔偿苯乙烯仓储费及添加阻聚剂费用损失 203 000 元及部分案件受理费，未判决伊藤忠承担因其违约而给江城公司造成的其他损失，显失公平。

2001 年 6 月 15 日，最高人民检察院向最高人民法院提出抗诉。2001 年 9 月 25 日，最高人民法院裁定由江苏省高级人民法院对该案进行再审。

2001 年 11 月，江苏省高级人民法院再审认为：申合公司接受江城公司委托与伊藤忠签订的订购苯乙烯合同合法有效。在履行合同中，伊藤忠未能按合同约定的质量标准履行义务，所供货物经中国商检检验确认不符合合同要求，属违约行为，伊藤忠对此产生的法律后果，应依法承担相应的民事责任。江苏省高级人民法院二审判决“伊藤忠曾多次致函江城公司自行添加阻聚剂”。经庭审确认，南京办致函江城公司自行添加阻聚剂只有两次，在 1996 年 5 月 17 日南京办的回函中，明确阻聚剂含量已达 15PPM，在货物质量符合合同约定的情况下，江城公司理应无法自行添加阻聚剂，因为加多了，苯乙烯质量仍为不符合合同约定，并要对添加后果负责。对 5 月 28 日南京办主动函告江城公司“烦请添加”后，江城公司经准备，于 5 月 30 日添加了阻聚剂 11. 8 公斤，但此时已无法履行与常州中和化工有限公司、上海茂欣实业公司的销售合同。因此，江苏省高级人民法院原二审判决认定这一事实与查明的事实不符，应予纠正。另根据双方当事人向本院提供的“关于苯乙烯说明”中得知，阻聚剂虽不是苯乙烯的内在化学成份，但它是工业用苯乙烯的一项质量标准，不添加阻聚剂的工业用苯乙烯就无法作为商品买卖流通。江城公司作为中间商，是根据购销业务周转时间的需要，委托申合公司与伊藤忠签约时已将阻聚剂含量约定在 15 ~ 20PPM，伊藤忠在明知货物质量被中国商检评定为“不符合合同约定的要求”后，理应主动（或委托江城公司）要求复检和采取合理补救措施，却未能及时采取。事后，提出阻聚剂可根据不同要求随时添加的辩解理由不充分，不予采纳。货物发生质量纠纷后，伊藤忠提供的苯乙烯质检证明中，明确阻聚剂量只有 12.5PPM，对此应认定货物越过船舷时货物质量就不符合约定；由于伊藤忠提供了与合同内容不符的货物，江城公司没有中国商检评定该批货物质量符合标准的合格证书，根本无法履行与下家的合同。为此，伊藤忠应承担因违约而给江城公司造成经济损失。最高人民检察院的抗诉理由成立，江苏省高级人民法院予以采纳。根据《涉外经济合同法》第 18 条规定："当事人一方不履行合同或者履行合同义务不符合合同约定的条件，即违反合同的，另一方当事人有权要求赔偿损失或者采取其他合理补救措施。采取其他补救措施后，尚不能完全弥补另一方受到的损失的，另一方仍然有权要求赔偿损失。"按照《民法通则》第 13 条和当时的《涉外经济合同法》第 19 条的规定，当事人一方违反合同的赔偿责任，应当相当于另一方因此所受到的损失，但是不得超过违反合同一方订立合同时应当预见到的因违返合同可能造成的损失。CISG 第 74 条规定："一方当事人违反合同应负的损害赔偿额，应与另一方当事人因他违反合同而遭受的包括利润在内的损失额相等。"《最高人民法院关于适用〈中华人民共和国涉外经济合同法〉若干问题的解答》第 6 条第（一）项规定："一方当事人履行合同或者履行合同义务不符合约定条件的，除采取其他补救措施或者合同另有规定外，违约一方当事人赔偿另一方当事人因此所受到的损失，一般应包括财产的毁损、减少、灭失和为减少或者消除损失所支出的费用，以及合同如能履行可以获得的利益（在国际货物买卖合同中，就是指利润)，但不得超过违约一方当事人在订立合同时应当预见到的因违反合同可能造成的损失。"原终审判决认定江城公司对扩大损失部分无权再向伊藤忠要求赔偿，适用法律错误，应予纠正。据此，伊藤忠应赔偿江城公司降价损失、应得利润损失、仓储费损失、添加阻聚剂的费用。江苏省高级人民法院于 2001 年 11 月 28 日作出（2001）苏民再终字第 027 号判决：维持江苏省高级人民法院（1999）苏经终字第 67 号民事判决第一项；撤销江苏省高级人民法院（1999）苏经终字第 67 号民事判决第二项及案件受理费部分；伊藤忠向申合公司赔偿苯乙烯降价损失、可得利润损失、仓储费损失、添加阻聚剂的费用，共计人民币 3 801 411.69 元；伊藤忠赔偿申合公司苯乙烯付汇折合人民币 8 120 223.06 元应得利息损失（1996 年 6 月 1 日至 7 月 24 日按同期银行存款利率计算，1996 年 7 月 25 日至 11 月 14 日止按同期银行贷款利率计算)；伊藤忠赔偿申合公司苯乙烯降价损失、可得利润损失、仓储费损失、添加阻聚剂的费用计 2 984 571.69 元的逾期利息损失（自 1996 年 11 月 14 日起至本判决送达之日止按中国人民银行规定的同期逾期贷款利息标准计算)。减去伊藤忠已支付的 20.3 万元，上述款项在判决送达之日起 10 日内付清。原一审案件受理费 29 860 元、二审案件受理费 29 860 元，由伊藤忠负担。

评析探讨

本案为再审案件，出现了数种各不相同的意见，内容都紧紧围绕货物不符的认定、卖方在违约后的行动与补救、买方的损害减轻义务等问题。

1. 关于货物不符。根据日本商检机构对该批货物作出的商检报告，可以确定在风险转移之前，货物的质量已经存在不符合约定的事实，而且原告也在收货后合理时间内向被告发出了货物不符的通知。然而，被告在前两次的回函中称质量不存在问题，甚至称“阻聚剂含量问题算不上什么大的质量问题”，即拒绝提供补救。直到5月28日，即原告在履行下家（常州中和化工有限公司、上海茂欣实业公司）合同只有两天的时间时才提出原告自行添加阻聚剂以使货物相符的要求。被告的行为是非常不负责任而违反诚实信用原则的。被告5月28日的回函也可表明出其承认于所供货物与约定不符的事实。据此，原告即买方要求被告继续履行合同使货物相符已经不可能了。但这不影响他主张损害赔偿，包括为防止阻止苯乙烯单体的聚变而采取冷淋的措施的费用、必要的仓储费、因为质量不符而降价销售的差额等，或者要求减价。

2. 关于买方的损害减轻义务。其是三份判决意见的说理重点。中级法院的意见认为，“伊藤忠明知货物不符合合同要求，在用户江城公司多次要求下既未及时采取合理补救措施，又迟迟未能就处理给予答复，应对纠纷承担主要过错责任”，因而判决被告要负担原告因此遭受的利润损失。高级法院的意见则认为，“江城公司就阻聚剂含量不符合同要求向伊藤忠提出异议后，伊藤忠曾多次致函要求江城公司自行添加阻聚剂，使其达到合同要求。而江城公司在采纳伊藤忠建议并自行添加阻聚剂后，客观上该阻聚剂含量已达到合同要求，此时，仍在江城公司对下家合同的履行期限内，但江城公司并未履行对下家的合同，致使其损失进一步扩大”，原告没有权利就损失利润部分请求赔偿。最高人民检察院审查认为，5月28日，伊藤忠在致江城公司的函中，才明确要求其添加阻聚剂。江城公司即于5月30日添加了阻聚剂。但此时江城公司与下家客户的合同履行期限已届满。言下之意，并非原告导致损失扩大，而是被告一直坚持货物符合合同约定，太迟提出补救措施所致。由此可见，一审与再审意见都把下家合同履行不能的损失归责于被告不能及时地对货物不符提供有效的回应与补救。

减损规则在《联合国销售合同公约》（第77条）、《合同法》（第119条）和《民法通则》（第114条）中均有规定。减损规则，也可以被称为减损义务，是一种强度较弱的义务。在英国普通法中，权利人没有义务去做经营外的事情减轻损害，依据普通法，权利人没有任何义务拿自己的金钱去冒险，权利人也不能被要求为减轻损害而牺牲自己的财产或权利。美国法中，权利人可以以很少的费用减轻损害时，须为之。各国对权利人的减损义务的要求都不是很高。认定权利人是否尽到减损义务，关键是考察权利人是否采取“合理措施”（《销售合同公约》）、是否采取“适当措施”（《合同法》）以及是否“及时采取措施”（《民法通则》）。而一项措施是否合理并没有明确的考量标准，需要法官或仲裁员根据案件的具体情形自由裁量，这也是不同法院对同一案件在该问题上易得出不同裁决结果的原因。最高人民检察院认为高级人民法院认定事实有误，真正的事实是：5 月 28 日，伊藤忠在致江城公司的函中，才明确要求其添加阻聚剂。江城公司即于 5 月 30 日添加了阻聚剂。但此时江城公司与下家客户的合同履行期限已届满。最高人民检察院的事实认定被终审法院采纳。基于上述事实，确实可以看出本案原告没有合理的时间去履行与下家的合同，即由于被告的一再拖延采取补救措施，使得原告不能采取合理措施减轻损害。因而，本案原告主张损害赔偿不适用减损规则，即本案原告可要求被告承担因其违约而造成的原告违约而给原告带来的损失。

主题案例

Nedco International Inc. 与宁波市鄞州乐德士制灯厂等国际货物买卖合同纠纷上诉案①

案情回顾

Nedco 公司与乐德士公司签订独家经销协议一份，主要内容为：（1）协议的签订主体为 Nedco 公司（在协议中简称为“经销商”）与乐德士公司及其全部相关联企业在协议中合称为“公司”）；（2）协议双方系合作关系，公司授权经销商为在全美地区的独家经销商和独家销售代表；（3）协议生效日起 10 年内持续有效，期限届满后，Nedco 公司有权续订；（4）公司应该向经销商招揽的客户提供公司建立的质量标准保证，公司应该对于产品有关的所有责任和费用负责等内容。协议另约定，本协议只有在书面明示修改本协议的情况下才能被修改。在该协议的第 8 页，双方又对协议的期限作了修正，约定该协议“约束双方到 2001 年 5 月 30 日是有效的，在相互同意的基础上可以被延长”。乐德士公司分别于 2000 年 12 月、2002 年 3 月 15 日、2002 年 8 月 29 日出口各类节能灯泡。对上述三票业务，Nedco 公司已付清前两票货款，对第三票业务的货款，Nedco 公司仅支付 5 000 美元，尚有 15 475 美元没有支付。Nedco 公司收货以后，认为经美国的 Tech. Solutions 和 Luminaire Testing Laboratory 检测，乐德士公司和乐德士厂的灯泡未能通过 UL 认证，不符合在美国市场销售的安全标准，故分别于 2002 年 7 月 28 日、8 月 25 日和 2003 年 1 月 28 日陆续退回了部分货物。退货产品尚存放在乐德士厂仓库，退货产生的运费人民币 18 435. 6 元已由乐德士厂支付。Nedco 公司于 2004 年 11 月

① 案例详见中华人民共和国浙江省高级人民法院（2005）浙民三终字第 287 号民事判决书。

23日向原审法院起诉乐德士公司与乐德士厂，请求法院判令：（1）解除Nedco公司与乐德士公司签订的独家经销协议；（2）乐德士公司与乐德士厂连带返还退货货款62 616.76美元，并连带赔偿利润损失40 000美元、检验费用6 825美元、海运费674美元、银行费用500美元；（3）乐德士公司与乐德士厂连带赔偿律师费用10 000美元。乐德士厂于2005年1月14日提起反诉，请求判令Nedco公司：（1）立即支付拖欠贷款15 475美元；（2）立即支付退货运费人民币18 435.6元；（3）支付仓储费人民币11 562元。

争议焦点

1. 谁是本案中质量标准保证的有权检测主体？本案涉案合同货物是否符合质量标准保证？原告在本案提交的证明货物与合同不相符的质量证书包括美国Underwriters Laboratories Inc. 检测报告，其出具时间为2001年4月25日，并认为本案中判断产品是否有质量问题，应根据上诉人在美国的鉴定报告，而不是UL的认证。被告则提供了我国出入境检验检疫的出境货物通关单三份，以证明产品质量已经过我国商检部门的检验，为合格的。而本案买方的营业地亦为货物销售地美国，那么当地的质量标准是否为货物相符的特定的目的？以上两家机构提供的质量证明是否能起到相应的证明力？

2. 原告的退货权利的行使是否合法？被告认为，原告无任何证据证明退货存在质量问题，其退货行为属无故退货行为，而且，在合理的检验期间内未能及时检验，也应推定涉案灯泡质量合格。

3. 原告的损害赔偿请求范围是否合理？被告认为，运费索赔的诉讼时效已过。被上诉人2002年9月6日支付了退货货物的运费，截止其2005年1月14日反诉，一直未向上诉人主张运费，该诉讼请求法院不应保护。另原告的损害赔偿中出现了“律师费用”一项，这是否为被告所应承担的可预见的损失？

裁判意见

原审法院认为，独家经销协议的效力，包括时间上的效力和合同约束力问题。首先就协议是否已失效这一问题，本案Nedco公司与乐德士公司签订的独家经销协议虽为英文，但双方在庭审中提供的中文翻译件内容基本一致，故可以将中文翻译件作为审查依据。该协议第2条虽然约定，协议自生效日起10年内持续有效，但在第8页中又对合同期限作了修正，约定“此份独家经销协议约束双方到2001年5月30日，在相互同意的基础上可以被延长。”鉴于该协议第17条已明确约定“本协议只有在书面明示修改”的情况下才能被修改。在Nedco公司没有举证证明双方已对协议作出书面修改意见的情况下，应认定该协议已于2001年5月30日到期。

Nedco公司退货是否基于合理理由，也即乐德士厂与乐德士公司产品质量是否合格问题。本案双方对产品必须经过UL认证才能在美国市场销售的事实均无异议，现

Nedco 公司主张的退货理由是产品未能通过 UL 认证，因此认定乐德士厂与乐德士公司产品质量是否合格应首先依据其产品是否已通过 UL 认证。在买卖合同中按约提供合格和适销产品是卖方的重要义务之一，根据举证责任分配原则，乐德士厂与乐德士公司作为出卖人应首先对其产品质量是否合格承担举证义务，在此基础之上，Nedco 公司则应对产品质量不合格，退货是否基于合理理由进行举证。现乐德士厂已提供其于 2001 年 10 月 26 日和 2002 年 1 月 30 日获得的两项 UL 认证均可在美国市场适用。据此可以认定，乐德士厂与乐德士公司已初步证明其向 Nedco 公司出口产品中认证文书所涉的相关型号产品（退货编号为 1－6）为质量合格，可以在美国市场销售。而其他型号产品（退货编号为 7－10）尚不能证明已通过 UL 认证质量且符合双方约定。Nedco 公司据以认为乐德士厂与乐德士公司产品不合格的依据是三份检测报告。其中，美国 Underwriters Laboratories Inc. 检测报告的出具时间为 2001 年 4 月 25 日，而在此日期之前出口的产品并不在 Nedco 公司退货产品之列，故该检测报告与本案讼争产品没有关联，不能证明乐德士厂与乐德士公司产品质量不合格。对于质量问题，乐德士厂与乐德士公司还提供了我国出入境检验检疫的出境货物通关单三份以证明产品质量已经过我国商检部门的检验为合格，但因商检部门的检验标准与 UL 认证标准并不相同，在本案业务中，UL 认证机构也未委托商检机关依照 UL 认证要求检验货物，故商检合格并不能替代 UL 认证。

现因乐德士厂的供货中有部分产品（退货编号为 7－10）质量未能达到双方约定的 UL 认证要求，致使 Nedco 公司无法在美国市场销售，Nedco 公司有权退回相关产品并要求乐德士厂支付相应的货款。Nedco 公司要求返还相应产品货款的请求应予以支持。Nedco 公司还要求赔偿其利润损失和检验费用、海运费用、银行费用等各项损失，因其未能提供有效证据来证明，不能给予支持。至于 Nedco 公司提出的律师费用主张因缺乏依据，也不能给予保护。从合同的实际履行情况看，虽然乐德士厂与 Nedco 公司的贸易往来发生在独家经销协议终止以后，但因双方未再订立书面合同对产品质量标准和价格等条件另作约定，乐德士厂作为独家经销协议约定的乐德士公司仍受独家经销协议中关于买卖合同部分相关规定的约束。因 Nedco 公司部分退货基于合理理由，对乐德士厂已支付运费的请求部分予以支持。其仓储费损失因缺乏事实依据不能给予保护。

至于 Nedco 公司主张被上诉人退货运费已过诉讼时效的理由，因本案系国际货物买卖合同产生的货款及相关费用的纠纷，应当适用法律规定的 4 年诉讼时效，故 Nedco 公司的主张不能成立。

乐德士厂反诉请求 Nedco 公司支付拖欠货款 15 475 美元，因 Nedco 公司未持异议，且其作为买方也未提供已支付相应货款的证据，故 Nedco 公司应该向乐德士厂支付尚欠的涉案货款 15 475 美元。

评析探讨

1. 独家经销协议是否已失效的问题

2002 年 3 月 15 日、2002 年 8 月 29 日的合同发生在 2001 年 5 月 30 日即当事人约定独家经销合同效力结束的时间之后，因此法院认为，“鉴于协议第 17 条已明确约定‘本协议只有在书面明示修改’的情况下才能被修改。在 Nedco 公司没有举证证明双方已对协议作出书面修改意见的情况下，应认定该协议已于 2001 年 5 月 30 日到期。”由判决意见来看，法院视双方此后以之前合同的内容为准分别达成新合同，以要约与意思实现的形式订立合同。但是根据 CISG 第 29 条第 2 款规定：“规定任何更改或根据协议终止必须以书面作出的书面合同，不得以任何其他方式更改或根据协议终止。但是，一方当事人的行为，如经另一方当事人寄以信赖，就不得坚持此项规定。”据此，一方当事人作出的经另一方当事人信赖的行为可以排除约定书面形式的限制。在本案中，协议原本约定的合同有效期虽过，但双方仍然依此继续进行买卖经销。因此，笔者认为，可以认定双方对对方产生信赖产生了延长合同的合意，而不需要书面修改的证明。这样做的好处是，可以把双方的合意内容以合同的形式加以固定。当然，也可以把双方合同内容看作为双方交易习惯，也可起到相同的效果。

2. 原告是否能主张解除合同的问题

在 CISG 中关于买方宣告合同无效的规定，主要见于第 25 条和第 49 条。根据 CISG 第 49 条有关宣告合同无效的规定，只有在卖方不履行合同义务，或出现不交付的情况下，或存在迟延交货的例外情况，买方才能行使宣告无效的权利。在本案中的卖方已经交付货物，没有迟延交付的情节，原告即买方不能根据此条解除合同。而且，第 51 条第 2 款规定，买方只有在完全不交付货物或不按照合同规定交付货物等于根本违反合同时，才可以宣告整个合同无效。在本案中，货物不符在合同约定总量中只占小部分，且其影响力不及于已经正常履行部分，不致于使买方因为合同期待的利益落空。除货物不符以外，卖方并无其他违约行为。因此，笔者认为原告主张解除合同的理由不够充分，不能成立。

3. UL 认证是否属于特定的目的，是否可依赖卖方（被告）的技能与判断的问题

虽然涉案合同对商品的质量标准并无明确的或特别的约定，双方当事人亦并未提供订有特别约定标准的有关证据，但合同约定“公司授权经销商为在全美地区的独家经销商和独家销售代表”，“公司应该向经销商招揽的客户提供公司建立的质量标准保证”，因此即使合同没有约定货物应符合 UL 标准，但根据合同的其他约定，可知被告即卖方作为具有相当规模的企业应当预见美国关于相关产品的相应质量要求，并且可被期待应咨询了解相关信息。

4. 原告的退货权利的行使是否合法问题

针对被告认为，原告在合理的检验期间内未能及时检验，也应推定涉案灯泡质量合格。但根据法院确认的事实，Nedco 公司收货以后，经美国的 Tech. Solutions 和 Luminaire Testing Laboratory 检测，并分别于 2002 年 7 月 28 日、8 月 25 日和 2003 年 1 月 28 日陆续退回了部分货物。由此可知，原告在收货后即委托美国质量检测机构进行验收，并且于发货、收货的时间只存在几个月的时间差，考虑到检验所需的时间，应认定为在合理时间内。

5. 原告是否能主张律师费用的问题

在我国的司法实践中，讼争费用通常是不被计入损害赔偿损失里的，同时也没有法律规定胜诉方可以要求败诉方当事人承担（商事仲裁则有不同的实践）。从某种程度上讲，律师费由原告承担具有合理性：一来可以促使当事人合理地计算胜诉所得与律师费用的支出比例，从而选择经济合理的纠纷解决方式，二来可以避免案件核心由事实的认定与法律的适用变成当事人竞争聘请更优秀律师的战场。

第三节　合同履行与权利转移

主题案例

中国 Z 公司与澳大利亚 D 公司服装买卖合同争议仲裁案

案情回顾

2000 年 5 月 23 日，申请人中国 Z 公司（卖方）与被申请人澳大利亚 D 公司（买方）签订了编号为“HL0001”的买卖合同（下称 HL0001 号合同）。

合同签订后，被申请人支付了全部货款及运费 31 438.28 美元。但申请人迟延一个月才交货（2000 年 7 月 20 日采用空运交货）。交货后，因服装质量问题存在争议，被申请人于 2002 年 7 月 28 日依据合同中的仲裁条款提起了 SHEN G2002051 号仲裁案（下称“前案”）。

前案仲裁庭经审理后于 2003 年 6 月 3 日作出了［2003］深国仲结字第 32 号裁决书，裁决申请人赔偿被申请人损失 37 725.94 美元，并承担该案 80% 的仲裁费用。

前案裁决生效后，被申请人向 Z 省 S 市中级人民法院申请强制执行［2003］深国仲结字第 32 号仲裁裁决。申请人于 2003 年 6 月 19 日以传真方式致函被申请人，要求退货，并告知货物目前的存放地点及数量。被申请人则于2003年6月25日回函要求申请人履行［2003］深国仲结字第32号仲裁裁决，并称："至于退货问题，待裁决书的义务该公司履行完毕后另议。"此后，双方又在往来传真中就履行裁决义务与退货之间是否存在先后次序这个问题进行了商讨，但未能达成一致意见。申请人遂将争议提请仲裁，请求裁决在被申请人不能退还所有货物或仅能退还部分货物的情况下，赔偿申请人损失37 725.94美元。

争议焦点

1. 关于申请人是否有权要求退货的争议

申请人认为，［2003］深国仲结字第32号裁决书的内容已经确定申请人赔偿被申请人货物价值损失，而根据CISG的规定，此项裁决是基于宣告合同无效的情况下才可以作出的，这同时也意味着申请人对于货物享有所有权。而裁决书已经明确载明申请人有权要求被申请人退货，这实际意味着货物的所有权已经随着裁决书的作出而转移到申请人的名下。

被申请人辩称，前案仲裁庭的意见是认为货物没有多少价值，退货会造成双方更大损失，最后认为，不应退货。如果申请人提出退货要求，要承担退货费用，这种观点只是申请人的意见。本案合同货物是由于被申请人与申请人签订货物买卖合同，支付了合同货款，收取申请人交付的货物，被申请人才取得这批货的所有权，至今被申请人对尚未处分的货物仍拥有所有权。

2. 关于货物处理的争议

被申请人称，被申请人为避免继续交纳本案货物每周100美元的仓储费，就决定对这批已丧失商销性的货物进行处理，恰巧墨尔本有一商家愿意购买到经济较落后地区试销，但价格很低，经协商每件以0.79澳元出售，任其挑选，计出售5 050件，得款3 989.50澳元。之后在2003年6月19日接到申请人的律师发来的传真，被申请人停止了对货物的处理。

申请人主张，被申请人居然可以在收到裁决书且在获得经济上的利益后立即可以将货物销售出去，究其原因只有一个，那就是货物本身并不丧失商销性质，在降低价格的情况下具有很强的适销性，以致于这一信息一公布便有商家上门购买。

3. 关于赔偿损失的争议

申请人认为，由于被申请人不能退货给申请人造成的损失远远不止货物本身的合同价值，更加不是被申请人所声称的每件0.79澳元这一价值。被申请人在没有权利主张宣告合同无效的情况下仍然获得了不应当获得的利益，实际上就是给申请人所造成损失的实际数额，所以申请人有理由认为被申请人的错误行为给申请人造成的损失应当包括在［2003］深国仲结字第32号裁决书中所裁决的申请人应当支付的所有费用及申请人为办理本案所支付的所有费用。

被申请人则认为，其本无退货义务，则无基于此义务的违反而承担的赔偿责任。既然被申请人明确表示尚余货物可以退货，但申请人应预先支付运费及部分仓储费用，而申请人反而声明不要求退货。申请人放弃退货的请求，即使有损失发生也应由申请人自己负责，不应由被申请人赔偿，申请人要求赔偿损失没有任何依据。

仲裁庭意见

在被申请人不能退还全部货物的情形下，申请人要求被申请人赔偿损失 37 725.94 美元，仲裁庭认为，要对申请人的该项仲裁请求作出支持与否的判断，首先必须对下列两个问题作出回答：

第一个问题是：申请人有没有要求赔偿损失的权利？而要对这个问题作出回答，又必须先解决另一个问题：申请人有没有要求退货的权利？仲裁庭注意到，在前案中，被申请人以货物缺乏商销性为由，要求申请人赔偿货款、运费和利润损失共计 66 556 美元，前案仲裁庭在裁决书“仲裁庭的意见”部分认定货物的质量不符合商销性标准，因而支持被申请人提出的货价及运费损失共计 31 438.28 美元的要求，但以可预见性为由将利润损失调整为以货价及运费为基数的 20%。从前案裁决的上述内容中可以看出，被申请人提出的仲裁请求实际上是解除合同基础上的损害赔偿要求，前案仲裁庭支持了被申请人提出的上述仲裁请求，实际上也是确认了合同应当解除。合同解除后，按照 CISG 第 81 条第 2 款的规定：“已全部或局部履行合同的一方，可以要求另一方归还他按照合同供应的货物或支付的价款，如果双方都须归还，他们必须同时这样做。”因此，买方有权要求归还已支付的价款，卖方也有权要求归还已交付的货物，这是双方各自的权利。前案仲裁庭在“仲裁庭的意见”部分中第 16 页的最后一段也提及退货问题，这一段的原文是：

“另外，由于货物丧失商销性，退货只会使双方徒增费用，仲裁庭认为，退货没有实际意义。如果被申请人（卖方）要求申请人（买方）将货物退回，被申请人（卖方）应承担有关退货费用。”

双方当事人都援引了上面这段文字来支持各自的立场。仲裁庭注意到，该段文字并没有否定卖方要求退货的权利，只是说明如卖方要求退货则须承担有关退货费用。因此，在合同解除后，申请人作为卖方有权要求退货。被申请人在收到前案仲裁裁决后，未经申请人同意，擅自处理了部分货物，致使其不能退还全部货物，侵犯了申请人的权利，在此情形下，申请人有权选择：（1）要求退还剩余的货物，并就不能退还的部分货物要求赔偿损失；（2）不要求退还剩余的货物，只就全部货物要求赔偿损失。在本案中，申请人作出了第（2）项选择，其选择是合理的，应当予以支持。

第二个问题是：被申请人不能退还全部货物，给申请人造成的损失是多少？申请人直接要求按前案仲裁裁决中的数额要求赔偿 37 725.94 美元，这个数额显然是不适当的，因为前案中的裁决金额 37 725.94 美元既包含货款，也包含运费和利润。在被申请人不能退还全部货物的情形下，申请人损失的是全部货物的价值，因而运费和利润不属于损失的范畴；而全部货物的价值也不能与合同中约定的货款相提并论，因为合同中约定的货款是双方当事人对符合合同质量要求的货物的价值的确定，但本案的货物已被前案仲裁庭认定为不具有商销性，因而其价值不能等同于货款。仲裁庭注意到，被申请人以每件 0.79 澳元的价格处理了 5 050 件服装，这个价格虽然明显低于合同中约定的货物单价，但申请人并无相反证据证明货物的实际价值，而且考虑到在实际退货的情况下申请人还要另行支付包括运费在内的有关费用等因素，仲裁庭认为，申请人因被申请人不能全部退货而遭受的损失数额应按 0.79 澳元/件的单价和澳元对美元的汇率 1∶0.735 酌定为 7 967.68 美元（0.79 澳元/件 ×13 722 件 ×0.735）。

基于对上述两个问题的分析，仲裁庭认为，申请人的第 2 项请求只应得到部分支持，即被申请人应当赔偿因不能退还全部货物而给申请人造成的损失 7 967.68 美元。

评析探讨

本案涉及的退货权为解除合同时的货物退还请求权。CISG 规定的基于货物不符而产生的退货权与解除合同时的货物退还请求权是不相同的两种法律后果：首先，二者适用的法律依据不同。行使退货权的法律依据为 CISG 第 46 条，而合同解除的法律依据为 CISG 第 25 条。其次，二者适用的前提不同。买方行使退货权时合同没有被解除，而其目的并非为了解除合同，而是为了重新获得符合合同要求的货物，而解除合同时的货物退还是合同被解除后的法律后果，因此也不存在卖方重新提供符合合同约定货物的义务。第三，二者的法律性质不同。退货权是买方在卖方提供的货物不符合合同约定时的救济，是买方的权利，是否主张由买方自由决定，而解除合同时的货物退还，根据 CISG 第 81 条第 2 款的规定——已全部或局部履行合同的一方，可以要求另一方归还他按照合同供应的货物或支付的价款，在双方都须对合同已经履行部分进行归还，他们必须同时这样做——在一方归还时，货物退还就是该已退还方的请求权；在双方都必须归还而一方已经归还时，则另一方必须归还而不问已归还方是否请求，此时的货物退还就是一项义务。

本案中判断合同是否被解除必须根据前案的仲裁裁决推断。前案仲裁裁决支持被申请人（买方）提出的货价及运费损失，使买方恢复到合同订立前的状态，因此可被推断为是在解除合同基础上的判决。根据 CISG 第 81 条第 2 款的规定，卖方即申请人有权要求买方即被申请人退还货物。前案仲裁裁决书中亦写道："由于货物丧失商销性，退货只会使双方徒增费用，仲裁庭认为，退货没有实际意义。如果被申请人要求申请人将货物退回，被申请人应承担有关退货费用。"只是仲裁庭考虑到货物归还的价值远低于归还所消耗的费用，而不要求被申请人予以返还，这并不表示货物已经可以由被申请人任意处理。如果被申请人想避免继续交纳本案货物每周100美元的仓储费，最好的做法是先征询申请人的意见，如果申请人决定放弃对货物的处理才可由被申请人自行处理。如果申请人要求退还货物，被申请人大可把仓储费计入有关退货的费用内，弥补相应的支出。

主题案例

美国环球营养品公司（Global Nutri Co.）与四川省新光工业进出口公司国际货物买卖合同纠纷上诉案[①]

案情回顾

为了进口四川新光工业进出口公司（以下简称四川新光公司）滞留在美利坚合众国纽约港口的一批货物，美国环球营养品公司（以下简称美国环球公司）与四川新光公司于2002年2月26日签订的订货单约定：美国环球公司向四川新光公司购买水飞蓟500公斤，单价每公斤26.5美元；银杏提取物1 000公斤，单价每公斤23美元，总价36 250美元。预计交货时间为2002年3月6日。付款方式为预付40%，余下60%在收货后30日内付清。2002年2月27日，美国环球公司电汇18 000美元给四川新光公司。2002年3月1日，四川新光公司通过敦豪环球快递将美国环球公司所购货物的提单、装箱单和发票邮寄给美国环球公司。其中提单的签发日期为2001年6月25日，编号为HQSLB380609，载明：发货人四川新光公司，收货人美国环球公司；装箱单的签发日期为2001年6月18日。2002年3月4日，美国环球公司签收了上述文件。2002年2月27日，四川新光公司发给美国环球公司的传真载明："我司承担口岸的仓储及清关费用并保证负责产品的品质。具体工作我方已和货代谈妥，您到时凭单提货，货代会将清关等手续完成后，将货直接给您。"到2002年4月中下旬，四川新光公司的货代没有完成清关手续。2002年4月19日，四川新光公司发给美国环球公司的传真载明："我方同时和我的几位客户在谈此批货，进展得还比较顺利，如可行，客户付款时我可让他们直接开张支票给您。同时货代方面还请您帮我要求他们及早入库。"2002年4月26日，

---

① 案例详见中华人民共和国四川省高级人民法院（2005）川民终字第362号民事判决书。

四川新光公司向仓储公司出具保证函，表明需将其在纽约港的1 000公斤银杏提取物和500公斤水飞蓟储存在该公司库房。美国环球公司（下称原告）要求解除与四川新光公司（下称被告）的货物买卖合同，并要求其返还已付货款。

争议焦点

据原审法院的判决意见可知，标的物交付的方法和标准是本案的首要争议焦点。原告认为国际货物买卖是现货交易，卖方应当以现货交付的方式转移合同标的物。被告应于完成清关手续后送货上门，方完成交付；被告认为交付提单等所有权凭证即完成货物交付。

第二个争议焦点是，案中的提单是否能起到转移货物所有权的作用？原告认为，提单是被告伪造的，无论原告是否取得该提单，原告凭着这份伪造的提单是不可能提到货物。原告还指称，被告将该批货物交给了第三方，致使原告不可能提到该批货物。

裁判意见

原审法院认为，标的物交付的基本方法为交付标的物和交付标的物的单证。前一种交付的方法即将标的物的占有直接转移于买受人，使标的物处于买受人的实际控制之下；后一种交付的方法则是在买卖的标的物不实际转移的情况下，出卖人将标的物的所有权凭证交于买受人。在拟制交付的情形下，交付标的物所有权凭证无疑是交付的重要标准；是否还有其他标准，则需要双方当事人特别约定。美国环球公司所举证据材料能够证明四川新光公司承诺负责办理清关手续并承担仓储及清关费用，但双方当事人并未约定四川新光公司交付货物的时间及方法应在完成清关手续后送货上门，故美国环球公司所举证据不足以证明清关手续应于预定交货之日前完成，即不足以证明交付货物的标准不仅包括交付提单，还包括完成清关手续后送货上门。四川新光公司所举证据材料能够证明其向美国环球公司寄交了提单、装箱单和发票，且美国环球公司已收到，故四川新光公司的交货义务已完成。虽然上述3份凭证上载明的形成时间均为2001年6月，早于双方合同签订之时，但载明的收货人为美国环球公司，且能与双方签订合同时货物已在纽约港口的事实印证，故该院认为3份凭证载明的时间与合同签订时间不一致并不影响美国环球公司的实体权利的实现。同时，双方当事人在订立合同时已知道该批货物已由四川新光公司运至美利坚合众国纽约港口，四川新光公司将提单、装箱单和发票寄给美国环球公司，即视为其在该地点把货物交给美国环球公司处置。美国环球公司还认为四川新光公司违约后，实际将该批货物售给另一公司，因未举证证明，四川新光公司又予以否认，故该院对美国环球公司的该主张不予支持。原审法院据此判决：驳回美国环球公司的诉讼请求。

上诉法院认为，本案双方当事人并未约定四川新光公司交付货物的时间及方法应在完成清关手续后送货上门，故现有证据不足以证明本案被上诉人四川新光公司已实际交付货物。

提单，是指用以证明海上货物运输合同和货物已经由承运人接收或者装船，以及承运人保证据以交付货物的单证。提单中载明的向记名人交付货物，或者按照指示人的指示交付货物，或者向提单持有人交付货物的条款，构成承运人据以交付货物的保证。我国《海商法》第72条第1款规定“货物由承运人接收或装船后，应托运人的要求，承运人应当签发提单”。第73条第一款第（四）项、第（五）项、第（九）项规定，提单包括下列各项……托运人的名称、收货人的名称、提单的签发日期。提单是由承运人在收到货物或装船时签发的保证据以交付货物的单证，它形成于承运人实际收到托运的货物之时。本案中，四川新光公司2001年6将货物交付海上运输时，承运人在上述3份凭证上载明的形成时间均为2001年6月，早于双方合同签订之时，但载明的收货人为美国环球公司，存在明显矛盾。对此，四川新光公司在诉讼中，陈述本案提单由承运人于2001年6月签发，后四川新光公司于2002年2月与美国环球公司签订买卖合同后，原提单即由承运人收回，重新制作并将收货人变更为美国环球公司，但四川新光公司对此未举证证明。且如四川新光公司所述也不符合《海商法》第71条的规定，四川新光公司将该提单交付的行为不能视为已实际交付货物。美国环球公司关于四川新光公司未履行交货义务的上诉主张成立，本院依法予以支持

根据现有证据，不能认定四川新光公司已实际完成了交货义务。根据《合同法》第94条第（四）项规定，当事人一方迟延履行债务或者有其他违约行为致使不能实现合同目的，当事人可以解除合同，因此，美国环球公司诉四川新光公司违约及要求解除合同、返还已付货款的上诉主张成立，本院依法予以支持。被告还应向原告偿还预付款18 000美元，并赔偿利息损失。

评析探讨

本案的争议焦点在于在没有约定的情况下合同标的物的交付方式与所有权的转移。

对于合同标的物的交付方式，CISG虽然没有明确规定所有权转移所应该采取的方式，但从其对交货地点的一般规定中可看出，一般情况下，买方负有往取义务而非卖方负有送付义务。CISG第31条规定，如果合同指的是特定货物，而双方当事人于订立合同时已知道这些货物是在某一特定地点，卖方应在该地点把货物交给买方处置。这表明在双方当事人在订立合同时已知道合同货物是在某一特定地点的情况下，卖方仅需要在此地点进行交付，而不需要送往买方营业所。本案案情就符合这种情形。对此，原告也认为本案合同不涉及运输，而是现货买卖。我国《合同法》第141条规定，标的物不需要运输，出卖人和买受人订立合同时知道标的物在某一地点的，出卖人应当在该地点交付标的物。因此，本案适用拟制交付的相关规定，只要被告即卖方交付给原告即买方以有效的所有权凭证（本案中为提单），即完成了货物的交付义务与所有权转移（《合

同法》第133条)。原告不得以被告没有送货上门而主张被告违约。

对于所有权是否能如约发生转移，最终还要看卖方交付的所有权凭证是否真实有效。因为所有权凭证毕竟只是一种权利的证明，作为买方基于合同想要得到的是货物的实际支配权。这个环节是经常发生合同欺诈的地方。本案二审法院最终支持了原告解除合同的主张不是因为被告交付货物的方式不正确，而是作为本案所有权凭证的提单的有效性受到质疑。提单是由承运人于收到货物时或装船时签发的保证据以交付货物的单证，其签发的主体是承运人，在实际收到托运的货物之时已经确定了托运人的名称、收货人的名称、提单的签发日期。本案中，被告称其原提单由承运人收回，重新制作并将收货人变更为美国环球公司，但对此未举证证明。因此，不应当让原告承担因单据伪造而导致合同目的落空的风险。

第四节　防止损失扩大

主题案例

美国恒达食品有限公司诉中国日照市水产集团总公司、日照日荣水产有限公司购销合同纠纷案[①]

案情回顾

1995年5月，原告恒达公司与被告日荣公司、日照市石臼第二水产冷藏厂（该冷藏厂是被告水产集团下属独立法人企业，也是被告日荣公司的中方股东）就购销冻凤尾虾的具体事宜进行商谈。同年6月30日原告与被告水产集团签订PTO-9502号成交确认书。双方还特别约定：“卖方保证质量符合美国卫生、健康标准，颜色自然，中间粒数要正确，不能减小规格，不含化学品，不短重；若此批货遭美国FDA拒绝入关，则卖方负责返还买方已付之货款（C&F）、退回中国海运费及有关发生的费用。”

1995年8月23日，冻凤尾虾运抵美国洛杉矶长堤港，报关进口商为五大洋公司（Great Five Oceans Inc.，其是恒达公司的买家）。同日FDA（Dept. of Health and Human

---

① 案例详见山东省日照市中级人民法院（1997）日经初字第29号民事判决书。

Services Food and Drug ADM）自动扣押该批冻虾，根据当地法律，应于扣押之日后10日内由非官方专业实验室将分析报告等文件直接交FDA。实验室分析发现规格为111/130的货物腐败；货物违法。10月16日原告通知被告日荣公司FDA检验发现货物腐败，必须退关，并要求退款。10月19日日荣公司要求原告想办法，以避免退关。10月20日原告发传真给被告日荣公司，告知111/130规格的冻虾离过关标准很远，FDA决定必须退柜，否则销毁。11月20日日荣公司复传真称：如确因FDA拒绝入关，同意退柜回中国至山东日照石臼海港路日照市水产集团总公司；退货如经确认是8月5日所发且质量数量无异议，则日荣公司以电汇方式退款。

1996年1月4日冻虾运抵青岛港，随后中国青岛外轮代理公司多次通知两被告及原告驻青岛办事处。1996年1月18日被告日荣公司发传真给原告称接到船公司通知，退柜冻虾已抵青岛港，因没正本提单不能提货。原告则要求日荣公司直接汇款给五大洋公司赎单。此后双方多次传真往来进行协商，并于1996年1月27日在青岛直接协商，但对于退货退款的具体事宜未达成一致意见。2月28日原告通知被告日荣公司提单正本已由原告从五大洋公司处取得，FDA正本文件亦取得；提单及正本文件在原告驻青岛办事处，要求被告付款赎单。日荣公司则坚持原告须办理文件的公证认证手续。1996年4月25日原告方告知日荣公司全部退柜文件正本及公证认证手续已办妥，要求被告日荣公司7日内派员去青岛协商处理。1996年10月14日，中国青岛外轮代理公司给水产集团发传真电报，告知货物到港时间较长，仅超期用箱费已超过30万元人民币，要求尽快办理提货手续，交纳超期用箱费，逾期则交青岛海关处理。

1997年1月22日，青岛海关查验中心以超期未报为由查扣该批冻虾，并于3月11日移交青岛海关调查局处理。青岛海关调查局于1997年4月15日委托变卖，得款143 500元人民币，该款因自变卖之日起超过一年无人申领，已被上缴国库。

争议焦点

本案争议焦点在于损失扩大责任的负担问题。原告认为，被告违约，货物被美国FDA检验拒绝入关。原告为尽可能避免被告的经济损失，再次申请FDA检验部门复验，仍被以食品腐败为由拒绝入关。无奈原告只好按确认书之约定将货物退回中国青岛港，后与被告再三交涉退货事宜均无结果，致使原告遭受重大经济损失。被告则认为，被告从未搪塞拖延与原告交涉退货事宜，完全是原告在退货问题上严重违反常规，致使纠纷拖延至今，故货物退回青岛港所发生的一切费用和责任应由原告承担。

裁判意见

原告与被告水产集团签订的成交确认书和与被告日荣公司对成交确认书内容的部分变更均合法有效。该批冻虾经FDA检验后被拒绝入关，原告有权依约定退回冻虾并索要货款及相关费用，原告并有权要求被告赔偿包括可得利润和利息在内的损失。冻虾被退回青岛港后，两被告有义务接收，虽然被告要求原告提供检验、退关文件正本理由正当，但被告以对文件持疑为由而不赎单提货，又未采取其他积极措施避免冻虾价值灭失，应对此负一定的责任。原告虽依《联合国国际货物销售合同公约》的规定有权保有货物，但同时也负有保全货物的义务。原告既非记名提单上的发货人，亦非收货人，却长期持有提单，而且在藉此不能收回相关款项并已起诉的情况下，未及时采取合理措施，放任损失的扩大，直至冻虾价值最终灭失，应对此负主要责任。两被告应连带承担对原告退回款项、赔偿损失的责任。原告关于两被告偿付货款等款项及赔偿损失的诉讼主张合法，应予支持，但其要求两被告承担自 1995 年 12 月 20 日起的利息不当，应自 1996 年 4 月 25 日后 7 日即 1996 年 5 月 3 日起计算利息。被告关于原告应对冻虾退回后价值灭失承担责任的答辩理由成立，应予采纳。

评析探讨

本案的判决意见中涉及到损失减轻义务与保全义务的过错认定与相应的责任分配。下面对这两种义务进行对比：

从义务的性质来看，损失减轻义务是不真正义务，它关联于损害赔偿权而非实际履行请求权，其违反并不发生损害赔偿责任，仅使负担此项义务者遭受权利减损或丧失的不利益。换言之，即若没有尽注意义务或由于自己的过错导致损害发生或扩大，则应当为自己的过错负责。而保全义务则不同，它是在特定情况下产生的一定法律义务。法律要求在特定情况下义务的承担方采取合理的保管措施，并且也赋予他对支出费用的求偿权和由此产生的留置权（CISG 第 85 条、第 86 条），而损失减轻义务的不作为不产生相应的赔偿请求权，仅要求不作为方承担相应的损失。

从适用前提来看，损害减轻义务是一方声称另一方违约时，则声称为违约受害一方应采取减轻损害的合理措施。保全义务则发生在买方推迟收取货物，或在支付价款和交付货物应同时履行时，买方没有支付价款；或者买方已收到货物，但打算行使合同或 CISG 公约规定的任何权利，把货物退回时产生。

从措施的种类来看，虽然二者都规定义务方可按情况采取合理的措施，但损害减轻义务的承担方可采取的措施种类各种各样，而保全措施通常是指费用合理的情况下把货物以原状保存，包括自己储存或寄放于第三方的仓库里，或在一定条件下自救出售。

从义务的作为方式来看，损害减轻义务由声称为违约受害一方自行采取，不需要事前通知，在不可抗力导致违约的情况下就应该由违约方来通知受害方，以使其尽可能防止损失扩大。而保全义务承担一方，若只是把物质储存起来，只需要保证费用合理，若要进一步进行自救出售，则一般情况下需要事前向另一方当事人发出合理的意向通知。

在紧急情况下，也应在可能的范围内，一方当事人必须把出售货物的打算通知另一方当事人。

本案中，在发现货物质量不符，被拒绝入境时，原告已经立即通知被告。此时，可以明确，声称对方违约的一方是原告，负有损失减轻义务的是原告。要正确地行使退货权利，必须是使退回原状的货物（包括货物上的权利）能被违约方重新拥有。被告在1995年11月20日的复传中已经接受了退货要求，有义务接受退货，并保管好货物。但此时正本提单却被原告的下家即五大洋公司掌握。就是说，原告退货程序尚有不足，即使被告接受了退货也不能很好地利用货物。1996年2月28日即本案当事人协商一个月后，原告提供经济担保以取得正本提单遂取得货物的支配权，并保有货物要求被告付款赎单，于同年4月25日就被告要求把所有有关文件认证的手续办妥。由此观之，原告应负担保全货物的义务，但是其与被告僵持不下，双方都没有采取行动导致货物超期用箱费严重超支，还被海关查收、变卖并将变卖所得上缴国库。由此看来，负有保全义务的原告应负较大责任。因为他完全可以先行处理已经变坏的货物，再行主张损害赔偿的权利，而不致货物灭失，价值尽失。

主题案例

某国际制衣集团有限公司诉金坛市天利服装有限公司国际货物买卖合同纠纷案[①]

案情回顾

2005年11月1日至同年11月3日，某制衣集团向天利公司发出编号分别为WO-91981/05、91982/05、91983/05的三份订单。天利公司收到订单后，委托第三方进行生产。2006年2月7日，原被告双方对涉案服装进行检验，发现存在缸差、起皱、色差、针距很疏、污迹等质量问题。原告制衣集团员工DAISY要求在天利公司提供保证函的情况下出货。制衣集团确认：天利公司所交付的货物除上述验货报告载明的质量问题外，在背面布料、衬里、衣袋、绣花、标签、内包装、外包装等许多细节上均符合合同约定。涉案HAPAG LIOYD海运提单表明，2006年8月22日，有一批货物从德国汉堡运往香港，收货人为本案原告制衣集团。提单项下的商品描述为“RETURN CARGO

---

① 案例详见中华人民共和国江苏省常州市中级人民法院（2008）常民三初字第60号民事判决书。

MENS WOVEN WAISTCOATS"、"LADIES KNITTED BRIEFS"，即退货男式机织背心、女式针织短内裤，但同时装箱描述为"TOTAL ONE CONTAINER SAID TO CONTAIN YARN"，即包括总计一个集装箱纱线。集装箱号/关封号/唛头为 TOLU3744651/452180，总重量为 6 723.000 公斤。制衣集团主张该提单项下的"退货男式机织背心"即为由天利公司组织生产而被第三方退回的服装。香港通用公证行（Societe Generale de Surreillance S. A.）的验货报告，报告对式样、材质、颜色、视觉和功能检测、数据检查、标识标记、卸货监督等得出的结论都是不相一致、不符合或未确认。而对 Quantity for Inspection 和 Packing 都注明 Subject to Client's Evaluation，即对数量和包装都取决于客户自己的评估。

原告诉称，在被告交付上述合同项下货物时进行了检验，发现货物存在众多瑕疵。原告指出货物存在的问题的同时要求被告就该等问题出具保函，承诺如因货物问题导致境外客户退货或索赔，由此产生的一切责任由被告承担。被告应原告要求出具了表明前述内容的担保函。后该批货物确因质量问题遭到退货，导致原告权益受损。被告天利公司对收到货款计人民币 399 391.20 元无异议，只是以货物已经原告认可、无证据证明退回的货物系天利公司所交付的货物为由，请求驳回原告诉讼请求。

争议焦点

本案的争议焦点在于境外客户退回的货物是否为被告所交付的货物。被告称原告提供的证据不能证明被退回货物是被告依合同提供的货物。如果原告所退货物的确不是被告所交付的货物，那么其是不能被支持的，甚至有可能涉及到欺诈行为。

裁判意见

尽管被告天利公司组织生产的货物在出运前经双方检验存在质量问题，但现在原告制衣集团要求被告天利公司回运货物并退还货款则必须首先证明所退货物和出运货物的一致性，也即必须证明 2006 年 8 月 22 日 HAPAG LIOYD 海运提单项下的退货男式机织背心就是被告天利公司组织生产的 2006 年 2 月 12 日韩进海运提单项下的男式 100% 聚酯机织背心。但是对于这个问题，原告制衣集团未能充分举证。

首先，涉案两份提单项下关于货物的描述不一致。2006 年 2 月 12 日韩进海运提单项下商品描述为"MEN'S 100PCT POLYESTER WOVEN WAISTCOAT"，即男式 100% 聚酯机织背心；而 2006 年 8 月 22 日 HAPAG LIOYD 海运提单项下商品描述为"RETURN CARGO MENS WOVEN WAISTCOATS"，即退回男式机织背心。即使注明了"退回"，亦不能当然得出退回的男式机织背心就是被告天利公司所交付的男式 100% 聚酯机织背心这一结论。并且，两份提单的集装箱号/关封号/唛头均不一致。本院亦无法从两份提单的日期、装运港和卸货港等信息中判断出退回的货物即为被告天利公司所供货物。提单是国际货物买卖中的商业凭证，只是概况性地列明货物名称、重量等信息，是对货物发出时状态的确认。即使两份提单对货物的描述完全一致，也不能当然得出货物一致的结论，必须对回运的货物特征进行查验，并与出口时的货物特征进行对比，才能得出正确判断。

其次，原告制衣集团自身无法确认退回的货物数量。涉案三份订单的数量分别为11 100件、3 240件、720件，合计为15 060件。而2006年8月22日HAPAG LIOYD海运提单仅注明退回男式机织背心、女式针织短内裤和一集装箱纱线的总重量。SGS报告关于运输标示不一致和内部包装的一致性由客户评估，实际信息均表明退运货物的外包装与出运货物的外包装并不一致或并不完全一致。对于退运货物的数量，SGS报告载明检验的样本数量（315件）是根据订单数量（11 127件）计算，但涉案三份订单没有任何一份订单的数量与11 127件吻合。原告制衣集团在金坛市人民法院庭审中陈述，已退回的货物数量为11 127件，在本院庭审中又按照（318/628）×399 391.20元变更了诉讼请求，但按照（318/628）×15 060件得出的件数却为7 626件。

第三，SGS报告所载明的其他信息也无法反映出退货和天利公司所交付货物的一致性。SGS报告仅是对货物质量出具的检测报告，并不能直接证明货物的一致性问题。许多能够反映出货物一致性的信息都由制衣集团自己评估。

原告制衣集团所提供的所有证据均不能使本院对货物的一致性问题形成确信，并且原告制衣集团明确表示其已不再需要举证时间，其已无证据需要向本院提供。

虽然双方当事人对涉案保函和香港新世界电讯公司电话传真账单及公证文件存在较大争议，但因保函主要内容为如果第三方因货物质量问题而向原告索赔，由被告承担所有责任；在原告制衣集团不能充分证明退货和被告天利公司所供货物相一致，也即不能充分证明被告天利公司所供货物确实被第三方退回的情况下，涉案保函即丧失了发生实际效力的前提。

综上，原告制衣集团关于要求被告天利公司回运货物和返还货款的诉讼请求，必须依据被告天利公司所供货物确实被第三方退回这一基本事实，而原告制衣集团对这一基本事实未能提供充分的证据加以证明。因此，驳回原告制衣集团的诉讼请求。

评析探讨

从法律上说，合同标的物是经过特定化的货物，即合同的履行对象货物不符的对象也只能是合同所指的标的物。被告所供货物确实被第三方退回这一基本事实是本案原告主张违约责任的前提。本案关于法律问题部分相对明确，即原告认为被告提供货物有质量问题，导致其客户退货，而根据保函索取相关赔偿。案件的关键在于被境外客户退回的货物是否为被告提供的货物。这其实是个事实的认定问题，已经由法院裁决中作出了详细的解释。

摘选这个案例的目的是想引起读者对以货物原状退回为前提的相关权利的注意，就以上提及的救济手段来看，主要包括退货权、解除合同权，还有保全义务中产生的留置权，虽然后者不一定要原状退回（特定情况下可自救出售），但却与买方的退货权息息相关（买方有退货的意图）。这不但要引起债权人的高度注意，因为除非有 CISG 第 82 条所规定的例外情况，否则将可能丧失相关权利，还要应当引起债务人的高度警惕，以防止狡诈的当事人鱼目混珠，把另外损失非法地转嫁于卖方。

专题五

国际货物买卖合同中的买方违约问题

第一节 基本原理

一、国际货物买卖合同中买方的合同义务

CISG 第 53 条规定："买方必须按照合同和本公约规定支付货物价款和收取货物。"支付货款和收取货物是国际货物买卖合同买方的主要给付义务。货款数额的确定、支付货款的币种、支付方式、支付地点、支付时间、提取货物都可以由当事人来约定。在没有约定或者约定不明情况，CISG 第 54～60 条提供了一般的规定。除了主要给付义务的履行，买方还对卖方交付货物负有一定的协助义务（CISG 第 54 条、第 60 条）。我国《合同法》第 159～162 条也有相应规定。根据 CISG 第 86 条的规定，买方在一定条件下还负有保全义务，亦由此可获得主张自救出售的权利。

（一）支付合同价款

1. 货物价款的确定

CISG 第 54 条规定："买方支付价款的义务包括根据合同或任何有关法律和规章规定的步骤和手续，以便支付价款。"合同有关付款的约定得到优先适用，当然还应当包括遵守所涉及的内国法的法律规定。"根据法律所要求的手续"不仅指那些基于冲突法指引的准据法所包含的法律规范，还包括所有跟外汇相关的，需要给予注意的法律，以保证支付能够实际完成。这被视为买方付款义务的内容，因此，如果买方因为违反相关法律法规而导致不能完成付款义务，卖方可主张因不支付而享有的法律救济。

付款首要关注的是应当交付货款的币种。这首先要以当事人的约定为先。如果约定

了支付外币的义务，则在没有其他异议时必须要通过支付约定的货币形式，才能被视为有效履行。在缺少双方约定的情况下，可依据 CISG 中确认的他们之间业已同意的任何惯例或习惯做法。一旦这样的规则也不存在，那就应当适用通过私法冲突规范指引的准据法，以确认支付的币种。关于确定准据法的连结点，履行地应当具有重要意义。在 CISG 第 57 条的规定下，一般应当以卖方营业地所在地的货币形式支付。[①] 但是，在涉及货物或单据交付发生在第三国而需要支付到第三国时，可能也会涉及第三国的货币。此时就要小心求证，双方是否在合同订立时就存在着交易习惯或者其他方式而暗示约定的特定货币种类。

关于货款数额的确定规则，CISG 第 55 条规定："如果合同已有效地订立，但没有明示或暗示地规定价格或规定如何确定价格，在没有任何相反表示的情况下，双方当事人应视为已默示地引用订立合同时此种货物在有关贸易的类似情况下销售的通常价格。"这个规定是用于合同没有约定，也不能从谈判记录、合同解释或交易习惯中确定货物价格的补漏规定。然而，事实上它与 CISG 第 14 条有关要约构成条件的要求——应写明货物并且明示或暗示地规定数量和价格或规定如何确定数量和价格——相矛盾。为了不使已经生效的合同陷入因价格尚不能确定而不能履行的困境，CISG 确立了这样一个推论，即合同双方默示地引用订立合同时此种货物在有关贸易的类似情况下销售的通常价格。我国《合同法》第 159 条与第 62 条的规定与之类同。"订立合同时"的类似货物通常价格是买卖双方当事人应当有的商业共识，这样确定价格也不违背公平原则。但有时会出现不存在或难于调查特定货物市场价格的情形，例如货物为崭新的品种，或含有崭新技术可提供以往没有的服务等。此时《国际商事合同通则》第 5.1.7 条规定若无此类履行时通常收取的价格，应为一个合理的价格。但是价格合理性在无可参照因素（如市场没有同类产品的销售市场价，当事人之间也没有相应的交易习惯）的情况下，其确定仍然是个难题。

在货物价格的确定中，可能会涉及货物重量的计算。此时，如果没有明示或习惯的确定方法，则应当按净重确定，即货物除去包装以后的重量（CISG 第 56 条）。

2. 支付地点

CISG 第 57 条第 1 款规定："如果买方没有义务在任何其他特定地点支付价款，他必须在以下地点向卖方支付价款：(a) 卖方的营业地；或者 (b) 如凭移交货物或单据支付价款，则为移交货物或单据的地点。"（《合同法》第 160 条）。这与 CISG 第 31 条中卖方的交货地点相呼应，而对买方来说，交付货款是一种送付义务。而且这也与

---

① ［德］施莱希特里姆．《联合国国际货物销售合同公约》评释．李慧妮，译．北京：北京大学出版社，2006：147.

CISG第58条中同时履行原则相吻合。此外，CISG第57条第2款还规定："卖方必须承担因其营业地在订立合同后发生变动而增加的支付方面的有关费用。"

3. 支付时间

CISG第58条第1款规定，如果买方没有义务在任何其他特定时间内支付价款，他必须于卖方按照合同和本公约规定将货物或控制货物处置权的单据交给买方处置时支付价款（《合同法》第161条）。也就是说，如果当事人双方没有约定或约定不明的情况下，买卖双方履行主要给付义务没先后顺序，应为同时履行，即一方得要求对方的同时履行作为自己履行的条件。因此，在这种情况下卖方可以支付价款作为移交货物或单据的条件。但当合同涉及到货物的运输时，情况则有所不同。因为根据CISG第31条的规定，如果销售合同涉及到货物的运输，卖方于货物移交给第一承运人时已经履行了货物的交付义务。此时，卖方可以要求在支付价款后才把货物或控制货物处置权的单据移交给买方作为发运货物的条件。总的来说，当卖方使货物处于可提取的完备状态，并且使货物置于可被买方支配的状态下，买方的支付期限就届至。但是，有一个例外，买方在没有机会检验货物前，无义务支付价款，除非这种机会与双方当事人议定的交货或支付程序相抵触。这是为了保障买方得到更大的机会来及时发现货物不符的情况，以采取相应的救济措施，中止支付全部或部分货款。

CISG第58条还可以结合国际货物买卖的实际情况作出如下几种情况的分析：(1) 在特定地点的买卖中，当卖方采取了使买方提取货物成为可能所需要的措施时，支付货款的期限就届至；(2) 在卖方负有送付义务的情况下，卖方必须把货物运送至买方营业地或其他约定地点，才能引发支付期限的到期；(3) 当货物储存在某地时，当仓库保管人员接到卖方的指令认可了买方的占有权，而买方此前也有机会检验货物，那么就可以认为货物已为买方所支配，买方支付货款义务到期；(4) 在涉及运输的情况下，货物必须在约定的特定地点交付给买方，买方有机会检验货物，并且获得了与货物相关的单据才能引发买方支付货款义务的到期。

当支付货款的期限届至，买方必须按合同和本公约规定的日期或从合同和本公约可以确定的日期支付价款，而无需卖方提出任何要求或办理任何手续（CISG第59条）。当合同约定或公约规定或循其他途径确定的支付期限届至，即引起买方的违约责任，不需要卖方的催告或办理其他手续，但卖方必须首先证明其已经将货物置于买方的支配之下。

买方交付货款义务的提早履行，卖方可以接收或者在一定情况下（损害卖方利益）拒绝，提前履行付款义务给卖方增加的费用，由买方负担（《合同法》第71条）。

(二) 收取货物

1. 收取货物一般规定

CISG第60条规定的买方收取货物的义务，由两个要素构成：一是采取一切理应采取的行动，以期卖方能交付货物；二是接收货物。“一切理应采取的行动”，包括申请必需的进口证明，完成卖方安装工作所需的先期准备工作，提出交货要求，以及对卖方交付货物应当提供的其他协助。在某特定地点交付货物，买方负有往取义务时，他还应当自行安排运输。在某些情况下，买方还应当自行安排卸货并承担费用。

关于货物接收，首先应当明确货物接收与货物接受的区别：（1）货物接收仅仅是一个事实行为，没有其他法律意义，而货物接受则是意味着买方确认货物相符的法律行为；[①]（2）货物接收一般发生在验货之前或验货之时，货物接受一般发生在验货之后或验货之时；（3）货物接收在某些情况下，是为了更好地主张卖方的违约责任（退货前的保全义务），或在特定情况下最大程度地保障己方利益（自救出售）；（4）接收货物在规定的时间内还可以主张风险转移到买方时货物不符的有关权利救济，但如果买方已经接受货物，则不能主张相关的救济，除非这种不符合同情形在该时间后方始明显或由于卖方违反其某项义务所致。

当卖方交付的货物数量大于合同规定的数量时收取货物，也可以拒绝收取多交部分的货物。如果买方收取多交部分货物的全部或一部分，他必须按合同价格付款（CISG 第 52 条）。

关于收货的时间，在没有明文规定的情况下，买方应当立即收取货物。因为买方可被期待为收取货物做好一切准备以期卖方能交付货物，而且在卖方已经使货物处于完备状态而置于买方的控制之下时，买方要做的仅仅是占有货物而已，所以买方立即提取货物是合理的义务。

2. 保全义务

买方收取货物的义务还可以基于 CISG 第 86 条有关保全货物义务的规定，即如果买方已收到货物，但打算行使合同或本公约规定的任何权利，把货物退回，他必须按情况采取合理措施，以保全货物；或者如果发运给买方的货物已到达目的地，并交给买方处置（签收之前），而买方行使退货权利，则买方必须代表卖方收取货物，除非这样做需要支付价款而且会使他遭受不合理的不便或需承担不合理的费用。当然，他有权保有这些货物，直至卖方把他所付的合理费用偿还给他为止，以及在特定情况下自救出售，此部分内容在专题四中已经有探讨，在此不再展开论述。

（三）检验和通知

买方接收货物之后，要做的就是检验所交付货物的质量是否符合合同约定，以决定接受货物或者在合理时间内寻求有效的救济。

CISG 第 38 条规定：（1）买方必须在按情况实际可行的最短时间内检验货物或由他

---

① 谢石松．国际私法学．北京：高等教育出版社，2008：282.

人检验货物。(2) 如果合同涉及到货物的运输，检验可推迟到货物到达目的地后进行。(3) 如果货物在运输途中改运或买方须再发运货物，没有合理机会加以检验，而卖方在订立合同时已知道或理应知道这种改运或再发运的可能性，检验可推迟到货物到达新目的地后进行。

基于诚信原则和促进货物高效流转的法律政策的考虑，买方应该在最短时间内安排检验货物。在货物符合约定的情况下支付货款或在货物不符的情况下与卖方协商或直接寻求法律救济，无论货物是否为敏感的易变坏的产品或性质不易改变的货品，都不能作出不合理的拖延（《合同法》第157条）。当然，这个“最短时间”（《合同法》中的用词为“及时”，二者应可作相同理解）要受实际情况的限制：首先，货物的种类不同可能需要不同的检验方法，如易腐货物，检验总是应该尽快进行，而对于复杂的精密仪器、机械设备甚至是工业设施，有时瑕疵需要经过一段试运行期甚至是一段相当长的运行期才能显现出来。对于这种情况，应当给予相对长的检验时间期。其次，要看买方的实际情况和特殊条件。在某些情况下，买方不具备相应的技术人员及检验设备，而需要聘任专家或委托具备相应资质和条件的机构进行检验，这时鉴定人进行鉴定的时间也需要得到考虑。第三，验货地点也会对检验时间产生影响。卖方在订立合同时已经知道或在谈判过程中可以认知，货物在运输途中改运或买方须再发运货物，例如在转售或向第三人履行的情况下，导致买方没有合理机会加以检验，那么检验可推迟到货物到达新目的地后进行。出于经济合理原则的考虑，这种货物的原始包装就不必在途中打开，从而也避免了不必要的纠纷。新目的地应理解为卖方在订约时知道的最终目的地，即也包括多次转售的情形。如前文关于卖方对货物质量担保的探讨所述，检验货物是为确认货物在风险转移时是否具有合同约定的质量标准，除了是否符合通常或特定的使用目的，是否符合卖方或买方提供的样品或样式，是否符合约定的包装或适当的包装，当然还包括错误供货、数量不足或过量的情形。货物检验或鉴定证明，是买方主张救济的重要证据材料。

买方在检验后发现货物不符的，必须在发现或理应发现不符情形后一段合理时间内通知卖方，说明不符合同情形的性质，否则就丧失声称货物不符合同的权利（CISG第29条第1款）。除了应当在约定或合理的时间内进行检验外，还必须及时向卖方发出有效的货物不符的通知，这是主张由货物不符而产生的救济权利的前提。一个有效的通知，从形式上看，必须是能够被送达的，即以“合适于具体情况的方式”作出，而通知能否被事实上送达的在途风险则由接收方承担；从内容上看，通知应该能明确地指出存在的瑕疵，卖方在该通知的基础上能够了解瑕疵的种类，并且能够据此判断应该采取什么样的补救措施。内容具体化的义务需要通过通知所被期待起到的作用进行分析，即使卖方有可能检查所谓的瑕疵并且在可能的情况下进行弥补。买方必须把瑕疵的特征尽可能具体地描述，但是不需要给出准确的原因，除非在检查的过程中已经知道。[①] 买方可以指出其想要得到的补救效果，但不需要具体指明补救的方法，因为其有依赖卖方技能的权利，除非这种依赖对卖方来说是不合理的。

有学者认为检验与通知的时间是应该被严格区分的，而不能作为一个整体的期限确定在一起，[②] 虽然它们还是可以相互影响的。如前文所述检验时间或长或短，这应当根据实际情况进行衡量，这也相应会对通知发出的时间发生影响。但当买方一旦知道货物不符的情况时，他应当很快地作出反应，作出这种反应的影响因素毕竟不如前者的复杂。相应地，验货迟延（CISG 第 38 条）与通知延迟（CISG 第 39 条）也会有所区别，虽然二者抗辩效果并无二致。然而，在我国《合同法》第 158 条中则把通知期限纳入到检验期限之内，这在选择合同准据法时应当要引起注意。

通知迟延的结果是视为标的物的数量或者质量符合约定，买方丧失声称货物不符合同的权利。当事人没有约定检验期间的，买受人应当在发现或者应当发现标的物的数量或者质量不符合约定的合理期间内通知出卖人。无论如何，如果买方不在实际收到货物之日起两年内将货物不符合同情形通知卖方，他就丧失声称货物不符合同的权利，除非这一时限与合同规定的保证期限不符（CISG 第 39 条、《合同法》第 158 条）。对于超出了合理的时间发出通知，公约采取灵活的态度，买方如果对他未发出所需的通知具备合理的理由，仍可要求减低价格，或要求利润损失以外的损害赔偿。对于迟延理由的合理性，还是要取决于个案的具体情况，特别是买方的具体情形及遭受的实际情况。这不只是一些重要的主观不能，如从买方所在地或商业交往习惯来看，买方完全不知道通知，还包括客观的阻却原因，如罢工、通讯系统全面瘫痪等，都可以使买方解脱责任。但是，由于货物瑕疵导致对其他财产造成损害的侵权之诉不应当被排除。CISG 第 39 条只是规定通知迟延丧失货物不符的权利，并没有排除产品责任法上主张货物有“缺陷”的权利。与之相反，那些规定补偿瑕疵贬值的侵权之诉则应该被排除，否则将导致被 CISG 第 44 条明确排除的合同利润通过这种迂回的方式得到实现。[③] 对于两年的时效，则是严格的不考虑中断情况的除斥期间，除非双方约定与之不相同的质量保证期。这个质量保证期可以长于两年，也可以短于两年。除非另有约定，否则在此期间买方仍然要对发现或者可以发现的瑕疵给出通知。

CISG 第 41 条同时规定，如果货物不符合同规定指的是卖方已知道或不可能不知道

---

① 谢石松．国际私法学．北京：高等教育出版社，2008：113～114.

② 谢石松．国际私法学．北京：高等教育出版社，2008：113～114.

③ ［德］施莱希特里姆．《联合国国际货物销售合同公约》评释．李慧妮，译．北京：北京大学出版社，2006：117.

而又没有告知买方的一些事实，则卖方无权援引 CISG 第 38 条（验货迟延）和第 39 条（通知迟延）的规定。这是出于诚实信用原则对买方进行的保护。本条不仅防止卖方欺诈对买方造成损害，还包括卖方对自身重大疏忽后果的承担。卖方应当告知买方的责任范围不仅是货物质量，也包括一些虽在卖方责任范围之外却仍对货物可能产生一定影响的情形。①

此外，货物不符的通知还影响着买方其他救济权利的主张，如 CISG 第 46 条规定在买方要求卖方提供替代货物时，关于替代货物的要求，必须与依照 CISG 第 39 条发出的通知同时提出，或者在该项通知发出后一段合理时间内提出，若买方要求卖方对货物进行修理，也必须依照这样的规定提出。

（四）风险转移

我国《合同法》把风险转移纳入到买卖合同的买卖方权利义务之中，而 CISG 设专章确立风险转移的有关规定。风险，是指货物卖方交付给买方过程中，由于各种不可归责于任何一方的社会原因或自然力原因而遭受的毁损或灭失。这类损失是由于意外事件造成的，而不是任何一方当事人的行为或不行为所引起的。货物的损失可能因为偷盗、误航、自然灾害等原因，国家主权性质的干涉在原则上不适用 CISG 风险转移的基本原则，因为这一般不是商业保险的范围。

1. 风险转移的一般原则

风险转移的原则性规定可见 CISG 第 66 条规定：“货物在风险移转到买方承担后遗失或损坏，买方支付价款的义务并不因此解除，除非这种遗失或损坏是由于卖方的行为或不行为所造成。”买方的支付义务依赖于卖方义务的履行。如果卖方已经如约履行了义务，那么买方就必须支付货款，即使货物在运送途中遗失或损坏甚至完全灭失。买方因此承担价格风险。反之，如果卖方不履行或因不能履行而未履行义务时，则不需要支付货款，买方还可进一步受到合同解除权的保护，一旦合同解除权得以行使，则支付义务也归于消灭（CISG 第 81 条）。然而，在某些情况下，即使卖方未完全履行其合同义务，如未移交与货物有关的单据或所有权凭证，买方仍然需要履行支付义务（CISG 第 58 条第 1 款、第 2 款）。因此，对于买方支付货款义务具有决定性意义的，不是卖方的完全履行，而是价格风险的转移。②

当“遗失或损坏是由于卖方的行为或不行为所造成”时，这就不是风险转移真正

---

① ［德］施莱希特里姆．《联合国国际货物销售合同公约》评释．李慧妮，译．北京：北京大学出版社，2006：115.

② ［德］施莱希特里姆．《联合国国际货物销售合同公约》评释．李慧妮，译．北京：北京大学出版社，2006：154.

的调整范围了，因为这时货物损毁的原因是人为的可归责的，而不是因为意外事件而需要分摊风险。此时卖方对之负有责任，买方除了免于支付货款以外，还可主张因卖方违约而产生的损害赔偿的权利。

然而，仅仅是卖方的行为同货物灭失或损害的历史因果联系并不能阻止风险的转移。在完全合法的行为下，卖方基于 CISG 第 71 条第 1 款和第 2 款的原因阻止了货物的交付，而导致了货物的灭失或损坏（如果交付了，货物就不会发生灭失或损害），此时，虽然卖方的行为与货物灭失和损害的后果之间存在因果关系，风险仍将转移。

如果卖方已根本违反合同，已经按照 CISG 第 67 条、第 68 条、第 69 条的规定转移的风险，可以通过因此种违反合同而采取的各种补救办法进行“风险回转”。如果买方能及时地行使合同解除权，那么当货物已经灭失或毁损而不能返回给卖方的情况下，卖方仍然要把货款归还买方，实际上货物的风险由此又跳回到卖方身上。对此，我国《合同法》第 148 条直接规定：“因标的物质量不符合质量要求，致使不能实现合同目的的，买受人可以拒绝接受标的物或者解除合同。买受人拒绝接受标的物或者解除合同的，标的物毁损、灭失的风险由出卖人承担。”

在 CISG 中，货物所有权转移跟风险转移脱钩，即所有权转移的一系列限制将不适用于风险转移，风险转移独立于所有权转移的有关规定，而纳入公约的规范范围（所有权转移被公约明示排斥，见 CISG 第 4 条（b）项）。CISG 第 67 条规定，在销售合同涉及货物运输时，卖方有权保留控制货物处置权的单据，并不影响风险的移转。对此，我国《合同法》第 147 条也有相同规定。

2. 固定地点的交付和到货买卖的风险转移

在不涉及运输的国际货物买卖中，买方有往取义务，从买方接收货物时起，或如果买方不在适当时间内这样做，则从货物交给他处置但他不收取货物从而违反合同时起，风险移转到买方承担（CISG 第 69 条第 1 款）。在约定的时间内，或在上文述及的引起支付义务期限届至的时间内，买方不提取货物，风险也会相应地转移到买方。我国《合同法》以货物交付为一般情况下货物风险转移的时间点。《合同法》第 142 条规定，标的物毁损、灭失的风险，在标的物交付之前由出卖人承担，交付之后由买受人承担，但法律另有规定或者当事人另有约定的除外。这里的交付包括实际交付和拟制交付。同时《合同法》第 143 条规定，因买受人的原因致使标的物不能按照约定的期限交付的，买受人应当自违反约定之日起承担标的物毁损、灭失的风险。从文义上看，我国《合同法》明确规定除了买方其他导致提货不能的违约行为，也会引起风险转移。风险转移的时间为其违反交付约定之日。在这里，买方不接收货物的原因在所不问，即使买方可通过 CISG 第 79 条情势变更或不可抗力的原因免于承担违约责任，只要卖方将货物置于可供买方支配之下，并且告知了买方，风险转移就仍然要发生。

如果买方有义务在卖方营业地以外的某一地点接收货物，当交货时间已到而买方知道货物已在该地点交给他处置时，风险方始移转（CISG 第 69 条第 2 款）。如果买方不能基于提供的库存单据或自由处置单据知道货物已经置于他的支配之下，以及在哪里置于他的支配之下，则风险转移就要以一个相应的通知为前提条件。

3. 涉及货物运输的风险转移

在国际货物买卖中，涉及运输的合同占据着主导地位。CISG 第 67 条规定："如果销售合同涉及到货物的运输，但卖方没有义务在某一特定地点交付货物，自货物按照销售合同交付给第一承运人以转交给买方时起，风险就移转到买方承担。如果卖方有义务在某一特定地点把货物交付给承运人，在货物于该地点交付给承运人以前，风险不移转到买方承担。卖方有权保留控制货物处置权的单据，并不影响风险的移转。"（《合同法》第 145 条、第 147 条）。这里所指的"运输"包括越洋运输和跨越陆地的运输。按照 CISG 的规定，卖方需要在特定的地点把货物交付给特定的第一承运人，即发生风险转移，而不需要考虑第一部分的运输是通过卖方以自己的人力履行的，还是通过一个独立的运输人。但按照主流观点，"承运人"应当指独立的第三方承运人，如果卖方以自己人力进行运输则风险还在卖方处。

货物特定化（归入合同项下）是通过交付运输风险转移的前提。CISG 第 67 条第 2 款规定："在货物以货物上加标记，或以装运单据，或向买方发出通知或其他方式清楚地注明有关合同以前，风险不移转到买方承担。"这是卖方的义务之一（CISG 第 32 条第 1 款）。特定化可以通过运输单据来实现，比如单据上写明收货人为买方，也可以通过在货物上加注标记，如写上买方的地址，或者通过给买方发出通知来实现，该通知根据 CISG 第 27 条[①]不以送达为要件，还可以通过给买方发出装运通知来实现，只要该单据内容非常精确，以至于在卸货时将货物特定于合同下是可能的。

此外，当事人选定的国际贸易术语也会有更准确或与 CISG 不同的风险转移规则，此时应当以当事人的约定为准。详细的分析请参阅本书第七专题的讲解。

4. 在途货物的风险转移

在国际货物买卖中，有时候会出现卖方先把货物发运再寻找买家的情形，这叫做"海上路货"。此时，卖方已经把货物交给承运人，因此 CISG 第 67 条就不适用了。对此，CISG 第 68 条规定，对于在运输途中销售的货物，从订立合同时起，风险就移转到买方承担（《合同法》第 144 条）。签订了在途货物买卖，即使货物最终没有到达买方，

① CISG 第 27 条规定："除非公约本部分另有明文规定，当事人按照本部分的规定，以适合情况的方法发出任何通知、要求或其他通知后，这种通知如在传递上发生耽搁或错误，或者未能到达，并不使该当事人丧失依靠该项通知的权利。"

买方仍然需要支付货款。在这里，最大的难点在于如何确定在途货物灭失或毁损的发生时间，即到底是合同签订之后还是合同签订之前。为了应对这个难题，当初 CISG 草案规定，在途货物买卖的情况下，风险仍应自卖方把货物交给承运人时起转移，即早于合同订立时就应该转移，因为这个时间点最能够确定货物是否存在瑕疵和货物的情况。这样就避免了难以查明货物损坏时间的困境。但是，这样的解决方案将可能会产生一个以订立合同时就不存在的货物为标的的买卖合同有效的情形。这个解决方案受到强烈的反对。最后，CISG 综合各方意见，在第 68 条第 2 句中规定，如果情况表明有此需要，从货物交付给签发载有运输合同单据的承运人时起，风险就由买方承担。在涉及运输特别是远程运输的国际货物买卖，买卖双方通常购买运输保险，以分摊风险。所以一般来说，风险还是会从货物交付给签发了承运单据的承运人时起就转移了。有学者认为，出售没有被保险的货物时，更多地被认为约定是送付义务，卖方因此要承担运输风险。①

由 CISG 的规定来看，它是倾向于维护在途货物效力的，即使在在途货物已经灭失的情况下，其后订立的合同仍然有效，但它约束着的是卖方一项自始不能履行的交货义务，对买方来说就是支付货款的义务。但是，只有在运输单据已经签发的情况下才发生。尽管如此，该规则只保护善意的卖方，如果卖方在订立合同时已知道或理应知道货物已经遗失或损坏，而他又不将这一事实告之买方，则这种遗失或损坏应由卖方负责。

二、买方违约时卖方可获得的法律救济

与规定卖方违反合同的补救办法一样，CISG 第 61 ~ 65 条对买方违约时卖方可获得的法律救济作出了专门规定。第 61 条是原则性规定，卖方据此可以主张要求履行、损害赔偿、解除合同等，这些与买方的权利救济是对等的。特别的救济方式在于，卖方可以基于第 65 条的规定享有确定货物规格的权利。另外，第 71 条第 2 款规定的货物交付阻权，是预防买方违约造成损害的重要手段。最后，第 88 条规定，一定情况下卖方自救出售的权利，是在买方迟延收取货物或没有支付货物时重要的救济手段。买方采取补救办法的宽限期同样被 CISG 明文排除。

买方与卖方违约时，受害方可获得的救济虽然在 CISG 中被分别规定，但二者存在着不少共性，在此对卖方在买方违约时可获得的法律救济将参考专题四中所介绍的买方权利救济手段的基本原理。

（一）要求履行请求权

CISG 第 62 条规定：“卖方可以要求买方支付价款、收取货物或履行他的其他义务，

---

① ［德］施莱希特里姆．《联合国国际货物销售合同公约》评释．李慧妮，译．北京：北京大学出版社，2006：158.

除非卖方已采取与此一要求相抵触的某种补救办法。”正常情况下，买方应当根据合同约定的时间与方式支付货款而不需要卖方提出任何要求。货物买卖的本质就是以物换款，也是买卖双方订立合同的目的所在。卖方如约履行交货义务后或者在交货与支付货款应当同时履行的情况下，卖方可以要求买方支付价款。

提取货物与支付价款具有同样的重要性。在一般情况下，提取货物是买方得以验货的前提，而验货在没有特别约定的情况下是买方支付价款的前提条件（CISG 第 58 条第 3 款）；在交货与付款同时履行的情况下，买方到特定地点提取货物，是卖方得以同时收取货款的条件。

合同的其他义务，是指支付价款与提取货物以外的义务，包括约定的义务与法定的义务，包括从给付义务与附随义务，如提供运输船只的名称、承诺不将货物进口到原出口国、协助卖方履行交付义务的报关手续等。

卖方亦可规定一段合理时限的额外时间，让买方履行义务。若作出这种承诺，不得在这段时间内对违反合同采取任何与这一要求相抵触的补救办法，但可保留对迟延履行享有的损害赔偿权。如果买方声称他将不在所规定的时间内履行义务，则卖方不受上述限制（CISG 第 63 条）。

对卖方要求履行的请求，应当考虑 CISG 第 28 条的限制：一方当事人有权要求另一方当事人履行某一义务，法院没有义务作出判决，要求具体履行此一义务。

（二）中止履行

CISG 第 58 条、第 71 条明文规定，卖方拥有同时履行抗辩权和不安抗辩权。在没有特别约定的情况下，买卖双方应当同时履行合同义务，此时如果买方不履行付款义务，卖方也可以中止履行其交付货物或单据的义务。在预期违反合同的情况下，卖方不但可以中止履行其合同义务，即使在货物已经发运的情况下，他可以阻止将货物交给买方，即使买方持有其有权获得货物的单据。另外，还应当包括由于买方的原因导致合同履行困难的情形，如买方于合同订立之后变更营业地或者分立、合并，而没有通知卖方，导致交货义务难于履行的，卖方可以中止履行（《合同法》第 70 条）。但是如果卖方的义务是可以分割的，而卖方只对买方其中部分违约行使损害赔偿请求权，那么卖方应对部分履行行使中止履行权，而该部分的价值与他的损害赔偿请求权价值大致相当。

（三）解除合同

CISG 第 64 条关于卖方解除合同的一般规定与买方解除合同相似。当买方不履行合同或本公约中的任何义务达到根本违反合同的程度时，卖方可以主张解除合同。一般情况下，买方不及时支付货款或提取货物，都不能直接构成根本违约，除非在非常波动的外汇市场下，或者是卖方必须要以该款项准时地对他前手卖家进行支付，如将会遭受到严重的罚金威胁或其他重大损失，而自己却在支付地既没有现金也没有信用可以支配，当然这种后果又是在订立合同时买方可以遇见的；或者，卖方的正常生产经营依赖于准时地提取货物。

在不能确定不支付货款或不提取货物是否达到根本性违约的情况下，卖方允许买方一段合理时间补救履行，将有助于确定违约的根本性。如果时间届至，而买方没有补救履行，或者他声明将不在所规定的时间内这样做，那么就确定无疑地构成了根本违约。

一般地，合同的解除权在买方已经支付价款的情况下，归于消灭。对此，第一种例外的情况是对于买方迟延履行义务，卖方在知道买方履行义务前这样做。这与 CISG 第 49 条第 2 款（a）项的规定有所不同，后者规定如迟延交货，买方在知道交货后一段合理时间内还可以解除合同。而这里，是卖方在他尚不知道买方支付货款时享有解除合同的权利。这里的“知道”，强调事实上的了解，而不是理应知道。因此，买方已经履约的通知或与支付价款有关的银行账单的送达时间非常重要，如果其晚于解约通知的发出（是发出而不是送达），则卖方仍可有效行使合同解除权，反之亦然。第二种例外情况为买方迟延履行义务以外还存在其他任何违反合同事情，而卖方在已知道或理应知道这种违反合同后一段合理时间内解除合同；或者，卖方在其按照第 63 条第 1 款规定的任何额外时间满期后或在买方声明他将不在这一额外时间内履行义务后一段合理时间内这样做。这与 CISG 第 49 条第 2 款（b）项下第 1 句与第 2 句的规定相似，可参照理解。

（四）损害赔偿请求权

损害赔偿请求权的规定适用于买卖双方，因此，买卖双方因为对方的行为而遭受损失都可以援用 CISG 第 74 ~ 77 条的规定，要求损害赔偿。而且要求损害赔偿的任何权利，不因他行使采取其他补救办法的权利而丧失（CISG 第 45 条、第 61 条）。买方的损害赔偿请求权的有关规定和基本原理可参照本书专题三和专题四中有关损害赔偿的探讨，在此不再展开论述。

但这里有一个疑问，如果买方已经提前表示他将不能提取他订购的尚在卖方处生产的货物，而卖方却仍然继续生产并随后试图要求买方履行支付货物的义务，这种情况下买方是否可以主张卖方没有履行损害减轻义务而减低赔偿数额呢？对这个问题应循如下思路分析：首先，损害减轻义务是发生在一方声称另一方违约后，违约方用于抵销损害赔偿幅度的。它只能关联于损害赔偿请求权，而非实际履行请求权。[1] 当卖方在合同期限届至前明知买方将十分有可能甚至是确定违约的情况下，是否主张预期违约而解除合同或者是否主张损害赔偿是卖方的权利。那么，当卖方主张要求履行，自然不受损害减轻义务的限制；当卖方主张损害赔偿，或者卖方主张要求履行的可执行性受 CISG 第 28

---

① ［德］施莱希特里姆．《联合国国际货物销售合同公约》评释．李慧妮，译．北京：北京大学出版社，2006：211.

条或现实情况的限制而不能实现，从而只能主张损害赔偿时，CISG 第 77 条就应适用。

（五）卖方确定货物的权利

在国际货物买卖当中，货物的种类、规格和数量一般由买方最终确定，这一点在对货物有特定要求或由买方提供技术图样、图案、程式或其他规格的货物买卖中体现得尤为明显。买方具体确定货物，是使货物特定化，以使卖方交付货物和买方自身提取货物的辅助性义务，亦影响着合同主给付义务的履行。由于买方订明规格对合同履行起到如此关键作用，因此 CISG 第 65 条给予卖方以特别的救济手段，即“如果买方应根据合同规定订明货物的形状、大小或其他特征，而他在议定的日期或在收到卖方的要求后一段合理时间内没有订明这些规格，则卖方在不损害其可能享有的任何其他权利的情况下，可以依照他所知的买方的要求，自己订明规格。”也就是说，在买方没有如约提供货物的规格，而卖方又可据谈判过程中得知的货物规格的情况下，CISG 把买方确认货物的权利转给了卖方。当然，前提是卖方对买方的要求有所了解，且不损害卖方可能享有的任何其他权利。

关于卖方行使此项权利的时间的确定可分为两种情况：一是在双方已经确定货物规格的时间的情况下，当这段期限届至，卖方即自行订明规格；二是在没有确定这样的时间时，卖方则需要向买方发出一份要求订明货物规格的通知，在一段合理时间后买方仍然不给出规格明细，卖方才可自行订明规格。但是在卖方行使此项权利时，他必须把订明规格的细节通知买方，而且必须规定一段合理时间，让买方可以在该段时间内订出不同的规格。如果买方在收到这种通知后没有在该段时间内订立规格明细，则卖方所订的规格具有约束力（CISG 第 65 条第 2 款）。

在买卖合同的标的物尚须具体确认时，卖方可利用上述规定，使货物特定化，从而保证在该要约基础上订立的合同得到有效履行。在特殊的情况下，如果缺乏买方的通知则不能使货物特定化或者卖方自行确定货物规格将使他的其他利益受损，则未具体确定货物的行为构成根本违约，卖方可主张解除合同。

（六）自救出售

自救出售不仅是买方可获得的法律救济，而且是卖方可获得的救济权之一。同样地，保全义务也是卖方在买方违反约定推迟收取货物或没有支付价款的时候应当负担的义务。CISG 第 85 条规定：“如果买方推迟收取货物，或在支付价款和交付货物应同时履行时，买方没有支付价款，而卖方仍拥有这些货物或仍能控制这些货物的处置权，卖方必须按情况采取合理措施，以保全货物。他有权保有这些货物，直至买方把他所付的合理费用偿还他为止。”除了承担保全义务的条件不相同之外，卖方与买方适用 CISG 第 88 条有关自救出售的条件一致，可相互参照适用。

第二节 支付货款

主题案例

中国G公司和美国M公司工艺品销售合同争议仲裁案

案情回顾

申请人中国G公司和被申请人美国M公司先后以传真方式签订了三份销售合同，合同的签订情况如下：

2003年7月3日，申请人（卖方）和被申请人（买方）签订了LJ030703-USA26M号销售合同。2003年9月10日，双方就申请人向被申请人销售另一批Italian Charms签订了LJ030910、USA48M号销售合同。2003年9月25日，申请人（卖方）和被申请人（买方）签订了第三份销售合同，即LJ030925、USA69M号销售合同。前两个合同约定，买方收货后付款，最后一个合同约定，货物装运前付款。

在签订了上述三份合同之后，申请人依约分别于2003年8月13日、9月10日、9月29日、10月5日和10月14日履行了全部的交货义务，合计发货总金额为63 684.7美元。然而，被申请人基于三份合同，分别欠款23 225美元、3 430.5美元、4 746.9美元，至今未付。

申请人多次通过电话、传真和电子邮件要求被申请人付款，但被申请人以多种借口拖延，给申请人造成了经济损失。申请人曾经委托广东DS律师事务所向被申请人发出了律师函，并限定被申请人在收到该函的15日内给予明确答复，但至今未收到任何回复。

申请人要求被申请人应支付拖欠申请人的货款31 402美元和相应利息损失，以及申请人因办理本案而产生的其他费用3 140.2美元。

争议焦点

本案争议焦点为被申请人是否存在拖欠货款的违约行为。申请人分别列出了三份合同的交货和收货证据，证明其已经按照约定交付了符合合同规定的货物，但被申请人只支付部分货款，且经多次催告付款未果。

仲裁庭意见

1. LJ030703 - USA26M 号销售合同

2003 年 7 月 8 日，被申请人通过 MG 银行开出了以申请人为受益人的不可撤销的信用证，信用证项下款项的总金额为 24 305.65 美元。2003 年 7 月 21 日，被申请人委托开证银行对信用证的有关条款进行了修改，包括在付款时给予 5.5% 的信用额度。申请人确认在 2003 年 8 月 21 日收到了信用证项下款项美金 25 386.73 元。

在申请人将货物交付给承运人 RI Freight Ltd. 后，该公司于 2003 年 8 月 13 日出具了两张空运提单，两份空运提单的收货人和通知人均为被申请人，提单上载明的货物也是合同中规定的货物。包括装箱单、商业发票在内的相关单据表明，申请人交付的货物的总价为美金 48 611.3 元。

申请人委托 FZ 银行珠海分行托收该合同项下的剩余货款后，FZ 银行珠海分行在 2003 年 8 月 15 日发给美国某银行的传真中标明托收的期限为 2003 年 9 月 26 日（45 Days From AIRWAY BILL Date），被申请人在同年 8 月 18 日的传真中予以确认。但 FZ 银行珠海分行在 2004 年 3 月 11 日出具的函中称："我行托收业务（业务编号：OC050020030023，汇票金额 USD23 225），项下全套单据，包括汇票……寄往 [MG BANK]，N. A……该笔款项迄今未收回。"

2. LJ030910 - USA48M 号销售合同

由申请人出具的两份商业发票表明申请人交付货物的合同价为美金 2 643.5 元，由 ZD 国际航空快件有限公司珠海分公司盖章确认的 "Signature Proof of Delivery: Detail"（编号：-2088284531）表明该批货物于 2003 年 10 月 2 日由被申请人签收。该合同项下其余货物是和 LJ030925 - USA69M 项下的货物一并交付给被申请人。

被申请人就该合同于 2003 年 9 月 24 日向申请人支付了 1 846 美元。

3. LJ030925 - USA69M 号销售合同

被申请人在给申请人回传该份合同时，在该合同上以手写方式对合同条款作出了修改，其中包括增加了所购买的货物的品种和数量，即增加品种名为 "SL 12" 的货物，数量为 1 000 pcs，904 系列（A - Z）500 EAC，并且将付款条件修改为到货后 5 日内以 T/T 方式付款。申请人在此后也是按被申请人修改后的品种和数量履行交货义务，因此，申请人事实上接受了被申请人对合同所作出的修改。

该合同项下的货物是由申请人分两批交付的。申请人于 2003 年 10 月 6 日出具的商业发票表明第一批货物的合同价为美金 8 550.5 元（其中包括部分 LJ030910 - USA48M 号销售合同项下的货物），由 ZD 国际航空快件有限公司珠海分公司盖章确认的 "Signature Proof of Delivery: Detail"（编号：2088264413）表明该批货物于 2003 年 10 月 10 日由被申请人签收。申请人于 2003 年 10 月 14 日出具的商业发票表明第二批货物的合同价为 3 879.4美元，由 ZD 国际航空快件有限公司珠海分公司盖章确认的“Signature Proof of Delivery：Detail”（编号：2088284520）表明该批货物于 2003 年 10 月 16 日由被申请人签收。

被申请人就该合同仅于 2003 年 8 月 21 日预付了货款 5 050 美元。

上述证据表明，申请人已经将合同项下的货物交付给被申请人，而被申请人也接受了货物，就应当按照合同规定的价格向申请人支付货款。CISG 第 53 条规定：买方必须按照合同和本公约规定支付货物价款和收取货物。第 62 条同时规定：在买方违反合同的情况下，卖方享有要求买方支付价款在内的补救措施。依据公约的上述规定，仲裁庭对于申请人要求被申请人支付欠付货款的仲裁请求予以支持。关于 LJ030703 – USA26M 号销售合同，被申请人拖欠的货款金额为 23 225 美元。而 LJ030910 – USA48M 号和 LJ030925 – USA69M 号销售合同，申请人已交付货物的合同价为：2 643.5 美元 + 8 550.5 美元 + 3 879.4 美元 = 15 073.4 美元，被申请人已支付的货款为：1 846 美元 + 5 050 美元 = 6 896 美元。被申请人尚欠付的货款金额为：15 073.4 美元 – 6 896 美元 = 8 177.4 美元。被申请人还应向申请人支付的货款的总金额为 31 402.4 美元。

CISG 第 78 条规定：如果一方当事人没有支付价款或任何其他拖欠金额，另一方当事人有权对这些款额收取利息。因此，申请人依据公约的该条规定有权要求被申请人支付欠付货款的利息。参照中国内地商业银行的人民币贷款利率，申请人将欠付货款换算成人民币后，以日利率 0.021% 计算利息是合理的，仲裁庭应予以支持。按照申请人的计算方式，应至本裁决作出之日止（2004 年 4 月 9 日）。

至于申请人所主张的本裁决作出之日起至 2004 年 6 月 30 日止的利息，仲裁庭认为，鉴于不排除被申请人在 2004 年 6 月 30 日前向申请人履行付款义务的可能性，因此，该段期间利息的数额具有不确定性，仲裁庭无法就申请人关于这段期间所主张的利息数额作出裁决。

申请人在 2004 年 3 月 19 日提交的材料中对第 4 项仲裁请求的构成作出了说明：包括律师费人民币 15 150 元、广州和深圳两地差旅费人民币 2 683.6 元、律师咨询招待费人民币 583 元以及预计本案在美国的律师费和执行费用 5 000 美元。仲裁庭认为，依据有关仲裁规则，仲裁庭有权在裁决书中裁定败诉方应补偿胜诉方因办理案件所支出的部分合理的费用，考虑到申请人的大部分仲裁请求得到了仲裁庭的支持，被申请人应补偿申请人因办理本案而支出的部分费用人民币 17 000 元。

本案的仲裁费用全部由被申请人承担。

评析探讨

本案事实清楚，责任明确。交付货物与支付货款是买卖合同的本质特征，是买卖双方基于合同产生的主要权利义务和等值期待。任何一方对此基本义务的不履行，都将使对方订立合同的目的落空。任何一方对此基本义务的不完全履行，都将直接损害对方的基于合同可获得的利益。交付货物与支付货款同等重要，因此 CISG 第 58 条规定，在没有特别约定的情况，二者应当同时履行。当然，当事人可以基于交易习惯或其他因素考虑，自由约定哪一方应当在先履行。

虽然涉案合同皆约定卖方完成交货义务后，买方才支付货款，但根据 CISG 第 58 条第 3 款的规定——“买方未有机会检验货物前，无义务支付价款”，或者根据 CISG 第 49 条第 2 款迟延交货构成违约，或者部分履行构成违约时，或者根据 CISG 第 25 条构成根本违约时，买方都可以以此作为不支付货款的抗辩。由此可知，在判断买方未支付剩余货款是否违约，应当先考察卖方是否已经适当履行交货义务。仲裁庭因此也花了很多的精力去考察卖方的交货义务的履行情况，在确认卖方义务已经适当履行后，再认定买方的拖欠货款没有合法的理由。

因此，仲裁庭在认定买方不支付货款是否构成违约时，仍然需要非常谨慎，特别在缺席裁判的情况下，更加不能放松对申请人义务履行情况的审查，以期作出公正的裁决。

主题案例

三明物产（天津）国际贸易发展有限公司诉德国欧亚机械技术贸易有限公司国际货物买卖合同纠纷案[①]

案情回顾

2000 年 2 月 14 日至 5 月 18 日，被告（反诉原告）德国欧亚机械技术贸易有限公司先后向原告（反诉被告）三明物产（天津）国际贸易发展有限公司发出货物定单 6 笔，请原告（反诉被告）提供齿轮箱体、箱盖、电机产品。商品编号分别为：52519000、86219400、50119060、52519030、50119050、47113801、47115501、47413801、47415501。发货前，原告（反诉被告）将发货的数量和总价款以传真的方式告知了被告（反诉原告），被告（反诉原告）也通过传真给予了确认。双方认可的发货数量为 4 310 件。总价款 44 514. 29 德国马克（折合人民币 178 049. 16 元）。2000 年

① 案例详见天津市第二中级人民法院（2002）二中民三初字第 14 号民事判决书。

8月14日，原告（反诉被告）在天津东港海关将此批货物报关出口。被告（反诉原告）在收到货物后，没有给付原告（反诉被告）上述数额的货款。另查明，对该货款中商品编号为：52519000、86219400、50119060、52519030、50119050的五单货款，被告（反诉原告）承认货款应予给付。47113801、47115501、47413801、47415501四个商品编号下的4台电机到货后，德国NORD公司（最终用户）向被告（反诉原告）开出索赔发票，并于此前向被告（反诉原告）出具了电机质量不合格的检验报告。据此，被告（反诉原告）于2000年11月12日，向原告（反诉被告）开出价值1 052德国马克的索赔发票。经与双方当事人核实，该1 052德国马克即系被告（反诉原告）向原告（反诉被告）发出定单中商品编号为47113801、47115501、47413801、47415501的四台电机的货款。被告（反诉原告）在庭审过程中，又向本院提供了该四台电机的生产厂家天津市起重电机厂的书证，该书证证明，生产厂家承认其知道德国用户NORD公司上述检验报告的情况并派厂方人员赴德国进行了确认。

对本案的反诉部分，法院查明的事实为，除上述订单以外，反诉原、被告之间存在长期国际货物买卖合同法律关系。双方虽然没有书面约定给付佣金，但事实上，反诉被告一直按照双方约定的交易惯例按交易金额的一定比例向反诉原告支付佣金。双方以前支付的佣金基本上是按照货款乘以5%的方法计算。

争议焦点

1. 被告是否应支付其余四个商品编号下的电机的货物？本案中，原告（反诉被告）请求法院判令被告（反诉原告）给付其货款44 514.29德国马克（折合人民币178 049.16元）及利息和滞纳金人民币37 265.64元。被告则认为，因为原告（反诉被告）拖欠被告（反诉原告）的佣金未付，原告（反诉被告）无权要求被告（反诉原告）支付货款。另认为，原告（反诉被告）向被告（反诉原告）出口的上述货物中，有四台电机质量不合格，被告（反诉被告）方因此向原告（反诉原告）索赔款1 052德国马克。被告（反诉原告）的索赔程序符合法律和国际惯例，原告（反诉被告）方无权要求返还，其要求的货款中应扣除该四台电机的款项。而原告则认为，被告（反诉原告）对上述货物中的四台电机以质量不合格为由从应付原告（反诉被告）款中扣除索赔款1 052德国马克的做法没有法律依据。

2. 被告对所主张的佣金是否享有债权？反诉被告认为，反诉原告是买方系经销商，加价销售获得利润，而不是经纪人，本案双方当事人之间根本不存在佣金问题。反诉原、被告之间根本没有约定佣金之事，佣金的给付也只是针对黄某个人（原是中国北方工业天津公司职员，后来黄某调离原单位并在德国成立独资企业，即反诉原告。黄某为法定代表人，因此反诉被告继续给过黄某个人佣金），反诉原告作为一个公司，不具备反诉佣金的主体资格。

裁判意见

双方当事人应该按照合同的约定履行自己的权利、义务。在原告（反诉被告）依约发货之后，被告（反诉原告）即应履行货款的给付义务。但是本案中四台电机的货款，因产品质量存在问题，应从原告（反诉被告）要求被告（反诉原告）给付的货款中扣除。这是因为，虽然在该四台电机的订单上没有明确注明货物的质量标准及检验方式，但是本院查明的事实表明，当事人双方均认可该4台电机是样品，是否符合最终用户即德国诺德公司的要求是惟一衡量的标准。原告（反诉被告）认为该四台电机的质量应由第三方检验的主张，因订单中没有约定；及产品的生产厂家对质量不符合标准给予了认可，本院不予支持。原告（反诉被告）认为的被告（反诉原告）对该部分货款已经在其他笔双方贸易中进行了扣除，因此在本案中应给予补偿的要求，因在其他贸易中索赔的事实与本案无关，本院不予支持。第三，根据本院查明的事实，虽然双方没有书面约定，但因为：其一，原（反诉被告）、被告（反诉原告）之间的贸易长期存在给付佣金的事实；其二，根据双方当事人认可的国家外汇管理局关于佣金及其支付办法的相关规定，佣金的给付可以发生在出口商和进口商之间；其三，原告（反诉被告）认为其佣金的给付应相对于黄某个人的主张，本院不予支持。原因是原告（反诉被告）在与被告（反诉原告）的其他贸易中一直给付佣金，而且被告（反诉原告）是私营个体公司。所以，本院支持被告（反诉原告）要求原告（反诉被告）给付佣金的诉讼请求。但是，鉴于本案根据原告（反诉被告）的本诉诉讼请求，只就原、被告之间的上述六笔订单的有关事实进行了审理，本案亦仅就该货款项下的佣金给予保护。另外，根据上述查明的事实，因4台电机的货款已经从总计给付的货款中扣除，该部分货款项下，不应再提取佣金。关于佣金的提取比例，本院依据双方当事人提供的证据认定为5%。综上，被告（反诉原告）方应给付所欠原告（反诉被告）的货款，并承担相应的违约责任。本院认定的违约责任数额为原告诉讼请求中的滞纳金；原告（反诉被告）方应在收到上述货款后按照双方的惯例给付应支付被告（反诉原告）的佣金。佣金的支付方式应该按照国家国际贸易及外汇管理的相关规定办理。

评析探讨

本案的争议焦点在于货物不符和佣金迟延支付能否成为支付货款的抗辩理由。虽然本案中，货物不符的问题没有被支持，但是还是有讨论的必要。

对于买方是否能以货物不符而拒绝支付，笔者认为是可以的。从合同义务的对等性来说，与支付货款相对应的义务的是符合约定的货物。而根据CISG第58条第3款的规定，即除非双方另有约定，否则买方在没有机会检验货物前，无义务支付价款，也可以看出货物相符是卖方得主张货款支付的前提。因此，在本案中，买方在收到货物后，认为货物确有不符的，可以主张卖方修理、退货及损害赔偿。在买方要求退货的情况下，如果货款已经支付，则买方可要求卖方退还货款，如果买方尚未支付货款，则只能要求卖方承担，保全货物及退货产生的合理费用。从案情中可以看出买方并未就该6笔交易支付任何货款，因此其要求索赔相当于声称出现质量问题的4台电机货款的主张，显属不合理。

关于佣金支付的问题，CISG第9条规定双方当事人业已同意的任何惯例和他们之间确立的任何习惯做法，对双方当事人均有约束力。由案情介绍可知，当事人双方确有由卖方支付给买方佣金的习惯，因此支付佣金已经成为合同条款的一部分。那么佣金的支付是否可以作为货款支付的抗辩呢？要判断佣金的支付能否成为有足够的重要性去与货款的支付义务抗衡，要从佣金的数额、其占货款的比例、收受方的情况等方面予以综合考虑。

第三节 收取货物

主题案例

中国香港H药业有限公司与美国A公司GUAIFENESIN销售合同争议仲裁案

案情回顾

1999年12月13日，申请人香港H药业有限公司作为卖方，被申请人美国A公司作为买方，双方签订了A号合同。该合同注明买方的订单号码为：7188。合同约定的标的物是GUAIFENESIN USP23.500KGS PER BATCH；数量是16公吨；单价是每公斤8.52美元；贸易术语是CIF SEA NEW YORK，USA；合同总值为136 320.00美元。合同约定的装运期限是在1999年12月18日前；合同还对品质/数量异议作了约定：凡属品质异议须于货到目的口岸之日起30天内提出，凡属数量异议须于货到目的口岸之日起15天内提出，对所装货物所提异议由保险公司、轮船公司、其他有关运输机构或邮递机构所负责者，卖方不负任何责任。

1999年12月13日，双方还签订了B号合同7189。除了装运日期为1999年12月25日前，其他约定与合同A一致。

2000年2月18日，申请人（“乙方”）与被申请人（“甲方”）签订了“关于P.O.

NO. 7188 和 P. O. NO. 7189 项下的延期支付协议”（下称《延期支付协议》）。甲方承诺分别于3月10日之前和5月1日之前全部付清，在货物到达纽约港之后产生的所有费用由甲方负担；甲乙双方确认，本批所发货物，在发货时，质量及包装是完好无损的。甲方确认此质量，如因甲方推迟买单提货所造成的货物在码头保存不当，或其他原因造成的质量问题，与乙方无关；甲方同意乙方从海关及船方清关并将货物存放在第三方的仓库内，双方同意只要向仓库提供原始提单及付款凭证，仓库即向提供单据者发货，仓库将按标准收取储运费。

2000年6月6日，申请人根据上述合同中的仲裁条款，向深圳仲裁分会提起仲裁，要求裁决被申请人立即支付 P. O. NO. 7189 合同项下的货款、利息及其他相关存储费用。

争议焦点

1. 本案当事人履行的是哪份合同？申请人如约履行了所有合同义务，但被申请人对B合同项下的货款却至今拒绝支付，被申请人应当支付货款及相应利息。第二批货物到港的日期为2月4日，A公司的船代公司于3月初办理了清关手续移至港口仓库保管至今，由此产生的储存费 USD12 198.08。

被申请人称，其在支付了第一笔货款136 320美元后，收到的货物是订单中 P. O. NO. 7189 即合同B项下的货物。也就是说，被申请人事实上已履行了B合同的付款义务，同时也实际取得了该合同项下货物的所有权。

2. 质量异议期的确定问题。被申请人在履行付款义务后，所收到的申请人交付的货物存在严重质量问题，说明申请人履行义务有严重瑕疵，从而致使被申请人不得不在美国降价销售上述货物，经济上受到严重损失。而申请人称：提单正本全套都被银行退回，被申请人无法提货；被申请人连货都未提走，何来检验报告；根据买卖合同规定的质量异议期，如被申请人认为质量有问题，应在2000年3月5日之前向申请人提出，超过此时间只能视为被申请人认可；而且，申请人所售货物根本就不存在质量问题，这不仅有天津生产厂的证明，也在双方达成的延期付款协议第3条中有明确结论。

被申请人称，由于《延期支付协议》的达成，事实上既变更了B合同第13条约定的提出品质异议为30日的条款，又使该条款如要履行也无实际操作的可能性。根据 CISG 第36条第1.2项的规定：（1）申请人对货物转移到被申请人时或后所发生的任何品质问题，均负有责任；（2）被申请人检验货物的合理时间应在“按情况实际可行的最短时间内”；（3）被申请人提出品质异议的时限为2年。因双方所签B合同中第13条的约定和 CISG 的有关规定相抵触，故有关被申请人提出品质异议的时限应以 CISG 中的规定为准。而申请人还认为，被申请人称其根据 CISG 第39条第2款规定，可在两年内提出质量异议，但这是断章取义的手法，该条第1款是允许在“发现或理应发现不符情形后一段合理时间内通知卖方”，而该合理时间既然没有明确规定，双方在合同中的约定即为合法有效。至于被申请人所称“两年”，则是一段绝对期间，不适用本案有约定期间的情况。

裁判意见

1. 1999 年 12 月 13 日，申请人作为卖方，被申请人作为买方，双方签订的 B 号合同（该合同的有关条款见前述案情部分），以及后来签订的“关于 P. O. NO. 7188 和 P. O. NO. 7189 项下的延期支付协议”（该协议约定的主要条款见前述案情部分），均是合法有效的，对双方均具有约束力，应当成为确定本案当事人权利、义务的主要依据。

2. 仲裁庭注意到，本案双方对 B 号合同的存在及其内容并无分歧。双方的分歧主要在于：申请人认为被申请人未支付 B 合同项下的货款；而被申请人则认为其在支付第一笔货款后，收到的货物是合同 B 项下的货物，即主张其已支付了合同 B 项下的货款。

申请人为证明被申请人未支付合同货款，提供了证据：日期为 2000 年 7 月 4 日，SC 银行深圳分行致申请人的“退单函”，该函附有本案货物的全套（正本）文件，其中包括由 FX 船务有限公司签发的编号为“COSU369998135”的全套正本提单（该提单注明的订单号为“7189”，集装箱号为“UXXU4355558/40'/Z51911”）、编号为“HPCI991217A”的商业发票（该商业发票注明的合同号为“HPC1213B”、订单号为“7189”）、日期为 1999 年 12 月 17 日装箱单（该装箱单注明的商业发票号为“HPCI991217A”、合同号为“HPC1213B”、订单号为“7189”）以及由中国××保险公司签发的日期为 1999 年 12 月 25 日、编号为“00669XX”的保险单（该保险单注明的商业发票号为“HPCI991217A”）等文件。仲裁庭认为：在“D/P AT SIGHT”付款条件下，除非有其他相反证据的存在，此项证据不仅可以证明申请人已经依约履行了交货义务，同时还可以证明被申请人违约拒不接受货物并支付货款，而其他证据足以证明申请人已经支付部分费用。

另一方面，被申请人为证明其已履行了 B 合同的付款义务，提供了证据：由 TSJ 公司出具的日期为“2000 年 4 月 6 日”的发票（发票号：-005370），以及日期为“2000 年 4 月 6 日”的到货通知（参考号：SHENZ0100007）。仲裁庭认为，这两份文件记载的“ETD/ETA：12/25/99，02/04/00”，指的是有关货物预计离开装货港和预计到达卸货港的日期，前者与本案货物的提单日期是一致的，而后者与本案其他证据证明的本案货物抵达纽约港的时间也是相吻合的。但这两份文件或前述记载内容，不仅不能证明被申请人支付了有关费用或提取了有关的货物，而且根本无法证实被申请人付款后所收到货物是订单 P. O. NO. 7189 及合同 B 项下的货物，其他证据也无法证明被申请人已通过合法的途径提取了该装箱单项下的货物，或被申请人已经支付了 B 号合同项下的货款。

仲裁庭综合上述事实认为，申请人提供了充分的证据证明其已按合同约定交付货物、被申请人尚未支付本案合同项下的货款；被申请人并未提供任何有效的相反证据证明其已支付了本案争议合同项下的货款。特别是，在庭审调查当中，申请人出示了被托收银行退回的全套（正本）货物文件，该批货物的全套正本提单仍由申请人持有。被申请人没有正本提单不可能通过合法的途径提到货物。因此，仲裁庭认为，被申请人违反了合同规定的收取货物、支付价款的义务，已构成违约，应承担相应的违约责任。按照 CISG 第 62 条的规定，买方违反合同的，卖方可以要求买方支付价款、收取货物；第 61 条规定：卖方可能享有的要求损害赔偿的任何权利，不因他行使采取其他补救办法的权利而丧失；第 74 条规定：一方当事人违反合同应负的损害赔偿额，应与另一方当事人因他违反合同而遭受的包括利润在内的损失额相等；第 78 条规定：如果一方当事人没有支付价款或任何其他拖欠金额，另一方当事人有权对这些款额收取利息，并且不妨碍要求按照第 74 条的规定可以取得的损害赔偿。因此，申请人有权要求被申请人支付 B 合同项下货款以及因被申请人违约而产生的相关费用和利息。

3. 根据双方签订的延期付款协议的约定，货物到达纽约港后产生的所有费用应由被申请人承担。因此，此类费用应由被申请人承担，并应计算到被申请人履行付款义务时为止。根据 TSJ 公司 2000 年 8 月 30 日及深圳 FX 国际货运有限公司 2000 年 9 月 13 日的函件内容，计算至 2000 年 10 月 22 日，被申请人应向申请人支付的货物到达纽约港后费用应为 12 198.08 美元；

再者，按照延期支付协议的约定，被申请人还应向申请人支付货物到港后至付清货款为止的延迟支付货款的利息，美元按月息 0.45% 计算，计息时间从 2000 年 2 月 4 日起至被申请人付清货款时止。

最后，根据仲裁规则的规定，本案申请人已支付的律师费用人民币 99 360 元，以及仲裁费人民币 66 201 元亦应由被申请人承担。

评析探讨

收取货物和支付价款是买方的基本合同义务，按照合同约定收取货物、检验货物和支付价款是卖方得以实现合同利益的必要步骤。本案当事人之间订立了两份标的一致的合同，而由于延期支付协议，使得这两份合同的履行出现了合并的情形。因此，在本案中，仲裁庭首先作出的是对不同合同提货与支付义务履行的区分。被申请人企图利用两份合同标的一致的特殊情况，认为其已经履行了 B 合同项下的提货及付款义务。这是取巧的做法，最终没能完成自证。

同时，被申请人对 CISG 第 39 条的曲解也是相当明显的。CISG 第 38 条、第 39 条并非强制性条款，当事人可以通过约定改变其内容，更不存在被申请人代理人所称的双方所签 B 合同中第 13 条的约定与 CISG 的有关规定相抵触的情形，也不存在 CISG 中的规定凌驾于当事人意思自治的情形。

其实，本案有关合同履行的事实只需要通过有关提单和储存单据的核查就可以明确了，而被申请人在得到申请人延期支付货款的通融之下，还企图以取巧的办法逃避责任，违背了诚信原则，应当承担相应的违约责任。另外，申请人在延期支付协议中清楚地列明有关质量的认定以及由于延期而导致质量问题的责任承担问题，是高明的做法，也是本案其得以顺利获得支持，免去更多辩论的重要一环。因此，在国际贸易中，以通融的手法获得持久、良好的合作关系的同时，必须做好有关风险的防范，维护自身的合法权益。

主题案例

中国江苏弘业永盛进出口有限公司诉韩国珠路商社有限公司国际货物买卖合同纠纷案①

案情回顾

2002 年 4 月 13 日，无锡贸易公司与珠路商社以传真方式签订了编号为 02JAWX－A0005 的售货确认书，约定：由无锡贸易公司供给珠路商社 18 300 件罗缎面料服装，总价款为 57 651 美元（FOB 上海）；装运期为 2002 年 5 月 2 日，装运港为上海，目的港为韩国。合同签订后，无锡贸易公司即委托中华服装公司进行服装加工制作。无锡贸易公司完成加工任务后，由珠路商社派人进行了现场验收，并逐件在服装的洗唛上加盖了检验章。2002 年 5 月 2 日，中华服装公司根据无锡贸易公司的指令将货物送至荣鑫公司的 C2771A 仓库。其后经多次催促，珠路商社至今未通知弘业公司装船，亦未支付货款，致使该批服装仍在仓库中。2003 年 7 月 16 日，珠路商社致弘业公司函称：造成“罗缎面料服装”中止要货的主要原因是，经我社对产品的认真检验，发现产品存在严重的质量问题：（1）面料品质不好；（2）缝制工艺不良。经多次协商未果，弘业公司遂诉至本院。截止到 2003 年 7 月 22 日，弘业公司就本案所涉货物尚结欠荣鑫公司仓储费 10 192.5 元。另外，经工商部门核准，无锡贸易公司于 2003 年 3 月 7 日变更名称为弘业公司。

① 案例详见江苏省无锡市中级人民法院（2003）锡民三初字第 20 号民事判决书。

争议焦点

1. 弘业公司是否具有原告的诉讼主体资格？被告辩称，珠路商社只与无锡贸易公司签订了售货确认书，弘业公司与珠路商社无任何法律关系，不具备本案原告的主体资格。此问题的关键所在为确认书是否具有合同效力。

2. 珠路商社未受领货物是否构成违约？被告称，在验货时已多次将验货意见告知供方，并书面提出返修或不出货等意见，各方在验货报告上均已签名。另外，供方还出现延迟交货等违约行为，应承担相应的责任；此问题关键在于货物不符能不能成为不提取货物的合法理由。

3. 如珠路商社未受领货物构成违约，其应承担何种民事责任？原告主张继续履行"售货确认书"的义务，同时赔偿利息损失及仓储费损失，即主张要求履行与损害赔偿。而被告却认为，"售货确认书"不是合同，不具有法律约束力。被告还声称，卖方还出现延迟交货的违约行为，而证据不能证明其已经支付了仓储费。换言之，卖方主张要求履行和损害赔偿没有依据。

裁判意见

关于第一个争议焦点，即弘业公司是否具有原告的诉讼主体资格问题。由于无锡贸易公司经工商部门核准变更名称为弘业公司，故应当认定弘业公司依法具有原告的诉讼主体资格。

关于第二个争议焦点，即珠路商社未受领货物是否构成违约的问题。无锡贸易公司与珠路商社签订的售货确认书系双方真实意思表示，符合法律规定，依法成立有效，双方均应严格按约全面履行义务。该售货确认书约定了装运期为 2002 年 5 月 2 日，但未明确约定具体的交货地点。但双方在合同中约定了 FOB 上海的贸易术语，根据《2000 年国际贸易术语解释通则》对于 FOB 术语的解释，其中买方义务 B7 规定：买方必须给予出卖人有关船名、装船点和要求交货时间的充分通知；对于卖方义务 A4 则规定：卖方必须在约定日期或期限内，在指定的装运港，按照该港习惯方式，将货物交至买方指定的船只上。因而出卖人要完成合同约定的交货义务，必须依赖于买受人按 B7 的规定给予其船名、装船点以及装船时间的充分通知，如果买受人未尽到此项义务，将直接导致出卖人无法履行交货义务。珠路商社至今未给予弘业公司上述通知，造成弘业公司在约定的装运期无法完成向珠路商社的交货义务，其责任完全在于珠路商社，故依法应予认定珠路商社迟延受领货物的违约行为成立。

珠路商社提出其中止要货的理由是因为弘业公司的货物存在着严重的质量问题，但对此未能提供充分有效的证据予以佐证。而且根据弘业公司提供的服装实物，可以认定珠路商社已经逐件进行了验收，并且最终加盖了检验章，应当认定珠路商社对该批货物的质量已实际予以认可和接受。珠路商社提出其是先加盖检验章而后才实际进行检验，盖章不表示对质量的认可，该理由明显有悖于商业贸易惯例，且未提供相反证据予以证明，对此本院不予采信。故珠路商社认为弘业公司的货物存在质量问题的理由依法不能成立。

珠路商社认为弘业公司还存在着延迟交货的违约行为，但根据本案现有证据可以认定弘业公司已于合同约定的装运期将经过珠路商社验收的货物运至上海仓库，珠路商社对此未能提供相反证据，故对该理由本院亦不予采信。

关于第三个争议焦点，即珠路商社应承担何种民事责任的问题。根据《合同法》第 107 条的规定，当事人一方不履行合同义务或者履行合同义务不符合约定的，应当承担继续履行、采取补救措施或者赔偿损失等违约责任。基于珠路商社迟延受领货物的违约事实成立，及根据原告弘业公司的诉讼请求，珠路商社应当承担继续履行和赔偿损失的违约责任。珠路商社应当继续履行 2002 年 4 月 13 日与无锡贸易公司签订的编号为 02JAWX－A0005 的售货确认书，即应当收取弘业公司已完成加工的 18 300 件罗缎面料服装，并应当向弘业公司支付货款 57 651 美元。同时，珠路商社还应当赔偿因其违约给弘业公司造成的损失。因双方当事人未约定付款时间，珠路商社应于合同约定的交付日受领货物并支付货款。故弘业公司要求珠路商社赔偿因其逾期付款造成的自 2002 年 5 月 2 日起计算至 2003 年 8 月 8 日的利息损失人民币 18 735.4 元（应以 57 651 美元为基数，按 3.3125% 的美元贷款年利率及 100 美元兑换 827.73 元人民币的汇率计算），符合法律规定，本院予以支持。关于弘业公司的仓储费损失问题，虽然弘业公司尚未实际支付，但该仓储费损失已客观存在，弘业公司必然要对外进行支付，对此珠路商社亦应予以赔偿。

评析探讨

在本案中，当事人双方是否存在着有效的货物买卖合同，买方不收货行为是否属于违约行为，应当承担何种责任是争议的焦点。要解决以上问题，首先应当确定双方之间是否存在有效的合同法律关系。

1. 在国际货物买卖中，可能会出现意向书、备忘录甚至是君子协定等。它们的性质与法律效力是各不相同的，体现双方当事人的主观意思也是不一样的。在本案中，当事人签订的售货确认书，在形式上类似于售货意向书，但与表示粗略的售货意向不同，该确认书中，确认了货物的种类、价格、数量及选择了国际贸易术语，亦即规定买卖双方在该术语下的具体权利义务、货物风险转移时间、运输方式等问题。因此，涉案售货确认书具备合同的内容，而且经过双方签字盖章确认，其实质上具备合同的法律约束力和效力。买卖双方应当依照确认书的约定，履行各自的义务。

2. 原告认为被告违反的是何种义务？根据案情，买方被告没有按合同贸易术语的规定，为卖方原告提供装船有关的信息，违反了 CISG 第 60 条第 1 款，有关买方应当

"采取一切理应采取的行动，以期卖方能交付货物"的规定，即违反了提取货物的义务。本案是涉及运输的国际货物买卖纠纷。本案买方并非等到货物到达目的港时才对货物进行质量检验，而是在装运港就进行此项检验。如果货物存在质量问题，买方应当按照 CISG 第 39 条第 1 款通知卖方，这样就可以要求卖方在货物交付之前对货物进行修理，以在合同装运期限届至前能交付合格货物，而不用待货物正式交付后再行使退货权。但本案中买方验货时违规操作，导致声称货物不符权利丧失，是国际贸易中经常出现的问题。

3. 在售货确认书的合同效力被肯定以及被告抗辩理由被否决的前提下，接下来要确定的就是被告应承担的违约责任。根据争点评析中的摘要，原告主张要求履行和损害赔偿请求权。对于要求履行请求权首先要考虑到 CISG 第 28 条的限制。本案适用我国法律，我国《合同法》第 109 条规定："当事人一方未支付价款或者报酬的，对方可以要求其支付价款或者报酬。"这就是说，在我国要求履行请求权是可被法院支持的。损害赔偿请求权与要求履行请求权并不矛盾，即使卖方原告要求买方被告继续履行合同，也不损害其因被告迟延履行遭受损失而主张损害赔偿请求权的权利，当然，这也可理解为根据 CISG 第 87 条所主张的寄存费用。

专题六

商检与索赔

第一节 基本原理

一、商品检验的概述

商品检验是指商品的生产方、买方或者第三方在一定条件下，借助于某种手段和方法，按照合同标准或国内外有关法律、法规、惯例，对商品的质量、规格、重量、数量、包装、安全及卫生等方面进行检查，并作出合格与否或通过验收与否的判定或为维护买卖双方合法权益，避免或解决与各种风险损失和责任划分有关的争议，便于商品交接结算而出具各种有关证书的业务活动。世界贸易组织在《装运前检验协定》中认为："所谓'装运前检验'（PSI）是指与对将出口至用户成员（User Member）[1] 领土的货物质量、数量、价格，包括汇率和融资条件，和/或海关归类进行核实的有关的所有活动。"世界贸易组织作出的是"装运前"检验的定义，且该定义偏重国家对进出口商品的强制性检验，但该定义也说明检验活动包括的内容，而且国家规定的强制性检验与当事人约定的商品检验一样对进出口贸易方的影响重大。

在进出口贸易中对商品进行检验（商检），是国际贸易环节之一。早在19世纪初，私人进出口商就会委托独立的检验机构检验商品的质量、数量。商品检验发生的时间通常有以下几种：

（1）出口国产地启运前检验，即由出口国产地或工厂的检验人员，或会同买方验收人员在货物的产地或工厂发运前对货物进行检验，货物离厂后在运输途中产生的品质、数量及重量等方面的风险由买方承担。

---

① 用户成员指政府或任何政府机构签约或授权实施装运前检验活动的WTO成员。

（2）在装运地装运前或装货时检验，即在装货前或装货时在装运地由双方约定的商检机构对货物的品质、重量、数量及包装等进行检验并出具证明，以此作为货物品质和重量的依据，也被称为“离岸品质、数量”，在这种情况下，买方在货物到达后原则上不能对货物的品质和数量提出异议。

（3）在进口国卸货后检验，指在目的港或目的地货物卸离运输工具后，由双方约定的检验机构对货物的品质、重量和数量进行检验，并出具检验证明，又被称为“到岸品质、重量”，在这种情况下，买方可以根据目的港检验机构签发的商检证书向卖方提出品质、数量方面的异议。

（4）出口国装货地检验，进口国目的地复验，指装运地的检验证书作为议付货款提交的单据，买方在目的地有复验权，在复验后发现货物与合同约定不符时，买方有权索赔。出口国产地启运前检验和装运前的检验对卖方较为有利，目的地卸货时检验对买方较为有利，出口国装货地检验，进口国复验较兼顾买卖双方的利益，在国际货物买卖合同中，买卖方通过协商选择适用哪种检验方式。[①]

《联合国国际货物销售合同公约》第38条规定：“如果合同涉及到货物的运输，检验可推迟到货物到达目的地后进行；如果货物在运输途中改运或买方须再发运货物，没有合理机会加以检验，而卖方在订立合同时已知道或理应知道这种改运或再发运的可能性，检验可以推迟到货物到达新目的地后进行。”我国《合同法》对检验的时间没有明确的限制，在没有约定检验期间时，买方需要在合理期间将货物不符的情形通知卖方。

目前，世界上主要有五大公司提供装运前检验，它们分别是日内瓦的SGS公司、巴黎的BIVAC国际、日内瓦的COTECNA、伦敦的ITSI和美国的“检验人”。[②]

许多国家通过立法规定必须经过商检程序的商品，由国家机构或者国家授权的独立检验公司，对该类商品的数量、价格等进行检验。这类检验不同于前述由买卖双方在合同中约定的商检，被称为法定检验。在我国进出口必须经过商检的商品通常包括以下几种：被列入商检机构实施的《进出口商品检验种类表》的进出口商品；依照《食品安全法》和《进出境动植物检疫法》规定需要进行检验的食品和动植物；装运出口易腐烂变质食品的船舱和集装箱；出口危险货物包装容器的性能，必须申请商检机构进行鉴定，生产出口危险货物的企业，必须申请商检机构进行包装容器的使用鉴定；根据我国缔结的国际条约规定以及我国法律、法规规定必须经过商检机构检验的进出口商品。法定检验的商品未经检验的，不准销售、使用，法定检验的出口商品，未经检验合格的，不得出口。违反法律相关规定，将必须经商检机构检验的进口商品未报经检验而擅自销

---

① 张丽英．国际贸易法专题研究．北京：法律出版社，2004：71.

② 陈笑影．国际贸易法．上海：立信会计出版社，2003：168.

售或者使用的，或者将必须经商检机构检验的出口商品未报经检验合格而擅自出口的，由商检机构给予处罚。根据装运前检验公司从事服务的目的，强制性装运前检验合同包括两大类：第一类被称为外汇合同，通常用于标明各类合同的基本目的和政府要求合同的基本目的，防止通过高开发票而抽逃资本；第二类被称为海关合同，是用于针对那些故意低估或者故意错误地根据进口货物低税栏进行商品分类的合同，目的是防止海关税收的流失。

商检的目的和价值在商检立法中可见一斑。我国《进出口商品检验法》第 1 条规定：为了加强进出口商品检验工作，规范进出口商品检验行为，维护社会公共利益和进出口贸易有关各方的合法权益，促进对外经济贸易关系的顺利发展，制定本法。对于非法定商检，国际贸易买卖双方可以在合同中加以约定。商检机关对残损短缺、规格不符合合同约定的商品作出的鉴定证明，可以为合同方退货、索赔和提起诉讼、仲裁作为证据使用。对于法定检验，高开发票会造成国家外汇的流失，实施外汇管制的国家不仅仅对进出口商品的数量、质量进行检验，还会检验货物的价格、适用的汇率等；低开发票是一种避税的手段，会使国家税收的流失。一国立法规定实行装运前检验的目的有将高开或者低开发票的行为以及其他不公平、不合法的行为纳入监管范围。同时，法定检验在进口方面可以防止不符合卫生标准的食品、药品或者带病毒的动植物进入本国，保障了本国人民的健康和生产活动；在出口方面，制止不符合国家出口标准的商品走出国门，维护了国家进出口活动的信誉。

二、商品检验和《装运前检验协定》

商检是对进出口货物进行数量、质量及价格等的检验。穿越国境的商品可能涉及到不同国家的进出口商，各国对国家间是否采取法定检验制度以及采取法定检验制度的做法不尽相同。法定检验涉及对商品的估价，这与海关估价有一定的重叠，因此美国等发达国家认为，发展中国家使用的装运前检验措施虽本意不在制造非关税贸易壁垒，但也对贸易形成了限制作用，比如检验耗时耗力，造成贸易成本的增加、对商品的估价标准不统一和不透明、缺乏纠纷救济机制等等。乌拉圭回合将装运前检验列为议题，为解决装运前检验的弊端，各国达成协议，通过《装运前检验协定》。中国在入世时作出承诺，中国将遵守《装运前检验协定》，并将管理现有的商检机构和允许符合条件的机构获得政府的授权，从事商检活动。中国还保证，自加入世界贸易组织之日起，与包括私营装运前检验实体进行的装运前检验有关的任何法律和法规将与世贸组织协议一致，与此种装运前检验有关的任何收费，将与所提供的服务相当。[①]《装运前检验协定》作为

① 陈笑影．国际贸易法．上海：立信会计出版社，2003：172.

对我国有约束力的国际法渊源，它的相关内容对中国立法和司法实践有着深远的影响。以下主要介绍该国际协定与国际货物贸易买卖方及检验机构间权利、义务相关的规定。

《装运前检验协定》规定用户成员在实行商品检验时应遵循：(1) 非歧视原则，即检验程序和标准应在平等的基础上，适用于所有有关的出口商，所有检验人员都应按照相同的标准从事检验活动；(2) 国民待遇原则，即用户成员不能以可能造成对正在被检验的商品的货物比国内相同商品更为不利待遇的方式适用本国法规；(3) 透明度原则，即实行检验的成员应该将与装运前检验有关的要求和信息全部告知出口商，包括进口方的有关法律、法规，与有关检验、价格核定和汇率审核的程序和标准，以及出口商拥有的投诉权利等等。

《装运前检验协定》第 2 条第 6 款规定，用户成员应保证“在出口商最初接洽装运前检验实体时，该实体向出口商提供一份出口商遵守检验要求所必须的全部信息的清单。如出口商提出请求，则装运前检验实体应提供实际信息。该信息包括用户成员与装运前检验活动有关的法律和法规，还应包括用于检验及价格和汇率核实目的的程序和标准、出口商相对于检验实体的权利及根据第 21 款制定的上诉程序”。同时，用户成员还应该将检验机构的办公室作为信息点，以便出口商获得上述信息。另外，实行装运前检验制度的成员应公布其所有有关装运前检验的法律、法规及其变化情况，并应该将这些法律、法规及其变化情况及时通知世界贸易组织。

关于商业秘密的保护，《装运前检验协定》第 2 条第 11 款规定，检验机构与用户成员政府分享的信息应该限于“为信用证或其他支付方式或由于通关、进口许可或外汇管制的目的而通常需要”。用户成员还必须保证检验机构不向出口商索取下列资料：与已获专利或者许可或未披露方法有关的，或与正在申请专利的方法有关的制造数据；未公开的技术数据；内部定价，包括生产成本、利润水平；出口商与进口商之间的合同条款。《进出口商品检验法》也有关于商业秘密保护的规定，该法第 10 条规定：“国家商检部门和商检机构应当及时收集和向有关方面提供进出口商品检验方面的信息。国家商检部门和商检机构的工作人员在履行进出口商品检验的职责中，对所知悉的商业秘密负有保密义务。”

关于合理核实价格，《装运前检验协定》要求核实价格应该以合同价格为准，也可以使用比较价格。在使用比较价格时应遵循如下原则：比较价格系同一出口国供出口的相同或类似货物的价格；被检验的交易与比较价格发生的时间相同或大致相同；当货物是从同一出口国出口到其他国家而不是该进口国时，影响不同国家货物价格变化和经济因素和其他因素应该被考虑。此外，还可以依合同条款和其他交易因素调整价格，调整价格需要考虑的因素包括：“销售的商业水平和销售数量、交货期和交货条件、价格升级条款、质量标准、特殊设计特征、特殊装运或包装规格、订货数量、现货销售、季节影响、许可费或其他知识产权费以及作为合同一部分提供的，但未按通常做法单独开列发票的服务”以及出口商和进口商之间的商业关系等。[①] 在审核价格时不应该考虑下列因素：即进口国生产的货物在该国内的销售价格、出口国外的其他国家出口的类似货物的价格、生产成本、任意或者虚构的价格或者价值。另外，还应该按约定的运输方式审核运费，检验机构不应对合同约定的运输方式表示质疑。进行价格比较时，检验机构应该给出口商解释其定价的机会。

《装运前检验协定》也对出口国规定了有限的义务，包括：保证其有关装运前检验的法律、法规以不歧视的方式实施；及时公布有关装运前检验的法律、法规。另外，“出口国义务”条款还规定了“技术援助”，即如收到请求，出口商应按双方同意的条件向用户成员提供旨在实现本协定目标的技术援助。

对检验过程中出现的争端，首先，各成员应鼓励装运前检验实体和出口商共同解决。其次，《装运前检验协定》第 21 条规定：“用户成员应保证装运前检验实体制定程序以接受和考虑出口商提出的不满意见并对此作出决定。”具体的做法是：“（a）装运前检验实体应指定一名或多名官员，在正常的营业时间内，在设立装运前检验管理办公室的每一城市或每一港口接收、考虑出口商的申诉或不满意见，并对此作出决定；（b）出口商应以书面形式向指定的一名或多名官员提供所涉具体交易的事实、不满意见的性质以及建议的解决办法；（c）指定的一名或多名官员对出口商的不满意见应给予积极考虑，并应在收到（b）项所指的文件后尽快作出决定。”最后，如果依据上述规定出口商提出不满意见，2 个工作日后，双方中任何一方均可将争端提交进行独立审查。[②]

根据 WTO 规则和我国入世的承诺，我国 2002 年对《进出口商品检验法》主要从六个方面进行了修改：一是关于法定检验的目的及范围（即制定、调整法检目录的原则）。根据 TBT 协定第 2 条的规定，将实施法检的目的由“根据对外贸易发展需要”修改为“保护人类健康和安全、保护动物或者植物的生命和健康、保护环境、防止欺诈行为、维护国家安全”。二是关于法检目录的名称。参照国际上通行的做法，将《商检机构实施检验的进出口商品种类表》的名称修改为《必须实施检验的进出口商品目录》。三是关于法定检验的内容。由原来的检验商品规格、数量、重量等，修改为“必须实施的进出口商品检验，是指确定列入目录的进出口商品是否符合国家技术规范的强

① 王贵国．国际贸易法．北京：北京大学出版社，2004：353.

② 独立审查是指由一个独立的实体负责独立审议程序的运作，该独立检验实体是世贸组织总理事会于 1995 年 12 月通过决定成立的，作为货物贸易理事会的附属机构，其由世贸组织、国际商会和国际及国际检验代理联盟组成。该独立实体拥有专家名单，应争端当事人申请，该独立实体将成立三人专家组审议争端。专家组的决议对争端双方有约束力。

制性要求的合格评定活动”。“合格评定程序包括：抽样、检验和检查；评估、验证和合格保证；注册、认可和批准以及各项的组合”。四是关于检验的依据。根据 TBT 协定的有关规定和我国对外承诺进行了修订，修改为“列入目录的进出口商品，按照国家技术规范的强制性要求进行检验”，并删除了按照外贸合同约定标准检验的条款。五是关于认证问题。明确规定对进出口商品认证同国内产品认证实施统一的管理制度，解决了非国民待遇问题。六是关于保密问题。按照 TBT 协定和我国对外承诺，增加了关于商检工作人员负有保密义务的条款。[①] 另外，为履行《装运前检验协定》规定的义务，我国还发布了《采用国际标准管理办法》、《进口许可制度民用商品入境验证管理办法》、《出入境粮食和饲料检验检疫管理办法》、《强制性产品认证管理规定》以及《进出口商品检验鉴定机构管理办法》等规定。

三、我国商品检验制度

（一）实行商品检验的机构

在国际贸易中，进行商品检验的机构主要有由国家设立的官方检验机构和私人设立的检验公司。我国的官方检验机构是国家质检总局和国家质检总局设在各地的进出口商品检验机构。我国的民间检验机构是经国家商检部门许可的检验机构，比如，1980 年国务院批准成立的中国进出口商品检验总公司，该公司目前业务主要是受理各种进出口商品检验、提供对外贸易鉴定服务、受理其他检验鉴定业务、受理各国安全认证的技术咨询服务以及承接 ISO9000 和 ISO14000 质量体系认证咨询服务。以下分述之。

1998 年全国人大九届一次会议通过了国务院机构改革方案，国家进出口商品检验局、国家动植物检疫局和国家卫生检疫局合并，组成国家出入境检验检疫局。2001 年 4 月，国务院又将原国家出入境检验检疫局和原国家质量技术监督局合并，组成国家质检总局，负责全国的商品检疫、出入境卫生检疫和动植物检疫。按照国务院授权，将认证许可和标准化行政职能分别授予国家质检总局的中国国家认证许可监督管理委员会（中华人民共和国国家认证许可监督管理局）和中国国家标准化管理委员会（中华人民共和国国家标准化管理局）。另外，我国还设有行使特殊检验职能的检验机构，主要有药品检验所、计量局和船舶检验局等。国家质检总局在省、自治区、直辖市以及进出口商品口岸、集散地还设立了众多商品检验分支机构，这些行政机构分别管理辖区范围内的商品进出口检验工作，也接受国际贸易双方委托，为其办理商品检验。

我国对私人检验机构的成立实行许可制度，经过国家质检总局许可的机构方可接受

① 参见“质检总局就修改《商检法》的有关问题答记者问”，载 http://news.xinhuanet.com/zhengfu/2002-05/10/content_387025.htm（新华网），访问于 2010 年 3 月 26 日。

国际贸易双方当事人委托，从事商品检验业务。中资进出口商品检验鉴定机构的设立需要满足以下条件：（1）投资者或者投资一方应当是以第三方身份，依法在国内专门从事检验鉴定业务3年以上的独立机构；（2）注册资本不少于相当35万美元的人民币；（3）具有与从事检验鉴定业务相适应的检测条件和技术资源，具有固定的住所/办公地点、检测场所和相应规模；（4）具有符合相关通用要求的质量管理体系；（5）从事检验鉴定的专业技术人员应当按照国家质检总局相关规定取得从业资格，且取得从业资格的人数不少于机构总人数的2/3；（6）法律、行政法规规定的其他条件。外资进出口商品检验鉴定机构设立需要满足以下条件：（1）外商投资进出口商品检验鉴定机构的外方投资者应当是在本国独立注册从事检验鉴定业务3年以上的合法机构；（2）中外合资、中外合作进出口商品检验鉴定机构的中方投资者或投资一方应当是以第三方身份，在国内专门从事检验鉴定业务3年以上的独立机构；（3）注册资本不少于35万美元；（4）具有与从事检验鉴定业务相适应的检测条件和技术资源，具有固定的住所/办公地点、检测场所和跨国经营能力；（5）具有符合相关通用要求的质量管理体系；（6）从事检验鉴定的专业技术人员应当按照国家质检总局相关规定取得从业资格，且取得从业资格的人数不少于机构总人数的2/3；（7）法律、行政法规规定的其他条件。

中资进出口商品检验鉴定机构应该向所在地直属检验检疫局提出申请，经初审合格的，报送国家质检总局批准。申请设立进出口商品检验鉴定机构的中资检验鉴定机构为国务院有关部门管理的大型企业的，经其主管部门同意后，直接向国家质检总局提出申请。申请设立中外合资、中外合作进出口商品检验鉴定机构的中方投资者向所在地直属检验检疫局和商务主管部门提出设立申请，经初审合格的，报送国家质检总局和商务部。中方投资者为国务院有关部门管理的大型企业的，经其主管部门同意后，直接向国家质检总局和商务部提出设立申请。申请设立外商独资进出口商品检验鉴定机构的，应当向所在地直属检验检疫局和商务主管部门提出设立申请，经初审合格的，报送国家质检总局和商务部。

2003年12月11日前进出口商品检验鉴定机构暂不允许外资控股。2005年12月11日前暂不许可外商独资进出口商品检验鉴定机构的设立。

申请设立中资进出口商品检验鉴定机构的，国家质检总局应在90个工作日内完成审核，并作出许可或者不予许可的决定；经审核许可的签发《进出口商品检验鉴定机构资格证书》，不予许可的应当说明理由。中资进出口商品检验鉴定机构申请人凭国家质检总局签发的许可文件及《进出口商品检验鉴定机构资格证书》，依法向工商行政管理部门申请办理登记注册。申请设立外资进出口商品检验鉴定机构的，国家质检总局对所提交的材料进行审核，必要时可以进行现场审核。国家质检总局在90个工作日内完成审核，并作出许可或者不予许可的决定；不予许可的应当说明理由。商务部对所提交的材料进行审核，并于90个工作日内作出同意或者不予同意的决定。同意的，颁发外商投资企业批准证书，不同意的应当说明理由。外商投资进出口商品检验鉴定机构申请人凭商务部颁发的许可文件及相关资料向工商行政管理部门登记注册。取得工商行政管理部门登记注册的外商投资进出口商品检验鉴定机构在向国家质检总局领取《进出口商品检验鉴定机构资格证书》后，方可在批准的范围内接受委托开展进出口商品检验鉴定业务。

（二）商品检验的主要法律规定

我国对商品进出口检验有比较详细的立法规定。国务院于1984年发布了《进出口商品检验条例》，1989年2月第七届全国人大常委会审议通过了《进出口商品检验法》，规定了商品检验宗旨、商品检验机构的职责、法定检验的内容和标准、质量认证、质量许可、认可国内外检验机构等制度，并规定了相应的法律责任。1992年10月原国家商检局发布了《进出口商品检验法实施条例》。根据我国加入世界贸易组织应该履行的条约义务，2002年4月第九届全国人民代表大会常务委员会通过了《关于修改〈中华人民共和国进出口商品检验法〉的决定》，所做的修改主要有：法定检验的进出口商品目录、关于进出口商品检验的内容、关于进出口商品检验的依据、关于认证管理、进口商品报检主体和报检地点、商品检验机构实施检验的期限、商检机构派出人员参与监督企业质量检验工作和提供检验服务的检验机构等等。关于动植物商品检验，国务院于1980年颁布了《进出口动植物检疫条例》，该条例规定了进出口动植物检验的宗旨、意义、范围、程序、方法以及检疫处理和相应的法律责任。1983年农业部制定了《进出口动植物检疫条例实施细则》，1991年第七届全国人大常委会颁布了《出入境动植物检疫法》，1996年国务院又颁布了《动植物检疫法实施条例》。对法定检验检疫的范围，2000年2月起，《进出口商品检验种类表》、《进出境动植物检疫商品与HS目录对照表》和《进出卫生监督检验食品与HS目录对照表》合并为《出入境检验检疫机构实施检验检疫商品目录》，进出境商品检验、动植物检验和卫生检验的法定检验范围得到统一。另外，为规范进出口商品认证，原国家商检局发布了《进出口商品认证管理办法》，为适应加入世界贸易组织的要求，还颁布了《强制性产品认证管理规定》。为规范进出口商品质量许可管理，原国家商检局发布了《出口商品质量许可证管理办法》和《进口商品安全质量许可制度实施办法》。此外，国家质检总局还发布了《出入境检验检疫风险预警及快速反应管理规定》、《采用国际标准管理办法》等。众多的法律、法规以及部门规章，保障了中国出入境商品的检验检疫和监督管理工作的发展。

（三）商品检验的分类

商品检验可以分为法定商品检验、抽查检验以及自愿检验。在1989年《进出口商品检验法》颁布之前，我国对所有进出口商品都实行强制性商品检验。该法实施后，国家只对部分商品实行法定检验。需要经过商品检验的商品，国际贸易双方必须报经检验，海关凭检验机构签发的检验检疫证书放行，《进出口商品检验法》第5条规定："列入目录的进出口商品，由商检机构实施检验。前款规定的进口商品未经检验的，不准销售、使用；前款规定的出口商品未经检验合格的，不准出口。"将必须经商检机构检验的进口商品未报经检验而擅自销售或者使用的，或者将必须经商检机构检验的出口商品未报经检验合格而擅自出口的，由商检机构没收违法所得，并处货值金额5%以上20%以下的罚款；构成犯罪的，依法追究刑事责任。《进出口商品检验法实施条例》第47条规定："销售、使用经法定检验、抽查检验或者验证不合格的进口商品，或者出口经法定检验、抽查检验或者验证不合格的商品的，由出入境检验检疫机构责令停止销售、使用或者出口，没收违法所得和违法销售、使用或者出口的商品，并处违法销售、使用或者出口的商品货值金额等值以上3倍以下罚款；构成犯罪的，依法追究刑事责任。"必须经过法定检验的进出口商品，国际贸易双方可以提出免于检验的申请，由国家质检总局审核批准。提出免检申请应该具备以下条件：（1）申请免验的进出口商品的生产企业，必须建立完善的质量体系。进口商品的生产企业应当经国家商检局认可或者有认证协议的有关机构实施考核，并获得其颁发的质量体系评审合格证书。出口商品的生产企业应当由中国出口商品生产企业质量体系（ISO9000）工作委员会认可，并经国家商检局注册的评审机构考核，获得其颁发的生产企业质量体系评审合格证书。（2）申请免验的进出口商品质量应当长期稳定，商检机构检验合格率连续3年达到100%。（3）进口商品的中国用户或者出口商品的外国用户对申请免验的进出口商品没有质量异议。根据国家质检总局2002年发布的《进出口商品免检办法》，涉及安全、卫生和下列有特殊要求的进出口商品不能申请免验：（1）粮油食品、玩具、化妆品、电器等。（2）列入进口商品安全质量许可证管理的商品。（3）品质易发生变化的商品或者散装货物。（4）合同要求按照商检证书所列成份、含量计价结汇的商品。（5）用于进出口危险货物的包装容器。

商品检验机构对法定检验以外的进出口商品可以抽查检验。抽查检验重点是涉及安全、卫生、环境保护，国内外消费者投诉较多，退货数量较大，发生过较大质量事故以及国内外有新的特殊技术要求的进出口商品。国家质检总局统一管理全国《出入境检验检疫机构实施检验检疫的进出境商品目录》外进出口商品的抽查检验工作，确定、调整和公布实施抽查检验的进出口商品的种类。国家质检总局设在各地的出入境检验检疫机构（以下简称检验检疫机构）负责管理和组织实施所辖地区的《出入境检验检疫机构实施检验检疫的进出境商品目录》外进出口商品抽查检验工作。国家质检总局每年制定并下达进出口商品抽查检验计划，包括商品名称、检验依据、抽样要求、检测项目、判定依据、实施时间等，必要时可对抽查检验计划予以调整，或者下达专项进出口商品抽查检验计划。抽取的进出口商品的样品，由被抽查单位无偿提供。样品应当随机抽取，并应当具有一定的代表性。样品及备用样品的数量不得超过抽样要求和检验的合理需要。根据国家质检总局 2002 年 12 月颁布的《进出口商品抽查检验管理办法》的规定，检验检疫机构应当将国家质检总局公布的抽查检验结果、预警通告等及时通报给当地有关部门和企业，指导协助有关出口企业提高产品质量，协助有关进口单位采取必要措施防范可能的风险。经检验检疫机构抽查合格的进口商品，签发抽查情况通知单；对不合格的进口商品，签发抽查不合格通知单，并作出以下处理：（1）需要对外索赔的进口商品，收用货人可向检验检疫机构申请检验出证；只需索赔，不需要换货或者退货的，收货人应当保留一定数量的实物或者样品；需要对外提出换货或者退货的，收货人必须妥善保管进口商品，在索赔结案前不得动用。（2）对抽查不合格的进口商品，必须在检验检疫机构的监督下进行技术处理，经重新检测合格后，方可销售或者使用；不能进行技术处理或者经技术处理后仍不合格的，由检验检疫机构责令当事人退货或者销毁。经检验检疫机构抽查合格的出口商品，签发抽查情况通知单；不合格的，签发抽查不合格通知单，并在检验检疫机构的监督下进行技术处理，经重新检测合格后，方准出口；不能进行技术处理或者经技术处理后，重新检测仍不合格的，不准出口。

法定检验以外的进出口商品，国际贸易双方可以在买卖合同中规定商品检验条款，[①] 约定是否申请商品检验、由哪一方当事人提交商品检验、进行商品检验的机构、检验的内容以及复验的期限和地点。国际贸易双方可以约定由国家商品检验机构进行商品检验，也可以约定由私人检验机构进行商品检验。如前所述，当事人双方可以约定以装船口商检机构出具的货物品质证书作为合同商品品质、重量、包装的最后依据，当事人也可以约定目的地商检机构出具的货物品质、重量、包装证书作为合同中商品品质、重量、包装的最后依据，当事人还可以约定以装运港的商检证书作为议付的依据，货物到达目的地后，买方保留复检的权利，复检的结果作为买方是否接受货物和行使索赔权利的依据。买卖合同通常规定商品检验的期限，一方如果在规定期限内不进行复检，也就丧失了检验的权利。在国际贸易中，通常采用以下方法确定商品检验的标准和方法：按买卖双方商定的标准和方法、按生产国标准和方法、按进口国标准和方法以及按国际

---

① 进口合同检验条款通常规定：货物到达目的港 × × 天内经国家出入境检验检疫机构复验，如发现品质及数量与合同不符时，除属保险公司或船公司责任外，买方可凭中国进出口商品检验局出具的检验证书，向卖方提出索赔或退货。由于索赔或退货引起的一切费用由卖方承担。出口合同检验条款通常规定：货物在装船前，由我国口岸质检局进行检验，并签发检验证书，作为我出口商向银行议付货款的凭证；货到目的港后允许进口商有复检权，并以目的港检验机构检验后出具的检验证明作为索赔的依据。

标准或国际习惯的标准和方法。

（四）商品检验基本流程

进出口商品检验的主要环节有报检、抽样、检验和签证放行。《进出口商品检验法》第6条第2款规定："合格评定程序包括：抽样、检验和检查；评估、验证和合格保证；注册、认可和批准以及各项的组合。"

1. 报检

报检的范围包括：（1）国家法律法规规定必须由出入境检验检疫机构（以下简称检验检疫机构）检验检疫的；（2）输入国家或地区规定必须凭检验检疫机构出具的证书方准入境的；（3）有关国际条约规定须经检验检疫的；（4）申请签发原产地证明书及普惠制原产地证明书的。根据《出入境检验检疫报检规定》对报检时间的规定，入境货物需对外索赔出证的，应在索赔有效期前不少于20天内向到货口岸或货物到达地的检验检疫机构报检；输入微生物、人体组织、生物制品、血液及其制品或种畜、禽及其精液、胚胎、受精卵的，应当在入境前30天报检；输入其他动物的，应当在入境前15天报检；输入植物、种子、种苗及其他繁殖材料的，应当在入境前7天报检；出境货物最迟应于报关或装运前7天报检，对于个别检验检疫周期较长的货物，应留有相应的检验检疫时间；出境的运输工具和人员应在出境前向口岸检验检疫机构报检或申报；需隔离检疫的出境动物在出境前60天预报，隔离前7天报检。超过检验检疫有效期限的、变更输入国家或地区，并又有不同检验检疫要求的、改换包装或重新拼装的应该重新报检。

2. 抽样

所谓抽样是指按照规定的方法和比例，在货物不同部位抽取一定数量的、有代表性的样品进行检验。抽样检查的商品需要能代表该批商品的品质。出入境检验检疫机构按照有关规定对检验的进出口商品抽取样品，验余的样品，出入境检验检疫机构应当通知有关单位在规定的期限内领回，逾期不领回的，由出入境检验检疫机构处理。

3. 签证放行

《进出口商品检验法》规定必须经商检机构检验的进口商品的收货人或者其代理人，应当向报关地的商检机构报检，海关凭商检机构签发的"入境货物通关单"验放；必须经过商检机构检验的出口商品经检验合格的，商检部门应该签发"出境货物通关单"放行，经商检机构检验合格发给检验证单的出口商品，应当在商检机构规定的期限内报关出口，超过期限的，应当重新报检。根据《出入境检验检疫签证管理办法》的规定："入境货物通关单"的有效期为60天；一般报检的"出境货物换证凭单"（含电子转单方式）和"出境货物通关单"的有效期为：一般货物60天；植物和植物产品为21天，北方冬季可适当延长至35天；鲜活类货物14天；用于电讯卫生检疫的"交通工具卫生证书”的有效期为：用于船舶的 12 个月，用于飞机、列车的 6 个月；“船舶免予卫生控制措施证书/船舶卫生控制措施证书”的有效期为 6 个月；“国际旅行健康检查证明书”的有效期为 12 个月；“疫苗接种或预防措施国际证书”的有效时限根据疫苗的有效保护期确定。国家质检总局对检验检疫证单有效期另有规定的从其规定。

（五）商品检验证书

我国商品检验证书的种类有：（1）品质证书，用于证明进出口商品的规格、等级、性能等内容，是卖方和买方交接货物、结算货款、处理索赔和报关的有效凭证；（2）数（重）量检验证书，用于证明进出口商品的数量或者重量，是交接货物、结算货款、处理索赔、报关征税、计算运费的依据；（3）包装检验证书，用于证明进出口商品的包装是否牢固、完整、清洁、干燥，是否能够保护商品等，它是交接货物，处理索赔的依据；（4）兽医检验证书，用于证明动物产品和食品是否符合卫生要求，它是通关的依据；（5）卫生（健康）证书，用于证明可供食用的动物产品、食品卫生及人员卫生状况；（6）消毒检验证书，用以证明动物产品及食品经过消毒处理；（7）产地证明，用以证明进出口商品产地；（8）价值证明书，用以证明进出口商品真正价值：（9）残损证明，用以证明进出口商品残损、短缺状况；（10）货载衡量证书，用以证明装载进出口商品重量和体积。① 除上述证书外，商品检验检疫机构还出具其他证书。

商品检验证书的法律效力为：（1）是货物进出关的凭证；（2）是征收或减免关税的必备证件；（3）是买卖双方履行合同义务，交接、结算的有效凭证；（4）是计算运费的凭证；（5）是进行索赔、证明情况、明确责任的法律依据。②《联合国国际货物销售合同公约》第 38 条规定：“买方必须在按情况实际可行的最短时间内检验货物或由他人检验货物。”第 39 条规定：“买方对货物不符合同，必须在发现或者理应发现不符情形后一段合理时间内通知卖方，说明不符合同情形的性质，否则就丧失声称货物不符合同的权利。”我国《合同法》第 158 条规定：“当事人约定检验期间的，买受人应当在检验期间内将标的的数量和质量不符合约定的情形通知出卖人。买受人怠于通知的，视为标的的数量或质量符合约定。”“当事人没有约定检验期间的，买受人应当在发现或者应当发现标的物的数量或质量不符合约定的合理期限内通知出卖人。买受人在合理期限内未通知或者自标的物收到之日起两年内未通知出卖人的，视为标的物的数量或质量符合约定，但对标的物有质量保证期的，适用质量保证期，不适用该两年的规定。”从上述法条均可以看出，商品检验关系到买方实体的权利。

---

① 王传丽．国际贸易法．北京：法律出版社，2004：325.

② 姚梅镇．国际经济法概论．武汉：武汉大学出版社，2002：109.

第二节 商检作为索赔证据的效力

主题案例

中国某公司与瑞士某公司绿豆销售合同争议仲裁案

案情回顾

1999年4月15日，申请人中国某公司和被申请人瑞士某公司签订了《销售合同》。双方约定：被申请人向申请人购买2 000吨绿豆，绿豆的水分（MOISTURE）不超过13%，杂物（ADMIXTURE）不超过1.5%；单价为每吨USD324 FOB TIANJIN CHINA，合同总价为USD648 000；装运期为1999年5月份，装运港为天津港，目的港为印度主要港口；被申请人以不可撤销的信用证付款；双方同意关于货物的重量和质量以中华人民共和国进出口商品检验局/公司出具的报告为终局的。在销售合同的履行过程中，双方当事人发生争议。申请人遂提请仲裁，请求裁决被申请人赔偿申请人的降价及货物损耗及其他损失。

在《销售合同》签订后，双方曾对合同单价进行协商。被申请人于1999年4月29日致函申请人，同意将合同单价修改为每吨USD326 FOB TIANJIN CHINA，并允许10%的溢短装。1999年5月3日，被申请人委托银行开出了两份以申请人为受益人的信用证。信用证的有效期至1999年6月15日，总金额为USD652 000元。信用证对货物品质的描述与销售合同一致，信用证关于议付单据的要求中包括CCIB或CCIC的质量和重量检验证书。信用证规定申请人必须在提单日后15天内向议付银行出示所有单据议付货款。1999年5月10日，被申请人同意申请人修改信用证的要求，并通知申请人将于1999年5月25日左右派船接货。1999年5月12日，UBS AG银行将上述两份信用证的有效期延长至1999年6月20日，将申请人交单期限修改为提单日后20天内。

1999年5月24日，申请人通知被申请人，货物已经备好待运，要求被申请人在5月30日前派船，并将船名告知申请人。1999年5月25日，申请人再次致函被申请人，催促派船。被申请人没有在销售合同规定的装运期内，即1999年5月份内派船接货。1999年6月3日，被申请人致函申请人，提出货物中的异色粒和破损粒比例过大，要求日内瓦的商品检验公司 SGS 对合同项下的货物进行检验。申请人于 1999 年 6 月 4 日拒绝由 SGS 进行检验，要求被申请人尽快派船接货。被申请人单方委托 SGS 对合同项下的货物进行了检验。1999 年 6 月 11 日，被申请人将 SGS 的检验结果传真给申请人。SGS 检验报告得出的结论为：杂物的指标为 3.54%，不符合销售合同的规定。此后，双方当事人进行了协商，但未能达成一致意见。被申请人于 1999 年 6 月 24 致函申请人，由于货物质量问题，将不派船接货。

1999 年 6 月 28 日，申请人与 R GLOBAL EXPORTS PTE LTD. 签订另一份销售合同。申请人以每吨 USD295（FOB 天津新港）将本案销售合同项下 1 900 吨绿豆售予 R GLOBAL EXPORTS PTE LTD.。1999 年 7 月 7 日，R GLOBAL EXPORTS PTE LTD. 委托银行开出了以申请人为受益人的信用证，信用证的单价与合同是一致的。1999 年 7 月 22 日，中华人民共和国天津进出口商品检验局对申请人实际交付的 1 898 吨货物进行了检验，检验报告得出的结论为：杂物为 0.7%，水分为 11.3%。

双方在销售合同中约定的价格术语为 FOB。在 FOB 合同中，应当由买方负责租船订仓，然后将有关船名、装货地点和要求交货时间通知卖方。销售合同规定的装运期为 1999 年 5 月份，因此，被申请人作为买方就负有在 1999 年 5 月份派船接货的合同义务。事实上，被申请人在其 1999 年 5 月 10 日的传真中也明确表示将于 5 月 25 日左右派船接货。然而，被申请人在销售合同规定的装运期内没有履行上述合同义务。而且，在申请人给予额外的时间要求其履行合同，被申请人仍未履行。

被申请人就其违约行为提出抗辩的理由是申请人的货物质量不符合销售合同和双方的约定。双方约定货物应当适合人类食用，并且销售合同要求货物的杂物不能超过 1.5%，而 SGS 检验报告的结论为：杂物为 3.54%。

争议焦点

本案被申请人在申请人发货前是否有权对合同货物进行检验？

裁判意见

仲裁庭注意到，双方在销售合同中明确约定，关于货物的质量，中华人民共和国进出口商品检验局/公司出具的检验报告是终局的。没有证据证明，双方曾有约定，申请人在发货前允许被申请人对合同货物进行检验。因此，被申请人认为在申请人发货前其有权对合同货物进行检验，缺乏合同依据。

被申请人还以申请人所举证据不是证明合同货物已经中华人民共和国进出口商品检验局检验为由，以支持其主张。仲裁庭认为，申请人所提交的证据证明，合同货物已经中华人民共和国天津进出口商品检验局检验放行，虽然被申请人认为此放行章不应盖在报关单上，而应盖在通关单上。但被申请人也不否认此类放行章是有效的。而且，双方同意的信用证条款规定，申请人向银行提交的议付单证中必须包括中华人民共和国进出口商品检验局出具的商检证，如果申请人不提交此商检证，则不仅构成违约，而且支付银行也会以单证不符为理由，拒绝支付货款，使申请人无法实现收取货款的目的。如由此给被申请人造成经济损失，被申请人还可以要求赔偿。

按照国际贸易的通常做法，在 FOB 价格条款下，应由买方负责租船订仓，并给予买方关于船名、装货地点和所要求交货的时间的充分通知。CISG 第 60 条也规定："买方收取货物的义务如下：（a）采取一切理应采取的行动，以期卖方能交付货物，和（b）接收货物。"具体到本案，申请人所交合同货物已按照销售合同的约定，经中国天津进出口商品检验局检验放行，被申请人即应派船接货，而不能在装船期后以 SGS 的检验结果作为拒绝接货的理由。

综上所述，被申请人拒绝派船接货，从而造成销售合同不能履行，构成根本违约，应承担违约责任。

评析探讨

国际贸易合同通常对商品检验作出规定，商品检验的时间和地点大概有以下三种情形：（1）以离岸品质、重量为准。即出口国装运港的商品检验机构在货物装运前对货物品质，数量及包装进行检验，并出据检验合格证书为交货的最后依据。换句话说，货物到目的港后，买方无权复验，也无权向卖方提出异议。（2）以到岸品质，重量为准。即货物的数量，品质和包装由到达目的港后，目的港的商品检验机构检验，并出据检验证书为货物的交接依据。（3）两次检验、两个证明、两份依据，即以装运港的检验证书作为交付货款的依据。在货物到目的港之后，允许买方公证机构对货物进行复验并出具检验证书作为货物交接的最后依据。国际贸易买卖双方协商选择商品检验的时间、地点和方式，约定的商检条款对双方均有约束力。

具体到本案，本案合同没有约定由谁进行商检以及在何时进行商检，本案的被申请人仍有权委托商检机构进行装运前的商检。但是，合同约定中华人民共和国进出口商品检验局/公司出具的检验证书作为证明货物质量的最终证据，信用证关于议付单据的要求也包括 CCIB 或 CCIC 的质量和重量检验证书，可见中华人民共和国进出口商品检验局/公司的检验报告对商品质量的证明是终局性的。在没有获得中华人民共和国进出口商品检验局/公司作出的商品检验之前，被申请人以货物质量不符合同为由单独委托 SGS 进行商检，SGS 作出的认定货物不符合合同的商检报告没有最终的证明力。而且基于申请人随后与另外买家签订合同出卖同一批货物，天津进出口商品检验局得出了与 SGS 不同的检验结果的事实，也可以进一步判定被申请人没有充分证据证明货物交货前已与合同不符。本案被申请人没有履行 FOB 术语下的派船接收货物的义务，也没有得到中华人民共和国进出口商品检验局/公司出具的货物不符合合同约定的商品检验报告，因而，应该承担违约的责任。

主题案例

澳大利亚某公司与中国某公司 DVD 供应争议仲裁案

案情回顾

申请人澳大利亚某公司与被申请人中国某公司于 2001 年 3 月 20 日签订的合同约定，由被申请人向申请人供应 DVD 机，其中与本案有关的 DVD 600 台，每台单价 99 美元，货值 59 400 美元。合同后附有一份《出口产品技术确认书》，要求 DVD 机带有 YUV 输出功能。申请人依约申请开立信用证，被申请人也按期将 DH－1111 DVD 发货，货物于 2001 年 5 月 4 日到达澳洲。证据表明，申请人在货物到达澳洲后及时对合同项下的 DVD 机进行了检验，并当即提出了数量和质量异议。申请人验收货物时发现存在以下几方面问题：（1）DVD 机数量比合同约定的 600 台少 8 台；（2）没有按 1% 的比例提供 6 套备份件；（3）全部 DVD 没有 YUV 输出功能，等等。

鉴于货物存在前述问题，双方通过往来函件进行了协商，并于 2001 年 5 月 22 日达成一致意见，被申请人接受以下索赔条件：（1）同意每台机器降价 15 美元，对于 YUV 和卡扣 OK 中存在的技术故障不再处理。9 000 美元直接在信用证议付时减掉。（2）信用证在原来的时间基础上延长 30 天。（3）除 YUV 和卡拉 OK 之外的质量问题仍按照合同规定负责维修。（4）对于收货时少的 8 台机，折合 672 美元，也在本次信用证议付时扣减。本次信用证合计扣款 9 672 美元。

被申请人对该协定予以认可，但没有履行该约定，仍欠付申请人 9 672 美元的赔偿金。

争议焦点

1. 被申请人提供的检验书可否证明其已依约交货？

2. 申请人是否可以 SGS 的检验报告为索赔的依据？

裁判意见

1. 关于申请人委托 SGS 检验的情况

在双方达成减价协议之后，被申请人将 DVD 投放市场，因质量问题部分被退货。仲裁庭注意到，申请人提供中华人民共和国驻悉尼总领事馆的认证书证明客户退货的情况，该认证书是证明所附文书上澳大利亚外交贸易部驻新南威尔士州办事处印章及该办事处官员的签字属实，后面所附的材料是一些单据，可以证实申请人将 DH－1111 DVD 机转售后退货的情况。

在此情况下，申请人先后两次于2001年7月24日和第一次开庭后的2001年11月1日，单方委托SGS检验。第一次送检了65台，第二次送检了100台。SGS分别于2001年8月1日和11月2日出具的两份检验报告均从四项功能就DVD功能的控制情况进行了图像检验和DVD性能测试，并注明：其是依据105E军用标准确定抽样数量；165台全部为新机，表面上看不到任何损坏或缺陷；两份检验报告的结论分别以25%～100%和20%～100%的抽样受检的DVD机不符合呈报的规格（或乙醇样本性能）而未通过性能测试，SGS不认为该货物达到合理的可接受的质量水平。

被申请人认为SGS属申请人单方委托，应依据约定聘请双方同意的检验组织。仲裁庭认为，虽然SGS并非双方协商同意的检验组织，但鉴于该机构的权威性和公正性，SGS作出的检验结论可以作为仲裁庭裁决的依据。况且，本案申请人是在一年的货物质量保修期内委托SGS检验，而必须由双方协商检验机构是合同第15条第1款针对60天质量索赔期而约定的。故被申请人以未经双方约定作为否认SGS检验报告的理由不能成立。

关于SGS检验报告上表明所检验的机器全部为新机，仲裁庭认为，所谓的“新机”只能说明机器包装完好，其质量状态与出厂时相同，表面没有任何损坏或缺陷。

2. 关于合同第15条的约定及申请人退货是否逾期

仲裁庭注意到，合同第15条第1款约定，在货物运抵目的港后，一旦发现货物之技术故障、数量或重量与合同规定的不符，可采用两种方法，或双方协商解决或买方可以凭借双方同意的检验组织所出具的检验证书，向卖方索赔。本款还约定了60天的质量索赔期和45天的数量、重量索赔期。第2款是有关1年保修期的约定：在保修期内（英文有1年的约定），如损坏率在0.5%以上5%以下，卖方要负责全面维修，并且保证100%换板，如技术指标（此处英文为功能）损坏率超过5%，则买方有权提出退货，并且要求赔偿因质量问题带来的一切损失。仲裁庭认为，第1款是针对交货时而设，规定了货到目的港后60天质量索赔期及45天的数量索赔期；第2款是针对1年质量保修期内的赔偿标准及方法，即如果技术功能损坏率在5%以下就采用维修的解决办法，在5%以上即退赔。这两款规定的内容是不同的，双方在履行了第1款的检验索赔权之后，仍可行使第2款赋予的权利。

申请人在货物于2001年5月4日到达目的港（悉尼）后即对货物进行了检验。按照贸易惯例，买方在收到卖方交付的货物后具有检验货物的权利，否则不能认为已接受货物。申请人作为买方在发现质量、数量缺陷后，即采取第1款规定的协商解决的办法，于5月22日达成了减价及赔偿协议。由此可见，申请人已依据第1款及时行使了检验权，在发现问题后，又采取了其中的一种双方协商解决的办法，而不是采用委托双方同意的检验组织检验的第二种办法。从双方的约定看，无论采用哪一种方法解决都是可以的。

CISG 第 36 条第 2 款规定：卖方对在第 1 款所述时间（风险转移到买方）后发生的任何不符合同情形，也应负有责任，如果这种不符合情形是由于卖方违反他的某项义务所致，包括违反关于在一段时间内货物将继续适用于其通常使用的目的或某种特种目的，或将保持某种特定质量或性质的任何保证。双方在合同中也约定到，在产品 1 年保修期内，如果产品质量出现双方约定的问题，申请人仍可以行使维修和退赔权。因此，不能认为由于申请人未选择 90 天内依据双方同意的检验组织的检验进行索赔，进而就可以解脱被申请人应按第 2 款规定承担退赔的责任。

仲裁庭认为，根据合同第 15 条第 2 款的规定，在 1 年的产品质量保修期内如技术功能损坏率达 5% 以上可以退赔。申请人于 2001 年 5 月 4 日收到货，于 2001 年 8 月 28 日申请仲裁日提出退赔，并未超过 1 年保修期的约定，虽然 1 年的保修期限只出现在英文中，但亦属合同的组成部分，况且中文中没有期限的约定，和英文 1 年的期限也不存在矛盾之处。

评析探讨

根据该案例可知，案涉合同第 15 条第一款约定在货物运抵目的港后，买方一旦发现货物之技术故障及数量或重量与合同规定的不符，可采用两种方法，即或者双方协商解决或者买方可以凭借双方同意的检验组织所出具的检验证书，向卖方索赔，其中质量索赔期的时间为 60 天；该条第二款约定了 1 年的保修期，以及保修期内可以采取的救济措施。这些都是就合同纠纷可以选择的救济方式，合同第 15 条第一款约定的“买方可以凭借双方同意的检验组织所出具的检验证书，向卖方索赔”也指向的是救济方式，而不是商品检验的权利由谁行使。

由于商品检验提供的报告只是货物是否与合同相符的证据，是解决纠纷的必要手段，买方选择不同的争端解决办法并不影响买方委托商品检验的权利。本案买卖双方曾就货物质量不符达成赔偿和降价协议是选择了协商的方法来解决货物质量纠纷，同时买方此时仍然可以申请商品检验，作为其与卖方协商的依据。本案的买方也确实如此行为。卖方未能履行后续达成的赔偿协议，买方有权要求其继续履行该协议，也有权根据合同保修期的规定再行使其他的权利，此时检验报告仍可以作为其行使其他权利的证据。需要注意的是，本案合同第 15 条第 1 款所规定的“买方可以凭借双方同意的检验组织所出具的检验证书，向卖方索赔”，只是给买方提供了一种救济的权利，即买方如果根据该条行为需要提供双方商定的检验机构出具的报告。但是，买方不必然需要根据该条行为，正如本案买方最后选择了其他救济一样。

总而言之，本案买方在收到与合同不符货物后，即刻申请商品检验，因而得以保全其所有的权利。买方未按照合同第 15 条第一款的规定行使检验权并不意味着完全放弃其作为货物买方的商品检验的权利，其单独委托商检机构进行商品检验没有违反合同的规定。至于SGS公司出具的检验证明的证明力问题，则属于仲裁机关衡量的范围。本案仲裁庭基于SGS公司在商品检验行业的能力与信誉，以及卖方不能提供相反证据的事实，认可了SGS公司出具的检验报告，进而认定被申请人违约是符合法律规定的。

主题案例

香港地区W（中国）有限公司与广东K有限公司货物销售合同争议仲裁案

案情回顾

2005年9月29日，申请人香港W（中国）有限公司作为卖方，被申请人广东K有限公司作为买方，双方共同签订了本案争议合同，约定由卖方向买方提供货品GBPC ABS PRIME GRADE 750，数量4×20'/共约72公吨（允许增减10%数量及总价），共4个标准货柜。

在履行上述合同的过程中，双方发生争议。申请人称，合同签订后，其于2005年9月30日向被申请人开具了两张发票。申请人依约安排装船出货，合同项下的全部货物于2005年10月8日运抵Y港。船代公司于当天将到货通知书传真给被申请人。拖运公司亦于10月10日就拖货事宜联络被申请人。但被申请人未依约付款，并怠于办理报关手续，直到10月26日被申请人才完成报关手续，并于10月31日提货。被申请人延迟至10月30日才通过信用证支付了C053489发票项下的货款，并于11月1日复函称C053488发票项下的货物短装8包，但一直未提供有关证明文件。11月5日被申请人通过支票支付了C053488发票项下的部分货款港币391 626.14元，扣除了港币15 183.13元。11月8日，申请人致函被申请人反对其自行扣除8包货物之款额、货物滞报金及仓租并促请其尽快提供证明。后申请人致函被申请人要求支付余款未果。申请人遂申请仲裁，要求裁决被申请人支付拖欠的货款及赔偿损失。

争议焦点

1. 货物是否短量8包，是否应当由商检机构或其他权威机构出具证明？

2. 如何理解合同中的有关规定，尤其是“其他条件”中的第10条，即商检条款？

裁判意见

关于货物短量8包的争议，仲裁庭认为：

被申请人的代理人对于合同第10条以及本案系争合同作为格式合同的理解与阐述，前者确有独特之处。如果要分析合同第10条的规定是并列还是递进，那么不妨说，理解为递进是合理的。就货物的短量或质量等问题，买方先书面知会卖方，还要用商检报告来证明，当然也可以直接用商检报告知会卖方，此时便无递进之说。仲裁庭必须指出，本案合同的准据法是中华人民共和国（内地）的法律，包括《中华人民共和国进出口商品检验法》。进口商品的检验，由货物卸货口岸或者到站的内地商检机构，不应因合同第10条有"……提交有国际权威性的机构之检验报告"就否定中国内地商检机构的权威与法定权能。为了便捷与节省，当事人当然也可以商定其他验收方式，比如双方代表在目的港清点等。仲裁庭认为，依据合同第10条的约定，被申请人提出货物短量，却没有提交第三方出具的商检报告，而且也没有提交任何证据证明该短缺事实的存在，因此，被申请人关于货物短量的主张不能成立。被申请人关于对合同格式条款的其他理解与主张，仲裁庭不予认同，也不予采纳。因此，仲裁庭认定，8包货物的欠款港币2 260.05元须由被申请人支付给申请人，并自2005年10月27日起计付利息。

评析探讨

本案被申请人（合同买方）称C053488发票项下的货物短装8包，被申请人通过支票支付了C053488发票项下的部分货款港币391 626.14元，扣除了港币15 183.13元，也就是扣除了其认为短缺的货款的价款。本案仲裁庭认为，本案被申请人依据合同第10条的约定，提出货物短量，却没有提交第三方出具的商检报告，而且也没有提交任何证据证明该短缺事实的存在，因此，被申请人关于货物短量的主张不被支持。

根据一些学者的总结，检验证书的作用主要有以下几点：(1) 作为证明卖方所交货物的品质、数量、包装以及卫生条件等是否符合合同规定的依据。在进出口贸易中，交付与合同条款规定相符的货物是卖方的义务之一，因此，在买卖合同或信用证中，一般都明确规定卖方交付货物时必须向买方提交经商检部门检验并出具的检验证书，以证明所交的货物与合同或信用证规定一致，否则，进口方有权拒绝付款。(2) 作为买方因商品品质、数量、重量、包装等方面的问题，拒收或提出异议和索赔的凭证。买方收到货物后，如发现其品质、数量、重量、包装等方面与合同或信用证规定不一致时，可以商检机构出具的检验证书证明货物的实际残损情况，并以其作为处理争议的依据，向有关方面提出索赔。(3) 作为卖方向银行议付货款的单据之一。当合同或信用证中规定在出口国检验，或规定在出口国检验、进口国复检时，一般合同中都规定，卖方必须提交规定的检验证书。因此，卖方在向银行办理货款议付时，在所交的单据中，必须包括检验证书。(4) 作为进出口国海关验放的证件之一。这是指凡是属于国家法定检验的货物，在办理进出口报关手续时必须向海关提交商品检验机构出具的检验证书，否则海关不予放行。(5) 作为证明货物在装卸、运输过程中实际状况，明确责任归属的依据。货物在进出口过程中，可能会涉及如进口商、承运部门、装卸部门、保险部门等诸多当事人，如果货物在装卸、运输过程中发生数量短缺、残损、变质甚至灭失等情形，其责任的划分往往比较困难。有了商品检验部门出具的有关证书，就能证明货物在装卸、运输时的状况，明确划分责任以及处理货物残损。本案仲裁庭对被申请人主张的否定说明了商检报告作为证据证明货物数量、质量是否符合合同约定的效力（主要说明商检证书的上述第 2 个作用）。被申请人没有提供证据（商检证书），擅自减少货物货款，因而应该承担违约责任。

主题案例

中艺华海进出口有限公司诉三角洲船务有限公司等海上货物运输合同货差纠纷案[①]

案情回顾

2007 年 1 月 31 日，被告三角洲船务有限公司所属“爱琴海之虎”轮船长在印度尼西亚卡里曼（KARIMUN）签发第 001 号、第 002 号指示提单。第 001 号指示提单记载：收货人凭富通银行新加坡分行指示，通知方为中艺华海进出口有限公司，托运人提供的货物散装数量为 14 778.879 长吨，15 015.981 公吨，在 60°F（华氏 60 度）条件下 98 633 美国桶，在 15℃条件下 15 675.938 千升。船方和船长对货物的数量、计量、重量、测量、品质、性质、价值和状况并不知情。承运船舶为“爱琴海之虎”轮。装货港为卡里曼，卸货港为中国黄埔。第 002 号指示提单记载：托运人提供的货物散装数量为 44 376.908 长吨，45 088.861 公吨，在 60°F 条件下 296 168 美国桶，在 15℃条件下 47 070.530 千升。其他内容与第 001 号提单相同。2 月 7 ~ 17 日“爱琴海之虎”轮在广州黄埔港卸货。

2 月 10 日被告声称原告货物卸完。原告发现货物短少，要求与广州检验局检验员一起对该轮全部舱室进行检查。2 月 17 日，该轮船长称已准备将 522.340 公吨货物从左污油舱卸到驳船。原告于 2 月 17 日致函船长称：指派“源汉油 7”船接收“爱琴海

① 案例详见中华人民共和国广州海事法院（2007）广海法初字第 126 号民事判决书。

之虎”轮卸货。原告申请的中国检验认证集团广东有限公司检验，卸到驳船上的货物重量为59 521.699公吨。其中，卸到“源汉油7”船的数量为489.211公吨，原告表示根据检验师出具的检验报告，收到从该轮所卸货物522.507立方米。2月17日，广州检验局出具左污油舱空距报告、左污油舱船上残留报告。该空距报告记载左污油舱货物为521.760公吨。船上残留报告记载左污油舱货物已卸空，残留物为1.5立方米。2月27日至3月1日，中国检验认证集团广东有限公司出具重量证书（驳船计量）5份，根据该5份证书，从“爱琴海之虎”轮卸到驳船的货物数量为59 521.699公吨。2007年3月5日，广州检验局检验出具440100107003169、440100107003168号重量证书，该证书记载：检验日期2月7日至17日，卸毕日期2007年2月17日，第001号提单卸下货物为14 903.422公吨，第002号提单卸下货物为44 750.877公吨。合计59 654.299公吨。原告与美国船东互保协会共同委托广州进出口商品检验技术研究所，该研究所于3月8日出具的检验结果认定自送样品水分为3.68%（m/m）。据此推算“源汉油7”船所卸货物中超过货物正常水分含量的水为17.025公吨。为支持各自主张，原告向法庭提交中国检验认证集团广东有限公司出具的重量证书（驳船计量）5份和广州进出口商品检验技术研究所出具的检验报告。被告向法庭提交广州海江保险公估有限公司检验报告、广州检验局卸货前空距报告（第003号提单）和广州检验局卸货后残留报告（第003号提单）。

争议焦点

商品检验证书在本案中的证据效力。

裁判意见

1. 关于被告三角洲船务有限公司是否将原告货物打入其燃料舱

原告为证明被告三角洲船务有限公司将原告的货物打入其燃料舱，提供了抵港燃料舱报告、自用油请购表、管线分布图、照片等证据。被告三角洲船务有限公司对抵港燃料舱报告、自用油请购表、管线分布图、照片的真实性没有提出异议，应予确认。离港燃料舱报告虽是复印件，但该证据上有“爱琴海之虎”轮印章、轮机长的签名以及广州检验局检验人员的签名，可与抵港燃料舱报告印证，应予确认。

最高人民法院《关于民事诉讼证据的若干规定》第73条第1款规定：“双方当事人对同一事实分别举出相反的证据，但都没有足够的依据否定对方证据的，人民法院应当结合案件情况，判断一方提供证据的证明力是否明显大于另一方提供证据的证明力，并对证明力较大的证据予以确认。”2月7日“爱琴海之虎”轮抵港时燃料舱报告中载明重燃料油总量为860.051公吨，左深舱、右深舱、左贮藏舱、右贮藏舱中燃料体积分别为72.28立方米、72.28立方米、339.23立方米、345.28立方米，共计829.07立方米，而2月17日离港燃料舱报告中载明重燃料油总量为774.752公吨，左深舱、右深舱、左贮藏舱、右贮藏舱中燃料体积分别为150.54立方米、193.26立方米、218.87立方米、207.57立方米，共计770.24立方米。被告提供的燃料舱报告显示该轮在卸货港每天消耗燃料油56公吨，在广州港10.42天（2月7日02:00时至2月17日12:00时）消耗应为583.520公吨，但其消耗仅为85.299公吨，即每天消耗燃料油7.469公吨。“爱琴海之虎”轮在广州港期间2月7日至10日及17日卸原告货物，14日至16日卸第003号提单货物，被告主张该轮卸货期间有时两三天不用耗油。该轮在广州港即使6天完全不耗油，其耗油也应有247.520公吨，与其实际耗油量相差162.221公吨。被告三角洲船务有限公司在2月10日已宣称货物已卸完，而其于2月17日又通知原告卸货。被告三角洲船务有限公司主张卸货重量为521.880公吨。对于“爱琴海之虎”轮在广州港耗油的不正常及声称卸完后又卸货，被告三角洲船务有限公司没有作出合理的解释。综上，认定其将货舱货物打入其燃料舱。

2. 关于卸入“源汉油7”船货物的水分含量

原告为证明卸入“源汉油7”船货物的水分含量为17.025公吨，提供了广州检验局检验出具的440100107003169、440100107003168号入境货物检验检疫证明、广州进出口商品检验技术研究所出具的检验报告等证据。被告三角洲船务有限公司对上述证据的真实性没有提出异议，应予确认。2007年2月14日，广州检验局检验出具的440100107003169、440100107003168号入境货物检验检疫证明记载第001号提单、第002号提单货物水分为0.20%（V/V）。广州进出口商品检验技术研究所作出的检验结果是原告与美国船东互保协会共同委托，并非原告单方委托，被告没有相反证据的情况下可予认定。该研究所于3月8日出具的检验结果认定自送样品水分为3.68%（m/m），据此推算“源汉油7”船所卸货物中超过货物正常水分含量的水为17.025公吨。超过货物正常水分含量部分应予扣除。

3. 货物短少数量

被告三角洲船务有限公司为证明其已履行提单的交付义务，提供了SGS检验服务新加坡公司出具的装货后空距报告、数量报告，及广州检验局卸货前空距报告、卸货后空距报告、船上残留报告、船长与原告的函件等证据。《海商法》第77条规定：“除依照本法第七十五条的规定作出保留外，承运人或者代其签发提单的人签发的提单，是承运人已经按照提单所载状况收到货物或者货物已经装船的初步证据；承运人向善意受让提单的包括收货人在内的第三人提出的与提单所载状况不同的证据，不予承认。”被告三角洲船务有限公司所提供的SGS检验服务新加坡公司出具的在装货港的装货后空距报告、数量报告属于与提单所载状况不同的证据，不予承认。据上，被告三角洲船务有限公司关于其已完全按提单记载向原告交付货物的主张不能成立。

在被告没有将原告的货物打入其燃料舱的情况下，承运人提供的船舶干舱证书、空距报告具有证明散装液体货物交货数量的效力。但是广州检验局重量证书的卸货重量14 903.422公吨、44 750.877公吨是以总标准体积与船上残留体积的差额即62 662.431立方米，并以重量纠正指数0.9582、大船经验指数1.00707进行校正而计算的。在“爱琴海之虎”轮将货舱货物打入燃料舱的情况下，广州检验局根据通常的计量方法不能准确测量所卸货物的重量。广州检验局重量证书所附证书中左污油舱数量为1 493.149公吨，而被告声称卸完后，2月17日广州检验局出具空距报告记载左污油舱货物为521.760公吨。广州检验局重量证书没有考虑被告将部分货物卸入燃料舱的因素，也没有说明左污油舱货物再次卸货的由来，因此，该证书不能完全反映交货重量。在被告没有相反证据的情况下，根据中国检验认证集团广东有限公司出具的重量证书认定交货数量更为合理。

根据《海商法》第46条第1款规定：“……承运人对非集装箱装运的货物的责任期间，是指从货物装上船时起至卸下船时止，货物处于承运人掌管之下的全部期间。在承运人的责任期间，货物发生灭失或者损坏，除本节另有规定外，承运人应当负赔偿责任。”因此判决被告三角洲船务有限公司赔偿原告中艺华海进出口有限公司货物损失188 059.04美元及利息（以2007年2月16日中国人民银行公布的美元对人民币的交易基准汇价折算为等值人民币，自2007年2月18日起至本判决确定的还款之日止按中国人民银行同期流动资金贷款利率计算）。

评析探讨

商品检验是商品检验机关对进出口商品的品质、重量、包装、标记、产地、残损等进行分析和公证鉴定，并出具检验证明。国际贸易参与者可以申请官方商品检验机构对进出口货物进行检验，也可以委托私人鉴定机构检验货物，检验机构对受委托的事项进行检验，并出具检验证书。本案中，承运人和托运人多次委托检验，受委托检验的机构有广州检验局、中国检验认证集团广东有限公司以及广州进出口商品检验技术研究所，检验机构受托检验的内容有实际卸载货物的重量和卸载货物含的水分等。法院根据承运人和托运人提交的证据和检验机构作出的检验证书，认定承运人三角洲船务有限公司将托运人中艺华海进出口有限公司货物打入其燃料舱的事实以及货物短少的数量，继而作出承运人赔偿的判决。商品检验证书是商检机构出具的证明商品品质、数量等是否符合合同要求的书面文件，是买卖双方交接货和款并据以索赔的重要法律文件，比一般的书面材料具有更高的证明力。货物受损方可以依据商检证书向买方索赔、向保险机构索赔或者向货物的承运人、实际承运人索赔。本案原告托运人中艺华海进出口有限公司在发现货物与托运数量不符的情况下，及时委托商品检验机构进行检验，提供的商品检验证书也被审理法院采纳，可以看出商品检验是一种保全证据的有效方法。

主题案例

三星物产株式会社与海宁市进出口公司国际货物买卖合同纠纷上诉案①

案情回顾

1996 年 11 月 20 日，被上诉人（海宁市进出口公司）接受海宁富神龙皮革制衣厂（以下简称富神龙厂）委托，代理进口牛皮服装革。同年 12 月 31 日，被上诉人与上诉人（三星物产株式会社）订立销售合同一份，约定被上诉人向上诉人购买深棕色 0.7 ~ 0.8mm 磨面服装牛皮革，数量 200 000SF，单价 CIF 上海 1.58 美元/SF，总金额 316 000 美元，付款方式为被上诉人于 1996 年 12 月 31 日前通过电传开具不可撤销信用证，装运期为 1997 年 1 月 31 日，以工厂检验为准等。签约后，被上诉人申请开立了受益人为上诉人的不可撤销信用证。1997 年 1 月 30 日，上诉人将 147 885.4SF 的牛皮革从釜山港启运至上海港。同年 2 月 15 日，富神龙厂收货后发现质量有问题，经被上诉人同意后与上诉人交涉，并于 2 月 16 日传真给上诉人合同经办人金学峰，提出皮面次、血筋和斑点多，手感硬、尺寸紧等问题，请速来复查质量。上诉人经办人即到富神龙厂查看货物，并于 2 月 25 日传真给富神龙厂，称：有关一月末装船货物中的 100 000SF 质量问题，我司定会负责解决。如在电话中所说，换掉 100 000SF 对人力、经济都有损失，我司希望从今后贸易中逐步将此部分损失通过贸易弥补给贵司。并具体对一些皮革作了让利报价。富神龙厂则要求换货，同时向浙江省进出口商品检验局申请检验。检验结果为：（1）本批货物有色差，1/3 深棕色偏红，2/3 为深棕色偏黑；（2）偏黑的皮张血筋、斑点多、磨面不均匀、弹性不足、使用率 70% 左右，上述问题系供方原装所致。上诉人不同意换货，以致酿成纠纷。

争议焦点

案涉合同商检条款的效力以及合同当事人商检的期限。

裁判意见

一审法院认为，上诉人与被上诉人订立的销售合同仅对货物的规格作了描述，而有关检验条款即具体质量标准的约定表述不明，双方认识不一，因此此项检验条款的约定应认定无效。被上诉人代理富神龙厂进口牛皮革，有权接受富神龙厂的委托对上诉人提

① 案例详见浙江省高级人民法院（1998）浙经终字第 227 号民事判决书。

起诉讼。上诉人在富神龙厂提出质量异议的情况下，实地查验了货物品质，并表示一定负责解决货物质量问题及以让利形式弥补损失，应视为上诉人认可了货物存在质量问题，而商检局的品质检验报告也证实了上诉人所供货物存在较严重的质量问题。被上诉人在提出换货及赔偿损失的要求遭拒绝后有权要求解除合同，并要求赔偿损失。三星物产株式会社认为，被上诉人未能依照有关法律法规的规定及时报请商检，依法丧失索赔权，上诉人行为不构成重大违约，原审法院判决解除合同属适用法律错误。

二审法院认为，上诉人与被上诉人于1996年12月31日订立的出口销售合同，双方意思表示真实，应属有效。因合同对标的物质量检验约定不明确，故应以法定检验机构的检验为依据。根据检验结果，上诉人提供的货物存在质量问题，致使被上诉人不能按预期目的利用，经济利益遭受较大损失，被上诉人要求解除合同应予准许。上诉人应返还被上诉人货款并赔偿其他经济损失。因销售合同未约定品质索赔期限，被上诉人在合理时间内申请检验及索赔，并未丧失追索权。上诉人提出的“原审判决认定货物质量不合格及赔偿损失缺乏依据，被上诉人丧失索赔权，解除合同错误”的上诉理由不能成立，依法不予支持。原审判决认定事实清楚，适用法律正确。

评析探讨

本案一审法院以合同检验条款中的具体质量标准的约定表述不明以及买卖双方认识不一，认定检验条款无效。由于各个国家对同一种商品的品质标准不完全相同，每个国家的标准（包括各同业公会的标准）各年的版本也不尽相同，根据不同的标准对同一种商品进行检验，得出的检验结果也有差别，所以当事人最好在合同的检验条款里约定检验适用的标准。

国际上对商品检验标准的分类有：（1）对买卖双方均有约束力的标准，买卖合同和信用证所规定的标准；（2）与贸易有关国家所制定的强制执行的法规标准，主要指商品生产国、出口国、进口国、消费国和过境国所制定的法规标准；（3）国际权威性标准，是指国际上具有权威性的检验标准，其中又包括国际标准、区域性标准化组织标准、国际商品行业协会标准和某一国家权威性标准。我国商品检验机构适用的检验标准有以下几种：（1）法律、法规规定有强制性标准的或其他必须执行的检验标准的，按法律、法规的规定执行；（2）法律、法规未定有强制性标准的或其他必须执行的检验标准的，按合同规定的标准检验执行，凭样品成交的，按样品检验；（3）法律、法规规定有强制性标准的或其他必须执行的检验标准的，低于合同的标准的，按合同标准执行，凭样品成交的，按样品检验；（4）法律、法规未定有强制性标准的或其他必须执行的检验标准的，合同也无规定，按生产国标准、有关国际标准或国家商检部门规定的标准；（5）国际化标准组织，为促进各国产品质量及企业质量管理水平的提高和保护消费者利益，于1987年制定的ISO9000质量管理与质量保证系列国家标准，现在已经修订为 ISO2000 系列标准。

因此，本案当事人即使没有约定商检标准，也不必然导致商检条款无效。商品检验必须在一定的期限内进行，否则，当事人会丧失检验的权利，同时检验的期间有时也是货物品质索赔的期限，未及时检验甚至会导致索赔权利的丧失。本案合同双方没有约定检验的期限，当事人应该在合理期限内进行商检，海宁市进出口公司在合理的期限内向浙江省进出口商品检验局申请检验，得出检验结果是货物不符合合同质量的约定，因而卖方三星物产株式会社应该承担违约的后果。

专题七

国际贸易术语

第一节 基本原理

一、概述

（一）国际贸易术语的形成和作用

国际贸易术语是在国际贸易长期实践中形成的，用以确定国际贸易买卖双方权利、义务和风险承担的国际贸易惯例。国际贸易术语是长期贸易实践的产物，有些贸易术语已经有近两百年的历史，例如“船上交货”（FOB）这个术语在19世纪初就被广泛采用。当时，从事航海贸易的商人往往需要随船到世界各地采购商品，双方成交后，由当地卖方将货物交到船上，买卖双方对货物的责任、费用和风险承担以交到船上为界。19世纪中叶，交通运输业、保险业与通讯业都获得较大的发展，进口商可以不再随船到世界各地买入商品，卖方也可以安排有关的运输、保险事宜，这个时候，又出现了“成本加保险费与运费”（CIF）这种贸易术语。[①] 第一个有关CIF的案例产生于1862年，[②] CIF术语渐渐取代FOB术语，成为使用最广的贸易术语。

国际贸易术语在发端之初没有文字记载，这样就导致了它内容的不确定和人们对它理解的不统一。一些国际间民间团体和学术团体或者国内团体开始将这些不成文的国际贸易术语成文化，给予其确定的含义和说明解释，甚至还提醒在使用一些贸易术语时应该注意的事项。国际贸易术语有了成文的表现形式，但是仍然是作为国际惯例存在。这样的编纂主要有以下几个：（1）《华沙－牛津规则》。1928年国际法协会华沙会议编纂

---

① 冯大同．国际贸易法．北京：北京大学出版社，2001：12.

② Tregelles v．Sewell 7 H．& N．574 。

了有关国际贸易术语 CIF 方面的国际贸易惯例，后该协会在 1932 年牛津会议上修订了该协议，改名称为《华沙－牛津规则》。该规则的序言指出“本规则旨在向那些有意按 CIF 条件进行货物买卖而目前缺乏可用的标准合同格式或共同条件的人们提供办法，使他们在 CIF 合同中能自愿地且容易地采用一套统一规则”。当事人在国际货物买卖中，如果在合同中约定适用该规则，该规则对合同的双方有法律的效力。(2)《1941 年修订的美国对外贸易定义》。该定义规定了六种贸易术语，包括 CIF 和 FOB 等常用的术语，FOB 指运输工具上交货（Free on Board），该术语又分为六种类型：“指定启运地交货”(FOB…named inland carrier at named inland point of departure)、“在内陆指定的启运地的指定内陆运输工具上交货，运费预付到指定的出口地点”（FOB…named inland carrier at named inland point of departure, freight prebaid to…named point of exportation)、“指定内陆启运工具上交货，并扣除至指定地点的运费”（FOB…named inland carrier at named point of exportation)、“在指定出口地点的指定内陆运输工具上交货”（FOB…named inland carrier at named point of exportation)、“指定装运港船上交货”（FOB…vessel…named port of shipment)、“进口国指定内陆地点交货”（FOB…named inland point in country of importation)。(3)《国际贸易术语解释通则》。1936 年国际商会编订国际商业术语(International Commercial Terms，简称为“Incoterms”)，“Incoterms”也成了“国际贸易术语解释通则”的简称，第一个贸易术语解释通则称为 Incoterms1936。该通则自 1936 年编订以来，分别于 1953 年、1967 年、1976 年、1980 年、1990 年、2000 年被修订，最新版的是《2000 年国际贸易术语解释通则》，也称作 Incoterms2000。

国际贸易术语对国际贸易实务界和司法界的作用至关重大，我国《民法通则》第 142 条第 3 款规定：“中华人民共和国法律和中华人民共和国缔结或者参加的国际条约没有规定的，可以适用国际惯例”，CISG 第 9 条规定：“双方当事人业已同意的任何惯例和他们之间确定的任何习惯做法，对双方当事人均有约束力”。对于国际货物贸易涉及交货地点的确定，风险转移时间的确定，进出口贸易官方手续的办理和各项费用的支出、运输的安排、货物保险的安排等，国际贸易买卖双方在签订合同时需要协商一致，才能达成协议，而贸易术语就是关于上述事项的规定，买卖双方可以直接选择好某个贸易术语，这样可以省掉很多的协商程序。买卖双方在合同中只要纳入某一个术语，短短几个字母就将买卖双方的权利、义务划分得清清楚楚，给国际货物贸易带来极大的便利。

（二）《国际贸易术语解释通则》的发展及内容简介

《国际贸易术语解释通则》是国际贸易中被使用得最频繁的国际惯例，也是国际贸易最重要的惯例。该通则自 1936 年修订以来经过 6 次修改，最新版本是 Incoterms2000。

1953 年修改的《1953 年国际贸易术语解释通则》对 9 种贸易术语作了解释，这 9

种贸易术语分别是工厂交货（EX works），铁路交货——火车上交货（指明起运地点，FOR-FOT… named departure point），船边交货（指定装运港，FAS… named port of shipment），船上交货（指定装运港，FOB…named port of shipment），成本加运费加保险费（指定目的港，CIF…named port of destination），成本加运费（指定目的港，C&F… named port of destination），运费付至……指定目的地（内地运输为限，CPT，Carriage Paid to…named port of destination，inland transport only），目的港船上交货（指定目的港，EX ship…named port of destination），目的港码头交货（关税已付）（指定港口）（EX Quay Duty Paid，…named port）。

1967 年的补充文本包括了两个贸易术语，分别是边境交货（Delivered at Frontier）与完税后交货（Delivered… duty paid）。1976 年增加了起运机场交货（FOB airport）。1980 年的贸易术语解释通则，增加了两个新的术语，分别是货交承运人（指定地点）（Free Carrier… named port）和运输、保险费付至目的地（Freight or Carriage and Insurance Paid to…named port of destination）。

《1990 年国际贸易术语解释通则》相比《1980 年国际贸易术语解释通则》具有的特点表现在：(1) 增加了一个新的贸易术语未完税交货（指定目的地）（Delivered Duty Un-paid，named place of destination），将 1980 年文本的术语铁路交货（FOR），卡车（敞车）交货（FOT）和机场交货（FOB（airport））统一归入货交承运人（FCA）术语。(2) 通过将 1980 年文本的术语进行调整，使之更加规范、科学，如将 C&F 修改成 CFR 术语，将 FRC 修改成 FCA（货交承运人）（指定地点）术语。(3) 将买卖双方的义务相对应，分成 10 项，一方享受的权利取决于另外一方承担的义务，比如卖方的 10 项义务是提供符合合同约定的货物；许可证、批准文件及海关手续；运输合同和保险合同；交货；风险转移；费用划分；通知买方；交货凭证、运输单据或者相等的电子单证；核查、包装及标记；及其他义务。(4) 将贸易术语分类，分成 E、F、C、D 四大类，从 E 到 D 类，卖方的义务逐渐变大。(5) 肯定了电子单证的地位，1990 年文本规定卖方在提供商业发票或者合同可能要求的其他单证时，可以提供“相等的电子单证”。

《2000 年国际贸易术语解释通则》相比《1990 年国际贸易术语解释通则》具有的特点如下：(1) 部分贸易术语买卖方权利义务发生变化。FAS 术语买卖中，办理出口许可证和出口清关手续的义务由 1990 年版本中的买方承担改为卖方承担。DEQ 术语买卖中，办理进口清关手续和支付办理进口清关手续的费用的义务由 1990 年版本的卖方承担改为买方承担。(2) 特别说明了 FCA 术语买卖双方在交货和卸货方面的义务。2000 年版本注意到卖方可能选择交货地点的情形，按交货地点的不同规定：“交货在以下时候完成：a) 若指定的交货地点在卖方所在地，则当货物被装上买方指定的承运人或代表买方的其他人提供的交通工具；b）若指定的地点不是 a）而是其他任何地点，则当货物在卖方的运输工具上，尚未卸货而交给买方指定的承运人或其他人或按照 A3a 选定的承运人或其他人的处置时。”① （3）风险转移方面的规定。2000 年版本确定货物灭失或者损坏的风险自交货时止转移给买方承担，但以货物已经划归合同项下为前提条件。如果买方未按约定指定的承运人或者其他人，或买方指定的承运人或其他人未在约定的时间接管货物，或买方未给予卖方相应的通知时，自约定的交货日期或交货期限届满之日起，货物的风险也转移给买方。（4）检验费用的承担。2000 年版本规定由买方承担检验费用，除非该项检验是卖方履行出口国关于商品检验的强制性规定。但是在 EXW 术语中，买方也需要承担这类强制性检验产生的相关费用。（5）2000 年版本还对国际贸易中涉及到的一些名词作了专门的定义和解释。这样的名词有“承运人”、“托运人”、“船只” 等等。为使国际贸易实务中正确适用贸易术语，2000 年版本还作出了一些特别的提醒，比如对于一些贸易术语的变形，通则提醒买卖双方在适用这些变形的术语时应该在合同中作出明确解释。

二、几种常用的贸易术语简介

（一）FOB 术语和 FCA 术语下的买卖双方权利义务

FOB 术语是 Free on Board 的缩写，“船上交货（…指定装运港）” 是指当货物在指定的装运港越过船舷，卖方即完成交货。这意味着买方必须从该点起承担货物灭失或损坏的一切风险。使用该术语时应该在术语后注明装运港名称，比如 FOB Shanghai，指的是船上交货，装运港是上海港。《2000 年国际贸易术语解释通则》还特别提醒 FOB 术语要求卖方办理货物出口清关手续和该术语仅适用于海运和内河运输，当事人如果无意越过船舷交货则应该选择 FCA 术语。

FOB 术语有一些关于装运费承担的变体。FOB Liner Terms，即 FOB 班轮条件，指装船费用依班轮的做法处理，由船方或者买方承担装船的费用，卖方不必承担装船费用。FOB Under Tackle，即 FOB 吊钩下交货，指卖方负责将货物交到买方指定船舶的船上吊杆所及之处，由买方承担将货物吊入船舱的费用及其他费用。FOB Stowed，即 FOB 理舱费在内，指卖方负责装入船舱并承担装船及理舱的费用。FOB Trimmed，即 FOB 平舱费在内，指卖方负责将货物装入船舱并承担装船及平舱的费用。② FOB Stowed and Trimmed，即 FOB 理舱费及平舱费在内，指卖方负责将货物装入船舱内并承担装船、理

---

① 详见《2000 年国际贸易术语解释通则》FCA 术语 A4 条，北京：中国法制出版社，2008：1169.

② 理舱是指对装入船舱的非散装货进行的整理和安置，平舱是指对装入船舱的散装货进行的平整，FOB Stowed and Trimmed 术语涉及的是既有散装货，也有非散装货。

舱和平舱的费用。

FOB 术语有一些非海运的变形，常见于加拿大和美国等国家将相同的交货类型表述为 FOR（火车上交货价）或其他类似术语。在 Sutherland v. Allhusen 案中，Pollock CB 评论道："'船上交货'的表述并不必然意味着货物应该被装上船上；对当事人而言，证明货物拟在其他地方交付也是被许可的。买方可在船上得到货物，也可在火车站，或在任何指定的其他地点取得货物"。[①] 在传统的 FOB 合同中，货物的灭失、毁坏的风险一般是在越过船舷时转移到买方。在美国、加拿大等国，货物也有依 FOB 指定目的地销售的情况，在这种情况下使用 FOB 三个字母属于用词不当，其意图是达成与（目的地）船上交货（Ex-ship）合同不同的合同。此术语允许使用多种运输方式，包括火车和卡车，卖方承担至指定目的地的费用，指定目的地也可能是港口、集散站区或内陆收货点。在承运人于目的地交货给买方前，这时卖方保留货物的所有权，也保留了风险。[②]

《2000 年国际贸易术语解释通则》规定了 FOB 术语下买卖双方的权利义务。其中卖方的义务：(1) 提供符合合同约定的货物，卖方必须提供符合销售合同规定的货物和商业发票或有同等作用的电子讯息，以及合同可能要求的、证明货物符合合同规定的任何凭证。(2) 卖方必须自担风险和费用，取得任何出口许可证或其他官方许可，并在需要办理海关手续时，办理出口货物所需的一切海关手续。(3) 卖方必须在约定的日期或期限内，在指定的装运港，按照该港习惯方式，将货物交至买方指定的船只上。(4) 除非买方没有给予卖方有关船名、装船点和要求装货时间的充分通知，或买方指定的船只没有按时到达，或未接收货物，或比通知的时间提早停止装货，卖方必须承担货物灭失或者损坏的一切风险，直至货物在指定的装运港越过船舷为止。(5) 除非买方没有给予卖方有关船名、装船点和要求装货时间的充分通知，或买方指定的船只没有按时到达，或未接收货物，或比通知的时间提早停止装货，卖方必须支付与货物有关的一切费用，直至货物在指定的装运港越过船舷为止，并且在卖方还需要办理海关手续时，支付货物出口需要办理的海关手续费用及出口时应缴纳的一切关税、税款和其他费用。(6) 卖方必须充分通知买方说明货物已经在约定的日期或期限内，在指定的装运港，按照该港习惯方式，被交至买方指定的船只上。(7) 卖方必须自付费用向买方提供证明货物已经按约定交货的通常单据。除非前述单据是运输单据，否则应买方要求并由买方承担风险和费用，卖方必须给予买方一切协助，以取得有关运输合同的运输单

---

① 转引自林一飞，等，译．国际货物销售法律与实务．北京：法律出版社，2004：127.

② Beaver Specialty Ltd. v. Bain（Donald H）Ltd.（1973）39 DLR（3d）574；Steel Co. of Canada Ltd. v. the Queen［1955］2LR 593。转引自林一飞，等，译．国际货物销售法律与实务．北京：法律出版社：128.

据，如可转让提单、不可转让提单、内河运输单据或者多式联运单据。如买卖双方约定使用电子方式通讯，则前项所述单据可以由具有同等作用的电子数据交换讯息代替。(8) 卖方必须支付按约定交货所需要进行查对的费用，比如核对货物品质、丈量、过磅、点数的费用。卖方必须自付费用，提供按照卖方订立销售合同前已知的该货物运输所要求的包装，包装必须作适当的标记，除非按照相关行业惯例，该种货物无需包装即可发运。(9) 除上述第7点要求外，应买方的要求，并由其承担风险和费用，卖方必须给予买方一切协助，以帮助其取得由装运国和/或原产地国所签发或传送的、为买方进口货物可能要求的和必要时从它国国境时所需的任何单据或有同等作用的电子讯息。

买方的义务是：(1) 买方必须按照销售合同的约定支付价款。(2) 买方必须自担风险和费用，取得任何进口许可证或其他官方许可，并在需要办理海关手续时，办理货物进口和在必要时从他国过境所需的一切手续。(3) 买方必须自付费用订立从指定的装运港运输货物的合同。(4) 买方必须在卖方按照约定交货时受领货物。(5) 买方承担货物越过船舷后的风险，但是如果买方没有给予卖方有关船名、装运点和要求装货的时间的充分通知，或者其指定的船只没有按时到达，或没有按时接收货物，或者按照前述通知的时间提早结束装货，则自合同约定的交货日期或交货期限届满之日起，买方承担货物灭失、损坏风险，但以该货物已经划归合同项下为前提。(6) 买方必须支付货物越过船舷之时起与货物有关的费用，但如果买方指定的船只未按时到达，或未接收上述货物，或比通知的时间提早结束装货，或买方没有给予卖方有关船名、装运点和要求装货的时间的充分通知，而发生了额外的费用，买方必须承担这些费用，但是以货物已经划归合同项下为前提。(7) 买方必须给予卖方有关船名、装运点和要求交货时间的充分通知。(8) 买方必须接受符合合同约定的交货凭证。(9) 买方必须支付任何装运前检验的费用，但是这些费用不包括出口国政府强制检验产生的费用。(10) 买方必须支付因获取由装运国和/或原产地国所签发或传送的、为买方进口货物可能要求和必要时从他国过境所需要的任何单据或有同等作用的电子讯息所发生的一切费用，并偿付卖方因给予买方必要的协助而支出的相关费用。

FCA 术语是 Free Carrier 的缩写，"货交承运人（…指定地点）"是指卖方只要将货物在指定的地点交给买方指定的承运人，并办理出口清关手续，即完成交货。使用该术语时要在后面加指定地点，比如 FCA Shanghai，指的是卖方将货物交付给买方指定的在上海的承运人[①]支配。《2000 年国际贸易术语解释通则》特别说明交货地点的选择会对在该点交货和卸货的义务产生影响，若卖方在其所在地交货，卖方应该负责装货，若卖

① 根据《2000 年国际贸易术语解释通则》的定义，承运人是指任何人在运输合同中，承诺通过铁路、公路、空运、海运、内河运输或上述运输的联合方式履行运输或由他人履行运输。

方在其所在地以外的地方交货，则卖方没有义务卸货。该术语适用于任何运输方式，包括公路、铁路、航空、多式联运等等，FCA 术语适用范围广泛，它将以前的 FOB（机场交货）、FOR（铁路交货）及 FOT（敞车交货）归入其内，成为可以适用于铁路、公路、海运、空运及多式联运等运输方式的贸易术语，在国际贸易中的地位渐趋重要。

《2000 年国际贸易术语解释通则》规定了 FCA 术语下买卖双方的权利义务。其中卖方的义务是：（1）提供符合合同约定的货物和商业发票或有同等作用的电子讯息，以及合同要求的、证明货物符合合同规定的其他任何凭证。（2）自担风险和费用，取得任何出口许可证或其他官方的许可，并在需要办理海关手续时，办理货物出口的一切海关手续。（3）卖方没有订立运输合同的义务，但是若买方要求或者如果是基于商业惯例而买方没有适时给予卖方相反的指示，则卖方可以按照通常的情况订立运输合同，费用和风险由买方承担。但是在任何一种情况下，卖方都可以拒绝订立这样的合同，即卖方没有订立这类合同的义务，卖方应给予买方拒绝的通知。（4）在指定的交货地点，在约定的交货日期和交货期限内，将货物交付给买方指定的承运人或其他人。买方指定的承运人以外的人领取货物，卖方也被视为完成交货义务。交货在以下时候完成：a）若指定的交货地点在卖方所在地，则当货物被装上买方指定的承运人或代表买方的其他人提供的交通工具；b）若指定的地点不是 a），而是其他任何地点，则当货物在卖方的运输工具上，尚未卸货而交给买方指定的承运人或其他人或按照 FCA 术语 A3a 条款选定的承运人或其他人的处置时。如果在指定的地点没有决定具体交货点，且有几个具体交货点可供选择时，卖方可以在这些交货点中选择最适合其目的的交货点。若买方没有明确指示，则卖方可以根据运输方式和/或货物的数量和/或货物的性质将货物交付运输。（5）承担交货前的货物灭失、损坏的风险。（6）支付交货前与货物有关的费用，以及在需要办理海关手续时的海关手续费用及出口需要缴纳的一切关税、税款和其他费用。（7）给予买方说明货物已经按规定交付给承运人的充分通知，或承运人未在约定时间按规定接收货物的通知。（8）自付费用向买方提供证明已按规定交货的通常单据，除非前项所述单据是运输单据，否则，应买方的要求并由其承担风险和费用，给予买方一切协助，以取得运输合同的运输单据，如可转让提单、不可转让海运单、内河运输单据、空运单、铁路托运单、公路托运单或多式联运单据。（9）支付交货所需进行的查对费用，如核对货物质量、丈量、过磅、点数的费用。卖方还必须自付费用提供按照卖方在订立合同时已知的有关该货物运输所要求的包装。包装应作适当的标记，除非根据该行业的惯例，该种货物运输无需包装。（10）应买方的要求，并由其承担风险和费用，卖方必须给予买方一切协助，以帮助其取得由装运国和/或原产地国所签发或传送的、为买方进口货物可能要求的和必要时从它国国境时所需的任何单据或有同等作用的电子讯息。卖方还应该向买方提供买方投保所需要的信息。

买方的义务是：(1) 按照合同的约定支付货物价款。(2) 买方必须自担风险和费用，取得任何进口许可证或其他官方许可，并在需要办理海关手续时，办理货物进口和在必要时从他国过境所需的一切手续。(3) 买方必须自付费用订立从指定的装运港运输货物的合同。除非卖方按前述“卖方义务第3点”的原因订立了运输合同。(4) 买方必须在卖方按照约定交货时受领货物。(5) 买方承担货物交货后的风险，但是如果买方没有给予卖方有关船名、装运点和要求装货的时间的充分通知，或者其指定的船只没有按时到达，或没有按时接收货物，或者按照前述通知的时间提早结束装货，则自合同约定的交货日期或交货期限届满之日起，买方承担货物灭失、损坏风险，但以该货物已经划归合同项下为前提。(6) 买方必须支付货物交货之时起与货物有关的费用，但如果买方指定的船只未按时到达，或未接收上述货物，或比通知的时间提早结束装货，或买方没有给予卖方有关船名、装运点和要求装货的时间的充分通知，而发生了额外的费用，买方必须承担这些费用，但是以货物已经划归合同项下为前提。在需要办理海关手续时，买方还必须交纳货物进口所需的一切关税、税款和其他费用，以及办理海关手续的费用及从他国过境的费用。(7) 买方必须就符合规定的人的名称给予卖方充分的通知，并根据需要指明运输方式和向该指定的人交货的日期和期限，以及依情况在指定的地点内的具体交货点。(8) 买方必须接受符合合同约定的交货凭证。(9) 买方必须支付任何装运前检验的费用，但是这些费用不包括出口国政府强制检验产生的费用。(10) 买方必须支付因获取由装运国和/或原产地国所签发或传送的、为买方进口货物可能要求和必要时从他国过境所需要的任何单据或有同等作用的电子讯息所发生的一切费用，并偿付卖方因给予买方必要的协助而支出的相关费用。

(二) CIF术语和CFR术语下的买卖双方的权利义务

CIF术语是Cost, Insurance and Freight的缩写。“成本，保险费加运费（…指定目的港）”是指在装运港当货物越过船舷时卖方即完成交货，卖方承担将货物运到指定目的港的费用，但是在货物运输途中发生的任何额外费用还是由买方承担。适用该术语时要在后面注明目的港名称，比如CIF Shanghai，表明货物是运往上海港的。《2000年国际贸易术语解释通则》专门提醒，在CIF术语下，卖方需要办理保险事务，但只是投保最低限度的保险险别，买方如果需要更高的保险险别，则需要与卖方明确地达成协议，或者自行作出额外的保险安排。各国对CIF术语中所谓的“最低限度险别”理解不统一。有的认为，卖方应该按CIF金额加10%投保“平安险”，有的认为应投保“水渍险”或必须连同“战争险”一起投保，有的认为卖方应按特殊行业的惯例投保，有的认为保险范围应该达到最大的可能限度。所以，在按CIF术语由卖方安排保险时，只好在合同中明确所保的险种。该术语只用于海运和内河运输，若当事人无意越过船舷，则应选择CIP术语。CIF术语有一些变体，这些变体是关于货物到达目的港之后该由谁承担卸货费：CIF Liner Terms，即 CIF 班轮条件，卸货费按照班轮的做法办理，包括在运费中，买方不予承担卸货费。CIF Landed，即 CIF 卸至码头，卖方要承担货物卸到岸上为止的卸货费用，包括可能的驳船费和码头费。CIF Ex Ship's Hold，即 CIF 舱底交接，指货物运到目的港后由买方自付费用自船舶货舱取货。

《2000 年国际贸易术语解释通则》规定了 CIF 术语下买卖双方的权利义务。其中卖方的义务是：（1）卖方必须提供符合销售合同规定的货物和商业发票或有同等作用的电子讯息，以及合同可能要求的、证明货物符合合同要求的任何其他凭证。（2）卖方必须自担风险和费用取得任何出口许可证或其他官方许可，并在需要办理海关手续时，办理货物出口所需的一切海关手续。（3）卖方必须自付费用，按照通常条件订立运输合同，经由惯常航线，将货物用通常可供运输合同所指货物类型的海轮（或依情况适合内河运输的船只）装运至指定的目的港。卖方必须按照合同规定，自付费用取得货物保险，并向买方提供保险单或其他保险证据，以使买方或任何其他对货物具有保险利益的人有权直接向保险人索赔。保险合同应与信誉良好的保险人或保险公司订立，在无相反明确协议时，应按照《协会货物保险条款》（伦敦保险人协会制定）或其他类似条款中的最低保险险别投保。应买方要求，并由买方负担费用，卖方应加投战争、罢工、暴乱和民变险，如果可能的话。最低保险金额应包括合同规定价款另加 10%（即 110%），并应采用合同货币。（4）卖方必须在装运港，在约定的日期或期限内，将货物交至船上。（5）卖方必须承担货物灭失或损坏的一切风险，直至货物在装运港越过船舷为止。（6）卖方必须支付与货物有关的一切费用直至按规定交货。卖方应该承担货物运输费和按规定投保产生的保险费。如果运输合同约定卖方必须交卸货费的，卖方还需交卸货费。在需要办理海关手续时，卖方须交货物出口需要办理的海关手续费用及出口时应缴纳的一切关税、税款和其他费用，以及根据运输合同规定由卖方支付的货物从他国过境的费用。（7）卖方必须给予买方说明货物已按规定交货的充分通知，以及要求的任何其他通知，以便买方能够为受领货物采取通常必要的措施。（8）卖方必须自付费用，毫不迟延地向买方提供表明载往约定目的港的通常运输单据。此单据（如可转让提单、不可转让海运单或内河运输单据）必须载明合同货物，其日期应在约定的装运期内，使买方得以在目的港向承运人提取货物，并且，除非另有约定，应使买方得以通过转让单据（可转让提单）或通过通知承运人，向其后手买方出售在途货物。如此运输单据有数份正本，则应向买方提供全套正本。如买卖双方约定使用电子方式通讯，则前项所述单据可以由具有同等作用的电子数据交换（EDI）讯息代替。（9）卖方必须支付按照规定交货所需进行的查对费用，如核对货物品质、丈量、过磅、点数的费用。卖方必须自付费用，提供符合其安排的运输所要求的包装，除非按照相关行业惯例，该合同所描述货物无需包装发运。包装应作适当标记。（10）应买方要求并由其承当风险和费用，卖方必须给予买方一切协助，以帮助买方取得由装运地国和/或原产地国所签发或传送的、为买方进口货物可能要求的和必要时从他国过境所需的任何单据或有同等作用的电子讯息。应买方要求，卖方还必须向买方提供额外投保所需的信息。

买方的义务是：(1) 卖方必须按照销售合同的约定的时间和方式给付货款。(2) 买方必须自担风险和费用取得任何进口许可证或其他官方许可，并在需要办理海关手续时，办理货物进口所需的一切海关手续。(3) 买方必须在卖方按约定交付货物时接收货物。(4) 买方必须承担货物越过船舷后的风险，如果买方未按照规定给予卖方装货时间和目的港的通知，买方承担风险的时间从约定的装运时间或装运期届满之日起算，以货物已经划归合同项下为条件。(5) 买方必须承担货物交货后的费用，除非这些费用在买卖合同中约定由卖方承担，买方需要承担货物到达目的港后的卸货费，这种卸货费包括驳船费和码头费，除非这些费用在合同中约定由卖方承担。如果买方没有履行自己的通知义务而导致额外费用的发生，买方承担费用的时间提前到装运日期届满之日。(6) 买方有权决定装运的日期和/或目的港时，买方要给予卖方充分的通知，否则需要承担怠于通知产生的不利后果。(7) 如果卖方提供的运输单据符合约定的话，买方必须接受这些单据。(8) 买方需要承担装运前检验的费用，因为这些检验是为了买方的利益，但是出口国当局强制要求的检验产生的费用由卖方承担。(9) 买方需要支付因获取其要求的单据或有同等作用的电子讯息产生的费用，并偿付卖方因给予买方协助而支出的费用。应卖方的要求，买方还必须向卖方提供投保所需的信息。

CFR 术语是 Cost and Freight 的缩写，“成本加运费（…指定目的港）”是指在装运港货物越过船舷卖方即完成交货，卖方支付货物到达目的港的运费，但是货物在运输途中灭失、损坏的风险由买方承担。使用该术语时要在后面注明指定的目的港，比如，CFR Guangzhou，表明货物是运往广州港的。该术语适用于海运或者内河运输，如当事人无意使货物越过船舷时，则该选择 CPT 术语。CFR 术语有一些变体，这些变体是关于货物到达目的港之后该由谁承担卸货费：CFR Liner Terms，即 CFR 班轮条款，卸货费按照班轮的做法办理，包括在运费中，买方不予承担卸货费。CFR Landed，即 CFR 卸至码头，卖方要承担货物卸到岸上为止的卸货费用。CFR Ex ship's Hold，即 CFR 舱底交接，指在目的港船上办理交接，交接后由买方自行启舱，承担从舱内卸至码头的费用。CFR Ex Tackle，即 CFR 吊钩下交接，指卖方承担将货物从船舶吊杆卸至岸上吊杆或驳船上的吊杆所及之处的费用，驳船用于货船不能靠近岸卸货的情况，此时的驳船费也由卖方承担。CFR 术语与 CIF 术语的不同之处仅在于卖方不需要办理货物保险，但卖方需要办理货物运输，而且需要在货物装船后通知买方，以便买方办理保险，否则承担怠于通知产生的不利后果。《2000 年国际贸易术语解释通则》对 CFR 术语和 CIF 术语下买卖双方权利义务的规定除了前述保险方面的区别外，基本上相同，所以此处不再赘述。

（三）国际货物贸易中的风险转移和物权转移

1. 国际贸易术语风险转移概述

所谓风险是指致使货物毁损、灭失的意外事由，例如盗窃、火灾、破碎、渗漏、扣押、征用、船舶的沉没、飞机的失事以及不属于正常损耗的腐烂变质等等。① 在英国、法国等国家，往往将货物的风险和货物的所有权联系在一起，风险转移的时间就是货物所有权转移的时间。在德国、美国等国则主张将货物灭失的风险和货物的所有权分开。CISG采用美国等国家的立法例，将货物所有权和风险转移分开，《2000年国际贸易术语解释通则》将交货时间作为风险转移的时间，我国《合同法》对于风险承担的规定和《联合国国际货物销售合同公约》的规定大致相同，现以图表述之。②

名　称	规定的不同情形	风险转移时间	风险转移的后果
《2000年国际贸易术语解释通则》（Incoterms 2000）	EXW	卖方在工厂将货物交给买方支配时起	风险转移到买方后，货物发生灭失、损坏，买方仍有支付货款的义务，除非这种灭失、损坏的后果是由于卖方的作为、不作为造成的；风险没有转移到买方时，货物发生灭失、损坏，卖方仍有义务向买方提供符合合同约定的货物
	FCA	在指定地点将货物交给买方支配时起	—③
	FAS	在指定装运港将货交给买方支配时起	—
	FOB	货物在装运港越过船舷时起	—
	CFR	货物在装运港越过船舷时起	—
	CIF	货物在装运港越过船舷时起	—
	CPT	将货物交给承运人或第一承运人支配时起	—

① 陈安．国际经济法．北京：北京大学出版社，2006：161.

② 如果买方没有按照规定给予卖方充分通知，导致货物交货不符合合同约定时，自约定的交货日期或交货期限届满之日起，风险转移至买方，但以货物特定化为前提；尽管卖方可能仍掌握支配货物的权利（比如拥有货物海运提单），仍不影响货物风险的转移；货物风险转移以卖方没有根本违约为前提，如果卖方根本违约，尽管已经交货，风险仍不转移，买方如果只是一般的违约，买方也有权利要求卖方承担违约责任。

③ 符号“—”代表与上面的内容相同。

续表

名　　称	规定的不同情形	风险转移时间	风险转移的后果
《2000年国际贸易术语解释通则》（Incoterms 2000）	CIP	将货物交给承运人或第一承运人支配时起	—
	DAF	在边境指定地点将货物交给买方支配时起	—
	DES	在指定目的港将货物交给买方支配时起	—
	DEQ	在指定目的港将货物交给买方支配时起	—
	DDU	在指定目的地将货物交给买方支配时起	—
	DDP	在指定目的地将货物交给买方支配时起	—
《联合国国际货物销售合同公约》（CISG）	涉及运输	如果卖方没有义务在指定地点交货，风险于货交第一承运人时转移；如果卖方有义务在特定地点交货时，风险在于该地货交承运人时起	—
	运输途中出售	原则上从订立合同时转移风险。如果卖方通过向买方转移运输单据作为交货依据时，货物交给签发载有运输合同单据的承运人时起	—
	其他情形	不属于上述两种情形时，从买方收受货物时起，或者买方不在适当时间内接受货物，从货物交给买方处置时起	—
《中华人民共和国合同法》	同CISG规定	同CISG规定	—

2. 国际贸易术语物权转移

所谓物权，是指对物的直接支配并排除他人干涉的权利。CISG第4条规定：“本公约只适用于销售合同的订立和卖方与买方因此种合同而产生的权利和义务。特别是，本公约除非另有明文规定，与以下事项无关：（a）合同的效力，或其任何条款的效力，或任何惯例的效力；（b）合同对所售货物所有权可能产生的影响。”所以，该公约并没有对物权作出规定。我国《合同法》第133条规定：“标的物的所有权自标的物交付时起转移，但法律另有规定和当事人另有约定的除外”，第134条规定：“当事人可以在买卖合同中约定买受人未履行支付价款或者其他义务的，标的物所有权属于出卖人”。《2000年国际贸易术语解释通则》没有关于物权变动的规定。《华沙－牛津规则》第6条规定：“除依照第二十条第（Ⅱ）款①的规定外，货物所有权的转让时间，就是卖方将有关单据交到买方掌握的时刻。”该条规定说明，在CIF术语买卖中，货物的所有权不是在订立合同的时候转移，也不是在装运的时候转移，而是在卖方把代表货物所有权的单据凭证交给买方时候转移。该规定只是针对该规则中的术语CIF，但是，一般认为，在卖方有义务向买方提供单据的术语中，货物所有权的转移也是在卖方将这类单据交给买方支配时，比如FOB术语。

第二节　涉及FOB术语的案例

主题案例

香港S实业有限公司与浙江Y冶金机械厂购货确认书争议仲裁案

案情回顾

本案申请人S公司（下称“申请人”）注册地址在香港，作为智利某控股集团公司的代理商，于2006年3月至7月与本案被申请人浙江Y机械厂（下称“被申请人”）先后签订了四份购货确认书，约定被申请人按申请人提供的图纸和技术要求，自备原材料，加工生产系列产品，经申请人销售给智利某控股集团公司，货款由智利某控股集团公司以信用证方式支付，申请人为第一受益人，被申请人为第二受益人。履约过程中，

---

① 《华沙－牛津规则》第20条（Ⅱ）规定：“卖方依据法律对订售货物所享有的留置权、保留权或中止交货权，不受本规则的影响。”

申请人认为被申请人拒不履行交货义务构成违约，遂根据本案合同中的仲裁条款提请仲裁，要求被申请人赔偿经济损失。被申请人则以其依约生产的系列产品中15 000只水嘴被当地工商行政管理部门认定为违法产品而予以查封和罚没，并且剩余产品因申请人违约拒收而至今仍滞留于其库房之内而提出了仲裁反请求，要求申请人赔偿经济损失。

争议焦点

本案是申请人违约还是被申请人违约？

裁判意见

仲裁庭针对申请人上述主张发表意见，认为：

申请人对《2000年国际贸易术语解释通则》理解有误，援引不当。申请人所援引的序号A1在“提供符合合同规定的货物”这一标题之下的文字是：“卖方必须提供符合销售合同规定的货物和商业发票或有同等作用的电子讯息，以及合同可能要求的、证明货物符合合同规定的其他任何凭证”，这是相对于序号B1“支付价款”这一标题下“买方必须按照销售合同规定支付价款”这项买方义务而规定的，并无任何理由认定该项规定是买卖双方在交货问题上各自履行《2000年国际贸易术语解释通则》为其分别规定的“充分通知”义务的前提。申请人回避了《2000年国际贸易术语解释通则》中的A7、B7条款为卖方、买方分别规定的“充分通知”义务，而按具体操作过程，在FOB条件下申请人的“充分通知”的义务应先履行，被申请人的“充分通知”的义务才有可能履行。也就是说，申请人按照B7款（通知卖方）规定做到“买方必须给予卖方有关船名、装船点和要求交货时间的充分通知”之后，被申请人才有可能按照A7条款（通知买方）“卖方必须给予买方说明货物已按照A4规定交货的充分通知”这一规定履行其“充分通知”义务。同时A4款（交货）规定：“卖方必须在约定的日期或期限内，在指定的装运港，按照该港习惯方式，将货物交至买方指定的船只上。”基于双方在本案合同2、3交货期已过之后仍确认合同效力但却并未就交货期限作出新的约定，以及签订本案合同4时申请人确知被申请人货已备妥待运等事实，仲裁庭认为，申请人未尽《2000年国际贸易术语解释通则》B7条款规定的“充分通知”义务，致使被申请人无法交出货物。

评析探讨

国际贸易经常涉及运输的安排、保险的安排、风险的转移以及各种费用的承担，买卖双方需要在合同中作出明确的规定。久而久之，国际贸易商人形成一些习惯的做法，即用一些简单的英文字母表示双方权利义务，而省去一一协商和列举的麻烦。这些简单的英文单词即为我们所说的国际贸易术语。国际贸易术语从本质上讲是国际贸易买卖中的标准合同。

贸易术语所表示的贸易条件，主要分两个方面：其一，说明商品的价格构成，是否包括成本以外的主要从属费用，即运费和保险；其二，确定交货条件，即说明买卖双方在交接货物方面彼此所承担的责任、费用和风险的划分。合同双方当事人之间互不了解对方国家的贸易习惯的情况时常出现，这就会引起误解、争议和诉讼，从而浪费时间和费用。为了解决这些问题，国际商会（ICC）于1936年首次公布了一套解释贸易术语的国际规则，名为Incoterms 1936，以后又于1953年、1967年、1976年、1980年和1990年，现在则是在2000年版本中作出补充和修订，以便使这些规则适应当前国际贸易实践的发展。国际贸易双方在使用某一贸易术语时，可以在合同中约定适用ICC发布的“国际贸易术语解释通则”，否则法院不一定适用该国际规则；同时，买卖双方为避免出现适用法律的争端，在约定适用ICC颁布的“国际贸易术语解释通则”时，最好也在合同中约定适用的该规则的版本。本案当事人在合同中约定适用FOB术语，本案仲裁机构适用的是《2000年国际贸易术语解释通则》（《INCOTERMS 2000》）。

根据《2000年国际贸易术语解释通则》对FOB术语的规定，卖方应该提供符合合同规定的货物，即卖方必须提供符合销售合同规定的货物和商业发票或有同等作用的电子讯息，以及合同可能要求的、证明货物符合合同规定的其他任何凭证。卖方必须在约定的日期或期限内，在指定的装运港，按照该港习惯方式，将货物交至买方指定的船只上。卖方在按规定将货物装船后，需要给予买方货物已装船的充分通知。和卖方的义务相对，买方承担给付货款和接收货物的义务，由于FOB术语下，买方必须自付费用订立从指定的装运港运输货物的合同，买方还必须给予卖方有关船只、装船点和要求交货时间的充分通知，以便卖方履行交货的义务。本案的申请人没有给予卖方充分的通知，以致卖方未能及时装船交货，申请人应该承担相应的法律后果。

主题案例

香港T有限公司与四川Y集团有限公司金属硅销售合同争议仲裁案

案情回顾

2006年5月23日，申请人香港T有限公司作为买方，与被申请四川Y集团人作为卖方，双方共同签订了销售合同，约定：申请人以915美元/吨的价格向被申请人采购720吨金属硅；价格术语为：FOB黄埔、上海或天津，由买方选择；交付方式为：卖方分别于2006年6月30日、7月30日及8月20日前按买方指示分三批在黄埔、上海或天津交货。支付方式为：买方在收到卖方开立的银行履约保函后5个工作日内申请开具不可撤销信用证。

2006年7月5日、8月4日及8月21日，申请人作为买方，被申请人作为卖方，双方又分别签订了三份合同（下统称“T/T合同”），约定申请人以915美元/吨的价格分别向被申请人采购240吨、120吨及120吨金属硅。三份T/T合同的价格术语及装运港均与2006年5月23日签订的销售合同中的约定一致，支付方式为电汇（100%货款应于装运后7个工作日付至卖方账户），最迟装运日期分别为不晚于2006年7月30日、8月8日及8月25日。

申请人认为：根据销售合同中约定的《2000年国际贸易术语解释通则》FOB术语，被申请人是承担独立办理货物出口结关手续义务的，其并未参与也不知晓被申请人将销售合同作为出境报关、商检的交易合同。被申请人认为，关于申请人在FOB术语项下通知义务的履行问题，被申请人从未确认该义务可以通过口头方式进行。关于该通知义务，被申请人认为：（1）FOB术语中规定的买方通知义务是主合同义务和先合同义务，同时强调买方必须履行该通知义务，也是基于国际贸易本身的特点以及该义务的重要性和普遍性所决定的，因为在FOB贸易规则中，货物风险转移是以越过船舷为标志的，越舷之前货物由卖方控制，越舷之后由买方控制，因此卖方履行交付义务的前提只能是在收到买方通知后，才能在特定的装运港，向特定的承运人（船只）交付货物，货物的风险和责任才转由买方承担。（2）《2000年国际贸易术语解释通则》对FOB术语买方的通知义务的具体条款为：“买方必须给予卖方有关船名、装船地点和要求交货时间的充分通知”，该术语特别强调了买方履行通知义务的“充分性”。所以在其表述中，对通知（Notice）都做了“充分”（Sufficient）的限定，而所谓“充分通知”是指通知是及时的，并且要做到准确详尽和成为交易双方的重要履约依据。可见，这种通知义务涵盖三个方面的要求：一是时间上准确；二是内容上详尽；三是形式上能够被再现和固定。（3）就买方违反通知义务的后果来说，《2000年国际贸易术语解释通则》中规定的FOB交货条件的买方通知义务是主合同义务和先合同义务，而不是附随义务，因此，在本案中申请人没有履行通知义务即已构成了根本违反合同，自然应当承担违约的后果。

争议焦点

本案申请人是否已尽到FOB合同下的义务？

裁判意见

依据双方在销售合同中约定的FOB价格条款，申请人必须给予被申请人有关船名、装船地点和要求交货时间的充分通知，申请人声称其以电话方式通知被申请人关于销售合同项下货物指定装运港、承运人及具体交货时间的细节处理，但在被申请人否认申请人曾以电话通知的情形下，申请人亦没有提交相关的材料或文件予以佐证。申请人的主张缺乏证据的相应支持。

评析探讨

根据《2000年国际贸易术语解释通则》的规定，FOB船上交货（……指定装运港）是指当货物在指定的装运港越过船舷时，卖方即完成交货。这意味着买方必须从该点起承担货物灭失或损坏的一切风险。FOB术语要求卖方办理货物出口清关手续。该术语仅适用于海运或内河运输。如当事各方无意越过船舷交货，则应使用FCA术语。该解释通则用英文字母A、B（A代表卖方义务，B代表买方义务）分别列明了国际贸易买卖双方相互对应的10项义务。这些义务规定主要有：（A1）卖方必须提供符合销售合同规定的货物和商业发票或有同等作用的电子讯息，以及合同可能要求的、证明货物符合合同规定的其他任何凭证。（B1）买方必须按照销售合同规定支付价款。（A3）（卖方）运输合同无义务，保险合同无义务。（B3）买方必须自付费用订立从指定的装运港运输货物的合同，保险合同无义务。（A4）卖方必须在约定的日期或期限内，在指定的装运港，按照该港习惯方式，将货物交至买方指定的船只上。（B4）买方必须在卖方按照A4规定交货时受领货物。（A7）卖方必须给予买方说明货物已按照A4规定交货的充分通知。（B7）买方必须给予卖方有关船名、装船点和要求交货时间的充分通知。根据上述规定可以看出，卖方应该按照合同约定交货，在交货后应该给予买方充分的通知，以便买方安排接收货物事宜。买方也应该在安排运输船只后，将船舶名称以及装船地点及时、充分地告知卖方，以便卖方安排交货事宜。

本案申请人声称其以电话方式通知被申请人关于销售合同项下货物指定装运港、承运人及具体交货时间的细节处理，但是被申请人否认申请人曾以电话通知，申请人没有向仲裁庭提交相关的证据证明其主张，因而仲裁庭认定申请人没有尽到充分通知的义务，应该承担相应的不利后果。

主题案例

日本新生交易株式会社诉宁夏回族自治区首钢霓虹冶金产品有限公司买卖合同纠纷案[①]

案情回顾

1998年11月11日，霓虹公司与新生公司签订了一份98NSN－1101合同及备忘录，合同内容为：霓虹公司供给新生公司白刚玉720吨，交货方式采用FOB，单价为每吨518美元，总值37.296万美元，装运口岸为中国营口或鲅鱼圈港，装运期限为1999年1～6月（可分批装船）。备忘录内容对交货期限内每月交货的数量做了约定。在履行该份合同中，霓虹公司分别于1998年12月23日、1999年2月1日、1999年2月11日将240吨白刚玉运抵鲅鱼圈港。但是，新生公司多次更改装船时间，直至1999年3月3日，才把应在1月份装船的120吨白刚玉装船，而应在2月份装船的120吨白刚玉一直未装船。对于这120吨白刚玉，霓虹公司5次致函新生公司，要求新生公司履行合同，但新生公司回函的中心意思均是要求降价，没有涉及质量问题。后经双方协商，于1999年11月11日针对98NSN－1101号合同未装船的120吨白刚玉又签订了99NSN－11－1号合同，内容为：霓虹公司供给新生公司白刚玉120吨，交货方式采用FOB，单价为每吨563美元，总值6.756万美元，装运港为鲅鱼圈港，装运期限为1999年11月～12月，质量、重量证由鲅鱼圈CCIB出据。备忘录内容为：此备忘录与98NSN－1101和99NSN－11－1两份合同不可分割，99NSN－11－1合同120吨白刚玉执行完毕后，原98NSN－1101合同自动取消，如需换新袋由需方负责，换袋过程中的吨袋费、物料损失费及人工费由需方承担，如不更换新袋在吊装中破袋损失也由需方负责。装船前需方及时通知供方派人到现场共同监视换袋和装船。1999年11月23日，营口外轮代理公司代理霓虹公司向鲅鱼圈出入境检验检疫局报检120吨白刚玉。2000年8月3日，鲅鱼圈出入境检验检疫局应一审法院的要求，出具了一份《关于报检号为70673出口白刚玉检验情况证明》，内容为："我局1999年11月23日，接受营口外轮代理公司代理宁夏首钢霓虹冶金产品有限公司报检的120吨/120袋出口白刚玉。我局于即日派出检验人员按照GB/T4676－84标准采样并进行样品制备。然后进行品质检验，检验结果符合99NSN－11－1号合同之要求。由于该批货物未装运出口，故我局未出具品质检验证

[①] 案例详见宁夏回族自治区高级人民法院（2002）宁民商终字第36号民事判决书。

书。”1999 年 11 月 26 日，双方到港口进行换袋验货，发现港口内存放的 60 吨货物吨袋上面浮有 1 ~ 3mm 左右的煤屑，将吨袋口打开，发现袋口附近的货物有不同程度的煤屑污染。港口外盛兴库存放的 60 吨货物，发现部分吨袋外侧有水湿现象。新生公司的业务员和霓虹公司的业务员分别将上述情况向各自的公司作了书面汇报。新生公司向霓虹公司提出质量异议，双方发生纠纷诉至法院。

争议焦点

1. 99NSN－11－1 号合同在本案中的地位。

2. FOB 术语的风险转移时间。

裁判意见

一审法院认为，霓虹公司与新生公司签订的合同系双方当事人真实意思表示，双方应严格遵守。但新生公司以种种理由拖延收货时间，致使霓虹公司的 120 吨白刚玉长期滞留在港口，不能装船，违反了双方签订的 98NSN－1101 合同。虽然双方后来又签订了 99NSN－11－1 号合同，但是在履行此份合同时产生纠纷，该合同并未实际履行。而此份合同备忘录的第 1 款规定：“此备忘录与 98NSN－1101 和 99NSN－11－1 两份合同不可分割。99NSN－11－1 合同 120T 白刚玉执行完后，原 98NSN－1101 合同自动取消。”由此可见，备忘录说明，99NSN－11－1 号合同的签署，不是 98NSN－1101 号合同的终止，而是继续。从双方履行合同的实际情况来看，新生公司多次更改装船时间，不全面履行合同，构成根本违反合同，根据《2000 年国际贸易术语解释通则》FOB 术语的 B5 款的规定，其应承担该批货物的一切风险。因此，损失的范围包括整个两份合同。

霓虹公司将货发到港口时，货物的质量是符合合同要求的，只是由于新生公司违反合同的行为，致使货物长期滞留在港口造成损失，霓虹公司并无过错。再者，霓虹公司为履行合同，投入人力、物力，用新生公司出具的信用证质押贷款，以维持正常的生产经营，但由于新生公司违约，多次更改信用证，致使霓虹公司不能及时偿还贷款，信用降低，也无法在其他银行获取贷款，不能维持正常的生产经营，造成停产。因此，新生公司理应赔偿霓虹公司为履行合同所支付的费用及利润损失人民币 774 962.4 元、美元 9 060 元。对霓虹公司其他诉讼请求不予支持。霓虹公司多诉部分的诉讼费应由霓虹公司负担。依照《联合国国际货物销售合同公约》第 25 条、第 73 条 1 款、第 74 条的规定，一审判决如下：新生公司于本判决生效后 3 日内支付霓虹公司损失人民币 774 962.4 元、美元 9 060 元。逾期支付按《中华人民共和国民事诉讼法》第 232 条规定办理。案件受理费 48 525.85 元，其中霓虹公司负担 34 241.68 元，新生公司负担 14 284.17 元。

二审法院认为，此案是一起因买卖合同引起的纠纷，新生公司与霓虹公司所签订的合同是双方当事人的真实意思表示，不违反《联合国国际货物销售合同公约》和我国的相关法律法规，应认定有效。双方在履行98NSN－1101合同项下第二批120吨白刚玉过程中，由于价格问题，新生公司拖延装船时间，致使120吨白刚玉长期滞留在港口不能装船。但是，为了解决这120吨白刚玉的问题，双方后来经过协商又签订了99NSN－11－1号合同，并将装运期限变更为1999年11月～12月。二审法院认为，这是双方当事人对98NSN－1101合同的变更，应严格履行。在履行此份合同时，双方到港口进行换袋验货，发现货物有煤屑污染和水湿现象。虽然鲅鱼圈出入境检验检疫局在双方换袋验货的前3天派出检验人员对120吨白刚玉进行了抽检，认为检验结果符合99NSN－11－1号合同之要求。但是，该局对货物中存在煤屑污染和水湿的问题没有作出合理的解释，且该检验结论不能否定事后货物被煤屑污染和水湿现象的客观事实，故不能作为认定货物符合合同质量要求的依据。由于双方当事人均不能提供出货物中存在煤屑污染和水湿来源于何方的有力证据，根据《联合国国际货物销售合同公约》和《2000年国际贸易术语解释通则》的相关规定，以及双方合同约定的交货方式为FOB，本案所涉及的120吨白刚玉的风险转移应以指定的装运港越过船舷为界。另外，双方在货物装运前均同意变更合同，特别是同意变更货物的装运期限，这是双方对合同变更的真实意思表示，应严格履行。由于该批货物的风险没有转移给新生公司，霓虹公司在货物装运前未尽妥善保管的义务，致使货物遭受煤屑污染和水湿，对此，霓虹公司应承担本案货物风险损失的全部责任。霓虹公司的诉讼请求和理由缺乏事实和法律依据，二审法院不予支持。新生公司的上诉请求和理由符合《联合国国际货物销售合同公约》和《2000年国际贸易术语解释通则》的相关规定，二审法院应予支持。

评析探讨

本案日本新生交易株式会社和宁夏回族自治区首钢霓虹冶金产品有限公司在销售合同中约定交货方式为FOB，法院选择适用《2000年国际贸易术语解释通则》和《联合国国际货物销售合同公约》来决定货物风险转移的时间。货物买卖风险转移的基本原则如下：（1）国际惯例优先原则，即如果买卖双方在合同中约定适用某一国际惯例时，国际贸易合同受该惯例约束；（2）交货时间确定风险转移时间，即将风险转移的时间和物权转移的时间分开，以卖方交货时间作为风险转移的时间；（3）过失划分原则，即风险转移的时间以卖方无违约为前提，正如《联合国国际货物销售合同公约》第66条规定："货物在风险转移到买方后遗失或损坏，买方仍须履行付款义务，除非这种遗失或损坏是由于卖方的作为或不作为所致"；（4）划拨是风险转移的前提条件，即货物在明确地划归合同项下（货物特定化）时风险才会发生转移。本案中，当事人约定了FOB惯例，《2000年国际贸易术语解释通则》对货物风险的转移有明确的规定，因而不需要适用《联合国国际贸物销售合同公约》对风险转移的规定。① 针对 98NSN－1101 号合同未装船的 120 吨白刚玉又签订了 99NSN－11－1 号合同，是双方当事人对 98NSN－1101 合同的变更，买卖双方应严格履行变更后的合同。在履行合同过程中，货物发现被污损，但是买卖双方对这些污损都没有责任。这个时候就需要明确货物灭失、损坏的风险由哪方承担。根据《2000 年国际贸易术语解释通则》中对 FOB 的相关规定，本案所涉及的 120 吨白刚玉的风险转移应以指定的装运港越过船舷为界，而这 120 吨白刚玉没有装船，所以风险仍由卖方承担，即卖方应该承担货物灭失、损坏的风险。

但是，需要注意的是，虽然本案的审判日期在 2000 年后，法院选择适用的《2000 年国际贸易术语解释通则》与《1990 年国际贸易术语解释通则》关于风险转移的规定没有差异，但正确的法律选择却应该是适用当事人内心希望适用的法律，即当事人签订合同时生效的贸易术语解释通则——《1990 年国际贸易术语解释通则》。本案法院适用了《2000 年国际贸易术语解释通则》的事实，也提醒国际贸易实践中希望在合同中纳入国际贸易术语的当事人，最好在合同中约定使用的国际商会编纂的哪个版本的国际贸易术语，特别是在不同的版本规定差别显著时，比如 1990 年版本和 2000 年版本的术语解释通则对在 FAS 术语和 DEQ 术语下，办理清关手续和交纳关税的义务的规定就截然相反。所以，在标准合同中引用了早期版本，未能引用最新版本时，可能会对当事方的意图是在合同中引用新版本还是早期版本引起纷争，因此希望使用《2000 年国际贸易术语解释通则》的当事人最好在合同中明确规定该合同受《2000 年国际贸易术语解释通则》的约束。

主题案例

主光石油株式会社诉无锡中瑞集团有限公司国际货物买卖合同纠纷案②

案情回顾

1997 年 12 月，主光会社与在中华人民共和国境内从事贸易生意的韩国籍商人朴淳和取得联系，称其需要 28S/2100% 丙烯酸高膨松有光纱，要求朴淳和寻找客户。通过

---

① 《2000 年国际贸易术语解释通则》与《联合国销售合同公约》对风险转移的规定的不同见本书前述相关内容。

② 案例详见江苏省高级人民法院（2002）苏民三终字第 086 号民事判决书。

朴淳和的联系，主光会社与淮阴外贸签订了一份售货合同，合同约定主光会社向淮阴外贸购买28S/2100%丙烯酸高膨松有光纱，数量为38 000千克，单价为FOB上海3.28美元/千克，价款共计124 640美元，装运港口和目的地为上海至巴西桑托斯等。合同签订后，主光会社按照约定开立了金额为124 640美元，受益人为淮阴外贸的不可撤销跟单信用证（号码为M3954712SS00018)。因淮阴外贸无法履行该合同，朴淳和又与原中瑞公司职员江某取得联系，江某将上述信息告知中瑞公司的业务员费某。中瑞公司表示可以提供主光会社所需的上述货物，主光会社通过银行将信用证的受益人修改为中瑞公司，除信用证所载的条款外，双方未对其他事项进行书面约定。生产货物的厂家由江某联系，朴淳和对厂家的生产情况予以监督。1998年1月9日、1998年1月20日，中瑞公司分两批将货物出运，第一批货是一个集装箱1×40’，第二批货是三个集装箱3×40’，从上海出运，目的港为巴西桑托斯港。第一次装箱出运时，朴淳和、江某及中瑞公司的工作人员等均在场，对货物进行了检验后发现货物有受潮现象，即将货物拉回生产厂家烘干后认为无质量问题后出运。第二次装箱出运时，朴淳和因在韩国，委托其公司职员验货，江某和中瑞公司的工作人员在场，认可质量后出运。货物出运之后，中瑞公司得到了信用证价款124 640美元。1998年2月25日，中瑞公司向朴淳和支付佣金2 950美元。1998年2月27日、1998年3月28日，两批货物运抵巴西桑托斯港后，巴西的最终用户认为货物严重受潮，无法使用。1998年10月、1999年3月，主光会社通过朴淳和向中瑞公司提出索赔申请，中瑞公司否认存在质量问题，双方未达成一致意见，遂诉至法院。

争议焦点

1. 卖方无锡中瑞集团有限公司是否违反交货义务？

2. 本案货损的风险应由谁承担？

裁判意见

一审法院认为，本案首先要确定法律适用的问题。主光会社提出适用《联合国国际货物销售合同公约》处理本案纠纷。《联合国国际货物销售合同公约》第1条第1款规定：“本公约适用于营业地在不同国家的当事人之间所订立的货物销售合同：（a）如果这些国家是缔约国；或（b）国际私法规则导致适用某一缔约国的法律。”中华人民共和国虽为公约的缔约国，但在核准公约时声明不受上述条款（b）规定的约束，即表明中华人民共和国仅同意对双方的营业地所在国都为缔约国的当事人之间订立的国际货物销售合同适用《联合国国际货物销售合同公约》，而中瑞公司与主光会社的营业地分别在中华人民共和国和大韩民国境内，大韩民国非《联合国国际货物销售合同公约》的缔约国，故本案纠纷的处理不适用《联合国国际货物销售合同公约》。由于双方当事人未选择解决争议的法律，根据《中华人民共和国民法通则》第145条第2款，本案应适用与合同最密切联系的国家的法律。本案的合同履行地、被告所在地均在中华人民共和国境内，中华人民共和国应视为与本案合同有最密切联系的国家，故本案应适用中华人民共和国法律。

关于朴淳和在本案买卖业务中的身份问题。（1）在本案中，主光会社通过朴淳和联系到淮阴外贸，并与之签订了合同。在淮阴外贸未能履行合同后，主光会社又通过朴淳和与中瑞公司接触，由朴淳和将货物订单给了中瑞公司，双方由此确立了买卖关系。朴淳和在促成双方交易后，对货物的生产一直进行监督，出运前检验货物质量，并在纠纷发生后代表主光会社向中瑞公司提出了索赔要求。朴淳和虽未有主光会社的书面授权，但在整个买卖过程中，主光会社始终与朴淳和保持联系，对交易的要求均通过朴淳和提出，足以使相对人确信其为主光会社代理人，代表主光会社在这次买卖活动中的意志，故朴淳和的上述行为都已超出了中介服务的范畴，是代表主光会社在行使合同权利或履行合同义务，依据《中华人民共和国民法通则》第 36 条第 1 款、第 2 款的规定，主光会社应对朴淳和的代理行为承担民事责任。中瑞公司向朴淳和支付佣金符合外贸惯例，并不能否定朴淳和在该笔业务中的主光会社方代理人身份。（2）朴淳和在二次货物出运前都亲自或委托其职员对货物进行检验，并且在认可货物质量的前提下同意装箱出运，应认定主光会社认可了货物质量。虽然货物运至目的地后巴西最终用户发现货物严重受潮，但有一个事实是确定的，即货物在出运装箱前经过检验，按照常理，货物如存在上述问题，通过一般的注意力是可以察觉的，不可能在检验时被忽略，故可以认定货物出运时不存在上述问题。根据 FOB 价格术语，风险是在货物超过船舷时转移到买方，货物装船后发生严重受潮的问题，且无证据证明该问题是由中瑞公司的原因引起的，卖方中瑞公司对此无需负任何责任。

二审法院认为，1997 年 12 月下旬，中瑞公司寄送样品给主光会社。1998 年 1 月 9 日，中瑞公司发出第一批货物，朴淳和、江某及中瑞公司人员均在场。1998 年 1 月 20 日，第二批货物交运，朴淳和不在场，但指派其公司职员到发货现场，江某及中瑞公司人员也在场。1998 年 1 月 23 日，主光会社发传真给朴淳和，传真的抬头是给中瑞公司及厂方，表明收到中瑞公司 1998 年 1 月 21 日所寄样品，要求中瑞公司停止装运。此时，货物已经交运。按照信用证条款，中瑞公司提交了全套清洁已装船海运提单等，之后，中瑞公司收到信用证项下的款项。

关于本案涉及货物的品质责任及风险责任的划分。货物的品质责任是指由于所交货物不符合合同约定的质量要求，卖方所应承担的违约责任。风险责任是指国际货物买卖过程中，由于不可归责于双方当事人之事由致使货物遭受毁损、灭失所应承担的责任。品质责任只能发生于交货前，只能由卖方承担责任，风险损失在交货前后都可能发生，卖方、买方、承运人、保险人都可能承担。本案中，双方当事人未在合同中约定品质标准和验收方法，也未约定出口检验或买方复检，主要看在交货时货物是否符合合同的约定。由于朴淳和及其代理人发货时均在场，并未对中瑞公司所交货物提出质量问题，既表明主光会社对货物质量的认可，也表明中瑞公司所交货物质量符合合同约定，中瑞公司以清洁提单结清了信用证项下的款项也说明了此。货物一经装运，按照合同约定的FOB价格条件，此后货物出现的任何毁损、灭失以及品质问题均系风险责任，应由买方承担。故主光会社因货物质量问题向中瑞公司主张赔偿损失既无事实依据也无法律依据。

评析探讨

本案法院根据原告主光石油株式会社和被告无锡中瑞集团有限公司提交的证据认定，货物在交货时没有质量问题。本案的争议焦点集中体现在货物损坏的风险该由谁承担。在国际货物买卖中，货物的风险主要是指货物在高温、水浸、火灾、严寒、盗窃和查封等非正常情况下发生的短少、变质或灭失的损失，本案货物在交货时没有质量瑕疵，但是到达最终消费用户时却发现质量问题，导致质量问题的原因无从具体考证，也属于货物风险。对风险转移时间各国的规定大概有三种：以合同订立的时间为转移时间，罗马法和现代的瑞士债务法典（第185条）都采取这一原则；以所有权转移的时间为转移时间，英国货物买卖法和法国民法典体现了这一原则；以交货时间为转移时间，美国和德国的法律、《联合国国际货物销售合同公约》、《国际贸易术语解释通则》，以及我国《合同法》均采用了这一原则，即将所有权与风险相分离来确定风险转移的时间。但是，《联合国国际货物销售合同公约》与《国际贸易术语解释通则》对风险转移的规定又有差别。《联合国国际货物销售合同公约》区分涉及运输的交货、在途货物的交货以及不涉及运输的交货，分别规定风险转移的时间，《1990年国际贸易术语解释通则》则根据不同的贸易术语确定不同的风险转移时间和地点。根据《1990年国际贸易术语解释通则》关于FOB术语风险转移的规定，即“货物灭失或损坏的风险以及支付与货物有关费用的义务，在卖方完成其交货义务后即转移至买方。为了不使买方拥有延迟风险及费用转移的机会，所有术语均规定风险及费用在交货前也可转移，只要买方未按约定提货或未按卖方要求发出指示（关于装运时间及/或交货地点）从而使卖方不能完成交货义务。这种提前转移风险及费用的前提是货物已被确定是买方的或是术语所规定的，已为卖方另外堆放（拨归买方）”；“A5除B5条款另有规定外，负担货物在根据A4条款交货之前灭失或损坏的一切风险”；“B5条款负担根据A4款接收货物之后灭失或损坏的一切风险。如其未按B2条款规定履行其义务，则应负担由此而引起的货物灭失或损坏的一切风险。如其未按B7条款规定作出通知，或如其指定的船舶未能如期到达，或未能接管货物，或在规定期限终止日起负担货物灭失或损坏的一切风险，但以该项货物已妥善地拨归该合同，即货物已清楚地另外堆放，或已以其他方法确定为合同货物者为限。”可知，本案的风险在装运港货物越过船舷时已经转移到买方，在卖方无锡中瑞集团有限公司没有根本违约行为的情形下，买方风险主光石油株式会社应该承担货物灭失和损坏的风险。

第三节 涉及 CIF 术语的案例

主题案例

广州 L 有限公司与香港 B 机械有限公司进口数控加工中心争议仲裁案

案情回顾

2003 年 6 月 27 日，申请人广州 L 有限公司（下称申请人，即买方）和被申请人香港 B 机械公司（下称被申请人，即卖方）签订了本案合同。双方约定：申请人向被申请人购买意大利 T 公司生产的数控加工中心一台，总价为 CIF 广州新风港人民币 125 万元；交货地在广州 L 有限公司，交货日期为卖方收到买方定金之日起 4 个月内，装运港为意大利主要港口，转运港为中国香港；买方向卖方支付人民币 30 万元作为定金。在货物到香港后发运前，买方在收到卖方通知后 2 天内支付人民币 90 万元给卖方。余额人民币 5 万元在设备验收后一个月内付清。

同日，申请人和被申请人又另行签订了一份合同，将本案合同中的交货地修改为广州新风港，将货款的支付方式修改为买方向卖方支付人民币 20 万元作为定金，在货物到达香港后发运前，买方收到卖方通知 2 天内，买方支付人民币 80 万元，余款人民币 5 万元在设备验收后一个月内付清。

2003 年 7 月 15 日，申请人通过广州市 L 实业有限公司（下称“L 实业公司”）向被申请人指定的东莞市 B 维修服务部支付了人民币 20 万元。2003 年 12 月 26 日，合同项下的设备在广州新风港报关进口。之后，由于该数控加工中心被广州海关缉私局罚没，并于随后由广州海关委托 XX 拍卖有限公司将罚没的数控加工中心拍卖。双方当事人发生了争议，申请人遂依据合同中的仲裁条款提请仲裁，请求裁决解除申请人和被申请人签订的本案合同、被申请人双倍返还定金人民币 40 万元及返还预付货款等请求。被申请人则提出继续履行合同的反请求。

申请人认为：双方已经修改了合同中的 CIF 条款，而实际执行的是 DDP 完税后交货的贸易术语。2003 年 6 月 28 日，被申请人向申请人出具了一份《质量承诺保证书》，承诺“…设备自意大利至 K 工厂的（设备落地前）一切费用和风险由 B 公司负责…” 2003 年 8 月 12 日，被申请人再次向申请人承诺：（1）5 000 元备案费和 785 750 元系被申请人所供设备货款的一部分，故在结算时可直接减除；（2）R 公司系受被申请人委托，其所发生的一切费用或不良后果概与申请人无关。根据《2000 国际贸易术语解释通则》中关于 CIF 的解释，CIF 的含义和法律特征为成本、保险费加运费，同时指在装运港当货物越过船舷时卖方即完成交货。由此可见，被申请人应申请人的要求，作出了上述承诺后，双方实际上已经修改了原先的 CIF 条款，双方执行的已经不是 CIF 合同。被申请人至今没有履行交货义务和没有交付相关单据给申请人。从庭审中被申请人出示的证据可知，没有一份证据能够证明被申请人已经将货物按双方修改后的约定交付至申请人的工厂。从申请人提交的拍卖公司和海关的证据来看，该设备因违反海关规定而导致罚没，被申请人客观上也不可能履行了交货义务。退一步讲，即使按照 CIF 的贸易规定和惯例，被申请人必须给予买方有关货物发运的充分通知以及其他通知，以便买方能够为受领货物而采取通常必要的措施。被申请人至今也没有提供证据证明已充分通知申请人。事实上，申请人也没有收到过这方面的任何通知。

被申请人则称：双方对合同中 CIF 条款的修订，主要体现在原合同与变更后的合同关于货款和交货地的修订。双方明确以合同形式将货款从人民币 125 万元变更为人民币 105 万元，将交货地由买方工厂变更为广州新风港（需要说明的是，这两个合同是在同一天内变更的，因此申请人认为因为市场价格变化而引起的价格降低的说法是与客观事实完全不符的。合同变更的事实很好地体现了权利义务相一致的原则。第一份合同价款为人民币 125 万元，条件是工厂地交货，意味着进口的税费约人民币 20 万元需要卖方负担；第二份合同价款减低人民币 20 万元，条件为目的港交货，意味着进口的税费由买方负担）。但无论变更前或变更后的合同，或是三方代理协议，对 CIF 交货方式都没有进行任何修订。被申请人已履行并完成了交货义务。合同内容已经变更为 CIF 广州新风港，即交货地为广州新风港，因为进口报关由买方完成，因此交货方式只能为象征性交货，也就意味着卖方将货物运至广州新风港，并将相关单据交与买方时，即完成了交货义务。至于进口报关、从目的港起卸货物、将货物搬至海关指定仓库、从仓库提取货物的费用及义务都转由买方承担。

争议焦点

本案申请人和被申请人的权利义务的划分。

裁判意见

仲裁庭认为：依据双方修改后的合同，双方约定的交易术语为 CIF 广州新风港，装运港为意大利主要港口，交货地为广州新风港。被申请人在2003年6月28日的《质量保证承诺书》中承诺设备自意大利至莲田番禺工厂的一切费用和风险由被申请人负责。三方签订的《代理进口协议书》中也明确规定向R公司支付的清关费用中包含了代办广州至工厂门口的运输费用。被申请人在《关于签订〈代理进口协议书〉的说明》中表示R公司是受其委托办理报关手续，并且，包括运输费用在内的清关费用也是由被申请人承担。因此，双方当事人实际上将原合同约定的交货地广州新风港变更为了莲田番禺工厂。

双方当事人对于合同项下设备已经运抵广州新风港均没有争议。被申请人称其已经将正本船务单据交付给R公司，R公司的职员在2006年2月10日出具的书面材料中也确认于2003年12月收到被申请人送来的正本船务文件。但在货物于2003年12月26日报关进口后，尚存放在广州新风海关码头仓库内时被广州海关缉私局扣押并先行变卖。上述事实表明，由于海关依法扣押了合同项下的货物，被申请人尚未履行完毕其交货义务。

评析探讨

CIF术语的中译名为“成本加保险费加运费（…指定目的港）”，按此术语成交，货价的构成因素中包括从装运港至约定目的地港的通常运费和约定的保险费，故卖方除负有与CFR术语相同的义务外，还应为买方办理货运保险，支付保险费。《2000年国际贸易术语解释通则》对CIF术语下买卖双方的权利义务有详尽的规定，根据该通则的规定，卖方有提供符合合同规定的货物的义务，即卖方必须提供符合销售合同规定的货物和商业发票或有同等作用的电子讯息，以及合同可能要求的、证明货物符合合同规定的其他任何凭证；卖方必须在装运港，在约定的日期或期限内，将货物交至船上，卖方在装运港将货物越过船舷时起即完成交货义务；除按《2000年国际贸易术语解释通则》B5条款（买方必须承担货物在装运港越过船舷之后灭失或损坏的一切风险。如买方未按照B7条款规定给予卖方通知，买方必须从约定的装运日期或装运期限届满之日起，承担货物灭失或损坏的一切风险，但以该项货物已正式划归合同项下，即清楚地划出或以其他方式确定为合同项下之货物为限）规定者外，卖方必须承担货物灭失或损坏的一切风险，直至货物在装运港越过船舷为止。案涉合同买卖双方约定适用价格术语CIF，指定目的港为广州新风港，交货地在广州L有限公司（即本案申请人），之后，申请人和被申请人又另行签订了一份合同，将本案合同中的交货地修改为广州新风港。可见，买卖双方经过协商，对CIF术语的规定作出了修改，双方的权利义务相应发生了改变。由于当事人对CIF惯例变更的地方，依照其达成的变更合意；对CIF惯例没有变更的地方，则仍按照《2000年国际贸易术语解释通则》对CIF的规定，所以，本案交货地点已经不再是《2000年国际贸易术语解释通则》规定的装运港。另外，本案被申请人还向申请人出具了一份《质量承诺保证书》，承诺“…设备自意大利至K工厂的（设备落地前）一切费用和风险由B公司负责…”。当案涉合同项下的设备在广州新风港报关进口，被广州海关缉私局罚没后，由于卖方对买方作出过上述承诺，因此卖方在本案中仍应该承担货物灭失的风险，向买方交付符合合同约定的货物。

主题案例

广东惠州某贸易公司与香港某公司马来西亚原木购买合同争议仲裁案

案情回顾

1999年9月8日，申请人惠州某贸易公司（买方）和被申请人香港某公司（卖方）签订了《购货合同》。双方约定：申请人向被申请人购买一批马来西亚原木，其中，高山柳桉原木约3 200立方米，售价为每立方米CIF USD176.5（中国惠州港），总值为USD564 800；细柳桉原木约500立方米，售价为每立方米CIF USD130，总值为USD65 000；高山杂原木约800立方米，售价为每立方米CIF USD86.5（中国 惠州港），总值为USD699 000；船期约在1999年9月中旬，装货港在马来西亚；付款方式由香港银行或中国认可的银行开立不可撤销信用证；保险由卖方按发票金额的110%投保ICC（C）及战争附加险和罢工附加险。

在HT9998号《购货合同》签订后，被申请人于1999年9月9日分别与其下家供货商RX公司以及RL公司签订了木材买卖合同。1999年9月16日，申请人通过中国C银行惠州分行开出了以被申请人为受益人的信用证，信用证金额为USD699 000。1999年9月18日，申请人作为托运人和船东S公司签订了租船合同，约定由C轮承运《购货合同》项下的货物。申请人通过议付银行向被申请人支付了信用证项下的USD669 000，但由于承运船舶C轮在驶往惠州港的航程中消失，双方对货物灭失的责任应当由哪一方承担的问题发生争议。申请人遂提请仲裁，请求裁决被申请人立即返还购原木款人民币563万元及赔偿经济损失人民币4 878 352.32元。

争议焦点

在运输合同的订立过程中，被申请人作为CIF条件下的卖方，是否尽了适当的注意义务的问题。

裁判意见

申请人的立场是，由于被申请人在签订租船合同时，没有尽必要的注意义务，因此，对货物灭失应承担责任。仲裁庭注意到以下事实：

首先，双方当事人在 HT9998 号《购货合同》中约定的价格术语为 CIF。依据《1990 年国际贸易术语解释通则》的相关规定，在 CIF 条件下，卖方的责任包括按照惯例，自费签订运输合同，用通常用以运输该类合同货物的远洋船，经由通常的航线，将货物运至商定的目的地港口。上述规定表明，CIF 合同对卖方在租船时只有两个要求，其一是对运输船舶的要求，即船舶应当是适合运输合同项下货物的远洋船。其二是对航线的要求，即航线为装运港至目的港的通常航线。除此之外，没有对卖方租船提出其他明确具体的要求。在本案中，双方当事人对船舶的适航以及航线问题，没有争议。

其次，本案被申请人是专门从事木材生意的公司，而租船是一项较为复杂和专门的业务。在国际贸易中，租船一般是合同的买方或卖方通过经纪人来安排。G 木行商会在 2001 年 3 月 8 日出具的证明信中说明："查本商会全部经营出入口木材会员在租赁载运木材船只时，大多数是委托在中国香港注册而富有经验信用昭著之船舶代理，代找载运木材船只，他们具有专业知识，依照国际公例对每艘船只详细资料进行调查，船务代理必定是依照国际公例调查清楚办理租船手续。认为船东与租船人皆符合条件下，然后以代理人身份通知双方签署租船合约，因为租船人是全部信任船务代理，而没有自行调查所租之船只详细资料，由于租船人大多数不是船务专业人士，所以无从得知租船合约所有条款是否符合国际公例的。"在本案中，被申请人通过经纪人 D 大地有限公司联系租船事宜。D 大地有限公司是一家在中国香港注册成立，从事船务代理业务的公司。有证据表明，在被申请人与其他几位客户的交易中，均是通过 D 大地有限公司租船。在租船合同签订之前，被申请人多次通过 D 大地有限公司以传真方式和船东及其经纪人就租船合同的条款进行了协商。上述事实足以表明，被申请人是按照通常做法、通常条件和船东签订了租船合同。

最后，申请人指称被申请人没有对船东进行必要的调查，仲裁庭认为，被申请人作为从事木材进出口业务的公司，由于缺乏租船方面的知识和信息，被申请人在和其他几家公司的交易中，才通过 D 大地有限公司租船。D 大地有限公司是一家在中国香港注册的船务代理公司，被申请人通过 D 大地有限公司租船，本身就表明被申请人对租船事宜给予了适当关注。

依据上述事实和理由，仲裁庭认为，被申请人作为 CIF 合同的卖方，适当履行了合同项下的租船义务。

评析探讨

案涉合同采用 CIF 价格术语，根据《1990 年国际贸易术语解释通则》对该术语的规定，卖方必须自付费用，按照通常条件订立运输合同，经由惯常航线，将货物用通常可供运输合同所指货物类型的海轮（或依情况适合内河运输的船只）装运至指定的目的港。本案卖方订立运输合同承运合同项下货物，但是承运船舶在航程中消失，本案的争议点是卖方是否违反订立运输合同的义务进而导致违约。

从贸易术语解释通则的条文规定看，卖方不仅需要自付费用订立运输合同，卖方在订立运输合同时还需要按照通常的条件订立合同，选择适合运输合同项下货物的船舶，以及确保承运货物的航船是按照惯常的航行路线运输，这些规定要求卖方在订立运输合同时尽到一般谨慎的注意义务。本案仲裁庭认为本案被申请人是专门从事木材生意的公司，而租船是一项较为复杂和专门的业务，在国际贸易中，租船一般是合同的买方或卖方通过经纪人来安排。仲裁庭通过G木行商会在2001年3月8日出具的证明信："查本商会全部经营出入口木材会员在租赁载运木材船只时，大多数是委托在中国香港注册而富有经验信用昭著之船舶代理，代找载运木材船只，他们具有专业知识，依照国际公例对每艘船只详细资料进行调查，船务代理必定是依照国际公例调查清楚办理租船手续。认为船东与租船人皆符合条件下，然后以代理人身份通知双方签署租船合约，因为租船人是全部信任船务代理，而没有自行调查所租之船只详细资料，由于租船人大多数不是船务专业人士，所以无从得知租船合约所有条款是否符合国际公例的"的内容，以及"被申请人通过经纪人D大地有限公司联系租船事宜。D大地有限公司是在中国香港注册成立，从事船务代理业务的公司。有证据表明，在被申请人与其他几位客户的交易中，均是通过D大地有限公司租船。在租船合同签订之前，被申请人多次通过D大地有限公司以传真方式和船东及其经纪人就租船合同的条款进行了协商"的事实，认定被申请人是按照通常做法和通常条件和船东签订了租船合同，从而裁决卖方没有违反其订立运输合同的义务。根据《1990年国际贸易术语解释通则》对CIF术语的规定，买方必须承担货物在装运港越过船舷之后灭失或损坏的一切风险。如买方未按照《2000年国际贸易术语解释通则》CIF术语的B7条款的规定给予卖方通知，买方必须从约定的装运日期或装运期限届满之日起，承担货物灭失或损坏的一切风险，但以该项货物已正式划归合同项下，即清楚地划出或以其他方式确定为合同项下之货物为限。案涉合同项下的货物在装运港越过船舷时起，货物灭失或者损坏的风险转由买方承担。本案被申请人没有违反合同约定的行为，因而，运输途中货物消失的风险应该由本案的申请人（买方）承担。

主题案例

广东S实业有限公司、C股份有限公司与香港J（中国）有限公司、香港F工程公司液化石油气供应合同争议仲裁案

案情回顾

1991年3月22日，第一被申请人香港J（中国）有限公司和第二被申请人香港F工程公司（共同作为卖方）和深圳Z有限公司（作为买方）就卖方向买方供应进口液化石油气事宜签订了《液化石油气建站和液化石油气供应合同》。1995年至1997年，深圳中康玻璃有限公司和第一被申请人、第二被申请人签订了三份补充协议。在上述三份补充协议签订后，深圳Z有限公司因资产重组分立为第一申请人和第二申请人。后双方又签订三份补充协议。在上述供应合同及六份补充协议的履行过程中，双方当事人发生争议，2001年12月28日，本案的第一被申请人和第二被申请人针对本案的第二申请人提请仲裁。2002年9月13日，本案申请人（广东S实业有限公司，C股份有限公司）依据供气合同中的仲裁条款提请仲裁，要求确认液化石油气站的所有权归第一申请人所有，并移交液化石油气站的设备说明书、全部技术图纸资料、操作手册和储液罐的历年官方检测资料；要求被申请人香港J（中国）有限公司、香港F工程公司全部承担申请人已垫支的关税和增值税人民币7 161 648.8元；要求被申请人赔偿因假借订立合同，恶意进行磋商等其他违反诚信原则的行为给申请人造成的损害港币20 000 000元等。

争议焦点

是买方还是卖方应该承担液化石油气进口关税和增值税？

裁判意见

仲裁庭认为，鉴于供气合同订立时《1990年国际贸易术语解释通则》已经生效（1990年7月1日），而《2000年国际贸易术语解释通则》尚未制定，所以应以《1990年国际贸易术语解释通则》的相关规定作为解释依据。按照《1990年国际贸易术语解释通则》的规定，CIF是"成本、保险费加运费（…指定目的港）"（COST, INSURANCE AND FREIGHT, …named port of destination）的缩写。在CIF交货条件下，货价的构成包括货物本身的售价加上货物运抵目的港的运费和保险费。在有关货物进出口费用的承担上，CIF术语的A6款和B6款有明确规定，即卖方应"支付货物出口所

需的办理海关手续的费用以及为出口应缴纳的一切关税、捐税和其他一切官方费用”(Pay the costs of customs formalities necessary for exportation as well as all duties, taxes, and other official charges payable upon exportation);买方应“支付货物进口和必要时经过另一国家过境运输应缴纳的一切关税、捐税和其他官方费用以及办理海关手续的费用”(Pay all duties, taxes and other official charges as well as the costs of carrying out customs formalities payable upon importation of the goods and, where necessary, for their transit through another country)。

显然,按照上述CIF术语规定的买卖双方的义务划分,因进口液化石油气所发生的关税和增值税,理应由作为买方的申请人承担。但从本案合同规定的交货方式看,其与《1990年国际贸易术语解释通则》中CIF术语规定的交货方式有明显的区别。标准的CIF交货方式,只涉及海运和内河运输,卖方将货物在装运港交到船上,即完成交货义务。而本案合同的交货是以陆运方式,由卖方将液化石油气送到买方工厂,方才完成交货。在运输和交货地点上,改变了标准的CIF交货方式。由于国际贸易方式的多样化,以及各种行业习惯或不同地区的贸易传统差别的存在,在国际贸易实践中,标准贸易术语内容在具体合同中被改变的情况并不罕见。对此,《1990年国际贸易术语解释通则》在其“引言”第6条(港口或特定行业的惯例)中指明:“由于贸易术语必须尽可能地被使用于不同行业和地区,不可能对当事人的义务作出精确规定。因此,在某种程度上,有必要参考特定贸易地区的惯例或者参考当事人之间以往交易中已建立的习惯做法(参阅1980年《联合国国际货物销售合同公约》第9条)。对于买卖双方而言,恰当的做法是,在协商订立销售合同时,使自己及时地了解这些贸易惯例,如有不明确的问题出现,通过合同中适当的条款阐明当事人的法律地位。在具体合同中,这些特别条款将取代或改变通则规定的任何解释规则。”如前所述,买卖双方当事人在合同相应条款中,对CIF标准术语内容作出改变,除了运输方式和交货地点的改变之外,卖方还需负担将液化石油气运抵买方工厂的运费,并承担液化石油气在灌入买方气罐内之前的风险(见《液化石油气建站和液化石油气供应合同》第9条第4项和第8项)。但在进口关税和捐税以及其他官方费用负担上,合同并没有改变CIF术语的规定内容。供气合同第9条第7项规定:“买方负责办理液化石油气的进口免税及报关手续。”该条规定与《1990年国际贸易术语解释通则》CIF术语规定买方费用负担的内容是一致的。依照中国法律,只有纳税义务主体才具有申请免税的法律资格。所以,合同的上述规定亦符合中国法律的规定。申请人以货物风险转移和运输费用延伸到买方工厂为由,主张进口税收应由卖方承担的理由不能成立。货物风险和运输费用与进口税收的承担是完全不同性质的义务,不能相互涵盖或混同。申请人认为,深圳H公司液化石油气供货售价中包括进口税费的情况,说明气价包含税费是一种交易惯例,这一主张,同样不能为仲裁庭接受。作为特定行业或地区的一种贸易惯例，必须为该行业或地区的贸易商所普遍接受和适用，个别企业所签订的具体合同条款不能作为贸易惯例的证明。本案的事实表明，合同订立后买卖双方曾多次订立补充协议，历次补充协议（包括申请人开始缴纳进口税费之后订立的补充协议）中有关修改后的货价内容，都没有包括进口税费。这说明，双方在合同履行过程中，始终没有改变进口税费由申请人承担的约定。据此，对申请人的第2项请求仲裁庭不予支持。

评析探讨

案涉供气合同第7条第1项规定："卖方提供的价格为CIF买方工厂气罐内交货价格。"仲裁庭根据合同签订的时间决定适用《1990年国际贸易术语解释通则》。《1990年国际贸易术语解释通则》对买卖双方义务（A字母代表卖方义务，B字母代表买方义务）的规定主要有：A2条款规定的，卖方必须自负风险及费用，领取出口许可证或其他法定批准书，并办理为货物出口所需的所有报关手续；A4条款规定的，卖方必须在规定的日期或期限内，在装运港将货物交至船上；A6条款规定的，除B6款规定外，卖方必须支付货物在按照A4款规定交付前与该货物有关的一切费用，以及运费和A3下产生的其他一切费用，包括货物装船费和当使用定期班轮运输时，定期班轮公司可能收取的在卸货港卸货的任何费用，以及支付为出口所必需的报关手续费用及一切出口时所需支付的关税、税收和其他法定收费；B2条款规定的，买方必须自负风险及费用，领取进口许可证或其他法定批准书并办理为货物进口及必要时通过第三国所需的所有通关手续，B6条款规定的，除B4、A3款规定外，买方必须支付自货物根据A4款规定交付后与该货物有关的一切费用，除非定期班轮公司在签订运输合同时已收取这类费用和开支，支付货物在海运过程中至目的港为止与该货物有关的一切费用和开支以及卸货费，包括驳运费和码头费在内。支付自约定日或规定装运期限终止日起因其未能根据B7款规定作出通知而引起的额外费用，但以该项货物已妥善地拨归该合同，即货物已清楚地另外堆放或已以其他方法确定为合同货物者为限。支付货物进口或必要时通过第三国所需支付的一切关税、税收及其他法定收费及通关手续费用。

CIF术语仅用于海运和内河运输，货物在装运港越过船舷时，卖方即完成交货，但是本案的运输方式是陆运，买方的工厂是交货地点，从而可以看出买卖双方在合同中对CIF贸易术语作出了专门的规定，双方的权利义务与《1990年国际贸易术语解释通则》中的规定不完全相同。《1990年国际贸易术语解释通则》第6条允许买卖双方对通则规定的内容协商变更，该案买卖双方在合同中明确变更CIF术语的运输方式和交货地点，因而，买卖双方应该遵守变更后的约定。同时，买卖双方没有变更的内容，仍应以《1990年国际贸易术语解释通则》的规定为准。本案的买卖双方没有变更进出口税收缴纳主体，因此按照《1990年国际贸易术语解释通则》的规定，进口税收的缴纳主体是本案的申请人（买方）。

主题案例

中国山东岱银纺织集团股份有限公司诉意大利BBS公司买卖协议纠纷案[①]

案情回顾

2002年3月22日，山东岱银纺织集团股份有限公司（以下简称岱银公司）与意大利BBS公司签订一份购销牛仔布协议，约定意大利BBS公司购买岱银公司牛仔布30 000米，价格为CIF意大利，货值56 270美元，支付方式为提单日期后90日电汇付款，2002年5月10日前交货，装运口岸从中国口岸到意大利口岸。协议签订后，岱银公司积极组织货源，按照意大利BBS公司的要求在青岛港发货，货物为全棉牛仔布30 000米，共379卷，价值为56 270美元，目的港为拉斯佩齐亚。货到港口后，意大利BBS公司拒收货物，致使岱银公司货物滞留在意大利港口，产生滞港费。后岱银公司与意大利BBS公司协商不成，遂将货物暂存在意大利TEX FLO公司。截至2003年1月31日，岱银公司支付意大利TEX FLO公司仓库保管费等费用共计35 730.4美元。因与意大利BBS公司协商不成，请求法院判令岱银公司与意大利BBS公司之间的合同继续履行，并判令意大利BBS公司赔偿岱银公司损失35 730.4美元。

争议焦点

被告意大利BBS公司是否违反合同约定？

裁判意见

意大利BBS公司系境外当事人，本案存在涉外因素，属涉外案件。因原告岱银公司系国内当事人，且在本院涉外管辖的辖区内，故本院对本案具有管辖权。本案系国际贸易纠纷，根据最密切联系的原则，应当适用中华人民共和国法律作为审理本案的准据法。

岱银公司与意大利BBS公司之间的购销合同系当事人双方真实意思表示，符合法律规定，系有效合同。岱银公司按照双方的约定发货，履行了义务。货物到达港口后，意大利BBS公司拒不提货或支付货款，构成违约行为。因意大利BBS公司违

① 案例详见山东省济南市中级人民法院（2003）济民四初字第3号民事判决书。

约，岱银公司有权要求意大利 BBS 公司继续履行合同并要求赔偿因违约而导致的损失。故岱银公司诉讼请求符合法律规定，本院予以支持。依照《中华人民共和国民事诉讼法》第 130 条、《中华人民共和国合同法》第 107 条、第 112 之规定，判决如下：（1）原告山东岱银纺织集团股份有限公司与被告意大利 BBS 公司之间 2002 年 3 月 22 日签订的购销合同继续履行。（2）被告意大利 BBS 公司赔偿原告山东岱银纺织集团股份有限公司经济损失 35 730.4 美元（截至 2003 年 1 月 31 日）。

评析探讨

本案是国际贸易争端，法院认为买卖双方在合同中没有约定争端适用的法律，法院根据最密切联系原则采用中国法律作为合同准据法。因为惯例没有成文化的要求，当事人选择 CIF 术语，即为选择了惯例，法院在当事人选择法律的前提下，应该尊重当事人的意愿。具体到本案，即使当事人没有选择适用的惯例，也应该适用《联合国销售合同公约》。所以，本案法院选择法律有误。

对贸易术语 CIF 作出系统规定，又被广泛适用的国际惯例主要有《2000 国际贸易术语解释通则》和《华沙－牛津规则》。国际贸易买卖双方的权利义务在《2000 国际贸易术语解释通则》中均被划分为对应的 10 项，关于 CIF 术语，《2000 国际贸易术语解释通则》CIF 术语的 B4 条款规定："买方必须在买方按照 A4 规定交货时受领货物，并在指定的目的港从承运人处受领货物。"其中，A4 条的规定是："卖方必须在装运港，在约定的日期或期限内，将货物交至船上。"本案的被告意大利 BBS 公司提供证据证明卖方有先行违约的行为，本案买方无端拒绝接收货物，给卖方带来的系列损失，买方意大利 BBS 公司必须承担赔偿责任。当然，买方受领货物，即接收货物，并不意味买方接受货物，接收货物只是一种单纯的事实行为，没有其他的法律意义。规定买方及时接收货物的目的是为了避免因为买方不能及时接收货物所可能发生的额外损失，所以，买方在接收货物后，有权对货物进行检验，在发现卖方有违反合同约定的情形时，买方还是可以借助法律提供的救济途径维护自己的权利，甚至可以将接收的货物退回给卖方。

主题案例

中国深圳风神实业发展公司诉法国欧亚国际技术发展公司国际货物销售合同纠纷案[①]

案情回顾

1998年3月23日，原告风神公司与被告欧亚公司签订《合同》，约定被告欧亚公司向原告风神公司提供刀具一批，总金额为FFr540 630（法郎），CIF中国香港交货，木箱包装。并约定，因执行合同所发生的一切争执，提交仲裁委员会进行仲裁。同年5月20日，被告欧亚公司将刀具空运至中国香港，原告风神公司收货后，如约以信用证方式承兑货款，并将刀具运至用货单位武汉神龙汽车有限公司。1998年7月，货抵襄樊，湖北进出口商品检验局开箱检验，发现6箱拉刀均有不同程度的局部锈蚀，检验意见为"鉴于拉刀外包装完好，拉刀锈蚀系包装未采取有效防潮措施致使拉刀受潮所致。"同年7月20日，被告欧亚公司发函希望原告风神公司与神龙公司协商换货事宜，并告知从7月26日起被告欧亚公司进入一个月假期。7月23日，双方确定全部退货。8月19日，被告欧亚公司发函要求原告风神公司20天内将货退回。8月21日，原告风神公司向被告欧亚公司结付了信用证项下的全部货款FFr540 630（法郎）。9月4日，神龙公司铁路起运退货。9月26日，原告风神公司将退货从中国香港空运至法国。1999年5月8日，被告欧亚公司出具承诺书，载明被告欧亚公司于承诺书签署后17个工作日内将全部货款及利息共计FFr587 448（法郎）退还原告风神公司。同年6月4日，被告欧亚公司向原告风神公司支付FFr20万（法郎），嗣后，未再付款。1999年11月22日，原告风神公司向湖北省武汉经济技术开发区人民法院提出诉前财产保全申请，法院依（1999）武开法经保字第1号民事裁定书冻结了被告欧亚公司在武汉神龙汽车有限公司应取得的货款572 787.42人民币。1999年12月7日原告风神公司向法院起诉，请求法院判令被告支付货款余款512 787.42元人民币及利息，并承担本案诉讼费用。

争议焦点

1. 卖方是否违约？
2. 如果卖方违约，应该如何承担责任？

---

① 案例详见湖北省武汉经济技术开发区人民法院（2000）武开法经初字第25号民事判决书。

裁判意见

原告风神公司与被告欧亚公司的讼争是因履行刀具销售合同引发争议的合同纠纷，由于一方当事人为境外的外国公司，故本案性质应确定为国际货物销售合同纠纷。原告风神公司与被告欧亚公司签订的合同未违反国际货物销售合同及有关国际贸易惯例，是当事人真实意思表示，应为有效。在案件审理期间，被告欧亚公司以书面形式表示放弃仲裁管辖，接受中国司法管辖解决争议，符合有关国际惯例和中华人民共和国有关法律规定，应予准许。被告欧亚公司与原告风神公司签订的是CIF交货合同，但货物包装未采取有效防潮措施，对损失的发生，被告欧亚公司有不可推卸的责任。原告风神公司在香港接收合同标的物时，未予验收，发生纠纷后亦不能提供中国海关验收货物放行证明，致刀具锈蚀责任不能准确划分确定。其在收到被告欧亚公司要求20日内退货的书面函件后，既未表示异议，也未在函件要求的期限内退货。对此，原告风神公司负有举证不能的不利法律后果，以及负有造成损失扩大的责任。根据已查明的案件事实，鉴于中国、法国均为《联合国国际货物销售合同公约》缔约国，本案所涉销售合同未明确排除适用公约，也未选择某一国的国内法为合同适用法律，故适用公约的有关规定。原告风神公司要求被告欧亚公司退还尚未退还的货款及其利息的主张，有悖于《联合国国际货物销售合同公约》平等互利的基本原则，故法院不全部予以支持。依据《联合国国际货物销售合同公约》第35条（1）、（2）（d）、第38条（1）、第79条，依照《中华人民共和国涉外经济合同法》第21条、《中华人民共和国民事诉讼法》第243条、第244条的规定，经合议庭评议，并提请法院审判委员会讨论决定，判决如下：

（1）被告法国欧亚国际技术发展公司应退还原告深圳风神实业发展公司货款FFr324 378（法郎），扣除被告已支付的FFr20万（法郎），被告法国欧亚国际技术发展公司于本判决生效之日起30日内实际退还原告深圳风神实业发展公司货款FFr124 378（法郎）及资金占用利息（利息按中国人民银行同期法郎存款利率计算，从1998年8月21日起算至款清之日止）。

（2）原告深圳风神实业发展公司、被告法国欧亚国际技术发展公司其他经济损失各自承担。

评析探讨

本案案情相对简单。卖方法国欧亚公司出卖货物给买方深圳风神公司，风神公司在收到货物后经商品检验发现货物与合同不符，遂要求欧亚公司承担违约责任。根据《1990年国际贸易术语解释通则》的规定可知，国际货物买卖中，卖方有义务向买方提供符合合同约定质量的货物；卖方必须自付费用，提供符合其安排的运输所要求的包装（除非按照相关行业惯例该合同所描述的货物无需包装发运），包装应该做适当标记。本案中卖方欧亚公司没有提供符合合同约定质量的货物，没有采取合适的包装方式，致使合同项下的货物受损，所以，应该承担违约责任。当然，本案买方没有及时通知货物不符和及时退货，造成了损失的扩大，对这些扩大的损失，应该适用“减损规则”，自行承担。本案中买卖双方在合同中采用了贸易术语 CIF，但是法院选择适用《联合国国际货物销售合同公约》。虽然，本案适用《联合国国际货物销售合同公约》和适用《1990 年国际贸易术语解释通则》得出的判决结果不会有太大的差异，但也只是一种巧合。本案中，法院只有在《2000 年国际贸易术语解释通则》没有规定的情形下，才可以适用 CISG，比如合同成立以及违约的救济方面。而且，在适用《联合国国际销售合同公约》时也应该优先考虑具体的法律规则，只有在该法没有明确规定或者适用具体规则会导致明显的不公平时，才求诸公平原则的适用。

专题八

国际贸易支付

第一节　基本原理

一、汇付

（一）汇付的概念和种类

所谓汇付是指付款人委托银行将款项支付给收款人。汇付是一种古老的国际结算方式，在早期的国际结算中，汇付是最主要的结算方式，汇付因其简单、迅速和费用低廉的特点，在现代国际贸易支付中仍被广泛使用。汇付涉及到的当事人包括：（1）汇款人，一般是国际贸易中的买方；（2）收款人，一般是国际贸易中的卖方；（3）汇出行，接受汇款人的委托，汇出款项的人，一般和汇款人处于同一个国家；（4）汇入行，接受汇出行委托，向收款人付款的银行，一般和收款人处于同一个国家。

汇款的种类包括：（1）电汇，指汇出行根据汇款人的申请，以电报或者电传等方式通知汇入行支付相应的款项给收款人。这种汇款方式速度较快，费用也相对较高。（2）信汇，指汇出行根据汇款人的申请，以航空信函通知汇入行支付相应款项给收款人。这种汇付方式速度较慢，费用较低。（3）票汇，指汇出行根据汇款人的申请，开出以汇入行为付款人的即期汇票，交给汇款人，由其交给收款人。根据收款和交货时间的先后顺序，又可以分为预付货款和货到付款。预付货款是由进口商负担资金，货到付款是由出口商负担资金，这也可以看出汇付没有融资的功能。

（二）汇付当事人的关系

汇付当事人之间的法律关系包括下面四个方面：（1）汇款人和收款人的关系。汇款人和收款人是国际货物买卖合同的买卖方，汇款人汇付款项给收款人是履行付款义务，汇款人和收款人的权利义务由买卖合同规定。（2）汇款人和汇出行的关系。汇款人和汇出行是一种委托和被委托的关系，双方的权利义务由双方的代理合同来确定。(3) 汇出行和汇入行的关系。汇出行和汇入行之间是一种委托关系，汇入行接受汇出行的委托，向收款人支付款项。(4) 汇入行和收款人的关系。汇入行基于履行和汇出行的委托合同向收款人支付款项，汇入行和收款人之间没有什么法律关系。

二、银行托收

(一) 托收的概念和分类

托收是指根据贸易合同的规定，买方在装货后，按照发票货值开立汇票，或随发票及其他商业单据，委托银行向买方收取货款的一种支付方式。[①] 商业汇付的资金流动方向和支付工具传送方向相同，被称为“顺付”，而托收的资金流动方向和支付工具的传送方向相左，被称为“逆付”。

托收分为光票托收和跟单托收。光票托收时指卖方只开立汇票而不附提单等运输单据和保险单，委托银行向买方收取货款。光票托收卖方开立的汇票可以是即期汇票，也可以是远期汇票。[②] 跟单托收指卖方开立汇票后，连同货物运输单据、保险单、商品检验证明书等商业单据一齐交给银行，委托银行向买方收取货款。跟单托收卖方可以开立票据，也可以不开立票据，所以跟单托收可以是附有金融单据的托收，也可以是不附有金融单据的托收。根据交单条件的不同，跟单托收又可以分为承兑交单和付款交单，承兑交单在买方承兑汇票后，代收行即可以将附随汇票的商业单据交给买方，付款交单在买方付清汇票上的款项后，代收行才将附随汇票的各种单据交给买方。

(二) 关于托收的相关法律规定

国际商会于1958年拟定《商业单据托收统一规则》，并于1967年正式公布该规则，1978年国际商会根据该规则在实践运用中出现的一些问题，对该规则进行修改并将该规则改名为《托收统一规则》。1995年，国际商会对《托收统一规则》进行再次修改，产生了新的《托收统一规则》，即国际商会第522号出版物，简称URC522。《托收统一规则》属于国际惯例的范畴，法院在审理关于国际托收的案件中可以选择适用该惯例，银行在办理国际托收的业务时可以使用该惯例，当事人在国际货物买卖合同中使用托收作为付款方式时也可以约定适用《托收统一规则》。

《托收统一规则》共分为7个部分，全文26款，分别是：总则和定义；托收的形

---

① 林武坛，章博．国际贸易私法学．南京：东南大学出版社，2008：236.

② 即期汇票，指代收行在收到汇票后应立即向付款人提示付款；远期汇票，指代收行在收到汇票后应向付款人提示承兑，并在到期付款日向付款人提示付款，如果汇票的付款人拒绝承兑或者拒绝付款，代收行应该及时告知收款人。

式和结构；提示的形式；义务与责任；付款；利息、手续费和费用；其他条款。其中的关键部分是关于银行义务与责任的规定，具体规定如下：（1）银行应以善意和合理的谨慎办理托收业务。（2）未经银行事先同意，货物不得以银行的地址直接发送给银行，或者以银行为收货人或者抬头人。如果未经银行事先允许，将货物以银行的地址直接发送给银行，请该行凭付款凭证或承兑凭证或凭其他条款将货物交给付款人，银行没有提取货物的义务，货物的风险和责任仍由发货方承担。（3）银行对与跟单托收有关的货物即使接到特别指示也没有义务采取行动对货物进行仓储和保险。无论银行是否接到指示，银行为保护货物而采取措施时，银行对有关货物的结局和/或状况和/或对受托保管和/或保护的任何第三方的行为和/或疏漏都不承担责任。银行对采取任何保护措施所发生的费用和/或花销由向其发出托收的一方承担。（4）银行必须确定它收到的单据应与托收批示上所列表面相符，如果发现收到的单据有短缺或者非托收批示上所列，银行必须以快捷方式告知从其收到指示的一方。银行对任何单据的格式、完整性、准确性、真实性、虚假性或其法律效力，或对在单据中载明火灾其上附加的一般性和/或特殊性的条款不承担责任或对其负责。银行也不对任何单据所表示的货物的描述、数量、重量、质量、状况、包装、交货、价值或存在，或对货物的发运人、承运人、运输行、收货人和保险人或其他任何人的诚信或行为和/或疏忽、清偿力、业绩或信誉承担责任或对其负责。（5）银行对任何信息、信件或单据在传送期间所发生的延误和/或损坏，或对任何电讯在传递中发生的延误、残损或其他错误，或对技术条款的翻译和/或解释的错误不承担责任或对其负责。银行对由于收到任何指示需要澄清而引起的延误也不承担责任或对其负责。另外，银行对于因火灾、暴动、骚乱、战争或银行本身不能控制的任何其他原因、任何罢工或停工而使银行业务中断所产生的后果不承担责任或对其负责。

（三）托收当事人的关系

托收的当事人包括：（1）委托人，是开出汇票并委托银行代其向国外的进口商收取货款的人，在国际贸易中通常是国际贸易合同的卖方。（2）托收行，是接受出口商委托，代其向国外的进口商收取的买卖合同项下货款的金融机构。（3）代收行，是接受托收行的委托，代其向进口商收取货款的银行，一般和进口商处于同一个国家。（4）付款人，是国际货物贸易合同中的进口商，也是委托人开立的汇票上的付款人。

托收当事人之间的关系包括下面四个方面：（1）委托人和付款人的关系。委托人和付款人是国际货物买卖合同的双方，双方的权利义务受合同的规定。买方支付托收下的款项是履行合同项下支付货款的主要义务。（2）委托人与托收行之间的关系。委托人和托收行之间是委托关系，委托人和托收行的权利义务受他们之间的委托书和代理法的规定约束，托收行违反委托书的约定给委托人带来损失的应该承担违约责任，但是托收行对没有违反委托合同，但是对不能向付款人收到货款的情形不承担责任。（3）托收行和代收行的关系。托收行也叫寄单行，它和代收行也是一种委托和受委托的关系，代收行接受托收行的指示，向付款人提示付款或者提示承兑。如果遭到付款人的拒绝，代收行应该及时通知托收行，但是对不能收到货款的情形并没有责任。代收行如果违反托收行的指示，应该承担违约责任，托收行可以对其提起诉讼。（4）代收行和付款人的关系。代收行和付款人并没有直接的关系，托收行接受委托人的委托，代收行接受托收行的委托，向付款人提示付款，如果付款人拒绝付款，代收行并不可以起诉付款人要求其支付买卖合同项下的款项，而只能通知托收行被拒的事实，再由托收行通知委托人被拒的事实。

三、信用证

（一）信用证概念和特点

国际商会《跟单信用证统一惯例》（UCP600）第2条规定："信用证是一项不可撤销的安排，无论其名称或描述如何，该项安排构成开证行对相符交单予以支付的确定承诺。"汇付和跟单托收是建立在商业信用的基础上，卖方能否收到合同项下的款项取决于买方是否可以履行合同，即买方是否是一个有商业信用的人。在跟单托收中，虽然银行也作为当事人之一，但是银行并不对卖方是否可以收到货款负责，银行只是接受卖方的委托，以卖方的名义通知买方支付货款，如果买方拒绝支付，托收行只要将这一事实告知卖方即完成委托合同的义务。自由资本主义进入垄断资本主义之后，世界性经济危机爆发，工厂企业破产倒闭屡见不鲜，由此加剧了国际贸易中买卖双方的矛盾，进出口双方彼此不信任，卖方担心货物发运后买方不如数、按时和正确地支付货款，而买方担心卖方在支付货款后不按时、按质、按量地交货，因此商业信用以外的第三人的保证变得尤为重要，银行因其雄厚的资金和广泛的职能成为该第三人的最佳选择。由商业信用转变为银行信用通过的途径就是信用证的使用。

银行通过办理信用证业务发挥其担保付款作用主要得益于信用证的特点。信用证的特点包括以下几个：

（1）开证银行负首要付款义务。《跟单信用证统一惯例》第7条规定了开证行的首要付款责任，内容如下："a. 只要规定的单据提交给指定银行或开证行，并且构成相符交单，则开证行必须承付，如果信用证为以下情形之一：ⅰ. 信用证规定由开证行即期付款、延期付款或承兑；ⅱ. 信用证规定由指定银行即期付款但其未付款；ⅲ. 信用证规定由指定银行延期付款但其未承诺延期付款，或虽已承诺延期付款，但未在到期日付款；ⅳ. 信用证规定由指定银行承兑，但其未承兑以其为付款人的汇票，或虽承兑了汇票，但未在到期日付款；ⅴ. 信用证规定由指定银行议付但其未议付。b. 开证行自开立信用证之时起即不可撤销地承担承付责任。c. 指定银行承付或议付相符交单并将单据转给开证行之后，开证行即承担偿付该指定银行的责任。对承兑或延期付款信用证下相符交单金额的偿付应在到期日办理，无论指定银行是否在到期日之前预付或购买了单据。开证行偿付指定银行的责任独立于开证行对受益人的责任。”开证行在信用证下承担的是第一付款义务，是信用证的主要债务人，开证行付款后也不可以对受益人行使追索。

（2）信用证具有相对独立性。即信用证是一项自足文件。《跟单信用证统一惯例》第4条就信用证和其他合同的关系作出规定：“a. 就其性质而言，信用证与可能作为其开立基础的销售合同或其他合同是相互独立的交易，即使信用证中含有对此类合同的任何援引，银行也与该合同无关，且不受其约束。因此，银行关于承付、议付或履行信用证项下其他义务的承诺，不受申请人基于其与开证行或与受益人之间的关系而产生的任何请求或抗辩的影响。受益人在任何情况下不得利用银行之间或申请人与开证行之间的合同关系。b. 开证行应劝阻申请人试图将基础合同、形式发票等文件作为信用证组成部分的做法。”信用证独立于约定开立信用证作为付款方式的买卖合同，独立于货物运输、保险合同，信用证因开证申请人向银行提出开证申请，银行决定开立信用证而产生，一经产生后就成为对信用证下各当事人之间的有约束力的文件。

（3）信用证是单据交易。《跟单信用证统一惯例》第5条规定：“银行处理的是单据，而不是单据可能涉及的货物、服务或履约行为。[①]”银行在决定是否付款时，需要审查卖方提交的单据，确定单据和单据表面是否相符、单据和信用证表面是否相符，如果审单结果是“单单相符、单证相符”，银行就有绝对付款义务，相反，即使买卖的货物相符，但是单据之间表面不相符，或者单据与信用证表面不相符，银行可以拒绝付款。银行审单的时候坚持“严格相符”原则，信用证实务界对“严格相符”有不同的理解，主要分为下列三种：①“绝对的严格相符”，即卖方提交的单证要和信用证的描述完全一致，关于“严格相符”原则，最著名的论述是Summer法官在英国1926年的Equitable Trust Co. of New York v. Dawso part-ner Ltd. 案件中作出的，他说：“在类似于本案的信用证交易中，接受单据的银行只有严格遵循了对其授权中规定的各项条件，以此为据审查单据后，才有权获得请求偿付。就单据而言，不存在‘几乎一样’或者‘作用差不多’的余地……银行的国外分支机构对构成融资基础的交易一无所知，他不能自作主张决定什么可以，什么不可以。如果他按指示办事，那是安全的；如果他什么也不做，也是安全的；如果他偏离了规定的条件，那只能由自己承担责任。”[②]②“实质

---

① 以上法条内容均援引自：《跟单信用证统一惯例》（UCP600）. 北京：中国法制出版社，2008：1186.

② 刘德标. 国际结算规则. 北京：对外经济贸易大学出版社，2004：277，转引自林武坛，章博. 国际贸易私法学. 南京：东南大学出版社，2008：225.

相符”，是指信用证与单据的相关记载虽然存在一些差异，但只要实质内容相符，银行就应该付款。③“严格的实质相符”，是“绝对的严格相符”和“实质相符”的折中，指在重要的单据和单据的重要部分应用“绝对的严格相符”原则审单，在单据的其他部分则可以放松相符的标准，只要实质内容相符即可。“绝对的严格相符”往往使得受益人因为单据存在细微的瑕疵而遭到拒付，导致受益人不愿意接受信用证支付，在实践中变得几乎不可能。“实质相符”使得银行审单变得复杂和不确定，所以实践中常用的是这种折中的审单标准。2005年10月24日由最高人民法院审判委员会第1368次会议通过的《最高人民法院关于审理信用证纠纷案件若干问题的规定》第6条规定：“人民法院在审理信用证纠纷案件中涉及单证审查的，应当根据当事人约定适用的相关国际惯例或者其他规定进行；当事人没有约定的，应当按照国际商会《跟单信用证统一惯例》以及国际商会确定的相关标准，认定单据与信用证条款、单据与单据之间是否在表面上相符。信用证项下单据与信用证条款之间、单据与单据之间在表面上不完全一致，但并不导致相互之间产生歧义的，不应认定为不符点。”

（二）信用证的分类

根据信用证的性质和不同特点，可以分为以下几类：

1. 跟单信用证和光票信用证

跟单信用证是指凭跟单汇票或单纯凭单据付款的信用证。光票信用证是指不附单据仅凭一张光票付款的信用证。有些光票信用证还规定，另附一些非货运性单据如发票、垫款清单等，通常也算在光票信用证内。在国际贸易中只有卖方需要收取一些货款的尾数时，买方当事人和银行才会同意开光票信用证。因为在国际货物买卖中，作为买方当事人，之所以选择信用证付款，就是为了在付款的时候可以同时得到代表货物所有权和支配权的单据，比如提单和保险单，而光票信用证不能达到这个目的。而对于银行来说，银行在付款后拿到卖方提交的单据，如果买方届时不愿意赎单，银行还可以凭着这些单据处理货物挽回一些损失，光票信用证也无法达到这个目的。所以，大多数情况下，买方和银行开立的是跟单信用证。

2. 可撤销信用证和不可撤销信用证

可撤销信用证是指开证行可以不经过受益人同意也不必事先通知受益人，在该信用证议付以前，可以随时修改或撤销信用证。不可撤销信用证是指信用证一经开出，在有效期内，未经受益人及其有关当事人的同意，开证行不得片面修改或撤销，只要受益人提交相符单据，开证行必须承付或者议付。可撤销信用证不能很好地保证受益人获得价款的权益，在实践中不易被受益人接受，发挥作用的空间有限。《跟单信用证统一惯例》（UCP600）第3条规定：“信用证是不可撤销的，即使未如此表明。”第10条A款规定：“除第三十八条另有规定者外，未经开证行、保兑行（如有的话）及受益人同意，信用证既不得修改，也不得撤销。”可见 UCP600 认为的信用证是不可撤销信用证。

3. 保兑信用证和不保兑信用证

保兑信用证是指由另外一家银行保证加以保兑的信用证。不保兑信用证是指没有其他银行加以保兑的信用证。保兑信用证更易于为卖方接受，因为银行保兑后就和开证行一样承担第一性的付款义务，即使开证行破产，保兑行还是应该承担付款义务。

4. 即期信用证和远期信用证

即期信用证是指开证行开立的，规定受益人可以凭借即期汇票收取有关款项的信用证。远期信用证是指开立行开立的，规定受益人可以凭借远期汇票收取有关款项的信用证。即期信用证也可以不需要汇票，直接凭单据付款。远期信用证又可以分为承兑信用证和迟期信用证，承兑信用证的受益人在提示远期汇票经付款人承兑后，可在市场上将汇票贴现而得到资金的融通。迟期信用证的受益人交单时无需提示汇票，因而也没有融资的功能。

5. 可转让信用证和不可转让信用证

可转让信用证是指信用证上的受益人可以将信用证上的权利全部或者部分转让给第三人。不可转让信用证是指信用证上的权利只能由信用证上的受益人享有，不能转让给第三人。可转让信用证的受益人为第一受益人，受转让人为第二受益人，信用证只可以转让一次，第二受益人不可以再转让信用证。

6. 循环信用证

循环信用证是指在同样的条件下，在一定时间内，信用证金额可以重复使用的信用证。循环信用证又可以分为按时间循环信用证和按金额循环信用证。按时间循环信用证指受益人在一定时间内可多次使用信用证规定的金额，按金额循环信用证指在信用证金额议付后，即恢复到原金额可再次使用，使用循环信用证的具体做法有三种：（1）自动式循环使用，指出口商按规定日期装运货物交单支取信用证的金额后，不需要等待开证行的通知，信用证自动恢复到原金额使用。（2）非自动式循环，指出口商每次装货交单后，必须等待开证行的通知，信用证的金额才会恢复。（3）半自动式循环，指出口商每次装货交单后在若干天内开证行没有提出中止循环的通知，信用证自动恢复到原金额，

7. 对背信用证

对背信用证是指出口商收到银行开立的信用证，要求该信用证的通知银行或其他银行以原信用证为基础，开立一张内容近似的新的信用证给第三人。对背信用证一般发生在转手交易中，原信用证的受益人可能只是一个中间商，他不想他的卖家知道最终的买家而进行直接交易，往往选择开立对背信用证，或者信用证是不可转让信用证，或者信用证已经转让过一次而不可以再转让，原信用证的受益人又需要向其卖家付款时，也可

能使用对背信用证。对背信用证和原信用证虽然内容上近似，但是却是两个独立的信用证。原信用证上的权利义务和对背信用证上的权利义务没有相应的关系。

8. 备用信用证

备用信用证是指规定在开证申请人不能切实履行有关合同的情况下，开证行保证代为支付有关合同金额的信用证。[①] 备用信用证不同于一般的商业信用证：商业信用证是一种国际支付手段，备用信用证是一种担保方式；商业信用证只能由银行开立，而除银行之外的其他机构也可开立备用信用证；在商业信用证下，银行承担的是第一付款义务，银行付款后也不再可以向受益人追索，备用信用证往往是“备而不用”，只有在开证申请人不能按约履行债务时，开证行才对受益人履行付款义务；商业信用证付款的前提是银行审单发现是否“单单相符”和“单证相符”，而备用信用证开证行支付货款却不需要审查单据，只需要开证人没有履行付款义务。

（三）关于信用证相关法律规定

关于信用证的法律规定在国际层面上主要是《跟单信用证统一惯例》。1930 年国际商会制订《商业跟单信用证统一规则》，1933 年修订的文本将其易名为《商业跟单信用证统一惯例》，1962 年修订的文本再将其易名为《跟单信用证统一惯例》。1993 年修订的文本被称为《跟单信用证统一惯例》500 号，简称 UCP500。现在最新的文本是 2007 年修订的，以国际商会第 600 号出版物公布的 UCP600。UCP600 总共有 39 条，内容主要包括：UCP 的适用范围、定义、解释、信用证与合同、单据与货物、服务或履约行为、开证行责任、保兑行责任、信用证及其修改的通知、修改、电讯传输的和预先通知的信用证及修改、指定、银行之间的偿付安排、单据审核标准、相符交单、不符单据、放弃及通知、正本单据及副本、商业发票、涵盖至少两种不同运输方式的运输单据、提单、不可转让的海运单、租船合同提单、空运单据、快递收据、邮政收据及投邮证明、“货装舱面”、“托运人装载和计数”、“内容据托运人报称”及运费之外的费用、清洁运输单据、保险单据及保险范围、截止日期或最迟交单日、信用证金额、数量与单价的伸缩度、部分支款或部分发运、交单时间、关于单据有效性的免责、关于信息传递和翻译的免责、不可抗力、关于被指示行为的免责、可转让信用证、款项让渡等。[②] 我国没有关于信用证的专门立法规定，2005 年最高人民法院审判委员会第 1368 次会议通过了《最高人民法院关于审理信用证纠纷案件若干问题的规定》，该司法解释的内容主要包括：信用证纠纷案件、法律适用、适用范围、信用证独立性、单证审查、不符点、信用证欺诈、信用证欺诈的例外、申请中止支付、受理条件、终止支付等。另外，该司法解

---

① 谢石松．国际私法学．北京：高等教育出版社，2007：342.

② 详见《跟单信用证统一惯例》（UCP600），北京：中国法制出版社，2008：1185.

释还规定了人民法院在审理信用证纠纷时，如果争议双方有协商选择国际惯例作为准据法的则适用该选定的法律，如果当事人没有选择纠纷适用的法律时，应该使用国际商会的《跟单信用证统一惯例》。

（四）信用证当事人的关系

信用证涉及的当事人有：开证申请人、开证行、通知行、受益人、保兑行、议付行、付款行、偿付行，信用证当事人之间的关系表现在以下几个方面：（1）开证申请人和受益人的关系。开证申请人和受益人是基础合同（国际货物买卖合同）的买方和卖方，双方的权利义务由买卖合同决定，卖方根据合同的约定申请开立信用证，开立信用证后，买卖双方并不是信用证交易下的直接权利义务方。（2）开证申请人和开证行的关系。开证申请人和开证行是一种金融服务合同关系，开证行受开证申请人的申请，开立以出口商为受益人的信用证，从开展信用证业务中赚取一定的服务费用。（3）开证行和通知行的关系。开证行和通知行是一种委托代理关系，通知行接受开证行的委托，将开证行开立信用证的事实告知受益人，通知行除将开证的事实和事后的修改告诉受益人，合理、谨慎地审查信用证表面的真实性外没有其他更多的义务。（4）开证行和受益人的关系。如果将信用证看成一种特殊合同的话，开证行和受益人之间是一种特殊的金融服务合同关系。如果将信用证看作一项独立的业务，开证行和受益人的关系依据就是信用证。开证行是第一付款人，信用证是开证行的付款保证，只要受益人提交了符合规定的单据，开证行就必须付款。（5）受益人和通知行的关系。受益人和通知行的关系的依据是信用证，通知行应该通知受益人来证的事实和合理审查受益人交的单据，通知行不确定信用证的真假时应该如实告知受益人。（6）受益人和保兑行的关系。保兑行和受益人的关系的依据是信用证。保兑行对受益人负有独立的保证付款义务，即使开证行破产、拒付、丧失付款能力，保兑行也应该在受益人提交符合规定的单据时承担付款义务，保兑行付款后不可以对受益人追索。（7）受益人和议付行的关系。议付行对受益人的单据贴现，为受益人提供融资，然后凭借这些单据向开证行索偿。议付行并没有在信用证上作出承诺，所以，议付行在不能从开证行处得到偿付后可以向受益人追索。（8）议付行、保兑行、偿付行和开证行的关系。信用证上有时规定议付行，这时开证行和议付行是一种委托代理关系。大多数情况下，信用证上不会规定议付的银行，银行为赚取一些服务费可能会选择从事该业务，在为受益人融资后再凭借取得的票据向开证行请求偿付；出口商为能增强获得付款的可能性，会在买卖合同中要求开证申请人申请开立有保兑的信用证，银行邀请其他的银行（通常是通知行同时担任保兑行，保兑行也通常是和卖方处于同一个国家的银行）对信用证保兑。银行对信用证保兑后即承担独立的付款义务，在向受益人付款后可以凭借取得的单据向开证行要求偿付；偿付行与信用证无直接的关系，它与开证行是委托代理关系。偿付行没有审查单据的义务，它对议付行、保兑行付款后，即使单据真的出现不符点，开证行也不能向偿付行追索，而只能向议付行、保兑行追索。

（五）信用证欺诈及救济

信用证作为国际贸易支付手段的一个重要前提是信用证的独立原则。银行只审理卖方是否提供和信用证规定相符的单据，在单据与单据之间表面相符以及单据与信用证表面相符的情况下，银行负有付款义务。银行不能以卖方违反买卖合同为由拒绝支付，买方也不能以卖方违反合同而要求银行拒绝支付，从而使卖方的货款得到可靠的保障。但是严格遵循信用证的独立原则也会带来弊端，银行形式审单为不法分子实施诈骗提供了空间，信用证欺诈在国际贸易中屡见不鲜。信用证欺诈主要表现为：卖方伪造与信用证规定相符的单据、卖方与承运人勾结以保函换取与信用证规定相符的单据、卖方与买方虚构买卖关系等。在这些情形下，如果仍要求银行承担付款义务，会导致出现实质性的不公平，进而破坏选择信用证作为支付手段的初衷。

美国是世界上对信用证欺诈立法最早的国家，《美国统一商法典》第5－114条第2项规定："除非另有协议，当各项单据表面上符合信用证条款，但其中某项必要单据事实上不符合所有权凭证之流通或转让中的担保或证券之流通或转让中的担保时，或某项必要单据属于伪造、带有欺诈或在交易中存在欺诈时"，允许银行拒绝付款。这是"欺诈例外原则"的立法表示，也是在肯定信用证独立原则的基础上作出的例外规定。我国最高人民法院审判委员会于2005年10月24日第1368次会议通过，自2006年1月1日起施行的《最高人民法院关于审理信用证纠纷案件若干问题的规定》第8条规定："凡有下列情形之一的，应当认定存在信用证欺诈：（一）受益人伪造单据或者提交记载内容虚假的单据；（二）受益人恶意不交付货物或者交付的货物无价值；（三）受益人和开证申请人或者其他第三方串通提交假单据，而没有真实的基础交易；（四）其他进行信用证欺诈的情形。"第9条规定："开证申请人、开证行或者其他利害关系人发现有本规定第八条的情形，并认为将会给其造成难以弥补的损害时，可以向有管辖权的人民法院申请中止支付信用证项下的款项。"

一般认为，运用"欺诈例外原则"的要件包括：（1）从程度上，欺诈已经达到实质性的程度。什么是实质性的欺诈并没有一个普遍的标准，法官在审理案件中应该对具体案件进行具体分析。一般认为，对于单据的欺诈而言，"实质性欺诈"须达到令单据无效的程度，破坏了其作为信用证交易所特定要求的本质。如果仅仅带有一定的欺诈性，开证申请人应该通过违约救济而不是启动欺诈例外原则。对于基础交易中的欺诈而言，受益人非根本性的违约一般不能被认为构成欺诈，只有受益人的行为严重违背了包括基础合同在内的整个交易安排，导致对方的根本合同目的或主要目的已经落空时才构成"实质性欺诈"。（2）行为人有欺诈的故意。（3）有充足的证据证明欺诈已经发生，如果不采取相应的措施将会带来不可挽回的损失。(4) 保护善意第三人的利益。《最高人民法院关于审理信用证纠纷案件若干问题的规定》第 10 条规定:"人民法院认定存在信用证欺诈的,应当裁定中止支付或者判决终止支付信用证项下款项,但有下列情形之一的除外:(一) 开证行的指定人、授权人已按照开证行的指令善意地进行了付款;(二) 开证行或者其指定人、授权人已对信用证项下票据善意地作出了承兑;(三) 保兑行善意地履行了付款义务;(四) 议付行善意地进行了议付。"最高人民法院早在 1989 年 6 月 12 日公布的《全国沿海地区涉外、涉港澳经济审判工作座谈会纪要》确定了适用适用"欺诈例外原则"的框架性条件:(1) 法院冻结令仅适用于经充分证明的信用证欺诈。(2) 颁布冻结令不仅应考虑欺诈受害人的利益,更应注意冻结令对银行信誉的不利影响。(3) 颁布冻结令的时间应是不迟于开证行对外确定的承担付款责任之时,而不是尚未对外付款之时。(4) 冻结令不应该限制正当持票人的受款权利。

开证申请人如果能向银行提供充分的证据,证明信用证欺诈情形的存在时,银行可以拒绝付款。但此时,银行还是承担了很大的风险,因为如果最后证明受益人没有从事欺诈行为时,银行需要承担拒付的法律责任。当事人寻求救济的最主要途径还是到法院申请止付令,我国的相关司法解释也为信用证欺诈下的受害人提供了司法救济,受害人可以到有管辖权的法院申请中止支付信用证下的款项。有管辖权的法院在如果不采取中止支付信用证项下款项将会给当事人的合法利益带来难以弥补的损失的前提下,在当事人提供证据证明欺诈存在并提供可靠、充分担保时,应该予以受理。人民法院在受理申请后应该在 48 个小时内作出裁定,裁定中止付款的应该立即开始执行。

四、国际保理

(一) 国际保理的概念和分类

"Factoring"的中文翻译很多,有译成"应收账款收买业务",有译成"财务代理",也有译成"保付代理",简称"保理"。保理业务起源于 19 世纪的美国,20 世纪 30 年代在美国得到较大发展,20 世纪 60 年代保理传入欧洲,70 年代后开始被亚太国家普遍采用。所谓保理,根据《国际保理公约》的规定,系指卖方或供应商或出口商与保理商之间存在的一种契约关系。根据该契约,卖方将其现在或将来的基于其与买方订立的货物销售、服务合同所产生的应收账款转让给保理商,由保理商为其提供下列服务中的至少两项:(1) 贸易融资。出口商可运用保理业务向买方提供无追索权的、手续简便的贸易融资,出口商出售货物后可以获得 80% 的预付款融资和 100% 的贴现融资。(2) 销售分账户管理。在出口人叙做保理业务后,保理商会根据出口人的要求,定期、不定期地向其提供关于应收账款的回收情况、逾期账款情况、信用额度变化及对账单等各种财务和统计报表,协助出口人进行销售管理。(3) 应收账款的催收。保理商会根据应收账款的逾期时间，采取信函通知、打电话、上门催款及采取法律手段等方式收取账款。(4) 信用风险控制与坏账担保。在出口人与保理商签订保理协议后，保理商会对进口人核定一个信用额度，在协议执行过程中，随时根据进口人资信状况的变化对信用额度进行调整。对出口人在核准信用额度内的应收账款，保理商提供100%的坏账担保。由此可见，国际保理实际上是一种融结算、管理、担保、融资为一体的综合性服务业务，但其本质上是一种债权转让。

国际保理可以分成下面几类：(1) 根据参加的保理商的数目，可以分成单保理和双保理。单保理可以是出口保理，也可以是进口保理，此时是由出口商与出口保理商/进口保理商签订保理协议，将应收货款的债权转让给保理商，并提供有关的单据、信息给保理商，由保理商负责债款的催收，和提供坏账担保，或提供贸易融资；双保理情形下，参与保理业务的既有出口保理商，也有进口保理商，出口商将债权转让给出口保理商后，出口保理商再将债权转给进口保理商，由进口保理商在提供融通资金、销售分户账管理、应收账款催收和信用风险控制与坏账担保中选择至少两项服务，出口商需要向出口保理商支付报酬，出口保理商需要向进口保理商支付相应的费用。双保理的情形下，出口保理商一般是出口商所在国的银行，进口保理商一般是进口商所在国银行，双保理有助于保理商对进口商信用的调查、了解和应收账款的催收。(2) 从保理商提供服务的种类区分，可以分为无担保保理和有担保保理。无担保保理和有担保保理的区别是保理商是否为出口商提供坏账担保，在有担保保理的情况下，如果进口商不能如期支付货款，保理商不能对已经支付给出口商的资金进行追索，并且还必须支付出口商尚未支付的资金。(3) 从保理商提供的服务范围区分，可以分为完全保理和非完全保理。保理是一种特殊的债权转让，保理商除了向进口商催收货款外，还必须在其他三项服务(销售分账户管理、买方的信用风险担保和为出口商融通资金) 中至少选择一种，如果保理商为出口商提供所有的四项服务，则为完全保理，反之就是不完全保理。

(二) 关于国际保理的法律规定

国际上有一些专门的保理行业组织，比如国际保理商联合会、国际保理商协会和哈拉尔海外公司，其中影响力最大的是国际保理商联合会。国际保理商联合会于1969年制定制定了《国际保理惯例规则》，后改名为《国际保理通则》，现行最新的版本是2005年修订的文本。国际保理商联合会的会员在从事国际保理业务时需要适用该规则，其他非会员可以选择适用，国家司法机关在审理有关国际保理的案件时可以选择适用该规则。由于该规则的性质是国际惯例，没有强制适用力和普遍约束力，所以，国际统一私法协会于1987年起草完成了《国际保理公约》，该公约于1995年生效。该公约对国际保理制度当事人各方权利义务作出了详细的规定，是国际保理实务操作和司法审判的重要依据，对国际保理的发展发挥了重大的作用。

（三）国际保理当事人关系

国际保理的当事人包括出口商、进口商、出口保理商和进口保理商，国际保理当事人关系表现在以下五个方面：

1. 出口商和进口商关系

出口商和进口商是国际货物买卖合同的双方，双方权利义务由买卖合同规定。在出口商将合同项下的应收货款转让给保理商后，买卖双方的权利义务并没有发生太大的改变，卖方还是应该履行交货的义务，买方还是该履行按时付款的义务，而且买方对卖方的抗辩权、抵销权仍可以行使。但此时，卖方获得货款的权利转移给保理商，买方也应该向保理商履行付款的义务，买卖双方原合同下的权利义务还是发生了一些改变。

2. 出口商和出口保理商关系

出口商和出口保理商的权利义务体现在双方签订的国际保理合同上，出口商应该向出口保理商披露相关信息，以便出口保理商决定是否接受债权转让。出口保理商在为出口商融资、销售分户账管理、应收账款催收和买方信用风险担保中选择至少两项。出口商和出口保理商的关系既是一种特殊的债权转让关系，也是一种资金融资关系，还是一种金融服务关系。

3. 出口商和进口保理商关系

单保理的情形下，出口商和进口保理商的关系与上述出口商和出口保理商的关系相似。双保理的情形下，出口商将应收货款权利转让给出口保理商，再由出口保理商将该权利转让给进口保理商，出口商和进口保理商之间没有直接的关系。

4. 进口保理商和出口保理商关系

出口保理商将应收货款权利转让给进口保理商，两者是一种债权转让和金融服务的关系，出口保理商和进口保理商之间的关系与上述出口商和出口保理商的关系相似。

5. 进口商和出口保理商及进口保理商关系

在双保理的情形下，进口商和出口保理商并没有直接的关系。在单保理的情形下，进口商得到债权转让的通知后，进口商应该如期向出口保理商支付货款，进口商对出口商债权的所有抗辩理由可以用来对抗保理商。《国际保理公约》第9条也有相关的规定，在符合有关书面转让通知送交债务人的情形下，债务人可以根据针对供应商已存的索偿请求和债务人可以利用并应付给供应商的账款向保理商要求行使抵销权。进口商和出口保理商的关系是一种以被转让的债权为内容的债权债务关系。进口商和进口保理商的关系与单保理情形下进口商和出口保理商的关系相似。

第二节　涉及托收的案例

主题案例

中国银行广州市沿江支行诉广州古琅玛贸易有限公司票据权益纠纷案[1]

案情回顾

被告广州古琅玛贸易有限公司于2004年7月6日向原告中国银行广州市沿江支行提交了一份《托收款项申请书》和一张金额为35 150美元的支票，委托原告办理托收款项。该支票显示出票地为美国，签发日期为2004年6月22日，付款人为美国公司HARROD'SINC，付款行为美国的FIRST COMMUNITY BANK OF TIFTON（音译为：蒂夫顿第一社区银行），收款人为被告。委托人在《托收款项申请书》中承诺："右列托收款项收妥后，如将来发生退票、追索等情况，本人愿负责偿还全部票款及费用。"原告经审查后接受了被告的托收申请，被告遂把托收支票背书给原告。2004年7月6日，原告向中国银行纽约分行出具《托收委托书》办理托收，并把支票背书给中国银行纽约分行。《托收委托书》上载明：我们附上支票一张，金额35 150美元，托收方式（COLLECTION METHOD）：FOR COLLECTION。对"（COLLECTION METHOD）：FOR COLLECTION"内容的中文翻译内容，双方产生严重分歧。原告委托翻译机构广州市公证处于2004年10月18日将其翻译为"托收方式"，而被告委托翻译机构广东省公证处于2005年12月29日将其翻译为"收款办法"。原告后来认为是广州市公证处翻译时遗漏了单词，要求公证处对其再次进行翻译，广州市公证处于2005年7月20日将其翻译为"托收方式：收妥贷记"，被告对此提出异议，再次委托广东省公证处于2005年8月4日进行翻译，并随同补充代理词一起提交了翻译结果为"收款办法：托收"的翻译件。针对此问题，审理法院向中国人民银行广州分行查询该专业术语的中文解释，但中国人民银行广州分行表示无法确定该专业术语的中文解释。中国银行纽约分行接受委托后，以代收行的身份向付款行FIRST COMMUNITY BANK OF TIFTON提示付款。付款

---

① 案例详见广东省广州市中级人民法院（2005）穗中法民三初字第220号民事判决书。

行审查支票后，向代收行解付了托收款项35 150美元。2004年7月26日，中国银行纽约分行对上述支票托收金额35 150美元扣除电报费用10美元后，将余额35 140美元划付原告账户。7月27日，原告将35 140美元扣除手续费56.33美元后结汇人民币289 941.97元转入被告在原告的结算账户。2004年8月底，付款行FIRST COMMUNITY BANK OF TIFTON发现托收的支票金额经变造，出票人账户余额不足以支付票款，遂向其前手中国银行纽约分行追索该款。中国银行纽约分行支付该款后，于8月30日向原告发出电报，称上述支票为伪造票据，遭付款行FIRST COMMUNITY BANK OF TIFTON退票，并向原告追索票款35 162美元（含退票手续费12美元）。原告称收到上述电报后的当天以电话联系被告，要求被告上门协商，并于9月8日正式向被告发函，要求被告履行退还全部票款和费用的责任。9月28日，被告向原告函复《关于〈敦请贵司配合我行工作并尽快退还款项的函〉的复信》，被告拒绝退还款项，原告诉至法院，请求法院判令：（1）被告广州古琅玛贸易有限公司偿还35 162美元及上述款项从2004年8月30日至清偿日止的利息，利率按中国人民银行公布的同期美元逾期贷款罚息利率计付；（2）本案诉讼费用由被告广州古琅玛贸易有限公司承担。

争议焦点

1. 托收行的权利义务是什么?

2. 托收行是否有权追索付出的款项?

裁判意见

根据我国《民事诉讼法》第22第2款规定：对法人提起的民事诉讼，由被告住所地人民法院管辖。本案被告的住所地在广东省广州市，本院作为被告所在地享有涉外商事案件管辖权的法院，有权对本案行使管辖权。双方当事人未能就本案的适用法律问题达成一致，根据我国《民法通则》第142条第3款“中华人民共和国法律和中华人民共和国缔结或者参加的国际条约没有规定的，可以适用国际惯例”的规定，鉴于我国票据法对涉外票据的托收规则没有规定，我国亦没有参加相关的国际条约，故本案可适用主要调整托收法律关系的国际惯例《国际商会托收统一规则》（ICC Uniform Rules for Collections ICC Publication No. 522）。

《国际商会托收统一规则》A部分第2款（Article 2）规定：托收是指银行依据所受到的指示处理金融单据或商业单据以便于取得付款或承兑，或凭以付款或承兑交单，或按照其他条款和条件交单。其中，不附有商业单据的金融单据项下的托收是光票托收。本案中，被告向原告出具《托收款项申请书》，并把出票地为美国的支票背书给原告以便原告向付款行托收款项。原告审核后接受了被告的申请并办理了相应的托收手续。该行为符合《国际商会托收统一规则》对光票托收定义的规定，可认定原、被告建立了光票托收法律关系。根据《国际商会托收统一规则》A部分第3款（Article 3）

的规定，在托收法律关系中，委托人是委托银行办理托收的有关人，寄单行是委托人委托办理托收的银行，代收行即除寄单行以外的任何参与处理托收业务的任何银行，付款人即根据托收指示向其提示单据的人。具体到本案，即被告为委托人，原告为寄单行，中国银行纽约分行为代收行，FIRST COMMUNITY BANK OF TIFTON 为付款人。关于托收方式是立即贷记还是收妥贷记的问题，被告在托收申请书中并无明确，原告接受托收后向代收行中国银行纽约分行发出的托收委托书中记载的托收方式为“FOR COLLECTION”。对该专用术语“FOR COLLECTION”的中文翻译，中国人民银行表示不能确定为“收妥贷记”。而在《国际商会托收统一规则》中，并没有把托收方式具体区分为“收妥贷记”和“立即贷记”，仅对寄单行的义务与责任作了统一规定。对寄单行的付款义务，《国际商会托收统一规则》D 部分第 16 款（Article 16）规定：收妥的款项（扣除手续费或支出或可能的花销）必须按照托收指示中规定的条件和条款不延误地付给从其受到托收指示的一方，不得延误。对寄单行的单据审查义务，《国际商会托收统一规则》C 部分第 13 款（Article 13）规定：银行对任何形式单据的格式、完整性、准确性、真实性、虚假性或其法律效力、或对在单据中载明或在其上附加的一般性或特殊性的条款不承担责任或对其负责。

上述规定显示，无论采取何种托收方式，寄单行仅须对委托人托收的票据进行表面审查，而无须对该票据的有效性负责。同时，寄单行的最终义务是把收妥的款项扣除相关手续费用后支付给委托人，本身不负有代垫款项的义务。本案中，已查明原告作为寄单行，业已办理相关的票据托收手续向付款人提示付款，并把付款人承兑支票的款项扣除手续费后所得款项支付给被告，至于托收的支票最后被付款行认定为变造票据而被追索票款，其主要审查义务在于付款行，原告对该票据的真实有效性并不负有审查义务。可见，在票据托收的过程中，原告已履行相应义务，本身不存在任何过错。故此，被告以原告不严格依照托收规则进行托收导致票款被追索，从而丧失了追索权为抗辩理由，与事实不符，法院不予采纳。

关于原告是否有权向被告追索票款的问题，《国际商会托收统一规则》对此没有规定，应从原、被告约定的原则处理。被告在《托收款项申请书》中承诺：“右列托收款项收妥后，如将来发生退票、追索等情，本人愿负责偿还全部票款及费用。”对于该申请书左侧印有的此项委托人承诺，原告无异议，但被告认为这是原告提供的免除其责任的格式条款，在填写申请书时原告未提醒被告注意，属于原告的重大过失，且因该过失造成了被告的财产损失，被告主张依据《中华人民共和国合同法》的规定认定该免责条款无效。法院认为，托收款项申请书作为银行结算凭证，其格式是由金融监管部门规定的，申请书上的承诺条款印在申请书的显著位置，被告作为办理银行结算业务的公司客户，对结算凭证应有所了解，不可能没有注意到该承诺条款的存在，原告在提请被告注意问题上并无重大过失。鉴于申请书上盖有被告真实的财务专用章和法定代表人印章，申请书上的承诺条款应认定具有法律效力，对双方均有约束力。现原告被付款行追索票款 35 162 美元后，依照被告在申请书上的承诺向被告追索款项，理据充分，应予支持。故判决：被告广州古琅玛贸易有限公司向原告中国银行广州市沿江支行偿还 35 162 美元以及该款从 2004 年 8 月 30 日起至清偿日止按中国人民银行规定的同期美元存款利率计算的利息，并承担本案受理费。

评析探讨

本案是由托收引发的纠纷。中国银行广州市沿江支行受广州古琅玛贸易有限公司委托，为其办理托收，中国银行纽约分行受中国银行广州市沿江支行的委托，向本案支票付款人 FIRST COMMUNIIY BANK OF TIFTON 收取支票下的款项，是托收的代收行。根据我国《民法通则》第 142 条："涉外民事关系的法律适用，依照本章的规定确定。中华人民共和国法律和中华人民共和国缔结或者参加的国际条约没有规定的，可以适用国际惯例。" 本案的委托人和托收行没有规定发生纠纷时该适用的法律，法院可以选择适用有关托收的国际惯例，目前最主要的国际惯例是国际商会第 522 号出版物出版的《国际商会托收统一规则》。《国际商会托收统一规则》关于托收人义务的规定主要见于第 9 款、第 16 款，这两款规定了托收行应该善意、合理地办理业务，及托收行应该立即将收妥的款项按托收指示规定的条件和条款付给从其接到托收指示的一方。托收行的免责条款主要有第 12、13 和 14 款，其中第 13 款规定："银行对任何单据的格式、完整性、准确性、真实性、虚假性或其法律效力，或对在单据中载明或在其上附加的一般性及/或特殊性的条款，概不承担责任或对其负责；银行也不对任何单据所表示的货物的描述、数量、重量、质量、状况、包装、交货、价值或存在，或对货物的发运人、承运人、运输代理、收货人或保险人或其他任何人的诚信或作为及/或不作为、清偿力、业绩或信誉承担责任或对其负责。" 由此可见，在跟单托收中，虽然银行也作为当事人之一，但是银行并不对卖方是否可以收到货款负责，银行只是接受卖方的委托，以卖方的名义通知买方支付货款，如果买方拒绝支付，托收行只要将这一事实告知卖方即完成委托合同的义务。

本案原告已经履行了托收指示下的相应义务。本案被告提出原告没有按照有关规定选择托收方式，没有按照有关规定保留至退票期后才办理解付和退票后没有按照有关规定通知被告的抗辩意见不能成立。另外，由于本案被告在《托收款项申请书》中承诺："右列托收款项收妥后，如将来发生退票、追索等情，本人愿负责偿还全部票款及费用"，现由于支票出票人账户余额不足以支付票款，付款行对支付的款项实施了追索，原告也有权向被告追索票款。

第三节 涉及信用证的案例

主题案例

中国某进出口公司与韩国某株式会社不锈钢销售争议仲裁案

案情回顾

本案中，双方当事人在北京签订了本案合同，合同上载明签订日期是 1999 年 7 月 9 日。合同的标的是若干型号（规格）的不锈钢（Stainless Steel Cool）800 公吨。申请人中国某进出口公司与 SD 公司于 1999 年 7 月 8 日签订了一份“进口代理合同”，所涉标的、规格与本案争议合同一致。SD 公司系本案争议合同标的用户。SD 公司于 1999 年 7 月 14 日以银行汇票的方式向被申请人交付了人民币 50 万元，被申请人韩国某株式会社向 SD 公司出具的收据表明当事人确认此款系为履行本案合同，购买其项下 800 公吨不锈钢而交付的保证金。F 公司于 1999 年 7 月 30 日通过中国农业银行青岛分行开立了以被申请人为受益人的信用证，写明依本案合同而出具；金额为 USD600 388；若干规格的不锈钢 400 公吨。此信用证是为履行本案争议合同而开立的。被申请人于 1999 年 7 月 31 日依据上项信用证的指示向 F 公司开具商业发票交付货物。该发票和次日由船运公司出具的提单均表明被申请人交付的货物量为 332.1 公吨，但双方并未因此发生争议。被申请人未披露其转售为履行争议合同已购置的货物。在提交仲裁之前双方均未向对方提出因合同履行造成损失之事宜。

申请人称其系受 SD 公司的委托与被申请人签订合同。申请人申请仲裁，请求裁决被申请人偿还 SD 公司代付的开证保证金人民币 50 万元及相关利息。

争议焦点

被申请人的交货数量是否发生了变更，以及申请人是否仍须就尚未交付的货物开立信用证？

裁判意见

仲裁庭认为，申请人关于被申请人收到400公吨货物的信用证后未提出异议而双方就交货400公吨各自履行了义务意味着同意修改合同的货物总量的主张缺乏依据。仲裁庭注意到，被申请人收到SD公司代申请人交付的人民币50万元定金后出具的收据说明此款是“合同项下800（公）吨不锈钢冷轧卷板保证金”，“待该合同项下信用证收到后，我司在3个工作日内一次退还此款”。应当认为，定金是为800公吨货物而给付的。被申请人按照400公吨货物的信用证交付部分货物，同申请人应当按照合同的约定和支付定金时双方一致的意思表示再开立另外400公吨货物的款项之信用证并无矛盾。《联合国国际货物销售公约》第29条1款规定：“合同只需双方当事人协议，就可更改或终止。”《中华人民共和国涉外经济合同法》第28条规定：“经当事人协商同意后，合同可以变更。”本案即使不考虑被申请人同SD公司之间关于继续开证事宜的联系，也不能视为双方当事人之间曾协商修改合同的货物数量，并已达成一致，双方对合同的部分履行不能解释为双方对买卖货物数量的变更。

评析探讨

信用证是银行有条件保证付款的证书，是一种国际贸易活动中常见的结算方式。按照这种结算方式的一般规定，买方先将货款交存银行，由银行开立信用证，通知异地卖方开户银行转告卖方，卖方按合同和信用证规定的条款发货，银行代买方付款。国际贸易买卖双方约定使用信用证的付款方式，买方负有向银行申请开证的义务，具体表现为买方向银行递交开证申请书，开证申请书除了明确指出请按照所列条件开立信用证的要求以及受益人的名称、地址以及信用证种类、到期日、到期地点、开立方法等外，主要是两方面的内容：一是要求开证行在信用证上列明的条款其基本内容也就是能体现买卖合同要求的单据条款，即受益人应该提交哪些符合合同规定的单据的条款。二是开证申请人向开证行的保证和声明，开证人保证向开证行支付该信用证项下的款项、手续费、利息及其他一切费用，并付款赎单。开证行如果接受开证申请人的开证申请书，就必须按照申请书的内容开立信用证。如果国际贸易合同中约定采用信用证的付款方式，买方没有按照规定向银行申请开证，买方的行为构成违约，而且是根本违约。本案申请人（买方）委托F公司于1999年7月30日开立了以被申请人为受益人的信用证，金额为USD600 388，货物数量为400公吨，因为买卖双方并没有明确的变更合同的合意，所以，本案仲裁庭认定买卖双方的行为并没有变更合同的内容，而只是双方部分履行了合同的义务。因而，卖方还负有继续交付欠缺货物的义务，买方还必须另行申请开立信用证，支付欠缺的货款。

主题案例

德国某国际贸易有限公司与中国某外贸经济开发公司芦笋罐头销售争议仲裁案

案情回顾

申请人德国某国际贸易有限公司（买方）与被申请人中国某外贸经济开发公司（卖方）于2001年4月3日签署了两份“销售确认书”（Sales Confirmation）。第一份销售确认书上用手写标明为53213（下称53213销售确认书），第二份销售确认书上用手写标明为53214/53311（下称53214销售确认书）。在履行销售确认书的过程中，双方当事人发生争议。申请人根据销售确认书中的仲裁条款提起仲裁，要求裁决解除申请人与被申请人于2001年4月3日签订的两份销售确认书及补偿申请人经济损失；被申请人则提出反请求，要求裁决申请人向被申请人赔偿货物压仓、转仓损失人民币等。

申请人于2001年4月26日开具了AKI0100361号（下称第361号信用证）和AKI0100362号（下称第362号信用证）信用证。

第361号信用证的内容如下：

信用证号：（略）

中国M银行

受益人：被申请人

申请人：W国际贸易有限公司

兹开立不可撤销信用证，凭以下单据到开证行办理即期议付。

到期时间和地点：2001年8月15日/中国

信用证金额：76 800.00美元　可增减5%（大写：柒万陆仟捌佰美元）

允许分批装运和转运

装运：自青岛港

转运目的港：依装运指示

装运日期：依装运指示

货物描述：

2001年4月3日签订的WHI 53213号销售合同下的10集装箱共16 000箱罐装芦笋（白色、已去皮，2001年收），每箱24罐，每罐460克。每罐芦笋含量不少于15%，干重不少于270克，原材料应该新鲜、质好，可销售。每箱4.8美元。

标签："根据装运指示"。标签号："根据装运指示"。允许溢短装 5%。

运输标志：

交货条件：FOB 青岛，买方负责投保。

需提交的单据：

1. 已签署的注明原产地商业发票五份。发票中应确认以下内容

(a) 运输标志、运送方法、每纸箱中罐头的数量和尺寸。每个纸箱外应无任何标签。

(b) 仅用带绿点、条形码和注明有效日期到 2004 年 12 月 31 日标签。

(c) 包装未使用蜡纸、蜡纸板、柏油纸板、塑料带、塑料胶条和订书钉。

2. 三份正式及五份不可转让的清洁已装船提单，空白抬头、空白背书，运费到付，并通知开证人。航班应同装运指示。确定用"LCL/FCL"航线、"FCL/FCL"集装箱。

禁用货运代理人提单。

禁用国际运输行业协会联合会提单。

严格禁用按照 UCP 500 第 30 条开立的提单或者运输文件。

3. 原产地证明，普惠制表格 A，原件和复印件各一份，CIQ（中华人民共和国进出口检验检疫机构）出具，注明原产地为中华人民共和国、发票号码，并且原产地证明上的日期应同本信用证下的发票上号码、日期相同。

4. 装箱单三份。

5. 装罐编号表三份，注明工厂编号、生产日期及每批罐号的箱数。

6. 标签发放证明，由 W 厦门货物中心、和/或 W 国际（香港）有限公司、和/或 W 国际贸易有限公司、和/或 W 国际贸易（上海）有限公司在装运前签发。

7. 检验证书原件和复印件各一份，由中华人民共和国进出口检验检疫机构（CIQ）、和/或中国商品检验局（CCIB）、和/或中国商品检验公司（CCIC）签发，注明检验的结果和地址，并且证明包装没有使用蜡纸、蜡纸板、柏油纸板、塑料带、塑料胶条和订书钉。

8. 装运通知复印件（格式由 W 提供）和提单复印件，最迟在货物装运后 5 天内由卖方传真给 W 国际（香港）有限公司或者 W 国际贸易（上海）有限公司。装运通知应附发送报告。

9. 标签一份，应为带绿点、条形码和注明有效日期到 2004 年 12 月 31 日，由 W 国际（香港）有限公司、和/或 W 国际贸易（上海）有限公司、和/或 W 厦门货物中心在装运日期前签署。

10. 受益人的证明应确认以下事项：

a) 运输过程无任何代运人并注明船舶在目的港的代理；

b）在装货前已经检查过集装箱，未发现任何漏洞或者严重的破损；

c）货物捆绑良好，且具适航性；

d）顶层由纸箱覆盖，集装箱内已放置了干燥袋；

e）纸箱外未贴任何标签。

11. 检验报告、和/或证书，由 W 国际（香港）有限公司、和/或 W 国际贸易（上海）有限公司、和/或 W 国际贸易有限公司、和/或 W 厦门货物中心签发，注明根据上述罐装编号的检验结果。

12. 转运指示复印件，由 W 厦门货物中心签发，注明合同号、WHI 号、信用证号、数量、货物、装运港、目的港、标签、标签号、标签的语种、保质期、航线、最迟装运日期或者装运期限。

如果经中国香港转运或由中国香港直接发出，需提供未操作证明，可以普惠制（表格 A）第 4 条文件上由 CICL（中国检验公司）盖章、标明日期并标注如下：兹证明此证下的货物在中国香港停留/转运期间未作任何处理，或者出具单独的、相同内容的未操作证明，由 CICL 盖章、签字和标明日期。

以下情况不需提供未操作证明：提单在中国签发，提单表明中国的装运港或者在转运前的情况下收货地址和运输方式（从中国内地收货地址到中国香港）是完整的。

额外条件：

单据可在任何银行提交；对于不同的目的港和批次需提交不同的全套单据。

单据需用快件方式一次寄到开证行，地址如下：（略）

凭提交的与信用证条件相符的单据支付货款。

根据我们的条款，如需提供特殊处理，例如，给提单背书、给收货人为我们的货物放货（除非信用证另有指示）、授权给予议付、和/或对有不符点单据拒付而进行的通讯，我们将扣除相关费用。

接受与信用证不符单据并不改变信用证的条款；即，对于以后有相同不符的单据，以前的接受并不影响我们是否付款的决定。

请告知已收到信用证。

在德国以外由于此证而引起的所有佣金及费用由受益人承担。

所有单据应当在装船日期后 15 天内提交。

给通知行：我们要求贵行在将信用证通知受益人时不要添加任何确认信息。

请将此信用证由贵行 S 市东门支行通知。

第 362 号信用证的内容如下：

信用证号：（略）

中国 M 银行

受益人：被申请人

申请人：W 国际贸易有限公司

兹开立不可撤销信用证，凭以下单据到开证行办理即期议付。

到期时间和地点：2001 年 8 月 15 日/中国

信用证金额：80 920.00 美元　可增减 5%（大写：捌万零玖佰贰拾美元）

允许分批装运和转运

装运：自青岛港

转运目的港：依装运指示

装运日期：依装运指示

第一批货物描述：

2001 年 4 月 3 日签订的 WHI 53214 号销售合同下的共 6 800 箱罐装芦笋（白色、已去皮，2001 年收），M1 等级，每箱 12 罐，每罐 840 克。每罐芦笋干重不少于 500 克，原材料应该新鲜、质好，可销售。每箱 6.1 美元。

标签："根据装运指示"。标签号："根据装运指示"。

运输标志：

装运日期：依装运通知

第二批货物描述：

2001 年 4 月 3 日签订的 WHI 53311 号销售合同下的共 6 800 箱罐装芦笋（白色、已去皮，2001 年收），M2 等级，每箱 12 罐，每罐 840 克。每罐芦笋干重不少于 500 克，每罐内不能超过 40 个笋尖。原材料应该新鲜、质好，可销售。每箱 5.8 美元。

标签："根据装运指示"。标签号："根据装运指示"。

运输标志：

交货条件：FOB 青岛，买方负责投保。

需提交的单据：

1. 已签署的注明原产地商业发票五份。发票中应确认以下内容：

a）运输标志、运送方法、每纸箱中罐头的数量和尺寸。每个纸箱外应无任何标签。

b）仅用带绿点、条形码和注明有效日期到 2004 年 12 月 31 日的标签。

c）包装未使用蜡纸、蜡纸板、柏油纸板、塑料带、塑料胶条和订书钉。

2. 三份正式及五份不可转让的清洁已装船提单，空白抬头、空白背书，运费到付，并通知开证人。航班应同装运指示。确定用“LCL/FCL”航线、“FCL/FCL”集装箱。

禁用货运代理人提单。

禁用国际运输行业协会联合会提单。

严格禁用按照 UCP 500 第 30 条开立的提单或者运输文件。

3. 原产地证明，普惠制表格 A，原件和复印件各一份，CIQ（中华人民共和国进出口检验检疫机构）出具，注明原产地为中华人民共和国、发票号码，并且原产地证明上的日期应同本信用证下的发票上号码、日期相同。

4. 装箱单三份。

5. 装罐编号表三份，注明工厂编号、生产日期及每批罐号的箱数。

6. 标签发放证明，由 W 厦门货物中心、和/或 W 国际（香港）有限公司、和/或 W 国际贸易有限公司、和/或 W 国际贸易（上海）有限公司在装运前签发。

7. 检验证书原件和复印件各一份，由中华人民共和国进出口检验检疫机构（CIQ）签发，注明检验的结果和地址，并且证明包装没有使用蜡纸、蜡纸板、柏油纸板、塑料带、塑料胶条和订书钉。

8. 装运通知复印件（格式由 W 提供）和提单复印件，最迟在货物装运后五天内由卖方传真给 W 国际（香港）有限公司或者 W 国际贸易（上海）有限公司。装运通知应附发送报告。

9. 标签一份，应为带绿点、条形码和注明有效日期到 2004 年 12 月 31 日，由 W 国际（香港）有限公司、和/或 W 国际贸易（上海）有限公司、和/或 W 厦门货物中心在装运日期前签署。

10. 受益人的证明确认以下事项：

a）运输过程无任何代运人并注明船舶在目的港的代理；

b）在装货前已经检查过集装箱，未发现任何漏洞或者严重的破损；

c）货物捆绑良好，且具适航性；

d）顶层盖有纸箱，集装箱内已放置了干燥袋；

e）纸箱外未贴任何标签。

11. 检验报告、和/或证书，由 W 国际（香港）有限公司、和/或 W 国际贸易（上海）有限公司、和/或 W 国际贸易有限公司、和/或 W 厦门货物中心签发，注明根据上述罐装编号的检验结果。

12. 转运指示复印件，由 W 厦门货物中心签发，注明合同号、WHI 号、信用证号、数量、货物、装运港、目的港、标签、标签号、标签的语种、保质期、航线、最迟装运日期或者装运期限。

如果经中国香港转运或由中国香港直接发出，需提供未操作证明，可以在普惠制

（表格 A）第 4 条文件上由 CICL（中国检验公司）盖章、标明日期并标注如下：兹证明此证下的货物在中国香港停留/转运期间未作任何处理，或者出具单独的、相同内容的未操作证明，由 CICL 盖章、签字和标明日期。

以下情况不需提供未操作证明：提单在中国签发，提单表明中国的装运港或者在转运前的情况下收货地址和运输方式（从中国内地收货地址到中国香港）是完整的。

额外条件：

单据可在任何银行提交；对于不同的目的港和批次需提交不同的全套单据。

单据需用快件方式一次寄到开证行，地址如下：(略)

凭提交的与信用证条件相符的单据支付货款。

根据我们的条款，如需提供特殊处理，例如给提单背书、给收货人为我们的货物放货（除非信用证另有指示）、授权给予议付、和/或对有不符点单据拒付而进行的联系，我们将扣除相关费用。

接受与信用证不符单据并不改变信用证的条款；即，对于以后有相同不符的单据，以前的接受并不影响我们是否付款的决定。

请告知已收到信用证。

在德国以外由于此证而引起的所有佣金及费用由受益人承担。

所有单据应当在装船日期后 15 天内提交。

给通知行：我们要求贵行在将信用证通知受益人时不要添加任何确认信息。

请将此信用证由贵行 S 市东门支行通知。

争议焦点

以上信用证单证要求的第 1 项、第 6 项、第 7 项、第 9 项、第 10 项和第 11 项被被申请人称之为“软条款”和“陷阱条款”，是本案的主要争议点。

裁判意见

被申请人称其曾于 2001 年 4 月 23 日发电子邮件要求申请人修改信用证，收到申请人 2001 年 4 月 26 日开出的信用证后，又于 29 日向申请人发出传真件要求修改信用证，但申请人未予答理；申请人承认 2001 年 4 月 23 日曾收到被申请人要求修改信用证的电子邮件（下称第一份电子邮件），但指出其所收到的电子邮件的内容不同于被申请人提供之电子邮件（下称第二份电子邮件）的内容，发出的时间也不相同。申请人提供的第一份电子邮件上的发出时间是 11 时 39 分，而被申请人提供的电子邮件上的发出时间是 16 时 32 分；至于被申请人所说的 2001 年 4 月 29 日的传真件，申请人则否认其收到该函件，并对被申请人提供的相应证据提出了质疑。

在第一次开庭和其后补交的材料中，被申请人曾否认第一份电子邮件的真实性。在第二次庭审中，被申请人对申请人提供的 2001 年 4 月 23 日所收到的第一份电子邮件予以认同。也即对该电子邮件的发出时间和内容均给予承认。证据表明，申请人收到第一份电子邮件后，已按照被申请人的要求，对信用证作出了修改，并于2001年4月26日开出了信用证。

关于被申请人提交的2001年4月23日第二份电子邮件，其内容也是要求申请人修改两份信用证，但要求修改的内容多于第一份电子邮件。仲裁庭注意到，在该第二份电子邮件中，所要求修改的内容正是本案双方当事人争议的内容，而且均用大写字体字母打印，至于其他修改内容则未予以这种显示。申请人开具信用证的日期是2001年4月26日，被申请人如果在4月23日16时32分发送第二份电子邮件，当时不可能知道申请人是否修改信用证或具体修改的内容。在此情况下，被申请人在第二份电子邮件中却能将本案有争议的信用证内容，即被申请人称之为经要求未予修改的内容标示出来，并发送给申请人，易使人对该电子邮件的真实性产生怀疑，申请人就此提出质疑是有道理的。被申请人对申请人提出的质疑也未给予任何解释。在被申请人没有进一步提供其他证据足以证明确实存在该第二份电子邮件的情况下，对被申请人提供的该电子邮件，仲裁庭无法采信。

关于被申请人提交的2001年4月29日的传真件及其证据，其自身存在相互矛盾之处。被申请人提供的证据表明，被申请人的传真号是××××××，被申请人提供的2001年4月29日所发传真件的TX REPORT上的发送时间是16时47分，而被申请人提交的关于×××××长途电话详细清单显示该线路使用的时间是16时41分，没有显示该线路在16时47分被使用过。对此，被申请人称可能是通讯设备本身存在问题或是传真机的时间设置有问题。

有关证据表明，在本案所涉交易过程中，自被申请人发出其称谓的2001年4月29日传真件后，直至申请人就本案争议提起仲裁申请，被申请人未再向申请人提到信用证单证条款和信用证修改问题，也未据此作为不交货的理由。被申请人在给申请人催货的回函中只是提到以前“发生了很多不愉快的事情”、“单方扣货款”、“山西原料猛涨，如果要完成订单我又要亏20多万”等。直到2001年7月16日，被申请人在收到申请人所聘律师发出的“法律意见书”后的复函中仍称：申请人答应归还而未归还去年的货款USD9 760元已构成单方违约，因而被申请人有权放弃合同；2001年4月3日签订的本案两份销售确认书双方公司未有盖章，被申请人方签约人JH不是被申请人的法人代表，签约时无法人授权委托书，因此两份合同为无效合同。在该函中，被申请人依然没有提及信用证条款问题。

在被申请人的答辩中，信用证中有关单证要求的“软条款”是其拒付货物的主要理由。但是，面对这一重要问题，特别是在被申请人供货厂家不断催促被申请人安排出货，甚至要求被申请人承担仓租、转仓等费用的情况下，被申请人却不积极地进一步与申请人联系信用证修改问题，有悖诚实信用原则。

仲裁庭注意到被申请人所称通讯设备或传真机问题的可能性，但是，从现有各种证据与案件事实的关联程度、现有各种证据之间的联系等方面进行综合审查判断后，仲裁庭对被申请人提供的 2001 年 4 月 29 日的传真件及 TX REPORT，无法予以采信。

仲裁庭还注意到，被申请人就信用证“软条款”问题援引了不少专家的著述。仲裁庭对被申请人提出的关于因信用证中给卖方施加较多要求而会带来较重的责任和较大的风险所表述的观点，表示充分的理解。但仲裁庭同时注意到，被申请人所援引的专家的著述，仅仅是对“软条款”作出分析和提示卖方避免承担不合理的风险或防止对方利用“软条款”进行欺诈，而并没有因此根据可适用的法律得出“软条款”本身的订立就足以导致信用证无效或相关合同无效或可以拒付货物的结论。在本案中，被申请人没有证据能够证明申请人存在欺诈行为，相反，证据和所查事实说明，在双方以往的若干项交易中，申请人所开立的信用证单证条款内容与本案信用证单证条款内容相同，而交易均已顺利进行和完成。仲裁庭注意到被申请人在补充答辩意见中提到 1999 年 7 月 15 日的合同履行情况。然而，证据表明，议付行当时拒付货款，理由是“发票显示 CFR HB；品质检验证与信用证不符；装船通知上的发票号码不同”。这些不符点显然是被申请人方在出具有关单据时疏忽所造成的，而不能够证明是申请人“要求议付行找出若干不符点拒付货款”。另外，被申请人提供的证据表明，在履行 1999 年 7 月 15 日的合同过程中，申请人确实至 2000 年 3 月 9 日才出具有关单证，而信用证规定须在 2000 年 2 月出货。但被申请人既没有提供证据证明申请人迟至 2000 年 3 月 9 日出具单证的实际原因，也没有提供证据证明是申请人在“行情下跌的时候”，“通过迟延出具单证来延缓”被申请人“履行交货义务”。

CISG 第 8 条第 3 款规定：“在确定一方当事人的意旨或一个通情达理的人应有的理解时，应适当地考虑到与事实有关的一切情况，包括谈判情形、当事人之间确立的任何习惯做法、惯例和当事人其后的任何行为。”根据这一原则和以上事实，仲裁庭有理由认为，信用证中单证要求的条款实际上不是被申请人当时拒付货物的主要原因。

仲裁庭认为，被申请人以两份销售确认书的“软条款”问题作为申请人违约并拒绝向申请人交付销售确认书项下货物的理由，缺少法律和事实依据，不能成立。

评析探讨

本案买卖双方因争端申请仲裁，仲裁庭首先通过对申请人、被申请人提交的证据的审核，认定被申请人不交货的原因并不是真的因为信用证存在“软条款”，被申请人的行为不符合诚实信用的原则。其次，仲裁庭认为在双方以往的若干项交易中，申请人所开立的信用证单证条款内容与本案信用证单证条款内容相同，而交易均已顺利进行和完成。第三，仲裁庭认为本案中，被申请人没有足够证据能够证明申请人存在欺诈行为。第四，仲裁庭认为虽然被申请人所援引的专家的著述，对"软条款"作出分析和提示卖方避免承担不合理的风险或防止对方利用"软条款"进行欺诈，但是并没有因此根据可适用的法律得出"软条款"本身的订立就足以导致信用证无效或相关合同无效或可以拒付货物的结论。以下分析可以被概括为被申请人以"软条款"作为抗辩理由的可行性，以及如果本案允许以"软条款"作为抗辩理由，案涉信用证是否存在"软条款"。

首先是"软条款"本身的性质的讨论。所谓信用证软条款（Soft Clause），是指不可撤销信用证中规定有信用证附条件生效的条款，或者规定要求信用证受益人提交某些难以取得的单证，使受益人处于不利和被动地位，导致受益人履约和结汇存在风险隐患的条款。"软条款"是开证申请人（进口商）在申请开立信用证时，故意设置若干隐蔽性的陷阱条款，以便在信用证运作中置受益人（出口商）于完全被动的境地，而开证申请人或开证行则可以随时将受益人至于陷阱而以单据不符为由，解除信用证项下的付款责任。含有软条款的信用证，又称"软条款信用证"。

国际商会 UCP500 没有禁止软条款的明确规定。虽然 UCP500 中第 13 条规定：银行可对信用证内的无单证条件漠视不理。这是针对开证人在信用证中多设置"条件"，却没有相应单证相符的情形，但是如果这些条件也规定了需要提交的相应的单据，这样看，开软条款信用证是有空间的。UCP600 号出版物也没有禁止软条款信用证的适用，比如，信用证规定必须由开征申请人或其指定的检验机构验货并签署检验证书作为议付单据。这将接受货物的主动权完全交给了买方，买方可以根据已方需要而拒绝签发质量检验证书，这种规定显然是属于信用证的软条款，但是却不是 UCP600 的限制范围。又如，信用证上规定："货物质量检验证书必须经开证行或者通知行核实"——这种软条款即使申请检验人出具了证书，如果未经开证行证实，也会造成单证不符。这类条款不仅可以让申请人在受益人发货前占据主动，而且在付款时收放自如，他可以在开证行留下张三的印鉴而派李四去去签单，这样如果行情看涨时，他可以签发检验证，而到付款时万一行情下跌，可以利用印鉴不符拒付。而且，这种条款下，如果开证人勾结了银行，指示银行否定该代表是经该行同意的，受益人也不能得到货款。国际商会银行委员会虽然不提倡开立含有软条款的信用证，但是如果银行坚持开立软条款信用证，国际商会并不因此而认为银行开立软条款信用证是非法的。相反，国际商会根据当事人意思自治原则，将信用证的开证视为是订立合同双方之间的要约和承诺，将信用证条款看作是开证行与受益人之间双方当事人意思表示一致的结果。开证行根据开证申请人的请求，开出带有软条款的信用证只是发出一项要约，而受益人完全有权利对该信用证及其软条款提出异议，要求修改或者重新开立。如果受益人对含有软条款的信用证没有提出异议，就是默示承诺。受益人应当按照信用证的要求提供符合信用证条款的各种单据。受益人继而装运、交单，意味着信用证这项合同在开证行和受益人之间有效成立，并得到受益人的部分履行。对于受益人因信用证含有软条款而无法全部履行所造成的损失，由于开证行没有过错，受益人无法追索开证行，因此最终只能由受益人自己承担。将信用证看成合同的观点更易将软条款视为合法。

其次是对“软条款”的判断。国际社会对此没有统一的标准。通常情况下，信用证“软条款”包括以下几种：信用证暂时不生效，何时生效由银行另行通知；信用证规定必须在货物到达目的地经买方验收合格后才能付款；信用证规定必须由申请人或其指定的签字人验货并签署质量检验合格证书，才能付款或生效；信用证对银行的付款承兑行为规定了若干前提条件，如货物清关后才支付或者收到其他银行的款项才支付等；有关运输事项如船名、装船日期、装卸港等须以申请人修改后的通知为准；信用证前后条款互相矛盾，受益人无论如何也做不到单单一致的情形。实践中，由于各当事人之间的交易习惯和经常性做法不一，有些要求对于其他当事人而言，属于软条款，对于另一当事人就不是软条款而是正常做法所要求的条款。因此，判断何谓软条款，尚需要结合当事人的交易习惯和做法予以判断，而不能简单地下结论。前面提及的一些主要的软条款现象，也只是作为一种判断之参考总之，对于何谓软条款，是需要根据个案而具体问题具体分析。

本案被申请人认为信用证第1、6、7、9、10以及11项是“软条款”（第1、6、7、9、10以及11条内容见前面案例）。这些规定和上面列举的“软条款”规定不同，只是要求被申请人提交的单证应该包括的一些基本内容以及要求被申请人提交一些非由开证人可以控制的第三方出具的证书，这些规定不会导致货物是否装运以及信用证是否付款完全取决于进口商，出口商则处于被动地位，所以，案涉信用证第1、6、7、9、10以及11条不是“软条款”。而且，在买卖双方以往的若干项交易中，申请人所开立的信用证单证条款内容与本案信用证单证条款内容相同，而交易均已顺利进行和完成，也证明了买卖双方按照双方的习惯进行交易没有不公平或者不合理的地方。

由于买方畏惧卖方利用信用证独立、抽象的法律性质进行欺诈，往往在信用证中规定各种“条件”，信用证软条款在实践中仍会层出不穷。但是，国际惯例对信用证软条款性质仍没有明确的规定，国际商会对软条款似乎还有认可的态度。法律对信用证软条款的定性不明确，使得受益人的负担将变得更重，因为如果法律不保护，受益人需要自己谨慎维护自己权利。信用证软条款的防范途径主要有：① 卖方需要重视国际贸易合同条款的拟订。由于信用证条款往往是根据国际贸易合同条款开出的，因此，合同条款，尤其是对有关信用证项下应提交之各项单据、开证时间、有效期、开证行等均应规定得严密；最好对提交的提单、保险单、发票、检验证书、产地证书等在合同中明确加以规定。若出现了与合同要求不符的信用证条款，受益人也可以合同为依据要求修改。如果受益人对与合同不符的条款一直提出异议就不会被认为是默示变更了合同，而且有合同为依据，也不会在提出异议时反而被开证人指责为违反合同。② 防范途径里面最主要的是收到信用证后应及时审查。一旦发现软条款，应立即要求开证申请人修改，同时规定开证申请人修改或提出其他保证的最后期限，并说明由此引起的时间延误应通过开证申请人延长信用证有效期加以弥补。在开证申请人经再三请求仍拒不修改时，受益人可以声明中止合同履行，要求开证申请人提供有效的担保，并保留因开证申请人违反合同规定条件开来信用证所造成损失的索赔权利。③ 此外，与受益人的企业管理相关的建议是，建立一套行之有效的识别标准用来检验信用证中是否含有软条款、软条款属于哪种类型、对受益人有什么程度的影响，以此决定采取何种相应的保护措施。通常情况下，可以以出口贸易的流转程序为基础，将识别信用证软条款的切入点分为信用证生效环节、货物检验环节、货物装船环节以及货物验收环节等几大类。

主题案例

黑龙江哈尔滨华龙交通建设有限公司诉中国光大银行黑龙江分行等追偿垫付款纠纷案[①]

案情回顾

1995 年 5 月 15 日，哈尔滨华龙交通建设有限公司（以下简称华龙公司）为购买韩国产挖掘机，向中国投资银行哈尔滨分行（以下简称投资银行）申请开立信用证。同年 5 月 18 日，投资银行开立号码为 L/C3095025 远期 540 天不可撤销跟单信用证，金额为 154 万美元，信用证受益人为韩国现代商社，付款日期为 1996 年 12 月 13 日。双方当事人同时约定，上述信用证为自由议付信用证（Negotiation），适用《跟单信用证统一惯例》（1993 版）〔This credit is subject to The Uniform Customs and Practice for Documentary Credits（1993 revision ICC publication 500）and engage us in accordance with the terms thereof〕（以下简称 UCP500）。同日，黑龙江国际工程技术合作集团公司（以下简称国际工程公司）向投资银行出具不可撤销担保书，为华龙公司开证金额 154 万

① 案例详见中华人民共和国最高人民法院（1999）经终字第 208 号民事判决书。

美元的80%（即123.2万美元）提供担保。同年6月1日，投资银行根据华龙公司修改信用证的申请，对信用证进行了修改，追加开证金额23.1万美元。随后，韩国现代商社在新加坡华侨银行汉城分行（以下简称汉城分行）办理了议付。投资银行于同年7月18日收到汉城分行提交的进口单据并通知了华龙公司，华龙公司同意承兑后，投资银行即对外进行了承兑。1996年7月27日，华龙公司致函投资银行，以韩国现代商社提供的挖掘机有质量问题为由，申请对外拒付。同时，华龙公司以韩国现代商社大连事务所为被告诉至黑龙江省哈尔滨市中级人民法院（以下简称哈尔滨中院），并提出财产保全申请，请求冻结信用证项下货款，哈尔滨中院遂裁定冻结该信用证项下货款。信用证付款日到期后，汉城分行以信用证议付银行的身份致函投资银行要求付款，并对哈尔滨中院的裁定提出异议。哈尔滨中院于1998年2月17日解除了对该信用证的冻结。投资银行于同年3月2日向汉城分行支付了信用证项下177.1万美元款项。投资银行为索要上述信用证项下垫付款未果，遂于1998年5月25日向黑龙江省高级人民法院提起诉讼，请求判令华龙公司清偿垫付款项177.1万美元并承担上述资金自垫付日至1998年6月22日所发生的迟延付款利息77 924美元（按日万分之四计付），请求判令国际工程公司对担保数额承担连带担保责任。①

争议焦点

1. 哈尔滨中院作出的财产保全裁定是否应该解除？

2. 华龙公司是否有义务偿付投资银行的垫付款？

裁判意见

一审法院（黑龙江省高级人民法院）认为，信用证交易和买卖合同属于不同的法律关系，信用证系独立于买卖合同的单据交易，其不受买卖合同的影响，只要单据和信用证相符，开证银行就负有在规定期限内付款的义务。投资银行以国际商会500号出版物《跟单信用证统一惯例》为依据，在收到进口单据后，经审核单证相符，并在征得华龙公司同意承兑的情况下，对外作出承兑，其行为符合正常的国际结算业务惯例。此时投资银行在信用证上的责任已变为票据上的无条件付款责任。因此华龙公司以产品质量问题作为对外拒付的理由，向法院申请对信用证冻结止付，既违反法律规定，又不符合国际惯例，由此造成迟延付款的利息损失应由华龙公司负担。

二审法院（最高人民法院）认为：投资银行是依据其与华龙公司之间的申请开立信用证协议、与国际工程公司之间的担保关系以及向境外议付行支付信用证项下款项的事实而向原审法院提起诉讼的。UCP500第3条a款规定："信用证与可能作为其依据的

---

① 本案中的原中国投资银行哈尔滨分行后被中国光大银行黑龙江分行接管，原中国投资银行全部债权债务由中国光大银行承担。

销售合同或其他合同，是相互独立的交易。即使信用证中有对该合同的任何援引，银行也与该合同完全无关，且不受其约束。因此，一家银行作出付款、承兑并支付汇票或议付及/或履行信用证项下其他义务的承诺，不受制于申请人与开证行或与受益人之间在已有关系下产生的索偿或抗辩。”第4条规定：“在信用证业务中，各有关当事人所处理的只是单据，而不是单据所涉及的货物、服务及/或其他行为。”上述规定确立了信用证的独立抽象性原则，即信用证虽然以基础买卖合同为依据而开立，但是一经开立就不再受基础买卖合同的制约。依据这一原则，只要受益人提交了符合信用证规定的单据，开证行就必须付款，即使这些单据所代表的货物与基础买卖合同规定不符，或基础买卖合同中有不同于信用证条款的规定。本案中，投资银行在收到议付行汉城分行提交的信用证要求的全套单据经审核单证相符，并经开证申请人华龙公司同意后即进行了承兑。根据UCP500第14条a款I项即“对已付款、已承担延期付款责任、已承兑汇票或已议付的指定银行予以偿付”的规定，投资银行对汉城分行负有偿付义务，在投资银行兑付了议付行后，就其所付出的款项获得从开证申请人即华龙公司处得到偿付的权利。信用证本身是否经过修改、受益人是否违反信用证规定的质量条款并不影响开证行即投资银行在单证相符的情况下支付信用证项下款项并要求华龙公司偿付的权利，投资银行的上述行为完全符合UCP500的有关规定。

华龙公司以信用证受益人在基础买卖合同中存在欺诈作为其拒绝付款的抗辩理由，在信用证独立抽象性原则下，银行所关心的是单据而非货物，只要单据表面上符合信用证规定，开证行就应付款，而不受基础交易的制约。对于受益人的欺诈能否受到独立抽象性原则的保护，UCP500未作规定。但是，“欺诈例外”作为一项原则，被大多数国家在实践中所采纳，即在肯定了独立抽象性原则的前提下，又承认这一原则的适用不能无视国际商业交易的实际情况，在特定情况下应允许有例外，受益人欺诈是最主要的情形。然而，上诉人华龙公司在本案诉讼过程中，始终未对受益人存在欺诈行为举出确实的证据，其所谓的欺诈事实实际上是进口设备存在某些质量问题，该问题只是基础买卖合同履行过程中的质量纠纷，不应影响当事人约定的信用证结算方式。因此，华龙公司关于本案信用证受益人存在欺诈行为的上诉理由，本院予以驳回。

评析探讨

本案是信用证引发的纠纷，华龙公司作为开证申请人向投资银行申请开立信用证，华龙公司以信用证受益人提供的货物质量有缺陷为由要求投资银行拒绝付款，在投资银行已经对汉城分行作出了议付后，华龙公司拒绝偿付投资银行垫付的款项。本案的当事人约定上述信用证适用《跟单信用证统一惯例》（1993版）。

本案需要解决的问题是是否存在信用证欺诈，以及原告是否可以拒绝偿付投资银行。

《跟单信用证统一惯例》（1993 版）规定了信用证独立原则，即信用证的开证行只是需要审查单据是否表面相符，单据与信用证是否表面相符，而不需要去理会与基础合同有关的货物质量，除非存在法律规定的例外情形才允许银行在存在某些虚假单据，或基础交易存在欺诈时不予付款或承兑汇票。法律上的这些例外情形也被称为“信用证欺诈例外”。

适用“信用证欺诈例外”需要证明欺诈是实质性的，而不是一般的违约。一般的违约可以通过其他的途径，比如违约诉讼解决，而无须启动信用证欺诈的救济程序。美国在其《统一商法典》修改前的有关判例中认为，欺诈必须是主动的欺诈或过分的欺诈。“该欺诈的程度如此严重地违反了整个交易，以致于坚持开证人付款义务的独立性所谋求的立法目的将不再起作用。”《统一商法典》第 5－109 条的正式评论认为欺诈是指单据中的欺诈因素对单据购买人而言是实质性的，或者欺诈行为对基础交易的参加人有重大影响。我国《最高人民法院关于审理信用证纠纷案件若干问题的规定》第 8 条通过列举的方式非穷尽地规定了信用证欺诈例外的情形：受益人伪造单据或者提交记载内容虚假的单据；受益人恶意不交付货物或者交付的货物无价值；受益人和开证申请人或者其他第三方串通提交假单据，而没有真实的基础交易；以及其他进行信用证欺诈的情形。这条规定包括了信用证欺诈的两种情形，虚假单据欺诈以及基础交易欺诈。这条规定也规定了受益人的欺诈行为以及受益人与包括开证申请人在内的第三人合谋进行的欺诈。具体到本案，被告没有提出充分的证据证明受益人有欺诈的行为和欺诈的故意，因而不可以以本案信用证受益人为被申请人向哈尔滨中院申请诉讼保全以冻结本案所涉信用证项下款项。哈尔滨中院也必须解冻被冻结的信用证下的款项。申请人因为错误地冻结信用证下款项，导致信用证项下款项不能对外支付，应该承担所致损失的赔偿责任。

进一步分析，如果本案确实经证明存在信用证欺诈的情形，是否可以适用“信用证欺诈例外”呢？根据《最高人民法院关于审理信用证纠纷案件若干问题的规定》第 10 条规定的“信用证欺诈的例外”（其实就是我们这里说的“信用证欺诈例外”中的例外），人民法院认定存在信用证欺诈的，应当裁定中止支付或者判决终止支付信用证项下款项，但有下列情形之一的除外，开证行的指定人、授权人已按照开证行的指令善意地进行了付款；开证行或者其指定人、授权人已对信用证善意地作出了承兑；保兑行善意地履行了付款义务；议付行善意地进行了议付。无论是有无涉及票据，上述例外都是从保护善意第三人的立场出发，兼顾银行的信誉。本案中，投资银行收到议付行汉城分行提交的信用证要求的全套单据后经审核单证相符，并经得开证申请人华龙公司同意后对单据进行了承兑。因而，即使存在信用证欺诈，开证申请人也须偿付开证行垫付的款项。

虽然上述案例的买方是由于不能证明存在信用证欺诈才需要支付信用证下款项，但信用证欺诈在国际贸易中却是屡见不鲜。因而本部分最后提出以下思考和建议：(1) 法院为了不破坏信用证赖以生存的独立原则，在认定信用证欺诈时往往很小心，对欺诈也容易做限制性的解释。例如，在卖方提交的货物与合同不符的情况下，是合同纠纷还是信用证欺诈，本身没有十分确定的判断标准，法院在运用信用证欺诈例外时也更谨慎。(2) 银行在信用证下只有审查表面是否相符的义务，而没有义务去仔细考究单据是否是伪造的，而且银行也没有动力去做这些事情。(3) 买方想要防范被欺骗的风险首先必须知道信用证虽然可以督促卖方转移单证获得货款，但用信用证支付也可能发生买方既得不到货物，同时又损失货款的情况。其次，如上所述，买方还应该清楚卖方的商业信用，而商业社会的信用集中体现在对方的资产力量上，所以买方在决定签订销售合同时还需要详细调查对方，调查货源是否可靠，货价是否合理等。所谓道高一尺，魔高一丈，骗子总是防不胜防；再次，买方还可以通过选择贸易术语，减少被骗的风险，比如买方可以选择 FOB 术语（即 E，F 组术语，而不是 C，D 组术语），自己安排装货船只，这样就可减少卖方和船方勾结签发不符提单的情形。如果买方确实没有能力去预防欺诈，最后的办法是，不采用信用证的支付方式，而采用托收或者保理的方式，这也是不错的选择。

主题案例

韩国中小企业银行与中国青岛华天车辆有限公司信用证纠纷上诉案[①]

案情回顾

2004 年 3 月 5 日，韩国中小企业银行开出的以华天公司为受益人的编号为 M04Z9403NU30011 号不可撤销跟单信用证载明：信用证有效期限和地点为 2004 年 5 月 10 日中国，金额为 23 900 美元，可由任何一家银行议付，汇票付款期限为见票后 90 天，装运港为青岛，目的港为韩国釜山，最迟装运日期为 2004 年 4 月 30 日，信用证要求的单据包括：商业发票一式三份；全套清洁已装船海运提单，收货人由韩国中小企业银行指定，注明运费预付和通知人；装箱单一式三份；三份原产地证书。交单期限为运

① 案例详见中华人民共和国山东省高级人民法院（2005）鲁民四终字第 71 号民事判决书。

输单据签发日起10天内但不得超过信用证有效期，偿付行为韩国中小企业银行天津分行等。寄单行中国农业银行胶南支行（以下简称农行胶南支行）于2004年4月14日将上述信用证中要求的商业发票、装箱单、海运提单（签发日期为2004年4月12日）原产地证书提交韩国中小企业银行，并提交金额为23 900美元的即期汇票。韩国中小企业银行于2004年4月27日拒绝付款，其拒付电文中载明的理由为，汇票上的期限为见票即付，而不是见票后90天付款。2004年5月10日，农行胶南支行向韩国中小企业银行寄交付款期限为见票后90天的汇票。韩国中小企业银行于2004年5月19日再次发出拒绝承兑付款电传，拒付理由为已过交单期。此后农行胶南支行于2004年6月至7月期间多此以电传方式发函给韩国中小企业银行，要求其承兑付款，但韩国中小企业银行均未予接受。2004年11月5日，韩国中小企业银行回函称，“尽管存在足以引起拒付的不符点，但我方愿支付一半的款项（11 950美元）。如果你方同意，请通过SWIFT方式告知我方。”后双方未能就付款问题协商一致。

争议焦点

1. 汇票是否是信用证项下的单据，汇票的交付是否应符合交单日期的约定？
2. 银行有无付款义务？

裁判意见

一审法院认为：韩国中小企业银行与韩国中小企业银行有限公司天津分行分别为大韩民国法人及其分支机构，故本案系涉外商事案件，应适用涉外民事诉讼程序的规定。本案系开证行与受益人之间发生的信用证纠纷案件，从跟单信用证的合同成立及运作过程看，作为信用证法律关系当事人的开证行与受益人均应按信用证条款的规定履行义务，受益人通过寄单行向开证行提交单据和开证行向受益人付款的行为，均是履行信用证合同的行为，受益人所在地及开证行所在地均为信用证合同的履行地，即本案中华天公司所在地系涉案信用证合同的履行地之一，因此原审法院以该合同履行地在本院辖区内为由享有对本案的管辖权。在诉讼中，各方当事人对法律适用问题达成了一致意见，均同意适用《跟单信用证统一惯例》1993年修订本（即UCP500）作为处理本案争议的依据，UCP500没有规定的适用中华人民共和国实体法律作为准据法，法院对此予以确认。

关于韩国中小企业银行在涉案信用证业务中拒绝承兑付款的理由是否成立的问题。作为开证行的韩国中小企业银行先后两次拒付，其第一次拒付的理由是华天公司通过寄单行提交的汇票与信用证不符，是见票即付而非见票90天付款。对此华天公司主张汇票不属于信用证要求的单据，仅为付款指示，开证行无权对其提出不符点，韩国中小企业银行主张汇票亦为信用证要求的单据之一，在其与信用证规定不符时，开证行有权拒付。法院认为，信用证是开证行有条件的付款承诺，只要受益人提交的单据符合信用证的要求，银行即应付款。其中受益人提交与信用证要求一致的单据是开证行付款的条件，而信用证规定的汇票则是关于付款方式和期限的约定。因此汇票与信用证要求与之相符的单据是有所区别的。UCP500“单据”一章中对信用证业务中的单据作了具体的规定，其中不包含汇票，因此，除非信用证条款中作出特别规定，将汇票列入其要求的单据之中，否则在通常情况下汇票不应属于信用证意义上的单据之列。但本案信用证中，虽然未将汇票列入其要求单据的专项条款中，却另外设定了有关汇票的专门条款。信用证作为开证行与受益人之间的合同，双方均受该合同条款的约束。在UCP500未作出相应规定的情况下，双方的权利义务应受《中华人民共和国合同法》的调整。按照信用证条款的规定，华天公司应当向韩国中小企业银行提交见票90天付款的汇票，也就是说合同约定的韩国中小企业银行付款期限为见票后90天，华天公司却提交了见票即付的即期汇票，致使韩国中小企业银行无法按照约定的付款方式承兑付款。作为合同相对方的韩国中小企业银行当然有权拒绝接受与合同不符的汇票。综上所述，华天公司第一次提交的汇票虽然不构成UCP500意义上的“单证不符”，但却形成了其单方对合同的变更，韩国中小企业银行有权不予接受。因此，韩国中小企业银行以汇票与信用证不符为由拒付款项理由成立。

华天公司提交了见票90天付款的汇票后，韩国中小企业银行再次拒付的理由是已过交单期限。对此法院认为，信用证第48款规定的“交单期限为运输单据签发日起十日内”约束的第46A款中列举的商业单据，既然汇票在本案中不属于信用证要求与之相符的单据，而是对付款方式、期限作出的约定，在信用证合同未作特别约定的情况下，汇票不应受到上述交单期限的限制。在信用证有效期内，应允许华天公司第二次提交与约定相符的汇票。且在本案中，华天公司第二次提交汇票的行为，并不会给开证行造成任何额外损失或增加风险，而只在客观上推迟了其履行付款义务的期限。因此，韩国中小企业银行第二次拒绝承兑付款的理由不成立。华天公司提出韩国中小企业银行偿还信用证项下款项23 900美元及利息的诉讼请求，法院予以支持。

关于天津分行是否应承担本案中的民事责任的问题。天津分行在本案中的地位是开证行韩国中小企业银行委托的偿付行，根据UCP500第2条的规定，同一银行设在不同国家的分支机构均视为另一银行。因此韩国中小企业银行和天津分行在本案信用证业务中应视为两家银行。二者之间是委托人和受托人的法律关系，即偿付行天津分行接受开证行韩国中小企业银行的授权向索偿行进行偿付。但根据UCP500第19条（C）的规定，如果索偿行未从偿付行获得偿付时，开证行并不能解除其自行偿付的任何义务。而受益人即华天公司与偿付行天津分行之间并不存在合同关系。UCP500第3条（B）规定，在任何情况下，受益人不得利用银行之间或申请人与开证行之间的契约关系。据此，受益人无权向偿付行而只能向与其存在信用证合同关系的开证行要求付款。华天公司要求天津分行承担本案中的民事责任，缺乏依据，法院不予支持。

二审法院认为：华天公司对韩国中小企业银行第一次以汇票不是见票后90天付款为由拒付，没有异议。韩国中小企业银行和华天公司争议的焦点问题是，汇票是否是信用证项下的单据，汇票的交付是否应符合交单日期的约定，开证行韩国中小企业银行第二次以汇票提交超过交单期为由拒付是否成立。

本案信用证46A交单条款要求的单据为商业发票、海运提单、装箱单及原产地证书，不包括汇票。UCP500“单据”一章所列明单据均为与货物相关的商业单据，也不包括汇票。本院认为，依据本案信用证的约定和UCP500的规定，汇票不是信用证项下所要求的单据，汇票为受益人向银行提示付款的单据，是受益人向付款行收取信用证款项的结算凭证。因此，本案信用证约定的交单日期不约束汇票的提交，华天公司在第一次提交汇票不符合约定的情况下，修改汇票并在信用证有效期内提交符合信用证要求汇票的行为，应是合法有效的行为。韩国中小企业银行第二次拒付的理由不成立，韩国中小企业银行应向华天公司承担支付信用证项下款项的责任。韩国中小企业银行关于信用证单据包括商业单据和金融单据汇票，上述单据的提交均应遵守信用证交单期限的约定，第二次提交的汇票超出交单期限，银行拒付成立的上诉理由，没有事实和法律依据。

评析探讨

本案是信用证受益人和开证行之间的纠纷。开证行韩国中小企业银行以受益人华天公司没有提交见票90天付款的汇票为由拒绝支付信用证的金额，在华天公司提交见票90天付款的汇票后，又以提交的日期不符合信用证第48款规定的“交单期限为运输单据签发日起十日内”为由拒绝付款。本案的当事人在庭审中同意适用《跟单信用证统一惯例》（1993版）（UCP500），所以法院应该根据该国际惯例确定信用证当事人权利义务。UCP500对当事人提交的单据做了规定，这些单据包括：海洋运输提单、非转让的海运单、租船合约提单、多式运输单据、空运单据、公路、铁路或内河运输单据、运输行出具的运输单据和保险单据等。UCP500第21条规定：“当信用证要求提供除运输单据、保险单据和商业发票以外的单据时，信用证中应规定该单据由何人出具，应有哪些措辞或内容。如信用证对此未做规定，只要所提交单据的内容与提交的其他单据不矛盾，银行将予接受。”可见，信用证中也可以规定除UCP500明确罗列以外的单据的其他单据。本案中的开证行韩国中小企业银行在信用证的单据项，没有将汇票包括在其中，UCP500也没有规定汇票是信用证的单据，所以本案的汇票不是银行需要审查的单据。既然汇票不是单据，所以信用证第48款规定的“交单期限为运输单据签发日起十日内”的单据指的也不是汇票。本案的受益人再次提交的符合规定的汇票也不应该适用信用证该48款的规定（该汇票在本案中的法律地位参见本案一审法院的论述）。信用证是一种以银行的信用来保证付款的支付方式，在受益人提交符合规定的单据，银行通过审查单据发现“单单表面相符”和“单证表面相符”后，开证银行就负有首要的付款义务。本案的韩国中小企业银行没有发现华天公司提交的单据不符合信用证规定，就应该立即付款给华天公司。

主题案例

韩国株式会社友利银行与中国北京宣联食品有限公司信用证纠纷上诉案①

案情回顾

2005 年 8 月 4 日，友利银行开立了编号为 MD150508NS00057 号不可撤销跟单信用证。该信用证载明：友利银行为该信用证的开证行；宣联公司为信用证的受益人；申请人为韩国 DLFARME 有限公司；信用证金额为 48 000 美元；到期日为 2005 年 9 月 30 日；开具汇票条件为即期；无须保兑。在信用证“单据条款”中规定：已签署的商业发票 2 份、装箱单 2 份、全套清洁已装船海运提单，以友利银行为抬头人并注明运费付讫并通知开证申请人；在信用证“附加条件”中标明：需要 CHOI DAE JA 夫人亲笔签署检验证书原件，并随附护照复印件；双方在附加条件中还约定：本信用证依据 ICC《跟单信用证统一惯例》（1993 版）（UCP500）。2005 年 9 月 2 日，宣联公司向中行北京分行递交《交单申请书》及信用证项下全套单据，委托中行北京分行办理审单结汇。中行北京分行于同日审核并确认条款相符后向友利银行发出寄单《面函》，并随附了信用证项下全套单据。2005 年 9 月 9 日，韩国联合检定株式会社应韩国 DLFARME 有限公司的申请，出具《检定报告书》，结论是：“根据调查的内容，该进口货物与一般的正常进口货物相比，其质量极其低次，并非平时在国内市场流通的中国东北三省生产加工的干蕨菜，而是中国云南省地带生产的蕨菜，该货物在国内流通市场无法销售，除堆肥用途外没有任何价值。”2005 年 9 月 13 日，韩国 DLFARME 有限公司向韩国釜山地方法院提交《止付信用证项下款项申请书》，请求法院判令韩国 DLFARME 有限公司不得支付 MD150508NS00057 信用证项下的款项。2005 年 9 月 14 日，韩国釜山地方法院给友利银行下达了《第 14 民事部决定》，即债务人友利银行不得支付 MD150508NS00057

① 案例详见北京市高级人民法院（2008）高民终字第 516 号民事判决书。

信用证项下的款项。友利银行认为受益人是从事信用证诈骗，友利银行可以行使拒付权，于是2005年9月14日友利银行向中行北京分行发出《拒付通知》电函，2005年9月23日，中行北京分行收到友利银行发出的《退单电函》，称友利银行收到了当地法院发出的禁止令，并且申请人通知友利银行其已向受益人发出了由当地法院签发的止付令。2005年10月7日，中行北京分行收到友利银行发出的《正式退单电函》，其中载明："我方于今日将A. M. 单据退回你方，我方不承担任何责任。"2005年10月9日，中行北京分行将友利银行退回的全部单据退回宣联公司。

争议焦点

1. 本案是否存在信用证诈骗？
2. 开证行是否有付款义务？

裁判意见

一审法院认为：对于友利银行民事责任的认定，根据UCP500第9条第1款第（1）项规定，开证行开立不可撤销即期付款信用证的责任，是在规定的单据被提交给指定银行或开证行并符合信用证条款的条件下，开证行须即期付款。友利银行开立了以宣联公司为受益人的不可撤销即期跟单信用证，在规定的单据符合信用证条款条件的情况下，应履行其付款义务。友利银行亦未提交证据证明本案信用证项下存在信用证欺诈。友利银行在《拒付通知》中提到韩国法院签发止付令一节，由于友利银行没有应诉，亦未向法院提交符合《中华人民共和国民事诉讼法》规定的经过公证、认证的相关证据，法院对于该项事实不予认定。综上，宣联公司提交的提单符合信用证条款条件，友利银行应当履行其付款义务。友利银行拒付信用证项下款项是造成本案纠纷的主要原因，对此其应承担相应的违约责任，赔偿由此给宣联公司造成的信用证项下的利息损失。

二审法院认为：本案系信用证交易纠纷，不仅涉诉信用证中约定适用UCP500，且本案当事人均援引中国法律及UCP500作为索赔、抗辩的依据，应视为各方合意选择了本案争议所适用的法律。因此，一审法院依据《中华人民共和国民法通则》第145条的规定，适用《中华人民共和国合同法》和UCP500处理本案并无不当，本院予以维持。

信用证作为国际贸易的一种资金融通工具，解决了分处不同国家的买卖双方的国际结算问题。在现代的国际贸易中，凭银行信用证结汇已成为一种主要的贸易结算方式。本案涉及信用证的独立原则、银行仅处理单据原则和单证相符原则。首先，信用证是个独立自主的契约，信用证一旦开出，它便既独立于买卖合同，也独立于开证申请书。对于银行和受益人来讲，双方的权利和义务完全依信用证条款而定，即使在信用证中包含有买卖合同或开证申请书的任何援引，银行亦与这两份契约无关。其次，银行的信用证业务，就其性质而言，实际是单据买卖业务。在信用证结算的过程中，无论是受益人向议付行议付，议付行向开证行索偿，以及开证行要求开证申请人付款赎单，都体现了单据与票款的对流。第三，信用证单证的相符原则就是通常所说的单证相符、单单相符。单证的相符原则是开证行履行付款承诺的先决条件，也是受益人主张信用证上权利的必要前提。根据 UCP500 第 9 条 a 款的规定："对不可撤销的信用证而言，在信用证规定的单据全部提交指定银行或开证行，并且这些单据又符合信用证条款的规定时，便构成开证行的确定承诺：对即期付款的信用证，开证行应即期付款；……"可见，在单证相符的情况下，银行就必须履行它的第一性付款义务；如果单证不相符，银行就有权按规定程序予以拒付。友利银行于 2005 年 8 月 4 日开出以宣联公司为受益人的不可撤销跟单信用证，双方的权利义务关系应受该信用证的约束。

信用证欺诈是指利用信用证机制中单证相符即予以付款的规定，由犯罪分子提供表面记载与信用证要求相符，但实际上并不代表真实货物的单据，从而骗取所支付的货款的商业欺诈行为。在二审法院审理期间，友利银行虽提交了符合《中华人民共和国民事诉讼法》规定的经过公证、认证的韩国联合检定株式会社出具的《检定报告书》，但该《检定报告书》并无货物腐烂变质的记载，故该证据不能证明有欺诈的事实存在。第四，韩国地方法院的止付令不能阻止友利银行作为开证行向宣联公司付款。国际商会制定信用证业务的规则，不是为了防止欺诈，而是在银行信用强于商业信用的情况下，为了买卖双方在有"银行信用"的大前提之下，使买方会获得货物，卖方会获得货款。但对银行来讲，信用证针对的是单证文件而非货物，然而单据文件是极容易伪造的。所谓欺诈例外，是指在肯定信用证独立原则的前提下，如果有欺诈的发生，允许银行不予付款或承兑汇票，法院也可以颁发禁止支付令禁止银行付款或承兑。在这种情况下，作为信用证独立原则的例外，不再适用 UCP500，而是采用公平合理的办法处理。在审判实践中，我国是认可国际上普遍承认的信用证欺诈例外原则的，但对欺诈的审查采取的是严格标准，即必须存在实质性欺诈，在这种情况下，法院才可以止付信用证项下的款项。本案信用证项下的货物是干蕨菜，友利银行在收到受益人宣联公司提交的全套结汇单据后，未在 UCP500 规定的期限内提出任何不符点，应认定受益人宣联公司提交的全套结汇单据完全符合信用证条款的规定，故在单证一致的情况下，作为开证行的友利银行，具有第一性的付款义务，其不能援引信用证欺诈例外原则拒付该信用证项下的款项。

评析探讨

本案的开证行友利银行认为本案的受益人宣联公司提供的货物不符合合同的约定，是在从事信用证诈骗活动，因而银行有权拒绝付款。

信用证独立原则是信用证的一项重要原则。UCP500 第 3 条规定："a. 就性质而言，信用证与可能作为其依据的销售合同或其他合同，是相互独立的两种交易。即使信用证中提及该合同，银行亦与该合同完全无关，且不受其约束。因此，一家银行作出付款、承兑并支付汇票或议付及/或履行信用证项下其他义务的承诺，并不受申请人与开证行之间或与受益人之间在已有关系下产生的索偿或抗辩的制约。b. 受益人在任何情况下，不得利用银行之间或申请人与开证行之间的契约关系。”UCP500 第 4 条规定：“在信用证业务中，各有关当事人处理的是单据，而不是单据所涉及的货物、服务或其他行为。”但是为弥补坚持信用证严格独立可能带来的对合法权益人的损害，各国的司法实践中又确定了“欺诈例外原则”，即在坚持信用证独立抽象原则的前提下，如果可以证明存在信用证欺诈的情形，开证行可以拒付，利害关系人也可以请求法院给予救济。但是，“欺诈例外原则”的适用有比较严格的条件，首先，必须可以证明行为人有诈骗的故意；同时，欺诈还需要达到实质性的程度。什么是实质性的欺诈并没有一个普遍的标准，法官在审理案件中应该对具体案件进行具体分析。一般认为，对于单据的欺诈而言，“实质性欺诈”须达到令单据无效的程度，破坏了其作为信用证交易所特定要求的本质。如果仅仅带有一定的欺诈性，开证申请人应该通过违约救济而不是启动欺诈例外原则。对于基础交易中的欺诈而言，受益人非根本性的违约一般不能被认为构成欺诈，只有受益人的行为严重违背了包括基础合同在内的整个交易安排，导致对方的根本合同目的或主要目的已经落空时才构成“实质性欺诈”。本案的开证行友利银行不能提供证据证明受益人宣联公司提供的货物是否真的符合合同约定，而且，即使受益人提供的货物存在质量缺陷，开证行也还需要证明受益人是根本性违约，即受益人根本没有履行买卖合同义务，而只是妄图非法获得信用证上的金额，才可以拒绝付款。综上所述，案涉信用证开证行友利银行，在受益人宣联公司提供了符合信用证规定的单据时，应该承担首要付款义务，立即付款。

专题九

国际货物运输

第一节 基本原理

国际贸易中，买卖双方的目的分别是获得货物的价款和取得货物的所有权，所以货物买卖合同成为最主要的合同，但是为达到这一目的还需要分别签订一系列其他的辅助合同，这些辅助性的合同包括货物运输合同、货物保险合同等。在国际贸易中，货物运输合同是为货物买卖合同服务的，但其具有独立的地位，国际层面上和各国国内有专门的法律制度规范国际货物运输。国际货物运输的方式有很多种，包括：铁路运输、海上运输、航空运输、公路运输和多式联运。其中，最主要的运输方式是海上运输，国际贸易大约 3/4 的货物都是通过海上运输。

一、国际海上货物运输

（一）海上货物运输分类

国际海上货物运输合同，是指承运人收取运费，负责将托运人托运的货物经海路由一国港口运至另一国港口的合同。[①] 国际海上货物运输合同分为班轮运输合同和租船合同。

班轮运输，是指承运人将不同托运人的货物，按照固定的航期、固定的航线和固定停泊港，运至目的港，并按照固定费率收取运费的一种运输方式。班轮运输有显著的特点，承运人按固定的航期、固定的航线和固定的停泊港运送货物，这些固定的安排都不是承运人和托运人签订运输合同时需要协商的内容。更多时候承运人为统一实践操作和提高工作效率，往往提供已经准备好的格式合同，托运人在考虑条件是否可以接受的基

---

① 陈安．国际经济法学．北京：北京大学出版社，2006：486.

础上，要么签订合同要么不托运货物。班轮运输也叫提单运输，货物由承运人接收或者装船后，应托运人的要求，班轮运输承运人或其授权的人应当签发提单作为运输合同存在的依据，提单上的权利和义务被推定为合同上的权利义务。不过，因为提单是合同存在的依据，合同内容确实与提单有冲突时，还是以合同上的约定为准。

租船运输，又可以分为航次租船、定期租船和光船租赁。航次租船，是指船舶出租人向承租人提供船舶或者船舶的部分舱位，按照约定的一个或者几个航次，装载承租人的货物，由承租人向船舶出租人支付运费的运输方式。定期租船，是指船舶出租人将船舶出租给承租人，由承租人按约定的时间、约定的方式使用船舶，并向出租人支付租金，承租人也可以将船舶用来运输货物，由此产生的运费归承租人所有。光船租赁，是指出租人将船舶租赁给承租人，承租人向出租人支付相应租金，由承租人自己配备船长、船员，并承担相关的风险和费用经营船舶，获得船舶经营产生的收入。航次租船合同也就是海上货物运输合同，定期租赁合同和光船租赁合同本身是租赁合同，在承租人用租赁的船舶装运自己的货物时，合同才具有货物运输合同的性质，所以本专题讨论的海上货物运输主要是班轮运输和航次租船运输。班轮运输主要用来运输数量不大的货物，在需要运输的货物较多时，往往会选择航次租船运输。班轮运输和航次租船运输的不同体现在：班轮运输的承运人是公共承运人，而航次租船运输的承运人一般是私人航运人，因为班轮运输的承运人是公共承运人，承运人有强制缔约的义务，没有特别的原因，承运人不可以拒绝托运人的托运申请；班轮运输的特点是固定的航期、固定的航线、固定停泊港和按固定的费率交纳运费，这些固定的项目托运人和承运人在签订合同时不需要，也不可以协商，而航次租船合同的承租人和托运人完全可以协商确定合同的内容。

（二）和海上货物运输有关的法律

直接与海上货物运输有关的国际统一规范主要有三个：

1.《关于统一提单若干法律规则的国际公约》

《关于统一提单若干法律规则的国际公约》又称为《海牙规则》，是关于海洋运输承运人义务和责任的国际公约，1921 年由国际法律协会在海牙起草，1931 年 6 月 2 日生效。《海牙规则》共 16 条，主要规定了规则的适用范围、承运人的义务、托运人的义务、承运人的免责事由、承运人的赔偿限额和货物灭失的通知和诉讼时效等。《海牙规则》吸收了美国 1893 年制定的《哈特法》的基本原则，规定了承运人最低限度的责任，这些义务包括船舶适航的义务、谨慎管理货物的义务和不得不合理绕行的义务等。《海牙规则》生效后，一些国家立法纷纷仿效，并且在国内立法中也规定了《海牙规则》在国内法院法律适用中的地位。在国际海上货物运输立法上，《海牙规则》的地位至今仍不可取代，它对承运人责任的规定和对传统的“绝对合同自由”原则的修改对现代海上货物运输合同法律和海商法的影响非常深远。我国虽然至今仍没有加入《海牙规则》，但是我国《海商法》的许多规定都参照了《海牙规则》的相关规定。

2.《修订统一提单若干法律规则的国际公约的议定书》

《海牙规则》制定后，国际政治、经济形势发生巨大变化，航海、造船技术的进步使海上运输方式发生重大变革，集装箱运输方式的出现和迅猛发展使得《海牙规则》的内容渐渐不适应新形势发展。另外，《海牙规则》关于承运人的大量免责条款和较低的赔偿限额明显地偏袒船方利益，引起了很多发展中国家和货物承运人的不满，要求修改《海牙规则》的呼声日趋强烈。《修订统一提单若干法律规则的国际公约的议定书》又被称为《海牙－维斯比规则》。它由国际海事委员会推动制定，于1968年2月在比利时布鲁塞尔召开的、由53个国家或地区代表参加的第十二届海洋法外交会议上通过，定名为《修改统一提单若干法律规定的国际公约议定书》，并简称为“1968年布鲁塞尔议定书”（The 1968 Brussels Protocol）。由于该议定书草案在斯德哥尔摩讨论期间，参加会议的成员到过维斯比城，为借用中世纪维斯比海法之名声，故将该议定书称为《维斯比规则》。经过议定书修订后的《海牙规则》称为《海牙－维斯比规则》，该议定书于1977年6月23日生效。《海牙－维斯比规则》共17条，主要规定了规则的适用范围、承运人的责任限制、提单、承运人的代理人地位和诉讼时效等。

3.《1978年联合国海上货物运输公约》

《海牙－维斯比规则》制定后，部分地协调了承运人和托运人的利益，但是较低的赔偿限额和“不完全过失责任制”的规定仍然没能照顾到众多发展中国家和承运人的利益，要求彻底废除《海牙规则》，制定新的公约的呼声再次高涨。《1978年联合国海上货物运输公约》又称为《汉堡规则》。它由联合国国际贸易法委员会推动制定，于1978年3月在德国汉堡召开的有78个国家代表参加的联合国海上货物运输公约外交会议上审议通过，由于这次会议是在汉堡召开的，所以这个公约又称为《汉堡规则》。根据汉堡规则的生效条件规定：“本公约自第二十份批准书、接受书、认可书或加入书交存之日起满一年后的次月第一日生效。”该规则在埃及递交了批准书后满足生效条件，于1992年11月1日起正式生效。该规则共有34条，主要规定了公约的适用范围、承运人的责任原则、承运人的责任限额、实际承运人和诉讼时效等。

（三）运输单证

1. 提单的概念和分类

海洋货物运输的运输单证主要是提单和海运单。所谓提单，是指托运人向承运人托运货物，在货物装船后或在承运人收到货物后，由船长或承运人的代理人签发的，证明收到提单上所载明的货物，允诺将货物运至指定的目的地并将货物交付给收货人的凭证。[1]《海商法》第71条规定："提单，是指用以证明海上货物运输合同和货物已经由承运人接收或者装船，以及承运人保证据以交付货物的单证。提单中载明的向记名人交付货物，或者按照指示人的指示交付货物，或者向提单持有人交付货物的条款，构成承运人据以交付货物的保证。"提单的正面主要载明的内容包括：托运人名称、承运人名称和住所、收货人名称、船舶名称、货物名称、装货港和卸货港以及船舶航行的路线、运费、提单签发的日期和地点和份数等；提单的反面载明的内容主要包括：管辖权条款、适用法律条款、留置权条款、共同海损条款、赔偿金额条款和责任期间条款等。当事人或者承运人可以在提单中约定双方的权利义务，但是如果在提单中选择适用国际惯例或者某一国内法律，自由约定的条款不可以违反法律的强制性规定。

提单按不同的标准可以分为下列几类：

（1）按提单是否记载收货人名称，分为记名提单、指示提单和不记名提单。记名提单在收货人栏写明收货人名称，这种提单只能由指定的收货人提货，不可以转让，没有流通性，也被称为不可转让提单。指示提单在收货人栏填有"凭某人指示"，或只填有"凭指定"，指示提单可以通过背书转让，不需要得到承运人事先的同意。不记名提单在收货人栏仅填写"交与持票人"，谁持有该提单就可以向承运人提起货物，提单持有人不需要背书，只需要在提货时出示提单。

（2）按提单签发时货物有无装载在船上，分为已装船提单和备运提单。已装船提单是指货物装上船舶后，承运人才签发提单给托运人。备运提单是指承运人已经接受货物，但是货物并没有装上船舶，承运人已经签发提单给托运人。由于备运提单不能说明货物已经装船或者必定会被装上船舶，所以，国际货物贸易的买方往往不愿意接受备运提单。

（3）按货物是否会被转船运输，分为直达提单和联运提单。直达提单是指在货物从装运港直接运送到目的港，中间不转运的情形下，承运人签发给托运人的提单，这种提单没有"在某港转船"的批注。在采用信用证作为支付手段的时候，应出口商要求，开证银行有时会在信用证中注明不准转船，这时托运人就必须设法取得直达提单。联运提单是指货物在运输途中会被转运的情形下，承运人签订给托运人的注明货物会被转运的提单。联运不一定要求是用不同的交通工具运输货物，海上运输也可以出现联运提单。

（4）按采用班轮运输方式还是租船运输方式，可以分为班轮提单和租船合同项下提单。班轮提单是指在托运人选择班轮运输的情形下，承运人（班轮公司）签发给托运人的提单。租船合同项下的提单是指托运人在选择租船运输货物或者和出租人签订以船舶为租赁物的合同用来运输自己的货物的情形下，承运人签发给托运人的提单。

---

① 冯大同．国际贸易法．北京：北京大学出版社，2001：74.

（5）按承运人有无在提单上对货物表面状况作出特别批注，可以分为清洁提单和不清洁提单。清洁提单是指承运人在发现货物表面完好无损情况下，向托运人签发的提单。不清洁提单是指承运人发现托运人托运的货物表面有污损，而在提单上作出不良批注，签发给托运人的提单。

2. 提单的法律特征

从提单的定义可以看出提单的法律特征主要有以下三个：

（1）提单是运输合同的证明。提单本身是运输合同还是只是作为运输合同的证明，对当事人的权利影响很大，特别是在提单的规定和当事人签订的运输合同有冲突时。鉴于提单是由承运人单方签发的，并且运输合同在提单签发之前已经成立，提单是应托运人的要求，在货物装船时才签发，更多观点认为提单是运输合同的证明。《汉堡规则》和我国《海商法》，以及一些国家的司法实践均将提单看成是运输合同的证明。由于提单是运输合同的证明，在提单的内容和运输合同内容相左时，应该以合同的约定为准。

（2）提单是承运人出具的接收货物的收据。我国《海商法》第 75 条规定："承运人或者代其签发提单的人，知道或者有合理的根据怀疑提单记载的货物的品名、标志、包数或者件数、重量或者体积与实际接收的货物不符，在签发已装船提单的情况下怀疑与已装船的货物不符，或者没有适当的方法核对提单记载的，可以在提单上批注，说明不符之处、怀疑的根据或者说明无法核对。"第 76 条规定："承运人或者代其签发提单的人未在提单上批注货物表面状况的，视为货物的表面状况良好。"第 77 条规定："除依照本法第七十五条的规定作出保留外，承运人或者代其签发提单的人签发的提单，是承运人已经按照提单所载状况收到货物或者货物已经装船的初步证据；承运人向善意受让提单的包括收货人在内的第三人提出的与提单所载状况不同的证据，不予承认。"除非承运人可以提供相反的证明，证明货物在装船时确实与提单记载的不相同，法律将提单作为承运人按提单记载的内容收取货物的初步证据，但是，承运人却不可以对提单的善意受让人提出这种抗辩。

（3）提单是提单持有人据以向承运人提取货物的具有物权特性的凭证。认为提单是物权凭证的观点在英国已经有两百多年的历史，最早认为提单是物权凭证的案例发生在 1787 年。英国 Neil 大法官在审理 The "Houda" 一案时对提单的物权性有这样的论述："本案是建立在这样一个基本原则之上，即一旦提单被签发，只有提单的持有人能够在卸货港要求交付货物。正是基于这一基本原则，所以提单能被用作物权凭证，从而转移凭证也就转移在卸货港要求交货的权利。"[1] 提单是否是物权凭证目前尚处于争论

① " TheHouda" (1994) 2 Lloyd's Rep. 500，转引自张丽英．国际贸易法专题研究．北京：法律出版社，2004：85.

之中，由于在 CIF 和 FOB 术语买卖中，卖方将提单等单据凭证交给买方的时间往往被视为物权转移的时间，以及买方有时已经取得提单，但是货物可能还在运输的途中，买方通过转让提单来表明货物所有权发生了转移，因此将提单视为具有物权特性的凭证更为合理。此外，将提单定性为具有物权特性的凭证还有现实的作用，比如还可以更好地保护信用证付款方式下，持有提单等单证的银行的权益。

3. 倒签提单和预借提单

所谓倒签提单，是指提单中记载的日期早于货物真正装船日期的提单。在信用证的支付方式下，信用证对货物装船日期有规定，如果出口商提交的提单上记载的日期晚于信用证要求的日期，银行可能会拒绝支付款项，所以，出口商可能会向承运人作城出担保，换取倒签日期的提单，以便顺利结汇。所谓预借提单，是指货物尚未装船时已经签发的提单。预借提单和倒签提单的目的相同，都是出口商为在信用证的有效期内结汇而请求承运人签发的记载日期和实际装船日不相符合的提单。倒签提单和预借提单的差别在于，倒签提单的货物已经装上船，只是装船的时间较提单上记载的时间晚，而预借提单的货物不一定已经装上船，也不一定最终会装上船，从这一点看，预借提单的危害性比倒签提单大。倒签提单和预借提单都是违约行为，[①] 进口商可以要求赔偿，在构成根本违约时，进口商还可以解除合同。倒签提单和预借提单也均为欺诈行为，这种情形下，银行可能会拒绝支付信用证下的款项，进口商也有可能会追究承运人责任，所以，在信用证即将到期，而提单上装船日期晚于信用证要求的日期时，最好的办法是出口商同进口商协商，要求进口商更改信用证上的时间。

4. 海运单

海运单，是指海上货物运输合同的承运人签发给托运人的，表示承运人已经接收货物或者已经将货物装船的不可转让单证。海运单和提单相比，相同点是两者都是货物运输合同的证明和两者都是承运人出具的接收货物的收据，不同点表现在海运单不可以转让，提单可以流通转让，海运单不是具有物权特性的凭证，提单是具有物权特性的凭证。海运单上记载的收货人提货时不一定要出示海运单，只需要证实自己的身份就可以，因此，海运单灭失、迟延到达、被盗都不会影响收货人提货的权利。海运单与提单相比具有便捷、安全的优点，所以海运单在国际海上运输中运用渐广。1990 年国际海事委员会第 34 届大会通过了《国际海事委员会海运单统一规则》，供当事人选择适用，Incoterms1990、Incoterms2000 和国际商会第 500 号出版物《跟单信用证统一惯例》都有关于海运单的规定。

---

① 倒签提单和预借提单的性质目前尚存在争议，有人认为是违约行为，也有人认为是侵权行为，具备侵权的要件，还有人认为是违约和侵权的竞合，而侵权是其主要特征。

（四）托运人、承运人的权利义务

托运人的义务包括支付运费和提供托运的货物。支付运费是托运人承担的首要义务，支付方式可以是预付运费、到付运费和比例运费。预付运费是托运人在货物装船时支付给承运人的运费，按照惯例和合同的约定，已经预付运费的情形下，不论货物灭失与否，承运人不退还。到付运费是在目的港支付的运费，如果货物没有到达目的港，承运人不可以要求支付运费，但货物一旦到港，收货人必须支付全部运费，否则承运人可以留置货物。比例运费是按货物运输的实际里程和全部里程比例支付运费，一般只是在船舶遇难，放弃原定航程时才会采取这种支付方式。托运人还必须将货物运到指定的装船地点，以便承运人装船。托运人必须保证其向承运人提供的货物标志、件数、重量的正确性。托运人未经承运人允许，擅自装运易燃、易爆物品给承运人带来损失的，还应该承担赔偿责任。

承运人最基本的义务是提供适航的船舶和谨慎管理货物。提供适航的船舶包括使船舶适航、妥善配备船员、装备船舶和配备供应物品，使货舱、冷藏舱和该船其他运载货物的部分适宜并能安全地收受、运送和保管货物。谨慎地管理货物包括妥善和谨慎地装载货物、妥善和谨慎地搬运货物、妥善和谨慎地运送货物、妥善和谨慎地保管货物以及妥善和谨慎地卸载货物。按照《海牙规则》的规定，承运人的责任期间是从货物装上船时开始到货物卸载为止，不包括从承运人收到货物到将货物装上船以及货物卸载到交付给收货人支配的这两段时间。《汉堡规则》扩大了承运人的责任期间，该规则第4条第1款规定："承运人对货物的责任期间包括在装货港、在运输途中以及在卸货港，货物在承运人掌管的全部期间。"承运人的责任期间从承运人接管货物时起到交付货物时止，与《海牙规则》的"钩至钩"或"舷至舷"相比，其责任期间扩展到"港到港"。我国《海商法》第46条区分集装箱和非集装箱，对集装箱采用"港到港"，对非集装箱采用"钩至钩"的责任期间。

承运人义务的另外一个表现是承运人的免责事由。承运人可以免责的事由包括：(1) 船长、船员、引航员或承运人的受雇人在驾驶船舶或管理船舶中的行为、疏忽或不履行职责；(2) 火灾，但由于承运人实际过失或私谋所造成的除外；[①] (3) 战争行为、公敌行为、天灾；(4) 海上或其他可航水域的风险、危害或意外事故；(5) 君主、统治者或人民的扣留、拘禁或依法扣押；(6) 检疫限制；(7) 货物托运人或货主、其

---

① 《海牙规则》规定，承运人的受雇人在驾驶、管理船舶时有疏忽，或者因过失引起火灾，承运人可以免责，这被称为"不完全过失责任制"，《海牙－维斯比规则》仍坚持该归责原则。《汉堡规则》确定了过失推定原则和完全的过失责任原则，在承运人责任期间发生的货物灭失和损坏，首先推定承运人有过错，除非承运人可以提供相反的证据。

代理人或代表的行为或疏忽；（8）无论由于何种原因引起的局部或全部罢工、关闭、停工或劳动受到限制；（9）暴乱和民变；（10）救助或企图救助海上人命或财产；（11）货物本身的固有瑕疵、性质和缺陷造成的体积或重量的损失，或任何其他灭失或损坏；（12）包装不当、标志不当或不清；（13）谨慎处理所不能发现的潜在缺陷；（14）不是由于承运人的实际过失或私谋，或是承运人的代理人或受雇人的过失或疏忽所引起的任何其他原因，但是援引此项免责事由需要援引人举证证明其本人和其代理人主观上没有疏忽或过失。前述这些免责事由不仅适用于承运人，也适用于承运人的代理人、雇员和实际承运人。[①]

关于承运人的赔偿限额的问题。《海牙规则》规定承运人对每件或每单位的货物损失的赔偿限额为100英镑。《海牙－维斯比规则》采用双轨制，规定每件或每单位的赔偿限额为10 000金法郎，同时还增加一项以受损货物毛重为标准的计算方法，即每公斤为30金法郎，以两者中较高者为准。《汉堡规则》第6条第1款规定：“承运人对货物灭失或损坏的赔偿，以每件或其他装运单位的灭失或损坏相当于835特别提款权或毛重每公斤2.5特别提款权的金额为限，两者之中以其较高者为准。”《汉堡规则》采用特别提款权（SDR）为计算单位，同时新增加“迟延交付”的赔偿规定，承运人迟延交货时，以迟延交付的货物的2.5倍为限，同时不超过货物运输合同规定的运费总额赔偿。

关于托运人的索赔与诉讼的问题。《海牙规则》规定收货人必须在提取货物之前或当时，将货物灭失、损坏的情况书面告知承运人，如果损坏不明显，收货人也应在3日内告知承运人，否则视为承运人已经按约定交付货物（收货人可以提出相反的证据推翻这种推定），如果在承运人交付货物时，承运人和收货人已经联合检查了货物，则不需要提交通知。收货人对承运人的诉讼时效为一年，从货物交付或者应当交付时开始计算。《汉堡规则》将上述的3天延长到15天，同时规定收货人如果在收到货物后60天以内没有给承运人通知，收货人丧失索赔的权利。我国《海商法》的规定类似《汉堡规则》，该法第81条规定：“承运人向收货人交付货物时，收货人未将货物灭失或者损坏的情况书面通知承运人的，此项交付视为承运人已经按照运输单证的记载交付以及货物状况良好的初步证据。货物灭失或者损坏的情况非显而易见的，在货物交付的次日起连续七日内，集装箱货物交付的次日起连续十五日内，收货人未提交书面通知的，适用前款规定。货物交付时，收货人已经会同承运人对货物进行联合检查或者检验的，无需

① 实际承运人，是指接受承运人委托，从事货物运输或者部分货物运输的人，包括接受转委托从事此项运输的其他人。《汉堡规则》规定了实际承运人必须对货物的灭失、损坏以及货物的迟延到达和承运人承担连带赔偿责任。

就所查明的灭失或者损坏的情况提交书面通知。”第 82 条规定：“承运人自向收货人交付货物的次日起连续六十日内，未收到收货人就货物因迟延交付造成经济损失而提交的书面通知的，不负赔偿责任。”《海牙－维斯比规则》规定了当事人可以协商延长诉讼时效，《汉堡规则》规定了对货物灭失、损坏或迟延交付提出的违约诉讼或者侵权诉讼，诉讼时效均为两年。

二、国际铁路货物运输

（一）国际铁路货物运输合同

铁路的运输单证称为运单，在进行国际铁路货物运输时，发货人应该根据规定的格式对每一批货物填写运单，由发货人签字后向始发站提出，从始发站承运货物时起，运输合同成立。在发货人提交全部货物和付清费用后，始发站在运单上加盖始发站日期戳记，证明货物已经承运，运单加盖戳记后，成为运输合同的证明。运单随同货物从始发站至终点站全程附送，最后交与收货人，运单副本在承运人加盖戳记后交还给托运人。由于运单是运输合同的凭证，托运人应该对其在运单中陈述的内容的真实性负责，因为记载和声明的事项错误，或者未将应该填报的事项记入运单而给承运人带来损失的，托运人应该承担责任。运单不是物权凭证，却是铁路运输合同的凭证和承运人对货物出具的收据。运单应该载有以下事项：到站的名称，并附有必要说明以免服务于同一个地点或同名称或相似名称的不同地点的不同站之间的任何混淆；收货人的名称和住址；货物的名称；重量，或如没有重量，符合发运铁路规章的类似资料；如系零担货物，其件数和包装标志；海关或其他行政机关需要的附在运单上的单证明细表或按运单记载在指定车站或海关或任何机关交由铁路掌管的单证明细表；发货人的名称和地址等等。

国际铁路货物运输的发货人和收货人可以变更合同，根据《国际铁路货物联运协定》的相关规定，发货人可以变更以下几种合同事项：变更到达站、变更收货人、在发货站将货物领回和将货物运还始发站。收货人可以变更的合同事项包括以下两种：变更收货人和在到达国境内变更货物的到达站。承运人在以下几种情形下可以拒绝发货人、收货人变更合同的请求或者延缓这些请求：应执行变更运输合同的铁路车站，接到申请书或始发站或到达站的电报通知后无法执行的；违反铁路营运管理的；与参加运送的铁路所属国现行法令、规章相抵触的；在变更到达站的情况下，货物的价值不能抵偿运到指定的到达站的一切费用的，但能立即支付或能保证支付这些变更费用的除外。

（二）调整国际铁路货物运输的法律

调整国际铁路货物运输的法律在国际层面上目前主要有《国际铁路货物运输公约》和《国际铁路货物联运协定》。

(1)《国际铁路货物运输公约》简称《国际货约》，该公约于 1890 年 10 月在伯尔尼签订，1893 年 1 月生效，成员国有奥匈、法国、德国、比利时、波兰、英国、荷兰等。该公约经过多次修改，第七次修改的公约于 1975 年 1 月生效，在 1980 年举行的第八次修改会议上，《国际铁路货物运输公约》与《国际铁路旅客和行李运输公约》合并为一个公约。我国目前没有参加该公约。《国际铁路货物运输公约》分为 6 个部分，共 70 条，主要内容包括：公约的目的和适用范围、运输合同、责任、法律诉讼、各种规定、特殊规定、最终规定等。公约还有四个附件：危险物品铁路运输国际规章、国际铁路运输中央事务局规章、修订委员会和专家委员会规则和仲裁规章。

（2）《国际铁路货物联运协定》简称《国际货协》，该协定于 1951 年由保加利亚、匈牙利、民主德国、罗马尼亚等国签订，中国于 1953 年加入该协定。该协定经过七次修改，现行有效的是 1974 年版本，全文共 8 章 40 条，主要内容有：总则、运输合同的签订、履行、变更、铁路责任、赔偿请求及诉讼、司法管辖、起诉时效以及各国铁路间的清算和一般规定等内容。

保加利亚、匈牙利、罗马尼亚和波兰等国既是《国际铁路货物运输公约》，又是《国际铁路货物联运协定》的成员国，两个公约的成员国的进出口货物，可以通过这些两个公约的共同成员国的铁路直接转运到另一个公约的成员国境内，为整个亚欧大陆的国际铁路货物运输提供了极大的便利。

（三）托运人、收货人与承运人权利义务

托运人、收货人权利义务主要有以下几个方面：（1）托运人在运输合同中的首要义务是支付运费，按照《国际货协》的规定，发运国铁路的运输费用，按照发运国的国内运价计算，在始发站由发货人支付；到达国铁路运输费用，按照到达国的国内运价计算，在终点站由收货人支付；如果货物需要经过第三国，在第三国境内的运费，一般按照该第三国的运价计算，既可以由发货人支付，也可以由收货人支付，由双方协商。（2）收货人还应该在货物到达目的地后收取货物。（3）托运人、收货人有变更合同的权利。（4）根据《国际货协》的规定，托运人和收货人的权利还表现为收货人有权拒绝接受因损坏、腐坏或变质的部分货物或全部货物。（5）托运人和收货人还可以根据运输合同向铁路提出赔偿请求，根据《国际货协》的规定，向铁路提出赔偿请求应按以下的规定办理：（1）货物全部灭失时，由发货人提出，同时须提出运单副本；或由收货人提出，同时须提供运单副本或运单；（2）货物部分灭失时、毁损或腐坏时，由发货人或收货人提出，同时应该提供运单和铁路在到达站交给收货人的商务记录；（3）货物运输逾期时，由收货人提出，同时还须提出运单；（4）多收运输费用时，由发货人按其已交付的款额提出，同时还须提出运单副本或发运铁路国内规定的其他文件，或由收货人按其所交付的运费提出，同时须提出运单；（5）在赔偿请求书上，除运单或运单副本外，在适当的情况下，还须附有商务记录、能证明灭失或毁损的货物价格的文件，以及能作为赔偿请求依据的文件；（6）根据《国际货协》的规定，有权向铁路提出赔偿请求的人也有权根据运输合同提起诉讼。

承运人的权利义务主要有以下几个方面：（1）承运人应该按照运输合同的规定将货物运到指定地点。（2）依《国际货协》的规定，按运单承运货物的铁路应该对货物承担连带责任。承运人的责任期间为从签订运单时起至终点站交付货物时为止。（3）承运人应该对运输中货物的灭失、损坏和迟延交付货物负赔偿责任，铁路还应该对发货人运单内记载并添附的文件，由于铁路的过失而遗失的后果负责，并对由于铁路的过失未能执行有关要求合同变更的申请书的后果负责。（4）在发货人或者收货人没有付清运输费时，承运人可以留置运输的货物。（5）铁路有权按照法律规定及合同约定的标准、方法收取运输费用。（6）按照《国际货协》的规定，承运人承运的货物由于下列原因毁损，承运人可以免责：① 由于铁路不能预防和消除的情况；② 由于货物的特殊自然性质，以致引起自燃、损坏、生锈、内部腐烂和类似的后果；③ 由于发货人或收货人的过失或由其要求，不能归咎于铁路部门的；④ 由于发货人或收货人装车或卸车的原因造成的；⑤ 由于发运路规章许可，使用敞篷类火车运送货物；⑥ 由于发货人或收货人的货物押运人未采取保证货物完整性的必要措施；⑦ 由于容器或包装的缺陷，在承运时无法从外部发现的；⑧ 由于发货人用不正确、不确切或不完全的名称托运违禁品的；⑨ 由于发货人在托运应该按照特定条件承运货物时，未按照本协定的规定办理的；⑩ 由于货物在规定标准内损耗的。

三、国际航空货物运输

（一）国际航空货物运输合同

国际航空货物运输包括定期航班运输、非定期国际航班运输和集中托运三种形式。国际航空运输合同是航空运输公司或其代理人与托运人签订的，旨在将货物通过空运从一国的航空站运送至另一国的航空站，由托运人支付运费的运输合同。国际航空运输合同的双方分别是承运人（从事航空运输业务的航空公司）和货主。根据《华沙公约》的规定，承运人有权要求托运人填写空运托运单，每件货物应填写一套单证，承运人应该接受托运人填写的单证。每一套托运单应有三份正本，并与货物一起交给承运人，其中第一份注明“交承运人”，由托运人签字；第二份注明“交收货人”，由托运人签字后随货物运送；第三份在货物受载后，由承运人签字交还托运人。空运托运单不是物权凭证，却是航空货物运输合同的证明，也是承运人出具的货物收据。根据《华沙公约》的规定，空运托运单记载的内容包括以下几项：货运单的填写地点和日期；起运地和目的地；约定的经留地点，但承运人保留必要时变更经留地点的权利；托运人的名称和地址；第一承运人的名称和地址；收货人的名称和地址；货物的性质；包装件数、包装方式、特殊标志或号数；货物的重量、数量、体积或尺寸；货物和包装的外表情况；运费金额、付费日期和地点以及付费人；货物的价格或应付的费用；托运人在交托货物时就其特别声明的价值；航空货运单的份数；随同航空货运单交给承运人的凭证；运输期限，并概要说明经过的路线；货物运输应受本公约所规定责任制度约束的声明。《海牙议定书》将空运单的内容缩减为三项：起运地和目的地；至少一个经停点；向托运人作出的声明。

托运人可以变更合同，还有权在运输途中将货物取回，或者途中停经时中止运输，或要求承运人将货物运回起运机场，或要求承运人在目的地将货物交给原收货人以外的第三人。托运人行使变更合同的权利时，应该支付由此产生的费用，并且不得使承运人遭受损失。

（二）调整国际航空货物运输的法律

直接调整国际航空货物运输的国际统一规范主要有以下几个：

（1）《统一国际航空运输某些规则的公约》。该公约也被称为《华沙公约》，于1929年在华沙签订，1933年2月生效，是国际航空运输的一项最基本公约。公约全文分为5章41条，主要内容有：关于公约的适用范围、对运输凭证的规定、关于承运人责任的规定、关于承运人免责的规定以及关于提出货物损害异议和诉讼仲裁的规定。我国1958年7月加入该公约。

（2）《修订1929年10月12日在华沙签订的统一国际航空运输某些规则的公约的议定书》。该议定书也被称为《海牙议定书》，该议定书是《华沙公约》的修订性文件，内容主要是将航空货运单原有的17项内容缩减为3项、明确了运输单证可以为流通的航空货运单、提高了承运人对旅客赔偿责任的限额和承运人丧失赔偿责任限额的情形、修改了收货人提出货物损害异议的时间等等。我国于1975年加入该议定书。

（3）《统一非缔约承运人所办国际航空运输某些规则以补充华沙公约的公约》。该公约也被称为《瓜达拉哈拉公约》，是《华沙公约》的修订性文件，其于1961年9月在墨西哥的瓜达拉哈拉签订，自1964年5月生效。该公约区分了缔约承运人和实际承运人，明确了实际承运人的地位。我国尚未加入该公约。

（4）《统一国际航空运输某些规则的公约》。该公约被简称为《蒙特利尔公约》，是《华沙公约》及其系列修订文本之后的另一个关于国际航空运输的国际法律渊源。该公约于1999年5月在加拿大蒙特利尔召开的航空法国际会议上通过，于2003年11月生效。该公约对国际航空货物运输法的变更主要是规定了双梯度责任制，即承运人对旅客伤亡的赔偿限额不超过10万特别提款权的，归责原则是严格责任制，超过10万特别提款权的，对超过部分实行推定过错责任制。《蒙特利尔公约》在原华沙公约规定的承运人住所地法院、承运人主管地法院、订立合同的承运人机构所在地法院和目的地法院之外增加了旅客的主要且永久居住地法院对运输纠纷的管辖权。我国2005年3月加入该公约。

(三) 托运人、收货人与承运人权利义务

托运人拥有货物处理权，即托运人有权在起运地或者目的地将货物取回，或者途中停经时中止运输，或要求承运人将货物运回起运机场，或要求承运人在目的地将货物交给原收货人以外的第三人。托运人还有权在因承运人的原因造成其损失时要求承运人赔偿。托运人最主要的义务是支付运费，此外，还需要如实填写航运单和为承运人提供各种海关、税务材料，以便承运人顺利过关。承运人有权收取运费，在因托运人原因造成其损失时，有权要求托运人赔偿。承运人对在其责任期间货物的毁灭、遗失和毁坏，以及延误承担赔偿责任。

四、国际货物多式联运

(一) 多式联运概念

联合国经济和贸易发展委员会主持起草的《联合国国际货物多式联运公约》第1条第1款规定：所谓多式联运，是指按照多式联运合同，以至少两种不同的运输方式，由多式联运经营人将货物从一国境内接管货物地点运至另一国境内指定交货的地点。国际货物多式联运和其他运输方式最大的区别是，国际货物多式联运必须采用两种或两种以上的运输方式，国际货物多式联运经营人签发全程多式联运单证，并对货物负全程运输责任。

(二) 调整国际货物多式联运国际层面的立法

调整国际货物多式联运的公约和规则在国际层面上主要有：

(1)《联合国国际货物多式联运公约》。该公约由联合国贸易与发展会议于1980年推动制定。公约的主要内容有：公约的适用范围、多式联运单据、多式联运经营人的赔偿责任、发货人的赔偿责任以及索赔诉讼和管辖等。该公约目前还没有生效，但是，公约的内容对国际货物多式联运的立法和实务操作都有指导意义。

(2)《国际商会多式联运单证统一规则》。该规则被简称为《国际商会规则》，由国际商会1973年推动制定，并于1975年进行了修订。该规则全文共19条，主要内容有：规则的适用范围、多式联运单证、多式联运经营人的义务和责任以及货物灭失或损坏的通知与诉讼等。《联合国国际货物多式联运公约》迟迟未能生效的原因主要是因为多式联运人不愿意接受公约规定的统一赔偿限额，① 如果货物发生损坏的运输区段所适

① 《联合国国际货物多式联运公约》规定的责任形式是统一责任制，多式联运人包括水上运输的，每件或每单位920SDR，或毛重每公斤2.75SDR，以高者为准；不包括水上运输的，毛重每公斤8.33SDR。对于迟延交付的赔偿数额的赔偿责任以该迟延交付的货物的运费的2.5倍为限，但不超过合同载明的应付运费的总额。但是，如果货物发生于某一个区段，并且该区段的其他国际公约或者强制性国内法规定了高于本公约的赔偿限额时，则以该国际公约和强制性国内法为准，《联合国国际货物多式联运公约》规定的责任形式也被称为“修正后的统一责任制”。

用的赔偿限额低于公约规定的限额，联运人却需要按照公约规定的最低赔偿限额赔偿，联运人就要受到损失。所以1975年《国际商会规则》采用了网状责任制，即多式联运承运人对全程运输负责，各区段适用的责任原则按照适用于该区段的法律来确定，但是，规则对无法确定区段的货物损失和货物损失发生的区段没有强制适用的国际公约和相关国内法的情形又作出了相应的规定，所以该规则的责任形式与纯粹的“网状责任制”有差别。

（3）《联合国贸易与发展会议/国际商会多式联运单证规则》。该规则由联合国贸易与发展会议和国际商会于1991年共同颁布，全文共13条32款，内容主要有：规则的适用范围、多式联运单证、多式联运经营人的赔偿责任、多式联运经营人的赔偿责任限额、多式联运经营人赔偿责任限额丧失的规定、托运人的赔偿责任以及货物灭失或损坏的通知与诉讼等等。《联合国贸易与发展会议/国际商会多式联运单证规则》和《联合国国际货物多式联运公约》的制定目标不同，它只是一个供国际货物多式联运当事人选择适用的规则，具有示范法的性质。

（三）多式联运承运人的责任

多式联运人对在其责任期间的货物的灭失、毁损和迟延承担赔偿责任，除非多式联运经营人可以提供证据证明其为避免事故的发生和后果采取了一切合理的措施。《联合国国际货物多式联运公约》第16条第1款规定：“如果造成灭失、损坏或迟延交货的事故发生于公约规定的多式联运经营人责任期间，多式联运经营人对于货物的灭失、损坏和迟延交付所引起的损失应负赔偿责任，除非联运经营人证明其本人、受雇人或代理人、或为履行多式联运合同而使用其服务的任何其他人为避免事故的发生及其后果已采取一切所能合理要求的措施。”《联合国贸易与发展会议/国际商会多式联运单证规则》也采用了过错推定的归责原则，但是该规则在5.4条又规定：“多式联运经营人对海上或内河运输中由于下列原因造成的货物灭失或损坏以及迟延交付不负赔偿责任：承运人的船长、船员、引航员或受雇人在驾驶和管理船舶中的行为、疏忽或过失；火灾，除非由于承运人的实际过失或私谋造成”的免责条款，这和《海牙－维斯比》规则的归责原则基本相同。

《联合国国际货物多式联运公约》采用“修正后的统一责任制”的责任形式，《国际商会多式联运单证统一规则》采用了“修正的网状责任制”的责任形式，《联合国贸易与发展会议/国际商会多式联运单证规则》第6.1条规定：“除非在多式联运经营人接管货物之前，已由托运人对货物的性质和价值作出声明并已在单证上注明，多式联运经营人在任何情况下对货物灭失或损坏的赔偿额不得超过每件或每单位666.67SDR或者毛重每公斤2SDR，以其高者为准。”第6.3条规定：“尽管有上述规则，如果按照多式联运合同，多式联运不涉及海上或内河运输的，多式联运经营人的赔偿责任以不超过灭失或损坏货物毛重每公斤 8.33SDR 为限。”第 6.4 条又规定：“如果货物的灭失或损坏发生在多式联运中的某一特定区段，则适用于该区段的国际公约或强制性的国家法律规定了另一项责任限额，如同对这一特定区段订有单独的运输合同一样，则多式联运经营人对此种灭失或损坏的赔偿责任限制应当按照公约或强制性国家法律的规定计算。”该规则和《联合国国际货物多式联运公约》采用了相同的责任形式，只是将“单独的运输合同”作为适用区段赔偿责任限额的考虑因素。我国《海商法》规定的是网状责任制，多式联运经营人对于在某一区段发生的货物灭失、损坏的赔偿责任和赔偿责任限额，适用该区段运输方式的有关法律规定。

第二节　国际货物运输承运人权利义务

主题案例

H 国际货运代理有限公司与中国香港 J 有限公司国际货物运输合同争议仲裁案

案情回顾

申请人 H 国际货运代理有限公司（乙方）与被申请人香港 J 有限公司，（甲方）于 2005 年 12 月 30 日签订了系争的《国际货物运输合同》。该《国际货物运输合同》中与争议相关的条款包括但不限于以下内容：(1) 甲方同意选择乙方为甲方货物承运商，乙方为甲方承运货物至指定地点，该指定地点将在托运单/货运委托书中具体指明。乙方同意根据托运单/货运委托书的具体指定执行运输。在同等条件下乙方应优先给予甲方业务上的安排。(2) 本合同甲乙双方之间发生的一切费用以美元结算并支付。(3) 具体每次货物运输的运费、附加费、中转费以双方每次出货时的协议价格为准，如有额外产生的费用，经甲方同意后，凭乙方发票并附有关收费单据向甲方收取。(4) 乙方每月 5 日前向甲方提供上月结算单据，甲方在收到乙方票据及其他必须单据后 45 日内将上月的所有运杂费结清。(5) 5.1 乙方权利……5.1.3 凭发票、费用清单及其他必需单据向甲方结算运费。(6) 5.2 乙方义务……5. 2.3 严格按承诺的合理运输时间安全、准确、及时地将货物送到甲方指定目的地。(7) 因乙方原因（除船公司及拖车公司等第三方产生的原因外）导致运输时间延长，由乙方承担责任及支付所产生的费用，并赔偿甲方因此而受到的一切损失。(8) 11.2 本合同涉及的航空运输和海洋运输分别适用《华沙公约》和《海牙规则》规定，公约及规则内容与本合同若有冲突，以本合同为准。

在履行上述《国际货物运输合同》的过程中，双方当事人就被申请人于2006年7月至2007年1月期间委托申请人承运的40票货物的运费支付和运输迟延等问题发生争议。申请人申请仲裁。被申请人亦于2007年11月12日提交仲裁反请求。

争议焦点

1. 关于法律适用问题。
2. 从美国洛杉矶机场提取货物至墨西哥工厂这一段的陆路运输是否属于运输迟延？

裁判意见

关于本案的法律适用问题，仲裁庭认为：

本案申请人的营业地在内地，被申请人的营业地在中国香港特别行政区，香港特别行政区和内地均属于中华人民共和国的行政区域，但实行不同的法律制度，因而本案争议的解决存在区际法律适用问题。仲裁庭注意到，本案中的《国际货物运输合同》中第11.2条约定："本合同涉及的航空运输和海洋运输分别适用《华沙公约》和《海牙规则》规定，公约及规则内容与本合同若有冲突，以本合同为准。"但是，本案争议所涉及的40票货物中除了采用海洋运输方式之外，其中被申请人提出反请求所涉及的6票货物是由被申请人委托申请人采用陆运方式从美国洛杉矶机场（LAX）转运到墨西哥工厂的，双方当事人并没有在《国际货物运输合同》中约定处理陆路运输合同争议所适用的法律。

我国《合同法》第126条第1款规定："涉外合同的当事人可以选择处理合同争议所适用的法律，但法律另有规定的除外。涉外合同的当事人没有选择的，适用与合同有最密切联系的国家的法律。"2007年《最高人民法院关于审理涉外民事或商事合同纠纷案件法律适用若干问题的规定》第4条规定："当事人在一审法庭辩论终结前通过协商一致，选择或者变更选择合同争议应适用的法律的，人民法院应予准许。当事人未选择合同争议应适用的法律，但均援引同一国家或者地区的法律且未提出法律适用异议的，应当视为当事人已经就合同争议应适用的法律作出选择。"根据上述规定，仲裁庭认为：关于双方当事人在履行《国际货物运输合同》中因海洋运输所产生的争议，应当适用双方当事人约定的《海牙规则》的规定；关于双方当事人在履行《国际货物运输合同》中因陆路运输所产生的争议，虽然《国际货物运输合同》中没有约定处理陆路运输争议应适用的法律，但双方当事人在仲裁程序中均援引中国内地的法律且均未提出法律适用异议，应当视为双方当事人已经就因陆路运输所产生的合同争议应适用的法律作出选择，因此，处理因陆路运输所产生的合同争议应当适用中国内地的法律。

我国《合同法》第290条规定："承运人应当在约定期间或者合理期间内将旅客、货物安全运输到约定地点。"据此，仲裁庭认为，当事人对运输时间有约定的，承运人应当在约定期间将货物运输到约定地点；当事人对运输时间没有约定的，承运人应当在合理期间内将货物运输到约定地点。本案中双方当事人在《国际货物运输合同》或者其他相关货运单据中都没有对涉案货物到达目的地的时间作出明确约定，因此，确定陆路运输是否迟延的标准应当是《合同法》第290条规定的合理期间。

本案中6票货物中大部分货物均在到达美国洛杉矶机场（LAX）后的第二天就由货运代理公司从机场提取货物（第2票货物中的一部分以及第6票货物除外），且大部分货物均在从机场提取货物的当日或次日运抵美墨边境仓库（第3票货物除外），全部货物均是在当天上午报关下午即运抵墨西哥工厂，除第6票货物在运抵美墨边境仓库至报关完毕之间只用了一天时间之外，其余5票货物在运抵美墨边境仓库至报关完毕之间所用时间多则13天、少则5天。由此不难看出，如果货物在运抵美墨边境仓库至报关完毕之间没有拖延的话，6票货物从美国洛杉矶机场（LAX）运抵墨西哥工厂的时间应当不超过4天。被申请人承认没有迟延的第6票货物，最后到达美国洛杉矶机场（LAX），反而最先运抵墨西哥工厂，其间经过4天时间，此票货物的运输过程证明4天时间是可行的。因此，仲裁庭认为，从美国洛杉矶机场（LAX）运抵墨西哥工厂的合理期间应当是4天时间。据此标准，前5票货物的运输均超过了4天时间的合理期间，应当认定为运输迟延。

评析探讨

国际货物运输合同是承运人将货物从一个国家的某一地点，采用一种或多种的运输工具运至另一个国家某一地点，由托运人支付运费的合同。本案申请人（承运人）和被申请人（托运人）签订运输合同，运输方式包括海运、空运和陆运。合同约定双方的权利义务，并约定案涉合同涉及的航空运输和海洋运输分别适用《华沙公约》和《海牙规则》的规定。因为案涉6票货物由申请人在美国的货运代理公司从机场提取货物，并安排经由陆路运输至墨西哥工厂，发生争端的货物经由陆路运输，所以合同双方没有选定该段运输区间的法律，仲裁庭根据冲突法规则选择了中国法律作为合同准据法。

根据我国《合同法》290条规定："承运人应当在约定期间或者合理期间内将旅客、货物安全运输到约定地点。"如何确定"合理期间"，需要具体案件具体分析，并综合考虑各种因素，比如采用的运输方式、运输经过的路段、运输期间的天气等。本案中，仲裁庭通过比较各票货物到达的时间，认定从美国洛杉矶机场（LAX）运抵墨西哥工厂的合理期间应当是4天时间。因而，申请人在陆路区间运输迟延。承运人按时将货物托运至指定地点是承运人应尽的基本义务，各国际条约和国内法律均要求承运人履行该义务。1956 年的《国际公路货物运输合同公约》第 17 条规定："承运人应对自货物接管之时起到交付时止发生的全部或部分灭失和损坏以及货物交付中的任何延迟负责。"第 19 条规定："当货物未能在议定的时效期限内交货，或虽无此种议定时效期限，在考虑到实际情况后，运输的实际期限，特别是分票运输，在通常情况下组成整票货物所需要的时间超过了允许一个勤勉承运人的合理的时间，则视为延迟交付发生。"

主题案例

中轻深圳进出口有限公司与以星轮船有限公司等海上货物运输合同货物交付纠纷上诉案[①]

案情回顾

2001 年 8 月 10 日、8 月 16 日、8 月 30 日，帕林博香港公司代表帕林博公司签发了编号分别为 0108SKUI0000、0108SKUl0003 和 0108SKUl0012 的三套正本提单。三套提单均记载：托运人中顺企业有限公司（下称中顺公司），收货人凭迪斯贝道拉·凯苏，加州，埃斯特道米兰达，委内瑞拉指示，装货港中国广州，卸货港为委内瑞拉拉瓜伊拉。三套提单记载的货物分别为学生课桌椅 6 000 件、6 000 件、2 400 件；承运船舶分别为"以星雅买加"轮、"以星依贝拉"轮和"以星以色列"轮。帕林博公司签发提单后，将提单下的货物转委托给以星公司承运。2001 年 8 月 9 日、8 月 16 日、8 月 30 日，新兴行船务有限公司代表以星公司就上述货物签发了三套正本提单，三套正本提单均载明：托运人帕林博香港公司，收货人帕林博（委内瑞拉）有限公司，装货地深圳蛇口，目的地拉瓜伊拉。由船舶"以星雅买加"轮运载的提单 SKUEO108001 项下货物和船舶"以星依贝拉"轮运载的提单 SKUEO108009 项下货物已被提取，使用的是帕林博公司的分提单；由船舶"以星以色列"轮运载的提单 SKUEO108018 项下货物仍在仓库，经布拉佩卡公司所作的证词以及当地海关当局拉瓜伊拉港大海关发出第 APLG/ACABA 号通知的内容表明，ZCSU8004147、ZCSU8086340 集装箱（即编号为 SKUEO108018 提单记载的集装箱）的货物因收货人超过法定提货期限仍未认收货物而被目的地海关没收。原审原告中轻公司认为原审被告是无正单放货，应该承担赔偿责任。原审被告认为，原审原告不能证明其是货物所有人，本案的托运人是中顺公司，中轻公司对运输的货物没

---

① 案例详见广东省高级人民法院（2005）粤高法民四终字第 15 号民事判决书。

有权利主张。

争议焦点

1. 提单上载明的承运人是否应该承担货物灭失的责任?
2. 实际承运人以星公司是否该承担货物灭失的责任?

裁判意见

二审法院裁决：中轻公司与中顺公司于2000年1月1日签订了一份《委托代理合同》，约定中顺公司为中轻公司拟订立的《销售合同》项下的货物办理货物装箱、托运、支付或收取货物价款及其他相关款项。依据该合同，中轻公司与中顺公司之间形成了委托合同法律关系。该合同还约定中顺公司收到代理费时合同自动失效。本案没有证据显示从涉案提单签发即2001年8月之前中顺公司曾收到中轻公司支付的代理费的情形。由于该《委托代理合同》约定的失效事由并未成就，故应认定该合同一直有效；另外，中轻公司于二审中提交的《关于委托代理合同效力的共同说明》形成于一审庭审后，属于二审程序中的新的证据，可以作为认定事实的依据。中轻公司与中顺公司通过上述说明一致确认双方之间的《委托代理合同》一直有效至今，因此，在涉案提单签发前《委托代理合同》并未终止。

中轻公司为证明其是涉案货物的卖方，提交了两份《销售合同》、电子邮件、原产地证明。原审庭审中，中轻公司主张其与买方AMCO国际公司通过《销售合同》传真件和买方回传的电子邮件签订了《销售合同》，其他三方当事人对上述证据的真实性以及中轻公司所主张的事实没有异议，据此，可以认定中轻公司与AMCO国际公司就合同下货物的买卖形成了合意，双方当事人之间成立了国际货物买卖合同关系。原产地证明上载明的出口方、货物品名、数量、运输方式、目的地等项的内容与上述第二份《销售合同》载明的相应的内容相一致，也进一步印证了中轻公司与AMCO国际公司之间存在买卖合同关系。

两份《销售合同》下的货物是涉案提单下的货物。

中顺公司受中轻公司的委托以自己的名义对外托运，根据帕林博公司签发的三套提单，中顺公司与第三人帕林博公司成立了海上货物运输合同关系。根据《合同法》第403条第1款的规定，作为第三人的帕林博公司在签发提单时不知道上述代理关系的，在涉案货物部分发生灭失、部分被没收的情况下，受托人中顺公司将帕林博公司提单交付给中轻公司，完成了受托人向委托人披露第三人的义务，从而委托人中轻公司依法可以行使受托人中顺公司的权利。帕林博公司认为，其在签发提单时如果知道委托人是中轻公司就不会签发该提单，故中轻公司不能行使中顺公司的合同权利。本院认为，本案承运人帕林博公司签发提单时托运人已交付货物，此时相对托运人而言是否存在委托人以及委托人是谁，对于承运人帕林博公司负有的运输义务以及可能承担的民事责任并无任何不利影响，因此帕林博公司关于其签发提单时如果知道该委托人有就不会签发提单的抗辩缺乏事实依据，本院不予采信。

涉案两票货物在承运人的责任期间发生了灭失，根据《海商法》第46条的规定，承运人帕林博公司对此应当负赔偿责任。另一票货物被没收是由于收货人未及时提货被当地海关没收，属于《海商法》第51条第1款第（十二）项规定的“非由承运人的过失所造成的其他原因”。依照该规定，承运人帕林博公司对被没收的货物造成中轻公司的损失不负赔偿责任。

帕林博公司签发提单后，就涉案货物委托以星公司承运，以星公司向帕林博香港公司签发了三套以帕林博（委内瑞拉）有限公司为收货人的记名提单，将货物运抵目的港后，以星公司向收货人交付了货物并收回其签发的正本提单。以星公司在实际承运货物过程中亦无过错，故中轻公司要求以星公司就涉案货损承担侵权责任的上诉理由缺乏事实依据，本院不予支持。

帕林博香港公司是帕林博公司的代理人；泛华分公司（注：其为原审中另一被告，被上诉人之一）在原审答辩状中确认其为涉案货物在装货港提供了拖车服务，根据自认原则，本院对该事实予以确认。本案中，中轻公司要求帕林博香港公司、泛华分公司就涉案货损承担侵权责任。根据《民法通则》第106条的规定，侵权民事责任的构成要件包括过错、损失以及过错与损失之间有因果关系等。由于中轻公司不能证明帕林博香港公司以及泛华分公司对涉案货损的发生存在过错且该过错与损失之间具有因果关系，故其要求帕林博香港公司、泛华分公司承担侵权责任的上诉理由缺乏事实依据。

评析探讨

本案中轻公司委托中顺公司签订货物运输合同，因为承运人帕林博公司无法合理说明如果是中轻公司以自己名义与其签订运输合同，帕林博公司会拒绝承运。根据我国《合同法》对隐名代理的规定，在中顺公司向中轻公司披露帕林博公司后，中轻公司可以依法行使介入权，成为运输合同的一方当事人。帕林博公司签发运输提单后，再将提单下货物转委托以星公司承运，以星公司签发以帕林博公司为收货人的提单，因而本案的帕林博公司（帕林博香港公司是帕林博公司的代理人）是承运人，以星公司是实际承运人。我国《海商法》第71条规定：“提单，是指用以证明海上货物运输合同和货物已经由承运人接收或者装船，以及承运人保证据以交付货物的单证。提单中载明的向记名人交付货物，或者按照指示人的指示交付货物，或者向提单持有人交付货物的条款，构成承运人据以交付货物的保证。”可见，承运人应该凭正本提单放货，在将货物交付给提单上的收货人后收回全套提单，才完成交货义务。本案承运人帕林博公司在签发给中顺公司的提单正本仍在隐名被代理人中轻公司手里，但在货物已经灭失的情形下，不能说明货物的下落，其行为是无单放货，应该对中轻公司承担赔偿责任。

实际承运人以星公司接受帕林博公司的转委托，因而不是原运输合同的当事人。除非托运人中轻公司、承运人帕林博公司以及实际承运人以星公司有特别的约定，否则根据合同相对性原则，实际承运人不对原运输合同纠纷负责。当然，承运人和实际承运人之间仍存在内部的相互追偿，即如果货物的灭失是由于实际承运人在其责任期间和区间所为，承运人在对托运人承担责任后，可以追究实际承运人的责任。

至于本案除无单放货外的另外一套货物的灭失，根据《海商法》第86条的规定："在卸货港无人提取货物或者收货人迟延、拒绝提取货物的，船长可以将货物卸在仓库或其他适当场所，由此产生的费用和风险由收货人承担。"因此应该由托运人自己承受损失。本案帕林博（香港）公司只是代表帕林博公司与托运人签订合同，没有法律规定其应承担连带责任的情形出现的，不对合同纠纷承担责任。

主题案例

东方海外货柜航运有限公司与大连天宝绿色食品股份有限公司海上货物运输合同留置权纠纷上诉案①

案情回顾

2002年9月10日，大连天宝绿色食品股份有限公司（下称大连天宝公司）与荷兰LEHMANN & TROOST BV（勒曼和特卢斯特公司）公司签订销售合同。双方约定，由大连天宝公司向LEHMANN & TROOST BV公司销售鸭梨，价格条款为CNF鹿特丹，6.25美元/箱，付款方式为买方收到提单传真后电汇货款75%，货物到达后支付25%。根据合同的约定，大连天宝公司分五批向买方出售货物。

2002年11月，大连天宝公司将销售合同约定的五批货物中的最后一批共计3 360箱，总价值21 000美元的鸭梨委托东方海外货柜航运有限公司（下称东方海外公司）为其从天津新港承运到荷兰鹿特丹。2002年11月13日，东方海外公司签发OOLU56041490号记名提单，提单载明承运人为东方海外公司，托运人为大连天宝公司，收货人为LEHMANN & TROOST BV公司。2002年11月22日，荷兰买方LEHMANN & TROOST BV公司将涉案货物货款的75%即15 750美元，指示银行支付给

---

① 案例详见天津市高级人民法院（2004）津高民四终字第0157号民事判决书。

了大连天宝公司。在涉案货物抵达目的港前的2002年12月12日，涉案货物的收货人LEHMANN & TROOST BV公司向鹿特丹地方法院申请诉前扣押OOLU56041490号提单项下的货物。2002年12月14日，涉案货物鸭梨到达目的港后，被荷兰鹿特丹地方法院扣押。

大连天宝公司将涉案销售合同约定的五批货物委托东方海外公司承运，大连天宝公司直至第五批货物抵达目的地前，均未向承运人及其代理人支付运费。2003年1月6日，东方海外公司申请荷兰鹿特丹地方法院，依法定程序拍卖了涉案提单项下的货物，所得价款为4 200欧元。东方海外公司主张该款项抵偿了港口费用，但其当庭确认没有抵偿港口费的收据。2003年1月24日，装运涉案提单项下货物的集装箱回空。2003年4月21日，东方海外货柜航运（中国）有限公司（下称东方海外中国公司）作为东方海外公司的代理，与天津市天海货运代理公司签订了货代订舱协议。2003年4月30日，东方海外公司的订舱代理天津市天海货运代理公司致函大连天宝公司，催促大连天宝公司支付前述五笔货物的海运费。该函件显示，此时大连天宝公司尚未从天津市天海货运代理公司处取走涉案提单。2003年8月26日，天津市天海货运代理公司将运输涉案提单项下货物的运费6 592美元支付给东方海外公司。大连天宝绿色食品股份有限公司认为东方海外货柜航运有限公司不应该留置其货物，因为其已经于2003年8月26日向上诉人东方海外公司支付了海运费，于是向法院提起诉讼。

争议焦点

东方海外货柜航运有限公司是否可以留置大连天宝绿色食品股份有限公司的货物？

裁判意见

二审法院裁决：涉案提单可以证明东方海外公司与大连天宝公司之间存在海上货物运输合同关系。东方海外公司提交的证据可以证明2002年12月14日涉案货物到达目的港；2003年4月30日上诉人的订舱人天津市天海货运代理公司致函被上诉人，要求大连天宝公司支付包括本案在内的共计五笔货物的海运费；2002年12月12日涉案收货人向鹿特丹地方法院申请诉前扣押OOLU56041490号提单项下的货物，此后该提单项下的货物已被当地法院司法扣押，致使东方海外公司无法交货，并产生仓储费用，应由收货人承担；2003年1月6日东方海外公司申请荷兰鹿特丹地方法院行使留置权，拍卖涉案提单项下的货物，拍卖所得价款为4 200欧元；而此时东方海外公司的订舱代理人及被上诉人均未向上诉人支付海运费。大连天宝公司提交的证据，可以证明上诉人已委托东方海外中国公司按约定收取了海运费，东方海外公司的订舱代理人于2003年8月26日将涉案提单项下货物的运费6 592美元支付给东方海外公司。以上提交的证据均为双方当事人一审提交的证据，东方海外公司提交的证据全部经过了公证认证。因在原审期间双方当事人对对方提交证据的真实性、合法性没有提出异议，合议庭认为双方当事人提交的证据均合法有效。

大连天宝公司在原审法院提起诉讼，东方海外公司已经应诉，视为接受天津海事法院对本案的管辖。上诉人东方海外公司为承运人，大连天宝公司为托运人，双方之间存在海上货物运输合同关系。东方海外公司作为承运人，依约完成了将货物安全运抵目的港的义务，大连天宝公司应按约及时支付海运费。由于货物在抵达目的港之前已被收货人申请司法扣押，承运货物鸭梨属于极易腐烂不能长时间保存的货物，长时间滞留目的港必然产生大量费用。东方海外公司在大连天宝公司未按约定及时支付海运费的情况下，向荷兰鹿特丹地方法院申请行使留置权，荷兰鹿特丹地方法院依法拍卖了OOLU56041490 提单项下的货物，用以偿付大连天宝公司拖欠的海运费及港口费。因纠纷的发生地为荷兰鹿特丹港，双方当事人对本案的审理，适用荷兰法律没有异议。荷兰《民法典》第 491 条规定："……法官可以根据承运人、保管人以及承运人有权向其交付货物的人的请求，授权他们以法官决定的方式全部或部分出售货物。"东方海外公司申请行使留置权、依法拍卖不宜长时间保存货物的行为，符合荷兰《民法典》第 491 条的规定。大连天宝公司于 2003 年 8 月 26 日向上诉人东方海外公司支付了海运费，而此时东方海外公司再以大连天宝公司拖欠海运费为由扣押拍卖所得价款应属不当。但是，货物滞留目的港被扣押、拍卖，必然产生相应的港口费用。因此，拍卖所得价款，用于抵偿保管、拍卖货物的费用和运费以及支付承运人的其他有关费用是正当的。上诉人东方海外公司在原审法院提交的证据已经证实，拍卖货物所得价款为 4 200 欧元，而涉案货物被司法扣押滞留目的港时产生的码头手续费等费用已经超出拍卖所得的价款。该证据，原审法院已确认。因此，东方海外公司用拍卖所得价款抵偿港口费用的上诉主张，予以支持。

评析探讨

本案是海上货物运输引发的纠纷，东方海外货柜航运有限公司与大连天宝绿色食品股份有限公司均同意适用中华人民共和国法律和荷兰法律处理本案争议。我国《海商法》第 69 条规定："托运人应当按照约定向承运人支付运费。托运人与承运人可以约定运费由收货人支付；但是，此项约定应当在运输单证中载明。"本案的提单注明的是"运费预付"，作为托运人的大连天宝绿色食品股份有限公司直到 2003 年 8 月 26 日才支付运费，没能严格履行托运人义务。大连天宝绿色食品股份有限公司于 2003 年 8 月 26 日支付运输费后，却没有支付本案货物被司法扣押滞留目的港时产生的码头手续费等费用，我国《海商法》第 87 条规定："应当向承运人支付的运费、共同海损分摊、滞期费和承运人为货物垫付的必要费用以及应当向承运人支付的其他费用没有付清，又没有提供适当担保的，承运人可以在合理的限度内留置其货物。"《海商法》第 88 条规定："承运人根据本法第八十七条规定留置的货物，自船舶抵达卸货港的次日起满六十日无人提取的，承运人可以申请法院裁定拍卖；货物易腐烂变质或者货物的保管费用可能超过其价值的，可以申请提前拍卖。拍卖所得价款，用于清偿保管、拍卖货物的费用和运费以及应当向承运人支付的其他有关费用；不足的金额，承运人有权向托运人追偿；剩余的金额，退还托运人；无法退还、自拍卖之日起满一年又无人领取的，上缴国库。”承运人东方海外货柜航运有限公司有权留置货物，将货物拍卖所得的价款补偿自己为保管货物而支出的费用。

第三节 国际货物运输托运人权利义务

主题案例

威海威东航运有限公司等与山东亚光纺织集团进出口有限公司海上货物运输合同纠纷上诉案[①]

案情回顾

HS会社与宁泰华欣签订《合作协议及授权委托书》，约定：自2001年7月1日起，宁泰华欣为HS会社在中国的代理，HS会社为宁泰华欣在韩国的代理；HS会社并授权宁泰华欣代其在中国签发HS会社的HOUSE提单，并由HS会社承担因宁泰华欣代表其签发HOUSE提单所产生的一切责任。

2001年12月至2002年1月间，山东亚光按照贸易合同买方的指示，分六次将出口货物交与宁泰华欣出运。该6票货物均由宁泰华欣作为代理人签发HS会社的HOUSE提单，宁泰华欣交予威东航运实际承运。其中，2001年12月间的前4票货物的运输业务履行完毕如期收回货款。2002年1月7日、10日承运的涉案两票货物的具体情况如下：2002年1月，山东亚光就涉案货物委托买方指定的宁泰华欣办理两票货物的运输事项。宁泰华欣接受委托后，向威东航运办理租船订舱手续。1月5日、9日，威东航运分别向宁泰华欣发出两份《定舱回执》。山东亚光按照要求将货物交至指定的山东外运储运部场站，3月4日将6票货物的全部杂费4 360元付至宁泰华欣的银行账户。

威东航运将货物分别装于“香雪兰”轮0514E、0515E航次承运，并分别于1月7

① 案例详见山东省高级人民法院（2005）鲁民四终字第41号民事判决书。

日、10 日缮制了提单号为 WDFCXXL05142054、WDFCXXL05152104 的两份已装船运费到付记名电放 MASTER 提单副本。两份提单的托运人均为山东亚光，通知人、收货人均为 HS 会社；装港为中国青岛，卸港为韩国仁川；承运人的责任区间为 CY/CY；集装箱号/铅封号为 WDFU1100173/017142、WDFU1116478/086103 的 20 英尺集装箱货柜各一只。1 月 7 日、10 日，华欣国贸就两票货物分别向威东航运发出《电放保函》，称："我公司现已将以上提单号的正本提单交予贵司，请贵司将以上货物直接电放给我公司在目的港（INCHON，KOREA）以下代理：HS LOGIX CO.，LTD. TEL：××××××× FAX：×××××××，PIC：MR PARK，由此引起的一切责任与风险由我公司承担。"

上述两票货物分别于 1 月 8 日、11 日抵达韩国仁川港，于 1 月 9 日 9：46、1 月 11 日 9：24 搬入"联和保税仓库"；1 月 10 日 9:30、1 月 14 日 9:11"受理进口申报后搬出联合保税仓库"。由装箱单、发票证明，并由出口货物报关单、出口收汇核销单相印证，两份提单项下的货物分别为 3 000 条和 2 130 条长裤，货物价值分别为 20 250 美元和 14 377. 50 美元。

就上述两票货物的海上运输，HS 会社亦分别缮制了 1 月 7 日、10 日已装船运费到付指示 HOUSE 提单，两份提单的托运人均为山东亚光，收货人凭韩国 KOOKMIN 银行指示，通知人为 SANG MI 国际株式会社，装港为中国青岛，卸港为韩国仁川。但山东亚光、HS 会社均未提交将该正本提单给付山东亚光的有效证明。

上述两票货物的货款共计 34 627. 50 美元，山东亚光一直没有收回。山东亚光以多次催要提单，被告拒不提供，严重损害了己方的财产权利为由，诉至法院，请求判令被告连带赔偿 34 627. 50 美元的货物损失、利息及相关费用，并承担诉讼费用。

争议焦点

1. HS 会社与宁泰华欣是否应该承担货物灭失的赔偿责任？

2. 实际承运人威海威东航运有限公司是否应该承担连带赔偿责任？

裁判意见

二审判决：本案为国际货物运输合同损害赔偿纠纷，本案货物运输合同的签订地、履行地、货物的装货港、托运人住所地、提单签发地均在中国，中国与本案具有最密切联系，且各方当事人均明确选择适用中国法律，因此应适用中国法律解决本案纠纷。

《中华人民共和国国际海运条例》第 7 条、第 8 条规定，经营无船承运业务，应当在中国境内依法设立企业法人，应当向国务院交通主管部门办理提单登记，并交纳保证金；保证金用于无船承运业务经营者清偿因其不履行承运人义务或者履行义务不当所产生的债务以及支付罚款；保证金金额为 80 万元人民币。HS 会社未按照上述规定向国务院交通主管部门办理提单登记、交纳保证金，不具备在中国从事经营无船承运业务的资质。山东亚光将涉案货物交给 HS 会社在中国的代理宁泰华欣出运，HS 会社主张就涉案货物其与山东亚光之间具有运输合同关系；就未发生争议的前4票货物，宁泰华欣代理HS会社签发提单；HS会社是威东航运副本提单中的收货人和通知人，且在目的港从威东航运处提取了货物。上述事实可以证明，HS会社与山东亚光之间的运输合同关系成立，HS会社为涉案货物的承运人。HS会社在目的港取得并掌管货物后至今不能提供有效证据证明货物的下落，与山东亚光的损失运载之间有因果关系，应当对山东亚光承担赔偿责任。

宁泰华欣作为从事运输代理的企业，应当知道HS会社从事的经营行为违法，且应当知道HS会社未缴纳可用于承担民事责任的保证金，仍为其代理货运业务，其代理行为违法且与山东亚光的损失之间有因果关系，依照《中华人民共和国民法通则》第67条的规定，应当与被代理人HS会社负连带责任。

威东航运就涉案货物未签发提单。副本提单上记载的内容不能证实山东亚光与威东航运之间存在运输合同关系。威东航运接受HS会社的代理人宁泰华欣的委托，实际从事了涉案货物的运输，是涉案货物的实际承运人。山东亚光与威东航运之间未建立运输合同关系，山东亚光无权要求威东航运承担违约责任。威东航运将货物运至目的港后交与收货人HS会社，其行为没有过错，对山东亚光亦不存在侵权行为。威东航运关于其是涉案货物的实际承运人，不应当对山东亚光承担赔偿责任的上诉理由成立，其上诉请求应予支持。

严某作为华欣国贸的出资人，对山东亚光承担民事责任的前提是华欣国贸应承担民事责任。华欣国贸向威东航运发出《电放保函》，表示承担因向HS会社放货而引起的责任和风险，应认定为华欣国贸向威东航运保证对其损失予以承担。因威东航运不应当对山东亚光承担民事责任，且华欣国贸发出该函的行为，与山东亚光的损失没有因果关系，故华欣国贸对山东亚光不应承担民事责任，严某也不应承担民事责任。

评析探讨

宁泰华欣作为HS会社在中国的代理人，与山东亚光纺织集团进出口有限公司签订货物运输合同，并转委托威海威东航运有限公司，威海威东航运有限公司是货物的实际承运人。威海威东航运有限公司缮制了提单号为WDFCXXL05142054、WDFCXXL05152104的两份已装船运费到付记名电放MASTER提单副本。两提单的托运人均为山东亚光，通知人、收货人均为HS会社；装港为中国青岛，卸港为韩国仁川；承运人的责任区间为CY/CY；集装箱号/铅封号为WDFU1100173/017142、WDFU1116478/086103的20英尺集装箱货柜各一只。该两份记名电放提单副本的托运人是山东亚光纺织集团进出口有限公司，但是并不能表明山东亚光纺织集团进出口有限公司和威海威东航运有限公司有实际的货物运输合同关系，威海威东航运有限公司将承运的货物交给HS会社，尽到了交货义务，不应该对货物的灭失承担责任。HS会社作为运输合同的承运人，亦分别缮制了两份1月7日、10日已装船运费到付指示HOUSE提单，两提单的托运人均为山东亚光，收货人凭韩国KOOKMIN银行指示，通知人为SANG MI国际株式会社，装港为中国青岛，卸港为韩国仁川。但是，两份提单并没有交给托运人山东亚光纺织集团进出口有限公司。根据《海商法》第72条规定："货物由承运人接收或者装船后，应托运人的要求，承运人应当签发提单。提单可以由承运人授权的人签发，提单由载货船舶的船长签发的，视为代表承运人签发。"托运人山东亚光纺织集团进出口有限公司向承运人交付货物后，有权要求承运人HS会社签发提单。HS会社在目的港取得并掌管货物后至今不能提供有效证据证明货物的下落，托运人有权利要求其对货物的灭失承担赔偿责任。

主题案例

法国达飞轮船有限公司诉东方绿有机产业有限公司海上货物运输合同违约赔偿纠纷案①

案情回顾

2005年4月25日，被告东方绿有机产业有限公司在大连将涉案货物M. G汽缸装入集装箱内。2005年4月29日，被告委托其代理人向原告法国达飞轮船有限公司申请订舱。2005年5月9日，原告签发了提单号为FF120N19的提单，提单记载的托运人为被告；船名：达飞肖邦轮（CMA CGMCHOPIN）；装货港：大连；卸货港：印度孟买那什瓦什港；货物的标志TOLU8773380；包装类型：40集装箱；货物的毛重39公吨；皮重4 900公斤。2005年5月17日，达飞肖邦轮航行到马来西亚的巴生港中转，发现被告的货物重量为52.8吨（含集装箱重量），超过该港口的最大承重能力（带吊臂的承重能力为45吨），因此无法卸下。为将货物卸下，达飞肖邦轮（CMA CGMCHOPIN）绕行至斯里兰卡的科伦坡港，但是在该港口仍无法卸下该货物，根据该港口检验结果，该货物的重量为51.4吨（含集装箱重量），也超过该港口的吊车最大承重能力（带吊臂的承重能力为42.6吨）。因无法卸下该货物，2005年5月21日，达飞肖邦轮从科伦坡港开航，于2005年6月4日到达德国汉堡港，以开舱货的方式卸下该货物，根据汉堡港口检验结果表明该货物的重量为44吨（不含集装箱）。2005年6月9日该货物在汉

① 案例详见辽宁省高级人民法院（2006）大海东商外初字第2号民事判决书。

堡港被装到 P&NEDLLOYD COBRAL 轮运至印度蒙德拉港，在该港口的检验结果表明货物重量为46吨（不含集装箱）。

争议焦点

1. 被告东方绿有机产业有限公司是否违约？

2. 如果被告违约，应该如何承担赔偿责任？

裁判意见

提单是合同的证明，原、被告双方提供的提单能够证明原、被告之间的海上运输合同依法成立。本案的争议焦点是被告委托原告运输的货物是否超重以及被告是否应承担责任。

（1）关于被告委托原告运输的货物重量是否超重，被告申报的货物重量39公吨是否真实，在装船时是否已得到原告的确认等问题。本院认为，本案原告是按集装箱的数量向被告收取运费，因此，原告应对集装箱的数量有核实的义务，而对集装箱内的货物的重量无核实的义务。根据海商法规定，托运人应向承运人申报正确的货物品名、标志、包数、重量或体积等，本案的货物是由被告装箱后交付本案原告，因此，关于货物的重量的准确性应由托运人即本案的被告提供，承运人对货物的重量的审查应限于表面审查。所以，原告签发提单，并不一定代表对货物的真实重量的确认。关于被告辩称因四个港口的检验结果不同，所以对原告提供的四个港口的检验结果有异议。本院认为，原告提供的四个港口的称重结果，被告虽不认可，但并没有提供充分相反证据予以证明。被告提供的厂家的证明只说明烘缸重量39吨，并没有写明其要证明的货物就是涉案货物，而原告的四份检验结果均经过公证认证。因此，原告提供的证据效力应高于被告提供的证据效力，且四个港口称重时的货物状态不同、各港口吊称的仪器存在着误差，因此，四个港口的称重结果不一致是合乎逻辑的，故本院对原告提供的关于四个港口的货物重量的检验结果予以认定。虽然原告提供的四个检验结果有所不同，但四个检验的结果均超出被告申报的39公吨，因此，可以认定被告的货物已超过其申报的重量39吨。

（2）关于被告辩称原告的损失是因原告私自转运，且对港口的承重能力估计不足造成的。本院认为，原告作为承运人，其所属的达飞肖邦轮（CMA CGMCHOPIN）从事班轮运输，该轮的航线、停靠的港口已以公告的形式予以公布，被告作为托运人在向原告订舱时，应知道在公布的该轮的航线中，没有被告指定的卸货港印度孟买那什瓦什港，而被告最终与原告签订运输合同，说明被告对该货物需要中转是有预见的。因此，本院认为原告在巴生港中转货物是符合双方约定的。

（3）关于被告辩称原告越过目的港绕航科伦坡港，是原告单方面的行为，损失应由原告自行承担。本院认为，原告在巴生港中转时，发现货物超重而无法卸下，为及时卸下货物，没有按公布的航线直接到苏伊士运河，而是选择到离巴生港最近的大港科伦坡港卸货。在科伦坡港仍未卸下货物的情况下，原告按公布的航线航行至汉堡港以开舱货的形式卸下货物，并转运到目的港印度的行为，是原告为及时卸下货物，保护被告的利益而进行的合理谨慎的义务，因此，原告到科伦坡港的绕航应属于合理的绕航。根据《中华人民共和国海商法》第66条的规定，因托运人申报不实，对承运人造成的损失，托运人应负赔偿责任。原告为卸下超重货物而产生的额外的卸货费和码头费、检验费、公证认证费、集装箱损害修理费，因在检验报告中对费用的产生都有说明且原告提供相关发票已经过公证认证，所以本院对以上证据予以认定。关于原告请求的从巴生港至科伦坡港的绕航费用，因原告提供的证据是原告单方制作的，因此，对该证据本院不予采信。关于原告请求的汉堡港至蒙德拉港的因货物超重而导致的舱位损失，本院认为，发生超重后，原告应尽量通过合理的方式减少损失，原告提供的证明该损失的证据是原告单方制作的且该损失是正常情况下不可预见的，因此，本院对该请求不予支持。

评析探讨

本案的案情比较简单，东方绿有机产业有限公司与法国达飞轮船有限公司签订海上货物运输合同，东方绿有机产业有限公司隐瞒了货物真实重量，导致承运人法国达飞轮船有限公司为卸下货物多次转换港口，带来额外的费用支出。承运人法国达飞轮船有限公司从事的是班轮运输，即承运人将不同托运人的货物，按照固定的航期、固定的航线和固定停泊港，运至目的港，并按照固定费率收取运费的一种运输方式。可见班轮运输有显著的特点，承运人按固定的航期、固定的航线和固定的停泊港运送货物，这些固定的安排都不是承运人和托运人签订运输合同时需要协商的内容。本案承运人法国达飞轮船有限公司公布的该轮的航线里没有被告指定的卸货港"印度孟买那什瓦什港"，然而被告仍与原告签订运输合同，说明被告对该货物需要中转是有预见的，因此，承运人法国达飞轮船有限公司在"巴生港"中转货物是符合双方约定的，并没有私自转运。

在国际货物运输中，托运人均负有正确申报货物的义务。我国《海商法》第66条规定："托运人托运货物，应当妥善包装，并向承运人保证，货物装船时所提供的货物的品名、标志、包数或者件数、重量或者体积的正确性；由于包装不良或者上述资料不正确，对承运人造成损失的，托运人应当负赔偿责任。承运人依照前款规定享有的受偿权利，不影响其根据货物运输合同对托运人以外的人所承担的责任。"本案被告东方绿有机产业有限公司没有如实告知承运人托运的货物的数量，因而导致提单上记载的货物重量与实际的货物重量不符合，进而导致承运人为寻找适合的卸货港支出了额外的费用，被告东方绿有机产业有限公司应该承担赔偿责任。

第四节 海运提单纠纷

主题案例

印度拉迪恩航运有限公司诉中国五矿贸易有限公司提单记载与实际货物不符损害赔偿纠纷案①

案情回顾

2000 年 7 月 3 日，五矿公司与瑞士纽克公司（NEWCO FERROUS TRADING AG）签订了一份销售合同（NO. 147 –5112701 –S），合同约定，由瑞士纽克公司向五矿公司出售 25 000 公吨至 30 000 公吨货物，货物名称为："冶炼用废钢，其中 80% 为符合美国废物回收工业协会标准（ISRI）200/201/202 的 1 号重熔废钢，其余符合美国废物回收工业协会标准 203/204/205/206 的 2 号重熔废钢"，质量由中国进出口检验公司进行质量检验，买方有权自己在装船期对货物进行检验，但应自行承担费用。上述检验公司在装货港确定的货物重量是惟一和最终的重量。双方还就货物重量的确定、载运的船舶、卸货速度、货款的支付等其他问题在合同中进行了约定。之后，买卖双方达成变更合同协议，卖方可以出具荷兰英斯贝克公司的检验证书。荷兰英斯贝克公司在鹿特丹对有关货物进行了检验，并出具了检验证书。该检验证书称：我们"参加了上述货物装载到'巴拉基'（BALAJI PREMIUM）轮的整个过程，现证明上述货物符合合同描述及美国废物回收工业协会标准的要求，没有受到污染、不含垃圾和有害废物"。中国商检鹿特丹分公司在供应方货场对货物也进行了装船前检验。并于 2000 年 8 月 22 日出具了"装船前检验证书"。该证书称，"根据在装船前进行的目检，发现上述货物不含生活垃圾、BANNEL 公约关于'控制有害废物和其他废物跨国境运送和处理'的协定所禁止的危险和有害废物。进一步用手提射线警报器对货物进行了放射检验，没有发现异常。"其结论是："上述货物已妥善处理。适合回收利用，并符合中华人民共和国《进口废物环境保护控制标准——有色金属 GB1648 7.7 –1996》的要求。"但该证书同时声明，上述结论仅反映在上述检验时间和检验地点对上货物进行检验的结果，并不包括其

① 案例详见中华人民共和国山东省高级人民法院（2002）鲁民四终字第 24 号民事判决书。

他事项。

瑞士纽克公司将 32 697. 158 公吨废钢交给拉迪恩公司所属“巴拉基”轮运输。该批货物于 2000 年 8 月 19 日装上船后，船长签发了大副收据。该收据称：“我声明，我在船上已收到 32 697. 158 吨重熔 1 号和 2 号废钢。”该收据同时注明，“以上系根据船舶吃水确定。重量、尺码、质量和数量不知。”拉迪恩公司的代理代表船长签发了已装船清洁指示提单。提单格式为康金提单 1994 年版。其正面记载提单与租约一起使用，提单编号 1，参考编号空白。“托运人表述的货物”一栏对货物的表述为：冶炼用废钢。重熔 1 号和 2 号。其中重熔废钢 1 号为 80% 依美国废钢回收工业协会标准 200/201/202；其余为重熔废钢 2 号依美国废刚回收工业协会标准 203/204/205/206。重量：32 697. 158 公吨。已清洁装船。运费预付。货物的重量、尺码、质量、数量、状况、内容和价值不知。提单背面的条款第 1 条规定，“提单正面注明签订日期的租船合同中的所有条款、条件、责任和免责条款，包括法律适用和仲裁条款，均并入本提单。”但是，在提单的正面，“租船合同的日期”一栏为空白。当事人双方未提交提单背面其余条款的中文译件。

2000 年 8 月 25 日，五矿公司通过银行议付取得了上述提单。9 月 30 日，“巴拉基”轮抵达烟台港，并开始卸货。当卸下 20 000 余吨时，拉迪恩公司发现货物存在严重的杂质，即申请中国进出口商品检验总公司山东分公司进行检验。中华人民共和国烟台出入境检验检疫局也依法进行了检验。中华人民共和国烟台出入境检验检疫局于 2000 年 10 月 9 日出具的报告称：“依据 SN0581 - 1996《进口废钢铁检验规程》、GB16487. 6 - 1996《进口废物环境保护控制标准——废钢铁》，对上述货物进行检验，发现货物中夹带渣土、剥离铁锈、废旧塑料等废物所占货物总重量比例超过 GB16487. 6 - 1996（《进口废物环境保护控制标准——废钢铁》）中规定的 2%”，其结论是，“上述货物的环保项目不符合 GB16487. 6 - 1996 的规定”（见该局 0300100001629 号《检验证书》）。该局依法对货物的品质也进行了检验，并出具了检验证书，该证书称：“依据 147 - 5112701 - S 合同对上述货物进行了检验，发现货物中重熔 2 号（ISRI 203/204/205/206）所占比重超过 30% 。”其结论是：“上述货物品质不符合 147 - 5112701 - S 合同的规定”。该局于 10 月 8 日具函通知五矿公司“于 10 月 8 日暂时停止卸货，待处理完毕后方可卸货”。

2000 年 10 月 15 日，英斯贝克上海公司依据瑞士纽克公司的委托对船上和已卸下货物进行了检验并出具了检验报告。检验结论为：岸上货物杂质含量不超过 0. 5% ，船上仍装有货物的货舱的底层，含有更多杂质，在废钢卸货过程中，这种现象很正常，已卸下船的货物含有较少量的杂质。因此我们相信该批货物总杂质量不超过 2% 。

2000 年 12 月 21 日，中国进出口商品检验总公司山东分公司应五矿公司的请求对货物进行了检验并出具检验证书。该检验证书称，"我方鉴定人员于9月30日10:00时登'巴拉基'轮进行首次水尺鉴定，在卸货过程中我方鉴定人员发现该批货物杂质含量明显过多，随着卸货的进行，情况愈加严重，在卸货地点和船舱内尘土飞扬，我方鉴定人员于10月8日下船检验，发现2、3、4、5舱所载废钢的缝隙已被尘土塞满，4舱情况尤其严重，所剩货物表面有三分之二的面积已被杂质填平。""卸货完毕后，我方鉴定人员会同英斯贝克公司 Ronald Visser 先生根据 ISRI 的废物检验标准和买卖双方的合同对所卸货物进行检验。""检验结果如下：重量（以水尺鉴定为准）：20 606 吨；H. M. S. 1（重熔1号）：51. 30%；H. M. S. 2（重熔2号）：44. 26%；杂质：1. 88%；H. M. S. 1，2等外品：2. 56%；超长超大件（已包含在 H. M. S. 1内）：1. 47%。"该公司还对船上剩余货物逐舱进行了检验，并参考了船方提供的积载图，认为其杂质含量为9. 69%。该检验证书对剩余货物的检验结果作了声明："以上结果为我方鉴定人员仅由货物的表面检验所得，但底部货物的杂质含量逐渐增多，杂质实际含量应远高于此结果。"

2000年11月7日，五矿公司以拉迪恩公司签发提单未批注、货物杂质超标给申请人造成重大损失为由，向青岛海事法院申请扣押拉迪恩公司所属"拉迪恩"轮（即"巴拉基"轮）。

争议焦点

1. 海上运输合同承运人的义务。

2. 提单的性质和效力。

裁判意见

二审法院裁决：本案是一起因海上货物运输纠纷提起的损害赔偿诉讼，因拉迪恩公司为外国法人，故本案属于涉外案件。根据提单背面条款第1款的约定，发生租约约定的法律适用并入提单的条件是在提单首页表明日期的租约，因提单正面未记载租约和未标明租约日期，故本案不存在如拉迪恩公司所主张的发生租约约定的法律适用并入的前提，又因为本案的当事人双方未就提单背面条款第2款（主要条款）约定的内容提供中文译件，按照《中华人民共和国民事诉讼法》的规定，本院对该涉案提单第2款的内容无法认定，综合以上，可以认定本案当事人双方未约定审理本案适用的法律。按照最密切联系原则，因涉案提单项下货物的卸货地在中国烟台，本院决定中华人民共和国法律为审理本案的准据法。

拉迪恩公司对此次未完成的交付不应承担责任。第一，造成该提单所标志的海上运输关系未能履行完毕，货物未能交付的客观原因是中国政府的强制行为，但该强制行为指向的主体为五矿公司而非拉迪恩公司。拉迪恩公司已经按照提单的记载到达约定港口，做好卸货准备，并且已经开始实际卸货，并非是拉迪恩公司的主观原因导致提单项下的货物未能交付完毕。第二，烟台海关赖以作出不得卸货结论的依据是中华人民共和国烟台出入境检验检疫局于2000年10月9日对提单项下货物的检验报告，该报告的检验结论为“货物的环保项目不符合GB16487.6－1996的规定”。尽管该报告对货物描述为货物中夹带渣土、剥离铁锈、废旧塑料等废物所占货物总重量比例超过GB16487.6－1996中规定的2%，但该结论难以得出是对货物表面状况的描述，按照GB16487.6－1996《进口废物环境保护控制标准——废钢铁（试行）》中第1条关于该标准范围的规定：本标准规定了进口废钢铁中对环境造成影响的夹带物和放射性污染的控制要求。中华人民共和国烟台出入境检验检疫局作出的上述结论只能是对货物品质作出的判断，而不能归结于对货物表面状况的判断。第三，本案中五矿公司将禁止卸货的原因归结于拉迪恩公司在提单中未做不清洁批注，根据《中华人民共和国海商法》第75条之规定，承运人在提单上作出批注的情形限于提单记载的货物的品名、标志、包装或者件数、重量或者体积，货物的品质不属于承运人进行批注的范围。前已述及本次运输交货行为未能完成是因为中国政府的强制行为，禁止继续交付的原因是对货物本身的判断而认定不符合中国的强制性规定，上述结论以及为完成上述结论所做的检验检疫过程并不以提单的记载为要件。即是说，无论提单记载的内容如何，都构不成作出上述检验检疫结论的前置性条件，中华人民共和国烟台出入境检验检疫局是依据中国政府对其的授权对该批货物进行的强制检验，即使提单记载了非清洁货物，因货物本身不符合中国的国家标准仍然会被退运，因而，由于该批货物固有的特性不符合中国的国家标准，无论承运人对该批货物作出任何的描述都不可能改变货物不能进入中国境内的结果，提单记载的内容与本次货物的强制离境没有任何关联。第四，尽管提单对货物的描述记载了许多内容，但按货物名称的分类仍然应把其作为废钢铁，这一点从中国烟台港由中华人民共和国烟台出入境检验检疫局对该批货物所做检验适用的标准可以得到印证。判断承运人是否应对该批货物做出批注不能脱离上述标准。五矿公司要求以美国废钢回收工业协会标准200/201/202和美国废钢回收工业协会标准203/204/205/206作为承运人签发提单的判断标准没有依据。第五，承运人有权对运载货物的表面状况作出清洁或不清洁的批注，但该批注应当是船方在签发提单时根据通常的观察方法以及通常应当具备的知识用肉眼或者其他通常的、合理的检验方法，仅从外表所能观察到和发现的货物状况。该描述争议提单项下的货物自到达装货港起至货物在马来西亚槟城变卖，前后6次经过检验机构的检验，其中，在装货港的两次检验和在卸货港由纽克公司委托的检验均认定货物符合合同要求，在目的港由五矿公司委托所做的检验认定货物不符合合同要求，中华人民共和国烟台出入境检验检疫局所做的强制性检验认定不符合中国国家标准，拉迪恩公司在变卖货物时委托的英国CWA公司所做的检验采用了模糊的概念做出了2种判断结果。尽管承运人是否作出批注不以他人的检验结果为依据，但通过不同商检机构由专业人士通过专用器材对货物作出的检验结果都是不同的，因此，承运人作为运输专家而非废钢铁专家在当时的货物状态下认定货物表面清洁而签发清洁提单是符合上述签发提单标准，难以断定承运人拉迪恩公司是出于故意或过失。第六，尽管涉案提单项下的货物经过了6次商检，但均没有在装货港签发提单时的货物状态数据，特别是，在装货港和卸货港（强制检验不在此例）的两次检验都是五矿公司和纽克公司依据贸易合同所做的检验，上述检验结果可以作为贸易合同双方解决争议的约定依据，但不能作为解决独立于贸易合同之外的海上运输合同的依据。因本案不能取得装货港签发提单时的货物状态数据，以最接近于货物装船状态时的卸货港中国烟台出入境检验检疫局的强制检验结论为准作为一种参考判断依据，由于该局检验结论仅认定杂质超过2%，依据此标准亦难于断定承运人拉迪恩公司应当签发不清洁提单。第七，当交货行为不能完成后，五矿公司用书面形式向承运人拉迪恩公司明确表示，将该批货物的所有权重新归于纽克公司所有，承运人拉迪恩公司亦已按照其指示将货物交于纽克公司处理，对该批货物的处置承运人拉迪恩公司也不存在任何过错，因此，五矿公司由此产生的损失与提单运输合同关系没有关联，其损失应当通过贸易合同解决。

评析探讨

本案拉迪恩公司是货物运输合同的承运人，买卖合同的卖方瑞士纽克公司是托运人，二审被上诉人五矿公司是提单记载的收货人。拉迪恩公司接管货物后，向瑞士纽克公司签发了已装船清洁提单，装货前的检验证明了装船的货物符合合同的约定，托运人在卸货港委托的检验也证明了货物符合合同约定，但是买方五矿公司委托的商品检验却证明货物不符合合同约定，中华人民共和国烟台出入境检验检疫局所做的强制性检验也认定货物不符合中国国家标准，而不予批准进口。收货人五矿公司以承运人拉迪恩公司没有如实签发提单给其造成损失为由诉至法院。

承运人应该根据托运人的要求签发提单，并根据货物的表面状况如实填写提单。我国《海商法》第71条规定："提单，是指用以证明海上货物运输合同和货物已经由承运人接收或者装船，以及承运人保证据以交付货物的单证。提单中载明的向记名人交付货物，或者按照指示人的指示交付货物，或者向提单持有人交付货物的条款，构成承运人据以交付货物的保证。"第77条规定："除依照本法第七十五条的规定作出保留外，承运人或者代其签发提单的人签发的提单，是承运人已经按照提单所载状况收到货物或者货物已经装船的初步证据；承运人向善意受让提单的包括收货人在内的第三人提出的与提单所载状况不同的证据，不予承认。"第78条第1款规定："承运人同收货人、提单持有人之间的权利、义务关系，依据提单的规定确定。"由上述法律规定可以看出，提单在承运人和收货人之间有着证据的效力，提单是承运人接收货物的凭证，托运人可以根据提单的记载推定货物在承运人接管货物时的状况，如果提单上对货物没有不良的记载，而收货人在接收货物时却发现货物和提单记载不相符，收货人可以认为是承运人的过错导致货物的不符。但是，承运人这种如实记载提单的义务受到以下限制：承运人可以在提单上作的批示只是货物的品名、标志、包数或者件数、重量或体积，而不包括质量、货物是否符合买卖合同等，而且承运人观察货物是否和提单记载相符也是从表面观察，而不需要承运人或船长对货物内在品质是否和合同相符作出说明。本案涉及的是废钢买卖，卖方提供的废钢质量不符合合同的约定，承运人在接管货物时没有理由知道货物质量的瑕疵，进而根据货物表面的状况签发了清洁提单，承运人主观上没有过错，因而不应该对货物质量瑕疵承担责任。

主题案例

中国五矿钢铁有限责任公司诉俄罗斯远东海洋轮船公司倒签提单侵权损害赔偿纠纷案①

案情回顾

2000 年 8 月 29 日，金鑫公司与 CMC 公司签订一份编号为 A 0102 的《进口合同》。合同约定，金鑫公司向 CMC 公司购买 10 000 公吨（+/-10% 由卖方选择）冷轧钢板，价格为 299 美元/公吨，CFR FO CQD 黄埔。9 月 13 日，金鑫公司与华粤公司签订一份合同编号为 00-913 的《购销合同》。合同约定金鑫公司将上述货物转卖给华粤公司，合同签订后 3 天内华粤公司向金鑫公司支付货款总值的 20% 作为定金。10 月 11 日，金鑫公司传真华粤公司称，原供应商要求更改装运期，要求华粤公司确认装运期改为 12 月 15 日。10 月 12 日，华粤公司传真金鑫公司称，华粤公司同意装运期改为 12 月 15 日，但金鑫公司必须保证货物在装运期前装船，否则，华粤公司将取消合同并要求双倍返还定金。10 月 13 日，金鑫公司向华粤公司保证货物于 12 月 15 日前装运，并同意如果货物逾期装运，华粤公司有权取消合同，金鑫公司将双倍返还定金。11 月 13 日，五矿钢铁有限责任公司与金鑫公司签订了 2 份《进口钢材代理协议》。协议约定，五矿钢铁有限责任公司代金鑫公司进口钢材，按照金鑫公司的要求对外签订进口合同，安排境外公司开立信用证；凡属于船方或保险责任的，金鑫公司应会同五矿钢铁有限责任公司向有关方面索要货损、货差证明，通过五矿钢铁有限责任公司向保险公司办理有关索赔

---

① 案例详见广州海事法院（2001）广海法事字第 25 号民事判决书。

事宜。11 月 23 日，五矿钢铁有限责任公司与 CMC 公司签订了 3 份合同。合同约定：货物价格 281.37 美元/公吨，CFR FO CQD 黄埔，延期 30 天信用证；货物最多分两批装运，第一批于 11 月底前装运，第二批于 12 月 5 日前装运；除不可抗力外，如果卖方不能在合同规定的期限交付货物，买方有权在 10 天的优惠期后取消合同，或卖方经买方同意延期交付货物并支付罚金，如延期的天数少于 10 天，以 10 天计，罚金不得超过总发票货价的 3%。3 份合同编号分别为 A 0120－1、A 0120－2、A 0120－3。其中 A 0120－1、A 0102－3 约定的货物数量均为 3 500 公吨（+/－10% 由卖方选择）；A 0120－2 约定的货物数量为 3 000 公吨（+/－10% 由卖方选择）。五矿钢铁有限责任公司称这 3 份合同取代了原金鑫公司与 CMC 公司之间签订的合同。

2000 年 12 月 7 日，泛洋船务公司与 CMC 公司签订一份《航次租船合同》，约定 CMC 公司向泛洋船务公司程租“PIONEER SAILOR”轮从俄罗斯 NAKHODKA 港承运 10 000 吨冷轧钢板至黄埔港，装货港签发大副收据，正本提单由租船人签发；租船人要求“清洁已装船”提单，如有大副批注，租船人向船东提供保函。后双方又签订一份备忘录，约定以“车利亚奔斯克”（CHELYABINSK）轮（下称“车利”轮）取代“PIONEER SAILOR”轮，其他条款不变。“车利”轮的注册船东为远东公司。2000 年 12 月 14 日，远东公司与泛洋船务公司签订《租船合同》，约定泛洋船务公司向远东公司航次程租“车利”轮从俄罗斯 NAKHODKA 港承运 10 000 吨（+/－5%）冷轧钢板至黄埔港，双方同意由租船人代理签发正本清洁装船提单，如果大副收据有批注，托运人必须安排出具担保函，保函需由船东保赔协会措词；装卸港使用船东代理，船舶到达卸货港时，如不能出示提单正本，船东可允许将货物卸至海关仓库由当地代理代管，由收货人支付费用，货物可在收货人出示正本提单或银行担保时交付；其他事项参照金康租船合同。货物装船后，CMC 公司作为代理人代“车利”轮船长签发了三套正本提单。提单载明：船东泛洋船务公司，托运人 CMC 公司，收货人凭指示，货物品名冷轧钢板，净重分别为 3 439.220 吨、2 946.850 吨、3 444.060 吨，共计 9 830.13 吨；装货港 NAKHODKA 港，卸货港黄埔港，签发时间为 2000 年 12 月 15 日。该提单还注明与租约一起使用，所有的条款、条件按照 2000 年 12 月 7 日签订的租船合同。中国广州外轮代理公司称其是受远东公司的委托从事“车利”轮代理业务的，在代理过程中，收到了远东公司提供的编号为 1、2、3 的三套提单。三套提单项下的货物 9 830.13 吨已由提单持有人原告提取完毕。

华粤公司认为俄罗斯远东海洋轮船公司的“车利”轮实际装货日期和提单上记载的以及大副收据记载的日期不相符合，承运人倒签提单。2001 年 1 月 4 日，金鑫公司与华粤公司就编号为 00－913 合同倒签提单一事签订补充协议，双方同意取消合同，金鑫公司按合同总金额的 7% 赔偿华粤公司。3 月 4 日，华粤公司开具收据，承认收到编号为00－913合同项下金鑫公司的赔款35 960元。2001年1月5日，金鑫公司与顺德市乐从物资购销有限公司四门市（下称乐从四门市）签订《购销合同》，金鑫公司将上述10 000吨冷轧钢板以270美元/吨的价格转卖给乐从四门市，交货地点为黄埔码头。五矿钢铁有限责任公司以俄罗斯远东海洋轮船公司倒签提单给其带来经济损失为由向法院提起诉讼。

争议焦点

1. 俄罗斯远东海洋轮船公司是否属于倒签提单？
2. 俄罗斯远东海洋轮船公司如果属于倒签提单，应该如何承担责任？

裁判意见

庭审时，泛洋船务公司称2000年12月17日"车利"轮实际装货完毕，但大副收据记载货物装完时间为12月15日，泛洋船务公司在提单签发之前将准备签发的提单草稿件传真给远东公司，远东公司知道并同意按提单草稿件签发提单。泛洋船务公司为了证明上述事实，提交了泛洋船务公司与OSA公司之间的往来传真复印件、大副收据复印件及装卸事实记录复印件。根据泛洋船务公司与OSA公司之间往来传真的记载，12月20日，泛洋船务公司将提单及保函的草稿件传真给OSA公司，请船东签发提单，并表明一旦得到船东同意并支付运费后，泛洋船务公司将发放提单。被称为草稿件提单的签发日期为12月15日，签发人作为代理人代表船长签发。OSA公司复函泛洋船务公司称，同意按泛洋船务公司的草稿件签发正本提单。泛洋船务公司提供的船长签章认可的大副收据复印件记载：12月15日货物已装船。泛洋船务公司提供的装卸事实记录与本院进行证据保全时复印的装卸事实记录除签章不同外，装卸时间的记录完全相同，即"车利"轮12月14日08:00时抵达装港，15日10:30时开始装货，20日18:15时装货完毕。远东公司承认其与泛洋船务公司之间的租船合同是通过OSA公司签订的，但不承认OSA公司是其代理人。对于泛洋船务公司提供的大副收据、装卸事实记录复印件，远东公司不予认可。合议庭认为，大副收据由远东公司持有，本院在证据保全时责令远东公司提供，远东公司拒不提供，因此，关于大副收据应作出对远东公司不利的认定，即认定泛洋船务公司提供的大副收据是真实的，"车利"轮船长同意将货物装船时间记录为12月15日。

关于装卸事实记录，根据本院证据保全收集的"车利"轮船长提交的装卸事实记录的记载，本案所涉货物装船完毕时间为12月20日18:15时。本案所涉提单由CMC公司作为代理代表船长签发。根据CMC公司与泛洋船务公司之间租船合同的约定，泛洋船务公司同意CMC公司签发提单。根据远东公司与泛洋船务公司之间租船合同的约定，远东公司同意泛洋船务公司的代理签发提单。即CMC公司在签发提单时得到了远东公司的授权。本案查明船长签章认可的大副收据是2000年12月15日，而货物实际装完的时间是 12 月 20 日，大副收据倒签了货物装船时间。根据航运习惯，大副收据是签发提单的依据，CMC 公司依据大副收据签发提单，应认为 CMC 公司倒签提单得到了“车利”轮船长的授权。提单签发之后放货之前，远东公司将该提单传真给其卸货港的代理中国广州外轮代理公司，表明远东公司知道 CMC 公司代表船长签发提单并予以认可。而船长是船东的当然代表，即远东公司在提单签发之后知道 CMC 公司是以其名义签发提单而不作否认表示。综上，根据《民法通则》关于代理的有关规定，应该认为远东公司是本案提单的签发人。根据我国《海商法》第 72 条第 2 款“提单可以由承运人授权的人签发。提单由载货船舶的船长签发的，视为代表承运人签发”的规定，提单签发人为承运人。本案提单由远东公司授权的 CMC 公司签发，远东公司是本案所涉货物的承运人。泛洋船务公司不是本案的承运人，对因提单签发产生的纠纷不承担责任。远东公司认为提单载明船东是泛洋船务公司，应认为是泛洋船务公司授权 CMC 公司签发提单，泛洋船务公司是承运人的主张，不符合事实，不予支持。

本案货物被提取后，原告作为金鑫公司的外贸代理人将货物交给金鑫公司是正当的。华粤公司因提单为倒签提单拒绝接收货物，并解除其与金鑫公司之间的合同，金鑫公司因此遭受损失。根据《关于对外贸易代理制的暂行规定》的有关规定，原告作为金鑫公司的外贸代理，有权就金鑫公司因承运人倒签提单所遭受的损失向承运人远东公司索赔。远东公司及泛洋船务公司认为即使倒签提单产生了损失，也是金鑫公司的损失，原告没有损失，不能提出索赔的主张，不符合上述法规的规定，不予支持。远东公司作为承运人倒签提单，违反了《海商法》第 72 条第 1 款“货物由承运人接收或者装船后，应托运人的要求，承运人应当签发提单”的规定，侵犯了提单持有人的权利，应承担由此造成提单持有人的损失。

评析探讨

本案是由承运人俄罗斯远东海洋轮船公司倒签提单引发的纠纷。所谓倒签提单是指提单中注明的装船日期早于实际装船日期。倒签提单往往是承运人和托运人合谋欺诈收货人。倒签提单的性质目前尚存在争议，有人认为是违约行为，也有人认为是侵权行为，具备侵权的要件，还有人认为是违约和侵权的竞合，侵权是其主要特征。无论是违约还是侵权，倒签提单的行为都是违法行为，在有些国家甚至将倒签提单列入刑事诈骗处理。

倒签提单发生的情况主要有以下几种：由于船舶未及时抵港或发货人未及时备好货物或其他延误的原因，致使装船日期晚于信用证规定的日期，提单虽是装船之后签发的，却写的是与信用证规定相符的日期，托运人往往选择向承运人提供保函换取承运人倒签提单，以便顺利结汇；船舶装了部分货物之后因为修理的缘故，在修理完成后继续装货，提单上注明的日期却是修理前的日期；船舶虽在同一航次，两次靠泊同一港口，提单虽是在第二次装船后签发的，记载的日期却是第一次装船的日期等。承运人倒签提单实际上隐瞒了托运人装货的日期，进而也隐瞒了托运人违约的事实，收货人可以通过查阅船方的航海日志查看承运人是否倒签提单，再向法院寻求司法救济，起诉托运人或者起诉承运人要求其赔偿损失。本案承运人俄罗斯远东海洋轮船公司倒签提单，进而引发一系列的后果，比如华粤公司和金鑫公司解除买卖合同、五矿钢铁有限责任公司支付给 CMC 公司公司货款与金鑫公司公司处理货物所得货款之间的差价以及五矿钢铁有限责任公司为维权支出的各类费用等等，承运人俄罗斯远东海洋轮船公司应该对由其倒签提单引发的直接损失赔偿原告五矿钢铁有限责任公司。

主题案例

浙江纺织公司诉台湾立荣公司海上货物运输合同无单放货纠纷案[①]

案情回顾

2000 年 7 月 31 日、8 月 7 日，原告浙江纺织公司与案外人 K 公司以传真方式分别签订了各 20 万套男、女生校服的售货确认书，嗣后作为该项贸易不可撤销可转让信用证的被转让受益人，收到了案外人 HBZ FINANCE LIMITED 出具的 4 份信用证项下文件。信用证项下文件规定，托运人为 AL HOSAN FOR IMPORT AND EXPORT/AL FARIS FOR IMPORT，收货人为凭“伊高教部”指示，货物标签上需显示 AL HOSAN 或 AL FARIS 或 FAST，根据买方安排。

原告浙江纺织公司按照售货确认书的要求，通过签订购销合同和全额支付国内含税收购价款，从国内东阳市时装三厂有限公司等 9 家厂商处收购了涉案各类服装。在信用证规定的货物出运期限及信用证有效期已过的情况下，浙江纺织公司仍在启运港通过某国际货运有限公司——鸿海国际船务货运公司——上海外联发国际货运有限公司以及三星货代公司的层层代理，分 21 批次向被告台湾立荣公司订舱出运男生校服 86 900 套、女生校服 34 500 套。这些货物的外销价合计 2 602 562 美元，国内含税收购价合计 21 414 348.25 元。按信用证要求，浙江纺织公司对出运货物履行了出具声明、船龄证

① 案例详见上海海事法院（2001）沪海法商初字第 441 号民事判决书；上海市高级人民法院（2003）沪高民四（海）终字第 39 号民事判决书。

明、货物质检等手续并支付了海运费后，通过前述各货运代理环节取得台湾立荣公司的代理人——上海联合国际船舶代理有限公司签发的21套正本海运提单，这些提单上的收货人均为凭“伊高教部”指示。在庭审中，台湾立荣公司确认其已收取了相关海运费。

涉案货物出运后，原告浙江纺织公司将全套贸易单证通过交通银行杭州分行向HBZ FINANCE LIMITED托收，因无人赎单，全套贸易单证最终由该行退还浙江纺织公司，退单背面均没有伊高教部的指示背书。庭审中，被告台湾立荣公司确认其已将涉案货物运抵伊拉克并交付给该国政府指定的伊拉克国家水运公司，由后者向伊高教部交付所有货物，故涉案货物的正本海运提单均未收回。

争议焦点

1. 浙江纺织公司不是提单上记载的当事人，是否拥有诉权？

2. 承运人台湾立荣公司是否应该承担无单放货责任？

裁判意见

二审法院裁决：提单只是海上货物运输合同的证明，而且不是惟一的证明，提单不能等同于海上货物运输合同。我国《海商法》第42条第（三）项第1款规定，托运人是指本人或者委托他人以本人名义或者委托他人为本人与承运人订立海上货物运输合同的人。第73条规定，提单缺少托运人名称等项内容，不影响提单的性质。由此可见，法律没有要求托运人必须亲自与承运人订立海上货物运输合同，托运人完全可以委托他人与承运人订立合同；法律允许托运人要求承运人在签发提单时不记载托运人，或者将他人记载为名义上的托运人，托运人这样做不影响提单的性质。因为这是托运人行使自己的权利，由此产生的后果由托运人承担。该要求没有加重承运人的责任，承运人仍只负责运输并向托运人指定的收货人交货，因此没必要拒绝。提单记载的主体，可能只是形式上的海上货物运输合同当事人，实践中提单主体与海上货物运输合同主体不一致的情形是存在的。在没有书面合同的情况下，可以根据当事人履行义务的实际情况来确定海上货物运输合同的当事人，不能完全取决于提单的记载。

在本案中，虽然中间有几家公司层层代理，但是向上诉人长荣储运公司（立荣海运公司与台湾长荣国际储运股份有限公司（以下简称长荣储运公司）合并）交付货物、支付运费并提出缮制提单具体要求的，却只有被上诉人浙江纺织公司，其他公司从事的均是代理工作。长荣储运公司完全按照浙江纺织公司的要求，在签发提单时将3家国外公司记载为名义托运人，向浙江纺织公司委托的货代公司交付了提单，并从货代公司处收取了浙江纺织公司交付的运费。这个事实足以证明，是浙江组织公司与立荣储运公司建立了事实上的海上货物运输合同关系。原判认定浙江纺织公司是海上货物运输合同的缔约人、涉案提单项下货物的托运人，并无不当。

被上诉人浙江纺织公司以托运人身份，在启运港持正本提单，起诉作为承运人的上诉人长荣储运公司违约无单放货给其造成不能收回货款的损失，主张损害赔偿。作为海上货物运输合同中的当事人，承运人长荣储运公司无单放货，托运人浙江纺织公司当然有权请求承运人赔偿因无单放货给其造成的货款不能收回损失。如果否认托运人享有这一权利，等于让依约履行义务的托运人对承运人的违约后果负责，显然不符合公平原则，有悖于法律规定，不利于维护社会经济秩序。在涉案提单由托运人在启运港持有，未经贸易流转的情况下，不存在海上货物运输合同关系中可以凭提单向承运人主张提货权利的第三人，因此不需要解决提单持有人有无提货权的问题。长荣储运公司关于浙江纺织公司非提单持有人、没有提货权等上诉理由，对浙江纺织公司的持单没有实际意义，也与本案的处理无直接联系，不予采纳。

在本案中，上诉人立荣储运公司无单放货，致使被上诉人浙江纺织公司不仅不能收回货款，而且还因不具备办理出口退税的条件遭受退税款损失。这些损失，是长荣储运公司实施无单放货违约行为时应当预见也可以预见的。原审判令长荣储运公司赔偿这些损失，符合《合同法》第 113 条的规定。

评析探讨

本案台湾立荣公司是货物的承运人，浙江纺织公司是货物托运人。浙江纺织公司使用跟单托收手段向货物买方收取货款，买方没有赎单，单证被退回浙江纺织公司，合同项下的货物却已经被提走。浙江纺织公司以承运人台湾立荣公司无正本提单放货，给其造成货物损失为由向法院提起诉讼。

承运人有义务在目的地向收货人交货，根据托运人的请求，承运人应该签发提单给托运人，承运人与收货人、提单持有人之间的权利义务内容依照提单的规定确定，此时，承运人应该凭单放货。所谓凭单放货是指在海上货物运输中，承运人只要签发了提单，承运人以及其代理人、受雇人在卸货港就应将货物交付给持有正本提单的人，且必须收回提单正本的情况下才能交付货物，否则将面临无单放货的责任。具体表现为：在记名提单项下，承运人应该依据记名提单向记名的收货人交付货物；在指示提单项下，按照指示人的指示交付货物，即按照指示人对提单的背书，将货物交给记名的背书人，或者按照被背书人的进一步指示交付货物，或者将货物交付给空白背书后的指示提单的持有人；在不记名提单项下，将货物交付给提单的持有人。我国《海商法》第 71 条确定了承运人凭单放货的合同义务，即承运人签发提单后，承运人就应该按照提单的记载，将货物交付给正确的承运人，同时收回正本提单。本案台湾立荣公司没有收回提单正本却将货物交出去，又没有提出凭单放货例外的抗辩理由和证据，给托运人的权利造成的损害，承运人台湾立荣公司应该承担赔偿责任。

第五节　承运人赔偿限额

主题案例

中国陕西鼓风机（集团）有限公司诉法国达飞轮船船务有限公司海上货物运输货损赔偿纠纷案①

案情回顾

陕西鼓风机（集团）有限公司向法拉利公司购买3台机床，陕西鼓风机（集团）有限公司和其外贸代理西安科技公司与法拉利公司于2003年9月10日签订了买卖合同。合同号为YK2003－001CBF，货物名称为五轴联动数控叶片铣床，型号为A17E560，数量3台，金额总计为1 770 000欧元，产地意大利。陕西鼓风机（集团）有限公司与兆通公司签订了运输合同，合同主要内容为：货物数量3套，装运港为热那亚港，目的港为天津新港，最终交货地点为陕西鼓风机（集团）有限公司。兆通公司与陕西鼓风机（集团）有限公司签订运输合同后，兆通公司又通过意大利BM公司北京办事处向法国达飞轮船公司订舱并承运涉案货物。意大利BM公司签发了提单，托运人为法拉利公司，通知人为西安科技公司，装货港为热那亚港，卸货港为天津新港，提单号为03－02636，签发提单日期为2003年11月14日，承运船舶为“CMA CGM NEPTUNE”轮。法国达飞轮船公司出具了电放提单，托运人为法拉利公司，收货人为意大利BM公司北京办事处，电放提单号为IT1010805，签发电放提单日期为2003年11月14日，承运船舶为“CMA CGM NEPTUNE”轮。在运输过程中，涉案货物转由“VILLE D ANTARES”轮承运，从新加坡运往韩国釜山期间，航行区域内连续发生恶劣天气，承运涉案货物的“VILLE D ANTARES”轮遭遇7～9级大风，巨大的海浪撞击集装箱的左前方，导致露天甲板左前方的船舶本身及集装箱损坏，涉案集装箱TRIU0604127中的货物暴露在外。该轮船长对此次海况遭遇发表了海事声明。货物运抵目的港天津新港后，经陕西出入境检验检疫局对货物检验并出具了残损检验证书，检验结果为：3台进口的五轴联动数控叶片铣床，其中其序号为2003019的一台铣床严重残

① 案例详见天津海事法院（2005）津海法商初字第53号民事判决书。

损，已无法使用。

争议焦点

1. 法国达飞轮船船务有限公司是否应该承担货损赔偿责任？

2. 法国达飞轮船船务有限公司是否可以援引赔偿限额权利？

裁判意见

本案系海上货物运输货损赔偿纠纷。意大利 BM 公司签发了提单，为涉案货物运输的承运人，该公司向被告订舱，被告接受委托并签发了货物电放提单，因此被告是接受承运人委托从事货物运输的实际承运人。货物在运输中发生货损，原告作为货物的收货人和所有人，有权依照法律规定请求被告承担赔偿责任。被告声称其与原告没有任何关系缺乏事实和法律依据，理由不成立。

关于承运人能否免责。货物在海上运输中发生损坏确实与运输船舶遭遇 7～9 级大风的恶劣天气有关，但该恶劣天气是海上运输经常遇到的情况，并非不能预见、不能克服和不能避免，因此不属于法律规定的承运人可以免责的不可抗力，被告以此为由主张免责理由不成立。被告将装有原告精密仪器的集装箱放于船头，当船舶遭遇恶劣天气时疏于照料，致使海浪冲击集装箱，货物受损，被告的过失属于管货过失而非管船过失，对由此给原告造成的损失被告依法也不能免除责任。被告主张货损原因是由于原告货物包装不当所造成，但未提供证据证明，故本院对该项主张不予支持。

关于被告是否享受责任限制。依据我国《海商法》的规定，只有经证明，引起赔偿请求的损失是由于责任人的故意或者明知可能造成损失而轻率地作为或者不作为造成的，责任人才丧失限制赔偿责任的权利。本案中，原告没有提供证据证明发生货损是由于被告的故意或者明知可能造成损失而轻率地作为或者不作为造成的。因此，被告依法应享受责任限制。依据我国《海商法》的规定，在计算单位责任限制时，货物的件数或重量应当以提单记载为准。关于责任限制原则是选高不选低，即按件数或重量计算，哪个费用高按哪个计算。本案提单记载了货物的件数为 3 件，货损为 1 件，重量为 10 000 公斤。本案采用重量计算费用高，所以应按照货物的重量计算，每公斤为 2 个计算单位。根据上述分析，承运人可以依法享受单位责任限制，最高赔偿额不应该超过 20 000 特别提款权，被告应在责任限额内承担赔偿责任。

评析探讨

基于海洋运输经营风险和投入大，如果再要求承运人承担全额的赔偿会不利于海洋运输的发展的原因，因此各国都立法规定海事赔偿限额制度。《海牙规则》第 4 条第 5 款规定：“承运人或是船舶，在任何情况下对货物或与货物有关的灭失或损害，每件或每计费单位超过一百英镑或与其等值的其他货币的部分，都不负责；但托运人于装货前已就该项货物的性质和价值提出声明，并已在提单中注明的，不在此限；该项声明如经载入提单，即作为初步证据，但它对承运人并不具有约束力或最终效力；经承运人、船长或承运人的代理人与托运人双方协议，可规定不同于本款规定的另一最高限额，但该最高限额不得低于上述数额。”《海牙 – 维斯比规则》第 2 条（a）规定：“除非在装货前，托运人已声明该货物的性质和价值，并载入提单，否则，在任何情况下，承运人或船舶对货物所遭受的或有关的任何灭失或损害，每件或每单位的金额超过 10.000 法郎的部分，或按灭失或损害的货物每公斤毛重超达 30 法郎的部分，均不负责任，两者以较高的金额为准。”《汉堡规则》第 6 条第 1 款（a）规定：“承运人对货物灭失或损坏造成的损失所负的赔偿责任，以灭失或损坏的货物每件或每其他货运单位相当于 835 记账单位（又被称为特别提款权）或毛重每公斤 2.5 记账单位的数额为限，两者中以较高的数额为准。”我国《海商法》第 56 条规定：“承运人对货物的灭失或者损坏的赔偿限额，按照货物件数或者其他货运单位数计算，每件或者每个其他货运单位为 666.67 计算单位，或者按照货物毛重计算，每公斤为 2 计算单位，以二者中赔偿限额较高的为准。但是，托运人在货物装运前已经申报其性质和价值，并在提单中载明的，或者承运人与托运人已经另行约定高于本条规定的赔偿限额的除外。货物用集装箱、货盘或者类似装运器具集装的，提单中载明装在此类装运器具中的货物件数或者其他货运单位数，视为前款所指的货物件数或者其他货运单位数；未载明的，每一装运器具视为一件或者一个单位。装运器具不属于承运人所有或者非由承运人提供的，装运器具本身应当视为一件或者一个单位。”

赔偿限额制度的适用也有例外，《海牙 – 维斯比规则》增加了责任限制权利丧失的条件，即如经证明损害是承运人故意造成的，或者是承运人明知可能造成损害而轻率地作为或不作为所引起的，承运人或船舶均无权享受限制责任赔偿的权利。我国《海商法》也有这样的规定，第 59 条规定：“经证明，货物的灭失、损坏或者迟延交付是由于承运人的故意或者明知可能造成损失而轻率地作为或者不作为造成的，承运人不得援用本法第五十六条或者第五十七条限制赔偿责任的规定。经证明，货物的灭失、损坏或者迟延交付是由于承运人的受雇人、代理人的故意或者明知可能造成损失而轻率地作为或者不作为造成的，承运人的受雇人或者代理人不得援用本法第五十六条或者第五十七条限制赔偿责任的规定。”本案中被告法国达飞轮船船务有限公司在其责任期间损坏托运的货物，在没有免责抗辩的情形下，应该承担赔偿责任。同时，法国达飞轮船船务有限公司没有限制赔偿责任适用的例外情形，因而法国达飞轮船船务有限公司在向收货人赔偿货损时有权享受赔偿责任限额。

专题十

国际货物运输保险

第一节 基本原理

一、国际贸易海上运输保险

现代形式上的海上保险开始于14世纪。当时在意大利的一些商业城市，海上保险已经成为一种通常的商业交易，并已经开始使用保险单。15世纪随着资本主义萌芽的出现，有了海上保险的法律。1435年西班牙的巴塞罗纳地方官颁布了一项法规，把西方海运世界的保险业务系统化，这是最早的海上保险法。①

到了19世纪，欧洲的主要海运国家把海上保险作为海商法的重要组成部分，并在商法典中加以规定，典型的立法例是法国商法典和德国商法典。对现代保险影响最大的是英国，英国17世纪法院开始受理海上保险纠纷，英国《1960年海上保险法》是世界上影响最大的一部保险法，国际上最大的海上保险市场也在英国伦敦，国际保险市场上通行的海运保险条款是伦敦海上保险人协会于1982年1月公布的《协会货物保险条款》等。

（一）海上运输保险合同

1. 海上保险合同定义

国际货物运输保险是指进出口商对价进出口货物按照一定的险别向保险公司投保，缴纳保险费，当货物在国际运输途中遇到风险时，由保险公司对进出口商遭受保险事故造成货物的损失和产生的责任负责赔偿。由于海上货物运输方式在国际货

---

① 冯大同．国际贸易法．北京：北京大学出版社，2001：112.

物运输中居于主导地位，所以海上货物运输保险也在国际货物运输保险中居主要地位。

海上保险合同是一种双务有偿合同，投保人需要向保险人支付约定的保险费，保险人在合同约定的保险事故发生时，需要承担赔偿责任。我国《海商法》第 216 条规定："海上保险合同，是指保险人按照约定，对被保险人遭受保险事故造成保险标的的损失和产生的责任负责赔偿，而由被保险人支付保险费的合同。"保险合同具有或然性，保险人对被保险人的赔偿取决于保险事故是否发生，保险事故发生具有或然性，所以赔偿也具有或然性，保险合同也被称为射幸合同。保险合同还具有补偿性，被保险人不得因重复保险而获得超过其实际损失的赔偿，我国《海商法》第 225 条规定："被保险人对同一保险标的就同一保险事故向几个保险人重复订立合同，而使该保险标的的保险金额总和超过保险标的的价值的，除合同另有约定外，被保险人可以向任何保险人提出赔偿请求。被保险人获得的赔偿金额总和不得超过保险标的的受损价值。各保险人按照其承保的保险金额同保险金额总和的比例承担赔偿责任。任何一个保险人支付的赔偿金额超过其应当承担赔偿责任的，有权向未按照其应当承担赔偿责任支付赔偿金额的保险人追偿。"

2. 调整海上保险的主要法律渊源

国际层面尚无统一规范海上运输保险的公约，规范海上保险主要是国内立法。海上保险被定性为商法调整的对象，很多国家在商法典中列有专章规定海上保险，法国 1808 年商法典第十章对海上保险作了规定，德国 1897 年商法典中对海上保险有专门规定；一些国家制定单行法，规范海上保险，最典型的是英国《1960 年海上保险法》；还有一些国家将海上保险规定在民法典中，比如捷克斯洛伐克民法典。我国关于海上保险的规定主要在《中华人民共和国海商法》第十二章中。另外，对特别法《中华人民共和国海商法》没有规定的也可以适用《中华人民共和国保险法》。海上保险是财产合同，《中华人民共和国合同法》和《中华人民共和国民法通则》及其解释均可以适用。

3. 保险合同的订立

（1）保险合同的主体

海上货物运输保险的主体可以分成三类：保险合同当事人、保险合同关系人以及保险合同中介人。

保险合同当事人是保险人和投保人。保险人是保险合同中收取保险费，并在合同约定的保险事故发生时，对被保险人因此而遭受的约定范围内的损失进行赔偿的保险合同一方当事人。在我国保险人是保险公司。在英国，保险人可以以个人身份出现，加入劳合社保险协会[①]的保险业者也可以作为保险人。投保人是与保险人订立保险合同并承担交付保险费的人。在一般情况下，投保人和被保险人是重合的，有时候投保人受被保险人委托代其订立保险合同，这时投保人充当的是保险经纪人的角色。

海上货物运输保险的关系人主要是被保险人。被保险人是指其财产受到保险合同保障，享有保险金请求权的人，被保险人可以是自然人也可以是法人。被保险人可以是投保人，这个时候被保险人需要向保险人支付保险费，被保险人也可以不是投保人的第三人，这时保险合同的主体就出现保险人、投保人和被保险人三者，投保人仍需要向保险人支付保险费。

保险合同中介人包括保险经纪人和保险代理人。保险经纪人是基于投保人的利益，为投保人和保险人签订保险合同提供中介服务，并收取报酬的人。我国保险经纪人只能是依法设立的保险经纪机构及其分支机构。[②] 根据我国保监会 2004 年颁布的《保险经纪机构管理规定》，设立保险经纪机构需要满足以下的条件：注册资本或者出资达到本规定的最低金额；公司章程或者合伙协议符合法律规定；高级管理人员符合本规定的任职资格条件；持有《保险经纪从业人员资格证书》的员工人数在 2 人以上，并不得低于员工总数的 1/2；具备健全的组织机构和管理制度；有固定的、与业务规模相适应的住所或者经营场所；有与开展业务相适应的计算机软硬件设施。保险代理人是根据保险人委托，向保险人收取代理手续费，并在保险人授权范围内代为办理保险业务的单位或者个人。保险代理人可以分为签单代理人、检验代理人和理赔代理人，各类代理人的职能不相同，代理事项的范围依据其和保险人代理合同的约定。

---

① 劳合社是由一个名叫 Edward Lloyd 的英国商人于 1688 年在泰晤士河畔塔街所开设的咖啡馆演变发展而来的。由于劳埃德咖啡馆临近一些与航海有关的机构，如海关、海军部和港务局，因此这家咖啡馆就成为经营航运的船东、商人、经纪人、船长及银行高利贷者经常会晤交换信息的地方。保险商也常聚集于此，与投保人接洽保险业务，该地点遂成为保险业中心。劳合社本身是个社团，更确切地说是一个保险市场，与纽约证券交易所相似，但只向其成员提供交易场所和有关的服务，本身并不承保业务。劳合社由其社员选举产生的一个理事会来管理，下设理赔、出版、签单、会计、法律等部，并在 100 多个国家设有办事处。该社为其所属承保人制订保险单、保险证书等标准格式，此外还出版有关海上运输、商船动态、保险海事等方面的期刊和杂志，向世界各地发行。

② 根据我国《保险经纪机构管理规定》的规定，保险经纪机构设立 1 年内，可以在其住所所在省、自治区、直辖市设立 3 家保险经纪分支机构。申请设立保险经纪分支机构应当具备下列条件：申请前 1 年内无严重违法、违规行为；内控制度健全；拟任主要负责人符合本规定的任职资格条件；现有的保险经纪分支机构运转正常；注册资本或者出资达到本规定的要求。保险经纪机构以本规定要求的注册资本最低限额或者出资最低限额设立的，在设立 1 年后，在其住所地以外的省、自治区、直辖市可以设立 3 家保险经纪分支机构；此外，在其住所地以外的每一省、自治区、直辖市首次申请设立保险经纪分支机构的，应当至少增加注册资本或者出资人民币 100 万元；申请设立保险经纪分支机构时，保险经纪机构注册资本或者出资已达到前款规定的增资后额度的，可以不再增加相应的注册资本或者出资；保险经纪机构注册资本或者出资达到人民币 2 000 万元的，设立保险经纪分支机构不需要增加注册资本或者出资。

（2）保险合同的订立

海上保险合同的签订也要经过要约和承诺两个阶段，通常是投保人填写投保单，保险人同意后签发保险单或者其他保险凭证，投保人是要约人，保险人是承诺人，投保人的要约经保险人承诺后，保险合同即告成立。英美国家保险合同的签订通常是在保险代理人和保险经纪人间进行，保险人或其代理人与保险经纪人洽谈保险业务，由保险经纪人提供给保险人或其代理人一份被称为保险便条的文件，供保险人考虑，其中有经纪人打算要投保风险的具体内容，经纪人再和保险人或其代理人就保险条款和保险费率进行磋商，以期获得保险人或其代理人的同意。

保险合同可以是逐笔投保，也可以是预约投保。逐笔投保是指由投保人填制投保单，列明将要投保的货物的名称、保险金额、投保险别等相关事项，交给保险公司或保险代理人。保险人依据投保单制作正式保单一式两份，签章后将一份给被保险人作为保险合同成立的凭证。预约保险合同也被称为“总保险合同”，主要是用于大批量的货物运输，即凡合同条款规定由各进出口公司办理保险的，保险公司均负有自动保险责任。凡属预约保险范围内的货物，一经启运，自动按照预约保险合同所列保险条件保险，被保险人应在每批货物启运时，立即将该批货物的名称、数量、保险金额、运输工具的种类和名称、航程起讫地点、开航日期等相关情况通知保险公司。我国《海商法》第231条规定：“被保险人在一定期间分批装运或者接受货物的，可以与保险人订立预约保险合同。预约保险合同应当由保险人签发预约保险单证加以确认。”第232条规定：“应被保险人要求，保险人应当对依据预约保险合同分批装运的货物分别签发保险单证。保险人分别签发的保险单证的内容与预约保险单证的内容不一致的，以分别签发的保险单证为准。”我国法律对预约保险有比较详细的规定。

（3）保险合同凭证

保险合同的凭证主要有保险单、保险凭证以及暂保单三种。

保险单是保险人接受投保人的投保单后，依据投保单制作的，交给被保险人作为保险合同成立的凭证。保险单是保险合同的凭证，并不是保险合同本身，在保险人将保险单交给投保人之前，保险合同已经成立的，如果发生保险合同承保的险别，保险人还是应该赔偿。保险单可以分为下列几类：① 定值保险单，指载明保险标的的约定价值的保险单，该价值是保险公司在保险事故发生后的赔偿价值；② 不定值保险单，指保险单上保险标的物的金额在投保时尚未订明的保险单，其标的物价值还待以后确定；③ 流动保险单，指载明保险的总条件，而将船名和其他细节留待以后申报的一种保险单；④ 预约保险单，和流动保单类似，只是不在保单中规定保险总金额，承保货物一经启运，被保险人通知保险人后，保险自动生效。

保险凭证，又被称为小保单或者简式保险单，保险凭证上通常没有写明保险条款。

对于保险凭证的效力，有国家将其视为具有和保险单相同的效力，[①] 如美国《统一商法典》和《1941年对外贸易定义》均规定，卖方有权取得保险单或可转让保险凭证；《国际贸易术语解释通则》的CIF合同规定卖方负责取得可转让的保险单，如在提供单据时不能及时取得，则另外提供保险人提供的保险凭证。有的国家不承认保险凭证和保险单具有相同的效力，除非合同中有这样的规定，根据英国的判例，CIF合同中，卖方必须提供正式保险单，只提交保险凭证并不能说明卖方已经有效地交单。

暂保单，是保险单没有被签发之前保险人出具给投保人的一种临时凭证。暂保单具有和保险单同等的效力，在正式保单出具后，暂保单自动失效。

保险批条，亦被称为批条或背书，它是对保险单内容的补充或变更，是保险人和投保人协商变更保险合同内容后，附在保险单上的批单。保险单一经附上批条，保险人和投保人的权利义务依据批条内容的规定。

4. 保险合同当事人的基本义务

投保人和保险人均有如实告知的义务。我国《海商法》第222条规定："合同订立前，被保险人应当将其知道的或者在通常业务中应当知道的有关影响保险人据以确定保险费率或者确定是否同意承保的重要情况，如实告知保险人。保险人知道或者在通常业务中应当知道的情况，保险人没有询问的，被保险人无需告知。"另外，我国新修订的《保险法》第17条规定："订立保险合同，采用保险人提供的格式条款的，保险人向投保人提供的投保单应当附格式条款，保险人应当向投保人说明合同的内容。对保险合同中免除保险人责任的条款，保险人在订立合同时应当在投保单、保险单或者其他保险凭证上作出足以引起投保人注意的提示，并对该条款的内容以书面或者口头形式向投保人作出明确说明；未作提示或者明确说明的，该条款不产生效力。"

投保人最基本义务是支付保险费，在保险事故发生时，被保险人应该采取合理措施防止或减少损失。在保险人支付保险赔偿，取得对第三人的代位求偿权后，被保险人无权擅自放弃要求第三人赔偿的权利，还必须协助保险人向第三人追偿。

保险人的义务包括签发保单，即保险人接受投保人的投保单后应该及时签发保单。在发生保险合同承保范围内的事故时，保险人还应该给予赔偿，根据我国《海商法》第240条的规定，保险人还需要给付被保险人减轻事故损失而支出的费用。[②]

---

① 王传丽．国际贸易法．北京：法律出版社，2004：115.

② 我国《海商法》第240条规定："被保险人为防止或者减少根据合同可以得到赔偿的损失而支出的必要的合理费用，为确定保险事故的性质、程度而支出的检验、估价的合理费用，以及为执行保险人的特别通知而支出的费用，应当由保险人在保险标的损失赔偿之外另行支付。保险人对前款规定的费用的支付，以相当于保险金额的数额为限；保险金额低于保险价值的，除合同另有约定外，保险人应当按照保险金额与保险价值的比例，支付本条规定的费用。"

保险人的保险责任是有期限的，一般是从被保险的货物运离保险单所载明的启运地仓库或储存处开始运输时起，至该货物到达保险单所载目的地收货人的最后仓库或储存处，或被保险人用作分配、分派或非正常运输的其他储存处为止，即通常称的“仓至仓条款”。如果没有抵达上述仓库或储存处，则以货物在最后卸载地后满 60 天为止。在航空运输中，则在货物卸离飞机后满 30 日为止。如在上述的时间内，货物被转运到其他的地方，保险责任从货物开始转运时终止。

5. 保险合同转让和解除

保险合同不是保险标的的附属物，保险合同不会随着保险标所有权的转让而自动转移。海上运输保险合同可以转让，不需要事先征得保险人同意。我国《海商法》第 229 条规定：“海上货物运输保险合同可以由被保险人背书或者以其他方式转让，合同的权利、义务随之转移。合同转让时尚未支付保险费的，被保险人和合同受让人负连带支付责任。”保险合同的转让并不会额外增加保险人的负担，所以法律允许被保险人直接背书转让合同而不需要事先取得保险人的同意。但是对于船舶的保险，因为保险标的的价值大，被保险人的个人信誉、管理水平、经营能力和财务状况都可能作为保险人是否承保的考虑因素，所以船舶保险的保险单转让的应该得到保险人的事先同意，我国《海商法》第 230 条规定：“因船舶转让而转让船舶保险合同的，应当取得保险人同意。未经保险人同意，船舶保险合同从船舶转让时起解除；船舶转让发生在航次之中的，船舶保险合同至航次终了时解除。合同解除后，保险人应当将自合同解除之日起至保险期间届满之日止的保险费退还被保险人。”

国际海上货物运输保险合同的解除是指在保险合同法律关系有效的期限内，保险合同当事人提前终止合同的效力。保险人和被保险人均有解除合同的权利。保险人解除合同的情况有：由于被保险人故意，违反诚实信用原则，未将重要情况如实告知保险人的，保险人有权解除合同，并不退还保险费；不是被保险人的故意，未将重要情况如实告知保险人的，保险人有权解除合同或者要求相应增加保险费；被保险人或者受益人在未发生保险事故的情况下，谎称发生保险事故，向保险人要求赔偿的，保险人有权解除合同，并不退还保险费；投保人、被保险人未按照合同约定对保险标的的安全尽到应尽的义务的，保险人可以解除合同或者要求增加保险费；我国《海商法》第 230 条规定：“因船舶转让而转让船舶保险合同的，应当取得保险人同意。未经保险人同意，船舶保险合同从船舶转让时起解除；船舶转让发生在航次之中的，船舶保险合同至航次终了时解除。”第 235 条规定：“被保险人违反合同约定的保证条款时，应当立即书面通知保险人。保险人收到通知后，可以解除合同，也可以要求修改承保条件、增加保险费。”另外，被保险人拒绝支付保险费的，保险人也可以解除合同。根据我国《海商法》第 226 条规定，被保险人解除合同的情况有：“保险责任开始前，被保险人可以要求解除合同。但是应当向保险人支付手续费，保险人应当退还保险费。”除此之外，被保险人还可以和保险人协商解除合同。

（二）海上运输保险原则

海上运输保险应遵循以下四项原则：

1. 最大诚信原则

最大诚信原则主要体现的是如实告知义务。告知义务分为有限告知主义和无限告知主义，有限告知主义是被保险人只需要如实回答保险人的询问，如实填写投保单就已经尽到告知义务。无限告知义务是对于保险人没有主动询问的事项，投保人也需要主动告知保险人。我国原《保险法》采用的是有限告知主义，[①]《海商法》对海上保险合同采取了无限告知主义，《海商法》第 222 条规定：“合同订立前，被保险人应当将其知道的或者在通常业务中应当知道的有关影响保险人据以确定保险费率或者确定是否同意承保的重要情况，如实告知保险人。”

投保人告知保险人的信息是其“实际知道的或者应该知道”的“重要情况”。英国《海上保险法》第 18 条和第 19 条也采用“知道和应当知道”的标准：被保险人必须告知保险人他实际知道的每一重要情况，及其被推定知道在通常业务过程中所知道的每一重要情况；投保代理人必须告知他所知道的每一重要情况，及其被推定在通常的业务过程中应当知道的每一重要情况。被保险人在“通常业务”中应当知道的情况，是指被保险人在通常业务中只要尽了应有的谨慎就可以知道的情况，被保险人此时被当成“谨慎被保险人”对待。如果被保险人不主动了解通常业务中的有关情况，或者主动了解但未达到一般谨慎被保险人标准，以致在投保时不能告知保险人，则应当对其不谨慎造成的后果承担未告知的义务。[②]

至于“重要情况”，我国立法规定为“有关影响保险人据以确定保险费率或者确定是否同意承保的”。在判断何为“重要情况”的司法实践中，英国的做法值得借鉴。英国先后提出“决定性影响标准”、“影响标准”和“可能提高风险标准”三种标准。“决定性影响标准”是指如该情况对一个谨慎的保险人[③]接受

---

① 我国原《保险法》第 17 条规定：“订立保险合同，保险人应当向投保人说明保险合同的条款内容，并可以就保险标的或者被保险人的有关情况提出询问，投保人应当如实告知。”这被认为是“有限告知主义”。新修改的《保险法》第 16 条规定：“订立保险合同，保险人就保险标的或者被保险人的有关情况提出询问的，投保人应当如实告知。”仍然采取了“有限告知主义”。

② 张丽英．国际贸易法专题研究．北京：法律出版社，2004：179.

③ 英国《海上保险法》里有“谨慎保险人”的概念，这是一个抽象的客观的标准，“谨慎保险人”并不是指比当时市场上一般有经验及理智的保险人具有更高一级知识和水平的保险人，而是指与当时市场上其他保险人具有相同知识和经验的保险人。

或拒绝保险或改变保险费率产生决定性的影响则属于重要情况。"影响标准"是指某一情况会对保险人产生影响即属于重要情况，该情况不一定会影响到保险人进而使其拒绝保险或提高保险费率，该情况的未告知也不一定诱导保险人订立合同的情形。"可能提高风险标准"是指保险人需要证明被保险人的未告知诱导其订立保险合同，而且未告知的情况是一个谨慎的保险人在决定接受投保单是需要考虑的因素。

我国法律区分被保险人的主观状态，规定了不同主观状态下未尽到告知义务导致的不同后果。《海商法》第223条规定："由于被保险人的故意，未将本法第二百二十二条第1款规定的重要情况如实告知保险人的，保险人有权解除合同，并不退还保险费。合同解除前发生保险事故造成损失的，保险人不负赔偿责任。不是由于被保险人的故意，未将本法第二百二十二条第1款规定的重要情况如实告知保险人的，保险人有权解除合同或者要求相应增加保险费。保险人解除合同的，对于合同解除前发生保险事故造成的损失，保险人应当负赔偿责任；但是，未告知或者错误告知的重要情况对保险事故的发生有影响的除外。"

2. 可保利益原则

我国《保险法》第12条第2款规定："财产保险的被保险人在保险事故发生时，对保险标的应当具有保险利益。"我国海商法上没有保险利益原则的明文规定，但是从海商法对超额保险只赔偿实际损失的规定可以看出，因为被保险人对超额保险高于实际价值的部分没有可保利益，所以不能得到赔偿。保险利益首先必须是合法的利益，其次需要是可以确定的利益。我国旧《保险法》第12条规定："投保人对保险标的应当具有保险利益。投保人对保险标的不具有保险利益的，保险合同无效。"新修改的《保险法》对该条规定进行了修改，明确了需要具有保险利益的时间，这符合国际上通行做法。国际海上运输保险确定保险利益的时间已经不是保险合同订立之时，而是在保险事故发生后，保险人理赔时，被保险人有保险利益的，均可以得到赔偿。

保险利益的表现形式有很多种：财产利益，包括所有利益、占有利益、抵押利益、担保利益和债权利益等；责任利益，包括民事赔偿责任利益、产品责任利益等；期待利益，包括运费收入利益以及经营收入利益等。

确定可保利益原则是由保险的性质和目的决定的，确定可保利益原则，可以避免类似赌博行为的发生，还可以控制被保险人故意破坏保险标的骗取赔偿现象的发生。但是，如果将保险利益的理解限制得非常窄，又不利于保险作用的发挥和保险市场的发展。英国司法实践对保险利益的理解在"劳伦斯标准"和"艾尔登标准"两种标准①之间摆动，时而比较宽松，时而比较严格，世界上很多国家对保险利益的理解呈现日益宽松的趋势。

3. 近因原则

引发保险标的损坏的原因有时不止一个，保险人只需对承保的风险造成的"直接损失"承担赔偿责任，因而，在确定保险人是否该赔偿时，需要区分出近因和远因。对于什么是"近因"，理论上存在最近时间说和主要功能说。最近时间说认为近因是发生在距离损害时间最近的原因。主要功能说不是按照原因发生的先后来确定近因，而是认为近因是最主要的、决定性的和直接的原因，这种原因可能发生的时间在其他原因之前，但仍具有近因的性质。目前，大多数国家采用主要功能说来划分近因和远因。

当引起损坏发生的近因数量只有一个时，如果该原因正好是保险合同承保的风险，则被保险人有权要求保险人赔偿。当引起损坏发生的近因数量不止一个时，如果这些近因均是保险合同承保的风险，则被保险人有权要求保险人赔偿；如果有些近因是保险合同承保的风险，有些近因不是保险合同承保的风险时，保险人一般也需要承担赔偿责任。

4. 损失补偿原则

海上货物运输保险的另外一个重要原则是损失补偿原则，即被保险人不得因重复保险而获得超过其实际损失的赔偿，保险人在理赔时只负有金钱赔偿的义务，而没有恢复原状等责任。损失补偿原则在《海商法》第225条中有规定。强调损失补偿原则可以避免类似赌博行为的发生，也可以防止被保险人故意破坏保险标的骗取赔偿现象的发生。

损失补偿原则的例外是定值保险。在定值保险中，保险人和投保人预先约好保险标的的价值，并按照约定的价值收取保险费和确定保险金额。在这种情形下，如果保险标的的实际价值低于约定的价值，而被保险人又获得足额保险，被保险人得到的赔偿可能会超过其实际遭受的损失。

---

① "劳伦斯标准"的"劳伦斯"是英国一位法官名字，该法官主张对保险利益做宽松理解，其认为："利益并不必然意味着对事务的全部或部分权利，也不必然地或特定地指私有关系的标的，而是指与保险标的之间存在的某种联系或关系，这种联系或关系会因为保险事故的发生而受到如此的影响，以致产生了对被保险人的损害；并且，当一个人与面临危险的事物之间的关系如此密切，以致利益非常确定的程度时，这个人就可以被认为对该物有厉害关系。""艾尔登标准"的"艾尔登"是英国另一位法官的名字，该法官主张对保险利益做严格的理解，其认为："它（保险利益）是一项财产权利，或者是一项关于该财产的合同所产生的权利，这两种情况下当事人的占有或享受都会因为意外事故而受影响……，期待尽管建立在最大的可能上，并非利益……，如果非常确定可以成为利益，将会有数百以至数千人有权获得保险，先是码头公司，接着是码头主管、仓库保管人、搬运工……。"参见林武坛，章博．国际贸易私法学．南京：东南大学出版社，2008：195.

（三）海上运输保险承保的风险与险别

海上货物运输保险承保的风险主要有两类：海上风险和外来风险。海上风险主要是指海上发生的自然灾害和意外事故，自然灾害是指暴风雨、雷电、海啸、地震和洪水等自然现象造成的灾害。意外事故是指运输工具遭遇搁浅、触礁、沉没、碰撞和失火等意外原因造成的损害。此外，还有其他的风险，被统称为“外来风险”，通常包括偷窃、破碎、玷污以及战争、武装冲突和罢工等。

海上运输保险承保的险别主要分为基本险和附加险。基本险又可以分为平安险、水渍险和一切险。

（1）平安险。英文原意是“单独海损不赔”，是保险人原则上只对保险标的物在承保范围内发生的全部损失及共同海损承担赔偿责任，但也存在某些例外。平安险赔偿范围包括：共同海损的牺牲、分摊和救助费用；自然灾害或意外事故造成的货物全部损失；在装运或转运时整件货物掉入海中造成的损失；在运输工具遭到意外事故的情况下，货物又受到自然灾害的影响造成的部分损失；运输工具遭遇海难后，在避难港卸货时所引起的损失，或在中途港、避难港由于卸货、存仓以及运送货物所产生的特别费用；被保险人对遭受承保风险的货物采取防止或减少货损的措施而支付的费用，以不超过该批被救货物的保险金额为限。

（2）水渍险。英文原意为“单独海损包括在内”，其不仅包括平安险的各项责任，还包括赔偿自然灾害造成的部分损失，赔偿的范围比平安险大。

（3）一切险。又名为综合险，保险责任范围包括上述水渍险外，还包括赔偿货物在运输中因外来原因造成的全部或部分损失，以及一般附加险。附加险分为一般附加险和特别附加险。附加险附属于基本险，投保人不可以单独投保附加险，只能在选择基本险后，附带选择附加险。由于一切险本身包含一般附加险，所以投保人选择投保一切险后，不需要再选择一般附加险。一般附加险主要有以下几种：偷窃提货不着险；淡水雨淋险；短量险；玷污险；渗漏险；碰损破碎险；串味险；受潮受热险；钩损险；包装破裂险以及锈损险。特别附加险主要有战争险；罢工险；舱面险；进口关税险；拒收险以及交货不到险。

二、国际贸易陆地运输保险

陆上货物运输保险承保的险别包括陆运险和陆运一切险。陆运险保险人承担责任范围包括：被保险货物在运输途中遭受暴风、雷电、洪水、地震等自然灾害造成的全部或部分损失；运输工具遭受碰撞、倾覆、出轨或在驳运过程中因驳运工具遭受搁浅、沉没造成的全部或部分损失；被保险人对遭受承保风险的货物采取防止或减少货损的措施而支付的费用，但以不超过该批被救货物的保险金额为限。陆运一切险保险人承担责任的范围包括上述陆运险的责任范围，还包括货物在运输途中由于其他外来原因造成的全部或部分损失。

陆上货物运输保险保险人的责任期间自货物运离保险单所载的启运地时开始，直至该货物送达保险单载明的目的地收货人仓库为止，但货物到达最后卸载车站后，保险责任期限以 60 天为限。

因为被保险人的故意或过失行为造成的损失；属于发货人责任引起的损失；在保险开始前，被保险货物存在品质不良或数量短缺造成的损失；被保险货物的自然损耗、本质缺陷、特性以及市价跌落、运输延误造成的损失和延误等，保险人不承担赔偿责任。

三、国际贸易航空运输保险

航空货物运输保险承保的险别包括航空运输险和航空运输一切险。航空运输险保险人承担责任范围包括：被保险货物遭受雷电、火灾、爆炸或飞机遭受危难事故而被抛弃，或由于飞机遭受碰撞、倾覆、坠落等意外事故造成的全部或部分损失；被保险人对遭受承保风险的货物采取防止或减少货损的措施而支付的费用，但以不超过该批被救货物的保险金额为限。航空运输一切险保险人承担责任的范围包括上述航空运输险的责任范围，还包括被保险货物在运输途中由于其他外来原因造成的全部或部分损失。

航空运输保险保险人的责任期间是自货物运离保险单所载的启运地仓库或储存处时开始，直至该货物送达保险单载明的目的地收货人仓库或储存处时为止，如果没有抵达上述仓库或储存处，则以被保险货物在最后卸载地卸离飞机后满 30 天为限。

四、国际货物运输保险的理赔

（一）保险标的的损失

保险标的损失可以分为全部损失和部分损失两种。全部损失又可以分为实际全损和推定全损。所谓实际全损，我国《海商法》第 245 条规定：“保险标的发生保险事故后灭失，或者受到严重损坏完全失去原有形体、效用，或者不能再归被保险人所拥有的，为实际全损。”保险标的全损可以是保险标的灭失，比如船舶因着火化为灰烬、货物沉入海底，可以是保险标的受到毁坏后失去原有价值，比如面粉被水浸泡、船舶被撞击后不再适航，还可以是保险标的不再归被保险人所有，比如货物被政府没收、船舶被交战方没收。所谓推定全损，我国《海商法》第 246 条规定：“船舶发生保险事故后，认为实际全损已经不可避免，或者为避免发生实际全损所需支付的费用超过保险价值的，为推定全损。货物发生保险事故后，认为实际全损已经不可避免，或者为避免发生实际全损所需支付的费用与继续将货物运抵目的地的费用之和超过保险价值的，为推定全损。”推定全损本身并不是保险标的真的完全损坏，可以推定为表现标的全部损坏的情形有：货物发生部分损坏，但是根据推定，全部损坏也在所难免的；为避免保险标的发生全部损坏所需要支出的费用超过保险价值的。保险标的的实际全损和推定全损的主要区别是在实际全损情形下，被保险人完全丧失了对保险标的物的所有权，而在推定全损的情形下，保险标的物并没有完全灭失，只是修复的成本超过保险价值。我国《海商法》第 247 条规定："不属于实际全损和推定全损的损失，为部分损失。"部分损失是指保险标的没有灭失、被保险人也没有丧失对保险标的的所有权，此时维修保险标的的费用也不会超过保险标的的保险价值。

货物发生全部损失（包括推定全损）时，不论保险标的损失时实际价值是高于还是低于保险金额，保险金额为最高赔偿限额，保险人按保险金额全数赔偿。货物发生部分损失时，赔偿金额的计算方法是：实际完好价值减去货损后的实际价值，再除以实际完好价值，将得出的百分比数字和保险金额相乘，得出赔偿的金额。

（二）委付

委付是在保险标的物发生推定全损的情形下，被保险人将有关保险标的的权利和义务转移给保险人，并要求保险人按照实际全部损失赔偿的制度。我国《海商法》第 249 条规定："保险标的发生推定全损，被保险人要求保险人按照全部损失赔偿的，应当向保险人委付保险标的。保险人可以接受委付，也可以不接受委付，但是应当在合理的时间内将接受委付或者不接受委付的决定通知被保险人。委付不得附带任何条件。委付一经保险人接受，不得撤回。"第 250 条规定："保险人接受委付的，被保险人对委付财产的全部权利和义务转移给保险人。"法律的相关规定说明委付的特征有：委付应该以推定全损作为条件，同时委付还不应该附加任何条件；保险人接受委付后不可以撤回；委付成立后，保险人应该按照实际全损的标准对被保险人赔偿；保险人获得委付标的物的权利义务，即使该标的物最后销售的价值大于保险赔偿，保险人也无需返还给被保险人。

（三）代位求偿权

代位求偿权是指保险标的发生保险责任范围内的损失是由第三人造成的，被保险人向第三人索赔的权利，自保险人支付赔偿之日起，转移到保险人，保险人获得向该第三人追偿的权利。各国对代位求偿权的取得有两种主张：一种是当然代位主义，只要保险人向被保险人赔偿后，就自动取得代位求偿权；一种是请求代位主义，保险人取得代位求偿权，还需要被保险人将其享有的向第三人的损害赔偿请求权让与或转让给保险人。[①] 我国《海商法》第 252 条规定："保险标的发生保险责任范围内的损失是由第三

① 陈安．国际经济法学．北京：北京大学出版社，2006：533.

人造成的，被保险人向第三人要求赔偿的权利，自保险人支付赔偿之日起，相应转移给保险人。”代位求偿权是债权的法定转移，被保险人应当向保险人提供必要的文件和其所需要知道的情况，尽力协助保险人向第三人追偿，被保险人未经保险人同意放弃向第三人要求赔偿的权利，或者由于过失致使保险人不能行使追偿权利的，保险人可以相应扣减保险赔偿。保险人行使代位求偿权时，可以以自己名义提起诉讼。

保险人行使代位求偿权获得的赔偿额不得超过支付的保险赔偿金额，我国《海商法》第254条第2款规定：“保险人从第三人取得的赔偿，超过其支付的保险赔偿的，超过部分应当退还给被保险人。”保险人除了取得代位求偿权，在实际全部损失情况下，保险人支付赔偿后，还可以取得保险标的的所有权，除非保险人主动放弃该权利。在不足额保险的情况下，保险人也可以按照保险金额与保险价值的比例取得对保险标的的部分权利。保险人取得保险标的物后，即使保险标的的价值大于保险赔偿，保险人也不需要将多出部分金额返还被保险人，这和代位求偿权有差别。

第二节　海上保险合同

主题案例

湛江市水运总公司第三公司与中国人民财产保险股份有限公司防城港分公司等海上运输货物损失保险代位求偿纠纷上诉案①

案情回顾

2002年7月8日，原审被告铭龄公司防城港办事处与桂林娃哈哈食品有限公司（下称桂林公司）签订一份海上货物运输合同，约定：由铭龄公司安排“旭天”轮或同类轮船承运桂林公司1 050吨“娃哈哈”纯净水，启运港广西防城港，卸货港海南海口港；装船时间2002年7月8日左右；运费35元每吨，合计36 750元，于货物装船完毕预付50%，余下运费在承运船舶到达卸货港后一次性付清；桂林公司须将货物投保水运险，并经铭龄公司确认后启运。铭龄公司防城港办事处代表郭某某在合同上签名并加

① 案例详见广西壮族自治区高级人民法院（2004）桂民四终字第6号民事判决书。

盖铭龄公司防城港办事处公章，桂林公司代表张某某在合同上签名并加盖桂林公司公章。之后，郭某某以铭龄公司防城港办事处名义与被告湛江第三公司签订一份水上货物运输合同，约定：由湛江第三公司名下的“旭天”轮承运桂林公司纯净水，启运港为防城港，卸货港为海口秀英港；运费为每吨 27 元，按实际装运货物重量计算运费。7 月 6 日，桂林公司已将货物“娃哈哈”纯净水运抵防城港务局码头，并由该局货运代理公司（下称防城港代理公司）将货物交由湛江第三公司名下的“旭天”轮承运。为此，湛江第三公司签发 3 份有“湛江市水运总公司第三公司旭天”字样印章的水路货物运单（号码分别为 0019137、0019138、0019139）。

7 月 10 日零时许，防城港代理公司将该批货物于原告设在防城港务局商务中心的保险代办点进行了投保，并支付保险费 1 270 元。为此，原审原告中国人民财产保险股份有限公司防城港分公司向防城港代理公司签发了 200207001 号保险单，并于 07:50 时许将该保险单交给防城港代理公司。保险单载明：投保人防城港代理公司，被保险人桂林公司，保险标的纯净水，重量 900 吨，运输工具“旭天”轮，运单号码分别是 0019137、0019138、0019139，启运日期 2002 年 7 月 10 日，启运港防城港，目的港海口秀英港，保险金额 127 万元，承保险别基本险，保险费 1 270 元。当时 7 点 20 分时，“旭天”轮在防城港 21°28′59″，108°22′771″E 处沉没，致使桂林公司货物全损。10 月 8 日，桂林公司向原告出具保险赔款收据代权益转让书，原告向桂林公司支付保险赔款。

一审判决被告赔付原告中国人民保险公司防城港分公司货物损失，被告不服一审判决，认为本案海上货物保险合同属违法无效的合同，被上诉人不能据此取得代位求偿的资格，不享有向承运人代位索赔的权利，被上诉人从未向法庭提供投保单这一书证，仅凭保险单无法证实本案海上货物保险合同成立，因此其作出赔付行为既无合同根据，也无法律依据，其不能由此获得代位求偿权。

争议焦点

1. 本案保险合同是否成立以及成立的时间问题。
2. 保险利益原则与保险合同效力问题。

裁判意见

上诉人（湛江市水运总公司第三公司）认为，我国当时的《保险法》第 13 条规定：“投保人提出要求，经保险人同意承保，并就合同的条款达成协议，保险合同成立。保险人应当及时向投保人签发保险单或者其他保险凭证，并在保险单或者其他保险凭证中载明当事人双方约定的合同内容。经投保人和保险人协商同意，也可以采取前款规定以外的其他书面协议形式订立保险合同。”此规定表明，保险合同是须以书面形式订立的要式合同，该要式合同须经过投保、承保的要约与承诺过程才能成立，投保单、保险单均是保险合同有机组成部分。而本案的被上诉人没有提供投保单，仅仅提交保险单不足以证明保险合同成立。因此，被上诉人的赔付行为没有合同根据。被上诉人（中国人民财产保险股份有限公司防城港分公司）认为，《海商法》第221条规定："被保险人提出保险要求，经保险人同意承保，并就海上保险合同的条款达成协议后，合同成立。保险人应当及时向保险人签发保险单或者其他保险凭证，并在保险单或者其他单证中载明当事人双方约定的合同内容。"本案中，被保险人和保险人的代理人在2002年7月10日零时许已就保险合同的所有主要条款达成一致，形成了合同双方的合意，并支付了保险费，从而保险合同即成立生效。

本案中，被保险人桂林公司通过防城港港务局货运代理公司投保，而被上诉人根据此投保之真实意思表示，签发了载明保险主要条款内容的保险单，该保险单即为保险合同订立的书面凭证，是合同双方达成合意的结果，此合同订立的过程符合法律规定，保险合同已依法成立。上诉人以被上诉人未提供投保单为由主张保险合同不成立，于法无据，本院不予支持。

上诉人认为，本案投保人、被保险人对本案保险标的均不具有保险利益，从而导致本案海上保险合同无效，理由为：我国当时的《保险法》第12条规定："投保人对保险标的应当具有保险利益。投保人对保险标的不具有保险利益的，保险合同无效。保险利益是指投保人对保险标的具有的法律上承认的利益。"本案中，编号分别为防市NO. 0019137、0019138、001939的三张《水路货物运单》显示，防城港务局货运代理公司于2002年7月6日已将本案货物交付"旭天轮"装载，其于同月10日作为投保人以该货物为保险标的向被上诉人在防城港务局商务中心所设的保险代办点投保时已再无管货责任；且其又不是货物权利人，该货物如有灭失也未使其受有损失。因此，投保人对本案保险标的不具有保险利益。同时，编号分别为00096291、00096292、00096293这三张《广西增值税专用发票》证实，作为收货人的买方海南冠亿冷饮食品有限公司、海口怡丰南行、三亚玉林商行均已向作为托运人、被保险人的卖方桂林公司付清了货款，被保险人并不因本案货物灭失而造成损失。并且，货交承运人后，托运人不承担向收货人交货义务。至于从货物所有权与风险转移角度来分析，被保险人是否确实仍有保险利益，这取决于买卖双方在买卖合同中的约定。由于被上诉人主张其代位求偿权成立，而代位求偿权成立首先取决于本案海上保险合同合法有效。海上保险合同的有效要件之一是被保险人对保险标的具有保险利益。

法院认为，我国《保险法》第12条的规定虽然表明投保人不具有保险利益会导致合同无效的后果，但该规定是针对普通财产保险的保险利益而言的，而由于海上保险的保险利益具有相对性，与普通财产保险的保险利益的绝对性不同，因此，在我国《海商法》没有具体规定而适用《保险法》的一般规定又与海上货物保险特点不符的情况下，依据海上货物运输的流转性，本案应以保险事故发生时保单持有人是否对保险标的的具有保险利益为原则来判断对保险合同效力的影响。本案中，保险事故发生时，保险单由被保险人桂林公司持有，而本案涉及的运输为沿海运输，实际承运人所签发的运单不具备单单交付的性质，因此，在货物未运抵目的港实际交付收货人前，桂林公司仍承担货物运输途中可能因货物灭失、受损导致对买卖合同的买方交付不能的风险，此货物风险应为被保险人仍具有保险利益的根据。上诉人要求被上诉人举证证明买卖合同货物所有权和风险仍归被保险人所有，但是上诉人对被上诉人行使抗辩权，应受合同相对性原则的限制，因上诉人仅为运输关系中的实际承运人，而非保险合同的当事人，其不能根据最高法院关于《民事诉讼证据的若干规定》第 5 条第 1 款的规定要求被上诉人举证证明被保险人能否依据有效的保险合同享有索赔权，而应对其提出的主张承担证明责任。上诉人仅以被保险人已对案涉货物开具发票为由主张被保险人已不具有保险利益，但该事实并不能推出货物所有权和风险或保险利益已转移给买方的结论。发票的开具不能等同为货物所有权和风险的转移，货物所有权与保险利益更非同一法律意义之概念，上诉人从发票的开具引述出保险利益丧失的结论，该主张依据不足，本院不予支持。

二审法院最后判决：驳回上诉，维持原判。

评析探讨

海上保险合同，是指保险人按照约定，对被保险人遭受保险事故造成保险标的的损失和产生的责任负责赔偿，而由被保险人支付保险费的合同。海上保险合同的签订也要经过要约和承诺两个阶段，通常是投保人填写投保单，保险人同意后签发保险单或者其他保险凭证，投保人是要约人，保险人是承诺人，投保人的要约经保险人承诺后，保险合同即告成立。由于保险合同是财产保险的一种，主要通过保险单证体现，可见保险单是保险合同成立以及保险合同内容的凭证，保险合同往往在保险单签发和交给投保人之前已经成立。本案上诉人和被上诉人之间的争论体现为对保险单地位的争论，进而反映了对保险合同形式要求的不同见解。根据上诉人的观点，保险合同需要以书面形式签订，且保险单就应该是合同的一部分，保险人没有签发保险单给被保险人，因而合同并没有成立。但是，这种看法和我国法律的规定不符。

根据我国《保险法》第 13 条的规定，投保人提出保险要求，经保险人同意承保，保险合同成立。保险人应及时向投保人签发保险单或者其他保险凭证；保险单或者其他保险凭证应载明当事人双方约定的合同内容。我国《海商法》第 221 条规定："被保险人提出保险要求，经保险人同意承保，并就海上保险合同的条款达成协议后，合同成立。保险人应该及时向被保险人签发保险单或者其他保险单证，并在保险单或者其他保险单证中载明当事人双方约定的合同内容。"这两条法律规定的实质内容相同，可见，对保险合同成立的要件，法律并没有要式的强制要求，而且交付保险单或者保险凭证，是保险人对被保险人的义务，而不应该成为第三人主张合同未成立的抗辩理由。所以，在保险合同成立生效之后，即使投保人还没有取得保险单，甚至根本没有取得保险单，保险人仍应该对承保风险引起的损失赔偿。换言之，保险合同是保险合同成立的书面凭证，不是保险合同成立的必要条件，只要当事人就保险条款达成协议，保险合同即告成立。本案投保和保险单签发的时间是在保险事故发生之前而保险单的交付是在保险事故发生之后，保险合同在保险事故发生之前已经成立，并且合同反映了当事人双方的真实意思，是合同双方达成合意的结果，此合同订立的过程符合法律规定，该保险合同已依法成立。在发生承保范围内的风险后，被保险人桂林娃哈哈食品有限公司有权要求保险人中国人民财产保险股份有限公司防城港分公司支付赔偿，中国人民财产保险股份有限公司防城港分公司在向保险人支付保险金额后依法取得向造成该损失的第三人求偿的权利。

保险利益是指投保人应该对保险标的具有法律上认可的利益，这种利益可以表现为财产利益、期待利益，以及责任利益。原《保险法》第 12 条规定："投保人对保险标的应当具有保险利益。投保人对保险标的不具有保险利益的，保险合同无效。"这条规定了保险利益原则，但是对确定保险利益的时间没有作出规定。新修订的《保险法》第 12 条第 2 款规定："财产保险的被保险人在保险事故发生时，对保险标的应当具有保险利益。"该规定完善了对保险利益的规定。保险利益的有无可以影响合同的效力，但是保险利益原则不要求在签订保险合同时就应该有保险利益，而是保险利益是可以确定和可以实现的，在发生保险事故时该利益是存在且可以被估算出来的。本案保险人桂林娃哈哈食品有限公司是货物的所有人，货物的灭失还有可能导致被保险人承担买卖合同的责任，因而被保险人桂林娃哈哈食品有限公司对保险标的有利益，桂林娃哈哈食品有限公司与中国人民财产保险股份有限公司防城港分公司的保险合同是有效的。

第三节 保险合同当事人权利义务

主题案例

广东惠州某贸易公司与香港地区某公司马来西亚原木购买合同争议仲裁案

案情回顾

1999 年 9 月 8 日，申请人惠州某贸易公司（买方）和被申请人香港地区某公司（卖方）签订了《购货合同》，申请人向被申请人购买一批马来西亚原木。在《购货合同》签订后，被申请人于 1999 年 9 月 9 日分别与其下家供货商 RX 公司以及 RL 公司签订了木材买卖合同。1999 年 9 月 16 日，申请人通过中国 C 银行惠州分行开出了以被申请人为受益人的信用证。1999 年 9 月 18 日，申请人作为托运人和船东 S 公司签订了租船合同，约定由 C 轮承运《购货合同》项下的货物。申请人通过议付银行向被申请人支付了信用证项下的 USD669 000，但由于承运船舶 C 轮在驶往惠州港的航程中消失，双方对货物灭失的责任应当由哪一方承担的问题发生争议。申请人遂提请仲裁，请求裁决被申请人立即返还购原木款人民币 563 万元及赔偿经济损失人民币 4 878 352. 32 元。

争议焦点

是否是因为被申请人在保险购买问题上有违约行为，从而导致申请人丧失了所应当享有的保险索赔权？

裁判意见

仲裁庭注意到，《购货合同》规定：由卖方（即被申请人）按发票金额的 110% 投保 ICC（C）及战争附加险和罢工附加险。然而，中国 C 银行惠州分行开出的信用证要求被申请人提交的保险单必须承保海洋海事运输所有风险〔即 ICC（A）险〕，包括战争险和罢工险。显然，申请人开出的信用证对《购货合同》中被申请人应投保的险种进行了变更。被申请人与 H 保险公司签订保险合同时，投保的险种虽然是 ICC（A）险，但被申请人删除了六种风险（即破损、刮擦、损毁、霉损、波浪扫落、偷窃及无法派递）。申请人主张，由于被申请人实际上也投保了 ICC（A）险，因此，双方已经以行为修改了合同。申请人实际上是以默示行为观点来支持自己的主张。对于修改合同而言，所谓的默示行为是指合同一方单方修改合同后，另一方在明知的情况下，不但保持沉默，而且按照修改后的合同积极予以履行。虽然合同双方没有就修改合同形成书面文字，但按照诚实信用的原则，应认定合同双方已经对合同进行了修改。而在本案中，据被申请人黄某的证词，被申请人在收到申请人的信用证后，发现信用证对险种的要求和《购货合同》不符，曾经于1999年9月21日致电申请人方的H先生以及中国C银行惠州分行，要求修改信用证，但未能取得申请人的同意。此后，被申请人为了议付信用证项下的货款，虽然购买了ICC（A）险，但排除了六种风险，并未完全按照信用证的要求投保。因此，双方当事人并没有就改变原合同应投保的风险范围形成一致意见。仲裁庭认为，申请人在开出的信用证中对被申请人应投保的险种进行变更，应认定为一种单方修改合同的行为。

证据表明，H保险公司曾经委托P海事有限公司对货物灭失的问题进行了调查。P海事有限公司在2000年5月26日出具的一封信函中称保单不包括破损、刮花、损毁、发霉、霉烂、被冲入水中、盗窃、偷窃及无法派递，货物的灭失属于无法派递，因此，保险公司不承担保险责任。仲裁庭注意到，依据协会货物保险C条款的规定〔即ICC（C）险〕，ICC（C）险承保的风险仅限于风险条款中列明的下列风险：（1）保险标的的损失或损害，若可合理归因于：火灾或爆炸，船舶或驳船搁浅、擦浅、沉没或倾覆，陆上运输工具翻倒或出轨，船舶、驳船或运输工具与水以外的外部物体发生碰撞或接触。（2）因共同海损牺牲或抛弃所造成的保险标的的损失或损害。依据《购货合同》的规定，被申请人应当投保ICC（C）及战争附加险和罢工附加险，保险公司承担的风险范围不包含无法派递的风险。因此，按照《购货合同》的规定，无法派递是由申请人自行承担的风险，即使被申请人按照合同规定投保，由于无法派递属除外风险，申请人仍然无权向保险公司理赔。此外，依据伦敦海上保险人协会的《协会货物保险》A条款的规定〔即ICC（A）险〕，ICC（A）险承保的风险包括保险标的的损失或损害的一切风险，但对于普通除外条款、不适航和不适运除外条款、战争除外条款以及罢工除外条款项下的风险，保险人不承担保险责任。从上述规定来看，ICC（A）险是对除外风险以外的所有风险均要承担保险责任。被申请人在投保ICC（A）及战争附加险和罢工附加险的同时，虽然删除了六种风险，但该六种风险不属于ICC（C）险承担的风险范围。因此，被申请人的行为没有实质上损害申请人依据原合同所应当享有的保险利益。由于申请人开出的信用证和合同规定不符，被申请人为了议付信用证项下货款，在投保ICC（A）险的同时，虽然删除了六种风险，应认定为在申请人单方违约的情况下，由于货物已经装船付运，为取得信用证项下的货款所采取的合理补救措施。因此，申请人指称被申请人没有按照约定投保，从而导致申请人在货物灭失后丧失有关保险利益的主张，不能成立。

评析探讨

海上保险是以海上财产，如船舶、货物以及与之有关的利益，如租金、运费等作为保险标的的保险。对自然灾害或其他意外事故造成海上运输损失的一种补偿方法。保险方与被保险方订立保险契约，根据契约被保险方应付一定费用给承保方，发生损失后则可得到承保方的补偿。海上保险承保的险别有基本险别和附加险。基本险别有平安险、水渍险和一切险三种。[①] 附加险不可以单独投保，投保人在选择基本险后才可以投保附加险。

案涉保险合同约定采用伦敦海上保险人协会公布的《协会货物保险条款》中的C条款，即《协会货物保险条款C条款》，但是买方在开立的信用证中擅自将保险合同改成要求投保《协会货物保险条款A条款》。并且，卖方与保险公司签订保险合同时，投保的险种虽然是《协会货物保险条款A条款》，卖方却删除了其中的六种风险（即破损、刮擦、损毁、霉损、波浪扫落、偷窃及无法派递）。由于，保险人只对承保范围内风险导致的损失负责，即如果保险事故不属于保险单承保的范围，保险人不需要赔偿，所以，本案需要解决的问题是原合同（要求投保《协会货物保险条款C条款》及战争附加险和罢工附加险）是否使得买方在该案的情形下拥有向保险公司索赔的权利以及删除了六种风险的合同（投保《协会货物保险条款A条款》及战争附加险和罢工附加险）是否损害申请人依据原合同所应当享有的保险利益。

《协会货物保险条款C条款》承保的风险较《协会货物保险条款A条款》少，它只承保重大意外事故，而不承保自然灾害和非重大意外事故。其具体承保的有火灾或爆炸；船舶或驳船遭受搁浅、触礁、沉没或倾覆；陆上运输工具的倾覆或出轨；船舶、驳船或运输工具同除水以外的任何外界物体碰撞；在避难港卸货；共同海损的牺牲；抛货。本案发生的是无法派递的风险，不在可以投保风险范围内，因而，保险人对该损失不承担赔偿责任。《协会货物保险条款A条款》投保人可以投保的风险是一切险。根据A条款，保险人对无法派递的风险也应该承担赔偿责任。投保人删除了包括无法派递风险在内的上述六种风险，并没有使得买方根据《协会货物保险条款C条款》可以享受的保险权益受到削弱。因而，申请人指称被申请人没有按照约定投保，从而导致申请人在货物灭失后丧失有关保险利益的主张，不能成立。

---

① 平安险、水渍险、一切险以及附加险分别承保的险别见前文“海上运输保险承保的风险与险别”部分的说明。

主题案例

某茶叶进出口公司与某保险公司G省分公司出口白芸豆一揽子保险协议书争议仲裁案

案情回顾

2000年7月2日，申请人某茶叶进出口公司（乙方）和被申请人某保险公司G省分公司之国际保险部（甲方）就乙方发票HT-00EQ001号项下出口伊拉克92 772包白芸豆向甲方投保一揽子保险事宜，达成了一揽子保险协议。一揽子保险协议的部分内容如下：

一、保险范围

上述乙方出口伊拉克白芸豆（以下称：被保险货物）向甲方投保以下保险：

1. 被保险货物的出口货物运输保险；

2. 被保险货物附加出口货物运输保险卖方合同责任扩展条款（以下简称“卖责险”）；

3. 被保险货物附加拒收险条款。

乙方应根据本协议的规定，向甲方办理投保手续并缴付保险费。甲方对上述被保险货物，在发生本保险责任范围内的损失时，按双方签订的保险合同所载条款的规定负责赔偿。

二、保险条款

1. 被保险货物货保运险险别的责任范围，按现行中国某保险公司有关的货物运输保险条款中的一切险条款为准。

2. 被保险货物“卖责险”的责任范围以本协议书所附“卖责险”条款为准。

3. 被保险货物拒收险的责任范围按以下规定为准：

（1）甲方对乙方被保险货物由于在伊拉克港口被伊拉克政府或贸易合同买方拒绝进口或没收（包括伊拉克当局因政治目的，以乙方货物品质等为由拒收被保险货物）引起的损失予以负责（包括经过交涉，买方最终同意收货而产生交涉过程中的有关合同费用），但最高以被拒绝进口或没收货物的发票金额为限。

（2）在被保险货物起运后，联合国宣布禁运该被保险货物，甲方仅负责赔偿运回到中国或转口到其他目的地而增加的运费。但最高以该批货物的发票金额为限。

（3）本保险自被保险货物运离保险单所载明的起运地仓库或储存处所开始运输时

生效，直到该项货物到达伊拉克卸离海轮由贸易合同买方收货后为止。

（4）乙方保证：

① 被保险货物的质量、包装和商品检验必须符合中国及贸易合同的有关规定。

② 被保险货物必须备有进口到伊拉克的有关批文。

（5）甲方对下列原因引起的任何损失，不负赔偿责任：

① 违反上述第（4）条中的任何一款；

② 市价跌落；

③ 被保险货物记载的错误、商标或标记的错误、贸易契约或其他文件发生的错误或遗漏（如发生此项损失，乙方可在本协议“卖责险”项下向甲方提出索赔，甲方按照该险种条款规定的责任范围负责理赔）；

④ 违反中国政府或有关当局关于出口货物的有关规定；

⑤ 被保险货物在起运前，联合国已经宣布实行禁运或禁止。

2000 年 7 月 23 日，被申请人签发了 KC040080690100003 号“海洋货物运输保险单”。2000 年 7 月 28 日，被申请人之国际保险部向申请人发出“应收保费通知书”，要求申请人在保单签发之日起 30 天内缴付保费人民币 735 127.85 元。2000 年 8 月 14 日，申请人以电汇方式支付了保费人民币 735 127.85 元（其中包括拒收险保费人民币 508 934.67 元、货物运输险保费人民币 141 370.75 元，卖责险保费人民币 84 822.43 元）。

2000 年 7 月 23 日，中国 L 省出入境检验检疫局对 92 772 袋白芸豆进行了检验检疫，并出具了质量、重量、健康、射线及植物检疫证书，证明该批货物质量符合合同及信用证的要求，毛重为 4 672.780 公吨，净重为 4 615.261 公吨，货物适合人类消费并在原产地国消费、没有放射性、植物检疫合格。2000 年 7 月 23 日，G 市远洋运输公司签发了清洁提单，注明该批货物将由 A 轮从 D 港运至伊拉克的 UM－QASER 港。2000 年 9 月 29 日，申请人向被申请人之国际保险部通报了 A 轮于 9 月 2 日抵达 UM－QASER 港锚地、第一次抽样的结果是 40 个样中有 10 个样未通过、经申请人方做工作后伊方同意第二次抽样等等情况。

2000 年 10 月 8 日，伊拉克买方正式致函通知 COTECNA FOOD FOR OIL/UM QASER（联合国石油换食品计划在 UM－QASER 工作小组）：因同一袋内装有不同规格的白芸豆、颜色发黄的白芸豆达到 10%，表明该批白芸豆是陈货，货物与合同约定的规格不符，因此伊方拒收全部货物。2000 年 10 月 8 日，申请人将货物被拒收的情况通知了被申请人。9 月，被申请人复函要求申请人“如所作努力无效，应尽快将货物运回装运港，并迅速作出处理以减少损失。”11 日，被申请人又致函申请人建议其安排货物从伊拉克运回途中的保险。2000 年 10 月 16 日，申请人向被申请人发出“出口伊拉克白芸豆索赔函”，并附具了有关证明文件。2000 年 10 月 17 日，申请人按照被申请人提出的建议，向被申请人投保了该批货物返程的水渍险。11 月 7 日，申请人以电汇方式支付了保费人民币 42 411.26 元。被伊方拒收的货物由 A 轮运回。A 轮于 2000 年 10 月 14 日驶离 UM－QASER 港，11 月 12 日抵达 D 港。该批货物卸下后存入仓库。2000 年 10 月 30 日，被申请人致函申请人，确认收到索赔文件和单证，并要求申请人提交该批货物出口商检证明、贸易合同及附件影印件，提前通知货物运抵大连的准确日期，以便安排检验。11 月 13 日，申请人通知被申请人派员到大连验货。2000 年 11 月 20 日，被申请人致函申请人，要求其尽可能收集买家的报价。23 日，申请人将买家报价情况通报被申请人。2000 年 12 月 13 日，申请人要求被申请人按照一揽子保险协议预赔发票金额的 30%。12 月 21 日，被申请人答复称其已于 12 月 14 日将处理意见报主管部门审批，一有结果即通知申请人。2000 年 12 月 29 日，申请人向被申请人发出律师函，催促其依约赔付。2001 年 1 月 5 日，被申请人复函要求申请人提供与供货商的供货合同和处理白芸豆的授权书。1 月 8 日，申请人复函以与保险协议无关为由拒绝提供供货合同，但寄出了授权委托书。2001 年 1 月 10 日，被申请人致函申请人，再次要求提供与"辽粮"的供货合同，并希望申请人采取积极措施处理该批白芸豆，并表示："就目前情况而言，尚不能确认此拒收即属保险责任。故此，我公司暂难如期赔付贵公司 2000 年 12 月 13 日传真提出赔付该批货物发票金额的 30% 的要求。"2001 年 1 月 11 日，申请人复函表示不能接受被申请人的说法。2001 年 1 月 12 日，被申请人复函称，要求授权是为了便于处理白芸豆，协助申请人减少损失，并不表示其已接受责任。2001 年 1 月 18 日，申请人的法律顾问再次向被申请人发出律师函。2001 年 1 月 19 日，被申请人致函申请人，称其协助处理白芸豆的努力未能如愿，请申请人自行处理该批白芸豆。2001 年 2 月 2 日，申请人回复被申请人，表示将争议提请仲裁。

申请人要求裁定被申请人赔付保险金 3 096 840.13 美元及相应利息损失、有关费用损失等。

争议焦点

本案被申请人是否应当承担拒收险下的保险责任？

裁判意见

根据保险的一般原理和《保险法》的有关规定，除非当事人之间另有约定，如果发生了除外责任之外的保险责任范围内的保险事故，并因此而给被保险人造成保险标的损失的，保险人应当承担保险责任。因此，要确定本案中的被申请人作为保险人是否应当承担拒收险项下的保险责任，就必须首先弄清楚两个问题：①是否发生了除外责任之外的保险责任范围内的保险事故？②保险事故是否给作为被保险人的申请人造成保险标的损失？为此，仲裁庭认为，有必要对一揽子保险协议中约定的拒收险的保险责任范围作出具体明确的分析。

本案中的一揽子保险协议第2条第3款对拒收险的保险责任范围作出了具体约定：第（1）项约定了货物在伊拉克港口被伊拉克政府或贸易合同买方拒绝进口或没收的风险；第（2）项约定了货物起运后联合国宣布禁运的风险；第（3）项约定了保险期间；第（4）项约定了被保险人的保证；第（5）项约定了除外责任。

从上述内容可以看出，一揽子保险协议中的拒收险承保了两大类风险：一类风险是货物启运后联合国宣布禁运致使货物不能进口到伊拉克的风险，即第（2）项中约定的禁运风险；另一类风险则是第（1）项约定的在货物运抵伊拉克港口后发生的拒收风险。而在第（1）项约定的拒收风险中，包含了保险标的在伊拉克港口被伊拉克政府拒绝进口或没收的政治风险，这一政治风险也是中国某保险公司货物险特别附加险“拒收险”格式条款（1981年修订）中约定的承保风险，本案当事人在一揽子保险协议中特别注明此一政治风险中还包括伊拉克当局因政治目的、以乙方货物品质等为由拒收被保险货物的风险。与中国某保险公司的格式条款内容最大不同之处是，本案当事人还将贸易合同买方与伊拉克政府一并列为“拒绝进口或没收”的主体。按照一般的理解，“拒绝进口或没收”属于政府权力的范围，在正常的国际贸易中，贸易合同买方只有拒绝收取或接受货物的权利，不能行使政府“拒绝进口或没收”的权力，从表面上看，一揽子保险协议将贸易合同买方列为“拒绝进口或没收”的主体的约定似乎是矛盾的，但当我们将贸易合同买方“拒绝进口或没收”的约定与一揽子保险协议的其他内容联系起来作为一个整体来分析时（特别是和第5条第3款第（2）项的内容联系起来），就会合理地将贸易合同买方“拒绝进口或没收”理解为买方的拒收货物。因此，从一揽子保险协议中的拒收险所承保的风险性质来看，又可将保险人所承保的风险分为两类：一类是联合国禁运或伊拉克政府拒绝进口或没收的政治风险，这也是中国某保险公司拒收险格式条款中载明的风险；另一类是贸易合同买方拒收货物的风险，这是中国某保险公司拒收格式条款中未涉及的、本案当事人在一揽子保险协议中特别约定保险人须负责的信用风险。

在弄清了一揽子保险协议中拒收险所承保的风险类别后，我们可以看出，在本案中，并没有发生联合国禁运或伊拉克政府拒绝进口或没收、因政治目的以质量为由拒收货物的政治风险，而是出现在了申请人已将货物运抵伊拉克UM QASER港后贸易合同买方以质量为由拒收货物的情况，很明显，这是在被申请人所承保的信用风险范围内的保险事故。

保险事故发生后，保险人并非对因此引起的任何损失都承担保险责任，保险人对于除外责任条款中规定的情况、原因或损失并不承担保险责任。在一揽子保险协议的拒收险条款中，第2条第3款第（5）项除外责任条款明确约定保险人对于5种原因引起的任何损失不负赔偿责任，其中引起本案当事人争议的一点是：申请人有没有违反第

(4) 项保证条款中关于“被保险货物的质量、包装和商品检验必须符合中国及贸易合同的有关规定”的保证，这是双方当事人争议的焦点所在。

仲裁庭认为，要确定申请人是否违反了上述保证，首先必须弄清楚该项保证的内容、性质，以及举证责任由谁承担三个问题。

从一揽子保险协议第2条第3款第（4）项的约定内容可以看出，申请人的该项保证包含三个方面的内容，即保证货物的质量、包装和商品检验都要符合中国及贸易合同的有关规定，而不是仅仅保证取得中国L出入境检验检疫局（下称“L检”）的检验证书，取得“L检”的检验证书只是申请人所保证的三项内容之一商品检验的一部分。

从该项保证的内容来看，一揽子保险协议中虽未明确说明该项保证责任的期间，但根据其保证内容所作出的合理的解释应当是：申请人不仅保证在订立一揽子保险协议时，而且保证在整个保险期间，货物的质量、包装和商品检验都符合中国及贸易合同的有关规定。因此，该项保证是一项承诺性的保证（Promissory Warranty），而不是一项确认性的保证（Affirmative Warranty）。

违反保证的举证责任应由哪一方承担?《保险法》对此问题没有作特别规定，双方当事人在一揽子保险协议中也没有另行约定。由于是被申请人作为保险人主张申请人违反了保证责任，以此为抗辩理由拒绝承担赔偿责任，根据谁主张谁举证的原则，被申请人负有证明申请人违反保证的举证责任。

在本案中，被申请人赖以证明申请人违反保证责任的两份主要证据是由申请人提交的：一份是申请人在伊方第二次抽样前给船长的传真，另一份是伊拉克买方拒收货物的通知函。在给船长的传真中，申请人要求“船长安排人员对所有载货舱进行清理，发现有问题的扔掉，如果数量较多，不便都扔，可以将其置于不能抽样之处（如将其埋在深处几层，表面几层覆盖好货）”，从这份传真的内容来看，申请人只是要对可以有问题的货物采取措施使货物得以通过检验，尽管这个措施对伊方而言是具有欺骗性的，但并不能由此而肯定申请人交付的货物确有质量问题。在伊拉克买方的拒收函中，结论是货物与合同约定不符，理由有两个：同一袋中的白芸豆大小不一、发黄的白芸豆达到10%表明白芸豆是陈货。

拒收函能否证明申请人违反了保证呢？仲裁庭注意到，第一，拒收函只是伊拉克买方拒收货物的单方面通知，它本身并不是一份检验报告，也没有附具任何检验报告作为拒收的依据。第二，贸易合同第11条关于“货物总量、质量和适合人类消费”的全部内容是这样的：

11 - WEIGHT AND QUALTTY AND FITNESS FOR HUMAN CONSUMPTION:

11 - 1 TO BE FINAL ACCORDING TO THE CONFIRMATION OF THE SECRETARY GENERAL'S DESIGNEE AFTER ARRIVAL OF THE EXPORTED GOODS TO THE FINAL

ENTRY POINTS IN IRAQ. IF SAID CONFIRMATION WILL NOT STATE SHORTAGES, DAMAGES AND DISCREPANCIES FOUND IN GOODS AND FIXED IN DELIVERY RECEIPT APPROVED BY BUYER HAS THE RIGHT TO NOTIFY COTECNA ACCORDINGLY AND ASK THE SELLER FOR COMPENSATION EITHER BY SHIPMENT OF REPLACED QUANTITY, OR BY DEDUCTING IT'S VALUE FROM SHIPPING DOCUMENTS PRESENTED BY SELLER.

11 - 2 A CERTIFICATE ISSUED BY INDEPENDENT SURVEYOR NOMINATED BY BUYER CONFIRMING FITNESS OF GOODS AND ITS CONFORMITY TO CONTRACTUAL CONDITIONS AT PORT OF SHIPMENT IS REQUIRED.

CHARGES TO BE ON SELLER'S ACCOUNT.

11 - 3 SELLER TO PROVIDE A CERTIFICATE ISSUED BY THE HEALTH AUTHORITY OR PHYTOSANTARY IN COUNTRY OF ORIGIN STATING THAT GOODS ARE FIT FOR HUMAN CONSUMPTION AND CONSUMED LOCALLY IN COUNTRY OF ORIGIN.

如果我们只看第 1 款的话，很有可能将其理解为货物重量、质量和适合人类消费三项指标均以货物抵达伊拉克目的港后联合国秘书长的指定人员的确认为准，本案被申请人就是这样理解的。但当我们将第 11 条的全部 3 款内容作为一个整体来理解时，我们就会注意到，第 2 款要求提交买方指定的独立检验人出具的货物在装运港符合合同条件的证明，费用由卖方负担；第 3 款要求卖方提交由原产地的卫生或植物检疫部门出具的表明货物适合人类消费且在原产地本国消费的证明。第 1 款虽然没有说明一项或是三项指标“TO BE FINAL”，但从第 1 款的具体内容来看，其第 2 句话的中文意思是：“如果联合国秘书长指定的人员的确认中表明没有发现货物短少、受损和不符，但在买方认可的交货收据中得到确认，买方有权通知 COTECNA，并要求卖方以下列方式赔偿：或者装运替代数量的货物，或者从卖方提交的装运单据的价值中扣减。”从约定的赔偿内容可以看出，作为赔偿依据的并不是任何形式的检验报告，而是在国际贸易中常见的承运人与收货人之间交接的交货收据，而且赔偿方式也是货物重量短缺时所常见的补偿手段，因而第 1 款的内容应是针对货物重量这一项指标的。从逻辑结构上看，第 3 款针对的是“适合人类消费”这项指标，第 2 款针对的是质量指标，因而第 1 款应只是针对货物重量这项指标。因此，从第 11 条的内容可以看出，贸易合同双方约定了以买方指定的独立检验人出具的报告作为货物质量是否符合合同的依据，并没有约定买方在目的港有权再次检验，更没有约定以买方的检验结果为最后的标准。仲裁庭认为，双方当事人在贸易合同中的检验方式是国际贸易中常见的检验方式，这与 CISG 和英国 1893 年《货物买卖法》中关于买方检验货物权利的规定并不矛盾。第三，贸易合同的买方在信用证中指定了“L检”作为独立检验人，在没有相反证据的情况下，“L检”的商检报告作为确认货物符合合同的初步证据应当予以认可。第四，在被拒收的货物运回国内后，被申请人曾委托SGS对货物进行了抽样，本案双方当事人在庭审中对此都予以了认可，但被申请人并未提交SGS的检验报告证明货物与合同不符。基于上述四点理由，仲裁庭认为，伊拉克买方的拒收函不能证明申请人违反了保证。

综上所述，仲裁庭认为，由于不能举证证明申请人违反了保证，被申请人无权援引该项除外责任的约定来对抗申请人的索赔请求，因此，本案中的拒收应当认定为除外责任之外的保险责任范围内的保险事故。

至于保险事故是否给被保险人造成了损失，答案显然是肯定的，因为虽然双方在损失的大少亦即赔偿责任的大小问题上存有明显的分歧，但被申请人至少也承认了货物运回国内的运费、卸载和仓储费用等损失。

基于上述理由，仲裁庭认为，被申请人应当承担拒收险项下的保险责任。

评析探讨

海上保险合同保险人对承保范围内的风险造成的损失承担赔偿责任，对承保范围外的风险造成的保险标的的损失，保险人没有赔偿责任。本案保险合同约定保险范围包括附加拒收险，并对拒收险作出了明确的规定，即保险合同在“保险条款”部分约定：“甲方对乙方被保险货物由于在伊拉克港口被伊拉克政府或贸易合同买方拒绝进口或没收（包括伊拉克当局因政治目的，以乙方货物品质等为由拒收被保险货物）引起的损失予以负责……”。可见本案买方拒收货物属于卖方承保的风险范围内。

本案保险人认为，即使风险为承保范围内的风险，保险人也有免责事由，因为被保险人违反了其在保险合同的保证，因而免除了保险人的赔偿责任。保险人对承保范围内的风险造成的损失不一定就得负赔偿责任，法律规定了一些法定免责事由，如我国《海商法》第243条规定：“除合同另有约定外，因下列原因之一造成货物损失的，保险人不负赔偿责任：（一）航行迟延、交货迟延或者行市变化；（二）货物的自然损耗、本身的缺陷和自然特性；（三）包装不当。”另外，根据我国《海商法》和《保险法》的相关规定，保险合同双方还可以就保险人对货物损失不负责任的情形进行约定，具体到本案中，表现为案涉保险合同第4条约定：“被保险货物的质量、包装和商品检验必须符合中国及贸易合同的有关规定。”在保险人免责部分约定：“违反上述第4条中的任何一款；违反中国政府或有关当局关于出口货物的有关规定。”从本案给定的事实可以看出，保险人并不能很好地证明卖方交付的货物不符合合同的约定，或者卖方交付的货物违反了中国关于出口货物的有关规定。本案仲裁庭通过对保险人提交的证据进行分析，一一说明货物的质量、包装和商品检验是否违反中国及贸易合同的有关规定，从而认定保险人没有提供充足证据证明被保险人有违反其在保险合同中作出的保证的行为，保险人没有免于赔偿的事由，保险人应该对保险范围内的拒收险给被保险人带来的损失承担赔偿责任。

主题案例

广东富虹油品有限公司诉中国平安财产保险股份有限公司深圳分公司海上货物运输保险合同纠纷案①

案情回顾

2004 年 4 月 15 日，原告广东富虹油品有限公司（作为买方）与路易达孚亚洲私人有限公司（Louis Dreyfus Asia Pte Ltd.）（作为卖方）签订买卖合同。

4 月 27 日，原告就从巴西进口的大豆向被告发出货物运输险投保单，投保单载明：货物数量 60 500 公吨；运输工具“韩进大马”轮，船旗为巴拿马旗，该轮于 2004 年 5 月 4 日自巴西桑托斯开航，至中国湛江；保险金额 23 963 445 美元；保险费 20 368.93 美元；投保一切险加战争险、罢工险等。投保单仅载明险别名称，没有载明险别内容。4 月 28 日，被告签发了货物运输保险单，以邮政快递方式寄送原告，保险单载明：被保险人为广东富虹油品公司；中国平安财产保险股份有限公司深圳分公司；根据被保险人的要求及其所交付约定的保险费，按照保险单背面所载条款与特款，承保货物运输保险；被保险货物为 60 500 公吨散装巴西大豆，货物单价 396.09 美元/公吨；货物由“韩进大马”轮于 2004 年 5 月 4 日从巴西桑托斯（Santos）起运至中国湛江，该轮船旗为巴拿马旗；保险金额 23 963 445 美元。保险单没有记载保险价值。保险单正面载明承保条件为：（1）按照中国人民保险公司（1981/1/1）海洋运输货物保险条款（包括仓至仓条款）承保一切险，按照中国人民保险公司（1981/1/1）海洋运输货物战争险条款承保战争险，并按照中国人民保险公司货物罢工险条款承保罢工险；（2）短量责任为“港至港”责任，其他责任为“仓至仓”责任；（3）短量事故绝对免赔为保险金额的 0.5%，其他事故绝对免赔为保险金额的 0.3%；（4）货物抵港重量以目的港商检计量报告为准；（5）附加运输终止条款；（6）货物抵港后需保险人监卸。

保险单正面下方英文格式条款载明“索赔文件”，约定：为迅速处理索赔，被保险人或其代理人应该及时提交所有相关文件，包括：（1）保险单正本；（2）装运清单连

① 案例详见广州海事法院（2005）广海法初字第 211 号民事判决书。

同装运明细单和/或重量记录的原件或经核实的复印件；（3）提单和/或运输合同的原件或经核实的复印件；（4）检验报告或其他能证明货物损失程度的文件；（5）在卸货港或最后目的地的卸货数量和重量记录；（6）就货损赔偿与承运人或其他当事人进行商讨的信函。保险单背面全部以英文载明海洋运输货物保险（格式）条款，有关条款内容如下：

1. 责任范围

本保险的一切险除承保保险单所列明的平安险和水渍险和各项责任外，还负责被保险货物在运输途中由于外来原因所致的全部或部分损失。

2. 除外责任

本保险对下列损失，不负赔偿责任：（1）被保险人的故意行为或过失所造成的损失；（2）属于发货人责任所引起的损失；（3）在保险责任开始前，被保险货物已存在的品质不良或数量短差所造成的损失；（4）被保险货物的自然损耗、本质缺陷、特性以及市价跌落、运输迟延所引起的损失或费用；（5）本公司海洋运输货物战争险条款和货物运输罢工险条款规定的责任范围和除外责任。

3. 责任起讫

本保险负"仓至仓"责任，自被保险货物运离保险单所载明的起运地仓库或储存处所开始运输时生效，包括正常运输过程中的海上、陆上、内河和驳船运输在内，直至该项货物到达保险单所载明目的地收货人的最后仓库或储存处所或被保险人用作分配、分派或非正常运输的其他储存处所为止。如未抵达上述仓库或储存处所，则以被保险货物在最后卸载港全部卸离海轮后满60天为止。如在上述60天内被保险货物需转运到非保险单所载明的目的地时，则以该项货物开始转运时终止等。

4. 被保险人的义务

如遇航程变更或发现保险单中所载明的货物、船名或航程有遗漏或错误时，被保险人应在获悉后立即通知保险人并在必要时加缴保险费，本保险才继续有效；被保险人在向保险人索赔时，必须提供下列单证：保险单正本、提单、发票、装箱单、磅码单、货损货差证明、检验报告及索赔清单。如果涉及第三者责任，还须提供向责任方追偿的有关函电及其他必要单证或文件，等等。本案没有证据证明被告在原告接受保险单以前就保险单正面与背面的英文条款内容（包括免责条款）向原告作出了明确的说明。

从5月4日至7日，原告购买的57 750公吨大豆在巴西桑托斯港被装上韩进船务有限公司所属的韩国籍"韩进大马"轮。该轮悬挂韩国旗，但该轮在此时的装货时间《事实记录》记载该轮船旗为巴拿马旗。8月1日16:00时，原告在与其他检验人员对"韩进大马"轮所载大豆抽样时发现大豆有霉变、受损现象，同日电话通知被告，于次日向被告发出出险通知书，告知货损情况。被告中国平安财产保险股份有限公司深圳分公司认为本案货物损失的绝大部分是被保险人、发货人方面的原因与运输迟延造成的，这属于保险单约定的除外责任，原告不能将自己应负的责任强加给被告，原告应承担78%的损失和费用，被告应承担22%的损失和费用。双方发生纠纷，诉至法院。

争议焦点

1. 保险合同保险人免责格式条款的效力。
2. 保险人的责任期间和责任范围。
3. 保险人是否可以引用除外责任条款减免责任？

裁判意见

鉴于保险合同条款一般由保险人格式化拟定，且被保险人充分了解免责条款对于公平保护其利益具有重要意义，法律对保险免责条款的生效另有特别规定。我国当时的《保险法》第18条规定："保险合同中规定有关于保险人责任免除条款的，保险人在订立保险合同时应当向投保人明确说明，未明确说明的，该条款不产生效力。"原告向被告投保时在投保单上选择投保一切险等险别，但没有载明险别内容，这不能说明原告在投保时明确了解承保范围、除外责任等险别内容。双方当事人均为国内当事人，而被告向原告签发的保险单却以英文规定本保险不负责赔偿运输迟延所引起的损失和费用等除外责任，这可能不便于原告及时了解对其利益有重大影响的除外责任条款，以决定是否同意接受保险单的条款内容并订立保险合同。被告先签发保险单，再邮寄给原告接受，不是当面向原告签发保险单，不可能在签发保险单时面对面向原告说明除外责任条款。因此，仅依据原告选择了险别并接受了保险单，尚不能推定原告在接受保险单以前已明确了解保险单规定的除外责任条款，因而被告没有必要向原告明确说明；更不能推定被告在原告接受保险单以前已向原告明确说明了除外责任条款。被告没有举证证明其在原告接受保险单以前已向原告明确说明了保险除外责任条款，应认定被告在订立保险合同时没有向原告说明除外责任条款，保险单规定的除外责任条款不产生效力，被告无权依据保险单中的除外责任条款拒赔。但是，我国《海商法》第243条规定："除合同另有约定外，因下列原因之一造成货物损失的，保险人不负赔偿责任：（一）航行迟延、交货迟延或者行市变化；（二）货物的自然耗损、本身的缺陷和自然特性；（三）包装不当。"被告可以依据法律关于保险除外责任的规定对因航行与交货迟延所造成的货物损失不予赔偿。

双方当事人在保险单上约定被告按照中国人民保险公司（1981/1/1）海洋运输货物保险条款承保一切险，对货物短量外的损失承担"仓至仓"责任。按照保险单关于一切险的承保范围与"仓至仓"责任条款的约定，被告应负责被保险货物在运输途中由于外来原因所致的全部或部分损失，保险期间从保险单载明的起运地仓库至货物运至保险单载明的目的地仓库。保险合同约定“仓至仓”责任“包括正常运输过程”，不是仅限于正常运输，从而间接将运输迟延排除在保险期间之外。保险合同也没有直接排除运输迟延于保险期间之外的措辞，而是明确约定保险责任“直至”货物达到目的地仓库。而且，保险单正面约定：短量责任为“港至港”责任，其他责任为“仓至仓”，保险单对于“港”与“仓”有明显区分。如果对于在船舶到目的港后停泊期间货物发生的非短量损失，保险人可以就此拒赔，那么其对非短量损失的保险期间为“仓”至“港”，而不是“仓至仓”。因此，即使发生运输迟延，只要货物尚未达到目的地仓库，“仓至仓”保险期间不应终止，运输迟延仍属于该保险期间。法律规定航行与交货迟延所造成的损失为保险除外责任，也不意味航行与交货迟延期间不属于保险期间。法律规定保险人可因航行与交货迟延而不负责赔偿的损失，是与航行与交货迟延有因果关系的损失。迟延期间所发生的损失不等于因迟延所造成的损失，因为在迟延期间可能存在外来原因造成被保险货物损失，也可能因迟延等其他因素或多种因素综合作用造成货损。因运输迟延属保险期间，在运输迟延中因承保风险所造成的损失，保险人仍应负责赔偿；如果在运输迟延中因承保风险与迟延等保险除外风险共同造成被保险货物损失，保险人仅可拒赔因迟延等保险除外风险所造成的损失，即与迟延等保险除外风险有因果关系的部分损失。

本案中，原告已举证证明了被保险货物在运输途中因船舱通风不良引起高温和舱汗而遭受净损失达 5 868.428 公吨。船舱通风不良（引起高温和舱汗）对于货物而言是一种外来原因。上述货损属于保险合同约定的险别“一切险”的承保范围，被告应予以赔偿。被告没有举证证明货损中因航行迟延、交货迟延等法律规定的保险除外风险所造成的部分，应依法承担不利后果。被保险货物在装船时状况良好，本案也没有证据表明货物本身具有致损的缺陷。货物的发货人在船舶于 2004 年 6 月 19 日做好卸货准备前一天已办好进口批文，没有影响船舶及时卸货。原告在船舶到港 41 天后才取得货物进境动植物检疫许可证，会引起运输迟延，原告迟延获得许可证的事实也一并归于运输迟延因素予以考虑。本案没有证据表明原告有迟延获得许可证的故意。而且，因保险合同中的除外责任条款不生效，被告无权援引其中关于保险人不负责因被保险人故意或过失，或发货人责任所引起的损失的约定，主张免除赔偿责任。被告提出货损大部分是被保险人与发货人方面的原因、运输迟延造成的，其相应地不应予以赔付的抗辩，缺乏事实与法律依据，不予支持。

尽管原告在投保时对运输船舶“韩进大马”轮的船旗的陈述与事实不符，但鉴于船舶的装货时间《事实记录》中也同样记载该轮船旗为巴拿马旗，当时可能影响原告的认知，原告并无误述船旗为巴拿马旗的故意。保险合同仅具体列明货物、船名、航程有遗漏或错误时，被保险人应在知悉后立即通知保险人并在必要时加缴保险费，保险才继续有效，而没有将船旗列入上述对保险合同效力有重大影响的事项中，这说明船旗并非一定是对本案保险合同的订立与生效有重大影响的事项。事实上，原告误述船旗与船舱通风不良、运输迟延无关，与货损无关，没有增加货损风险。按照我国《海商法》第240条第1款的规定，被保险人为防止或者减少根据保险合同可以得到赔偿的损失而支出的必要的合理的费用，为确定保险事故的性质、程度而支出的检验、估价的合理费用，以及为执行保险人的特别通知而支出的费用，应当由保险人在保险标的损失之外另行支付。

根据我国《保险法》第23条、第24条第1款与第2款、《海商法》第237条的规定，保险事故发生后，被保险人依据保险合同请求保险人赔偿，应当向保险人提供其所能提供的与确认保险事故的性质、原因、损失程度等有关的证明和资料；保险人依据保险合同的约定，认为有关的证明和资料不完整的，应当通知被保险人补充提供有关的证明和资料；保险人收到被保险人的赔偿请求后应当及时作出核定，与被保险人协商赔偿，履行赔偿义务；保险人未及时履行赔偿义务的，除支付保险赔偿金外，还应当赔偿被保险人因此受到的损失。在保险事故发生后，原告于2004年8月2日书面及时通知了被告，被告于8月3日、8月9日先后委托深圳检验公司、罗便士公估公司到湛江港检验货损，已开始掌握货损情况。11月1日，被告在收到原告的书面索赔申请后，向原告提出索赔资料清单，要求原告提供24份单证原件，同时说明原告若无正本须在复印件上加盖公章。被告于12月29日收到原告提供的21份索赔单证复印件后，没有要求其补充提供有关证明和资料，而依据罗便士公估公司与深圳检验公司关于运输迟延期间发生的损失的报告，主张免除78%的保险责任，事实依据不足，其应当在合理时间内及时向原告作出保险赔付。综合本案情况，酌定被告应赔付的合理时间为自原告于2004年12月29日向其提供索赔单证后的15日以内。被告应当在2005年1月13日以前向原告支付保险赔偿金（货物损失和施救费用）17 768 940.48元。被告逾期不履行赔付义务，原告还有权请求其补偿保险赔偿金相应的利息损失，该利息从2005年1月14日起算，按中国人民银行同期企业流动资金贷款利率计至本判决确定的支付之日止。

评析探讨

保险人在保险合同中承担如实告知和赔偿承保风险造成的损失的义务。

新修订的《保险法》第17条规定："订立保险合同，采用保险人提供的格式条款的，保险人向投保人提供的投保单应当附格式条款，保险人应当向投保人说明合同的内容。对保险合同中免除保险人责任的条款，保险人在订立合同时应当在投保单、保险单或者其他保险凭证上作出足以引起投保人注意的提示，并对该条款的内容以书面或者口头形式向投保人作出明确说明；未作提示或者明确说明的，该条款不产生效力。"本案保险人中国平安财产保险股份有限公司深圳分公司将免责条款用英文书写，并且通过邮寄方式将已签名的合同寄给保险人广东富虹油品有限公司，发生纠纷时，中国平安财产保险股份有限公司深圳分公司也没有提供证据证明保险人对免责格式条款向被保险人进行了充分提醒和说明，因而，法院否定了案涉保险合同格式条款的效力。

保险人的责任期间一般是从被保险的货物运离保险单所载明的启运地仓库或储存处开始运输时起，至该货物到达保险单所载目的地收货人的最后仓库或储存处，或被保险人用作分配、分派或非正常运输的其他储存处为止，即通常称的“仓至仓条款”。如果没有抵达上述仓库或储存处，则以货物在最后卸载地后满60天为止。保险人对在其责任期间承保的风险引起的损失承担赔偿责任。本案中国平安财产保险股份有限公司深圳分公司作为保险人承保的是一切险，保险期间是“仓至仓”。一切险，又名为综合险，保险责任范围包括上述水渍险外，还包括赔偿货物在运输中因外来原因造成的全部或部分损失，以及一般附加险。本案保险标的在运输途中发生质变，属于保险合同承保的范畴，保险人应该对被保险人进行赔偿，除非保险人可以证明是由于以下的原因引起的损失：航行迟延、交货迟延或者行市变化；货物的自然损耗、本身的缺陷和自然特性；包装不当。本案的保险人中国平安财产保险股份有限公司深圳分公司没有提供充分证据证明存在除外责任的情形。根据我国《海商法》第251条规定：“保险事故发生后，保险人向被保险人支付保险赔偿前，可以要求被保险人提供与确认保险事故性质和损失程度有关的证明和资料。”本案原告广东富虹油品有限公司向保险人中国平安财产保险股份有限公司深圳分公司提供索赔材料，并没有收到保险人要求补充、更改提交的材料的通知，视为已经提供了符合要求的材料，保险人应该及时对被保险人进行赔偿。本案保险人中国平安财产保险股份有限公司深圳分公司没有及时对被保险人广东富虹油品有限公司进行赔偿，因而应该承担迟延履行合同义务的后果。

主题案例

中国人民保险公司桂林分公司与桂林电子工业学院多式联运货物保险合同纠纷上诉案[①]

案情回顾

2001年7月5日，桂林电子工业学院（下称工业学院）与日本电子株式会社（以

① 案例详见广西壮族自治区高级人民法院（2003）桂民四终字第7号民事判决书。

下简称株式会社）签订购买协议书，约定株式会社以 CIF 中国广州黄埔港 98 000 美元的价格向工业学院出售其生产的 JSM－5610LV 低高真空扫描电镜。因无进出口经营权，7 月 9 日工业学院与桂林南方进出口贸易公司（以下简称南方公司）签订委托协议书，约定委托南方公司代理进口货物。7 月 10 日，南方公司与株式会社签订编号为 2001GLE－01 的合同，约定南方公司以 96 400 美元购买株式会社生产的 JSM－5610LV 扫描电镜一台，发货港日本横滨港口，目的港中国梧州；发运后由买方投保；卖方应于交货期内将货物从装货港运到目的港，不许分批，允许转运。南方公司委托中国梧州外轮代理公司（以下简称梧州外代）代理货物的远洋运输，并同意梧州外代安排“UNI－VITAL”轮将货物运至中国香港再由“顺景 318 轮”转运至梧州。11 月 13 日日本长荣公司签发指示提单，载明托运人株式会社，通知方南方公司，海运船舶 UNI－VITAL，装货港日本横滨，卸货港中国梧州，交货地梧州集装箱堆场。11 月 13 日，南方公司就该票货物向桂林人保公司投保，桂林人保公司签发的保险单载明：被保险人南方公司，保险标的JSM－5610LV 扫描电子显微镜（详细配置见 2001 GLE－01 合同附件），包装及数量 1 套（3 箱），保险金额 106 040 美元，运输工具船舶（UNI－VITAL），运输路线由日本横滨经梧州至桂林，承保险别为一切险。保单背面是 1981 年 1 月 1 日《中华人民共和国海洋运输货物保险条款》，第 3 条规定责任为“仓至仓”责任。12 月 20 日，工业学院准备拆箱安装货物，发现货物包装箱有受碰损坏痕迹，遂通知桂林人保公司到场拍照取证。此后，工业学院与日方共同开箱，发现货物的上部面板、背部面板严重变形，上盖板由直线形变成弧线形，背部面板翘曲弓出。工业学院通知桂林人保公司及南方公司人员到场查看货损情况。3 月 14 日，南方公司向梧州码头索赔。此后，工业学院多次与桂林人保公司协商保险赔款事宜未果，桂林人保公司认为工业学院未告知保险标的的属性、包装，保险标的运输时在中国香港转运及从梧州陆运至桂林，与保险单记载的运输工具及方式有异，被保险人违反了告知义务，保险人可以免责。保险人中国人民保险公司桂林分公司还认为，即使保险人应该支付保险金额，被保险人工业学院在保险事故发生后没有通知保险人，也没有采取合理措施而造成损失扩大，保险人可以减责。

争议焦点

1. 本案被保险人是否尽到告知义务？
2. 本案被保险人是否尽到通知和减损义务？

裁判意见

桂林人保公司向南方公司出具的《货物运输保险单》作为保险凭证说明双方之间存在货物运输保险合同关系，应成为确定双方权利义务的基本依据。保险单载明适用 1981 年 1 月 1 日中国人民保险公司《海洋运输货物保险条款》中的“仓至仓”责任条款，根据这一条款，收货人南方公司的最后仓库所在地在桂林，应确认桂林人保公司的保险责任区间为横滨至桂林。桂林人保公司与南方公司关于货物从横滨经梧州运至桂林，运输工具为 UNI－VITAL 海轮的约定，是双方的真实意思表示。桂林人保公司作为专业保险公司应当具备与其业务范围相适应的专业知识并积累与其业务相关的从业经验。远洋运输船舶不能直接到达梧州口岸更不可能到达桂林，梧州至桂林的水路无定期班轮运输，本案货物运输期间桂林漓江航道处于枯水期，一般不能逆水载货，此乃普通的桂林市民所共知的事实，桂林人保公司即便不凭借其经营常识和经验也应当知道。另外，从客观标准考察，一个谨慎的保险人或者说当时市场上其他具有相同的知识、经验的保险人在评价风险决定是否承保或决定承保的条件时对于上述情况是应当知道并予以考虑的。《海商法》第 222 条第 1 款虽然要求被保险人应在保险合同订立前将有关影响保险人据以确定保险费率或者是否同意承保的重要情况如实告知保险人，但同时该条第 2 款也规定：“保险人知道或者在通常业务中应当知道的情况，保险人没有询问的，被保险人无需告知”。因此，南方公司对于桂林人保公司没有询问的从梧州至桂林用汽车运载货物等事宜并不负有当然的告知义务，南方公司的行为没有违反如实告知义务。保险事故发生后，工业学院为向桂林人保公司索赔，提供了桂林进出口检验检疫局的《检验证书》、株式会社出具的报价单及几份函件以证明货损的程度和货损的金额等，被保险人桂林电子工业学院虽然没有提供证据证明保险事故发生后立即通知了桂林人保公司，但桂林人保公司亦未能举证证明因工业学院未通知、未采取合理措施而造成损失扩大，桂林人保公司主张因此免除保险赔偿的抗辩理由不成立。

评析探讨

海上保险合同保险标的价值普遍较大，但是却面临众多的风险，每种风险都有可能使得保险标的全部损坏。保险人和被保险人的信息往往不对称，保险人在决定是否承保以及保险费率时都需要依赖被保险人对保险标的的陈述，因而法律要求被保险人在订立保险合同时应该尽到告知义务，这也是由保险合同最大诚信原则决定的。我国《海商法》第 222 条规定：“合同订立前，被保险人应当将其知道的或者在通常业务中应当知道的有关影响保险人据以确定保险费率或者确定是否同意承保的重要情况，如实告知保险人。”我国新《保险法》第 16 条第 1 款规定：“订立保险合同，保险人就保险标的或者被保险人的有关情况提出询问的，投保人应当如实告知。”对于投保人没有履行告知义务会导致的后果，《海商法》第 223 条规定：“由于被保险人的故意，未将本法第二百二十二条第 1 款规定的重要情况如实告知保险人的，保险人有权解除合同，并不退还保险费。合同解除前发生保险事故造成损失的，保险人不负赔偿责任。不是由于被保险人的故意，未将本法第二百二十二条第 1 款规定的重要情况如实告知保险人的，保险人有权解除合同或者要求相应增加保险费。保险人解除合同的，对于合同解除前发生保险事故造成的损失，保险人应当负赔偿责任；但是，未告知或者错误告知的重要情况对保险事故的发生有影响的除外。”我国新《保险法》第16条第2款规定："投保人故意或者因重大过失未履行前款规定的如实告知义务，足以影响保险人决定是否同意承保或者提高保险费率的，保险人有权解除合同。"第16条第4～6款规定："投保人故意不履行如实告知义务的，保险人对于合同解除前发生的保险事故，不承担赔偿或者给付保险金的责任，并不退还保险费。投保人因重大过失未履行如实告知义务，对保险事故的发生有严重影响的，保险人对于合同解除前发生的保险事故，不承担赔偿或者给付保险金的责任，但应当退还保险费。保险人在合同订立时已经知道投保人未如实告知的情况的，保险人不得解除合同；发生保险事故的，保险人应当承担赔偿或者给付保险金的责任。"

法律规定"有限告知"的，保险人没有询问投保人的事项，投保人无需告知；会影响保险人据以确定保险费率或者确定是否同意承保的重要情况，投保人应该如实告知保险人，不属于这种性质的事情，投保人在订立保险合同时无需告知保险人；另外，法律还规定了保险人无需告知的情形，我国《海商法》第222条第2款规定："保险人知道或者在通常业务中应当知道的情况，保险人没有询问的，被保险人无需告知。"英国1906年《海上保险法》也有投保人无需告知情形的规定，该法第18条第3款规定这种情形包括：减少风险的任何情况；保险人知道或者被认为应该知道的情况；保险人应该知道的众所周知的事情，以及他在通常业务中应该知晓的一般情况；保险人不要求被保险人告知的情况；由于明示或默示的保证条款，被保险人无需告知的事项。本案承运的海轮不能直接到达桂林，保险标的运输时在中国香港转运至梧州，再从梧州陆运至桂林，和保险合同上记载的运输方式不完全吻合，但是法院认为，远洋船舶不能直达水道狭窄的梧州口岸，需在梧州换装较小船舶，作为专业保险公司的桂林人保公司应当知晓，且保险事故发生在梧州码头，与中国香港转运无法律上的因果关系。梧州至桂林的水运无班轮运输，枯水期不通航，此乃略具水运常识的桂林市民所周知的事实，亦应是谨慎的、具有从业经验的桂林人保公司应知晓的，被保险人在保险人未询问时无须专门告知。另外，南方公司投保时提交的合同、商业发票表明货物由坚固的木箱包装，无保险标的应包装于集装箱的内容，桂林人保公司承保时所认可的包装方式是木箱而非集装箱。用集装箱将货物从日本横滨运至中国梧州，运输风险较木箱包装运输减少，被保险人对减少风险的变更事项无须告知保险人。运输工具、运输方式、包装方式的变更也并非被保险人故意不告知保险人，且未告知的事项对保险事故的发生没有实质性影响。法院的判决注意到保险人是否询问、告知的事项性质是否重要以及保险人对告知的事项是否应该知道这些角度出发，认定投保人没有不履行告知义务，法院还提出"谨慎保险人"的标准来评判本案保险人对未被告知的事项应当知道。

被保险人在发生保险事故后有义务通知保险人和采取合理措施防止、减少损失。我国《海商法》第235条规定："被保险人违反合同约定的保证条款时，应当立即书面通知保险人。保险人收到通知后，可以解除合同，也可以要求修改承保条件、增加保险费。”第236条规定：“一旦保险事故发生，被保险人应当立即通知保险人，并采取必要的合理措施，防止或者减少损失。被保险人收到保险人发出的有关采取防止或者减少损失的合理措施的特别通知的，应当按照保险人通知的要求处理。对于被保险人违反前款规定所造成的扩大的损失，保险人不负赔偿责任。”本案保险人中国人民保险公司桂林分公司没有举证证明被保险人有不履行通知义务的行为，也没有举证证明被保险有不采取合理措施减少损失，所以，法院否定其提出的减责抗辩。

第四节 保险代位求偿权

主题案例

中国太平洋财产保险股份有限公司上海分公司诉经伟太平洋班轮公司等海上货物运输合同货损赔偿纠纷案①

案情回顾

2001年7月12日，孟加拉国政府及矿产资源部、B公司作为业主（甲方），与作为承包商（乙方）的中机公司、电气公司及深圳中机能源有限公司签订了一份协议，约定由承包商在“交钥匙”的基础上实施有关发电厂项目的制造、供应、现场交付、安装、建设、设立、检测及试运转过程中的全部设计、工程、制造、检验及检测。2004年9月6日，中机公司就涉案货物出具了一份总发票，其中记载的货物为火电站永久性设备；数量为木箱84件、铁箱60件，框架箱140件、绑扎89件，总计373件；收货人为B公司；发票总金额为1 241 590.05美元。2004年9月15日，原告为涉案货物出具了一份编号为ASHH10224204B015917S的货物运输保险单，其中记载的被保险人为中机公司；保险货物为火力发电设备，数量为373件；保险金额为1 365 749.05美元；自中国上海港至孟加拉国CHITTAGONG港；保险险别为一切险和战争险，包括仓至仓条款。

2004年9月17日，中艺公司作为代理人签发了编号为SHA－4－0709的已装船正

① 案例详见上海海事法院（2005）沪海法商初字第492号民事判决书。

本提单。提单记载的抬头人和承运人为凯斯班轮（中艺公司确认由其签发的抬头人为凯斯班轮的提单未经中国交通部登记报备，中艺公司也没有提交凯斯班轮授权其代理签发提单的证明。经伟公司确认其作为承运人签发了有关提单，并以其船舶承运了相关货物），托运人为中机公司，收货人为B公司；承运船舶及航次为KAMNIK V. 859W，装货港为中国上海，卸货港为孟加拉国CHITTAGONG港；货物为火力发电设备，数量为373件，毛重为1 033 170公斤；运费预付。2004年9月26日，上海航华国际船务代理有限公司作为代理人签发了同样编号的提单，其中记载的承运船舶及航次，装货港、卸货港，货物名称、数量、重量和运费支付方式等内容与前述提单相同，但抬头人为经伟公司，托运人为中艺公司，收货人和通知人为SAYBOLT CONTAINER LINE LTD.。提单载明1件货物（编号为A－JB－022－012－217/222）损坏，30件货物载于甲板，对此不承担任何原因导致的货物损失和损坏。

2004年10月4日，KAMNIK轮船长在新加坡向公证人办公室提交海事声明通知，宣布该船舶自2004年9月26日至2004年10月3日从上海到新加坡的航程中因遭遇恶劣海况和天气而致货物受损。2004年10月9日，船、货双方对货物进行了联合检验。检验报告表明装载于各舱内的货物均有不同程度的损坏，受损货物的明细清单附于检验报告，包括原告据以提出索赔的170、172、173、174、176、177、179、180、181、182、184号货物，但未涉及原告据以索赔的178号货物；由于船舶遭遇风浪，有15件货物落海；根据航海日志记载，2004年9月27日船舶在航程中遭遇大浪，摇摆达40度，导致货物绑扎绳索断开，一些货物在3号甲板上落海，另一些货物在舱内损坏。2004年10月14日，K. N. Enterprise Chittagong代表货方申请劳埃德代理JF（BANGLADESH）LIMITED检验全部货物，后者出具了货物标准检验报告。该报告称，全部373件货物中短少15件，检验人从货物总数中抽出125件需检验的货物，并于2004年10月14日至16日在港口堆场对28件损坏货物进行了检验。2004年10月31日至11月2日期间，检验人在工程工地对19件货物进行了检验。经检验人检验，上述货物均有不同程度的损坏，受损货物的明细清单附于检验报告，包括原告据以提出索赔的12件货物中的317片受损阳极板。检验人认为这些损坏可以在当地修理，但无法恢复至原来的状态。工地的工程师口头告诉检验人，上述设备是在火电项目中作为永久性设备使用的，他们不打算冒任何风险来安装修理过的设备，因此建议对上述损坏设备进行替换。检验人认为上述损坏设备可能有一定残值，但这要等旧货商检验后才能确定。2004年10月30日，检验人Capt.：Qazi Kamal Newaz应船方申请出具了一份检验报告。根据该报告，上述检验人于2004年10月9日登轮对货物进行检验，在调查中从船长处获悉船舶航行时遭遇恶劣天气和巨大风浪，导致船舶剧烈摇晃，所载货物发生位移，部分甲板货物落海。经检验船舶所载货物有不同程度的损坏，受损货物的明细清单附于检验报告，包括原告据以提出索赔的170、172、173、177、179、180、181、182、184号货物，但未涉及原告据以索赔的174、176、178号货物；检验人认为货损原因主要是船舶在航行中遭遇恶劣天气，此外还有部分货物在装船时就存在锈损情况，船长对此已作批注。

2005年9月10日，B公司向本案原告中国太平洋财产保险股份有限公司上海分公司出具付款指示及权益转让书，要求原告将保险单下的赔款人民币253 770.63元付至指定的受益人电气公司的账户，并确认电气公司收到上述赔款后，B公司将有关货物权益转让给原告。根据电气公司向原告出具的收据及权益转让书，原告已就货损向该公司支付了赔款人民币253 770.63元，该公司承诺将有关货物权益转让给原告。原告提供的贷记凭证表明有关赔款人民币253 770.63元已通过银行向电气公司支付。

争议焦点

1. 承运人/实际承运人应否对货物损失负责？

2. 本案的保险人是否可以取得代位求偿权？

裁判意见

原告认为经伟公司是承运船舶的注册船东；中艺公司在提单中显示为签单代理人，实为本案货物的实际承运人；凯斯班轮在中国境内没有承运人资质，该公司可能并不存在，其主体资质应由中艺公司予以证明。中艺公司称自己为原告的货运代理人。经伟公司认为其提单上所记载的托运人是中艺公司，鉴于中艺公司未证明自己具有合法的签单代理权，该公司代表凯斯班轮签发提单的合法性就存在问题，根据我国海商法规定，实际承运人除了实际进行货物运输外，还应当与契约承运人之间具有委托和转委托的关系，在第一份提单不合法的情况下，委托和转委托的关系可能没有赖以存在的基础，如果转委托关系不能成立，原告和经伟公司之间就不能构成托运人和实际承运人的法律关系。

本院认为，本案原告基于其与中机公司之间的保险合同关系，以代位求偿的身份向有关货物的承运人提起诉讼。本案所涉两份提单表明，原告的被保险人中机公司作为托运人向中艺公司托运货物，中艺公司以签单代理人的名义签发了抬头人为凯斯班轮的已装船正本提单，其后中艺公司又以自己的名义作为托运人向经伟公司托运有关货物。上述委托和转委托的过程是连续和完整的，当事人的意思表示也是真实有效的，故在本案货物运输合同中中机公司作为托运人和经伟公司作为实际承运人的身份可以得到认定。中艺公司就货物运输签发了抬头人为凯斯班轮的提单，但未能提交凯斯班轮授权其代理签发提单的证明，同时中艺公司也未证明该提单系经中国交通部登记备案的提单，故中艺公司作为货物的提单签发人，应对有关货物的运输承担契约承运人的责任。本案除中艺公司签发的提单外，并无其他证据表明凯斯班轮系有关货物的承运人，原告要求凯斯班轮承担货物运输的赔偿责任理由尚不充分。

原告认为其已按照保险合同支付了保险赔款，有权取得保险代位求偿权。涉案提单是记名提单，依法不得转让。货物装上船后风险由收货人承担，并且只能由收货人提货，故原告的保险赔付是适当的。经伟公司认为涉案货物是托运人为其在孟加拉国承揽的承包工程所出运的自用货物，并非国际贸易中的进出口货物，故有关货物的所有权和风险并未发生转移，原告错误赔付，不能取得保险代位求偿权。

本院认为，本案提单记载的收货人 B 公司向保险人出具了付款指示及权益转让书，根据 B 公司的付款指示，原告向同为工程项目合同承包商的电气公司支付了保险赔款，该公司亦承诺将有关货物的权益转让给原告。而在此过程中，中机公司未对有关保险的索赔和赔付行为提出任何异议。故原告并未错误支付保险赔款，其有权取得保险代位求偿权。此外，任何贸易方式并不影响承运人在运输中对货物所负有的责任。

原告认为货损是由于货物配载不当，船舶不适航。承运人在遇到风浪的情况下冒险开航，遇到危险时没有采取有效的管货措施，应对由此造成的损失承担赔偿责任。经伟公司认为货物检验报告均表明货损原因系船舶在航行途中遭遇到恶劣海况和天气，报告并未提及承运人对货物的积载和绑扎有问题，故承运人已经谨慎地装载和管理了货物，不应对本案的货损承担责任。

本院认为，根据货物检验报告，恶劣海况和天气是造成本案货物受损的原因之一，但承运人并未证明其已恪尽职责谨慎地处置和管理货物，同时也未证明船舶在航行途中所遭遇到的恶劣海况和天气是其不能预见、不能克服和不能避免的危险或意外事故，故其无权以此作为承运人可以免责的抗辩理由，承运人应对本案的货损承担赔偿责任。

评析探讨

保险代位求偿权是财产保险领域一项非常重要的法律制度。所谓代位求偿权是指保险人根据保险合同对被保险人赔偿后，当第三人根据合同或者侵权对被保险人损失承担赔偿责任时，保险人根据法律的规定享有对该第三人的追偿权。保险代位求偿权实质是债的法定转让。保险代位制度和财产保险损失补偿原则有关，即被保险人在保险人和造成损害的第三人处得到的赔偿总数不应该多于其保险利益。我国《海商法》第 252 条规定了保险代位求偿权："保险标的发生保险责任范围内的损失是由第三人造成的，被保险人向第三人要求赔偿的权利，自保险人支付赔偿之日起，相应转移给保险人。被保险人应当向保险人提供必要的文件和其所需要知道的情况，并尽力协助保险人向第三人追偿。"我国《保险法》第 60 条规定："因第三者对保险标的的损害而造成保险事故的，保险人自向被保险人赔偿保险金之日起，在赔偿金额范围内代位行使被保险人对第三者请求赔偿的权利。前款规定的保险事故发生后，被保险人已经从第三者取得损害赔偿的，保险人赔偿保险金时，可以相应扣减被保险人从第三者已取得的赔偿金额。保险人依照本条第 1 款规定行使代位请求赔偿的权利，不影响被保险人就未取得赔偿的部分向第三者请求赔偿的权利。”第 61 条规定：“保险事故发生后，保险人未赔偿保险金之前，被保险人放弃对第三者请求赔偿的权利的，保险人不承担赔偿保险金的责任。保险人向被保险人赔偿保险金后，被保险人未经保险人同意放弃对第三者请求赔偿的权利的，该行为无效。被保险人故意或者因重大过失致使保险人不能行使代位请求赔偿的权利的，保险人可以扣减或者要求返还相应的保险金。”第 63 条规定：“保险人向第三者行使代位请求赔偿的权利时，被保险人应当向保险人提供必要的文件和所知道的有关情况。”可见，《海商法》和《保险法》对保险人代位求偿权有比较充分、完备的规定。本案案情相对简单，保险人中国太平洋财产保险股份有限公司上海分公司已经对被保险人为中机公司实际支付了保险赔偿，因而在其支付的赔偿金额范围内，保险人中国太平洋财产保险股份有限公司上海分公司取得法律规定的代位求偿权，保险人中国太平洋财产保险股份有限公司上海分公司可以以自己名义起诉，要求造成货物损坏的责任人对其赔偿。

专题十一

外贸代理制度

第一节 基本原理

一、外贸代理的概念与特征

在我国原有的民商立法及民法学说上，仅承认所谓的直接代理制度，并不认同间接代理。但在外贸经营活动中，却长期存在着具有有间接代理性质的外贸经营现象。2004年《对外贸易法》颁布实施以前，在我国从事对外贸易业务需要获得对外贸易经营的许可（1994年《对外贸易法》第13条），这也恰恰使得外贸代理这一行业得到迅速发展。但是，《涉外经济合同法》、《关于对外贸易代理制的暂行规定》、《对外贸易法》、《对外贸易经济合作部、海关总署、国家外汇管理局关于印发〈规范进出口代理业务的若干规定〉的通知》都没有对外贸代理中的间接代理进行规定。直到1999年《合同法》的颁布才正式确立了间接代理制度。在国际层面上，早在1983年就通过了《国际货物销售代理公约》[①]（下称《代理公约》），2004年《国际商事合同通则》第二章也增加了“代理人的权限”。这些都是外贸代理法律关系得以参考的理论依据。外贸代理，有很多种形式，包括货物买卖代理、运输代理、支付手续代理、报关手续代理等，此处仅讨论有关货物买卖的外贸代理关系。

（一）代理的概述

1. 代理的概念与法律特征

代理，是指代理人在代理权限内以本人或自己的名义实施民事行为，被代理人对代理人的代理行为直接或间接承受其法律效果的制度。

---

① 《国际货物销售代理公约》1983年2月15日于日内瓦召开的外交会议上正式通过。

代理制度起源于英美普通法系。其理论核心为“将通过他人所为的行为视同本人亲自所为”，即本人与代理人等同论。因此，传统的英美普通法系一般不区分委托和代理权。[①] 大陆法上的委托代理制度则严格区分代理的内部关系和外部关系，即将委托行为与代理权严格区分开来。委托是本人和代理人之间的法律行为，通常通过委托合同的形式进行。委托合同支配委托人与代理人之间的关系，即内部关系，也被称为代理的基础法律关系。代理权是代理人代表委托人与第三人从事法律行为的权利，它需要本人单独授权，支配代理人与第三人之间的外部法律关系。委托合同是产生委托代理权的基础之一，但代理权具有独立性和无因性，[②] 并不依赖于基础法律关系的存在。[③]

代理的法律特征为：（1）代理人的代理行为只能是法律行为，不能包括事实行为（否则为委托关系）；（2）代理行为是对外的，存在于本人与代理人以外的第三人之间，或代理人与第三人之间；（3）被代理人授予代理人代理权属于单方民事行为，代理权的授予为形成权。

代理有四大要件：（1）须有代理行为，即代为意思表示（积极代理）或代受意思表示（消极代理）。（2）须以本人名义或自己名义为他人作意思表示。前者为直接代理，后者为间接代理。（3）须有代理权限。代理人必须在代理权限内为被代理人行事，否则将引起无权代理或表见代理等法律后果。（4）代理行为须为财产性法律行为。身份性法律行为，如结婚登记，应当由本人亲自办理。若双方约定必须亲自履行的，也不能由他人代理。

代理的法律效果，为代理人于代理权限内，以本人名义或自己名义所为的意思表示行为直接或间接对本人发生效力。代理人的意思表示，因其欠缺、被欺诈、被胁迫或明知其事情或可得而知事情，而至效力受影响时，应由代理人举证。因为代理行为将直接或间接对本人发生效力，故仅本人通过代理人得以主张法律救济。

2. 代理关系的种类

从代理权的获得方式来看，代理可分为法定代理与意定代理。法定代理，是指代理人根据法律的规定而获得代理权的代理方式。这主要出现在无民事行为能力人、限制行为能力人身上。因为自身行为能力的限制，同时出于对他们的保护，尤其是对未成年人的保护，所以法律规定其亲属或其他负有照顾义务的主体以法定代理权，以期满足其生活及发展所需。这种代理的权限是广泛的，涉及到被代理人生活的各方各面。法定代理

---

① 现代英美法中也开始将代理权的授予与基础法律关系区分开来，但是不承认代理权的无因性。参见龙卫球．民法总论．北京：中国法制出版社，2002：579.

② 王泽鉴．债法原理（一）：基本理论·债之发生．北京：中国政法大学出版社，2001：288.

③ 杜涛．国际经济贸易中的国际私法问题．武汉：武汉大学出版社，2005：131.

的结束，为以被代理人依一定之事实或法律规定，获得完全或相应的民事行为能力之时。意定代理，是指代理人通过被代理人的授权而获得代理权的代理方式。意定代理的权限由被代理人设定，其代理时限的确定亦如是。此代理方式为经济生活中常见的代理方式，也是本专题讨论的重点。

从代理权的授予形式来看，意定代理可分为主代理与复代理，单独代理与共同代理。主代理，是指由本人所授予的代理权；复代理，是指由代理人以本人的名义所授予的代理权。主代理权人是否可以授予复代理权于他人，应以明示为之，若无明示，则可依本人是否重视特定代理人的主体资格、能力及双方信赖性等因素加以认定。复代理人所为之法律行为对本人直接发生效力须具备两个因素：一是主代理人有代理权，复代理人有得到复代理权，二是以本人名义为之。任一因素不具备则构成无权代理，法律后果则由本人承担。

单独代理，是指被代理人仅授予一人代理权的情形。共同代理，就是指被代理人就同一权限的代理权同时授予数人的情形。后者代理权须由各代理人共同行使，数人之中有一人的意思表示有瑕疵，则代理意思表示有瑕疵；一人无民事行为能力，则代理行为无效；代理行为未为全体行使时，构成无权代理。共同代理人对委托人承担连带责任（《合同法》第409条）。当然，也有被代理人分别授予数人以单独代理的权限，此时学说上称为集体代理。

从代理权的行使方式来看，代理可分为直接代理与间接代理。直接代理，是指代理人在代理权限内，以本人的名义实施民事法律行为。被代理人对代理人的代理行为，承担民事责任（《民法通则》第63条第2款）。间接代理，是指代理人在代理权限内，以自己的名义实施民事法律行为。在国际货物买卖中，外贸代理活动经常是以间接代理的形式开展的。

英美法中的代理分为披露本人的代理和未披露本人的代理。前者又分为显名代理和隐名代理。显名代理指代理人既表明其为他人代理，又具体指明被代理人的姓名；隐名代理指代理人虽然表明其为他人代理，但不指出被代理人姓名。未披露本人的代理指代理人根本不表明其为他人代理，更不指明被代理人，类似大陆法中的间接代理。

3. 代理权的滥用与代理行为的限制

(1) 代理权的滥用

代理权的滥用主要有以下几种情形：① 未得授权而以“被代理人”的名义为法律行为；② 得到代理权，而超越代理权限为法律行为；③ 利用相对人对“代理人”具有代理权表象的信赖，而以“被代理人”的名义为法律行为。前二种情形构成无权代理，若“被代理人”本人不予追认，或相对人在本人追认之前撤销法律行为，则代理行为无效，由代理人对相对人承担法律责任。最后一种情形构成表见代理，代理行为有效，由被代理人对善意相对人负责，而被代理人因此所受之损害由代理人负担。

(2) 代理行为的限制

被代理人通过授予代理权，使代理人取得以本人的名义而为某种法律行为的地位和权限。如果代理人违反诚信原则，以被代理人的名义，谋取私利，对被代理人来说非常危险，因此，必须对代理权限加以限制。

代理人未经本人的同意，不得为本人与自己的法律行为，也不得又作为第三人的代理人，而为本人与第三人的法律行为。这是自己代理与双方代理的限制。在自己代理的情形下，代理人既为被代理人的利益谈判代表，同时又欲尽可能实现自己的利益，这种利益关系的集合是矛盾的，且对被代理人来说是危险的。而在双方代理的情况下，代理人为双方利益的代表，其可能为了收取双方代理费用而盲目促成贸易，甚至有可能与第三方串通，损害被代理人的利益。因此，除非得到被代理人的同意，否则这两种代理行为都应当被禁止。

(二) 外贸代理的常见形式

1. 直接代理

国际货物贸易，外贸公司直接以本人的名义订立进出口货物买卖合同。在这种合同中，被代理人直接承担合同项下的权利与义务。代理中直接代理的主要形式有：① 独家代理商。独家代理商是独立的商人，他通过接受被代理人的委托在被代理人指定的国家或地区享有代销被代理人某项货物的专营权。他代理被代理人，以被代理人的名义与客户洽谈生意，签订合同，从而取得佣金。② 普通代理商。普通代理商与独家代理商的主要区别在于其没有专营权，其主要代理活动为与客户洽谈生意、推销货物，并从中依代理合同获取佣金。

2. 间接代理

国内供货或购货公司与外贸公司签订委托代理合同，外贸公司再根据委托代理以自己的名义与外商签订国际货物买卖合同。此时，外贸公司承担合同项下的权利与义务，这种法律关系表面上类似于行纪，但与之又有所不同。

行纪合同，又称为信托合同，是指一方根据他方的委托，以自己的名义为他方从事贸易活动，并收取报酬的合同。以自己名义为他方办理业务的为行纪人；由行纪人办理业务，并支付报酬的，为委托人（《合同法》第414条）。间接代理与行纪合同的主要区别在于：① 行纪人与第三人签订合同，行纪人享有合同项下的权利与义务；而间接代理中，被代理人在一定情况下可以享受合同项下的权利与义务（《代理公约》第15条、《合同法》第403条）；② 当第三人不履行义务使委托人受到损害时，或者当委托人不履行义务导致第三人受到损害时，在行纪合同中由行纪人分别对委托人或第三人负担损害赔偿责任，而在间接代理中，在前一种情况下委托人可以通过介入权的行使，在后一种情况下，在代理人披露后第三人可以选择被代理人或代理人对之负担损害赔偿责任。这在一定程度上突破了合同相对性原则。

二、外贸代理的法律关系

在国际货物贸易代理关系中，存在着三大主体，一是被代理人，二是代理人，三是代理合同以外的第三人。其中被代理人与代理人之间的法律关系是由委托合同而产生的，此处称为外贸代理的内部法律关系。而代理人与第三人的法律关系，称为外贸代理的外部法律关系。区分不同的法律关系有利于明确不同法律关系发生的原因、法律关系内容及发生纠纷时所能采取的法律救济措施。

（一）外贸代理的内部法律关系

1. 委托关系

外贸代理的内部法律关系，亦即被代理人与代理人之间基于委托合同所享有和承担的权利和义务。一个合法可履行的代理合同，必须先有合法、明确的代理权的授予。

在被代理人与代理人之间，存在着两个法律行为，一是委任（契约），二是代理权的授予（单方行为）。委任的瑕疵适用合同的合法性与效力的有关基本原理，这里重点探讨代理权授予存在瑕疵时的法律后果。当代理权的授予涉及欺诈时，如果被代理人受到代理人的欺诈而作出授权行为，被代理人得撤回授权，其授权行为也自始无效，代理人对第三人负无权代理人责任；如果被代理人受到代理行为的相对人欺诈，而把代理权授予不知情的代理人，那么被代理人只有在代理人明知或可以得知的情况下，才能撤销代理权的授予；如果被代理人受到代理人或代理行为的相对人之外的第三人欺诈，那么代理人可以行使撤销权，而受第二种情况的条件限制。

当授予代理权的意思表示有错误时，可以是授予主体有误，可以是授予代理权的内容有误，也可以是被代理人对交易标的的认知有误。此时，如果代理人未为代理行为，被代理人可以撤回其代理权；若代理人已为代理行为，则被代理人不能撤销其代理权，而只能撤销其意思表示。那么，撤销意思表示行为的作出及其引起的法律后果，如缔约过失责任，若在直接代理的情况下，应当由本人向第三人直接作出，第三人亦得直接向本人主张损害赔偿，这是因为在直接代理的情况下，本人与第三人为合同的双方当事人，而且错误是本人自身产生与代理人无关，同时也可加快纠纷解决的进程；若在间接代理的情况下，可以类推适用我国《合同法》第403条第2款的规定，受托人应当向第三人披露委托人，第三人因此可以选择受托人或者委托人作为相对人主张其权利。若第三人选择委托人即被代理人主张权利的，解决办法与直接代理的情况一样，若第三人选择代理人主张权利的，则代理人有权要求被代理人就其不履行的行为承担损害赔偿责任。

代理权的权限，当事人之间可以明示约定或默示约定。当事人之间有约定的，从其约定；当事人之间约定不明的，可循其业已同意和建立的惯例和交易习惯、合同目的、诚实信用原则加以确定，除非另有约定，当事人被认为已默示同意在其关系中适用其已知道的或应该知道的，以及在国际贸易中已被广泛知道并被与有关特定贸易同类的代理关系的各方当事人所通常遵守的惯例，也应当被考虑（《代理公约》第7条、《合同法》第125条）。

2. 代理人与被代理人的基本权利和义务

由于各国法律在代理上的不同规定，难于统一，《代理公约》的起草委员会决定代理统一法暂不涉及本人（委托人）和代理人之间的法律关系问题，而先统一以本人和代理人为一方，以第三人为另一方的代理的"外部关系"的法律。《国际商事合同通则》也没有相关的规定，换言之，代理的内部法律关系最终交由国内法调整。

在委托代理合同中，被代理人与代理人之间的权利义务是对等的，一方的义务即为对方的权利。在委托代理合同中，代理人的主要义务为：（1）依被代理人的授权权限为代理行为。这是代理人的主要合同义务，代理人在为实现被授权之目的情况下，有权采取一切必要行为（《代理公约》第9条、《国际商事合同通则》第2.2.2条）。代理人应当亲自作出代理行为，得到被代理人的同意，才能享有授予复代理权的权利。对代理权限、亲自履行义务的违反，都可能产生无权代理或表见代理的法律后果，并对被代理人由此遭受的损害负有赔偿责任。（2）报告义务。代理人应当按照被代理人的要求，报告代理事务的处理情况（《合同法》第401条）。（3）财产转交义务。代理人因处理代理事务获得的财产，包括货物及其孳息、权利等，不论是以被代理人的名义取得，还是以代理人的名义取得（仅约束代理人与第三人的合同，如佣金合同除外），代理人都应当依代理合同的要求转交。（4）注意义务。代理人在履行代理合同义务时，应尽善良管理人的注意义务，若欠缺此注意，则为有过错。对此，代理人应向被代理人负损害赔偿责任。

被代理人的主要义务有：（1）支付费用。被代理人应当预付处理代理事务的费用。代理人为处理代理事务垫付的必要费用，被代理人应当偿还该费用及其利息（《合同法》第398条）。（2）支付报酬。除非当事人另有约定，代理人完成被代理事务的，被代理人应当向其支付报酬。因不可归责于代理人的事由，代理合同解除或者被代理事务不能完成的，被代理人仍然应当向代理人支付相应的报酬（《合同法》第405条）。（3）赔偿代理人于处理代理事务时，由于不可归责的事由而遭受的损失（《合同法》第407条）。（4）委托人经受托人同意，可以在受托人之外委托第三人处理委托事务。因此给受托人造成损失的，受托人可以向委托人要求赔偿损失（《合同法》第408条）。

（二）外贸代理的外部法律关系

外贸代理的外部法律关系，是指代理人与第三人因代理权的行使而产生的法律关系。本书讨论的外贸代理的外部法律关系是货物买卖合同（此处称为外部合同）关系，其权利义务由合同确定（见专题二的介绍）。但是因为有代理关系的存在，使得由于外贸代理引起的法律后果及其纠纷所引起的法律救济与一般货物买卖合同不尽相同。

1. 外部合同约束的主体

外贸代理外部法律关系的主体，亦即国际货物买卖合同的当事人。如当代理人在其权限范围内行事，且第三方已知或应知其以代理身份行事，代理人的行为将直接影响本人和第三方之间的法律关系，而在代理人和第三方之间不创设任何法律关系（《代理公约》第 13 条、《国际商事合同通则》第 2.2.3 条、《民法通则》第 63 条）。即使受托人以自己的名义，在委托人的授权范围内与第三人订立的合同，如果第三人在订立合同时知道受托人与委托人之间的代理关系的，该合同直接约束委托人和第三人（代理公约》第 13 条、《合同法》第 402 条）。当代理人在其权限范围内行事，但第三方既不知道也不应知道代理人是作为代理人行事时，或者有确切证据证明该合同只约束受托人和第三人的除外，例如一个佣金合同，则代理人的行为将仅影响代理人与第三方之间的关系（《代理公约》第 15 条第 1 款、《国际商事合同通则》第 2.2.4 条、《合同法》第 402 条）。这就是说，合同是否直接约束第三方与被代理人，关键在于第三方于合同订立时是否知道被代理人的身份以及是否有证据证明合同仅约束代理人与第三人。

2. 非因代理人原因致外部合同不能履行

关于非因代理人原因致外部合同不能履行的特殊救济情况在间接代理的情况下，由于第三人原因或被代理人原因导致代理行为所产生的合同不能履行时的责任承担问题。如果是由于第三人的原因导致代理人对被代理人不履行义务，代理人也应当向被代理人披露该第三人，被代理人因此可以行使代理人对第三人的权利，但第三人与代理人订立合同时如果知道该被代理人就不会订立合同的除外（《代理公约》第 15 条第 2 款第 1 项、第 6 项，《合同法》第 403 条第 1 款）。这又被称为被代理人的介入权。因被代理人的原因对第三人不履行义务，代理人也应当向第三人披露被代理人，第三人因此可以选择代理人或者被代理人作为相对人主张其权利，但第三人不得变更选定的相对人。这被称为第三人的选择权。当被代理人行使介入权或第三人行使选择权时，由合同之债产生的抗辩权也相应地发生转移，即被代理人行使代理人对第三人的权利的，第三人可以向被代理人主张其对代理人的抗辩。第三人选定被代理人作为其相对人的，被代理人可以向第三人主张其对代理人的抗辩以及代理人对第三人的抗辩（《代理公约》第 15 条第 2 款第 4 项、第 5 项，《合同法》第 403 第 2 款、第 3 款）。这是对被代理人与第三人利益平衡的规定，因为被代理人与第三人是合同权利义务的最终承担者，因此，当合同不被履行时被代理人及第三人可以经由代理人的披露而获得直接向对方主张权利的资格，但考虑到这是合同相对性原则的突破，因此必须兼顾到对第三人订约意图的尊重，故若第三人不愿被代理人订约时，则被代理人不能行使介入权。

3. 代理行为瑕疵

代理行为的瑕疵主要体现为代理权的滥用，而代理权滥用经常发生在直接代理的情况中。无权代理和表见代理是代理人滥用代理权和第三方信任的行为，也是代理的外部法律关系中比较常见的代理行为瑕疵形式。这两种代理行为的瑕疵都会对被代理人的利益造成损害，同时亦会牵涉第三人利益的保护，因此，必须明确这两种情况发生的原因和责任承担问题，以维护交易的安全。

（1）无权代理

无权代理，是指无代理权人以被代理人或借复代理为名而以代理人的名义而为法律行为，而又不构成表见代理的法律行为。无代理权情况主要有三种，即自始没有代理权（未经授权）、超越代理权限和代理权终止（代理权授予无效或撤销）。

在外贸代理人无代理权而以被代理人的名义与第三方订立货物买卖合同或者在一物多卖的情况下，都可能会涉及到无权处分的问题，但是无权代理与无权处分有着很大的差别：① 无权代理是代理人以被代理人的名义对外为法律行为，而无权处分是无权处分人以自己的名义处分他人的权利。② 无权代理行为经被代理人追认后，被代理人成为外部合同的当事方；无权处分行为即使被权利人追认后，合同的当事方仍然为原无权处分人与第三人。

关于无权代理的法律后果，行为人没有代理权、超越代理权或者代理权终止后以被代理人名义订立的合同，未经被代理人追认，对被代理人不发生效力，由行为人承担责任（《代理公约》第14条第1款、《国际商事合同通则》第2.2.5条，第1款、《合同法》第48条第1款）。无权代理法律效力可以通过被代理人的追认得以补正，经追认的行为如同代理人自始就依代理权行事产生同样的效力（《代理公约》第16条第1款、《国际商事合同通则》第2.2.9条第1款、《合同法》第48条第2款）。在无权代理情况下，代理行为的相对人，享有催告权和撤销权。《国际商事合同通则》第2.2.9条第2款、第3款规定："第三方可以通知本人在一段合理的时间内追认。本人如未在该时间内追认，则不能再予追认。如果在代理人行事时，第三方既不知也不应知代理人无权代理，则第三方可在本人追认前，随时通知本人表示拒绝受追认的约束。"《代理公约》第16条也有类似规定，但我国《合同法》把该"一段合理的时间"限制在一个月内（《合同法》第48条第2款）。相对人亦可以在被追认发出前，撤销合同（《代理公约》第16条第2款、《国际商事合同通则》第2.2.9条第3款、《合同法》第48条第2款）。撤销应当以通知的方式作出，并且以到达为生效要件，通知的在途风险由第三人承担。相对人一旦获悉追认，追认即发生效力，而且，一旦追认发生效力便不可撤回。我国《合同法》并没提及追认的内容，但《代理公约》第16条第3款规定，第三人可以拒绝接受部分追认，笔者认为这是可取的，特别是当追认的内容与原合同内容有变时，相当于变更合同，理应重新达成合意。

当无权代理行为不被追认或被第三人撤销时，被代理人不受代理行为影响，代理人对第三人承担责任。但有一个前提，即第三人为善意。关于第三人是否应当承担过失责任，我国《合同法》与《代理公约》和《国际商事合同通则》的规定有所不同。前者只要求第三人为善意，有无过失即第三人是否应当知道而不知道，在所不问；后二者则规定若第三人在与代理人订立合同时已经知道或应知代理人没有代理权或超越代理权，则代理人不承担责任（《代理公约》第17条第2款、《国际商事合同通则》第2.2.6条第2款），即第三人对无权代理的认知负有过失的，代理人不需要对之承担责任。无权代理行为不发生法律效力时，相当于合同被撤销时的法律后果，代理人应对第三人承担将其恢复至如同代理人有代理权或未超越代理权行事时第三方应处的同等状况的责任（《国际商事合同通则》第2.2.5条第2款）。第三人基于无权代理行为还享有损害赔偿请求权，有学说认为信赖利益或履行利益均可主张，但信赖利益不得超过履行利益。[①]被代理人因无权代理遭受的损害亦同样享有损害赔偿权。

（2）表见代理

表见代理，是指行为人没有代理权、超越代理权或者代理权终止后以被代理人名义订立合同，相对人有理由相信行为人有代理权的，该代理行为有效的情形（《合同法》第49条、《代理公约》第14条第2款、《国际商事合同通则》第2.2.5条第2款）。一般情况下，无权代理人以本人（被代理人）的名义而为法律行为，非经本人承认，对本人不发生法律效力。相对人也不得以信赖代理人有代理权为由，主张代理行为应直接对本人发生效力。因为本人不应该因他人擅自以其名义为法律行为而须负责。但是如果代理权存在的表面特征（权利外观），是由本人因其行为（作为或不作为）创造，引起了善意相对人的信赖时，为维护交易安全，应当使本人承担相应的法律责任。表见代理，可分为两种类型：一是相对人信赖本人所授予的代理权继续存在；二是相对人信赖本人授予代理权。

在第一种情况下，本人的确曾经授予代理人以代理权，由于代理权的撤回或终止而归于消灭，而相对人非明知或非因过错而不知，则本人仍应对代理行为直接负责。这经常发生在有外部授权行为，而内部授权被撤回或受限制的情形。所谓外部授权，是指代理权的授予向代理人对之为代理行为的第三人，以意思表示为之。例如A公司向C公

① 王泽鉴．债法原理（一）：基本理论·债之发生．北京：中国政法大学出版社，2001：306.

司表示，其由B公司代理进出口货物贸易业务。内部授权，就是指代理权的授予向代理人以意思表示为之。例如A公司向B公司授予代理权。关于代理权范围的理解，在外部授权，应当以第三人的了解为准；在内部授权，则应当以代理人的了解为准。因此，内部授权的限制与撤回，不能对抗善意第三人。有时候当事人出于防止代理权被滥用会约定代理权的行使要以授权书的提示为前提。因此，当代理人向第三人提示由本人提交的授权书时，第三人有理由信赖代理权的存在，而不论内部授权是否存续。

第二种情况为，本人事实上没有授予过代理权，但由于本人有一定的事实行为，使相对人非因过错而信赖本人授予代理权。本人须以自己的行为表示把代理权授予他人或知他人以其名义为法律行为而不表示反对。如果第三人曾获悉本人的代理权范围，则代理人所为的代理行为也应当在该范围内，效力才可因表见代理而被认可。[①]

表见代理的法律后果是，本人承担授权人的责任，对第三人负责。这种责任为无过失责任。代理人对本人承担由于表见代理行为而产生的损害责任。

另外，我国《合同法》第50条规定："法人或者其他组织的法定代表人、负责人超越权限订立的合同，除相对人知道或者应当知道其超越权限的以外，该代表行为有效。"这是有关表见代表的规定。表见代表与表见代理的原理近似，二者区别在于：①相对人对表见代表的信赖基于一定的基础法律关系而产生，如雇佣关系、公职关系等，而表见代理则无此特征。②表见代表的基础法律关系一般为公开，相对人易为查实，因此对相对人有无过错的认定相对容易。而表见代理则需要根据个案查证，相对人的善意程度的影响因素也比较多。因此，在外贸代理中，交易主体一般为法人，相对人一方必须明确代理人与被代理人一方的代理权是否存在以及代理权限，还要了解代理公司的资信、业绩、设施和代理业务能力，防止表见行为引发纠纷。③表见代表的主体为法人或者其他组织的法定代表人、负责人，行为主体具有职务的特殊性（虽然这种身份的本身并不足以满足表见代表的要求，因为一般地，相对人被认为有义务对这种职权本身进行表面的了解，如公司代表人的职权可以在向公众公开的公司章程中获悉），而表见代理则无此项特征。

（三）外贸代理法律关系的终止

（1）没有约定期限的委托代理合同，可以随时终止。因为委托代理合同乃基于双方的信赖而缔结，当事人的信赖消失时或被代理人不再需要代理人为其进行代理或代理人不愿为被代理人进行代理时，任何一方可解除合同，但因解除合同给对方造成损失的，除不可归责于该当事人的事由以外，应当赔偿损失（《合同法》第410条）。

（2）代理权的授予附有解除条件或终止期限的，在解除条件成就或终止期限到来

---

① 王泽鉴．债法原理（一）：基本理论·债之发生．北京：中国政法大学出版社，2001：320.

时，代理法律关系终止。本人与代理人也可随时协议终止。当法律另有规定的，代理人之权利亦根据适用法律的规定而终止（《代理公约》第19条）。

（3）《国际商事合同》第2.2.7条还规定："如果代理人缔结的合同涉及到代理人与本人存在利益冲突，而且第三方已知或应知这一情况，则本人可主张合同无效。"这主要是涉及上文提及的自我代理与双方代理的禁止以及其他利益冲突的情况。虽然我国《合同法》并无此项规定，但是仍可根据解除合同的有关规定加以适用。但是，在本人已经同意，或已知或应知代理人涉及利益冲突，或代理人已经披露与本人的利益冲突，但本人在合理时间内并未提出反对的情况下，本人不得主张合同无效。

（4）当授权代理的交易行为完成时，代理权归于消灭。这主要适用于一次性授权代理法律关系中。

（5）当本人撤销代理权或代理人放弃代理权时，无论是否符合其协议条款（《代理公约》第18条第3款）。本人的撤销在于维护本人的利益和当事人之间的信赖，若代理权的授予是含有欺诈、错误等因素，在外部授权即向相对人表示已作授权的意思表示的情况下，仍可对代理人内部撤销代理权。但当情况表明代理不能撤销时，如代理行为已经作出，为保护代理人的利益，宜理解为不能作出。代理权的授予为单方法律行为，并不需要代理人同意，但依一般法律原则，任何人不得依自己的意思将某种权益或义务加诸他人之上，因此代理人可以抛弃代理权。然而，在外贸代理中，本人与代理人的权利义务实质上是通过委托代理合同加以固定的，而非仅仅单方的代理权授予。因此，由于任何一方可归责事由导致委托代理合同不能履行，应承担相应的违约责任。

（6）当本人或代理人死亡，或根据适用法律，停止存在或丧失其行为能力时。我国《合同法》第411条规定："委托人或者受托人死亡、丧失民事行为能力或者破产的，委托合同终止，但当事人另有约定或者根据委托事务的性质不宜终止的除外。"同时第412条规定："因委托人死亡、丧失民事行为能力或者破产，致使委托合同终止将损害委托人利益的，在委托人的继承人、法定代理人或者清算组织承受委托事务之前，受托人应当继续处理委托事务。"为了避免本人或其继承人的利益遭受损失，尽管代理权已被终止，但代理人仍被授权代表本人或其继承人履行必要的行为（《代理公约》第22条）。

一般来说，代理权的终止是内部授权关系的终止，权利的终止不影响外部授权的第三人，除非第三人已经知道或应该知道代理人之权利已终止或造成终止的事实（《代理公约》第20条）。但是，当第三人只从代理人处获悉代理人之权利，而该权利并未得到本人行为之确认时，一旦代理人得知终止，即使第三人未得知终止，代理权的终止对第三人仍具有效力。这是因为本人并未对第三人为外部授权行为，第三人因此没有主张表见信赖的基础，同时代理人基于诚信义务应当向第三人告知代理权终止的事实，否则应当由代理人向第三人承担相应的法律责任。

第二节 直接代理

主题案例

日本泰平商社诉中国江苏舜天南通公司购销合同货款争议案①

案情回顾

1999年7月，中国上海垠拓企业发展有限公司（以下简称垠拓公司）向泰平商社订购住友挖掘机6台，要求先运4台，但原告日本泰平商事株式会社（以下简称泰平商社）接到的垠拓公司开出的信用证未能兑付。由于泰平商社的4台挖掘机已出运，垠拓公司通过南通信普集团有限公司的王某介绍并委托被告江苏舜天国际集团服装进出口南通公司（以下简称舜天公司）做代理商，由舜天公司与泰平商社签订了购货确认书。约定：CIF南通到岸价，单价475万日元，总计1 900万日元，支付方式为见票90天即付的不可撤销信用证。确认书要求必须致买方的正本有提单、发票等。舜天公司向中国银行南通分行申请开立信用证，在开证申请书中特别说明：需要受益人证书，并由受益人用DHL快递邮寄全套原件，包括一份原始提单、已签署商业发票及装箱单给申请人。中国银行南通分行于1999年8月30日开具了申请人为舜天公司、受益人为泰平商社的不可撤销信用证，总金额为1 900万日元。1999年9月1日，泰平商社向中国银行南通分行出具一份伪造的邮寄收据和受益人证书，证明已将一套原件包括原件提单1/3份、发票及装箱单等直接寄给舜天公司。而实际上，泰平商社通过他人将这些单证直接交给了垠拓公司。

另查明，泰平商社于1999年8月10日还曾与北京华腾农牧业有限公司（以下简称华腾公司）签订了一份进口协议书，约定华腾公司向泰平商社进口挖掘机4台，单价500万日元，总价2 000万日元，到货口岸为江苏省南通市。

1999年9月3日，报关公司凭华腾公司委托报关的委托书、多式联运提单复印件、华腾公司的免税表、异地备案的北京海关关封、货物发票（总价款2 000万日元）等申

① 案例详见江苏省南通市中级人民法院（2000）通中经初字第134号民事判决书。

请办理4台挖掘机的报关手续。9月6日，南通海关办完海关查验放行手续。同日，南通信普公司的王某从垠拓公司拿到反面有泰平商社签名背书的提单副本，并向码头支付了相关费用后，将提单副本交给报关公司去船务公司交换提货提单。报关公司在拿到提货提单后，交给了王某，由王某等人去集装箱公司办理提货手续。集装箱公司的交货记录记载：收货人为报关公司，收货人处盖有“中国外运江苏集团公司南通公司进口部业务专用章”，舜天公司职员张某也在该交货记录备注栏内签名并写了车号。4台挖掘机提走后暂放于与舜天公司有业务关系的某服装公司。

1999年9月7日和10月8日，本案所涉4台挖掘机因涉嫌走私，被海关扣留，华腾公司负责人、垠拓公司及其法定代表人被刑事处罚。后泰平商社向银行申请议付舜天公司开出的信用证，因单证不符被拒付。泰平商社因直接向舜天公司索款无着，遂向南通市中级人民法院起诉。

争议焦点

本案争议焦点为，原告是否已经履行了交货义务，及被告是否应当支付货款？泰平商社诉称：垠拓公司向我社购挖掘机，委托舜天公司代理进口，我社已交货，舜天公司职员张某在交货记录上签名并已提货，请求判令舜天公司给付货款并支付逾期付款违约金。

舜天公司答辩称：我司是受委托代理进口。但泰平商社未按约定将提单正本交我司，致使货物被其他公司提走。我司职员是在其他公司已提货，而将面临信用证议付风险时到码头拦截货物。泰平商社没有向我司履行交货义务，故我司不应支付货款。

裁判意见

一审认为：泰平商社与舜天公司之间的国际货物购销合同关系成立，且合法有效，双方均应本着诚实信用原则履行该合同。舜天公司已向银行申请开立了信用证，而泰平商社未按信用证条款及购货确认书的约定向舜天公司履行邮寄单证的义务，而是将原始提单交给了其他公司，并由其他公司提供了相应的报关材料藉以报关，且其他公司已凭泰平商社签字背书的原始提单向运输公司的代理人报关公司换取了提货单，提取了货物。因该提单为空白抬头，即不记名提单，原告泰平商社在提单背面签字后，持有提单的人无需背书即可取得货物的所有权。根据海关法的有关规定，进口货物的收货人是法定的通关申请人。而该批货物的通关申请人是华腾公司。由于泰平商社未向舜天公司交付提单，致使舜天公司丧失了提取货物的权利。但泰平商社却又向银行出具受益人证书和已作涂改的邮据，以造成泰平商社已履行邮寄正本提单等一套单证给舜天公司的假象，企图实现信用证的兑付，是商业欺诈行为。根据权利与义务相一致原则，泰平商社既未向舜天公司交付货物所有权凭证，又不存在舜天公司已经收取货物的客观事实，故其向舜天公司主张货款权利缺乏已履行交付义务的辅证。舜天公司职员在未收到提单正本和提货单、其他公司已提货拆箱并实际掌握了货物的所有权而又未付款的情况下，要求把其中的2台挖掘机存放于某服装公司，是为了防止产生信用证付款的风险，是对自己公司合法权益的保护，其在备注栏内的签字不足以证明泰平商社已通过船运公司直接把货物所有权转移给了舜天公司。泰平商社的主张没有事实和法律依据，不予支持。

二审认为：泰平商社未按照与舜天公司合同的约定将原始提单副本直接邮寄给舜天公司，而是提供给了垠拓公司，使舜天公司无法控制该批货物所有权，泰平商社对此存在过错。舜天公司职工张某并未在交货记录收货人栏内签字，其也不是报关公司的职员，其在交货记录备注栏内的签字并不能说明舜天公司是货物的实际收货人。泰平商社的上诉理由不成立。原审法院认定事实清楚，适用法律正确，应予维持。

评析探讨

我国《合同法》"委托合同"一章中的第402条和第403条的规定，是有关我国代理制度的规定。在本案中，被告舜天公司作为垠拓公司的受托人，以自己名义与原告泰平商社（法条中所指的第三人）订立了购销4台挖掘机的国际货物买卖合同，首先反映的就是2004年《对外贸易法》颁布前我国外贸代理制的特点，即没有外贸经营权的企业应当通过并以外贸代理商的名义进行国际贸易活动。这层关系为一种委托代理合同关系，没有外贸经营权的企业是委托人一方，外贸代理商是受托人一方，受托人以自己的名义与国外第三人签订国际货物买卖合同。对于我国实行的这种外贸代理制，国外贸易商很多是清楚的。因此，《合同法》第402条规定："受托人以自己的名义，在委托人的授权范围内与第三人订立的合同，第三人在订立合同时知道受托人与委托人之间的代理关系的，该合同直接约束委托人和第三人，但有确切证据证明该合同只约束受托人和第三人的除外。"正因为这种约束力的规定，导致《合同法》第403条分别规定了委托人、受托人和第三人各自可以如何向另两方行使权利和履行义务，其中第403第2款规定："受托人因委托人的原因对第三人不履行义务，受托人应当向第三人披露委托人，第三人因此可以选择受托人或者委托人作为相对人主张其权利，但第三人不得变更选定的相对人。"

由案情可知，原告泰平商社在与舜天公司订立合同时，是知道舜天公司是代理垠拓公司的，否则，原告不可能将代表货物所有权的相关单证直接交给垠拓公司的。但是，舜天公司作为合同买方，向卖方泰平商社开出有付款所用的信用证，在泰平商社向银行申请议付时，因发生单证不符的问题而被拒付，这显然是受托人舜天公司自己的原因，不是因委托人垠拓公司的原因对第三人泰平商社不履行义务。在这种情况下，由于泰平商社与舜天公司签订有国际货物买卖合同，舜天公司作为买方负有向卖方给付货款的义务，泰平商社作为卖方享有向买方收取货款的权利；泰平商社向银行申请议付信用证，正是实现收款权的一种方式。在信用证出现不符点而被银行拒付的情况下，泰平商社向舜天公司追索货款，似不发生《合同法》第403条第2款“第三人因此可以选择受托人或者委托人作为相对人主张其权利，但第三人不得变更选定的相对人”的问题，它表现的是国际货物买卖合同关系，即买方不履行给付货款的义务，卖方有权向买方直接追索。

原告泰平商社对被告舜天公司对上述两种关系下的追索权，但其选择了国际货物买卖合同关系下的追索（请求）权，该请求权是否能得到支持，根本的一点是其作为卖方是否向买方正确地履行了交货义务。卖方履行交货义务是其主张收取货款权利的对价前提，买方在未收到货物的情况下有权拒绝付款。与国内货物买卖不同，国际货物买卖卖方的交货义务首先表现为向正当的收货人交付提单。由于提单的物权凭证性质，卖方不向正当的收货人交付提单，就剥夺了该收货人向承运人提取货物的权利，也就表明卖方未正确履行其交货义务，卖方向买方主张收取货款的权利就没有事实依据。依据买卖合同，泰平商社应当向舜天公司交付提单，但其却将提单交给了案外公司，由案外公司凭取得的提单提取了货物，这种事实只能说明泰平商社未履行向舜天公司交货的义务，泰平商社主张舜天公司给付货款的请求就不成立，被法院驳回诉讼请求在所难免。

本案事实说明，《合同法》第403条第2款的规定，只有在第三人选择了委托人的情况下，才具有实质意义，第三人直接向与其签订国际货物买卖合同的对方即受托人主张权利的，按合同相对性原则解释更为合适。

第三节　间接代理

主题案例

香港V公司与内地D公司、H公司光盘复制系统销售争议仲裁案

案情回顾

2004年7月9日，申请人香港V公司作为卖方，第一被申请人内地D公司作为买方，第二被申请人河北H公司作为最终用户，三方共同签订了买卖合同，合同标的为光盘复制系统。2006年12月14日，申请人作为卖方，第一被申请人作为买方，第二被申请人作为最终用户，三方又共同签订了备忘录，约定：最终用户仍欠卖方设备余款

为合同总价的10%，即142 000欧元。鉴于最终用户的实际经营状况，经卖方、买方和最终用户协商，最终用户同意以下时间和方式还清余款——最终用户将通过买方分三期以T/T方式支付卖方余款：第一期，最迟不迟于2007年6月30日支付5万欧元；第二期，最迟不迟于2007年9月30日支付5万欧元；第三期，最迟不迟于2007年12月15日支付4.2万欧元。

申请人和两被申请人在履行上述合同的过程中发生争议，各方协商不成，申请人遂申请仲裁，请求两被申请人即时向申请人连带清偿总计欧元142 000元及利息。

争议焦点

本案的争议焦点之一涉及到外贸代理。申请人认为，第一被申请人作为本案诉争货物的买方及合同的一方当事人，依法当应承担付款责任，而且根据中国《外汇管理条例》等相关规定，只有第一被申请人才有权向申请人支付外汇，亦即通过其向申请人支付货物余款。

第一被申请人则辩称，第一被申请人仅是最终用户的代理方，不是最终用户，申请人不应要求第一被申请人付款。根据中国有关进出口货物的管理规定，最终用户第二被申请人不具备进口本案所涉生产设备的资格，因此委托第一被申请人代为进口。2004年7月5日，第二被申请人与第一被申请人签订了进口委托代理协议，约定由第一被申请人代其进口生产设备。第一被申请人在合同的执行过程中，只是起到对外开证、转付外汇等连接作用，付款的时间和期限均由申请人与最终用户商定。根据三方签订的备忘录的约定，应当由第二被申请人承担付款责任。通过第一被申请人付款的原因是第二被申请人没有进出口经营权，因而依据中国外汇管理的有关规定不能支付外汇。第一被申请人不应承担连带付款责任。

第二被申请人辩称：关于第一被申请人应否承担连带责任的问题，本合同属于国际货物买卖合同，根据中国法律法规的规定，必须具有进出口经营权的企业才能开立外汇账户，第二被申请人不具有进出口经营权，因此在本案中是通过第一被申请人购买并付款。

裁判意见

关于第一被申请人是否应当承担连带付款责任，仲裁庭意见如下：

申请人认为，尽管第二被申请人在备忘录中作出保证付款的承诺，但第一被申请人作为买卖合同中的买方，应当就第二被申请人所负支付合同总价10%的货款的债务承担连带责任。第一被申请人则认为，依据备忘录的约定，应当由第二被申请人承担付款责任。

仲裁庭注意到，买卖合同签订在前，备忘录签订在后。从备忘录约定的内容来看，备忘录确定了买卖合同项下合同总价10%的货款的支付主体和支付期限。因此，关于第一被申请人是否应当承担连带付款责任的问题，应当以备忘录约定的内容为准。三方在备忘录中确认：“……最终用户（即第二被申请人）仍欠卖方（即申请人）设备余款为合同总价的 10%，即 EUR142 000. 00。”备忘录还约定：“最终用户将通过买方（即第一被申请人）分三期以 T/T 方式支付卖方余款：……。”关于上述约定，仲裁庭在庭审时曾询问申请人，第二被申请人为何要通过第一被申请人付款。申请人称，由于涉及到外汇管制，所以第二被申请人要委托第一被申请人支付外汇。两被申请人也承认，第二被申请人没有进出口经营权，因而不能支付外汇，所以必须通过第一被申请人支付外汇。

鉴于上述情况，仲裁庭认为，备忘录明确约定合同总价 10% 的货款的支付主体是第二被申请人，因此，申请人要求第一被申请人承担连带付款责任，缺乏合同和法律依据，仲裁庭不予支持。

评析探讨

本案涉及到外贸代理人是否需要与委托人承担连带责任的问题。有关代理关系中的连带责任规定集中在《民法通则》中，第 65 条第 3 款规定：“委托书授权不明的，被代理人应当向第三人承担民事责任，代理人负连带责任”；第 66 条第 3 款规定：“代理人和第三人串通，损害被代理人的利益的，由代理人和第三人负连带责任”；第 66 条第 4 款规定：“第三人知道行为人没有代理权、超越代理权或者代理权已终止还与行为人实施民事行为给他人造成损害的，由第三人和行为人负连带责任”；第 67 条规定：“代理人知道被委托代理的事项违法仍然进行代理活动的，或者被代理人知道代理人的代理行为违法不表示反对的，由被代理人和代理人负连带责任。”[①] 其中第 65 条第 3 款和第 67 条的规定为被代理人与代理人应当向第三人负连带责任的情形，分别为“授权不明”和“代理行为内容违法”两种情况。就本案案情而言并不存在这两种情况。

涉案合同的签订发生在我国《合同法》生效之后，可适用该法有关代理行为的规定。本案中第一被申请人为外贸代理人，第二被申请人为最终用户方。由案情可知，在合同签订时，申请人应当知悉被申请人之间的代理关系。因此，在一般情况下《合同法》第 402 条得以适用，即涉案合同直接约束申请人与第二被申请人。但在本案中，外贸代理的操作方式有所不同，其并非由外贸代理人即第一被申请人以自己或被代理人的名义签订货物买卖合同，而是由卖方（申请人）、外贸代理人（第一被申请人）、最

① 另外，《民法通则意见》第 81 条有关于转委托情况下连带责任的规定：“委托代理人转托他人代理的，应当比照民法通则第六十五条规定的条件办理转托手续。因委托代理人转托不明，给第三人造成损失的，第三人可以直接要求被代理人赔偿损失；被代理人承担民事责任后，可以要求委托代理人赔偿损失，转托代理人有过错的，应当负连带责任。”

终买方（第二被申请人）共同签订合同。那么，是否由此外贸代理就应当承担作为合同买方的责任呢？笔者认为，在申请人于合同签订时知道第二被申请人与第一被申请人代理关系的前提下，这种操作方法并不影响合同对申请人与第二被申请人的直接约束力（《合同法》第402条）。即使在合同签订时，申请人不知道两被申请人之间的代理关系，根据其后达成的备忘录承担付款义务的仍然为第二被申请人。

另外，我国《合同法》第403条第2款有关间接代理的规定也仅赋予了第三人在受托人因委托人的原因对第三人不履行义务，对受托人与委托人之间追究责任的选择权，而并非连带责任。因为代理本身就是本人的意志假借他人得以实现，由他人按照该意志而为之行为也被视为本人行为的过程，除非存在上述要求委托人与受托人承担连带责任的违法情况，否则其责任主体惟一。

主题案例

香港地区敏佳贸易有限公司诉内地厦门盈利达工贸有限公司等外贸代理合同违约案[①]

案情回顾

2000年9月30日，原告敏佳公司与被告之一建发公司签订一份踏板车买卖合同，约定由被告建发公司提供数量为2 100辆的踏板车，总价为38 682美元，交货期为同年10月22日。合同对双方的其他权利、义务也作了约定。被告盈利达公司亦在合同中签字盖章，直接表明其作为建发公司的委托人的身份，合同注明“卖方作为厦门市盈利达公司工贸有限公司的代理”。2000年10月4日，敏佳公司依约向建发公司提供30%的预付款计美元11 802元，并开具以建发公司为受益人的金额为美元26 880元的信用证，建发公司亦将预付款美元11 802元如数转给盈利达公司。交货期届满时，因盈利达公司作为生产厂家未能提供货物，建发公司亦未能将2 100辆踏板车装船发运英国。而后，盈利达公司和建发公司未退还预付款，敏佳公司经催讨未果，遂于2001年2月16日提起诉讼。

另查明，2000年9月27日，原告敏佳公司与英国ZEIIERDESIGN公司之间签订了同标的、同数量，总价为48 300美元的买卖合同。敏佳公司支出的信用证通知、取消

① 案例详见福建省厦门市中级人民法院（2001）厦经终字第280号民事判决书。

和转让等费用共为246美元；前往厦门验货的机票和住宿费为人民币3 403元。同年10月31日，敏佳公司向二被告发出催款函，载明：由于生产厂家盈利达公司未能按合同和信用证要求，在2000年10月22日前将2 100辆踏板车装船发运，决定取消销售合同；要求建发公司7日内归还预付款，并保留进一步索赔的权利；望建发公司作为生产厂家之代理作出安排，使问题如期解决。

争议焦点

1. 本案被告是否存在违约行为

原告诉称，其根据与被告建发公司、盈利达公司之间签订的踏板车买卖合同的约定，其已按合同约定提供预付款和开具信用证，但建发公司未能按合同约定如期将货物装船运往英国销售，造成其对外商违约。被告建发公司辩称，涉案合同未履行系因盈利达公司的责任，其已尽合同义务。盈利达公司于上诉时称：原审认定事实有误，其在履约过程中一直积极生产并准备交货装运，但敏佳公司和建发公司却指示暂缓发货，其并未违约。

2. 涉案货物买卖合同的直接约束对象是哪些当事人

被告建发公司辩称，其是基于盈利达公司关于代理出口踏板车的委托而与原告签订买卖合同的，盈利达公司已经介入该合同的签订；其与盈利达公司之间属于间接代理，根据《合同法》第402条的规定，涉案合同直接约束敏佳公司与盈利达公司，与其无关。敏佳公司于上诉时称，建发公司在买卖合同中系作为卖方而非代理人，不能以其和盈利达公司有委托关系而推卸其合同义务。故请求改判由建发公司承担违约责任，盈利达公司承担连带责任。

裁判意见

一审法院意见为：原告敏佳公司与被告建发公司、盈利达公司之间签订的踏板车出口代理合同为有效合同，具有法律约束力。敏佳公司已依约履行提供预付款的义务，建发公司亦随即将该款支付给盈利达公司进行组织生产。合同交货期满后，盈利达公司却未履行交货义务，导致敏佳公司外部合同无法履行，其行为已构成违约，依法应承担偿还预付货款及利息并赔偿预期利益损失的民事责任。故敏佳公司对盈利达公司的诉讼请求，合理、合法，应予支持。

本案涉讼合同的签订及履行均发生在《合同法》颁布实施后，且《合同法》效力等级高于作为部门规章的《关于对外贸易代理制的暂行条例》，因此，本案应适用《合同法》进行处理。现行《合同法》第402条、第403条的规定，旨在通过委托合同关系来构筑一个新的产品销售代理制度，即承认受托代理人以自己的名义为他人销售货物也可以成立代理关系，在委托人和第三人之间直接构筑起合同关系，或通过赋予委托人介入权来联结两个独立合同项下的三方当事人的关系，赋予他们相互救济的权利。在本案中，敏佳公司与建发公司签订的合同里已明确了建发公司是盈利达公司的代理人，盈利达公司亦在合同中签字盖章；盈利达公司在涉讼合同中签字盖章，还意味着其已全部认可建发公司的行为，建发公司是在代理权限内从事代理业务，没有越权；且该合同也无仅约束敏佳公司和建发公司的文字和意思表示。因此，合议庭根据对《合同法》第402条立法本意的理解，本案合同直接约束敏佳公司和盈利达公司，建发公司的抗辩主张成立。

在合同"直接约束"敏佳公司和盈利达公司的情况下，建发公司作为代理人仍然是合同的当事人。在合同得不到履行或违约时，"直接约束"赋予敏佳公司和盈利达公司相互主张的权利，但建发公司不能因此免除合同履行的一切义务，准确地说，还应承担协助履行的义务，包括接受或交付货物、货款及其他辅助义务。在敏佳公司或盈利达公司不当履行的情况下，建发公司只负有通知义务而不负违约赔偿的责任。当然，若建发公司未尽协助履行义务或履行不当，则敏佳公司有权要求建发公司承担过错责任。但本案中，敏佳公司既未提出这样的主张，也未提供相应的证据。因此，敏佳公司对被告建发公司的诉讼请求，不符合法律规定，不予支持。

二审法院判决为：(1) 盈利达公司上诉主张其并未违约，而是根据敏佳公司的指示暂缓发货，证据不足，不予采信。盈利达公司未能按期足额生产和交货，已构成违约。

(2) 涉讼合同虽然系敏佳公司和建发公司签订，但各方当事人均明知建发公司是接受盈利达公司的委托，在盈利达公司的授权范围内以建发公司的名义与敏佳公司订立出口销售合同的，建发公司仅是外贸代理商。《合同法》第402条、第403条的规定，正是为了解决过去外贸代理业务在法律结构上的矛盾和冲突，本案应适用《合同法》第402条的规定。委托人盈利达公司可以介入到第三人敏佳公司和受托人建发公司订立的合同，以自己的名义直接享有权利和承担义务，故该合同直接约束盈利达公司和敏佳公司。敏佳公司主张应适用《合同法》关于买卖合同的规定，系片面割裂三方当事人之间的法律关系；而《对外贸易法》仅是对外贸代理中的间接代理模式作了一般性的规定；至于《关于对外贸易代理制的暂行条例》，因其系部门规章，其效力无法和《合同法》相提并论。故敏佳公司关于法律适用的上诉主张，不予支持。

探讨评析

间接代理包括两种情况，一是第三人在订立合同时知道代理人与被代理人之间的代理关系，二是第三人于订约时不知道代理人与被代理人之间的代理关系，本案涉及前一种情况。根据《合同法》第402条的规定："受托人以自己的名义，在委托人的授权范围内与第三人订立的合同，第三人在订立合同时知道受托人与委托人之间的代理关系的，该合同直接约束委托人和第三人，但有确切证据证明该合同只约束受托人和第三人的除外。”因此，本案合同直接约束敏佳公司和盈利达公司，建发公司的抗辩成立。《合同法》的立法本意，旨在通过委托合同关系来构筑一个新的代理制度，即在间接代理的情况下，通过规定委托人的自动介入权，使之与第三人之间直接构筑合同关系，或通过赋予委托人介入权和第三人选择权来联结两个独立合同项下的三方当事人的关系，赋予他们相互救济的权利。从《合同法》第402条的规定来看，受托人以自己的名义从事受托行为可以产生类似直接代理的效果，由委托人对第三人直接承担法律责任；但前提是第三人在与受托人交易时知道（包括应当知道）受托人与委托人存在委托代理关系，如果第三人不知道则不产生直接约束被代理人与第三人的效果。这与《代理公约》和《国际商事合同通则》的相关规定一致。《合同法》第403条规定，受托人以自己的名义从事受托行为，第三人不知道委托人存在或存在代理关系的，在有损于第三人或委托人利益的时候，第三人可以行使选择权、委托人可以行使介入权，以使委托人和第三人架起直接的合同关系或直接进行违约损害赔偿请求。但是，《合同法》第402条规定的自动介入与第403条规定的介入权不尽相同：（1）介入权的发生以自动介入不发生为前提。（2）介入权以代理人因第三人的原因对委托人不履行合同义务为前提；自动介入则以第三人知道代理人与被代理人之间的代理关系为前提。（3）介入权须经被代理人行使；自动介入则不存在权利的行使，系当然发生。（4）介入权的阻却事由为：一旦第三人于订立合同时知道该被代理人的就不会与代理人订立合同；自动介入的阻却事由为：有确切证据证明该合同只约束代理人和第三人。

当合同效力直接约束被代理人与第三人时，代理人的法律地位又是如何呢？代理人仍然是合同的当事人，但是其合同下的义务变为辅助性质，准确地说，还应负协助履行的义务，包括接受或交付货物、货款及通知等其他辅助义务。因此在本案中，当合同得不到适当履行时，合同直接约束力赋予第三人敏佳公司和委托人盈利达公司相互主张权利的权利，建发公司不负违约责任。但建发公司不能因此免除所有义务，若被告建发公司未尽协助履行义务或履行不当，则敏佳公司有权要求建发公司承担过错责任。

第四节 越权代理

主题案例

上海中粮进出口公司与绍兴县粮食总公司外贸代理合同纠纷上诉案①

案情回顾

2000 年 12 月 20 日，（甲方）中粮公司与（乙方）绍兴公司签订《进口代理协议》一份，约定绍兴公司全权委托中粮公司为其代理进口美国产饲料大麦 55 000 吨，每吨价格 141.50 美元。中粮公司负责与外方签订进口合同，办理对外付款结算，通知装船日期及货物预计到港日期等；绍兴公司负责在协议签订后 2 个工作日内，将合同总金额 10% 的人民币现款作为定金划入中粮公司指定账户，支付进口关税、增值税等。合同还约定，双方可协商在双方认为适当的时间、价格在国外市场洗盘，如果甲方违约（包括不能按进口合同要求期限开出 L/C，造成卖方取消合同等），甲方将向乙方支付与乙方定金数额相等的赔偿金。同日，中粮公司与路易达孚亚洲皮塔有限公司（以下简称“路易达孚公司”）签订了货物销售合同。与此同时，绍兴公司向中粮公司支付了定金人民币 645 万元。同年 12 月 28 日，中国粮油食品进出口公司向路易达孚公司开出金额美金 7 782 500 元的不可撤销跟单信用证。

2001 年 1 月 9 日，绍兴公司致函中粮公司，督促及时办理美国饲料大麦的动植物检疫手续。同年 1 月 20 日，中粮公司致函绍兴公司称，浙江平湖粮贸于 2000 年 11 月卸在南通及宁波二港的美国饲料大麦，至今中国出入境检验检疫总局不同意放行，仍处在监管之下不能提货，损失已达 600 多万元并且逐日扩大，如果按照原计划执行，货物抵港后将给绍兴公司造成无法估量的损失，建议将该批货物在国外“洗盘”，请绍兴公司从速答复。同日，中粮公司又发函致路易达孚公司称：为避免双方不能控制的商业原因造成的麻烦，中粮公司愿意在海外市场清洗该批大麦，并要求路易达孚公司将损失减

---

① 案情详见上海市高级人民法院（2002）沪高民二（商）终字第 122 号民事判决书。

少到最低点。2 月 1 日，绍兴公司复函中粮公司，其已就《进口代理协议》(cofcoim2006 协议) 项下部分货物签订了国内销售合同，明确表示不同意洗盘，要求中粮公司按约履行。2 月 9 日，绍兴公司致函中粮公司，询问大麦已在国外洗盘一事是否属实，并再次重申洗盘造成的一切后果由中粮公司承担。2 月 14 日，中粮公司致函绍兴公司，称路易达孚公司于 2001 年 1 月 31 日告知 55 000 吨美国饲料大麦已转卖到其他国家，并有每吨 12.85 美元的损失。2 月 16 日，绍兴公司复函中粮公司，表示对转卖大麦所造成每吨 12.85 美元的损失不予承担，并表示保留在国内销售损失的追偿权。同年 4 月 3 日，绍兴公司收到中粮公司人民币共计 575 万元。绍兴公司认为中粮公司违约致使其无法取得货物，遂提起诉讼。

争议焦点

1. 中粮公司是否存在越权代理行为?

中粮公司上诉称，其给路易达孚公司的书面函件只是建议，而不是授权洗盘。路易达孚公司 2001 年 1 月 22 日给中粮公司的回函是提出的新要约，或是再要约。路易达孚公司在未得到上诉人确认洗盘价格的情况下，擅自转卖了货物，中粮公司不存在违约。

2. 中粮公司是否应当承担双倍返还定金的违约责任?

中粮公司上诉称其与被上诉人绍兴公司签订的是《进口代理协议》，合同签订后，由于出现了不利于被上诉人绍兴公司的情况，中粮公司为尽可能减少绍兴公司的损失，才向绍兴公司和路易达孚公司提出洗盘建议。上诉人不存在违约情形，自然不应承担双倍返还定金的违约责任。

裁判意见

原审法院认为：绍兴公司与中粮公司签订的《进口代理协议》是双方的真实意思表示，双方应严格按照代理协议履行各自义务。绍兴公司在协议签订后，按约向中粮公司支付了定金人民币 645 万元，但中粮公司接受定金后，擅自向路易达孚公司表示愿意洗盘，该行为事先未得到绍兴公司的授权，且中粮公司未能提供任何绍兴公司在 2001 年 1 月 20 日之前同意洗盘的证据，故中粮公司的行为超越了代理权限，构成违约，应当按约承担违约责任。中粮公司在本案中未提供证据证明路易达孚公司擅自转卖货物，中粮公司的辩称不予采信。据此，中粮公司除应返还绍兴公司剩余定金人民币 70 万元外，还应按双方约定向绍兴公司支付相等定金数额的违约金人民币 645 万元。因绍兴公司欲购买的大麦已被转卖他国，双方之间代理协议已无法实现目的，故绍兴公司要求解除双方代理协议并要求中粮公司退还全部定金，承担违约责任的诉讼请求可予支持。

二审法院维持对中粮公司越权代理性质的认定，但对于违约责任的承担持不同意见：首先，中粮公司向供应商提出转卖大麦的建议系基于当时路易达孚公司向浙江平湖供应的美国大麦被监管的客观因素，中粮公司作为受托人，出于减少双方损失，及时将商业风险告知委托人绍兴公司并向供应商路易达孚公司建议转卖货物，其主观愿望和动机是善意的。涉讼货物被转卖，并非中粮公司故意违约。其次，本案双方当事人之间系委托法律关系，委托合同的特征是以双方信任为存在条件，故法律赋予当事人单方解除合同的权利。根据合同法的相关规定，委托人或受托人可以随时解除委托合同，因解除合同给对方造成损失的除不可归责于该当事人的事由以外，应当赔偿损失。本案中粮公司虽未明确提出解除合同，但其对外向供应商提出洗盘建议，对内建议绍兴公司洗盘，事后又退还绍兴公司大部分预付定金，应可视作解除合同的行为。再次，中粮公司已对外开具了信用证，供应商亦已备妥货物，中粮公司作为代理人没有必要不履行合同，中粮公司关于其是为了减少损失而建议洗盘的抗辩成立。

评析探讨

本案涉及无权代理中的越权代理情形。但本案越权代理发生的原因并非代理人出于牟取私利而滥用代理权，而是出于减轻损失而作出超越代理权的处分行为。代理人为实现授权之目的，有权采取所有必要的行为。这个原则引申出代理人的注意义务。注意义务，显然包含尽如同本人一样的注意，以达成授权的目的而为代理权限内的法律行为的内容，但是否包括在特殊情况下，代理人出于对双方利益的维护而作出代理权限以外的法律行为，成了本案争议的焦点。

笔者认为，既然代理权是由代理人授予的而且代理行为最终的风险直接或间接地由被代理人承担，那么在代理过程中，被代理人的意思就应该被严格遵循。在本人明确表示不同意代理人在特殊情况下作出超越代理权的法律行为时，如本案中绍兴公司在接收到中粮公司的建议后明确表示不同意把货物进行国外清盘，代理人则不得为之，否则应当承担委托代理合同约定的违约责任。当然，出于对代理人利益的平衡，本人对无权代理行为不为追认时，无权代理人可对本人依无因管理的规定主张其权利。①

从本案的二审判决可以看出，法院倾向于鼓励减轻损害，但其判决理由本可更具说服力。首先，委托代理合同已经明确约定在国外市场洗盘应当由双方协商确定。本案中，中粮公司向绍兴公司发出了洗盘的建议后，未待绍兴公司回复就于同日向路易达孚公司表示了在国外洗盘的意愿，明显没有给双方以协商的余地，加上绍兴公司作出了不同意在国外洗盘的建议，中粮公司应当严格遵守代理权限的限制。二审判决中指出“涉讼货物被转卖，并非中粮公司故意违约”，违约责任是严格责任，不论违约是否具有主观过错，因此，这种说法是不严谨的。同时，根据我国《合同法》第 96 条的规定，解除合同应当以通知的形式发出，并且于通知到达时，合同方被解除。因此，二审

① 王泽鉴．债法原理（一）：基本理论·债之发生．北京：中国政法大学出版社，2001：308.

判决中，把中粮公司的行为视为解除合同的法律依据不充分。最后，损害减轻义务是声称对方违约的一方应承担的不真正义务，义务主体是声称违约方，主张损害扩大的主体为违约方。在中粮公司与绍兴公司的委托代理合同中，中粮公司并非声称对方为违约方，没有损害减轻义务，也没有权利主张其减轻损害的行为可部分抵销其对绍兴公司造成的损害。